FORSCHUNGEN UND BERICHTE ZUR VOLKSKUNDE
IN BADEN-WÜRTTEMBERG

LANDESSTELLE FÜR VOLKSKUNDE STUTTGART
WÜRTTEMBERGISCHES LANDESMUSEUM STUTTGART

FORSCHUNGEN UND BERICHTE ZUR VOLKSKUNDE
IN BADEN-WÜRTTEMBERG

BAND 6

1982
KOMMISSIONSVERLAG KONRAD THEISS VERLAG STUTTGART

LANDESSTELLE FÜR VOLKSKUNDE STUTTGART
WÜRTTEMBERGISCHES LANDESMUSEUM STUTTGART

Helmut Dölker

Flurnamen der Stadt Stuttgart

Die Namen der Innenstadt
sowie der Stadtteile
Berg, Gablenberg und Heslach

Nachdruck der Ausgabe von 1933
ergänzt durch 41 Abbildungen
und 2 Karten

1982
KOMMISSIONSVERLAG KONRAD THEISS VERLAG STUTTGART

CIP-Kurztitelaufnahme der Deutschen Bibliothek

Dölker, Helmut:
Flurnamen der Stadt Stuttgart: d. Namen d. Innenstadt
sowie d. Stadtteile Berg, Gablenberg u. Heslach /
Helmut Dölker. – Nachdr. d. Ausg. von 1933. –
Stuttgart: Theiss, 1982. (Forschungen und Berichte
zur Volkskunde in Baden-Württemberg; Bd. 6)
 ISBN 3-8062-0784-4

NE: GT

© 1982. Landesstelle für Volkskunde Stuttgart/Württ. Landesmuseum Stuttgart.
Gesamtherstellung: Druckerei Johannes Illig, Göppingen 1982.
Printed in Germany.
ISBN 3-8062-0784-4

INHALT

Geleitwort VII
Vorwort zur Neuauflage IX
Stuttgarter Straßennamen als Zeugen alter Weinkultur . . XIV
Quellenangaben XXIV
Literaturverzeichnis XXVI
Abkürzungen XXXI

I. Kapitel:
Einleitendes

I. Abgrenzung des Gebiets 1
II. Die natürlichen Verhältnisse 3
III. Die geschichtlichen Verhältnisse 6
IV. Allgemeines über die Stuttgarter Flurnamen, über Sammlung und Darstellung 12

II. Kapitel:
Zur sprachlichen Gestalt der Flurnamen

Grundsätzliches 16
I. Der Akzent 19
II. Zur Wortbildung 28
III. Volksetymologie und Volkswitz 32

III. Kapitel:
Flurnamen und Siedlungsgeschichte

I. Grundsätzliches 33
II. Versuch einer Siedlungsgeschichte des Stuttgarter Gebiets 36
Tunzhofen 42
Immenhofen 56
Weißenburg 63
Stuttgart 65
Berg, Gablenberg 74

IV. Kapitel:
Verzeichnis der Stuttgarter Flurnamen

A. Nach örtlichen Gesichtspunkten geordnete Aufzählung . 81
   I. Zwischen Weinsteige und der Straße nach Calw . . 87
  II. Zwischen der Straße nach Calw und Botnanger Weg 175
 III. Zwischen Botnanger Weg und Herdweg II 202
 IV. Zwischen Herdweg II und Tunzhofer (Ludwigsburger) Straße 238
  V. Zwischen Tunzhofer (Ludwigsburger) Straße und Eßlinger Steige 287
 VI. Zwischen Eßlinger Steige und der alten Heerstraße (Bopserweg) unter Ausschluß des Waldes 332
VII. Zwischen der alten Heerstraße (Bopserweg) und Alter Weinsteige 355
VIII. Flurnamen, die nach Stuttgart fallen, aber örtlich nicht oder nicht genau festgelegt werden können . 390
 IX. Der Name Stuttgart. Die Flurnamen des erst im 15. Jh. besiedelten Stadtgebiets und die Bezeichnungen, die in der unmittelbaren Umgebung der Stadt von den städtebaulichen Anlagen genommen sind 396
  X. Gablenberg 406

B. Sachlich geordnete Übersicht über die Flurnamen . . . 437
C. Aufzählung der in den Flurnamen vorkommenden Grundwörter 442
D. Alphabetisches Verzeichnis der Flurnamen 449

Bildteil
Beilagen: Karte der Markung Stuttgart von 1849
         Plan der Innenstadt Stuttgart von 1980
         Folien zu den Abb. 1, 2, 10, 15, 19, 22

Geleitwort

Die Ansichten darüber, was unter „Heimatkunde" zu verstehen sei, gehen in der Regel auseinander. Nur über eines ist man sich meistens einig: daß sie in der nächsten Umgebung – am Wohnort also – anzusetzen habe. Dies gilt vor allem für den Schulunterricht, in dem die Heimatkunde bekanntlich im „Sachunterricht" aufgegangen ist. Einer der möglichen Ansatzpunkte sind die Straßen und Plätze des Wohnorts, ihre Namen, ihre Geschichte; daran anschließend die nähere und weitere Umgebung; das heißt insgesamt: die Markung und ihre Flurnamen. Den Stuttgarter Lehrern und Schülern sei dieses Buch darum im besonderen gewidmet. Aber auch all jenen Bürgern der Stadt – altansässigen wie zugezogenen –, die inmitten von Hektik und Trubel einer modernen Großstadt noch Fragen stellen nach dem Woher und Warum von Erscheinungen ihres engsten Lebensraumes, um dadurch heimisch zu werden bzw. ein vielleicht angeschlagenes oder verschüttetes Gefühl heimatlicher Geborgenheit zu erneuern.
Überlegungen solcher Art ließen den Gedanken reifen, eine Neuauflage von Helmut Dölkers längst klassisch zu nennendem Werk über die „Flurnamen der Stadt Stuttgart" herauszubringen. Das Buch war erstmals 1933 in der von dem Tübinger Germanisten Hermann Schneider herausgegebenen Reihe „Tübinger germanistische Arbeiten" im Verlag W. Kohlhammer erschienen. Die Landesstelle für Volkskunde – in deren Obhut sich auch das Württ. Flurnamenarchiv befindet – sah es als ihre Pflicht an, im Rahmen ihrer Möglichkeiten für eine Neuausgabe zu sorgen und diese in ihre Reihe „Forschungen und Berichte zur Volkskunde in Baden-Württemberg" aufzunehmen. Den letzten Anstoß dazu gab Hermann Ziegler, einer der hervorragendsten Kenner der Stuttgarter Stadtgeschichte.
Aus finanziellen Gründen konnte nur ein Nachdruck in Frage kommen. Dieser Umstand machte es erforderlich, für den künftigen Benützer des Buches eine leicht faßliche, anschauliche Verbindung zwischen Vergangenheit und Gegenwart zu schaffen, d.h. aufzuzeigen, wo am Grund des heutigen Häusermeers die Namen

der alten Stuttgarter Flur zu finden sind. Neben Markungskarte und Stadtplan boten sich Abbildungen an. Der neue Bildteil, vorwiegend mit Aufnahmen von Peter Horlacher aus den Jahren 1981 und 1982, wurde einzig zu dem oben genannten Zweck hinzugefügt und nicht etwa, weil Bildbände hoch in der Gunst der Käufer stehen. Das Unterfangen, die Lage der Flurnamen im heutigen Stadtbild durch Fotos zu verdeutlichen, erwies sich allerdings rasch als ungleich schwieriger als vorher angenommen. Wer sich die Bilder und ihre Texte vornimmt, wird denn auch bald merken, daß manches Bild zum Bilderrätsel wird, das seinen Sinn nur dem preisgibt, der sich aufmerksam hineinsieht und -liest. Der nur flüchtige Beschauer wird wenig oder keinen Gewinn aus den Bildern ziehen. Um dem Betrachter den Zugang zu erleichtern, wurden zu 6 Abbildungen Folien beigegeben, auf denen die Nummern der jeweils wichtigsten Flurnamen eingetragen sind.

Neu in das Buch aufgenommen wurde ein Vortrag des Autors aus dem Jahr 1967. In ihm wird das Weiterleben von Flurnamen in Straßennamen aufgezeigt, und zwar von Flurnamen, die auf ehemaligen Weinbau an den Hängen des Stuttgarter Kessels hinweisen.

Der Autor des Buches darf ohne Zögern als Nestor der Flurnamenforschung unseres Landes – in der Nachfolge Karl Bohnenbergers – bezeichnet werden. Seine Liebe zum „Sprachdenkmal Flurname" und seine profunden Kenntnisse davon gab er auf vielfältige Art weiter an andere: als Lehrer am Ludwig-Uhland-Institut der Universität Tübingen, als Leiter der Württembergischen Landesstelle für Volkskunde, als Schriftsachverständiger des Landesvermessungsamtes, als geschätzter Führer unzähliger heimat- und volkskundlicher Fahrten durchs Land. In seinem 8. Lebensjahrzehnt sei ihm dafür durch die Neuausgabe dieses Buches Dank gesagt.

Dr. Irmgard Hampp
Landesstelle für Volkskunde Stuttgart
Württembergisches Landesmuseum Stuttgart

Vorwort zur Neuauflage

In kurzem wird es 50 Jahre her sein, daß diese Flurnamensammlung für die Stadt Stuttgart an die Öffentlichkeit kam, 55 Jahre, daß mit der Arbeit daran begonnen wurde. Ein Rest der Auflage verbrannte im Zweiten Weltkrieg, so daß das Buch nicht mehr käuflich zu erwerben war. Immer wieder hörte man deshalb, daß jemand dringend antiquarisch danach suche, bisher aber keinen Erfolg gehabt habe; man solle doch an einen Reprint denken. Dieser Wunsch wurde überraschend und erfreulich dadurch erfüllt, daß Frau Dr. Irmgard Hampp, die Leiterin der Landesstelle für Volkskunde Stuttgart, anbot, einen Neudruck in die Reihe der Veröffentlichungen der Landesstelle aufzunehmen und ihn nach Möglichkeit mit einigen zusätzlichen Beigaben auszustatten. Welcher Art diese sind, ist in ihrem Geleitwort gesagt. Es ist keine Frage, daß das Buch durch diese Ergänzungen an Wert gewonnen hat. Frau Dr. Hampp Dank zu sagen für die Anregung und ihre selbstlose Hilfe bei der Ausführung des Gedankens, ist mir ein Anliegen; aber auch alle jene, die sich mit der Stadtgeschichte in weiterem Sinn beschäftigen, haben ihr zu danken.

Ehrlicherweise muß natürlich gefragt werden, ob nicht neue Gegebenheiten und neue Forschungen den Inhalt des Buches überholt haben. Einiges entspricht tatsächlich nicht mehr der Wirklichkeit. Auch wenn es sich dabei nur um wenig bedeutende Äußerlichkeiten handelt, ist der Hinweis darauf für den Leser von Nutzen. Da gibt es heute z. B. keine Aussichtstürme auf dem Hasenberg und bei Degerloch und keine Geißeiche mehr, auf die der Text gelegentlich Bezug nimmt. Da wurden etliche Straßennamen, die zur Lageangabe von Flurstücken beigezogen wurden, seit 1933 geändert, manche davon sogar mehrfach: die Gartenstraße findet man jetzt auf dem Stadtplan als Fritz-Elsas-Straße, den Kanonenweg als Haußmannstraße, die Kasernen- und die Militärstraße als Leuschner- bzw. Breitscheidstraße, die Moltke- als Bebel- und die Blücher- als Ossietzkystraße, die alte Rote Straße als Theodor-Heuss-Straße und die Retraitestraße als Heilmannstraße oder die Seestraße streckenweise als Huberstraße. Daß aus dem „Haus des

Deutschtums" (ehemals das Waisenhaus) das „Institut für Auslandsbeziehungen" wurde, ist verständlich. Ebenso mag es zu wissen dienlich sein, daß man wie die alten Aussichtstürme auch die schon immer unscheinbaren Reste der ehemaligen Hirtenkapelle auf dem Frauenkopf nicht mehr entdecken kann. Mehr in die Tiefe amtlicher Anordnungen führt es, wenn die alten Nummern der württembergischen Zählung auf den Blättern der Topographischen Karte 1:25000, auf die manche Lageangaben in der Flurnamensammlung hinweisen, der neuen, für das ganze Bundesgebiet einheitlichen Zählung gewichen sind.
Diese Zusammenstellung von Änderungen aller Art ist eine mehr zufällige Auswahl. Sie soll den Benützer nur darauf aufmerksam machen, daß das Namenbuch in einigen Fällen mit seinen Angaben nicht mehr ganz auf der Höhe der Zeit seiner Wiederveröffentlichung steht und daß etwa wünschenswerte Änderungen aus technischen Gründen nicht vorgenommen werden konnten. Nur im alphabetischen Verzeichnis der Flurnamen konnten Änderungen bzw. Zusätze gemacht werden, da es neu gesetzt wurde.
Was die Sammlung und Deutung der Flurnamen betrifft, so sind im Laufe der Jahre zwar ein paar weitere Namen bekannt geworden, doch sind es verschwindend wenige, und diese beziehen sich nicht auf beachtenswerte oder größere Flurstücke; überdies scheinen manche davon ihren Ursprung im kindersprachlichen Bedürfnis neuerer und neuester Zeit zu haben (z.B. Wasserbuckele, bei den sieben Seelein). Auf den geologischen Bau des Bodens geht der vermutlich bloß im Familiengebrauch vorkommende Name „Rotes Loch" für ein Grundstück in der Nähe des Gewands Steinenhausen zurück. Auf die gesellschaftlichen Verhältnisse der Bewohner nimmt „Frauendörfle" für ein paar Häuser aus der zweiten Hälfte des 19. Jahrhunderts am Anfang der Gablenberger Hauptstraße Bezug: diese waren ohne Ställe, weil hier „Frauen" wohnten; im Gegensatz dazu wiesen Scheunen und Ställe der Häuser gegenüber diese Straßenseite als das Wohngebiet der „Weiber" aus. Daß man hinter der Bezeichnug „Im Hof" (No. 855) den ältesten Teil des Weilers Gablenberg vermuten dürfe, wird von Ortskundigen inzwischen angezweifelt.

Wenn das Buch in seinen 50 Lebensjahren sonst keinen Einwänden begegnet ist, so hat das seinen Grund wohl auch darin, daß zum Thema seither keine weiteren wissenschaftlichen Untersuchungen angestellt wurden. Die Ergebnisse von damals sind allgemein angenommen worden und haben in der Wissenschaft insofern Früchte getragen, als sie in hohem Maß mitgeholfen haben, den Boden zu bereiten für die bedeutenden neuen stadtgeschichtlichen Forschungen von Hansmartin Decker-Hauff, Gerhard Wein und in mancher Hinsicht auch für die als einzigartige Materialveröffentlichung anzusprechenden Bände zur Dokumentation des alten Stuttgart aus der Feder von Gustav Wais.

Gerade die Wais'schen Bände bieten mit ihrem überreichen Bilder- und Kartenschatz eine willkommene Hilfe für jeden, dem es die eigene Erinnerung nicht mehr ermöglicht, bei der Beschäftigung mit den Flurnamen der Stadt sich die unentbehrliche, einigermaßen zutreffende Vorstellung vom alten Stuttgart zu machen. Von den Karten, die Wais seinem Werk beigegeben hat, dürften dabei vor allem in Frage kommen die Tafel 3 mit dem Gesamtbild der Stadt von 1592 (die wichtigsten stadtnahen Gewande sind eingetragen), ergänzt durch Tafel 45 von 1743, für den Blick auf die Stadt von NW aus der Gegend der ehemaligen Seen die Tafeln 11, 12, 16, 27, mit Darstellung der Brunnenstuben, Wasserläufe usw. die Tafeln 33, 34, 35, 40, 42, mit Darstellung des Stöckacher Geländes die Tafel 44 und für den Verlauf der Alten Weinsteige die Skizze IV.

Wie mit den Namen Decker-Hauff und Wein schon angedeutet, ist auf dem Feld der Stadtgeschichte sehr Beachtliches geleistet worden. Zuvor ist in dieser Hinsicht jedoch an Karl Otto Müller zu erinnern, der in den „Traditiones Hirsaugienses" – aus der Zeit um 1160 – den Namen „Stuokarten" fand. Dieser ist jetzt als frühester Beleg für den Stadtnamen Stuttgart anzusehen und muß nunmehr bei No. 730 und sonst berücksichtigt werden.

Die Arbeiten von Decker-Hauff und Wein haben die Bedeutung der Flurnamenforschung für die Geschichtsschreibung in besonderer Weise bestätigt. Die Flurnamen Relenberg, Kornberg und Azenberg spielen da eine entscheidende Rolle (Decker-Hauff S. 87

ff., 97 ff., 102 f., 113). Zu vermerken ist in diesem Zusammenhang, daß das „Kolbenkreuz" (No. 390) jetzt unbedingt als Entstellung aus „Calwer Kreuz" zu deuten ist (S. 96, 103, 113). Wein (S. 128 ff.) hat bei der Bearbeitung des Flurnamens Steinenhausen (No. 297) den Weg zur Entscheidung zwischen mehreren Möglichkeiten gefunden, die seinerzeit in der Flurnamensammlung vorgetragen wurden.

Zahlreiche Einzeltatsachen, die in der Sammlung auftreten, haben durch die beiden Geschichtsforscher bei ihrer Behandlung aus der Sicht auf größere Zusammenhänge vertiefende Deutung erfahren. Besonders erwähnt sei z.B. das Herrschaftsgebiet im Nesenbachtal (Tiergarten, No. 464 u.a.) und in unmittelbarer Stadtnähe (Am Acker, No. 742; Fronacker, No. 732) oder Burgstall, Burghalden über der späteren Siedlung Heslach (No. 58, 64, 125).

Noch eine weitere Nachwirkung dieser Flurnamensammlung vom Ende der 20er Jahre muß hier erwähnt werden. Es geht um eine Frage der Methode der Flurnamenforschung. Aus der Betrachtung des Stuttgarter Namenstoffs ergab sich damals die Erkenntnis, daß ein Flurname grundsätzlich nicht jeweils nur für sich allein genommen, sozusagen als Einzelwesen behandelt werden darf, sondern daß er stets im Ganzen der Namen- und Sachgegebenheiten seiner unmittelbaren örtlichen Umgebung, seines Markungsteils, ja vielleicht seiner ganzen Markung, am Ende gar noch der Nachbarmarkungen zu sehen und zu untersuchen ist und nur so richtig gedeutet werden kann. Die Stuttgarter Sammlung bietet Beispiele dafür (S. 43-54).

Von diesen Ansätzen ausgehend hat Willi Müller weitere Fälle aus dem Kreis Ludwigsburg untersucht und darüber am Ludwig-Uhland-Institut der Universität Tübingen Ende der 50er Jahre seine Dissertation geschrieben. Für den angesprochenen Sachverhalt wählte er die Bezeichnung „Flurnamenbündel" und gab seiner Arbeit den Titel „Das Namenbündel als volkssprachliche Erscheinung – seine Bedeutung für Namenforschung, Volkskunde und Geschichte" (Tübingen 1959, maschinenschr.).

Es sei mir gestattet, daß ich am Ende dieses Vorworts zur Neuausgabe des Buches wie schon vor 50 Jahren in dankbarer Verpflich-

tung an diejenigen denke, ohne deren Einwirkung und deren Hilfe weder die zugrundeliegende Dissertation noch diese Neuausgabe je hätte zustande kommen können. Auf dem Feld der Namenforschung und Volkskunde gedenke ich in steter Dankbarkeit meines Lehrers Karl Bohnenberger. Meine Dissertation war seinerzeit dem Andenken meiner Eltern gewidmet. Diese Widmung möchte ich wiederholen und sie auf meine Schwester und meinen Bruder erweitern.
Zugeeignet sei die Neuauflage des Buches meiner lieben Frau als Dank für ihre unermüdliche Unterstützung.

Esslingen a.N.,
im Sommer 1982   Helmut Dölker

Neu herangezogene Literatur:

Gustav Wais, Alt-Stuttgart. Die ältesten Bauten, Ansichten und Stadtpläne bis 1800. Veröffentlichungen des Archivs der Stadt Stuttgart, Band 8. Stuttgart 1941.
Gustav Wais, Alt-Stuttgarts Bauten im Bild. Stuttgart 1951.
Hansmartin Decker-Hauff, Geschichte der Stadt Stuttgart. Band I: Von der Frühzeit bis zur Reformation. Stuttgart 1966.
Gerhard Wein, Die mittelalterlichen Burgen im Gebiet der Stadt Stuttgart. 1. Band: Die Burgen im Stuttgarter Tal. 2. Band: Die Burgen in den Stadtteilen Solitude, Feuerbach, Cannstatt, Berg und Gaisburg.
Veröffentlichungen des Archivs der Stadt Stuttgart, Bände 20 und 21, Stuttgart 1967, 1971

XIV

Stuttgarter Straßennamen als Zeugen alter Weinkultur
(Text eines Rundfunkvortrags vom 18. Februar 1967)

Alle unsere Städte und die allermeisten Dörfer, auch die kleinsten, haben heute amtlich gültige Namen für ihre Straßen – das weiß jedes Kind; aber nicht alle wissen, daß diese Namen etwas bedeuten sollen und wollen. Schreibt man doch gedankenlos auf einen Brief den Namen der Straße, in welcher der Empfänger wohnt, und nur bei einer ganz komischen Benennung mag man stutzen und sich fragen, wie es wohl dazu gekommen sei und was sie sagen wolle. Im allgemeinen weiß man auch, daß Wohnstraßen nach einem Ort benannt sein können, in dessen Richtung sie führen, oder daß sie die Erinnerung an verdiente Bürger oder große Menschen festhalten sollen. Daß einzelne Wohnquartiere und Stadtviertel mit inhaltlich gleichartigen Namen versehen sind, nimmt man als gegeben hin; dort heißen dann alle Straßen etwa nach Fischarten oder nach Obstbäumen, nach Zierblumen oder Insekten, nach fremden Ländern oder anderen Städten. Vielleicht lächelt der oder jener über das nicht sehr geistreiche Verfahren; aber unter den heutigen Verhältnissen schnell wachsender Siedlungen ist es verständlich und kaum vermeidbar; eine Straße muß ja einen Namen haben, und im Zweifelsfall ist dann dieser Ausweg, der immerhin noch Wohnviertel kennzeichnen kann, am Ende doch besser als etwa die öde Verwendung von bloßen Buchstaben und Ziffern.

Weit weg ist das alles von der ursprünglichen Benennungsweise der Gassen, wie man sie für frühe Zeit wird annehmen dürfen; eine lange Entwicklung hat allem nach stattgefunden. Was sich vielleicht beobachten läßt, scheint auch für die Straßennamen zuzutreffen: sie sproßten einst auf dem Boden überschaubarer Siedlungen, haben sich zwar über die mannigfachen Wandlungen unserer Städte und Dörfer hin erhalten, sind dabei jedoch zu Zeichen herabgesunken, mit deren Hilfe man sich aber immerhin auch im heutigen Meer der Häuser noch zurechtfinden kann. Bei genauem Zusehen muß man sagen, daß sie somit doch weiterhin ihren Hauptzweck erfüllen; denn stets sollten sie es den Menschen ermöglichen, den gegenseitigen Wohnplatz ausfindig zu machen.

Das war schon die Aufgabe des altüberlieferten Hausnamens wie die des Gassen- und Straßennamens. Ein allgemein einleuchtender Beleg dafür aus ganz anderen Lebensverhältnissen als den heutigen mitteleuropäischen findet sich in der Apostelgeschichte (9,11), wo dem Ananias „die Gasse, die da heißt die gerade" als der augenblickliche Wohnplatz Sauls genannt wird; ohne Zweifel hat sich die Gasse durch ihre Geradheit von der üblichen Straßenführung unterschieden und nach dieser Eigenschaft ihren Namen bekommen. Daß etwa eine Wolfsgasse ihren Namen vom Haus zum Wolf hatte, das darin stand, eine Webergasse von den Webern, die darin wohnten, die Hauptstätter Straße von der Hauptstatt, der Richtstätte also, zu der sie führte, braucht keine weitere Erklärung. Der Sinn der Namen war lebendig und ohne Schwierigkeit verständlich, solange die sachlichen Gründe galten, welche sie veranlaßt hatten. In dem Augenblick aber, in dem dies nicht mehr der Fall war, hätte auch der Gassenname vergehen müssen. Wenn er es zumeist nicht tat, so trägt die Neigung der Menschen, beim Alten zu beharren, die Schuld daran. Der Name begann damit, zum bloßen Zeichen abzusinken, zum Zeichen, das zwar gerne benützt wird wie eine Wechselmünze im Alltag, das aber so wenig nach Berechtigung, Sinn und Bedeutung befragt wird wie diese. Der ehemals sinnvolle Gassenname ist gleichsam zum Museumsstück geworden; er muß sein Genüge in sich selbst finden, weil er zu seiner Umwelt keinen lebendigen Bezug mehr hat.
Nur der besonders Sachverständige, der weiß, daß in jeder Gegenwart auch Vergangenes lebt, und der diesem nachgeht, um jene besser zu verstehen, wendet sich mit Freude dem Museum zu. Im Falle der Straßennamen ist es der Geschichtsschreiber, der sich dieser Überbleibsel annimmt und sich von ihnen den Weg in das vergangene Leben seiner Stadt, seines Dorfes weisen, sich von ihnen sein Bild von den Jahrhunderten mit Leben füllen läßt.
Namen von Fluren und Gewanden sind nach dem Gesagten in einer Siedlung zunächst keine Straßennamen „erster Wahl". Dennoch sind sie allenthalben vorhanden; und wenn der Blick nun auf Stuttgart im besonderen gerichtet wird, ist zu sagen, daß sie sich sogar recht zahlreich finden, und zwar im eigentlichen alten Stutt-

XVI

gart, also im Kessel um den Nesenbach und den Vogelsangbach. Davon soll jetzt ausschließlich gesprochen werden.

Ein vergleichender Blick auf alte Bilder der Stadt und neuere Stadtpläne zeigt, daß die Straßen, die nach Gewanden benannt sind, alle dort verlaufen, wo die Stadt ursprünglich nicht hinreichte und wo sich ehemals freies Land außerhalb der Stadtmauer erstreckte. Die Namen der Gewande sind also keineswegs künstlich herbeigeholt, weil die wachsende Stadt Straßennamen haben mußte, sondern sie haben sich ganz natürlich vom Flurnamen zum Straßennamen gewandelt, als sich die Stadt über die einstigen umliegenden Gefilde immer weiter ausdehnte und diese mit Häusern überdeckte. Ganz von selber geben in solchem Fall Straßennamen dem Forscher also Aufschluß über die Lage der alten Gewande und, falls er Glück hat und ihm die Namen etwas aus der Vergangenheit erzählen, auch über ihre Geschichte, ihre Bebauung und ihre Nutzung.

Im Gebiet des alten Stuttgart von Gewanden zu sprechen, kann zu Mißverständnissen führen. Im allgemeinen verbindet sich mit dem Wort doch der Begriff des Ackerlands. Das aber gab es in dem unebenen, teilweise engen Tal nur in beschränktem Umfang. Was man hier erwarten kann, ist in Anbetracht der geologischen und der landschaftlichen Gegebenheiten Rebland, und tatsächlich wurde viel Wein in Stuttgart gekeltert; das ist eine geschichtliche Tatsache. Nicht umsonst wohl kannte man im 18. Jahrhundert das folgende Verslein über den reichen Weinertrag:

„Si on ne cueilloit à Stuttgard les Raisins,
La Ville iroit se noyer dans le Vin."
„Wenn man zu Stuttgart nicht einsamlete den Wein,
würde die Stadt bald im Wein ersäufet seyn."

Man tut also wohl gut daran, hier eher von „Halden" oder auch „Bergen", wie die Alten sagten, zu sprechen. Und in der Tat sind es die Straßennamen mit -halde oder -berg, die den Wegweiser für die weiteren Überlegungen abgeben.

Stadtplan und Adreßbuch kennen folgende Flurnamen auf -berg

beziehungsweise -halde, die in Straßennamen weiterleben: Altenberg, Ameisenberg, Azenberg, Gebelsberg, Hasenberg, Himmelsberg, Kornberg, Kriegsberg, Mönchberg (später Mönchhalde), Reinsburg (früher häufig auch Reinsberg), Reichelenberg, Relenberg, Schellberg, Schülensberg, Schwarenberg, Sonnenberg, Stafflenberg, Strohberg, Vordernberg; Afternhalde, Diemershalde, Eckartshalde, Ehrenhalde, Mönchhalde (früher Mönchberg), Pleckethalde, Werfmershalde, Wernhalde, Wolframshalde.

Etwas verändert gegenüber ihrer ursprünglichen Form leben in Straßennamen noch fort der Schülensberg als Im Schüle, und die Wolframshalde als Wolframstraße.

Von den alten hierher gehörigen Namen haben der Eßlinger Berg und der Mühlberg keinen Niederschlag in heutigen Straßennamen gefunden.

Wie ich bereits angedeutet habe, ist anzunehmen, daß bei den natürlichen, wirtschaftlichen und sprachlichen Gegebenheiten der Stuttgarter Landschaft die Bezeichnungen auf -berg und -halde von vornherein auf ehemaligen Weinbau an dieser Stelle schließen lassen. Alle diese Straßen ziehen sich an zum Teil hohen und steilen Hängen, in ihrer unmittelbaren Nähe oder in Richtung darauf hin. Außerdem zeigt sich, daß diese Hänge – zumeist in den Bunten Mergeln oder Gipsmergeln liegend – fast alle Süd-, West- oder Südwestlagen haben. Auf einem Markungsplan älterer Herkunft, auf dem noch keine modernen Straßenzüge die natürlichen Zusammenhänge stören und die Flurnamen auf die zugehörigen Stücke geschrieben sind, läßt sich das alles deutlich ablesen.

Die Markungskarte zeigt aber noch etwas anderes: Von einer Grundlinie ausgehend, die vom Hegelplatz über den Schloßplatz zum Charlottenplatz verläuft, stoßen wir in nordostwärtiger Richtung auf eine eigenartig dichte Ansammlung von -berg und -halde-Namen im unteren Teil des Talkessels, ungefähr von einer Linie vom Hegelplatz über den Schloßplatz zum Charlottenplatz aus nach Nordosten. Hier finden sich immerhin nahezu zwei Drittel aller oben aufgeführten Namen zumeist auf der linken, doch auch auf der rechten Talseite, mehrere davon dicht nebeneinander. An den Hängen des nordwestlichen Höhenzugs sind es

Kornberg, Azenberg, Relenberg, Ehrenhalde, Schülensberg, Himmelsberg, Kriegsberg, Vordernberg, Mühlberg, Wolframshalde, Mönchhalde und Eckartshalde, an denen des südöstlichen Höhenzugs Eßlinger Berg, Werfmershalde, Diemershalde, Ameisenberg, Schwarenberg. Das restliche Drittel verteilt sich über alle übrigen Talhänge von Heslach her mit der hochgelegenen Afternhalde, dem Gebelsberg, der Reinsburg über die Gegend des Westbahnhofs mit dem Hasenberg, der Winterhalde und der Pleckethalde bis hinüber an den südöstlichen Höhenzug mit dem Sonnenberg, dem Reichelenberg, dem Altenberg und der Wernhalde.

Wenn man die Namen auf ihren sprachlichen Inhalt untersucht, zeigt sich, daß im Bestimmungswort nicht selten ein Eigenschaftswort steckt, das Lage oder besondere Eigenschaft bezeichnet, oder daß Hauptwörter Entsprechendes besagen: Afternhalde (d.i. hintere Halde), Pleckethalde (d.i. bleckende Halde, wobei wohl an offenliegenden Fels zu denken ist), Vordernberg, Altenberg (d.i. früheste Rebanlage in der nächsten Umgebung), Winterhalde (d.i. winterliche Lage), Sonnenberg (d.i. sommerliche Lage), Hasenberg und Ameisenberg (nach den Tieren benannt), Mühlberg (nach der Lage über der ehemaligen Tunzhofer Mühle), Stafflenberg, Strohberg.

Wer hier die Ehrenhalde, den Kornberg und den Kriegsberg vermißt, der mag erfahren, daß der Kornberg einmal Kuonenberg hieß und auf einen Kuno zurückweist, die Ehrenhalde aber entstellt ist aus einer ursprünglichen Herrenhalde, wobei mit den „Herren" die Zisterziensermönche des Klosters Kaisheim bei Donauwörth gemeint waren. Was den Kriegsberg betrifft, so muß die Deutung dieses altüberlieferten Flurnamens vorläufig noch offen bleiben, da bisher unbekannt ist, in welchem Krieg oder Streit er seinen Grund hat.

Eine weitere Namengruppe ist dadurch gekennzeichnet, daß sie Personenangaben im Bestimmungswort enthält. Mit Dietmar, Ekkart, Werkmann, Wolfram in Diemers-, Eckarts-, Werfmers- (ursprünglich Werkmanns-) und Wolframshalde ist die Personenbedeutung offensichtlich. Im Azenberg steckt der altdeutsche Personenname Azo, in späterer Form Atz. Hinter dem Schülensberg und dem Himmelsberg sind wohl frühere Familiennamen Schühelin und Himmelin zu suchen, hinter dem Relenberg der altdeutsche weibliche Rufname Renlint. Der Schwarenberg aber geht zurück auf „des Wahren Berg", also auf eine genitivische Form mit verkürztem Geschlechtswort. Die Beweise für all diese Erklärungen liegen in den frühesten archivalischen Belegen dieser Namen aus dem 13. und 14. Jahrhundert. Es bleibt noch der Mönchberg, der später zur Mönchhalde wurde und der eindeutig und unbezweifelbar auf geistliche Personen weist.

Ein paar zusätzliche Beobachtungen und einige sachliche Überlegungen führen nun noch etwas weiter. Es fällt auf, daß der umrissene Namenbezirk am nordwestlichen Höhenzug ziemlich genau am alten Herdweg, heute noch unter demselben Namen vom Hegelplatz zur Doggenburg verlaufend, nach Südwesten hin sein Ende findet und einer Reihe von Flurnamen ganz anderen Inhalts Platz macht. Wie mit einem Schlag setzen hier Namen ein, die von Waldrodung und Bewaldung sprechen, nämlich Hartungsreute (jetzt Hauptmannsreute), Hoppenlau (-lau d.i. Loh in der Bedeutung von kleiner Wald), Falkert (aus Falkhart, -hart d.i. Wald, insbesondere Weidewald), Forst (d.i. große Waldung in herrschaftlichem Besitz). Nebenbei gesagt: auch diese Fluren haben alle ihr Fortleben in Straßennamen.

In diesen Gegenden muß also einmal eine deutlich sichtbare Verschiedenheit in der Bewirtschaftung bestanden haben. Weinbaugebiet und Waldland waren durch einen Einschnitt getrennt, der die Frage nach seinem Grund und nach seinem Zeitpunkt aufwirft. Da wäre es von hohem Wert, wenn man Näheres darüber wüßte, welche Personen in dem besonderen Flurbezirk, der die erwähnten Namen mit Personenangaben umfaßt, gemeint waren. Die meisten dieser Flurnamen gehören zu den am frühesten belegten der Markung Stuttgart, sind also seit dem 13. und 14. Jahrhundert schriftlich überliefert; nach den darin auftretenden zugehörigen Menschen wäre also spätestens vom 12. Jahrhundert an zu suchen. Da die Hanglagen, um die es hier geht, nur zum Weinbau zu gebrauchen waren, dieser aber im Stuttgarter Gebiet um 1150 noch nicht von kleinen Leuten betrieben werden konnte, müßten dabei

Personen im Spiel gewesen sein, die ihn sich leisten konnten, also vermutlich nicht dem gewöhnlichen Volk angehörten.

Keine Schwierigkeiten gibt es in dieser Hinsicht bei den Mönchen des Mönchbergs; allem nach waren sie vom Kloster Lorch im Remstal, das enge Verbindungen zum nahen Ort Münster am Neckar hatte. Auch die Herren von Kaisheim waren früh da – an ein anderes Stück in derselben Gegend, das ihnen gehörte, erinnert der Straßenname Im Kaisemer (d.i. im Kaisheimer). Die Schühelin werden eine der führenden Familien im nahen Esslingen gewesen sein. Aus bestimmten Gründen darf wohl auch der Name Himmelsberg von einem Familiennamen hergeleitet werden. Der Name Atz ist in der Familie der Grafen von Calw geläufig, auf deren Hereinwirken in die Gegend es auch sonst Hinweise gibt. Verwunderung erregt natürlich der Frauenname Renlint in Relenberg; auch er scheint in einer hochadeligen Familie jener Jahrhunderte vorgekommen zu sein. Bedauerlicherweise lassen sich bisher die Eckart, Dietmar, Wolfram und Werkmann persönlich nicht festlegen. Man dürfte aber wohl nicht fehlgehen, wenn man auch für sie auf gesellschaftlich und wirtschaftlich bedeutende Persönlichkeiten schließt.

Selbstverständlich waren die bisher behandelten Lagen auf die Dauer nicht die einzigen Weinbauhalden im Stuttgarter Kessel. Im 16., 17. und 18. Jahrhundert wurden wohl überall Reben gebaut, wo überhaupt ein Ertrag noch erwartet werden konnte, auch wenn er gering war; anders wäre wohl auch der französische Reim nicht aufgekommen. Auch die soeben genannten Fluren mit Rodungs- und Waldnamen tragen jetzt weithin Reben. Deshalb schließt die Nennung eines alten Gewands im Straßennamen fast immer einen Hinweis auf den Weinbau ein, so etwa in Heusteigstraße, Fangelsbachstraße, Rötestraße, Vogelsangstraße, Lehenstraße und natürlich in Weinsteige. doch ist auch für den Neuling im Flurnamenstudium ohne weiteres klar, daß diese Namen anders geartet sind als die vorhin behandelten und ursprünglich nicht auf den Weinbau hindeuteten.

Die alten Stuttgarter Wengerter machten auch stets einen deutlichen Unterschied zwischen den Gewanden, in denen eben auch

Wein gebaut wurde, und denen, die von Natur aus schlechthin für den Rebbau bestimmt schienen und so gut wie ausschließlich diesem dienten. Das waren vorwiegend die Gewande, deren Namen auf -berg oder -halde enden, und unter ihnen vorzüglich wieder die in dem vorhin besprochenen Teil der Markung. „Schokoladeseite" nannte man diese guten Lagen im 19. Jahrhundert.
Sollte diese Besonderheit von Lage und Benennung noch weitere Schlüsse gestatten? Um die Frage beantworten zu können, sollte man sich zuerst noch ein wenig über die frühe Geschichte des Stuttgarter Tals unterrichten. Auch dazu helfen die Namen und an erster Stelle der der Stadt selbst. Als Stuokarten kommt er zum ersten Mal 1160 vor; er lautet 1229 Stutkarcen und 1286 Stuotgarten. Es gibt keinen Zweifel über die sprachliche Deutung, da archivalische Überlieferung und mundartliche Aussprache (Schtuagert) einwandfrei zusammenstimmen und nicht im Widerspruch zu der Ursprungssage für die Stadt stehen. Aller Wahrscheinlichkeit nach darf man im Talgrund bei der Stiftskirche den Platz eines Stutgartens (mittelhochdeutsch stuot meint eine Herde Zuchtpferde) vermuten, der seit dem 10. Jahrhundert in herzoglichem Besitz war; mit ihm wird der alemannische Herzog Luitolf, der Sohn Ottos I., in Verbindung gebracht. Ins 12. Jahrhundert weisen baugeschichtliche Spuren der Stiftskirche, die um die Mitte des 13. Jahrhunderts zur dreischiffigen Basilika ausgebaut worden zu sein scheint. Damals muß also eine Siedlung mit größeren Ansprüchen im Tal bestanden haben, die 1286 „die stat Stuotgarten" heißt und in der Auseinandersetzung zwischen der Reichsgewalt und Eberhard dem Erlauchten eine Rolle spielt. Wahrscheinlich bestanden damals zwei bäuerliche Kleinsiedlungen nicht mehr, die ihrem Namen nach zeitlich viel weiter zurückreichen müssen, nämlich Tunzhofen auf dem Gelände des heutigen Güterbahnhofs und Immenhofen in der Gegend des Wilhelmsplatzes; ihre Einwohner waren vermutlich damals bereits in die neue Stadt umgesiedelt worden.
Vom Weinbau im Tal zeugt die Urkunde von 1229, in der Stuttgart erstmals als Ort genannt wird. In ihr bestätigt Papst Gregor IX. dem Kloster Bebenhausen seine dortigen Besitzungen. Und

daß es sich dabei gerade in Stuttgart nur um Weinberge gehandelt haben kann, ist kaum zu bezweifeln; andere Güter hätte das Kloster anderswo bessere bekommen können. In diesem Zusammenhang ist an den Mönchberg (Mönchhalde) und an den frühen Besitz des Klosters Kaisheim in den besten Lagen zu erinnern, von dem vorhin die Rede war, und man kann die Frage stellen, ob der Weinbau nicht überhaupt durch die Mönche ins Stuttgarter Tal gebracht worden ist. Manches spricht dafür; denn von den guten Weinbaulagen war die Mönchhalde eine der besten, und es ist wohl anzunehmen, daß nur die besten Bedingungen zur Anlage der ersten Rebkulturen lockten. Daß – wie bereits angedeutet – die Lorcher Mönche dafür verantwortlich waren, läßt sich daraus schließen, daß dieses Kloster im 13. Jahrhundert ausgedehnten Weinbergbesitz an den Halden über Tunzhofen hatte. Nun läßt sich auch ein Schluß wagen auf den terminus post quem, auf den Zeitpunkt also, nachdem das erst geschehen konnte. Dieser wäre das Gründungsjahr des Klosters Lorch 1102. Als eine seiner frühesten Stiftungen erhielt es von den Staufern, seiner Gründerfamilie, den Ort Münster am Neckar. Zwischen diesem und dem Weiler Tunzhofen bestanden über die gemeinsame Mutterkirche zu St. Martin auf der Altenburg beim Römerkastell Cannstatt Zehntbeziehungen, und mit deren Hilfe mögen die Lorcher Mönche ihren Weg nach Tunzhofen gefunden und dabei die dortigen Halden als geeignet für den Weinbau erkannt haben. Das neue Kloster brauchte Weinbergbesitz, und es mag deshalb so rasch wie möglich die ersten Kulturen auf der ihm nun nahegerückten Markung Tunzhofen angelegt haben. Andere große Herren scheinen gefolgt zu sein, und andere Klöster dürften bald Stiftungen erhalten oder Eigentum erworben haben. Einzelne weitere Versuche können in der Folge auch an anderen geeigneten Hängen ums Stuttgarter Tal gemacht worden sein; an den Namen mit -berg und -halde lassen sich die Stellen erkennen. Diese Namen mit -berg und -halde wiederum erscheinen auffallend gehäuft in der für die früheste Zeit anzunehmenden Markung Tunzhofen. Sie zeichnen sich hier noch besonders dadurch aus, daß sie mehr als anderswo mit Personenangaben – und das heißt wohl mit Hinweisen auf die Besitzer –

verbunden sind. Diese beiden Tatsachen legen den Schluß nahe, hier nicht nur den ersten großen Anstoß zum Weinbau zu sehen, sondern wegen der gleichartigen Namengebung, gewissermaßen im Sinne einer Zeitströmung, einer Mode, auch die Gleichzeitigkeit des Vorgangs an verschiedenen Stellen der Markung Tunzhofen im 12. Jahrhundert zu erkennen. Als später – allzu lange nachher war es wohl nicht, vermutlich geschah es noch im 14. Jahrhundert – die jenseits des Herdwegs anstoßenden Markungsteile auch zu Weinbergen gemacht wurden, ging man bei der Benennung anders vor. Die Flurnamen sprechen hier vom Zustand vor der Anlage der Weinberge. Mit dem ersten Weinbau im Tunzhofer Gebiet war die wirtschaftliche Entwicklung des Stuttgarter Tals für die Zukunft bestimmt, ja überhaupt erst der Grund für seine Erschließung und wirtschaftliche Lebensfähigkeit gelegt worden. Zum Feldbau reichte der Talboden höchstens für zwei oder drei kleinere Weiler aus, niemals jedoch für eine Stadt. Erst dadurch, daß man die Talhänge zur Rebkultur auszunutzen gelernt hatte, war es überhaupt möglich, im Anschluß an eine herrschaftliche Burg eine größere Zahl von Menschen als Bürger einer Stadt anzusiedeln. Der Hof und seine Diener in der Territorialverwaltung auf der einen Seite, Weingärtner, Handwerker und Gewerbetreibende auf der andern – das waren die zwei großen Gruppen der städtischen Bevölkerung von Stuttgart über die Jahrhunderte hin. Heute kann man die Bevölkerung der Landeshauptstadt nicht mehr in ein solch einfaches Schema einordnen. Sie ist der Zahl nach um ein vielfaches gewachsen und hat sich auch in der beruflichen Zusammensetzung vollständig gewandelt. Im Stadtbild sichtbar geblieben (abgesehen von der Stadtanlage selbst) sind jedoch Spuren der beiden ehemaligen großen Gruppen: herrschaftliche Gebäude, wenn auch meist nur in restaurierter Form, und Weinberge an Kriegsberg und Neuer Weinsteige. Zeugen der Vergangenheit sind auch die Namen von Straßen und Plätzen. Angesichts der Bedeutung des Weins für die Geschichte seiner bürgerlichen Wirtschaft ist es erfreulich und tröstlich, daß sich auch das Stuttgart von heute mit seinen ihm zugewachsenen Dörfern rühmen darf, zu den größten Weinbaugemeinden Deutschlands zu zählen.

I. Quellen.
a) Schriftliche.

Primärkataster. Angeführt: PK.

Archivalische Quellen:

Gedruckte:
Wirtemb. Urkundenbuch 1/11 Stgt. 1849/1913. Angeführt: WUB.
Urk. u. Akten des Kgl. württ. Haus- u. Staatsarchivs (Württ. Staatsarchivs)
1. Abt. I, 1, 2 (Regesten 1301/1500) Stgt. 1916. 1927. Angeführt: Urk. u. Akt.
Württ. Geschichtsquellen, insbes. Band XIII (Stgt. Urkundenbuch) 1912 u.
Band IV, VII (Essl. Urkundenbuch) 1899, 1905. Angeführt: UB. bezw. WGQ.

Handschriftliche:

1. Im württ. Staatsarchiv in Stuttgart:

Weltl. Lagerbücher aus den Jahren: 1350, 1393, 1451, 1466, 1472/74, 1503, 1510, 1520, 1524, 1524/28, 1527, 1528, 1540, 1542, 1571, 1572, 1575, 1589/1695. Angeführt: Lb.w. u. Jahreszahl.

Geistliche Lagerbücher aus den Jahren: ca. 1480/90, 1424/76, Nr. 2004 (30er Jahre des 16. Jh.), 1536 (2 Lb.), 1550, 1558, 1582, 1585, 1586, 1588/89, 1632, 1650, 1700, 1701 (2 Lb.), 1745/46. Angeführt: Lb.g. u Jahreszahl.

Forstlagerbücher aus den Jahren: 1555 (2 Lb., eines davon spätere Abschr. des andern), 1556, 1583, 1682, 1699. Angeführt: Lb.F. u. Jahreszahl.

Urkunden der weltl. u. geistl. Verwaltung (zitiert nach Repertorium u. Büschel). Angeführt: Rep.Stgt.w.Bü., Rep.Stgt.g.Bü.

2. Im städtischen Archiv Stuttgart:

Untergangsbüchlein von 1505 bis 1731. (Teil B Bü 1—4.) Angeführt: Grenzb. u. Jahreszahl.

Stuttgarter Vorsts Lager- und Steinbuch 1680 (Teil B Bü 14). Angeführt: St.F.

Waldbuch der Stadt Stgt. 1699. (Risse.) Teil B Bü 15.

Risse vom Stgt. u. Leonberger Forst 1731. Teil B Bü 16.

Beschreibung der Stgt. Stadtwaldungen im Forstamt Leonberg Teil B Bü 18. 1827/28. 1849.

Weinberg-, Äcker- u. Wiesenprotokoll 1724. Angeführt: Prot.

Eidsteuerbücher von 1516 bis 1579. Teil C Bü 17, 39, 45, 53. Angeführt: Steuerb. u. Jahreszahl.

Felduntergangsprotokolle 1613/1650 Teil E Bü 3
 17 9/1752 „ „ 7 } Angeführt:
 1793/1803 „ „ 13 } Unterg. und Jahreszahl.

Urkunden u. Akten zitiert nach Teil u. Büschel.

3. Im Stadtarchiv Eßlingen a. N.

Lagerbücher des Eßlinger Spitals aus den Jahren: 1304, 1334, 1350, 1388, 1402, 1436, 1485. Angeführt: Lb.E. u. Jahreszahl.

b) Karten und Pläne.

(Ältere Pläne wurden meistens auf der Württ. Landesbibliothek eingesehen.)

1592: Wahrhafte Contrafactur der fürstl. Hauptstatt Stutgarten ... Von Jonathan Sautter, Modist in Ulm. (Neu veröff. von M. Bach.) Angeführt: Plan 1592.

Um 1680: Forstkarten des Kriegsrats Kieser, Tafel Nr. 187, 188, 191, 192. Angeführt: Kieser, Forstk. u. Tafelnummer.

1743: Plan géometrique de la Ville et Résidence de Stgt. Capitale du Duché de Wirtemberg avec ses environs comme elle se trouvait en Etat 1743. Angeführt: Plan 1743.

1794: Grundr. der herzogl. württ. Haupt- und ersten Residenzstadt Stgt. Chr. F. Roth (abgebildet bei Hartmann, Gesch. 219). Angeführt: Plan 1794.

1798: Botnanger Hut. Fecit Johann Melchior Jeitter, Hofjäger u. R. Förster zu Bothnang den 7. Junij 1798. (Nach einer von Prof. Dr. Ernst zur Verfügung gestellten Photographie.)

Ende des 18. Jh.: Grundr. der herzogl. württ. Haupt- u. ersten Residenzstadt Stgt. Assiné par. J. L. Roth ... Angeführt: Plan v. Ende des 18 Jh.

1807: Grundr. der Kgl. württ. Haupt- u. Ersten Residenzstadt Stgt. und ihrer Feldmarkung. Chr. F. Roth. Angeführt: Plan 1807.

1834: Plan von Stgt., aufgen. im August 1834. Hartmann, Chronik bei S. 232. Angeführt: Plan 1834.

1849: Grundr. der Stadtmarkung von Stgt. Lith. v. G. Küstner 1849. Angeführt: Plan 1849. — [Dieser Plan ist dem Buch beigegeben.]

1851: Plan des Oberamts Stgt., in der Beschreibung des Oberamts Stgt. Amt. Angeführt: Plan OAB. Amt.

Um 1856: Karte des Stadtdirectionsbezirks Stgt., in der Beschreibung des Stadtdirections-Bezirks Stgt. Angeführt: Plan OAB.

Flurkarten: XXIII—XXVIII, 5—12. Angeführt: Flk. u. Nummer.

Adreßbuchpläne in verschiedenen Maßstäben. Angeführt: Adreßb.pl. und Jahreszahl.

Plan von Stgt. Bearbeitet vom städt. Tiefbauamt. 1:5000. 1901.

Topograph. Atlas des Königreichs Württemberg. 1:50000. Blatt 16 (1893).

Topograph. Atlas des Königreichs Württemberg. 1:25000. Blatt 69, 70. Angeführt: Top.Atl. u. Blattnummer.

c) Mündliche.

Alle Ausspracheformen und viele Fln. beruhen auf mündlichen Erkundigungen.

II. Literatur.

(Die Angaben beschränken sich auf die für die Arbeit wichtigsten Werke; von allgem. bekannten Büchern — z. B. Grammatiken von Paul und Braune — ist abgesehen.)

A. Sprachliche.

a) Darstellungen:

Bohnenberger, K., Zur Lautlehre des Schwäbischen. Korrespondenzbl. f. d. gelehrten und Realschulen Württ. 1887. S. 502 ff.
— Geschichte der schwäbischen Ma. im 15. Jh. Tübingen 1892. Angeführt: Bohnenb. Schwäb. 15. Jh.
— Die Mundarten Württembergs. Schwäbische Volkskunde. 4. Buch. Stgt. 1928. Angeführt: Bohnenb. Ma.
Fischer, H., Geographie der schwäb. Ma. Tübingen 1895. Angeführt: F. Geogr., F. Atl.
Kauffmann, F., Geschichte der schwäb. Ma. im Mittelalter und in der Neuzeit. Straßb. 1890.
Wilmanns, W., Deutsche Grammatik I[3] II[2] III[1,2]. Straßb. 1911, 1899, 1906/09.

b) Wörterbücher:

Badisches Wörterbuch, bearb. von E. Ochs, Lieferung 1, 2. Lahr i. B. 1926. Angeführt: Bad. WB.
Grimm, J. u. W., Deutsches WB. Leipzig 1854 ff. Angeführt: DWB.
Kluge, F., Etymologisches WB. der deutschen Sprache[9]. Berlin-Leipzig 1921.
Lexer, M., Mhd. WB. 1/3. Leipzig 1872 ff. Angeführt: Lex.
Schade, O., Altdeutsches WB.[2] Halle a. S. 1882.
Schmeller, J. H., Bayerisches WB.[2] 1/2. München 1872/77. Angeführt: Schmell.
v. Schmid, J. C., Schwäbisches WB. Stgt. 1831.
Schwäbisches WB., bearbeitet v. H. Fischer, 1/6. Tübingen 1904 ff. Angeführt: F.
Schweizerisches Idiotikon, 1/9. Frauenfeld 1881 ff. Angeführt: Schw.
Wörterbuch der elsässischen Ma., bearbeitet von Martin u. Lienhart, 1/2. Straßb. 1890/1907. Angeführt: Els.

B. Namenkundliche.

a) Allgemein:

Alemannia (Zeitschrift f. alem. u. fränk. Volkskunde) 1873—1913. Angeführt: Alem.
Bächtold, H., Die Fln. der schaffhauserischen Enklave Stein am Rhein. Schriften d. Ver. f. Gesch. d. Bodensees 45 (1916), 11 ff.

Becker, K., Die Fln. Niddas in alter und neuer Zeit. Diss. Gießen 1919.
Beschorner, H., Fln.—Berichte. Korrespondenzbl. des Gesamtvereins d.
 deutsch. Gesch. und Alt.Ver. 1904, 06, 07, 13, 18, 21. Angeführt: Korrespondenzbl.
Blätter des Schwäbischen Albvereins. Tübingen 1888 ff. Angeführt: Albv.
 und Jahrgang.
Bohnenberger, K., Zu den Fln. — Philol. Studien. Festgabe für E. Sievers,
 359 ff. Halle a. S. 1896. Angeführt: Festg.
— Zu den On. — Germanica. E. Sievers zum 75. Geburtstag, 129 ff. Halle a. S.
 1925. Angeführt: Germanica.
— Die Ortsnamen Württembergs.[2] Tübingen 1927. Angeführt: Bohnenb. On.
— Beiträge in den Blättern des Schwäb. Albv. Angeführt: Albv. u. Jahrg.
Buck, M, Oberdeutsches Flurnamenbuch 1880.
Eberl, B., Die Bayerischen On. als Grundlage der Siedlungsgeschichte.
 Bayer. Heimatbücher II. München 1925/26.
Förstemann, E, Altdeutsches Namenbuch.
 I. Personennamen.[2] Bonn 1900. Angeführt: Förstem. I.
 II. Ortsnamen.[3] Bonn 1913. Angeführt: Förstem. II.
Hartmann, J., Die württemb. On. auf Grund der Schriften und nachgel.
 Papiere A. Bacmeisters, WJB. 1874 II 197/214, 1875 II 114/137. Angeführt:
 WJB.
Heck, E., Die Fln. von Höfingen, Gebersheim, Hirschlanden ... Masch.
 Diss. Tübingen 1926.
Heilig, O., Angewachsene bzw. losgetrennte Teile in On. Zeitschr. f. d.
 deutsch. Unterr. 17 (1903) 728 f.
Heintze-Cascorbi, Die deutschen Familiennamen.[6] Halle a. S. 1925.
 Angeführt: Heintze.
Keinath, W., Württembergisches Flurnamenbüchlein. Tübingen 1926.
Korrespondenzbl. d. Gesamtver. d. deutsch. Gesch.- und Altertumsvereine,
 1853 ff. Angeführt: Korrespondenzbl. und Jahrgang.
Miedel, J., Oberschwäbische Orts- und Flurnamen. Memmingen 1906.
—, Eine unbeachtete „elliptische" Ortsnamengattung. ZfdM. 1919, 54 ff.
Mitt. d. Ver. für Gesch. und Altertumskunde in Hohenz. Angeführt: MfHz.
Neumann, R., Die Fln. des Busecker Tals. Diss. Gießen 1914.
Rheinwald, O., Die Fln. des Lenninger Tals in ihrer sprachl. und siedlungsgeschichtl. Bedeutung. Masch. Diss. Tüb. 1926.
Schoof, W., Angewachsene und losgetrennte Wortteile in deutschen On.
 ZfdM. 1919, 66 ff. Angeführt: ZfdM.
—, Zur Flur- und Flußnamengebung. Korrespondenzbl. 1917. Angeführt:
 Korrespondenzbl
—, Zur Flurnamenforschung. Deutsche Geschichtsblätter 12, 15. Angeführt:
 Deutsche Gesch.Bl.
Schriften des württ. Altertumsvereins I (1850), IV (1856).

Socin, A., Mhd. Namenbuch. Basel 1903.
Teuthonista, s. ZfdM.
Vollmann, R., Flurnamensammlung.⁴ München 1926.
Zeitschrift für (hoch)deutsche Mundarten. 1900—1924; ab 1924/25: Teuthonista, Zeitschrift für deutsche Dialektforschung und Sprachgeschichte. Angeführt: ZfdM. bezw. Teuthonista.

b) Für Stuttgart im besonderen:

Adreßbuch — verschiedene Jahrgänge (bes. 1927, 1928): III. Abschnitt. Angeführt: Adreßb. III und Seitenzahl.
Hartmann, J., Zur Deutung der On. in Stgts. nächster Umgebung. Staa. 1875 Nr. XXIII S. 71 f., XXIX S. 94/96. Angeführt: Staa.
Lotter, C., Die Gewande um Stgt. Schwäb. Merkur, Beilage: Schwäb. Chronik 1903 Nr. 605 ff. — 1904 Nr. 11. Angeführt: Merk. 1903, 605 — 1904, 11.
Schott, A., Über den Ursprung der deutschen On., zunächst um Stgt. 1843.
Gelegentl. Beitr. in den Stgt. Tageszeitungen sind an der entspr. Stelle genannt.

C. Geschichtliche, wirtschaftsgeschichtliche, geographische.

a) Allgemein:

Ernst, V., Die Entstehung des niederen Adels. Stgt. 1916. Angeführt: nied. Adel.
—, Mittelfreie. Ein Beitrag zur schwäb. Standesgeschichte. Stgt. 1920. Angeführt: Mittelfr.
—, Die Entstehung des deutschen Grundeigentums. Stgt. 1926. Angeführt: Grundeig.
—, Die Entstehung der württ. Städte. — Württ. Studien, Festschrift zum 70. Geburtstag von E. Nägele. 121 ff. Stgt. 1926. Angeführt: Württ. Studien.
Gradmann, R., Schwäb. Städte. Vortrag in der Gesellschaft für Erdk. in Berlin (8. 4. 1916); gedruckt. Angeführt: Gradm. Städte.
—, Siedlungsgeographie des Königreichs Württ. — Forsch. zur deutsch. Landes- und Volksk. 21. Stgt. 1913/17.
Knapp, Th., Gesammelte Beiträge zur Rechts- und Wirtschaftsgeschichte. Tübingen 1902. Angeführt: Knapp I.
—, Neue Beiträge zur Rechts- und Wirtschaftsgeschichte. Tübingen 1919. Angeführt: Knapp II.
Das Königreich Württemberg I. Stgt. 1904. Angeführt: Kgr. Württ.
Oberamtsbeschreibungen. Angeführt OAB. und Name des Oberamts.
Die Römer in Württemberg. 1/3 (bes. Teil 2). Herausg. vom württ. Landesamt für Denkmalpfl. Stgt. 1928/32. Angeführt: Römer.
Sattler, Ch. F., Historische Beschreibung des Herzogt. Würt. — Stgt., Eßlingen 1752. Angeführt: Sattler Hist.

Sattler, Ch. F., Topographische Geschichte des Herzogt. Würt. — Stgt. 1784. Angeführt: Sattler Top.
Württ. Jahrbücher für Statistik und Landeskunde. Stgt. 1818 ff. Angeführt: WJB. und Jahreszahl.
Württ. Vierteljahrsh. für Landesgesch. 1/13. 1878/90. N.F. 1 ff. 1892 ff. Angeführt: WVH. u. Zahl des Jahrgangs.

b) Für Stuttgart im besonderen:

Adreßbuch von Stgt., verschiedene Jahrgänge, bes. 1926, 1927, 1928. Angeführt: Adreßb. und Jahreszahl.
Berg, des kgl. Finanzkammerorts Vereinigung mit der Stadt-Gemeinde Stgt. 1836. Angeführt: Vereinigung.
Beschreibung des Stadtdirections-Bezirks Stgt. Stgt. 1856. Angeführt: OAB.
Beschreibung des Oberamts Stgt.-Amt. Stgt. 1851. Angeführt: OAB. Amt.
Bossert, G., Zur Gesch. Stgts. in der ersten Hälfte des 16. Jh. WJB. 1914, 138 ff. Angeführt: WJB. 1914.
Die Geschichte des Neckarweins und Weinbaues vornemlich in und um Stgt. von 1200—1778. Stgt. [1778].
—, dasselbe in: Schwäb. Magazin von gelehrten Sachen auf das Jahr 1778. Angeführt: Neckarwein.
Friz, W., Die Stiftskirche zu Stuttgart. Stgt. 1930.
Goeßler, P., Die alten Burgen um Stgt. Tagbl. 1919, 581.
—, Römische Münzfunde auf dem Boden von Stgt. Tagbl. 1920, 4.
—, Vor- und Frühgesch. von Stgt.-Cannstatt². Stgt. 1920.
Hartmann, J., Chronik der Stadt Stgt. 1886. Angeführt: Hartm. Chronik.
—, Gesch. der Stadt Stgt. auf die Einweihung des Neuen Rathauses. Herausgeg. von den bürgerlichen Kollegien. Stgt. 1905. Angeführt: Hartm. Gesch.
Lauxmann, R., Die Stuttgarter Gänsheide in Wort und Bild. Stgt. 1932.
Lotter, C, Die Gewande um Stgt. Schwäb. Merkur, Beilage: Schwäb. Chronik 1903, 605 — 1904, 11. Angeführt: Merk. 1903, 605 — 1904, 11.
—, Die Vorstadt Berg. Schwäb. Merkur, Beilage: Schwäb. Chronik 1904, 185, 189.
Mehring, G., Der Stutengarten. Süddeutsche Zeitung 1925, 56. Angeführt: Südd.Zt.
Memminger, J. D. G., Stgt. und Ludwigsburg mit ihren Umgebungen, Stgt.-Tüb. 1817.
Nick, F., Stgt. Chronik und Sagenbuch. Stgt. 1875.
Pfaff, K., Gesch. der Stadt Stgt. 1/2. Stgt. 1845 f.
Rapp, A., Zur Verfassung und Verwaltung Stgts. bis um 1700. WJB. 1909, 127 ff. Angeführt: WJB. 1909.
Schneider, E., Die Anfänge der Stadt Stgt. WVH. N.F. 28 (1919) 1 ff. Angeführt: WVH. N. F. 28.

Schneider, E., Über Entstehung und ältere Verwaltung von Stgt. Staa. 1921, 143 ff. Angeführt: Staa. 1921.

—, Die Geschichte der Stadt Stgt. Ein historischer Abriß. Tagbl. 1926: 516, 544, 552, 568, 580, 602. 1927: 22. (dasselbe: Tagblatt-Schriften. Schrift 9. Stgt. 1927).

Seytter, W., Unser Stuttgart. Stgt. 1903.

Stenzel, K.[1]), Deutsche Volks- und Heimatbücher: Stuttgart. Weimar o. J. [1930].

Stuttgarter Stadt-Glocke, Ein Tag- und Nachtblatt [Munder]. Jahrgang 1844/45. Angeführt: Stadtgl. und Blattnummer.

Weller, K., Die Besiedlung der Stgt. Gegend. Mitt. des Altertumsvereins Cannst. Nr. 2, 1896.

Wever, E., Das Stadtbild von Stuttgart, ein siedlungsgeographischer Versuch. — Stgt. geogr. Studien A. 1. 1924.

Württemberg, wie es war und ist I[10]. o. J. Angeführt: Württemberg I.

Gelegentl. Beiträge in den Stgt. Tageszeitungen sind an der entspr. Stelle genannt.

D. Verschiedenes.

1. Zur Geologie:

Geognostische Spezialkarte von Württemberg. Blatt XXVIII[1] (1864), 3. Aufl. 1910.

Bräuhäuser, M., Das Landschaftsbild Stgts. Der Schwäbische Bund 1 (1919), 202 ff. Angeführt: Schwäb. Bund.

Fraas, E., Die natürl. Verhältnisse von Stgt. — Führer durch die Haupt- und Residenzstadt Stgt. Stgt. 1906.

2. Zur Kunstgeschichte:

Gradmann, E., Kunstwanderungen in Württemberg und Hohenzollern[2]. Stgt. 1926. Angeführt: Kunstw.

Andere, nur gelegentlich benützte Schriften sind am betr. Orte genannt. — Wo im Verzeichnis kein Anführungswort angegeben ist, wird nach dem Verfasser zitiert.

---

1) K. Stenzel, Das „Alte Schloß" und das „Alte Steinhaus" zu Stuttgart (Württemberg. Monatsschrift . . ., Januar 1932, S. 58 ff.); erschienen während der Drucklegung, wichtig für das S. 9 und S. 39 Gesagte.

Abkürzungen.

Zahlen ohne weitere Zusätze beziehen sich auf die Nummern der Fln. im Verzeichnis.

Außer den wissenschaftlich allgemein gebräuchlichen kommen folgende Abkürzungen vor:

Reg.	= Regest.		
Ma., ma.	= Mundart, mundartlich	A.	= Acker
		Ba.	= Baumacker
Fln.	= Flurname	Bg.	= Baumgut, Baumgarten
Gn.	= ¹)Geländename	Bw.	= Baumwiese
	²)Geschlechtsname	G.	= Garten
Nn.	= Nutzungsname	Lustg.	= Lustgarten
Fn.	= Familienname	W.	= Wiese
Pn.	= Personenname	Wg.	= Weinberg
Stgt.	= Stuttgart, Stuttgarter	M.	= Morgen
Hsl.	= Heslach	Tw.	= Tagwerk
Gbl.	= Gablenberg		
Gsb.	= Gaisburg		

Zeitungen:	Merk.	= Schwäb. Merkur mit Beil.: Schwäb Chronik
	Staa.	= Literarische, später: Besondere Beilage zum Staats-Anzeiger für Württemberg
	Südd.Zt.	= Süddeutsche Zeitung
	Tagbl.	= Stuttgarter Neues Tagblatt
	Württ.Zt.	= Württemberger Zeitung.

Außerdem siehe auch unter I. Quellen und II. Literatur.

Als Markungskarte schien zur Beigabe am geeignetsten die von Küstner (1849); sie stellt die Stadt noch nicht zu ausgedehnt dar und enthält dazu eine reichliche Zahl von Flurnamen. Einige wichtige Namen, vor allem die der Wege, waren im Original nachzutragen; Namen, die auf frühere Waldgebiete weisen, sind unterstrichen worden. Von den ursprünglichen Namen sind einzelne örtlich und sprachlich etwas zu ändern. Wesentlich ist eine Verschiebung jeweils um 5—7 mm bei: 1. Gänsheide nach O (noch besser: anzusetzen in nordsüdlicher Richtung entlang dem Weg!), 2. Koppental nach W., Thürlen nach S. — Sprachlich zu verbessern sind: 1. Haidersäcker zu Heidlesäcker, 2. Schwörenberg zu Schwarenberg, 3 Reichenberg zu Reichelenberg. — Auf der so verbesserten Karte werden auch die nicht eingezeichneten Gewande an der Hand des örtlichen Namenverzeichnisses ohne große Schwierigkeit festgelegt werden können.

Erstes Kapitel.
Einleitendes.

I. Abgrenzung des Gebiets.

In der vorliegenden Arbeit wird unter Stuttgart die Markung der Stadt verstanden, wie sie bis zum 31. März 1901 bestand, d. h. neben der Stadt selbst fallen an Vororten und Vorstädten herein: Heslach, Berg und Gablenberg. Daß die Orte, soweit sie im Nesenbachtal liegen, mit Stgt. zusammen behandelt werden müssen, versteht sich von selbst, ganz abgesehen davon, daß Hsl. eine Tochtersiedlung von Stgt. ist[1]); die Hereinnahme von Gbl. ist wegen der geschichtlichen Entwicklung des Orts unerläßlich; er ist Tochtersiedlung von Berg und lag zunächst auf dessen Markung[2]). Neueingemeindete Orte noch hereinzunehmen empfahl sich nicht, da zwischen ihnen und dem alten Stgt. weder geschichtlich noch örtlich eine innere Verbindung besteht[3]). Einen gewissen Mangel zieht diese Abgrenzung nach sich bei der Betrachtung der alten Markung Berg, die sich im N und NW des Orts wohl nicht genau mit der heutigen Markung deckte, sondern noch auf späteres Cannstatter Gebiet übergriff und im S die Markung Gaisburg in sich schloß.

Die Markungsgrenze verläuft in großen Zügen wie folgt: Vom Mühlkanal bei Berg unmittelbar unterhalb der König-Karls-Brücke quer über das Gelände des Abstellbahnhofs, am Nordbahnhof,

---

1) s. S. 72 f.
2) s. S. 74 f., 80.
3) Bei der ursprünglichen Ausarbeitung war auch die Markung Gsb. hereinbezogen, für die die geschichtlichen Verhältnisse ähnlich liegen wie für Gbl. Die Bearbeitung muß aber im Druck beiseite bleiben und ist besonderer Veröffentlichung vorbehalten. Die Weglassung ist damit zu begründen, daß sich Gsb. frühe vom Mutterort Berg trennte und erst am 1. 4. 1901 mit Stgt. vereinigt wurde. Gelegentliche Hinweise auf die Fln. von Gsb., soweit sie für das übrige Gebiet wichtig sind, wurden hier nicht beseitigt.

der hinausfällt, vorbei, der Eckartshaldenklinge nach aufwärts zur Höhe des Weißenhofs, von da mit gelegentlichen Ein- und Ausbuchtungen bis an den Kräherwald — die Oberfläche des nordwestl. Höhenzugs gehört zu Stgt. —, am Waldsaum abwärts ins Feuerbachtal, dieses am Waldrand aufwärts bis oberhalb von Botnang, der Gallenklinge nach links am Bach aufwärts, ganz zuletzt auch den Bach überschreitend, in die Gegend des östl. Parkwärterhauses, links hin an der Straße Solitude—Hsl. zum Straßendreieck beim Christophstollen, dem unteren Rande der Liasebene des Pfaffenwalds genau folgend zur Pfaffenwaldhütte und rechts von der Eselsklinge ins Nesenbachtal, rechts des Nesenbachs am Waldrand bis zum Schützenhaus in Hsl., in einer Waldklinge aufwärts zur Höhe der Dornhaldenschießbahn, am Höhenrand mit der Richtung auf Degerloch bis zur Hahnklinge, diese hinab ins Eiernest, fast sofort wieder steil hinauf zur Höhe des Scharrenbergs (Kautzenhecke) und weiter, rechts vom Königsträßle, in die Gegend des Degerlocher Wasserturms, von hier aus in sehr unruhigem Zug meist in weiterer Entfernung vom Höhenrand und vom Kamm abwärts über die Falsche Klinge zum Frauenkopf und über die Dürrbachklinge zum W-Hang des Raichbergs, in der Klinge zwischen „Buchwald" und „Cannstatter Rain" zum Klingenbach bei Gbl., mit diesem bis kurz unterhalb des Orts, dann fast genau nördl. zum Park der Villa Berg, von hier in kurzem nordöstl. Abstieg zum Mühlkanal, in der Mitte des Kanals bis zur Abzweigung des Floßkanals, in dessen Mitte wieder in den Mühlkanal und in ihm zurück zum Ausgangspunkt bei der König-Karls-Brücke [4]).

Anstoßende Markungen sind: zwischen Neckar und Weißenhof: Cannstatt; zwischen Weißenhof und Feuerbachtal kurz unterhalb von Botnang: Feuerbach; zwischen Botnang und Pfaffenwaldhütte: Botnang und Vaihingen; von Pfaffenwaldhütte bis zum Erreichen des Nesenbachs: Kaltental; vom Erreichen des Nesenbachs bis zum Wald „Welling" bei Degerloch: Deger-

---

[4]) Die Ortsangaben bei Berg beziehen sich auf die Zeit vor den grundlegenden, durch den Bau des Neckarkanals bedingten örtlichen Veränderungen.

loch; vom „Welling" bis zum „Landschreiber": Sillenbuch; vom „Landschreiber" bis in die Dürrbachklinge: Rohracker; von der Dürrbachklinge bis zum Mühlkanal: Gaisburg; von hier bis wieder zum Anfangspunkt: Cannstatt.

II. Die natürlichen Verhältnisse[5]).

Das Markungsgebiet zerfällt nach der Geländeform in mehrere Teile.

a) Das Stgt. Becken, das im SO, SW und NW durch die im einzelnen ziemlich mannigfaltig ausgebildeten Hochflächenränder klar umrahmt und abgegrenzt ist. Die umgebenden Höhen nehmen gegen NO an Höhe ab. Das Becken ist eine langgestreckte Einsenkung in die Lias-Keuper-Hochfläche mit deutlicher SW-NO-Richtung; es ist vom Nesenbach durchflossen, der seitlich dicht an die SO-Hänge gedrängt läuft (Ausbildung des Kessels durch Erosion, Verwerfung und Senkung). Im einzelnen lassen sich im Becken wieder drei Teile unterscheiden: 1. der Beckeneingang im SW mit ausgesprochen talähnlicher Form (flacher, bis 600 m breiter Talboden). 2. das eigentliche Becken mit breiter, fast quadratischer Form von etwa 3 km Länge und Breite, durch die beiden die NW-Höhen charakterisierenden Sporne des Reinsburghügels und des Kriegsbergs in einen schmalen SO- und einen breiteren NW-Teil gegliedert (im SO-Teil der Nesenbach, im NW-Teil der Vogelsangbach, beide heute unterirdisch). Über die Ausbildung des Beckenbodens im einzelnen vgl. die Darstellung bei Wever. Wichtig für die Siedlung ist die wannenartige Vertiefung im Gebiet der Altstadt mit der tiefsten Stelle (244,7 m) auf dem Marktplatz. Im Gebiet einer zweiten Einsenkung („Stadtgartenniederung" — tiefste Stelle rund 252 m) waren lange die drei großen Seen. Die Schwelle zwischen der Altstadt- und der Stadtgarteneinsenkung trägt die ehemalige obere Vorstadt. 3. der Beckenausgang mit ebenem Talboden (die einstige Sumpfniederung künstlich ent-

---

[5] Für die Beschreibung des Stgt. Beckens sei auf die Darstellung Wevers verwiesen; ihr folgt die Arbeit auch in der Terminologie.

wässert, „Anlagen"). — Der vom Nesenbach benutzte Beckenboden senkt sich von 310 m an der südwestl. Markungsgrenze bis auf 220 m bei Cannstatt; der Talboden wird von den umgebenden Höhen im Beckeneingang und im Becken selbst um 100—200 m überragt. — Die umrahmenden Hänge weisen Stufen und Gehängeleisten auf und beleben so den Abfall (Gliederung bei den Hängen des SO-Zugs reicher als bei denen des NW-Zugs: Burgstall, Haigst, Scharrenberg, Altenberg, Weißenburg, Reichelenberg, Sonnenberg, Ameisenberghügel).

Der geologische Aufbau des Stgt. Beckens ist durch seine Zugehörigkeit zum Keupergebiet bedingt. Aus dem Stehenbleiben des Stubensandsteins und teilweise auch des Schilfsandsteins bei der Abtragung der Mergelschichten erklären sich die Terrassen der Hänge. Auf dem NW-Höhenzug fehlt der Stubensandstein etwa vom Anfang des Vogelsangtals an fast völlig; der Höhenzug ist allgemein niedriger als der südöstl., wo das Stubensandsteingebiet i. a. an den Terrassen ansetzt. Im Tale findet sich an manchen Stellen, hauptsächlich am Fuße der vor dem W-Wind geschützten Hänge, Löß in ausgedehntem Maße, ebenso auf der 250/60 m-Fläche der Prag; von Berg her zieht Sauerwasserkalk in verschiedener Mächtigkeit bis in die Gegend obere Königstraße-Lange Straße.

Die Art der landwirtschaftlichen Nutzung ist durch den geologischen Aufbau gegeben: das Tal eignet sich zum Wiesen- und Ackerbau; die Hänge bieten Gelegenheit zum Weinbau, wobei besonders die des NW-Höhenzugs wegen ihrer günstigeren Exposition geschätzt sind; der Weingärtner nennt diese Talseite „Schokoladeseite" oder „Pomeranzenviertel". Rings um das Becken sind oder waren auf den Oberflächen der Höhenzüge Heiden. — Die Rodung folgt i. a. deutlich der Grenze der bunten Mergel; aus dem Herunterreichen des Stubensandsteins fast bis an den Nesenbach bei Hsl. erklärt es sich, daß hier der Wald wie sonst ganz selten in einer Großstadt bis an die Häuser herangeht.

b) Die Markungsteile um Stgt. außerhalb der Beckenränder. Im NW der Kräherwald am jenseitigen Abfall des NW-Höhenzugs. Das Waldgebiet um den Hasenberg ist in seiner Geländeform i. a. einheitlich; nur in dem Teil gegen das Nesenbachtal ist es von mehreren Klingen zerschnitten (Heidenklinge, Sauklinge, Klemarxenklinge, Eselsklinge). Das ganze Gebiet, die Liasgruppe des Birkenkopfs ausgenommen, gehört dem Stubensandstein an. Auf der Höhe von Degerloch liegt der größte Teil des Walds eben auf dem Lias der Filder; beim Aufstieg vom Stgt. Becken her findet sich hier stellenweise auch Knollenmergel. Auf dieser Seite greift der Stgt. Waldbesitz sogar in die Täler jenseits des Höhenrands (Falsche Klinge) und findet hier wieder dieselben geologischen Bedingungen wie auf der Stadtseite. — Von der „Stelle" an löst sich der das Stgt. Becken umsäumende Höhenzug von der eigentlichen Hochfläche ab, d. h. er wird durch das Klingenbachtal von ihr abgeschnitten.

c) Das Klingenbachtal. Der Klingenbach nimmt seinen Anfang in drei Quellbächen im Wald bei der Geroksruhe; diese vereinigen sich in einer Höhe von etwa 310 m; der Bach zieht dann in ziemlich kurzem, geradem NO-Lauf in den Neckar, dessen Tal er in etwa 220 m Höhe erreicht. Die rechten Talhänge steigen steil und unmittelbar auf bis zu einer Höhe von 420 m (im Raichbergwald); auch hier sind Terrassen in reichlichem Maße ausgebildet (Rücken der Sauhalde, des Cannstatter Rains und des Abelsbergs) und die Hänge durch Nebenklingen gegliedert. Die linken Hänge des Klingenbachtals steigen nicht so hoch auf wie die rechten; sie dachen sich sanft in der Richtung des Tals zum Neckar hin ab und sind i. a. wenig gegliedert. Zwei längere, ziemlich flache Klingen (Brunnen-, Rinder-Klinge, Junge Weinbergklinge) münden erst ganz am Talschluß in den Klingenbach. Zwischen ihm und den beiden andern Klingen schieben sich jeweils sanfte Schwellen, in NO- bis O-Richtung verlaufend, ein. — Der Übergang ins Neckartal ist nicht allmählich. Von Gaisburg bis Berg zieht sich der 10—20 m hohe „Rain", der i. a. ziemlich steil abfällt und nur vom Klingenbachtal unterbrochen wird — er setzt sich auch jenseits der Nesenbacheinmündung bei Berg im Kahlenstein (= Rosenstein) fort.

Die geologische Struktur des Klingenbachtals entspricht an den Hängen der des Nesenbachtals. Die Höhen reichen im Frauenkopf bis in den Rätsandstein und Lias. Durch den Höhenrücken des Ameisenberghügels im W und die mehrfach vorhandenen von SW bzw. W nach NO und O ziehenden Schwellen war eine reichliche Lößbedeckung des ganzen Gebiets möglich. Der gegen das Neckartal abfallende „Rain" ist von den hohen Schottern des Neckars gebildet. Das ursprüngliche Gbl. liegt am linken Hang des engen Klingenbachtals wenig über dem Bach.

III. Die geschichtlichen Verhältnisse [6]).

Im Gegensatz zum nahen Cannstatt sind die Spuren einer vor- und frühgeschichtlichen Besiedlung des Nesenbachtals und seiner Umgebung gering [7]). Römische Spuren sind festgestellt im Feuerbachtal am Rande des Kräherwalds (Töpferei) und auf der Geroksruhe (wohl Anlage zur Ausbeutung eines Stubensandsteinbruchs); dazu kommen im Tale selbst Siedlungsreste im Gewand Immenhofen und ein Stück eines Falzziegels in einem alemannischen Kindergrab in den Anlagen, der auf eine römische Siedlung in der Nähe weist. Aus alemannischer Zeit liegen nur dürftige Funde vor (kleine Begräbnisstätte unter dem Hause Gaisburgstr. 2, Kindergrab in den Anlagen, Skelettfund auf dem Rebenberg), die jedoch hinreichen, den Schluß auf das Vorhandensein von Sippensiedlungen an zwei durch das Tal getrennten Stellen zu rechtfertigen [8]). Die Besiedlungsschicht der Ausbauorte Tunzhofen und Immenhofen ist teilweise urkundlich schon gut faßbar; sie kann an der Hand der Fln. näher verfolgt werden. Was über die Geschichte der beiden Orte bekannt ist oder erschlossen werden kann, wird im Zusammenhang der siedlungsgeschichtlichen Auswertung der Fln. gesagt. Es ist hier nur auf die Frage einer Urmarkung näher einzugehen.

---

6) Nach den im Literaturverz. C, besonders C b angeführten Werken und Abhandlungen.
7) S. im einzelnen Goeßler.
8) Goeßler 66.

Es wird angenommen [9]), daß sich die Stgt. Markung von einer mit Cannstatt und wohl auch Feuerbach gemeinsamen abgelöst hat. Die Annahme ist für Stgt. selbst in dieser Formulierung kaum zu rechtfertigen, da Stgt. nicht der erste Ort in der Gegend war. Die Ausbildung der Stadtmarkung kann nur von den beiden Ausbauorten des Nesenbachtals aus begriffen werden, die ihrerseits wohl Markungen hatten. Beide sind als Ausbauorte wahrscheinlich von einer Muttersiedlung ausgegangen und ihre Markung dürfte sich aus einer Urmarkung heraus entwickelt haben. Die einzige bekannte alte Markung in der unmittelbaren Umgebung ist die von Cannstatt. Dorthin und nach Altenburg mit seiner alten Martinskirche weisen Einzelheiten aus der Tunzhofer Geschichte: 1. die Anlage an einer Straße von der Prag ins Nesenbachtal, 2. die kirchliche Zugehörigkeit nach Altenburg, die aus der späteren Zugehörigkeit Stgts. und aus dem Streit zwischen den Kirchen von Altenburg und Münster um den Zehnten in Tunzhofen im Jahr 1280 hervorgeht [10]), 3. die gemeinsame Allmendenutzung mit Cannstatt und Feuerbach auf der Feuerbacher Heide und auf der Prag, über die im 15. und 16. Jh. viel zwischen Stgt., Cannstatt und Feuerbach gestritten wurde, und die wohl auf Tunzhofer Verhältnisse zurückgeführt werden darf [11]). Ähnliche Verbindungen mit Cannstatt müssen für Immenhofen bestanden haben, da nicht anzunehmen ist, daß ein -hofen-Ort von dem damals noch nicht ausgebauten Filderrand aus gegründet wurde [12]). So kann mit einer gewissen Wahrscheinlichkeit angenommen werden, daß Cannstatt die Muttermarkung für Tunzhofen und Immenhofen war; zu dieser Muttermarkung kann frühe auch Feuerbach gehört haben. Ausbauorte legen sich links des Neckars ziemlich regelmäßig um Cannstatt: Mühlhausen, Zazenhausen, Zuffenhausen, Feuerbach, Tunzhofen, Immenhofen; im Neckartal oberhalb Cannstatt: Wangen (Michaelskirche zu Altenburg gehörig); dazu kommen

---

9) E. Schneider, WVH. NF. 28, 8; ders., Tgbl. 1926, 516.
10) UB. Nr. 11.
11) WJB. 1909, 127 f.
12) s. S. 57.

in unmittelbarer Nähe: Altenburg, Brie, Berg, von denen Berg wohl sicher eine Burgensiedlung ist. Rechnet man dazu das von Feuerbach aus angelegte Botnang, so ergibt sich ein Gebiet, das begrenzt ist durch die alten Orte des Langen Felds und des Strohgäus (Aldingen, Kornwestheim, Stammheim, Gerlingen), durch den unbesiedelten Glemswald, den Filderrand, der wohl von einem den alten Filderorten gemeinsam gehörigen Wald eingenommen war („auf der Hub" s. 3. Kap.), und durch den nächsten alten Ort neckaraufwärts: Hedelfingen, das zu einer Urmarkung Eßlingen gehörte [13]). Vielleicht wurde Wangen frühe selbständig: es besaß eine alte Kirche (Michaelskirche); zwischen Gaisburg, der Tochtersiedlung Bergs, und Wangen war in späterer Zeit immer eine Grenze in der kirchlichen und weltlichen Verwaltung [14]). Die Urmarkung Cannstatt hätte sich also auf dem linken Neckarufer ziemlich weit erstreckt; man kann in ihr wohl fast schon eher das Gebiet einer Hundertschaft sehen, zu der auch das Nesenbachtal und das Klingenbachtal gehört hätten.

Später war das Nesenbachtal im Besitz des Hauses Beutelsbach-Württemberg. Dadurch, daß die Stadt Stgt. nach der Liste der württ. Besitzungen von 1420 Reichslehen war, kommt Mehring [15]) zu der Vermutung, daß in dem Gestüt ein Rest des alten Herzogsguts vorliegt, das im Erbgang auf unbekanntem Wege schließlich an die Herren von Beutelsbach kam. Eben dieser Schluß läßt auch die Sage, daß Herzog Luitolf das Gestüt 950 angelegt habe, als nicht unmöglich erscheinen, auch deshalb, da man auf ungefähr den gleichen Zeitpunkt für die Anlage des Gestüts durch reine Schlußfolgerung kommen kann. Mit der Erbauung des Schlosses und der wohl anzunehmenden Gründung

13) Der Dürrbach bildete die Grenze zwischen Dekanat Cannstatt und Dekanat Eßlingen, ebenso zwischen Archidiaconat Ante Nemus und Archidiaconat Circa Alpes — H. Stäbler, WVH. NF. 22, 155.

14) Dieses mit Filialkirche von Altenburg, die selbst wieder eine Tochterkirche in Rohracker hatte; jenes gehörte kirchlich zu Berg und damit nur mittelbar zu Altenburg; Gaisburg war immer beim Amt Stgt., Wangen nie; Oberamtsgrenze Stgt. Amt/Cannstatt verläuft später zwischen Gsb. und Wangen.

15) Südd. Zt. 1925, 56.

des Markts, der sich an das vorhandene Gestüt anschloß, störten
die Grafen den natürlichen Gang der Entwicklung im Nesenbachtal. Nicht nur die Gründung des Orts Stgt., der nach Blaubeurer
Annalen des 16. Jhs. im Anfang des 12. Jhs. zum erstenmal
auftritt[16]), 1229 urkundlich erwähnt und 1286 zum erstenmal in
einer Urkunde „Stadt" genannt wird, sondern auch seine weitere
Geschichte hängen aufs allerengste mit der Geschichte der Grafen
zusammen, die wohl vom 2. oder 3. Jahrzehnt des 14. Jhs. an
ihre Residenz und Kanzlei dauernd in der Stadt hatten, und die
Stgt. immer wieder ihr Wohlwollen, gelegentlich auch ihren Zorn
fühlen ließen. Von größter Bedeutung für die Entwicklung zur
Hauptstadt wurde der Reichskrieg, den König Heinrich VII. durch
die Reichsstädte gegen Eberhard den Erlauchten führen ließ,
und in dem das Stammschloß Württemberg und die gräfliche
Grablege in Beutelsbach zerstört wurden; als der Graf die Herrschaft über sein Land wieder erlangt hatte, verlegte er 1320/21
das Beutelsbacher Stift mit dem Erbbegräbnis nach Stgt. und machte
die neue Stiftskirche zur Pfarrkirche mit Altenburg, der bisherigen Mutterkirche, Berg und Wangen als Filialen. — Über
die allgemeine Entwicklung der Stgt. Geschichte, besonders auch
der Geschichte der Verfassung und Verwaltung, braucht hier
nicht gesprochen zu werden; es sei auf die vorhandenen Darstellungen verwiesen: Pfaffs Geschichte; Hartmann, Geschichte
2. Abtlg. S. 91 ff.; A. Rapp, WJB. 1909, 127 ff.; E. Schneider,
WVH. NF. 28, 1 ff.; ders., Staa. 1921, 143 ff.; ders., Tagbl.
1926, 516 u. a. bzw. Tagbl.-Schriften Schrift 9 (s. Lit.Verz. Cb!).
Einiges ist im Zusammenhang der siedlungsgeschichtlichen Auswertung der Fln. zu sagen nötig. — Als äußerst wichtig für die Entwicklung der Landwirtschaft ist hier zu erwähnen die Ausdehnung
der Stadt, die wohl schon im 14. Jh. begann — 1334 werden die

---

16) Erbauung des Schlosses vor 1105 durch Bruno von Beutelsbach, den
späteren Abt von Hirsau; Udalricus clericus vineas in Stutgarten praestitit (ohne
genaue Jahresangabe, aber in einem Abschnitt, der lauter Schenkungen aus
dem Anfang oder wenigstens der ersten Hälfte des 12. Jhs. enthält). —
Christianus Tubingius, Historia coenobii Blauburensis — Sattler, Graf. IV²
Beil. S. 308. Vgl. Schneider, WVH. NF. 28, 8. Vgl. Lit.Verz. Cb Anm.

Leonhardskapelle und ein Judenquartier (Brennerstraße = früher Judengasse), 1350 die Liebfrauen- oder Ulrichskapelle genannt — und im 15. Jh. zu regelrechten, z. T. ummauerten Vorstädten führte. Mit der Überbauung des an die Stadt sich anschließenden Ackerfelds hat die landwirtschaftliche Betätigung der Einwohner eine ganz entschieden andere Wendung genommen; der Ackerbau, der bei der Gründung zunächst wohl eine nicht unbedeutende Rolle neben dem Weinbau gespielt hat, trat jetzt deutlich hinter diesen zurück. Eine Zelgeneinteilung, die auch in Stgt. nach dem Lb. w. 1350 einmal bestanden hat, kam wahrscheinlich mit dem Zurückweichen des Ackerbaus in Vergessenheit. Reste der Zelgeneinteilung sind vielleicht in der Aufzählung der Widemgüter im Lb. g. Nr. 1994, 23 erhalten; es erscheinen da die Zelgen „under dem Kriegsperg", „gen Steinihusen usshin" und „gen der Winsteig usshin". 1557 sollte durch herrschaftliches Eingreifen Ordnung in die herrschende „Ungleichheit mit den Zelgen im Ackerbau" gebracht werden [17]; viel Beachtung scheint der Neuordnung aber trotz der angedrohten Strafe nicht geschenkt worden zu sein, da auch späterhin von Zelgen nicht die Rede ist. — Neben dem Weinbau und dem in mäßigen Grenzen betriebenen Acker- und Wiesenbau war in Stgt. die Viehhaltung von Wichtigkeit, was aus den zahlreichen Namen von Wegen und Örtlichkeiten im umgebenden Wald, die auf Viehtrieb weisen, hervorgeht; ein Zeugnis für das weite Gebiet, das Stgt. zur Weide zur Verfügung stand, sind langjährige Streitigkeiten mit Leonberg und Gerlingen um den „Viehtrieb und Weidgang über den Bernhardsbach beim Diebsbronnen im Gerlinger Wald" [18].

Eng mit Stgt. verbunden waren die „zugehörigen Weiler" Heslach, wozu später auch die Böhmisreute gerechnet wurde, und Gablenberg. An ihrer Spitze stand je ein von der Stadtobrigkeit bestimmter „Hainbürge"; die Einwohner waren i. a. in völliger Abhängigkeit von Stgt., das die Weiler überhaupt immer zurückzudrängen suchte.

17) Rep. Stgt. w. I. Bü. 55.
18) Hartm., Gesch. 177.

Heslach gehörte kirchlich zunächst zu Stgt.[19]). Seine Kapelle „zu unserer lieben Frau" kam im 15. Jh. durch Wallfahrten zu großer Bedeutung, so daß eine Kirche gebaut werden mußte, die aber im 16. Jh. abgebrochen wurde; 1580 errichtete man eine neue, kleinere Kirche. In der kirchlichen Zugehörigkeit Hsl. scheint später eine Änderung eingetreten zu sein: es gehört nach Botnang[20]); 1751 wird es von diesem losgelöst und von da an vom Garnisonsprediger in Stgt. versehen, bis es 1822 einen Pfarrverweser und 1826 einen eigenen Pfarrer erhält. — Am 16. 6. 1925 hatte Heslach 19485 Einwohner. — Weiteres über Hsl., besonders über seine Besiedlung, ist im 3. Kapitel gesagt.

Der andere Weiler, Gablenberg, lag auf ursprünglich Berger Markung. Es muß deshalb hier zuerst auf die Berger Verhältnisse eingegangen werden. Berg ist sehr wahrscheinlich eine Burgensiedlung. Zum erstenmal 1241 nennen sich württembergische Lehensleute „de Berge"; die Burg wurde 1291 durch Albrecht von Hohenberg zerstört. Der Ort besaß anscheinend eine große Markung, die sich besonders gegen S erstreckt haben muß[21]). Die Berger Kirche[22]) war Filialkirche von Altenburg, später vom Stift Stgt.; in ihren Sprengel gehörten wieder Gsb. und Gbl., was neben anderen Hinweisen auf ursprüngliche Einheit der Markung schließen läßt. Eine eigene Pfründe wurde erst später eingerichtet. Der Pfarrer von Berg bezog den kleinen Zehnten und teilweise den Heuzehnten von der Markung Gsb. und der Gegend um Gbl.[23]). — Anscheinend wurde die Berger Markung bald nach der Brechung der Burg im wesentlichen aufgelöst; einen großen Teil zog die Tochtersiedlung Gsb. an sich,

---

19) „Die Caploney Pföndt in der Capell zue Hässlach gehört als ein Filial in die Statt Stuttgartten . . . das zu Hässlach khein sondere Pfarr, sonder allein ein Caploney und alle Einwohner daselbsten in Stifft Stutgartten mit allen pfarrlichen Rechten gehören" nach einem Brief v. 1530 — Lb. g. 1585, 40; eben danach handelte es sich um eine Liebfrauenkapelle.

20) „Pfarrwegle" s. Nr. 214.

21) Näheres im 3. Kap.

22) Kirche unserer lieben Frau — UB. 321, 8 f.; 412, 13 f.

23) Vgl. z. B. Lb. g. 1558, 50 ff.

ein anderer fiel an Stgt., der Rest an Cannstatt bzw. wohl seine Vorgänger in der Gegend, Brie und Altenburg. Gerade beim Ort Berg hat es zwischen Stgt. und Cannstatt vielfach Streitigkeiten über die Abgrenzung und das Recht der Güterbesteuerung gegeben[24]. Die Siedlung Berg selbst kam in volle Abhängigkeit von den württembergischen Grafen, die hier am Neckar im Laufe der Zeit ausgedehnte Mühlbetriebe einrichteten und Berg zu einem Finanzkammerort machten; der Ort war damit keinem Amte zugeteilt und hatte keine eigene Gemeindeverwaltung, sondern stand unmittelbar unter der herrschaftlichen Finanzkammer. Berg blieb als Siedlung immer klein[25] und zählte 1753 außer der Kirche nur 20 Haupt- und Nebengebäude, unter denen 9 Wasserwerke waren. Durch den Vertrag vom 23. 8. 1836 wurde es in der Hauptsache mit Stgt. vereinigt (die Sauerbrunneninsel kam zu Cannstatt). — Am 16. 6. 1925 hatte Berg 4149 Einwohner.

Eine wie Gsb. von Berg ausgehende Siedlung ist **Gablenberg**. Der Ort hatte keine eigene Markung und kam offenbar mit der Auflösung der Markung Berg an Stgt., zu dem er dann mit Hsl. als „zugehöriger Weiler" gerechnet wurde. Die Anfänge von Gbl. liegen wohl in einer Hofsiedlung (s. 3. Kap). 1418 scheint ein Edelmann Hans Hack im „Schlößle" in Gbl. gesessen zu sein. — Kirchlich gehörte Gbl. von 1587 bis 1834 zu Gsb., vorher ohne Zweifel wie dieses zu Berg[26]); 1834 bekam der Ort einen Pfarrverweser, 1853 einen eigenen Pfarrer. Die Kirche soll ins 15. Jh. zurückgehen[27]. — Am 16. 6. 1925 hatte der Ort 11455 Einwohner.

IV. Allgemeines über die Stuttgarter Flurnamen, über Sammlung und Darstellung.

Stuttgart hatte nach dem Stand vom 16. 6. 1925 ohne Vororte 206 328 Einwohner; es bedeckt mit seinen Häusern, von

---

24) 1480: UB. Nr. 663; 1538/60: Rep. Stgt. w. I Bü. 53.
25) Im Häuserprotokoll 1724 werden genannt: oben zue Berg: Mühlgebäw, die Bahnmühle genant. Unden zue Berg am Neccar (im ganzen 2 Wohnhäuser); zue Berg ufm Rhein (im ganzen 4 Wohnhäuser).
26) Vgl. 849.
27) Tagbl. 1882, 39.

wenigen Gebieten, die als Parke dienen, abgesehen, den ganzen Talboden und einen guten Teil der beiderseitigen Hänge; an manchen Stellen hat die Siedlungsgrenze die morphologische Grenze des Beckens erreicht, gelegentlich überschritten. Landwirtschaftlich genütztes Gebiet (Wg., Obst-G., Gärtnereien) ist noch heute zwischen den Häusern am Hang z. T. verhältnismäßig reichlich eingestreut; aber im ganzen ist von den einstigen Gewanden nicht mehr viel zu erkennen. — Es ist natürlich, daß, wo die Sache schwindet, teilweise seit der zweiten Hälfte des letzten Jhs. geschwunden ist, auch das Wissen von ihr vergeht und das noch mehr in einer Großstadt mit ihrer bunt zusammengewürfelten Bevölkerung. Es ergab sich bei der Materialsammlung damit von selbst für mündliche Erkundigungen die Beschränkung auf Leute höheren Alters, die wenigstens in ihrer Jugend noch das alte Stgt. gekannt haben und durch ihre Tätigkeit in enger Beziehung zu dem damals noch landwirtschaftlich genützten Teil der Stgt. Markung gestanden sind. Schon die Auffindung solcher Leute in einer Großstadt macht Schwierigkeiten; immerhin fanden sich mehrere, die zu Auskünften stets gerne bereit waren. Meistens war aber ihren Mitteilungen gegenüber Kritik am Platze, besonders wo volkstümliche Überlieferungen über einzelne Gewande in Frage kamen, da gerade hier die Phantasien Munders aus den 40er Jahren des 19. Jhs. Allgemeingut geworden sind; sie bilden die Stgt. „Sagen", auf die i. a. bei der Bearbeitung der Fln. verzichtet wurde. —

Anders als für Stgt. liegen die Verhältnisse für die Vororte, schon für Hsl., vor allem aber für Gbl. und Gsb. Rein äußerlich machen diese einen völlig andern Eindruck auf den Beschauer; unbesiedelte Hänge sind hier augenblicklich noch in größerer Zahl vorhanden, und die Siedlungskerne sind mit ihren Läden, Wirtschaften und ganz oder teilweise ländlichen Gebäuden weithin vielmehr dörflich als städtisch. Ganz entsprechend ist auch die Bevölkerung mehr ländlich, und das Auffinden von Gewährsleuten für die Fln.-Sammlung ist leichter. Auf den sprachlichen Unterschied, der zwischen Stgt. und den Vororten besteht, ist im 2. Kap. hingewiesen. Für Berg mußte auf mündliche Erkundigungen verzichtet werden, da kein Gewährsmann gefunden werden konnte; das dürfte gerade hier aber am wenigsten schaden, da über die Verhältnisse am Neckar wegen der modernen Wasserwerke und Mühlen, über die der Umgebung wegen der seit der 1. Hälfte des letzten Jhs. bestehenden Parke (Rosenstein, Villa Berg) wichtige Auskunft nicht zu erwarten gewesen wäre; das Wesentlichste konnte im benachbarten Gsb. und Gbl. erfragt werden [28]). — Auf das ganz moderne Ostheim ist natürlich vollständig verzichtet.

Daß nicht in allen Abschnitten der Markung, vor allem Stgts. in engerem Sinn, die Namen auch kleiner und kleinster Gewande, Wege und Punkte gegeben werden können, hängt damit zusammen, daß für einzelne Teile gar keine, für andere wenig ergiebige mündliche Auskünfte zu bekommen waren.

Angesichts der Mängel der mündlichen Quellen wurde bei der Materialsammlung größter Wert auf die schriftlichen gelegt. Zahlreiches archivalisches Material vom 14. bis zum 18. Jh., hauptsächlich aus dem württ. Staatsarchiv und dem Archiv der Stadt Stgt., wurde durchgesehen, außerdem ziemlich viel beschreibende Literatur über Stgt., meist aus dem 19. Jh.

Weil in Stgt. in den allermeisten Fällen heute jeder Anhaltspunkt für die Lage der einstigen Gewande fehlt, ist diese bei der Aufzählung der Fln. jemals genau, oft mit Hilfe moderner Straßenzüge, angegeben. Auch die Belege aus früherer Zeit beschränken sich meistens nicht nur auf den Fln. selbst; da in so vielen Fällen weder Name noch Gewand jetzt mehr feststellbar ist, erschien es nötig, hier alles Wesentliche zu geben, was aus den Belegen über die Lage hervorgeht. — In manchen Fällen kann man darüber im Zweifel sein, ob in alter Zeit eine Bezeichnung Fln. ist oder nur appellative Benennung; meistens wurde in solchem Fall zugunsten des Fln. entschieden, unbedingt da, wo ein „genannt" in den schriftlichen Quellen beigesetzt ist.

Vom alten Stgt. ist das Gebiet der späteren Eßlinger und der Oberen Vorstadt ungefähr bis zur Mitte des 15. Jhs. behandelt, aber meist ohne Berücksichtigung der Namen für reine

---

[28]) Vgl. nochmals Anm. 4.

Wohnquartiere; Häusernamen sind dann gelegentlich beigezogen, wenn sie, wie es z. B. in der Oberen Vorstadt öfter der Fall ist, häufig zu Lageangaben für nahe Grundstücke vorkommen. Sonst ist das frühe schon bewohnte Gebiet bei Stgt. völlig aus der Behandlung ausgeschlossen. Anders liegen die Verhältnisse für die Vororte, wo auch die bekannt gewordenen Einzelbezeichnungen für das Siedlungsgebiet einbezogen sind. Die Namen der Stadttore und Türme werden behandelt, soweit sie zur Lageangabe von benachbarten Grundstücken heute oder früher verwendet werden; von den Toren des 19. Jhs. (Charlottentor, Wilhelmstor, Königstor usw.) ist aber abgesehen; sie werden höchstens gelegentlich erwähnt.

Aus dem Gesagten geht im wesentlichen schon hervor, daß unter den Begriff Fln., wie ihn die Wissenschaft heute gebraucht, die Bezeichnungen für sämtliche Örtlichkeiten mit Ausnahme der Gruppensiedlungen und Großbezirke fallen, also die Bezeichnungen für Grundstücke jeder Art, für Berge, Täler, Flüsse, Seen, Wege, Bäume, einzelne Gebäude u. a. Streng genommen fielen damit auch moderne Namen — wie Geroksruhe, Charlottenhütte, Schillereiche, Albrechtsweg usw. unter den Begriff. Diese sind aber bei Stgt. so zahlreich und sprachlich wie markungsgeschichtlich so wertlos, daß gerne auf sie verzichtet werden konnte. In die gleiche Kategorie fallen höchst moderne, einem richtigen Fln. manchmal sehr ähnlich sehende Straßennamen wie Lenzhalde, Frühlingshalde, Herbsthalde oder gar Schwalben-, Wachtel-, Sperberweg und Kuckucksruf, die in neuen Siedlungen vorkommen und wohl einem sentimentalen Bedürfnis des Großstädters nach Naturverbundenheit entstammen. Wenn doch Namen wie Silberburg, Stitzenburg und Rebenberg, die auch in die Klasse der künstlich gegebenen Namen gehören, im Namensverzeichnis auftreten, ist als Grund dafür ihre verhältnismäßig frühe Entstehung anzugeben. Als zeitliche Grenze für derartige Namen wurde etwa die Mitte des letzten Jhs. angenommen. – Für zweifellos volkstümlich entstandene Namen wie Fünfminutenwegle, Kompagniewiese gilt diese Einschränkung natürlich nicht. – Die Namen von Wasserläufen und Wegen, auch von Zugängen zu den einzelnen Gewanden, die meist nach dem Gewand, in dem sie verlaufen, genannt sind, werden i. a. nur behandelt, wenn sie sprachlich oder sachlich (etwa für die Nutzbarmachung des Gewands vgl. 129) Wertvolles bieten.

Für die Aufzählung der Fln. einer Markung gibt es drei Verfahren: das alphabetische, das sachliche und das örtliche. Hier ist das örtliche als das für die Gewande natürlichste Verfahren befolgt. Die Gesamtmarkung wird dabei in eine Reihe von Ausschnitten zerlegt, die je durch alte oder neue, von der Stadt in die Außenteile der Markung gehende Straßen begrenzt sind. Als nicht in einen bestimmten Abschnitt fallend und für das ganze Tal bestimmend, ist der Nesenbach an den Anfang gestellt. Die Ausschnitte im Nesenbachtal reihen sich nach ihrer Lage in der Folge von SW über N nach S aneinander. Im einzelnen folgt die Aufzählung der Namen den Gewanden in ihrer Lage von der Stadt aus. Das Gebiet der Stadt mit der Oberen und der Eßlinger Vorstadt wird, da es immer eine Sonderstellung einnahm, in einem besonderen Abschnitt zusammengefaßt; ebenso erscheint in einem eigenen Abschnitt das Gbl. Gebiet im Klingenbachtal.

Zweites Kapitel.

Zur sprachlichen Gestalt der Flurnamen.

Grundsätzliches zur Mundart Stuttgarts und zu der Lautform der Stuttgarter Flurnamen.

Stgt. mit seinen Vororten gehört sprachlich dem nordwestl. Teil des nordalemannischen oder schwäbischen Gebiets an. Von vornherein ist bei einer Betrachtung der ma. Verhältnisse der Stadt mit großen Schwierigkeiten zu rechnen. Heute ist eine solche so gut wie ausgeschlossen: es gibt keine besondere Stgt. Ma. mehr, da die alte Weingärtnerbevölkerung im Aussterben ist und schon lange von den in der Landeshauptstadt sich zusammenfindenden Elementen aus allen Teilen sowohl des schwäbischen wie auch des gesamtdeutschen Sprachgebiets überwuchert wird. Abgesehen von dieser mehr modernen Entwicklung ist ganz allgemein das Bestehen einer unbedingt reinen Lokal-Ma. für Stgt. wohl in keiner Zeit anzunehmen. Von jeher müssen fremde Einschläge vorhanden gewesen sein; sie waren durch den Hof und die Verwaltungsbeamten bedingt, die sich in der Hauptstadt viel zahlreicher als sonstwo fanden, und die einerseits oft nicht eingeborene Stuttgarter waren, andererseits durch höhere Bildung und höhere Stellung sich wohl immer verpflichtet fühlten, nicht so zu reden wie der gemeine Mann. Der Grad des Unterschieds ihrer Sprechweise von der Lokalma. hing jeweils von entsprechenden Zeitströmungen ab; vorhanden war der Unterschied wahrscheinlich stets, und daß ihre gehobene Sprache auch auf die Kreise der reinen Ma. abfärbte, ist ohne Zweifel anzunehmen. Heute ist Stgt. das typische Gebiet der Halbma. — Es fragt sich, ob das Gesagte auch für die Fln. zutrifft. Hier liegt eine Sprachsphäre vor, die gerade den Einflüssen, die auf die Ma. zerstörend wirkten, viel mehr entzogen war. In die Fln. griffen auch in der Stadt zunächst keine anderen Kräfte ein als in jedem Dorf; sie waren den Eingeborenen vorbehalten, und wenn die Beamten als Grundbesitzer auftraten, was häufig genug der Fall war, so übernahmen sie wohl in den allermeisten Fällen die hergebrachten Bezeichnungen für ihre Güter, ohne hochsprachliches Gut auch hier einzuführen; falls sie es doch taten, war die Aussicht auf durchdringenden Erfolg auf dem Gebiet der Fln. geringer als auf dem der Umgangssprache, weil die Fln. eine Verbindung mit dem ererbten Grundbesitz darstellen, die der Bauer nicht leichthin aufgibt. Es ist allgemein die Sonderstellung, die die Namen auf sprachlichem Gebiet einnehmen, die auch die Stgt. Fln. vor zu starker lautlicher Zerstörung geschützt hat. Damit ist den Fln. eine wichtige Rolle in der Erforschung einer kaum mehr bestehenden Sprache zugewiesen. Doch es ist sofort eine Einschränkung in der Auswertung der heute vorkommenden Formen zu machen. In neuerer Zeit wird eine große Zahl von Fln. als Straßennamen verwendet; sie kommen damit sozusagen in andere Hände, sie lösen sich los von ihrer überlieferten lautlichen Form und werden von der zusammengewürfelten Stadtbevölkerung einfach nach ihrer geschriebenen Form behandelt. Da die

Eingeborenen mit der angestammten Aussprache der Fln. bei weitem in der Minderzahl sind, dringt die halbma. Form auch in ihre Kreise ein, sogar in vielen Fällen für den eigentlichen Fln., nicht nur für den Straßennamen. So ergibt sich eine Quelle für offenkundig nicht-ma. Aussprache, die auch unter den ältesten Eingesessenen sehr stark zur Geltung kommt[1]). Eine andere Wirkung der Schriftform der Fln. ist die Ausbildung einer überma. Form im mündlichen Verkehr[2]). Beide Erscheinungen zeigen grundsätzlich, daß gerade in der Großstadt auch der Aussprache anscheinend einwandfreier Gewährsmänner gegenüber strenge Kritik und immer neues Vergleichen und Befragen am Platze sind. Auch bei ihnen bleibt der Charakter der gesprochenen Form der Fln. weithin noch halbma., und er muß es schon in der 2. Hälfte des letzten Jhs. gewesen sein. — Das meiste des Gesagten gilt im strengen Sinn nur für die Stadt Stgt. selbst. Es ist beachtlich, festzustellen, daß schon in dem nahen Hsl. — auch unter verhältnismäßig jungen Leuten — noch ganz vollma. Laute in den Fln. zu hören sind; noch stärker ist es der Fall in Gbl. Natürlich finden sich auch in den Vororten halbma. Ausgleichungen, aber sie sind lange nicht so durchgehend wie in Stgt. selbst. Diese Beobachtung stimmt genau überein mit der Tatsache, daß die Vororte, sogar noch ziemlich stark auch Hsl., in ihren alten Teilen einen durchaus ländlichen Charakter tragen

Es müßte nun eine systematische Darstellung der Erscheinungen folgen, die die behandelten Fln. zeigen in Beziehung auf 1. Betonung, 2. Lautform, 3. Deklination, 4. Wortbildung, 5. Artikel und Präposition, 6. Geschlecht, 7. Auswirkungen von Volksetymologie und Volkswitz. I. a. unterscheiden sich die Stgt. Fln. in dieser Beziehung aber so wenig vom gemeinschwäbischen Verfahren, daß es sich erübrigt, hier eine neue Darstel-

---

1) Solche weithin durchgedrungenen Aussprachen nach dem Schriftbild des Straßennamens liegen z. B. vor bei: Abelsberg mit ā statt ǭ, Böhmisreute statt Barmesreute, Burgstall statt Burstel. Kriegsberg mit s statt š, Lehen mit ę statt aę, Schwarenberg mit ā statt ǭ; stark verdunkelt ist der Fln. Raitelsberg mit durch die Schriftform.

2) Z. B. Raichberg (Gsb.) gesprochen mit ǫe, ebenso Landaisen.

lung dieses Verfahrens zu geben. Wichtiges kann nur auf dem Gebiete der Betonung, der Wortbildung und der Einwirkungen von Volksetymologie und Volkswitz beigebracht werden; das zusammenfassende sprachliche Kapitel beschränkt sich also auf diese drei Gruppen. Dabei ist, wie auch bei der späteren Aufzählung der Fln. regelmäßig die älteste erfaßbare Ausspracheform zugrunde gelegt.

I. Der Akzent.

Im wesentlichen folgt die Betonung der Fln. den allgemeinen Tongesetzen, d. h. bei substantivischen Zusammensetzungen wird der Natur der Sache entsprechend das Bestimmungswort stärker betont als das Grundwort. Dieses Gesetz wird manchmal so konsequent befolgt, daß in zweisilbigen Zusammensetzungen das Grundwort in seiner lautlichen Gestalt zur Bildungssilbe herabsinkt, so in būrštl — Burgstall. Andere zusammengesetzte zweisilbige Fln. zeigen aber weniger schwache Betonung des Grundworts z. B. Ecksteigle, Heusteig, Kriegsberg, Mühlberg, Strohberg. Eine starke Nebenbetonung des zweiten Bestandteils ist natürlich in Fällen, wo der erste Bestandteil ein Adjektiv ist: a) mit einsilbigem ersten Bestandteil z. B. Trauberg (daneben auch Aussprache mit stärker betontem ersten Bestandteil); Ausnahmen: Altlachen (auch appellativ vorkommend F. 1, 161), Neugereut (im Gegensatz zu Gereut). — b) mit zwei- oder dreisilbigem ersten Bestandteil z. B. Afternhalde, Altenberg, Kaltental, Vordernberg. Ausnahmen (durch Anlehnung der Betonung an die große Mehrzahl der Komposita mit zwei- oder dreisilbigem Bestimmungswort): Rótenwald, -wäldle (wobei ein Gegensatz zum Bürgerwald vorliegen kann), Wéißenburg und Stéinenhausen, das in der Betonung nicht den -hausen-Orten folgt, obwohl es sekundär ihre Form angenommen hat.

Die meisten substantivisch zusammengesetzten Fln. enthalten ein zweisilbiges Bestimmungswort. Die Beobachtung, daß derartig zusammengesetzte On. und Fln. gerne den Haupton auf ihrem zweiten Bestandteil haben und nicht auf ihrem ersten, wie es zu erwarten wäre, ist nicht neu (vgl. Schott § 9, Weinhold S. 288). Die Erscheinung hat schon verschiedene Erklärungen gefunden. Behaghel weist für diese Tatsache bei gewissen Appellativen darauf hin, daß manchmal im zweiten Bestandteil ein Wort vorliegt, das für sich allein nicht mehr besteht, und das damit das Bewußtsein, daß in der betreffenden Zusammensetzung ein zweites Glied durch ein erstes näher bestimmt wird, aufhebt und so einem Streben der Sprache nach bequemer Verteilung des Silbengewichts kein Hindernis bietet (D. Spr. 203). Die Erklärung läßt sich auch auf On. mit Grundwörtern in ausgestorbenen Formen wie -hausen, -felden, -beuren u. a. anwenden. Die Verhältnisse bei den Fln. widersprechen aber der Übertragung einer solchen Erklärung auch auf diese. Mit der Erscheinung im besonderen bei den Fln. beschäftigen sich Bächtold[3]), Neumann[4]) und Heck[5]).

Sie finden die Gründe für eine Tonverschiebung in mehr oder weniger äußerlichen Umständen, wie in gewissen an der Zusammensetzung beteiligten Begriffen. In den Fällen, in denen die Tonverschiebung aber nicht ganz deutlich zur Unterscheidung von Fln. mit gleichem Bestimmungswort dient, müssen die

---

[3]) S. 32 f. Grund für die Betonung des 2. Bestandteils: Unterscheidung mehrerer Fln. mit gleichem Bestimmungswort (vgl. Behaghel, Grdr. 3[4], 126). Beispiel: Krummenacker: Krummwiese. Beim Auftreten von Adjektiven ist aber von der allgemeinen Sprache aus der Hauptton auf dem 2. Bestandteil das natürlichere (vgl. die rote Wánd, der alte Baúm)! — I. a. gelte als Regel: in Zusammensetzungen mit allgemeinen Bestimmungen (-acker, -berg, -bach usw.) Akzent auf dem 1., in solchen mit -halde, -holz, -loch u. a. auf dem 2. Glied. Diese Beobachtung ist von den Stgt. Verhältnissen aus nicht uneingeschränkt anzuerkennen; allerdings besteht starke Neigung zur Betonung des 2. Bestandteils bei gewissen Grundwörtern, z. B. -halde, -reute, auch hier, aber -berg in den Stgt. Fln. durchbricht Bächtolds Aufstellungen deutlich (s. u.!).

[4]) S. 14 f. Ähnlich wie Bächtold: verschiedene Betonung zur Unterscheidung von Fln. mit gleichem Bestimmungswort. Solche Fln. sind aber gegenüber denen mit gleichem Grundwort bedeutend in der Minderzahl. Für Stgt. ist die Annahme in keinem Fall zu beweisen.

[5]) S. 15. Grund für die Betonung des 2. Bestandteils: Verblassen des unterscheidenden Moments im Bestimmungswort, wenn es häufig vorkommt (On., Pn.) oder Adjektiv allgemeinen Charakters ist (finster, lang); Beobachtungen gestützt wesentlich auf Fln., deren 1. Bestandteil adjektivisch ist. Vgl. dazu Anm. 3!

Gründe dafür tiefer liegen und in den rhythmischen Verhältnissen gesucht werden. Rheinwald weist darauf hin, daß bei schwach flektierten Bestimmungswörtern von selbst eine lautschwache Silbe zwischen zwei lautstarken liegt, und daß damit alternierende Betonung ermöglicht wird. Der in der Sprache sonst auf der dritten Silbe ruhende Nebenton wird in dem Fln. nach einer in der Ma. allgemein wirkenden Tendenz zur Stärkung der unbetonten Silben auf Kosten der uneingeschränkten Erstsilbenbetonung zum Hauptton[6]).

Wilmanns 1, 443 f. sieht den Anlaß für die weite Verbreitung der Akzentverschiebung bei geographischen Namen, besonders On., in dem häufigen Gebrauch der Worte in Pausa. Nach ihm sind die Namen, in deren zweitem Glied auf die Hauptsilbe noch

6) S. 18 ff. Einwände gegen die Annahme Rheinwalds, die vor jedem Fln. gebrauchten Präpositionen „in", „im" haben mit ihrem Nasal zusammen mit dem Anlaut der Erstsilbe eines Fln. eine schwere Konsonanz gebildet, so den Einsatz eines starken Akzents unmittelbar danach erschwert und damit zur Ausdehnung der Betonung des Grundworts beigetragen: 1. die Annahme kann nur zutreffen bei männlichen Grundwörtern im Singular, d. h. wenn „im" verwendet wird; bei weiblichen Grundwörtern oder bei Fln. im Plural ist durch den zwischen Präposition und Fln. tretenden Artikel „der", „den" der alternierende Rhythmus schon gewährleistet, 2. in der Frühzeit wurde vorwiegend nicht die Präposition „in" in Verbindung mit Fln. gebraucht, sondern „zu". Bei „zu" liegen aber die Verhältnisse ganz anders, da es nicht auf Konsonant endigt. Trotzdem gibt es aber unter den Stgt. Fln. Beispiele, die durch ihre lautlichen Veränderungen eine Betonung des Grundworts schon für frühe Zeit anzunehmen fordern. „Zu" ist heute bei den On. noch allgemein, und doch gibt es viele On., die ihr Grundwort betonen (z. B. die -hausen-Namen); beides weist also darauf hin, daß die Grundwortbetonung bei „zu" genau so gilt wie bei „im", „in". — Wenn diese Erklärung, warum der auf dem Grundwort ruhende Nebenton in Fln. nicht selten zum Hauptton wird, oder wenigstens warum sich ein so gerichtetes Bestreben ausdehnt, als nicht ausreichend abgelehnt werden muß, läßt sich die Erscheinung nach Rheinwald nur noch erklären aus der in der Ma. allgemein wirkenden Tendenz zur Stärkung der unbetonten Silben. Warum diese Tendenz aber gerade bei den Fln. zur Verschiebung des Haupttons auf das Grundwort führen soll, während sonst im schwäbischen wie im süddeutschen Sprachgebiet gemeinhin Haupttöne auf dem Grundwort nicht in solchem Maße vorkommen wie im norddeutschen (vgl. die Beispiele Behaghel, Grundr. 3[4], 125; ders., D. Spr. 203. Wilmanns I 443), ist im Grunde nicht einzusehen.

eine weniger betonte Silbe folgt, der Verschiebung leichter zugänglich als die, deren zweites Glied mit betonter Silbe schließt. Jedoch greift die Verschiebung auch auf Wörter mit einsilbigem zweitem Glied über, besonders wenn diesem eine minderbetonte Silbe vorangeht, die von Haus aus seinen Nebenton kräftiger hervortreten ließ. Diese Ausführungen gelten im wesentlichen auch für die Fln., und auf ihnen ist weiter zu bauen.

Es soll eine Übersicht der Fln. des Stgt. Gebiets folgen, deren Bestimmungswort nicht adjektivisch ist, und die den Hauptton immer oder doch vorwiegend auf dem Grundwort tragen.

a) Mit dem Grundwort -berg: Ameisen-, Gablen-, Göbels-, Hasen-, Himmels-, Raitels-, Reichelen-, Schwaren-, Seiden-, Sonnen-, Zwickenberg; dazu mit einsilbigem Bestimmungswort: Kriegsberg, Mühlberg, Strohberg. Mit dem Hauptton bald auf dem Bestimmungs-, bald auf dem Grundwort kommen vor: Azenberg, Relenberg, Rosenbergle und ein zweisilbiger Fln. mit verblaßtem Adjektiv als Bestimmungswort: Trauberg. — b) Mit dem Grundwort -halde (zweisilbig gesprochen: háldə): Diemers-, Eckarts-, Ehrn- (heute mit einsilbigem Bestimmungswort gesprochen, früher zweisilbig: Herren-), Werfmers-, Winter- (auch auf dem Bestimmungswort betont), Worfmers-, Wörn-halde (heute mit einsilbigem Bestimmungswort, ursprünglich zweisilbig: Wüelen-); dazu mit einsilbigem Bestimmungswort: Mönchhalde (mhd. münech); mit verblaßtem Adjektiv als Bestimmungswort: Afternhalde, Afternhäldle, Pleckethalde. — c) Mit andern Grundwörtern: -reute: Böhmis-, Hauptmanns-reute; -klinge: Gallen-, Preiß-klinge (beide auch mit Betonung des Bestimmungsworts); -tal: Koppen-tal; -steig(le): Ecksteigle, Galgen-, Heu-steige; -gäßle: Äckerles-gäßle; -wiesen: Recken-, Wannen-wiesen; -furche: Stäffeles-furch; -nol: Erbennol (einziger Fln. mit -nol). — Dazu kommen: Falbenhennen, Schellenkönig (beide ursprünglich wohl Pn.) und das mit zweiteiligem Grundwort zusammengesetzte: Schindersbandhecken.

Von den mit -berg zusammengesetzten Fln. betonen das Bestimmungswort nur: Kappelesberg (Degerloch), Kornberg (Stgt. — vielleicht auch mit Ton auf dem Grundwort vorkommend), Rebenberg (Stgt. — nicht volkstümlich gegebener Name eines

Landhauses), Raichberg (Gbl.-Gsb.), Saubergele (Stgt.), Schellberg (Stgt.-Gbl.) Stafflenberg (Stgt. — wohl auch mit Ton auf dem Grundwort möglich). Von den mit -halde zusammengesetzten Fln.: Sauhalde (Gbl.), Seehäldle (Gsb.). Zu beachten ist auch die allein vorkommende Betonung Wéinsteig und Báumreute (letzteres wohl zur Unterscheidung von anderen Reuten). — Bei den meisten übrigen der angeführten Grundwörter kommt in anderen Zusammensetzungen auch andere Betonung vor, so z. B. in sehr vielen Fln. mit -wiesen und -klinge. Allgemein ist zu sagen: unter den auf dem Grundwort betonten Fln. herrschen die mit zweisilbigem Grundwort bei weitem vor.

Die Betonung der Grundwörter in gewissen Fln. kann nicht als moderne Erscheinung angesprochen werden; mehrmals lassen sich lautliche Veränderungen im Vokalismus der Bestimmungswörter nur aus vortoniger Stellung dieser Wörter erklären. Es handelt sich um folgende sechs Fälle: 1. **Herrenhalde** (1350) > ărnhǎldə; die Kürzung des langen Vokals des Bestimmungsworts und infolgedessen die Ausstoßung des e in der Flexionssilbe und die Erhaltung der sonst nach der Deklination der Ma. zu -rə gewordenen Lautgruppe -rn, weiterhin wohl auch die Öffnung des ę vor rn bis zu a kann nicht unter dem Hauptton stattgefunden haben. Schriftlich ist die erste Form mit Hern-, die darauf hinweist, daß der Name infolge lautlicher Veränderungen nicht mehr verstanden wurde, 1520 belegt (s. 386). 2. **Ameisenberg** (1304) > ǫ̆msəbę̆rg; statt des Diphthongs tritt schon im 14. Jh. sehr häufig einfacher Vokal auf; die völlige Unterdrückung des Diphthongs muß wohl unter dem Einfluß des dem Bestimmungswort folgenden Haupttons geschehen sein (s. 774). 3. **Kůbintal** (1294) > khǫ̆bę̆dál; der für frühere Zeit sicher belegte Diphthong uo konnte nur in nebentoniger Stellung zu o gekürzt werden; die erste Form mit o ist 1638 belegt; regelmäßig erscheint o aber erst 1745 (s. 361). 4. **Hůpenloh** (1286) > hǫbəlaǫ; uo > o wurde wahrscheinlich von der Entwicklung im Fln. Koppental beeinflußt; der Wandel kann auch hier durch nebentonige Stellung gestützt worden sein, z. B. in Verbindungen wie Hoppenlaúweg (s. 313); eine Form hǫ̆bəláǫ besteht heute nicht. 5. **Wůlenhalden**

(1286), Wúlnhald (1304), Wúrnhalden (1489), Wiernhalden (1503) > wẹrnhǎldə; es gilt auch hier für die Entwicklung üe, ie > ẹ̈, was über die Kürzung des unechten Diphthongs uo > o in den Fällen 3 und 4 und über die Erhaltung eines n der Flexionssilbe im Fall 1 gesagt ist. Die erste gekürzte Form (Wernhalden) erscheint 1510 (s. 635)[7]). 6. Wahrscheinlich liegt eine Einwirkung der Tonverhältnisse auch vor in Böhmisreute > bărməsrǿidę̈ (wohl gekürzt < bēāməsrǿidę̈ — s. 47) und in Hartmannsreute > Hauptmannsreute (s. 326). — Die frühesten sicheren schriftlichen Hinweise auf lautliche Veränderungen, die unter dem Nebenton im Bestimmungswort stattfanden, fallen in den Anfang des 16. Jh. Die Verschiebung des Haupttons auf das Grundwort muß bei manchen Fln. in der Umgangssprache aber schon wesentlich früher vor sich gegangen sein, was aus der Erhaltung eines n der Flexionssilbe in zwei Fällen (Herrenhalde, Wernhalde) hervorgeht.

Die Stgt. Verhältnisse sind geeignet, über die Bedingungen der Tonverschiebung im einzelnen einigen Aufschluß zu geben. Es gibt Wegnamen, die gebildet sind durch einen Fln. und irgend eine Bezeichnung für Weg. Durch das Antreten dieser Wegbezeichnung, die nebentonig verwendet ist, wird der Hauptton im Fln. allermeist auf das Grundwort gezogen, und das nicht nur in Fällen, wo heute Doppelheit der Betonung des Fln. besteht, sondern auch in solchen, wo uneingeschränkt die Betonung des Bestimmungsworts herrscht. So stehen nebeneinander; Hóppenlau: Hoppenláuweg, Ázenberg oder Azenbérg: Azenbérggäßle, Tráuberg oder Traubérg: Traubérggäßle, Winterhalde oder Winterhálde: Winterháldenweg. Eine Ausnahme machen: Eiernestweg, Kráutgartengäßle, Stéinenhausenweg und Stéingrübenweg. — Was sich bei den Bezeichnungen der Güterwege schon früher abgespielt hat, wiederholt sich in den modernen Straßennamen mit strenger Konsequenz: vor dem nebentonigen — štrǭs betonen alle

---

[7]) Zu den Kürzungen von unechten Diphthongen in nebentoniger Stellung vgl. die sonst aus dem Schwäbischen bekannten Fälle: tǫ̈nt (mhd. tuont), mǫ̈s (mhd. muoẓẓ), mę̈nt (mhd. müeẓẓent), auch: mǫtər (mhd. muoter). Bohnenb, Ma. § 23.

drei- und mehrsilbigen Fln. ihr Grundwort, auch wenn sie für sich allein ihr Bestimmungswort betonen. Das Verfahren gilt: 1. Bei allen Fln. auf -berg mit zwei- und mehrsilbigem Bestimmungswort z. B. Altenbérg-, Ameisenbérg-, Azenbérg-, Gabelsbérg-, Hasenbérg-, Relenbérg-, Rosenbérg-, Schwarenbérg-, Seidenbérg-, Stafflenbérgstraße. 2. Bei allen Fln. auf -halde mit zweisilbigem Bestimmungswort: z. B. Afternhálden-, Diemershálden-, Mönchhálden- (mhd. münech), Wernhálden- (ursprünglich zweisilbiges Bestimmungswort) Winterhálden(-weg)-straße. 3. Bei allen Fln. auf -wald mit zweisilbigem Bestimmungswort: Birkenwáld-, Bopserwáld-, Föhrenwáld-, Rotenwáld-, Silberwáld-straße. Bei diesen Namen ist bemerkenswert, daß die Grundwortbetonung im Fln., soweit ein solcher besteht, nicht vorkommt, also immer: Bírkenwald, Bópserwald, Rótenwald, Sílberwald. 4. Das Grundwort des Fln. ist im Straßennamen auch betont in: Heidenklíngenstraße, Hoppenláustraße (ebenso Hoppenláufriedhof). — Das Grundwort des Fln. ist im Straßennamen nicht betont a) bei allen Fln. auf -burg: Dóggenburg-, Sílberburg-, Stítzenburg-, Wágenburg-, Wéissenburg-straße. Es ist möglich, daß hier das vollere u von burg dem Grundwort einen stärkeren Nebenton sichert, als das mehr neutrale e von berg, und daß deshalb eine Verschiebung des Haupttons auf die letzte Tonsilbe vor dem nebentonigen -štrọs nicht nötig wird (vgl. u.!). b) In: Fángelbachstraße und gewöhnlich auch in dem nicht sehr bekannten Namen der Kóppentalstraße. — Wie weit diese Art der Betonung einer dem Grundwort unmittelbar vorausgehenden Silbe ausgebreitet ist, zeigt die Tatsache, daß sie in Stgt. bei Straßennamen, in denen die tatsächliche Haupttonsilbe weiter von dem Grundwort -straße entfernt ist, sogar für ursprünglich einteilige Pn. in ganz unschwäbischer Weise angewandt wird: Lindenspürstraße, Elisabéthenstraße, Zeppelínstraße. — Die Betonung des Grundworts eines Fln. in Straßennamen kommt bei -berg-Zusammensetzungen nicht vor, sobald das Bestimmungswort des betreffenden Fln. einsilbig ist: Kríegsberg- (entgegen der Ma., die Kriegsbérg betont), Ásperg-, Úhlberg-, Wártberg-straße. — Am aufschlußreichsten ist der Fln. Vógelsang und seine Zusammensetzung. Eingesessene Weingärtner kennen nur die Betonung des Bestimmungsworts; der mit dem Fln. gebildete Straßenname lautet im westlichen Stadtteil, wo die Straße verläuft, und wo der Name häufig gebraucht wird: Vogelsángstraße; jüngere Leute, besonders Kinder der betreffenden Gegend betonen den Fln. auch alleinstehend Vogelsáng. Der Vorgang ist klar: die in der Zusammensetzung gültige Betonung bleibt für den Fln., auch wenn er außerhalb der Zusammensetzung gebraucht wird, erhalten. Derselbe Vorgang muß wohl bei allen Fln., die ihr Grundwort betonen, einmal angenommen werden: die Verschiebung des Hauptakzents ist im absoluten Fall nicht zu begreifen; sie geschah in der Zusammensetzung oder im Satzzusammenhang[8]). Beachtenswert für die Einwirkung des Satzzusammenhangs ist das Verfahren bei Relenberg, wo im freien Gebrauch mit der Präposition „im", „in den" bald das Bestimmungswort, bald das Grundwort den Ton trägt; dagegen gilt nur Rélenberg in dem Satz: məī rélebĕrg dę̄s īš ə hĕrəwę̆ŋərt, dǭ khā mər mīt dər šáęs nə̄ī färə[9]); ganz offenkundig veranlaßt hier der auf den Fln. folgende Hochton die Erhaltung des Hauptakzents auf dem Bestimmungswort. — Eine Zusammensetzung mit -weg oder einer entsprechenden Bezeichnung hat es grundsätzlich bei allen Gewandnamen gegeben, da überall Güterwege waren, die zu dem betreffenden Gewand führten und so darnach genannt sein konnten, und die Annahme ist berechtigt, daß die meisten Tonverschiebungen in solchen Zusammensetzungen mit Wegbezeichnungen ihren Ursprung nahmen; sie liegen am nächsten (vgl. Hoppenlauweg, Vogelsangstraße). Es können aber auch Bezeichnungen für andere Begriffe als Grundwörter antreten; so kommt im frühesten Beleg für o in Hoppenlau (1558) die als Zusammensetzung zu wertende Verbindung: „Zwischen den Hopenlaw wingart" vor.

Die günstigsten Bedingungen für die Tonverschiebung scheinen zu sein: Bestimmungswort mit Stamm- und Flexionssilbe + Grund-

---

8) Vgl. hier auch die auffallende Betonung Armenkástenwald.

9) Stehende Wendung, von einem reichen Weingärtner des letzten Jhs. zum Lobe seines Weinbergs benützt.

wort (einsilbig oder mit Stamm- und Flexionssilbe) zusammengesetzt mit einem nebentonig verwendeten einsilbigen Wort oder im Satzzusammenhang zusammentreffend mit einem solchen, d. h. die Verschiebung tritt ein, sobald auf den Hauptakzent in alternierendem Rhythmus zwei Nebenakzente folgen, von denen der erste nicht dadurch den zweiten übertrifft, daß er auf einen Vokal fällt, dessen Bildung und Dauer größere Aufmerksamkeit erfordert, und daß er dadurch unwillkürlich stärker wird (z. B. Krautgartengäßle, Steinenhausenweg, Steingrübenweg und die mit -burg zusammengesetzten Straßennnamen). Man kann damit wieder zurückkommen auf die Annahme Bächtolds, daß die Grundwortbetonung mit bestimmten Grundwörtern zusammenhängt; jedenfalls sind es aber nicht die Begriffe, die die Grundwörter zum Ausdruck bringen, sondern die Vokal- und Silbenstärke der Grundwörter, die die Tonverschiebung begünstigen oder verhindern. — Die Tonverschiebung aus der Verwendung im Satz zu erklären, liegt nahe bei Hasenberg, das in der stehenden, den genannten Bedingungen entsprechenden Verwendung vorkommt: də häsəbḛrg nŭf. — Für On. mit Grundwortbetonung kommt nur die Erklärung aus dem Satzzusammenhang in Betracht; es bietet sich bei allen eine sehr brauchbare Verbindung in dem häufig vorkommenden nebentonigen „zu" (z. B. tsüfəhóusə tsuə, wĕšəbə́irə tsuə).

Wie viele der Stgt. Fln. die Betonung ihres Grundworts erst von modernen Straßennamen aus haben, und wie viele der Analogie anderer ähnlich gebildeter Namen folgen, ist nicht zu sagen; es kommt aber auch weniger auf eine derartige Statistik an als darauf, die Kräfte zu erkennen, die eine Tonverschiebung herbeiführen können und manchmal wohl schon frühe herbeigeführt haben [10]).

---

10) Weniger einleuchtend sind die Fälle, wo bei nur einsilbigem Bestimmungswort das Grundwort betont wird: Kriegsbérg, Mühlbérg, Strohbérg; Ecksteígle, Heusteíg. Die Verhältnisse liegen wie bei „Stadtmauer", das in Ulm Grundwortbetonung hat, die aus einer Zusammensetzung mit -Weg erklärbar ist. Bei Kriegsberg folgt der moderne Straßenname der Betonung des Fln. nicht: Kríegsbergstraße; auch die vom Fln. abgeleitete adjektivische

Wahrscheinlich darf die Ausbildung einer unbetonten Zwischensilbe ǝs zwischen zwei Tonsilben in Böhmisreute (wohl < bęȧmsrǫ̇idę̨) und zwischen Haupt- und Nebenton in Reichelesberg (früher: Richlinberg) einer auf alternierenden Rhythmus der Sprache gehenden Tendenz zugeschrieben werden (vgl. Rheinwald 20).

II. Zur Wortbildung.

Für die allgemeinen Erscheinungen der Fln.-Bildung wie für die Verwendung von Suffix und Präfix sei auf die Ausführungen Rheinwalds (S. 38 ff.) verwiesen. Hier soll ein näheres Eingehen auf die Bedeutung der Ellipse bei der Fln.-Bildung genügen.

Die Ellipse wirkt sich bei der Wortbildung der Fln. hauptsächlich in zweifacher Weise aus: a) Abfall eines einmal vorhandenen Grundworts; sicher bei: Lerchen (vom 16. Jh. an für vorher belegtes Lerchenfeld), Rappen (von 1701 an für älteres Rappentanz), Schülen (von 1632 an für älteres Schülensberg), Kienlen [für gleichzeitiges Kienlinsberg, Kienlinwald; es kann hier auch Kienlen das Ursprüngliche sein; -berg und -wald wären dann Zutaten nach Analogie anderer Fln. (s. 609), möglich ist auch: Kuhnle für Kuhnwald oder ähnliches (s. 676)]. Diese Erschei-

---

Bezeichnung des im Gewand gewachsenen Weins betont das Bestimmungswort: ǝ grìǝgšbę̨rglǝr. Ecksteigle und Heustéig steht Wéinsteig entgegen. Eine Zusammensetzung mit einer Wegbezeichnung ist bei den beiden Namen, sicher wenigstens bei „Heusteig", nicht unbedingt ausgeschlossen, da sich dieser sehr frühe schon von der Steige selbst auf das anstoßende Gebiet ausgedehnt hat (es gab einen Heusteigweg — Pk., Adr. B. 1928 III 4), während Weinsteige als Bezeichnung für ein Gewand wohl nicht so frühe galt. Vielleicht hat bei Heusteig die Verbindung mit „ober", „unter" oder mit sonstigen unterscheidenden Adjektiven, wie sie anscheinend frühe bestanden (an der Langen Hoẘstaig — 1393), einen Einfluß auf die Betonung ausgeübt; man könnte sich dann auch wieder eine Satzverbindung denken etwa derart: dę ǭbǝr (ǭndǝr) haęštǫ̇ęg nǘf. Ebenso kommt Kriegsberg schon frühe mit näher bestimmenden Adjektiven vor (zů vordern Kriegsberg — 1451), so daß es auch da naheliegt, dieser Verbindung einen Einfluß auf die Betonung des Fln. zuzuschreiben. Auch bei Mühlberg wird 1582 „obere und untere Mühlberge" unterschieden. Die Erklärung hat aber etwas Gezwungenes an sich. — Über Ecksteigle ist zu wenig bekannt, als daß eine Möglichkeit der Erklärung beigebracht werden könnte. Ebensowenig läßt sich etwas über Strohberg sagen.

nung kann sehr oft aus der Erscheinung b erklärt werden (Vermittlungsform: Kompositum mit ursprünglich zweigliedrigem Bestimmungswort, in dem dessen zweites Glied in dreigliedriger Zusammensetzung unterdrückt ist; daher falsche Neubildung des ursprünglichen Fln.; s. 84); andererseits kann Schreiberbrauch mitgewirkt haben, wie er z. B. im Eidsteuerbuch von 1516 vorliegt, wo grundsätzlich kein Grundwort geschrieben ist und es also nur heißt: im Rapen, zu Heu, im Stöuben, zu Fordern, zu Stainin, zu Imen, zu Schielens usw. — b) Der viel häufiger eintretende Fall: Unterdrückung eines Mittelstücks (Grundwort eines Bestimmungsworts) in ursprünglich dreigliedriger Zusammensetzung. Für die Erscheinung, die auch in Appellativen vorkommt[11]), bieten die Fln. des deutschen Sprachgebiets ein geradezu riesiges Material; sehr viele Zusammensetzungen können ohne einen Hinweis auf sie nicht erklärt werden (vgl. Neumann 12; Wiss. Beih. z. Ztschr. d. allg. d. Sprachv. 36 [1913] 178 A 2; Sprachv. 1912, 358). — Es seien zuerst die Fälle genannt, in denen der Vorgang handgreiflich belegt ist. 1. Es besteht ein Gewand Staibenäcker; dabei liegen auch Wg., die 1571 genannt sind: Zwischen den Weingärten genannt Stöbenäckern; 1632: An den Steibenacker wingardten hinab; 1701: an den Steibenwingarten hinab; heute: štáębəwęŋgərt. — 2. Bei einer Villa „Fürstenblick" liegt eine Erdgrube genannt: Fürstenloch; über den Zusammenhang des neuen Namens mit dem Namen der Villa kann kein Zweifel bestehen. — Bei einer Aufzählung aller in Stgt. in Betracht kommender Fälle kann bei einigen Beispielen nicht erkannt werden, welcher Namen primär ist, und welcher sekundär durch Unterdrückung eines Mittelglieds von diesem seinen Ausgang genommen hat, so bei Gablenberg ⨯ Gablenbach, Nonnen-

---

11) Bekannt sind in der Schriftsprache Fälle wie Ölgötze für Ölberggötze, Laubwald für Laubholzwald und viele andere (s. Sprachv. 32, 12; ZfdM. 1919, 55). Sehr oft begegnet die Erscheinung ganz gelegentlich und spontan in der Umgangssprache; so hörte der Verfasser in Stgt. schon „Zahnradhäusle" für ein kleines Haus, das hart an der Zahnradbahn steht, und „Eberhardskino" für ein Lichtspielhaus im Eberhardsbau in der Eberhardstraße. Gerade das 1. Beispiel ist von größtem Interesse, da ja „Zahnradhäusle" für ein gewöhnliches Wohnhaus völlig sinnlos ist.

wald ✕ Nonnenheide, Sandebene ✕ Sandweg, Vogelebene ✕ Vogelrain; bei andern ist das zeitliche Verhältnis meist mit ziemlicher Sicherheit anzugeben. Büchsensee — beim Büchsentor — beim Büchsen(schützen)haus; Entenberg — wahrscheinlich anzusetzender Fln., wohl für Entenbachberg; Eselsklinge — bei der Eselsmühle; Eulenrain — früher ist der Eulenberg belegt; Frauenkopf — früher ist in der Gegend belegt: Frauenwald; Fürstenloch — bei der Villa Fürstenblick (s. o.!); Gähkopf < Gägenkopf — wohl für Gägenwengertkopf o. ä.; Gänswald, Gänsheide, Gänswiesen — bei einer ursprünglichen Gänsweide (die einzelnen Namen können unter sich wieder in Beziehung stehen, es muß nur einer unmittelbar von der Gänsweide aus entstanden sein); Hirschbrunnen — für Hirschbadbrunnen oder umgekehrt; Kuechengäßlein — führt durch die Kuechenwiesen; Kuechenwiesen — möglicherweise bei einem Kuchengarten; Metzgerbach — fließt unten am Metzgerhau hin; Pfaffenbaum — vielleicht auf einer Pfaffenwiese; eine Beziehung ist möglich zwischen Postseele ✕ Postäcker ✕ Postweg; Pfaffendohle — am Abfluß aus dem Pfaffensee und beim Pfaffenwald; Pulverweg — führte zum Pulverturm; Rappenweg — wohl für Rappentanzweg; Renlinfeld — vielleicht für Renlinbergfeld; Rennwiese — lag am Rennweg (selbständige Entstehung ist möglich); (Rotebühlstraße für Rotebühltorstraße; s. Adr. B. 1928 III 8); Rotenwald — steht wahrscheinlich in Beziehung zum Roten Steiglen; Sauäcker — auf dem Sauberg; Saubuckele, Saubergele — beim Sauberg; Schelmenklinge — beim Schelmenwasen; Seeltor — davor lag das Seelhaus; Sperbrücklein — vielleicht für Spergrabenbrücklein; Spitalsee — bei der Spitalmühle; Staibenwengert — bei den Staibenäckern (s. o.!); Staibenloch — in den Staibenäckern; Tierbach — wohl für Tiergartenbach; Weißenburrle — am Platz der ehemaligen Weißenburg; Wolfsklinge I — am Wolfsberg; Wolfsklinge III — bei einer Wolfsgrube; Ziegelwiesen — heißen im Pk. Ziegelhüttewiesen bei der Ziegelhütte am Fuß der Weinsteige; Ziegelklinge, -wiesen — bei der Ziegelhütte in Hsl.; Ziegeltor — bei den Ziegelwiesen im Feuerbachtal; Zwickenrain — daneben belegt: Zwickenberg. Nicht

eingetreten ist die Unterdrückung des Mittelglieds in einzelnen
Fällen, so z. B.: Hetzenäckerwald (nicht häufig gebraucht), obwohl sie hier durchaus zu erwarten wäre; die Erscheinung ist
also nicht ganz konsequent. Wahrscheinlich hängt diese Inkonsequenz mit der größereren oder geringeren Volkstümlichkeit der
betr. Namen zusammen.

Der Vorgang einer Unterdrückung des Mittelglieds darf nicht zu
äußerlich im Sinne eines Fallenlassens etwas schon Vorhandenen
verstanden werden, d. h. man darf sich wohl in den meisten (in
allen?) Fällen nicht vorstellen: zweigliedriges Kompositum +
Grundwort = dreigliedriges Kompositum; das dreigliedrige Kompositum erscheint nach einiger Zeit zu schwerfällig, das Mittelglied wird ausgeworfen, und es entsteht wieder ein zweigliedriges
Kompositum. Miedel in seinem zu der Frage reiches Material
beibringenden Aufsatz (ZfdM. 1919, 54 ff.) und Rheinwald scheinen
den Vorgang i. a. so aufzufassen; letzterer spricht z. B. bei
Edelsbach von einer kontrahierten Form aus Edelmannsbach
(S. 124) und führt an der Stelle, wo er grundsätzlich über die
Erscheinung spricht (S. 41), als Beleg einen Fall an, in dem der
Ausfall eines Mittelstücks in der Überlieferung bezeugt ist (Engelharzgeried [1513] > Engellsgeriet [1560], vgl. S. 126); bei dem
Beispiel: Bettelleutküche und -garten > Bettelküche und -garten
(S. 41, 97) spricht er sich nicht über das Grundsätzliche der
Erscheinung aus. Die gleiche irrige Meinung über die Genesis
des Ausfalls eines Mittelteils vertreten auch Becker (92 f.) und
Eberl (36 f.). — Es ist zuzugeben, daß Fälle von Ausfall eines
Mittelglieds in schon bestehenden dreiteiligen Kompositen bezeugt
sind (außer den Beispielen bei Miedel und dem Rheinwaldschen
Engellsgeriet vgl. oben Staibenwengert, Rotebühlstraße, Ziegelwiesen und Kgr. Württ. III 155: Engelhofen < Engelboldshofen,
1319); aber das dürften Ausnahmen sein. Die Auslassung des
zweiten Glieds eines Bestimmungsworts gleichzeitig mit seiner
Zusammensetzung mit einem Grundwort ist psychologisch natürlicher. Die Beispiele aus der Sprache des täglichen Lebens beweisen das ziemlich eindeutig (s. Sprachv. 32, 12. ZfdM. 1919
55 und vor allem das oben [Anm. 11] angeführte „Zahnradhäusle",

das ganz spontan gebildet wurde, ohne daß je etwa ein Kompositum „Zahnradbahnhäusle" bestanden hätte) und ebenso eine große Zahl von Fln. Es ist z. B. nicht denkbar, daß die moderne Bildung Fürstenloch ganz mechanisch aus Fürstenblickloch entstanden ist; ebensowenig Büchsensee < Büchsenhaussee; Gänswald, Gänsheide < Gänsweidewald, Gänsweideheide; Pfaffendohle < Pfaffensee- oder Pfaffenwalddohle. Neumann spricht von einer teilweisen Ersparung des Bestimmungsworts (S. 12) und kennzeichnet damit den Vorgang treffend; ähnlich Behaghel (Sprachv. 32, 12). Auch Ochs kommt unabhängig von Neumann zu einer derartigen Auffassung; er verweist auf die germanische Erscheinung der Unterdrückung von ga- (Kluge, Urgerm.³ 238, vgl. Germanica 153 f.) und sieht hier eine Eigentümlichkeit der deutschen Wortbildung (ZfdM. 1920, 175). Es handelt sich bei der ganzen Erscheinung um Sparsamkeit im Ausdruck, der ein Grundwort zum Opfer fällt, da die Vorstellung des Bestimmungsworts im Sprechenden dominiert und so für alle neu zu bildenden Namen in der gleichen Gegend als das Wesentliche erscheint. Die Annahme ist wohl berechtigt, daß die Fälle der spontanen Unterdrückung eines Mittelglieds die primären sind, und daß nach ihrem Muster Ausstoßungen von Mittelgliedern in schon bestehenden dreigliedrigen Kompositen stattfanden. Vgl. über die ganze Frage: Miedel — ZfdM. 1919, 54 ff. (schlägt die Bezeichnung Schrumpf- oder besser Schwundnamen vor; dagegen Ochs: Klammerformen — ZfdM. 1920, 175), Neumann 12 f., Behaghel, Sprachv. 32 (1917), 12, vgl. ebenda 38 [12]).

III. **Umbildungen durch Volksetymologie und Auswirkung des Volkswitzes in der Namengebung.**

Beispiele für volks- oder schreiberetymologische Umdeutung nicht mehr verstandener Namen sind: Ehr(e)nhalde < Herrenalde, Eier-

---

[12]) Im Anschluß an den Abschnitt „Wortbildung" sei hingewiesen auf zwei Fälle, in denen Imperativ-Namen als Fln. erscheinen: Siehdichfür und Luginsland; Fleugaus ist wohl ursprünglich Pn. — Bei der Herausbildung der heutigen Gestalt der Fln. muß Kontamination angenommen werden bei: Werfmershalde, Worfmershalde < Wolfmarshalde + Werkmannshalde.

nest < Arnest, Hauptmannsreute < Hartmannsreute < Hartungsreute, Höllscher Bühl < Hellsbül (wohl Pn. Hell[e]), Kelternstein < Kalterstein, Köchenhof < Köchenhof, Kornberg < Kuon(en)berg, Kräutelsberg (?) — Gereutelsberg (?), Leidelenkreuz < Klúdern Kreuz (?), Lerchenrain < Lörcher Rain, Preißklinge < Pleißklinge, Schellberg < Scheuelberg, Seelat (wohl in Anlehnung an See) < Sälach, Unfrieden < Umfrid, Vorsteig < Forststeig; wahrscheinlich gehört auch Relenberg (mit Anlehnung an Rehlein?) < Renlintberg hierher.

Dem bewußten Volkswitz sind folgende Bildungen ganz oder teilweise zuzuschreiben: Bachmuseum, Buiziballen (?), Compagniewiese, Feuerleiter, Rappentanz, Rübenstrümpflein (?), Schinderskleiderkasten, Villa Fürchterlich.

Drittes Kapitel.

Flurnamen und Siedlungsgeschichte.

I. Grundsätzliches zur siedlungsgeschichtlichen Auswertung der Fln.

V. Ernst ist durch zahlreiche Beobachtungen auf den Zusammenhang zwischen bestimmten Fln. und bestimmten Flurarten aufmerksam geworden. Es fehlen bis jetzt aber eine systematische Behandlung der geschichtlich allgemein bedeutsamen, allen Siedlungen ähnlichen Charakters gemeinsamen Züge der Fln.-Gebung und eine Bestimmung ihrer Gesetze. Beides hat die On.-Forschung im großen und ganzen erreicht, oder mindestens hat sie den Weg zum verwandten Ziel erfolgreich beschritten. Die siedlungsgeschichtliche Seite der Fln.-Forschung hat Rheinwald eingehend behandelt und viel Grundsätzliches, Neues beigebracht. Er geht aus von der Teilung aller Fln. in Gelände- und Nutzungsnamen (Gn. u. Nn.) d. h. in Örtlichkeitsbezeichnungen allgemein und in Fln. im früheren Sinn, also Namen für Äcker, Wiesen, Weiden, Wald, soweit er in Nutzung ist, u. a. Für die Siedlungsgeschichte kommen im wesentlichen nur die Nn. in Frage; denn sie sind

„der sprachliche Ausdruck für die Art, Größe und Zeit der Bodenbenutzung einer Siedlung", wie die On. „der sprachliche Ausdruck für die Art, Zahl und Zeit der Siedlungen eines Stammes" sind. Die Gn. auf der andern Seite zeigen, wie die Menschen bestimmte Naturteile auffassen und benennen; sie haben damit nur Interesse für Psychologie und Wörterbuch, i. a. nicht aber für Siedlungsgeschichte; nur soweit es sich um Weg-, Grenz- und Gebäudenamen handelt, sind sie siedlungsgeschichtlich grundsätzlich von Bedeutung. Bei Benennungen irgend welcher Art unterscheidet Rheinwald drei Möglichkeiten der Beziehung zwischen Wort und Sache und folgt dabei den Unterscheidungen, die Bohnenberger für die On. gemacht hat[1]). 1. Eine Eigenschaft, ein Kennzeichen der Sache wird mit dieser gleichgesetzt; es ist dies die älteste Art, die rein appellative Benennung; der Name ist ein einfaches Wort, das auch sonst verwendet werden kann; Gn. (Rheinwalds eigene Beispiele): Tobel, Teich, Grund, Berg, See, Riet, Bol, Klinge usw., alles allmählich zu Namen erstarrte Appellative; Nn.: Au, Hart, Brühl, Beunde, Breite, Esch usw. 2. In einem Grundwort wird die Gattung des Genannten gekennzeichnet; mit einem Bestimmungswort wird aus ihr das einzelne Stück herausgehoben; Gn.: Schmaltal, Mühlberg, Seltenbach, Reutenbühl usw.; Nn.: Roggenäcker, Hartwiesen, Große Mäder, Schanzäcker usw. 3. Sache und Name stehen in keiner direkten Beziehung; die Bezeichnung ist von einer andern Sache übertragen; der Name wird zum bloßen Hinweiser; er ist einfach oder zusammengesetzt; Gn.: Laternenpfosten, Jeremias (Erhebungen), Sattelbogen u. a.; Nn.: Kreuz, Grauer Stein, Stoffel, Teich, Tobel usw. Rheinwald findet nun aus der Parallele der On.-Gebung heraus in den verschiedenen Arten der Beziehung zwischen Wort und Sache bei den Fln. ein Kriterium für das Alter der einzelnen Namen. Von seiner Definition aus, die zu eng bzw. nicht ganz klar ist, erhebt sich aber die Frage, ob ein solches Verfahren seine volle Berechtigung hat[2]). Dagegen muß

---

1) Die On. Württ. 7.

2) Rheinwald gibt wohl die Art der Beziehung zwischen Wort und Sache jeweils genau an; aber seine Beispiele sind gerade bei den Nn. Fall 1 von

man für die siedlungsgeschichtliche Auswertung der Fln. festhalten an der Scheidung der Fln. in Gn. und Nn. Weiter behält der allgemeine Satz, daß im jüngeren Kulturland die Gn.

ganz bestimmter Art: Namen, denen ihre geschichtliche Bedeutung eigentlich auf der Stirne geschrieben steht, und die nach einer gewissen Zeit der Verwendung eben nicht mehr gebraucht wurden. Vorausgesetzt aber, daß Rheinwalds Auffassung richtig verstanden ist, müssen zu den Nn. Fall 1 unbedingt auch Namen wie Acker, Wiese, Reute, Gereut gerechnet werden; denn sie geben eine Eigenschaft, ein Kennzeichen der Sache an und werden mit dieser gleichgesetzt; sie können aber andererseits noch heute in einem Gebiet mit vorwiegend anderer Kulturart, als sie der neue Begriff zum Ausdruck bringt, als Fln. entstehen, und solche Fälle hat es immer gegeben. Ebenso können einfache Gn. jederzeit zu Fln. werden (vgl. etwa Eck, Rain). Auch die Beispiele für die entsprechenden On. von Fall 1 sind bei Rheinwald zu begrenzt; er zieht nur die -ingen-Orte als Siedlerbezeichnungen heran; die übrigen Siedlerbezeichnungen wie München, Pichlern, Winnenden, Zeidlern (vgl. Eberl 32 f.), die gar nicht selten sind und zeitlich durchaus nicht mit den -ingen-Orten zusammengenommen werden dürfen, übersieht er. Da nun die -ingen-Orte nachweislich die ältesten sind, kommt Rheinwald ganz natürlich zu seinem Schluß von der rein appellativen Benennung einer Siedlung auf ihr hohes Alter, und diesen Schluß überträgt er auf die Fln. Der Schluß ist grundsätzlich wohl richtig; aber er ist anders zu formulieren: die ältesten Namen sind appellativ; aber nicht alle appellativen Namen gehören schon als solche zu den ältesten. Es kommt ja bei der Altersbestimmung der On. nicht an auf die Art der Beziehung zwischen Wort und Sache, die im Namen zum Ausdruck kommt, sondern auf die Art des On. selbst, auf sein Grund- und Bestimmungswort. Das betrifft nun hauptsächlich die Namen des Falls 2. Die On.-Forschung kann einen Namen wie Grabenstetten zeitlich ungefähr festlegen, dadurch daß sie erkannt hat, daß -stetten-Namen in einer ganz bestimmten Zeit entstanden sind (gleich bei den -hofen, -hausen, -dorf usw. -Namen). Bei allen ist es nicht wesentlich, daß in einem Grundwort die Gattung gekennzeichnet und mit einem Bestimmungswort das einzelne Stück herausgehoben wird. — Diese Ausführungen gelten auch für die Altersbestimmung der Fln. Um auf allgemein gültige Weise ihr Alter festlegen zu können, müssen noch andere gesetzmäßig wirkende Kräfte erkannt werden, die bei der Namengebung maßgebend waren. Daß die Namen der 3. Gruppe jünger sein müssen als andere, nicht als alle andern, leuchtet ohne weiteres ein, da sie schon benannte Örtlichkeiten voraussetzen; aber der siedlungsgeschichtliche Wert der Nn. dieser Klasse wird dadurch vermindert, daß sie, wie auch Rheinwald hervorhebt, nur sehr schwer von denen der 2. Gruppe zu trennen sind. Ebenso ist nach Ausweis der Tatsachen als sicher anzu-

stärker vertreten sind als im älteren, unbedingt seine Geltung, da anzunehmen ist, daß von einer Siedlung aus auch nicht in Kultur genommene geographische Punkte benannt werden, deren Namen dann bestehen bleiben können (allerdings nicht müssen), wenn die Kultur in diese Teile vorstößt. — Wenn sich auch der Weg, den Rheinwald bei der Erforschung des siedlungsgeschichtlichen Wertes der Fln. für die einzelne Markung beschritten hat, für sein Untersuchungsgebiet bewährt zu haben scheint, kann er doch nicht für alle Markungen als der richtige anerkannt werden; in anderen Siedlungsgebieten gelten andere Ordnungen. — Es müssen weiterhin die Fln. der einzelnen Markungen untersucht werden, bis man allgemein gültige Gesetze der Fln.-Gebung finden kann.

II. Versuch einer Siedlungsgeschichte des Stuttgarter Gebiets[3]).

Die heutigen On. des behandelten Gebiets sind alle als Stellenbezeichnungen (Berg, Stgt., Hsl., Gbl.) jung. Für die Orte ist späte Entstehung erwiesen oder als sicher anzunehmen. Zu den in der Landnahmezeit besiedelten Gebieten konnten die Bachtäler nicht gehören. Aber daß im Nesenbachtal heute nur erweisbar junge Siedlungen liegen, ist nicht in den natürlichen Verhältnissen begründet. Es besitzt in seinem Mittelteil Lößboden im Tale und am Fuße der Hänge, der einer Siedlung der Ausbauzeit wohl dienen konnte. Tatsächlich ist das Tal wohl in dieser Zeit besiedelt worden. Es liegen also zwei bis drei Siedlungsschichten übereinander. Zu großer Bedeutung hätten die Orte der Ausbauzeit auf Grund der ackerbaulichen Verhältnisse allerdings nicht gelangen können; dazu war das Gelände zu ungünstig. Es mußte die Rebenkultur neu hinzukommen, um den Anstoß zu einer zweiten, ausgedehnteren Besiedlung zu geben.

---

nehmen, daß die bestimmten, von Rheinwald als Beispiele angeführten Nn. des Falls 1 die ältesten Nn. sind (vgl. die Forschungen V. Ernsts). Weiterzugehen in der zeitlichen Bestimmung erscheint augenblicklich noch nicht berechtigt.

3) Vgl. 1. Kap. III und Lit.Verz. C b.

Nur zwei der heutigen fünf Siedlungen sind in ihrer Gründung und Entwicklung ohne Weinbau verständlich; sie liegen an der Mündung der Bäche in den Neckar; beides sind Burgensiedlungen: Berg und Gsb. Bachaufwärts von Berg aus folgt zunächst Stgt., dann, wohl nach zwei Zwischenstationen (Einzelsiedlungen Lehen und Böhmisreute), Hsl. Nach einem Mutterorte für Stgt. zu fragen dürfte überflüssig sein, da es sich hier ja wohl um eine Stadtgründung handelt, die von den hochadligen Besitzern der Wasserburg ausging[4]). Hsl. und die dazwischen liegenden Einzelsiedlungen sind als Gründungen von Stgt. aus anzusehen (s. u.!). Die vierte Siedlung mit einer Stellenbezeichnung als On., Gbl. im Klingenbachtal, ist ebenso als Weinbauort verständlich und von Berg ausgegangen (s. u.!). Da auch Gsb. mit großer Wahrscheinlichkeit eine Tochtersiedlung von Berg ist, muß dieses als der älteste der noch bestehenden Orte in der unmittelbaren Umgebung von Stgt. angesehen werden.

Für das Nesenbachtal sind als die den heutigen Siedlungen vorausgehende Besiedlungsschicht zwei Orte der Ausbauzeit anzunehmen: Tunzhofen ist als Siedlung urkundlich nachgewiesen; Immenhofen muß von einem Fln. aus erschlossen werden. Dieses lag am Fuße des südöstlichen Höhenzugs; der Lage des gleichnamigen Gewands nach, das allerdings noch keinen unmittelbaren Hinweis auf den Platz der Siedlung gibt, ist auf die weitere Umgegend des heutigen Wilhelmsplatzes, besonders gegen SW, zu schließen. Jenes lag auf der linken Talseite, am Fuße des Kriegsbergs und der Wolframshalde [5]). Als -hofen-Orte gehörten beide der Ausbauzeit an; sie führen in ihrem Bestimmungswort den Namen ihres Gründers, bzw. des ersten Siedlers. Groß können die Siedlungen nicht gewesen sein. — Auf noch frühere, alemannische Spuren braucht hier nicht mehr eingegangen zu werden[6]).

Außer diesen Gruppensiedlungen bestanden im Gebiet des Stgt.

---

4) Die Frage der Entstehung der Stadt Stgt. ist im einzelnen noch nicht geklärt.
5) Nicht auf der 250/260 m-Fläche (Prag), wie Wever annimmt.
6) Vgl. 1. Kap. III.

Kessels sicher die Weißenburg und möglicherweise eine zweite Burg oberhalb von Heslach (Burgstall- 64). Die andern Burgen unmittelbar um Stgt. (Haigst, Hasenberg, Reinsburg, Forstburg), von denen die „Sagen" erzählen, sind der Geschichte nicht bekannt, auch die Fln. geben keine Anhaltspunkte; sie haben alle wohl nie bestanden. Die Straße, von der aus die Anlage der Weißenburg am Nordabhang des Bopsers verständlich wird, ist der heutige Bopserweg, die frühere „Heerstraße", die die älteste Talüberquerung darstellt. — Daneben war im Tale eine Wasserburg, die im 12., vielleicht auch schon im 11. Jh. von einem Grafen von Württemberg-Beutelsbach erbaut worden war [7]). Schon ins 10. Jahrhundert fällt wohl die Erbauung der frühromanischen Vorgängerin der heutigen Stiftskirche [8]). In der Nähe der Burg muß ein Gestüt angenommen werden, das schon länger bestanden haben wird. Von der Wasserburg aus ging wahrscheinlich im 13. Jh. die Gründung der neuen Siedlung [9]) vor sich, die 1286 der Belagerung durch Rudolf von Habsburg sieben Wochen lang trotzt und eben damals zum erstenmal „Stadt" genannt wird [10]). Die Annahme eines Stutgartens [11]) in der Nähe der Burg fordert der Stadtname (Stellenbezeichnung), auch wenn kein Zeugnis sonst für sein Dasein vorhanden ist (vgl. 730). Über die Zeit der Anlage des Gestüts ist nichts bekannt; eine gelehrte Sage, die aber nach Mehring nicht von vornherein als unmöglich abzulehnen ist [12]), will sie ins Jahr 949 oder 950 setzen und dem Alemannenherzog Luitolf, dem Sohn Ottos I., zuschreiben. Sicheres über die Lage ist nicht bekannt. Für eine Festlegung ganz nahe bei Wasserburg und Kapelle sprechen einmal die natürlichen Verhältnisse, da das Tal wenig weiter unterhalb sumpfig wurde — als Weideland war dieses Sumpfgebiet in der Nähe des Gestütshofs wohl erwünscht — zum andern die Bezeichnungsübertragung

7) Vgl. 1. Kap. III.
8) Friz 17.
9) Vielleicht Marktsiedlung vgl. Anm. 4.
10) Der vor genant Eberhart der . . . sol öch uns antwúrten die stat Stútgarten zerbrechende (WUB IX 105).
11) Die Form Stutgarten nach dem mhd. vorliegenden stuotgarte-Gestüt.
12) Südd. Ztg. 1925, 56.

auf die spätere Stadt. Nördlich der Stiftskirche nahm man im 16. Jh. das Stutenhaus, d. h. das ehemalige Verwaltungsgebäude des Gestüts, an. Ein zureichender Grund zu Zweifeln an dem Vorliegen einer guten Überlieferung für diese Annahme besteht nach Mehring nicht. — Mit großer Wahrscheinlichkeit hat der Stutgarten den württembergischen Grafen gehört; sie bauten auch ihre Burg in der Gegend. Von dieser Burg berichtet eine i. a. nicht beargwohnte Quelle, der Blaubeurer Abt Christianus Tubingius in den Historiae coenobii Blauburensis, daß sie Bruno von Beutelsbach (1105 Abt von Hirsau) noch vor seiner Abtswahl gebaut habe. Besonders hebt der Annalist den Keller des Schlosses hervor: „... castrum Stutgarten ... cum operosissimo cellari[o], quale vix aut nullum in Germania reperitur ..."[13]). Wenn man dem Bericht Glauben schenken kann — und es spricht nichts dagegen [13]) —, so wäre der Burgbau in Verbindung mit der Rebenkultur zu bringen. — Der Weinbau in größerem Stile faßte ungefähr zu gleicher Zeit in der Gegend Fuß, besonders bei Tunzhofen. Bestimmte Anzeichen weisen darauf hin, daß das Kloster Lorch bei seiner Einführung und Ausbreitung eine nicht unwesentliche Rolle spielte; es hatte an den Halden über Tunzhofen ausgedehnten Weinbergbesitz: „Mönchhalde" (s. 423). Wieviel Lorch bei und in Tunzhofen tatsächlich besaß, geht aus der großen Summe (200 Pfd. Heller) hervor, um die das Kloster 1290 die Nutznießung aller seiner Weinberge und Keltern „apud Tunzenhofen" für 5 Monate verkauft[14]). Die Zehntverhältnisse der Tunzhofer Gegend lassen erkennen, auf welchem Wege das Kloster nach Tunzhofen gekommen ist: 1280 wird entschieden, daß der Zehnte vom Mönchberg (= Mönchhalde) zu $3/4$ an die Kirche von Münster, zu $1/4$ an die Kirche zu Altenburg, wohin Tunzhofen eingepfarrt war, kommen sollte[15]). Für den Zusammenhang ist nun wichtig, daß Münster wohl unter den ersten Besitzungen war, mit denen die Stifter des Klosters

---

13) Sattler, Grafen IV² 300; vgl. Pfaff 1, 6. Vgl. aber Lit.Verz. Cb Anm.
14) UB. No. 23.
15) WUB VIII No. 2937; IX No. 3876, 2962. Vgl. Bl. f. württ. Kirch.-Gesch. 1890, 35.

Lorch um 1102 dieses ausstatteten; 1270 wurde die Kirche von Münster dem Kloster einverleibt [16]). Die Zehntteilung von 1280 lebt später weiter in der Bestimmung, daß von einem großen Teil der Mönchhalde ³/₄ des Zehnten dem Kloster Lorch „für die Kirche in Münster" und ¹/₄ dem Stift zu Stgt. als dem Nachfolger der Kirche von Altenburg zustanden. Außerdem tritt das Kloster auch sonst in der Gegend von Tunzhofen als alleiniger Zehntherr auf oder hat es Teil am Zehnten (meist Weinzehnten), so in den Gewanden Wolframshalde, Mühlberg, Türlen, Hirschbad, Stöckach, Werfmershalde, Sattelklinge [17]). Auch diese Zehntrechte müssen auf die Kirche zu Münster zurückgehen. Da in andern Teilen der Stgt. Markung Lorch keinen Anspruch auf den Zehnten hatte, muß man schließen, daß seine und damit die ehemaligen Münsterischen Zehntrechte auf die ursprüngliche Markung Tunzhofen beschränkt waren. Die Zehntverhältnisse werden so, wenn sie auch nicht in der ganzen Markung gleicherweise gegolten zu haben scheinen, doch zu einem wichtigen Kriterium für die Feststellung des Umfangs dieser Markung (s. u.!). — Wenn nun schon ein Kloster in einem landwirtschaftlichen Orte, Tunzhofen, an einer Halde, die noch heute zu den besten gerechnet wird, ausgedehnten Weinbergbesitz hatte und außerdem in engen Beziehungen zu diesem Orte stand dadurch, daß ihm die Kirche gehörte, der ein großer Teil des Zehnten in der betreffenden Markung zustand, darf man annehmen, daß dieses Kloster, das überdies vom Kloster Hirsau ausging, den Weinbau in dem betreffenden Orte, wenn vielleicht auch nicht gerade begründete, so doch zu hoher Bedeutung brachte. Zur Zeit der Ausbreitung des Weinbaus im äußeren Nesenbachtal durch das Kloster Lorch müssen sich auch andere Grundbesitzer dem Weinbau zugewandt haben; so ist z. B. Bebenhausen frühe als Besitzer von Weinbergen in Stgt. und Tunzhofen bezeugt [18]), und so läßt sich auch der Bau des großen Kellers in der Wasserburg erklären, vollends wenn seine Anlage auf Bruno von Beu-

---

16) OAB. Cannstatt 583 ff.
17) Vgl. Lb. w. 1466; Lb. g. 1632.
18) 1229 UB. No. 1.

telsbach zurückgeht, der als Domherr von Speyer den Weinbau wohl zu schätzen wußte und auch als Abt von Hirsau auf die Versorgung des Klosters mit Wein großen Wert gelegt hat [19]).

Wenn es sich bei der Siedlung, die von der Wasserburg ausging, um eine Marktsiedlung handelte, so kam es nicht so sehr auf die landwirtschaftliche Brauchbarkeit des Gebiets an, als auf die günstige Lage für einen lokalen Markt. R. Gradmann nennt Stgt. in dieser Beziehung den „geborenen Marktort für die reiche Filderebene" [20]). Rechnet man dazu die feste Lage und die günstige Gelegenheit, den Ort mit nassen Gräben zu umziehen, auf die auch Gradmann hinweist, so erscheint die Anlage der neuen Stadt vollauf verständlich.

Es erhebt sich die Frage, wie sich das Verhältnis der neuen Gründung zu den schon bestehenden Gruppensiedlungen gestaltete. Das Problem einer neuen Markung mußte bei jeder Stadtgründung einst gelöst werden; es war deshalb schwierig, weil das Land so ziemlich ganz in Dorfmarkungen aufgeteilt war. Schon die Stadt selbst mußte i. a. auf einer bereits bestehenden Markung angelegt werden. In der Regel setzten die Gründer die Stadtbürger als gleichberechtigte Markgenossen in die alten Markungen hinein oder wiesen sie der Stadt ein Wald- und Weidegebiet aus eigenem Besitz zu. Die Urgemeinde konnte entweder neben der Stadt bestehen bleiben oder aber frühe in diese einbezogen werden, wobei eine allgemeine, auf umliegende Kleinsiedlungen aufsaugend wirkende Tendenz der Städte deutlich wird [21]). — Stgt. lag zwischen zwei älteren Siedlungen, die beide, wenn vielleicht auch keine eigentlichen Markungen, so doch wohl Eigentumsgrenzen hatten [22]). Ehe Näheres über das Verhältnis der neuen Stadt zu den vorhandenen Weilern und ihrem Gebiet gesagt werden kann, muß dieses selbst untersucht werden.

---

19) Vgl. WVH. N. F. 28, 8.
20) Schwäb. Städte 28.
21) Vgl. Ernst, Grundeig. 68 f.; ders., Württ. Stud. 123, 132 f.
22) Häufig so bei späten Siedlungen (pers. Mitt. von Prof. Dr. Ernst; vgl. OAB. Tettnang² 325 f.).

Tunzhofen.

Für Tunzhofen ist die Untersuchung einfacher, da hier auch schriftliches Quellenmaterial vorliegt. Der Ort ist mit Stgt. zusammen zum erstenmal 1229[23]) genannt; er wird Lb. E. 1304, 6 a mit 3 Posten gesondert aufgeführt, Lb. E. 1334 und 1350 aber gemeinsam mit Stgt. behandelt; 1350 erscheinen noch Hofstätten dort[24]); Lb. w. 1393 ist der Ort als Wohnort aber nicht mehr genannt. Man nimmt an, daß er im Städtekrieg zerstört wurde, oder daß die letzten Bewohner damals nach Stgt. gezogen sind. Eine eigene Markung für Tunzhofen ist sicher belegt[25]). An einzelnen Gewanden, die in die Markung T. gehören, werden genannt: Mönchberg, Vordernberg, Schühlinsberg, Ameisenberg, Werfmershalde, Kaisemer[26]). Die Überlieferung ist bei manchen Gewanden nicht einheitlich: der Ameisenberg wird daneben auch zu Stgt. und vielleicht zu Berg gerechnet, was bei dem großen Gewand wohl verständlich ist; merkwürdig ist hier, daß er auch als zu Tunzhofen gehörend bezeichnet wird. Ähnlich liegen die Verhältnisse bei der Werfmershalde. Andererseits werden manche Gewande, die oben ins Tunzhofer Gebiet gerechnet wurden, im 14. Jh. gelegentlich als Stuttgarter Besitz erwähnt: Mönchberg, Mönchhalde, Schühlinsberg[27]). — Trotz der entgegenstehenden

---

23) UB. No. 1.
24) Auch UB. No. 96.
25) Sie erscheint ohne nähere Bestimmung außer Lb. E. 1304, 6 a z. B. 1229: Wg. des Klosters Bebenhausen u. a. in T. (UB. No. 1); 1265: Wg. in T. (UB. No. 6); 1282: In bannis villarum ... T. ... (UB. No. 15); 1313: in den marcken zu Brie, ze Berge, ze Tuntzehofen (UB. No. 40).
26) 1280: montis dicti Munchberg siti apud Dunzehoven (UB. No. 11) 1304: 2 jugera agrorum sita under dem Vordernberge (Lb. E. 1304, 6 a; wird unter der Überschrift „In Tunzhoven" aufgeführt); 1312: Wg. zu T. an Schůhelins berge (UB. No. 39); 1326: Wg. prope Stůtgarten an Amessenberg ze Tuntzhoven (UB. No. 63); 1327: Wg. ze Tunzenhofen an Mûnichberge (UB. No. 66); 1342: Wg. zu Stuttg. bei T. an Wertmanshalden (UB. No. 79); 1346: Wg. in Tunzhofer marke an dem vordernberg (UB. No. 87); 1359: Wg. ze Stůtgarten ze Tuntzhoven (UB. No. 111; gemeint ist der „Kaisemer"); 1372: Wg. der gelegen ist zu Duntzhofen bi Stutgarten und ist genant der Kaissheimer berk (UB. No. 126).
27) 1320: Wg. zu Stgt. am Mönchberg (UB. No. 52); 1334: Wg. zu Stgt.

Angaben ist aber die Tunzhofer Markungszugehörigkeit klar für
Mönchhalde, Schülensberg, Vordernberg (wozu der Kaisemer zu
rechnen ist); sie ist den sicheren Belegen nach anzunehmen für
die Werfmershalde und einen Teil des Ameisenbergs. Interessant ist der Fall von 1312, wo unterschieden wird: Wg. zu
Tunzhofen an Schůhelins berge und Wg. ze Stůtgarten an
Criegesberge (UB. No. 39). Ohne widersprechende Stellen wird
das Gebiet des Kriegsbergs und der Stäffelesfurche Stgt. zugezählt.

So weit die urkundlichen Zeugnisse. Weiteres über die Markungsverhältnisse Tunzhofens läßt sich aus den Fln. erkennen.
Am Fuße des Vordernbergs lag die bis 1571 in schwachen
Resten belegte „Breite", die sich langsam gegen das Nesenbach-
und Vogelsangtal abflachte; das ganze Gebiet am Fuß des Kriegsbergvorsprungs hat Lößablagerungen. Die Fluren, die den
Namen „Breite" führen, gehören nach den Forschungen V. Ernsts
zu den ältesten landwirtschaftlich genützten Teilen einer Siedlung; sie liegen als das beste Ackerland der Markung meist in
unmittelbarer Nähe des Orts und dürfen regelmäßig als ortsherrschaftlicher Besitz angesehen werden. Die Tunzhofer „Breite"
war im NO durch die Wolframshalde von der höher liegenden
Lößebene der Prag abgeriegelt; im W und NW lag der Hang
des Kriegsbergvorsprungs; im SO kam die sumpfige Niederung
des Nesenbachs, und im SW und S schloß sie der hier einziehende Vogelsangbach ab (auch Sumpfniederung — Seengebiet!).
Daß das Ackerfeld hier ein Ende hatte, zeigt der Fln. Seelat
(= Sälach) gerade am Unterlauf des Vogelsangbachs. Es ergibt
sich damit für die „Breite" ein mäßig großes, aber in sich einheitliches Stück. Zur „Breite", dem Ackerfeld, gehört als zweiter

---

... an Schůhelinsberg (UB. No. 71; es folgen hier in einer Aufzählung
weiter: an Kriegesperg, an Atzenberg, so daß „zu Stgt." vorausgenommen
und der Einfachheit wegen nicht durch „Tunzhofen" ersetzt sein kann);
1346: Wg. ze Stůggartun, der gelegen ist an Můnchhaldun (UB. No. 88);
1352: Wg. zu Stgt. an Schühlinsberg (UB. No. 98); dazu kommt 1351: Wg.
ze Stůtgarten an Wolfranshalden (UB. No. 97); die Wolframshalde ist vorher nicht belegt, muß aber ihrer Lage nach unbedingt zur Markung Tunzhofen gehört haben.

Teil des alten Herrschaftsguts das Wiesenland der „Brühl". Obwohl ein unmittelbares Zeugnis fehlt, sprechen sachliche Gründe dafür, daß auch Tunzhofen einen solchen hatte: an die „Breite" schließt sich im SO das Nesenbachtal, das hier schon sumpfig genannt werden muß, und gerade aus „fetten bis sumpfigen" Wiesen besteht der „Brühl" [28]). Diese Wiesen im Nesenbachtal, die später unter dem Fln. „Tunzhofen" vorkommen, sind wohl als der Tunzhofer „Brühl" anzunehmen; sie erfüllten auch die allgemein für die herrschaftlichen Stücke geltende Forderung der Siedlungsnähe. Damit dürfte der Kern der genützten Markung bestimmt sein. Das ihn umgebende Land wurde wohl erst später nutzbar gemacht. — Am Nesenbach, wohl in der Gegend der heutigen Retraitestraße, baute Tunzhofen seine Mühlen, die bedeutend länger bestanden als der Ort. Der Hang, an dem sie standen, hieß Mühlberg (Wg., 1304). Der Fln. sagt nichts über die Nutzbarmachung. Der Mühlberg gehörte anscheinend nicht vollständig zur Markung Tunzhofen; von unten griff nach schriftlichen Zeugnissen die Berger Markung ein (s. S. 78 f.) Oberhalb des Mühlbergs liegt die große, weithin lößbedeckte Fläche der Prag, von dem Ort Tunzhofen durch die Wolframshalde getrennt. Auch „Wolframshalde" sagt zunächst nichts über die Nutzbarmachung des Gewands aus; es muß aber angenommen werden, daß eine nicht sehr steile und hohe Halde mit Lage gegen S bis SW in unmittelbarer Nähe des Orts nicht ungenützt blieb; daß sie trotz ihrer guten Lage erst 1351 mit Weinbau vorkommt, spricht vielleicht dafür, daß sie schon lange vorher von Tunzhofen aus in anderer Weise (Gärten, Baumwiesen?) bebaut war, und daß deshalb der Weinbau in altes Kulturland erst später eindringen konnte. — Der Name der „Prag" verweigert bis jetzt jede Auskunft; man muß annehmen, daß der Großteil des Gebiets nicht landwirtschaftlich genützt war, da am Ende des 15. Jhs. in Markungstreitigkeiten zwischen Stgt. und Cannstatt ausgesagt wird: es sei noch in vieler Menschen Gedächtnis, daß die Prag wüst gewesen und von Graf Ulrich um Zins ver-

---

28) WVH. N. F. 33, 304.

liehen worden sei[29]). Auch andere Gründe sprechen nicht für eine Bebauung der Fläche. Aus den angezogenen Aussagen geht hervor, daß die Grenze zwischen Cannstatt und Stgt. auf der Prag zunächst nicht fest war. Dieser Zustand muß schon für Stgts. Vorgänger in dieser Gegend, für Tunzhofen, gegolten haben. Ob Tunzhofen auf der andern Seite schon Cannstatt gegenüberstand oder nicht, ist hier nebensächlich; es kommt nur auf die Tatsache der Grenzunfestigkeit an. Strittige Grenzen liegen besonders gerne in Gebieten gemeinsamer Nutzung zwischen zwei oder mehr Gemeinden vor. In der Regel handelte es sich dabei um Allmende, Weideland, das bei der Abscheidung der Markung einer Tochtersiedlung von der des Mutterorts nicht geteilt wurde, wo also die beiden Markungen in ihren Nutzungen ineinander übergingen. Als ein solches Gemeinschaftsgebiet muß die Prag wohl aufgefaßt werden. Weiter hinaus, als die spätere Markungsgrenze von Stgt. ging, erstreckte sich die Tunzhofer Markung wohl nicht. — Die steilen Hänge im W und NW Tunzhofens waren landwirtschaftlich unbrauchbar; sie blieben wohl ungerodet, bis der Weinbau eingeführt wurde: „Mönchhalde" — Mönche brachten den Weinbau; „Schülensberg" — mit einem Geschlechtsnamen als Bestimmungswort weist der Fln. ziemlich sicher auf eine Weinberganlage frühestens im 12. Jh. Ein Rest ehemaliger Bewaldung zeigt sich in dem Fln. „Birkenwald" (länger bewaldet, da im Vergleich zur Umgebung für Weinbau ganz ungünstig). Die Feuerbacher Heide vollends wurde erst gegen Ende des 18. Jhs. in Anbau genommen; für die Zeit Tunzhofens muß wohl noch Wald hier oben angenommen werden. Jedenfalls war auch die Feuerbacher Heide ein mehreren Orten gemeinsames Weidegebiet, was durch langwierige Streitigkeiten zwischen Stgt., Cannstatt und Feuerbach um die Abgrenzung auf der gemeinsamen Allmende, genannt das Hundsmaul, bis tief ins 16. Jh. hinein bewiesen wird[30]). Auch hier hat Stgt. den Anlaß zu den Streitigkeiten wohl schon von Tunzhofen übernommen.

29) UB. 385, 31 ff.
30) 1481 — UB. No. 663; 1574 — Rep. Stgt. w. I Bü. 55 a; vgl. WJB. 1909, 127 f.

Der Umfang der Markung Tunzhofen im NW, N und NO ist damit bestimmt: im NW wird die Grenze wohl durch den Kamm des Höhenzugs gebildet; in einer mit andern Orten gemeinsamen Allmende reichte Tunzhofen in seinen Nutzungen jedoch über die natürliche Grenze hinaus; im N, auf der Prag, scheint keine natürliche Grenze bestanden zu haben; wieder in gemeinsamer Allmende ging die Markung Tunzhofen in andere Markungen über: im NO (Mühlberg, Nesenbachtal) muß eine künstliche Abgrenzung später gegen die Markung Berg dagewesen sein. — Das ganze Randgebiet schon kurz hinter der Siedlung war landwirtschaftlich lange nicht genützt.

Viel schwieriger ist die Grenzbestimmung im übrigen NW und im W, da hier die Anhaltspunkte, die die heutige Markungsgrenze gibt, fehlen. Zunächst ist anzunehmen, daß auf der Feuerbacher Heide auch weiter nach SW der Kamm des Rückens i. a. die Markungsgrenze bildete. Ob der Kräherwald Tunzhofen gehörte, erscheint fraglich, da er in ein ganz anderes Bachsystem fällt. Wie weit die Markung am Hang des Höhenrückens nach SW reichte, läßt sich zunächst nicht sagen. Die zuerst am Oberteil des Hangs bis zum Herdweg folgenden Namen der größeren Gewande sind fast alle Gn. mit Pn. oder Besitzerbezeichnung als Bestimmungswort: Gähkopf, Herrenhalde, Azenberg, Relenberg; gegen das Tal hin folgen Koppental und Kriegsberg; auf oder am Kriegsberg finden sich für kleinere Teile wieder Gn. oder nur Pn., die zu Fln. wurden. Auf was für einen Streit sich „Krieg" in Kriegsberg bezieht, ist nicht bekannt. Die Namen an sich geben also wieder keine Auskunft. Erst wenn man den Herdweg überschreitet, läßt sich einiges erschließen. Zunächst folgt jenseits des Herdwegs in Mittellage noch der Kuonenberg (Kornberg), gebildet wie die meisten Namen diesseits des Herdwegs; dann zeigt sich ein deutlicher Wechsel in den Fln.: an die Stelle der reinen Geländebezeichnungen als Grundwörter treten am ganzen Hang Waldbezeichnungen oder Grundwörter, die mit Sicherheit auf Waldbestand schließen lassen: Hauptmannsreute, Falkhart, Hoppenlau. Das Gewand Hoppenlau schließt unmittelbar an das Sumpf- und Seengebiet (Stadtgartenniederung) an, und die Hauptmannsreute stößt noch heute an den Wald, so daß sich hier deutlich ein geschlossener Waldriegel ins Tal vorschob. Es läßt sich nun kein Grund dafür finden, warum die Hänge diesseits des Herdwegs ursprünglich nicht gerade so Wald getragen haben sollten wie die jenseits; im Fln. Birkenwald liegt ja sogar ein Hinweis auf ihre ehemalige Bewaldung vor. Es können also nicht die natürlichen Verhältnisse, sondern nur zeitliche Unterschiede in der Benennung oder rechtliche in der Art der Nutzbarmachung die verschiedene Namengebung begründen. — Man kann noch andere, feinere Unterschiede in den Fln. finden. Im Gebiet zwischen Herdweg (Kornberg noch hereingerechnet) und Ludwigsburger Straße, also in der Umgebung Tunzhofens, gibt es 5 oder 6 Fln. mit dem Grundwort -berg und Pn. oder Besitzerbezeichnung als Bestimmungswort: Azenberg, Himmelsberg(?), Kornberg, Mönchberg, Relenberg, Schülensberg; im ganzen Nesenbachtal zusammen gibt es nur 11 sichere derartige Namen und 3, bei denen über die Bedeutung des Bestimmungsworts Zweifel bestehen können (einer von diesen, „Letschenberg", wäre auch noch bei Tunzhofen zu suchen); so entfällt also rund die Hälfte allein auf Tunzhofer Gebiet. Das Merkwürdigste ist aber, daß diese Namen jenseits des Herdwegs (Kornberg ausgenommen) in der Richtung nach SW weiter aufhören und erst in Heslach wieder einsetzen. Ähnlich steht es mit den -halden-Namen: im ganzen Nesenbachgebiet 7 Fln. mit dem Grundwort -halde und Pn. oder Besitzerbezeichnung als Bestimmungswort, davon auf Tunzhofer Markung 4—5: Eckartshalde, Herrenhalde, Mönchhalde (für früheres: Mönchberg), Wolframshalde, Werfmershalde[31]) (Zugehörigkeit zur Markung wohl sicher). Man kann somit wohl von einer Mode in der Namengebung im Tunzhofer Gebiet reden. Da die vielen Pn. als Bestimmungswörter aber nur verständlich sind, wenn sie Besitz ausdrücken sollen[32]), so muß geschlossen werden, daß die Namen

---

31) Von den zwei übrig bleibenden ist das eine die „Diemershalde"; das zweite, die „Wellenhalde", ist örtlich nicht bestimmbar.

32) Pn. als Bestimmungswort lassen an sich noch keinen Schluß auf Besitz zu; es sind viele Beziehungen zwischen Person und Gewand denkbar, die im

frühestens zur Zeit der Urbarmachung auch nur eines Teils des betreffenden Gewands, wohl eben durch die im Fln. genannte Person, entstanden sind, und zwar wahrscheinlich, wie aus der Gleichartigkeit der Namengebung hervorgeht, ungefähr zu gleicher Zeit bald nach der Einführung des Weinbaus — wenigstens die Namen auf -berg; die -halden-Namen stellen vielleicht eine jüngere Schicht dar (vgl. „Herrenhalde", nicht sehr alt; „Mönchhalde" für früher belegtes Mönchberg). Die Rodung und die Anlage der Wg. ist dann wahrscheinlich für eine Zeit anzunehmen, in der die Tunzhofer Markung noch gesondert bestand. Wer die Rodenden waren, und woher sie stammten, läßt sich bis auf wenige Fälle nicht erkennen: daß die Mönchhalde der Lorcher Mönche den Anfang bildete, ist schon gesagt; der Schülensberg läßt einen Besitzer aus Eßlingen vermuten (der Pn. gerade für diese Stadt frühe charakteristisch)[33]. Von der Verschiedenheit der Fln. zu beiden Seiten des Herdwegs aus kann angenommen werden, daß in einer ersten Periode die Anlegung von Wg. hier ein Ziel hatte. Jenseits des alten Verkehrswegs lagen noch die Wg. des Kornbergs, dann folgte der Wald. Daß dieser zur Markung Tunzhofen gehört haben muß, geht daraus hervor, daß der Ort nicht seinen ganzen Waldbesitz zu Wg. machen lassen konnte. Der am tiefsten liegende Hoppenlau hat weithin Lößbedeckung (später großes Ackergebiet: Spitaläcker, anstoßend Lerchenfeld); er stößt am Herdweg an einen andern schmalen Lößgürtel, der am Fuße des Kriegsbergs nördlich der Seenniederung von der Tunzhofer „Breite" bis zum Einzug des Koppentals und darüber hinaus herzieht. Grundwort ist mhd. lôch, soweit < ahd. lôh = lichter Wald, auch Gehölz; oft in Verbindung mit Pn., damit also wohl Bezeichnung für Privatwälder. Es ist die Beobachtung gemacht worden, daß Fluren, in deren Namen das Wort steckt, einst am Rande der bebauten Felder lagen und heute meist ausgestockt sind, daß also die Außenteile des Waldes so bezeichnet wurden (am Rande Mischgebiete

Fln. ausgedrückt sein können. Hier ist es nur die Menge gleichartig gebildeter Namen, die ein gewisses Recht zu dem Schluß gibt.

33) WGQ. IV, 691; VII, 610. Vgl. 429.

von Heide und Wald[34]). Bei Hoppenlau ist das Bestimmungswort mit großer Wahrscheinlichkeit ein Pn. (s. 313). Alles zusammen genügt, die Annahme zu rechtfertigen, daß hier einmal das Tunzhofer Ackerfeld aufhörte. Es ist also weiter zu schließen, daß der Lößstreifen am Fuße des Kriegsbergs jenseits der „Breite" auch zu Ackerland gemacht worden war (vielleicht in Verbindung damit Entstehung der „langen Äcker" am Unterteil des Herdwegs dem Ausbau der Markung Tunzhofen zuzuschreiben). Ob das Gewand Hoppenlau selbst mit seinem Lößboden auch noch von Tunzhofen aus gerodet wurde oder nicht, ist kaum zu entscheiden. Für die Annahme spricht vielleicht die Anlage des oberen Hoppenlauwegs (s. 349), der nicht unmittelbar von Stgt. ausging, sondern in seinem Anfang auf die Tunzhofer Gegend weist. — Von Tunzhofen aus gesehen folgt auf den Hoppenlau der Falkert mit dem Grundwort -hart. Als Hart werden i. a. die inneren Wälder bezeichnet, die dem Viehtrieb dienen und im Gemeindebesitz sind; bisweilen gehören sie größeren Verbänden, ganzen Weidegenossenschaften, als gemeinsamer Weidebezirk wie z. B. das Münsinger Hard[35]). Der heutige Falkert ist für ein Waldgebiet sehr klein; in früherer Zeit hat sicher die Hauptmannsreute dazugehört und ebenso der anstoßende Kornberg. Über die Art der Verwendung des Gebiets gibt ein 1291 für die Gegend der Hauptmannsreute belegter Fln. „Vihewaide" sichere Auskunft. Da hier Hart mit einem Bestimmungswort versehen ist, ist anzunehmen, daß der Fln. bloß einen näher bestimmten Teil eines größeren Gebiets „Hart" bezeichnet, dessen Name sich nur gerade als Grundwort dieses Fln. erhalten hätte. Wenn das Hart schon bis zum Kamm des Höhenzugs reichte, was als sicher angenommen werden muß (Hauptmannsreute), so kann es auch weiter gereicht und möglicherweise einst den Weidewald auf der Feuerbacher Heide (s. o.!) bezeichnet haben. Es liegt nahe, dies anzunehmen; gesichert ist nichts, außer daß Hoppenlau—Falkert in einer Ord-

---

34) Albv. 10, 302 f., 385. F. 4, 1276. Vollmann 26. Keinath 36.
35) Alem. 10, 236. Albv. 10, 301, 385. F. 4, 1278. Vollmann 26. Rheinwald 146. Keinath 36. V. Ernst, Grundeig. 27.

nung von außen nach innen ins Waldgebiet aufeinanderfolgen. Vielleicht geben die Fln. der anstoßenden Markungen Feuerbach und Cannstatt nähere Auskunft über die Frage. Für spätere Störungen in den Besitzverhältnissen der Gegend könnte die Burg Frauenberg über Feuerbach verantwortlich gemacht werden. Mit dem Gewand Falkert ist eine alte Verkehrslinie, die „Ditzinger Steige" (331) erreicht. Allen Belegen über die Lage dieser Steige nach trennte sie die Gewande Falkert und Hauptmannsreute vom „Forst". Der Forst (wohl = der gemeinen Nutznießung, besonders Weide- und Holznutzung, entzogener, der landesherrschaftlichen Jagd vorbehaltener Bannbezirk) hat hier vielleicht die Westgrenze der Markung Tunzhofen bzw. des mehreren Markungen gemeinsamen Harts gebildet. Daß sich die Markung noch weiter in das Waldgebiet hinein erstreckte, ist bei der kleinen Siedlung nicht sehr wahrscheinlich. Daß von hier aus weiter nach W und SW Wald folgte, ist erwiesen: „Forst" — hier nach der Umgebung zu schließen sicher Wald, „Botnanger Halde" — erst spät in Nutzung genommen, „Vogelsang" — 1488 zur Anlegung von Wg. von der Stadt an die Bürger verkauft[36]), „Rotenwäldle" — noch 1807 als Wald nachweisbar.

Wie die Markungsgrenze südlich des Falkert weiter verlief, kann aus nichts mehr erschlossen werden. Es folgte am Fuße des Hangs das ausgedehnte Lößgebiet rechts und links des Vogelsangbachs (in späterer Zeit meist Äcker), für das der Fln. „Steinenhausen" links des Baches die Annahme einer Einzelsiedlung zu irgend einer Zeit fordert. Die für das Gebiet vorhandenen Fln. sind zumeist Gn. (Röte, Winterhalde, Sauberg u. a.) oder jüngere Nn. (Lerchenfeld, Spitaläcker, Widemacker u. a.). Als natürliche Markungsgrenze bietet sich in nächster Nähe der Vogelsangbach, dessen Umgebung man sich als bewaldet vorstellen muß. Ein weiteres Verfolgen der Markungsgrenze wieder nach O wird durch die Obere Vorstadt verhindert. Es war hier, südlich der Seen, wieder Ackerland (durch spätere Nennung

---

36) UB. No. 765.

nachgewiesen s. S. 69); ob es aber für die Zeit Tunzhofens schon angenommen werden darf, ist kaum zu entscheiden; unwahrscheinlich wäre es nicht, daß Tunzhofen hier, jenseits des Sumpfgebiets des unteren Vogelsangbachs, mit der Zeit sich ein neues Ackerland geschaffen hätte, da das ihm bis jetzt zur Verfügung stehende (Breite, Streifen am Fuße des Kriegsbergs, vielleicht mit den „langen Äckern", und u. U. Teile des Hoppenlau) nicht besonders umfangreich war, und da das Gebiet von Anfang an von Stgt. aus bebaut wurde. Die Fln. geben keinen Hinweis auf eine Verbindung mit dem alten Ackerland durch das „Sälach"; von den vor der späteren Stadt in der Tunzhofer Richtung liegenden Gewanden Kreuzlen und Türlen ist der Name des einen nachweisbar in Stgt. Zeit entstanden (s. 405); der des andern bezieht sich vielleicht auf eine Umzäunung der „Breite" (s. 406).

Der Ausgangspunkt der Untersuchung ist damit wieder erreicht. Zwei Urkundenstellen verlangen jedoch eine Erweiterung der Markung Tunzhofen auch nach O: 1. 1326: Wg. prope Stůtgarten an Amessenberg ze Tuntzhoven[37]; 2. 1342: Wg. zu Stgt. bei Tunzhofen an Wertmanshalden[38]). In 2. kann „bei T." auch mehr nur als Lagebestimmung für Stgt. angegeben sein; der erste Beleg dagegen ist klar; hier kann nur die Markung Tunzhofen unter „ze T." verstanden werden. 1304 (Lb. E.) wird der Ameisenberg zu Stgt. gerechnet. Es ist allerdings in Betracht zu ziehen, daß es sich um ein sehr großes Gewand handelt, das sehr wohl in zwei Markungen fallen konnte. Trotzdem ist die Annahme, daß ein Stück des Ameisenbergs, der einem ganz andern Bachtal angehört als Tunzhofen, in dessen Markung lag, erstaunlich; es könnte immerhin ein Teil des Sauren Ameisenbergs gemeint sein, an dem eine Lage gegen das Nesenbachtal eher denkbar erscheint. Dazu würde auch sehr gut der Beleg für die Werfmershalde (in unmittelbarer Nähe des Sauren Ameisenbergs gegen das Nesenbachtal) stimmen. Auf jeden Fall ist ein Herübergreifen der Tunzhofer Markung auf den südöstlichen

---
37) UB. No. 63.
38) UB. No. 79.

Höhenzug sicher belegt. Ein weiterer starker Beweis dafür ist, daß das Kloster Lorch auch auf dieser Seite des Tals in den Gewanden Werfmershalde, Sattelklinge, Hirschbad, untere und obere Stöckach Teile des Weinzehnten bezieht[39]). Diese Zehntrechte müssen auf die dem Kloster einverleibte Kirche von Münster zurückgehen und weisen damit auf Zugehörigkeit des Gebiets zu Tunzhofen. Weiter als bis zum Kamm des Höhenzugs kann die Markung nicht gegangen sein, da jenseits später die Markung Berg heraufgriff. Mit Berg muß Tunzhofen auch am Hang gegen das Nesenbachtal im Gewand Stöckach zusammengetroffen sein. Über die Ausdehnung der Tunzhofer Mark nesenbachaufwärts gibt es keine unmittelbaren Angaben; auch die Fln. sagen nichts aus. Im Bachtal selbst bestehen später die eindeutig mit der Stadt und dem Hof zusammenhängenden Nn. wie Tiergarten, Tanzwiese, Rennwiese; vor dem Äußeren Eßlinger Tor kam dann noch das Gewand „Äckerle", das aber wohl schon in den Bereich von Immenhofen gehörte und später in irgend einer Beziehung zur Weißenburg stand. Der Hang heißt in seinem Unterteil Stöckach; gegen oben erscheint der an die Besitzernamen um Tunzhofen erinnernde Fln. Werfmershalde; dann folgen Gn. wie Sattelklinge, Saurer Ameisenberg; „Schellberg" und „Wagenburg" gehören mit der Stgt. Geschichte zusammen, und der weiterhin folgende „Eßlinger Berg" ist reiner Gn., wohl auch von Stgt. aus gegeben. – I. a. wird dieser Talhang lange bewaldet gewesen sein; hier lockte ja keine vortreffliche Südlage zu frühem Weinbau; der Fln. Stöckach für ein großes Gewand ist ein hinreichender Beweis für die Bewaldung. Ein Stück dieses Waldes gehörte nach dem oben Ausgeführten zu Tunzhofen. Wenn trotz der weniger günstigen Lage von dort aus Weinberge angelegt wurden, was durch den später Lorch zugehenden Weinzehnten ziemlich sicher erwiesen ist, so hat es sich dabei wohl um späte Versuche gehandelt, als der auf der linken Talseite zur Verfügung stehende Platz allmählich kleiner wurde; an ausgedehnte Rodungen ist zunächst sicher nicht zu denken.

39) Lb. w. 1466; Lb. g. 1632, 1745.

Mit dem Zusammenstoßen mit der Berger Markung im Nesenbachtal ist die Markung Tunzhofen abgeschlossen. Fln. und schriftliche Zeugnisse haben manches über ihre Ausdehnung und Art erkennen lassen; völlig versagt haben alle Quellen bei der Bestimmung der Südgrenze, und auch im SO und O ist manche Lücke noch offen.

Nach dem Abgang des Orts Tunzhofen ging die gesamte Markung an Stgt. über. 1383 verkauft das Kloster Lorch rund 29 M Wg. um den Ort Tunzhofen an Stgt. Bürger[40]); die Güter werden genannt „in Stuttgarter Bann und Zehnten". Die Verkaufsurkunde ist ein unzweifelhafter Beweis; denn Lorch als Grundbesitzer, Grundherr und Zehntherr im ehemaligen Tunzhofen unterschied natürlich genau zwischen der Stgt. und Tunzhofer Markung; sie gibt damit auch den terminus ante quem für das völlige Aufgehen der Tunzhofer Markung. Es ist wahrscheinlich, daß der Güterverkauf des Klosters im Zusammenhang steht mit dem Abgang Tunzhofens und dem Übergang der Markung und nicht viel später stattfand, so daß sich für beides etwa die Zeit um 1380 ergibt, was die Vermutung bestätigt, daß Tunzhofen als Ort im Städtekrieg 1378 abging. Wenn vorher schon unzweifelhaft zu Tunzhofen gehörige Gewande zu der Stgt. Markung gerechnet werden[41]), so kann der Grund dafür sein die viel größere Bedeutung Stgts. von der ersten Hälfte des 14. Jhs. an, das einen großen Teil der Tunzhofer Markung an sich gezogen hatte (s. u.!), und dessen Markung mit dem Rest der Tunzhofer zusammen vielleicht seit der Verlegung der Altenburger Pfarrkirche in die Stadt ein Zehntgebiet bildete. Irgend eine Verbindung muß vom 14. Jh. an zwischen den zwei Markungen bestanden haben; dafür spricht wohl auch, daß Lb. E. 1304 Tunzhofen gesondert aufführt, während es Lb. E. 1334 und 1350 mit Stgt. zusammennimmt. Aber sichere Anzeichen sind dafür vorhanden[42]), daß bis zum Abgang des Orts ein im

---

40) UB. No. 144.
41) Bisweilen in Urkunden und Lb. w. 1350.
42) 1313: In den marcken (zu Brie), ze Berge, ze Tuntzehofen (UB. No. 40), 1312: Wg. zu T. an Schůbelins berge, Wg. ze Stůtgarten an Criegesberge

wesentlichen von der Stgt. Markung getrennter Rest der Tunzhofer Markung bestanden hat.

Zur Vollständigkeit der Markungsgeschichte Tunzhofens gehört noch eine Übersicht über seine Verkehrsverhältnisse. Es ist anzunehmen, daß eine Verbindung mit Cannstatt bzw. Altenburg und Münster vorhanden war, da zu Altenburg frühe kirchliche Beziehungen bestanden haben müssen, und da das Kloster Lorch von Münster aus hierher kam. Ebenso muß eine Verbindung mit Berg angenommen werden, einmal aus nachbarortschaftlichen Gründen, dann auch, weil später im Zehnten Beziehungen zu Berg bestanden zu haben scheinen[43]). Der Weg nach Altenburg — Münster kann nur über die Prag gegangen sein; zwei später bekannte Verkehrslinien kommen dafür in Frage: die Fortsetzung der Galgensteige mit der späteren Ludwigsburger Straße und ein Weg am Fuß der Berghänge, dessen Name „Reitweg", später „Postweg", für hohes Alter sprechen könnte, der aber in seinem Verlauf nur erschlossen werden kann und in seiner Fortsetzung jenseits der Stgt. Markung bis jetzt überhaupt nicht bekannt scheint. Nach Berg kommen 2 Wege in Frage: einer am Fuße, der andere auf der Höhe des Mühlbergs (s. 495). — Der Weg nach Feuerbach über den Kriegsberg hat bestanden; Goeßler und Hertlein sehen in der Linie Bopserweg—Feuerbacher Weg die älteste und natürlichste Überquerung des Stgt. Tals[44]). Der Weg scheint einmal vom Kriegsberg aus neben der späteren Stäffelesfurch, dem Abgang nach Stgt., eine Fortsetzung auch gegen O gehabt zu haben, die in die Gegend von Tunzhofen führte und vielleicht für die früheste Zeit der Siedlung schon angenommen werden kann[45]), so daß eine unmittelbare Verbindung Tunzhofen—Feuerbach hergestellt gewesen wäre. — Weiter gegen W folgte

---

(UB. No. 39); dazu kommen die einzelnen Gewande, für die die Markung T. angegeben ist (s. o.!) und die Lorcher Verkaufsurkunde.

43) 1282: ... decimarum in Berge cum earum attinentiis et iuribus sitis in villis et in bannis villarum Geisceburg ... Tunzhoven Brige et Altenburg — WUB. VIII No. 3161, 3163.

44) Goeßler 80, anders Weller WVH. N. F. 30, 205.

45) s. Plan 1807, 1849.

ein zweiter alter Weg, der Herdweg, der auch schon als Fortsetzung der alten Straße von Ruit her in Anspruch genommen worden ist[46]). Für Nachbarschaftsverkehr kam der Weg kaum in Betracht (Weil im Dorf oder Ditzingen, die neben Feuerbach möglichen Zielpunkte der zwei Fortsetzungen des Wegs, wohl zu weit außerhalb des Gesichtskreises des kleinen Tunzhofen); er wurde, wie sein Name sagt, zum Viehtrieb wohl auch schon von Tunzhofen aus benützt. — Ob weiterhin die bisher nicht bekannte, nach einem Fln. aber sicher zu erschließende Ditzinger Steige für Tunzhofen Bedeutung hatte, kann nicht erkannt werden. Für eine gewisse Wichtigkeit des Wegs spricht wohl, daß die für ihn anzunehmende Linie das Gewand Forst von anderem früheren Waldgebiet scheidet. — Außer diesen Wegen von NW her führten in alter Zeit noch andere in den Stgt. Kessel. Von W: 1. vielleicht ein Weg vom Rotenwald an der „Röte" hin (Paulus nennt ihn mißverständlich Herdweg — OAB. 451); 2. mindestens ein Weg vom Hasenberg herunter, sei es der Berg- oder der Schluchtweg, vielleicht beide (s. 223, 268). Von S: 1. aus der Gegend von Degerloch der heutige Römerweg oder die Alte Weinsteige; 2. von Ruit her die alte Heerstraße (Bopserweg). — Alle diese Verkehrslinien haben natürlich nicht in dem zunächst bedeutungslosen Kessel ihr Ende gefunden; sie müssen weitergeführt haben. Ihre natürlichen Fortsetzungen bilden die oben angeführten Wege, die von NW und NO den Kessel erreichen[47]). Daß die Wege große Verkehrsbedeutung hatten, ist

---

46) Weller WVH. N. F. 30, 205.
47) Über die Fortsetzung der Heerstraße s. o.! — Für seinen „Herdweg" vom Rotenwald her hat Paulus die Fortführung im genannten „Reitweg" oder „Alten Postweg" über den Ort Tunzhofen vermutet. Diese Fortführung zum Paß der Prag ist die natürlich einleuchtende für alle Wege von W her, da ja eine Weiterführung durch das sumpfige Nesenbachtal abwärts vor der Anlegung von Berg zu keinem Ziele führte. Natürlich ist sie auch für die Weinsteige (vgl. die spätere „Schweizerstraße") von S, wenn diese bestanden hat, was mit gewisser Wahrscheinlichkeit zu vermuten ist. Der heutige Römerweg dagegen führt, wenn er in seiner zuletzt angenommenen Richtung fortgesetzt gedacht wird, nicht auf die Prag; sein Ziel ist unbekannt. Es wäre hier auch zu erwägen, ob der Weg nicht erst der Mühle im Furt und

damit nicht gesagt; ein Fernverkehrsweg für die damalige Zeit war wohl so wenig darunter wie für das spätere Stgt.[48], aber die Verbindungen bestanden, und alle konnten leicht von Tunzhofen aus benützt werden. Die für Stgt. später wichtige Eßlinger Steige hatte keine Bedeutung für Tunzhofen, bzw. bestand sie wohl überhaupt nicht; sie führt deutlich ganz unmittelbar auf die spätere Stadt zu und ist ohne diese in ihrem Vorhandensein kaum verständlich, da die Filderorte nicht für diese Verbindung in Betracht kamen und die Orte des Strohgäus, wenn sie Verkehr mit Eßlingen hatten, wohl eher den Weg über Cannstatt und die spätere Reichsstraße nahmen als das Nesenbachtal überqueren; oder sollte doch hier eine Beziehung zu der Ditzinger Steige vorliegen?

Immenhofen.

Ungleich schwieriger ist die Untersuchung für Immenhofen. Schon die Siedlung ist nur von dem Namen eines Gewands aus zu erschließen. Eine nach Paulus[49] allgemein verbreitete Volkssage von einem abgegangenen Ort in der Gegend unterstützt die Annahme vielleicht; es muß aber im Auge behalten werden, daß in dem Gewand auch schon römische Siedlungsspuren gefunden worden sind[50]). Dem Namen nach gehört der Ort in eine Reihe mit Tunzhofen. Der Ort lag etwas höher als dieses[51]), das den günstigeren Sommerhang gewählt hat, scheint im ganzen aber nicht siedlungsfeindlich gewesen zu sein (römische Niederlassung!). Da Immenhofen auch weiter talaufwärts lag als die Schwestersiedlung, ist eine spätere Gründung als für diese anzunehmen. Daß auch hier die Siedler vom Neckartal her kamen, ist wohl

einem etwaigen Verkehr dieser Mühle mit Degerloch seinen Ursprung verdanken könnte (vgl. die gelegentliche Bezeichnung als „Mühlsteige" [689]; die i. a. für den Weg vorkommenden Namen sprechen aber gegen die Annahme — s. 688, 690). Vielleicht kann der Weg mit der Ditzinger Steige, deren Fortsetzung im Nesenbachtal man auch nicht kennt, in Zusammenhang gebracht werden.

48) Vgl. Gradm., Städt. Siedl. 165 f., 182.
49) OAB. 452.
50) OAB. 452. Goeßler 3, 60.
51) 250/60 gegen etwa 240/50 m.

kaum zu bezweifeln, da natürlicherweise von den Fildern aus kein -hofen-Ort im Tale angelegt wurde, solange die Hochfläche nicht ausgebaut war[52]). Das Gewand Immenhofen liegt auf einer Lößablagerung, die rechts des Nesenbachs etwa vom heutigen Wilhelmsplatz bis an die Ziegelhütte am Fuß der Weinsteige reicht; dazu kam Ackerland an der Stelle der späteren Leonhardsvorstadt, das wohl auch zum Lößgebiet gehörte. Für Wiesenland war in den nahen Tälern des Nesenbachs und des Fangelsbachs gesorgt. Fln. für diese ältesten genützten Flurteile der Siedlung finden sich keine. Im Lb. w. 1393 und in einer Verkaufsurkunde von 1411[53]) kommt allerdings der Name „Fronacker" für das Gebiet der Leonhardsvorstadt vor. Diese Bezeichnung gilt nach den Beobachtungen V. Ernsts oft für das alte, später ortsherrschaftliche Ackerfeld, das sonst als Breite oder Braike bekannt ist[54]). Ob sich der Fln. im vorliegenden Falle aber schon auf die Immenhofer Verhältnisse bezieht, ist mehr als fraglich; es bestehen starke Hinweise dafür, daß er mit Stgt. in Verbindung gebracht werden muß (s. u.!). Auch für einen weiteren Ausbau der Markung geben die Fln. der Umgebung nicht die entferntesten Anhaltspunkte. Es läßt sich aber wenigstens teilweise erkennen, wie die Umgebung ausgesehen hat: im Rücken des Orts gegen S und SO muß wohl für die ganze Zeit seines Bestandes Wald angenommen werden, da diese Seite des Tales (nördl. und nordwestl. Exposition) keine frühen Rodungen für den Weinbau veranlaßt haben kann. Noch heute zieht sich hier der Wald ziemlich weit an den Hängen herunter (Ausdehnung des Stubensandsteingebiets); vor noch nicht allzulanger Zeit hat das Waldgebiet, wie urkundlich nachgewiesen werden kann, sich noch wesentlich weiter gegen das Tal erstreckt[55]). — Die Fln.

---

52) Ausbau erst später, nach den On. des nördlichen und nordöstlichen Filderrandes: nur Stellenbezeichnungen, also i. a. jünger als die On. auf -hofen.

53) UB. No. 215.

54) V. Ernst, Mittelfr. 87; Grundeig. 99 (Beispiele s. Mittelfr. 63 ff., 74 ff., Grundeig. 124 ff.).

55) z. B. ist Lb. F. 1555 ein Holz auf der Weinsteige genannt; noch 1634 (Rep. Stgt. w. I Bü 44 No. 11) spielen auf der Weinsteige zwei Säutore eine Rolle, die nur verständlich sind, wenn die Straße durch Wald führte (vgl.

Falbenhennen, Fangelsbach, Wernhalde unmittelbar hinter Immenhofen geben keinerlei Auskunft über die Nutzbarmachung der Gewande. Der Name Altenberg ergibt nur eine relative Zeitbestimmung, und dazu ist dieser Fln. im Weinbaugebiet häufig. Weiter nach W folgt der Strohberg, dessen Name offenbar erst später entstanden ist (s. 631). Das Lößgebiet des unteren „Lehen" kann zum Immenhofer Feld gehört haben; der Fln. stammt aus einer späteren Zeit. Mit dem „Lehen" ist die Stelle ungefähr erreicht, bis zu der das Nesenbachtal i. a. stark verengt ist, zwischen Reinsburghügel und Haigst. Daß dieses enge Bachtal von Immenhofen aus landwirtschaftlich genützt wurde, ist nicht wahrscheinlich, da Bewaldung durch Fln. bezeugt ist (s. u.!). Die Markung Immenhofen wird auch im Nesenbachtal aufwärts gereicht haben. Rechtsufrig scheint sie sich aber auf das Tal selbst beschränkt zu haben oder später darauf beschränkt worden zu sein, da hier, wie aus den späteren Markungsverhältnissen geschlossen werden kann, die Degerlocher Markung fast bis an den Bach stieß [56]). — Jenseits des Nesen-

Pfaff 1, 181), 1662 ist Wald im Lehen belegt (Städt. Arch. J Bü. 57); 1510 (Lb. w. 22 ff.) werden Neubrüche angeführt: Auf der Weinsteige, im Lehen ob dem Haus (also nicht sehr hoch am Hang; hier auch 1745 wieder Neubrüche — Lb. g. 143), im Schöner, hinten in der Wernhalde, oben im Altenberg, im Sonnenberg. Zu gleicher Zeit allerdings auch auf der andern Talseite Neubrüche, aber nur an zwei bis drei Gewanden, wo ein Neubruch erstaunt: Zwischen den Halden Azenberg und Relenberg (gemeint ist wohl eine hier verlaufende Klinge), oben zu Pleckethalde, im Blankenhorn und im Schliff, der ungünstige Lage hat, sonst im neugerodeten Vogelsang, in der an den Wald stoßenden, schlecht gelegenen Winterhalde, zu hinteren Reckenwiesen, zu Hasenberg, beides keine guten Lagen und beidemal an den Wald stoßend. Ob es sich bei diesen Neubrüchen nun um richtige Waldrodungen handelte oder nicht, läßt sich zunächst nicht klar erkennen; wichtig ist, daß in den betreffenden Gewanden später noch Neuanlagen von Wg. möglich waren, und daß da die Hänge des südöstlichen Höhenzugs stärker beteiligt sind als die des nordwestlichen, weil dort der Weinbau weniger weit in die Höhe reichte. Daß aber der Wald gerodet war, lange ehe Weinberge angelegt wurden, ist nicht anzunehmen.

56) Noch heute reicht Degerloch bis ins Tal oberhalb des Schützenhauses und im Eiernest; in dem dazwischen liegenden Teil verläuft die Markungsgrenze auf der Höhe, aber mit starken Aus- und Einbuchtungen; der Wald

bachtals liegt die Reinsburg, aus deren Namen sich auch nichts erkennen läßt. Am Nordostfuße des Hügels ist bis 1451 ein Gewand „Beunde" belegt; es ist möglich, daß der Name für ein aus der gemeinen Nutzung ausgesondertes Stück von Immenhofen aus entstanden ist; eine Entstehung von Stgt. aus ist aber gerade so gut denkbar. Jenseits des Reinsburghügels beginnt das Lößgebiet des Vogelsangtales; ebenso findet sich Lößbedeckung an seinem Nordostfuße (später: Leimengruben), wo dann der Übergang ins Stadtgebiet erfolgt. Die Frage, ob hier Ackerbau stattfand, und wie sich die beiden -hofen-Orte darein teilten, muß offen bleiben, wie ja auch eine Bestimmung der Tunzhofer Markungsgrenze in dieser Gegend nicht möglich war. Denkbar ist eine Zugehörigkeit zu Immenhofen vielleicht wegen des Bachübergangs unterhalb der Reinsburg, auf den der Fln. Furt schließen läßt. In diesem Falle wäre das Land jenseits des Nesenbach und des Reinsburghügels deutlich Neuanlage; zwischen dem neuen und alten Feld wäre ein Wiesenstreifen im Nesenbachtal gelegen. Die Furt kann aber auch mit dem heutigen Römerweg zusammengehören und somit nicht nur lokalen Verkehrsbedürfnissen gedient haben. – Es liegt nicht fern, eine Mühle für Immenhofen im Nesenbachtal anzunehmen. Der Lage nach kommt dafür nur die Mühle „bei dem Furt" (Nähermühle) in Frage (1334 als erste Mühle oberhalb der Stadt belegt s. 72). – Von dem Ackerland im NO Immenhofens (Fronacker) ist schon gesprochen. Die bebaute Markung des Orts ging ursprünglich hier höchstens bis zum „Stöckach" (Waldbestand); im übrigen muß auch in dieser Richtung der Wald am Hang bis ins Tal gereicht haben. Nach den zu vermutenden Markungsverhältnissen von Tunzhofen stieß Immenhofen wohl im Stöckach mit dessen Markung zusammen. – Die südwestliche Grenze der Markung gegen Degerloch hin fällt ohne Zweifel ungefähr mit der heutigen Markungsgrenze zusammen (am Rand der Stufenfläche des Scharrenbergs). Im S greift heute die Stgt. Markung ziemlich weit auf

---

Burgstall (Herrschaftswald) gehörte wohl nicht ursprünglich zur Stgt. Markung; der Lerchenrain, der wohl auch den Stgt. „Hahn" umfaßt hat, wurde 1525/1526 von der Stadt dem Kloster Lorch abgekauft.

die Filderhochfläche; die ausgreifenden Teile sind aber offenbar in einem geschlossenen fremden Besitzgebiet später zuerworben (s. u.!), so daß angenommen werden kann, daß die Markung Immenhofen am Filderrande zu Ende war (etwa = Fortsetzung der Kirchheimer Straße). Auch jenseits der Heerstraße bis zur „Stelle" ist der über den oberen Rand der Stgt. Talwände hinausgehende und gar in die jenseitigen Klingen einziehende heutige Waldbesitz Neuerwerbung Stgts. (s. u.!). Etwa von der „Stelle" an muß mit dem Anstoßen einer anderen Markung (Berg) gerechnet werden, in die der Frauenkopf wohl gehört hat. Damit ergeben sich als ursprüngliches Waldgebiet Stgts. nur die Hänge gegen das Nesenbachtal von Degerloch bis zur „Stelle" und entlang dem Höhenrücken der Gänsheide; diese Verhältnisse dürfen sicher auch für Immenhofen vorausgesetzt werden, wenn dessen Markung so weit reichte, wogegen nichts zu sprechen scheint; daß der Ort an den Hängen von der Gänsheide gegen das Nesenbachtal und wohl auch auf der Gänsheide selbst Wald besaß, ist beweisbar (s. u. Heusteige!). Vielleicht könnte der Fln. Bopser einmal mehr Licht in die Verhältnisse bringen; aber seine Bedeutung ist bis jetzt unbekannt.

Die Verkehrsverhältnisse waren für Immenhofen ähnlich wie für Tunzhofen. Es lag in der Nähe der „Heerstraße" vom Bopser her, wo sie das Tal erreicht, und bei den Wegen von Degerloch her (Alte Weinsteige, Römerweg), auch nicht zu weit weg von den Wegen vom Hasenberg herunter. Die Fortsetzung dieser Verkehrslinien über das Nesenbachtal hinüber standen dem Orte damit auch zur Verfügung. — Bis jetzt ist alles über Immenhofen Gesagte mehr oder weniger Vermutung, die bisweilen, durch sachliche Gründe gestützt, zur Wahrscheinlichkeit wurde; die Fln. konnten zu klarer Einsicht in die Schwierigkeiten nicht ausgenützt werden. Nur ein Wegname ermöglicht in Verbindung mit dem Weg, an dem er haftet, sichere Schlüsse: Heusteige. Die „untere Heusteige", die hier nur in Frage kommt (die „obere Heusteige" ist eine spätere Übertragung des Namens auf einen anderen Weg), als Straße führte, soweit sich auf älteren Plänen erkennen läßt, zwischen der Wilhelm- und der

Charlottenstraße am Hange außerhalb der Mauer der Leonhardsvorstadt, in verschiedenem Abstand von dieser, hin (jetzt zu einem großen Teil nicht mehr vorhanden; Verlauf von heutigen Verhältnissen aus gesehen: Anfang der Heusteigstraße zwischen Wilhelm- und Jakobstraße, Zwischenstück zwischen Jakobstraße und Englischer Kirche überbaut, Anfang der Blumenstraße zwischen Olga- und Charlottenstraße)[57]. Wenn die modernen Straßenanlagen die Steigungsverhältnisse nicht beträchtlich gestört haben, was nicht anzunehmen ist, da sie im großen und ganzen den Gegebenheiten des Hangs entsprechen, senkte sich der Weg bis zur Jakobstraße leicht, hielt sich von da bis zur Englischen Kirche ungefähr eben, um in der Blumenstraße wieder leicht anzusteigen. Damit erfüllt das Straßenstück aber keineswegs die Bedingungen, die man mit dem Begriff „Steige" verbinden muß. Der genannte Weg kann also unter keinen Umständen die vollständige Heusteige gewesen sein; er muß auf der einen oder der andern Seite eine Fortsetzung bergaufwärts gehabt haben. Auffallend ist weiter, daß der Weg schlechterdings nicht organisch mit der Stadt Stgt. in Verbindung steht. Da aber von 1280 an ein Gewand nach dieser Steige benannt ist, muß sie als Verkehrsweg alt sein und ihre Entstehung vorstädtischen Verkehrsbedürfnissen verdanken. — An der Wilhelmstraße ist es nach der Darstellung auf Plan 1807 möglich, eine Fortsetzung in einem Wege zu sehen, der als Vorläufer der Neuen Weinsteige ganz ähnlich wie diese gegen Degerloch hinaufgeführt haben muß. Die sprachliche Erklärung des Namens „Steige in die Häue" könnte dazu stimmen (Wald weit herabreichend). Aber es läßt sich in diesem Falle kein Ausgangspunkt für die Heusteige im Tale finden. Stgt. kommt dafür nicht in Frage, da dabei die Wegführung von der heutigen

---

[57] Das Verhältnis des alten Wegs zu den jetzigen Straßen ist besonders klar zu erkennen auf dem dem 2. Band von Pfaffs Geschichte beigegebenen Plan. — Daß die Heusteigstraße vor der Erbauung der Jakobschule schon etwas jenseits der Jakobstraße ansetzte und damit noch mehr von dem ursprünglichen Weg darstellte, geht noch heute aus der Zählung der Häuser dieser Straße hervor: sie beginnt mit No. 11 und 12.

Charlottenstraße her zu seltsam wäre, wo es doch ein Inneres Eßlinger Tor gab. Wäre Tunzhofen der Ausgangsort, so ließe sich nicht verstehen, daß der Weg vom Tale her zuerst ziemlich weit am Hang emporsteigt, um dann in einem spitzen Winkel leicht rückläufig vom Dobeltal (Charlottenstraße) abzubiegen und wieder zu fallen. Der gleiche Grund steht dem Ausgang von einer nach Reihengräberfunden in der Gaisburgstraße vielleicht anzunehmenden alemannischen Siedlung entgegen, da diese nicht so hoch an dem dort schon ziemlich steilen Hang gelegen sein kann[58]), daß der Weg von der Siedlung selbst ausgehen konnte. Die Ansicht von Paulus über den Anfang der Heusteige[59]) kann hier unbeachtet bleiben, da er sicher mit Unrecht „die obere Heusteige" als den ursprünglichen Weg nimmt. — Auch an der Charlottenstraße besteht eine Fortsetzungsmöglichkeit: mit der heutigen Blumenstraße weiter, dann Abbiegung in die „Gestäffelte Furche" (= Pfizerstraße), die als Verkehrsweg längere Zeit vor 1304 bestanden haben muß (s. 591); mit dieser aufwärts bis zum Bubenbad. Von hier aus sind verschiedene Fortsetzungen denkbar: entweder ins Gablenberger Tal oder nach S auf dem Gänsheiderücken aufwärts zur Geroksruhe und zum alten Rennweg. Auch mit dieser Fortsetzung des Wegs ist den sprachlichen Forderungen Genüge getan; denn auch hier ist Waldbestand, wenigstens auf der Gänsheide, sicher ziemlich lange anzunehmen; wahrscheinlich reichte der Wald vor dem Aufkommen des Weinbaus bis ans Tal. Bei dieser Führung der Heusteige ist die Stelle an der Wilhelmstraße als ihrem End- bzw. Anfangspunkt nahe anzusehen. Sie geht damit unmittelbar vom Gewand Immenhofen aus. Goeßler vermutet, daß die im „Immenhofen" nachgewiesene römische Siedlung zu der auf der Geroksruhe in Beziehung stand[60]). In der Heusteige kann ein Beweis für diese

---

58) Das beweisen auch die Gräber, da Gräber gewöhnlich im höchsten Teile der Siedlung liegen. — Nach persönlicher Mitteilung von Konservator Dr. Paret.

59) OAB. 451. — Von Gaisburg auf die Filder gab es den viel einfacheren Weg über Klingenbachtal—„Stelle".

60) Goeßler 58 ff.; Paret 117 f.

Vermutung vorliegen. Ob der Weg römisch oder wenigstens römisch begangen sein kann, kann hier nicht entschieden werden; daß die Verbindung von der Immenhofer Gegend auf die östlichen Höhen später bestand, ist sicher, da der Rest der Heusteige, der das alte Stgt. ganz deutlich ignoriert, ohne die angenommene Fortsetzung und ohne den End- bzw. Anfangspunkt im Gewand Immenhofen nicht verstanden werden kann. Damit wird der Weg aber zum einzigen sicheren Beweis für das Vorhandensein einer Siedlung vor dem Hauptstätter Tor. Daß die Heusteige in ihrem vollen historischen Verlauf von Stgt. aus nicht mehr benützt wurde, wird auch dadurch erwiesen, daß 1. der Name nur noch für ein Stück in Geltung blieb, bei dem das Grundwort Steige sinnlos ist, und das selbst für den Stgt. Lokalverkehr wenig Bedeutung haben konnte, 2. der Name von diesem Bruchstück aus auch auf einen andern Weg übertragen wurde, der in etwa gerade entgegengesetzter Richtung verlief wie die ursprüngliche Heusteige („obere Heusteige"). Vgl. zum Ganzen 571.

Weißenburg.

Zu den zwei Dorfsiedlungen kommt im Stgt. Tal eine Burgsiedlung, die wie diese ein eigene Markung hatte: die Weißenburg am Bopserhang (1263 zum erstenmal erwähnt; 1287 vergeblich von König Rudolph belagert; 1312, hauptsächlich von den Eßlingern, zerstört). Die Burg war bedingt durch die nahe Heerstraße (Bopserweg) von Ruit her (älteste Talüberquerung). Auf ihr saßen vermutlich die Herren von Mühlhausen, Verwandte der Grafen von Württemberg. 1312 wird die Markung der Burg Weißenburg genannt[61]). Über deren Umfang läßt sich nichts Sicheres aus den Fln. erkennen. Ziemlich stark vermuten kann man die Zugehörigkeit des späteren Gewands „Äckerle" am Fuße des Eßlinger Bergs aus der stehenden Überschrift in den Lb.: „Wiesen an den Äckern mit Weißenburg". Sachlich steht dieser Vermutung nichts im Wege, da das Gewand an dem Zu-

---

61) Gût, gelt und reht, die der grave von Wirtenberg ze Stûggarten in dem zehende unde ze Wizzenberg in der marcke und darumbe hat; das holtze, daz ze Wizzenberg hôret — UB. No. 38.

gang zur Burg bergwärts das letzte für Ackerbau geeignete Gelände bildete, und daß die Markung der Burg auch Ackerland umfaßte, dürfte keinem Zweifel unterliegen. Einen Hinweis auf die Markung Weißenburg, oder wohl genauer schon auf das unmittelbar zur Burg gehörende bebaute Land, gibt wohl ein 1451, 1472 und 1503 in den Lb. als Einheit auftretendes „Gut zu Weißenburg unterm Burgstall" [62]). Wie sonst bekannte Burgmarkungen war auch die Markung der Weißenburg wohl eine spätere Entwicklung; sie wird aus einer schon vorhandenen Markung, der Lage nach aus der Immenhofer herausgeschnitten worden sein. Die Burgmarkung kann auch erst noch später zustande gekommen sein, als nämlich die Markung Immenhofen aufgelöst und größtenteils mit Stgt. vereinigt wurde. Bald nach der Brechung der Weißenburg muß die Weißenburger Markung an Stgt. gekommen sein. — Über die Entstehung der Burg gibt ihr Zugang, die Burgsteige, vielleicht einige Auskunft. Sie verlief: Charlottenstraße, Rosenbergele (= oberste Rosenstraße), frühere Obere Heusteige bis zu den Bopseranlagen, durch diese durch bis zur zweiten Kehre der Neuen Weinsteige, von hier als heute noch erhaltener Weg zur Schillereiche (vgl. 683). Der Weg zeigt deutlich, daß keine organische Verbindung mit Stgt. bestand, da eine solche vom Inneren Eßlinger Tor hätte ausgehen müssen. Ebensowenig bestand eine Verbindung mit Immenhofen. Der Weg weist über das Nesenbachtal unmittelbar unterhalb der ältesten Stadt hinüber, sei es auf die Stäffelesfurch und damit auf die Verbindung nach Feuerbach oder nach Tunzhofen. Es liegt nahe, im Anschluß an die Herren von Mühlhausen als die vermutlichen Inhaber der Weißenburg die Verbindung nach Mühlhausen fortzusetzen, was in beiden Fällen ohne Schwierigkeit möglich ist. Hätte Stgt. als bedeutendere Siedlung zur Zeit der Anlage der Weißenburg schon bestanden, so hätte der Zugang zu dieser sicher durch die Stadt geführt, da ja Burg und

---

[62]) Erhart Ebhuser uss dem gůt zů Wissemburg mit wisen, äckern, egerden (Lb. w. 1451, 53); Hennsin Kächelin uss dem gůt zů Wyssemburg unterm burgstal mit wisen, wingarten und egerden (Lb. w. 1472, 37). Gall Wysemburger uss dem gůt under Wyssemburg dem burgstal (Lb. w. 1503, 36).

Stadt, bzw. Ortsherrschaft, nicht in feindlichem Verhältnis zueinander standen. — Erinnerungen an die Weißenburg sind in Fln. erhalten: in „Weißenburg" selbst (626) und in „Burgstall" (früher bel. — 627), vielleicht auch in der „Preißklinge" (s. 586). Über andere Siedlungen im Stgt. Kessel ist nichts bekannt[63]). Möglich ist eine Burg weiter talaufwärts bei Heslach: Burgstall (s. 64). — Der Fln. Steinenhausen, den man zunächst gerne als Hinweis auf eine Siedlung ansehen möchte, läßt auch andere Deutungen zu; sicher ist jedenfalls, daß es sich nicht um eine Gruppensiedlung, höchstens um eine Einzelsiedlung gehandelt hat (vgl. 297).

Stuttgart.

In den Markungen der zwei Gruppensiedlungen Tunzhofen und Immenhofen kann das Stgt. Tal völlig aufgegangen sein. Die Markung der Weißenburg kam erst später störend herein. Im Tale lag wohl seit dem 10. Jh. das Gestüt, entweder auf einer der Markungen selbst oder diese trennend. Eine Neuordnung war notwendig, sobald die neue Stadtsiedlung eine eigene Markung brauchte. Da es sich wohl um eine Gründung durch den Hochadel handelte, muß man annehmen, daß der Gründer auch für diese Markung sorgte. Es ist oben[64]) ausgeführt, welchen Weg die Städtegründer bei solchen Markungszuteilungen gingen. Im Stgt. Fall müssen beide Arten (Gleichberechtigung in alten Marken oder Zuweisung von eigenem Gebiet) zur Anwendung gekommen sein. Es lassen sich drei ursprünglich getrennte Teile erkennen, aus denen sich die Stgt. Markung bilden konnte.
1. Allem Anschein nach löste sich die Siedlung Immenhofen im Zusammenhang mit der Neugründung auf; ihre Markung fiel teilweise an den neuen Ort, der auch die Einwohner aufgenommen haben wird; der Rest kam, vielleicht durch ein Über-

---

63) Hinweise auf einen von Wever (S. 15) als möglich angenommenen älteren dörflichen Siedlungskern vor dem Eßlinger Tor konnten nicht gefunden werden; allgemein spricht dagegen, daß die Dorfsiedlung viel zu nahe auf Immenhofen gelegen wäre und Platz für eine dritte Markung im Nesenbachtal kaum vorhanden gewesen sein kann,
64) S. 41.

einkommen erst jetzt, als besondere Markung an die Burg
Weißenburg. 2. Aus den Belegen, die ein Weiterbestehen der
alten Markung Tunzhofen neben der Stadtmarkung beweisen
(s. o.!), und aus den Angaben der Lb. geht hervor, daß diese
auf der Tunzhofer Seite gegen NO etwa bis zum Feuerbacher
Weg reichte; es muß hier also ein nicht unbeträchtlicher Teil
der Tunzhofer Markung Stgt. zugeschlagen worden sein; vielleicht lag eine gleichberechtigte Teilnahme Stgts. an der Gesamtmarkung Tunzhofen der Scheidung voraus. Spätestens zur Zeit
des Aufkommens von Stgt. muß der an das Tunzhofer Feld
stoßende Wald Hoppenlau gerodet worden sein; hier lag noch
Ackergebiet, das die Stadtbevölkerung brauchte. Mit der Ausdehnung des Weinbaues, der vermutlich sofort auch von den
Stadtbewohnern, vielleicht zunächst in bescheidenem Maße getrieben wurde, hörten der Falkert[65]) und das Gebiet der Hauptmannsreute[66]) auf, Wald zu sein. Damit und dadurch, daß das
bewaldete Gebiet auf der Prag wohl noch zu Tunzhofen gehörte und größere Teile des Immenhofer Walds an die Burg
Weißenburg gekommen waren, fehlte Stgt. das für die Weidewirtschaft unentbehrliche große Waldgebiet. Wenn nun der für
Tunzhofen nutzbare Wald an der ehemaligen Ditzinger Steige
aufhörte, wo der „Forst" seinen Anfang nahm, ist es denkbar,
daß mit der Neugründung der Graf dessen Bann aufhob und den
Wald dem neuen Orte zur Nutzung überließ. Dieser ursprüngliche Bannbezirk in herrschaftlicher Verfügung bildete den 3. Teil
für die Stadtmarkung. Offenbar blieb der ganze Forst nicht
mehr lange als Wald erhalten, da schon 1304 Wg. im Forst
vorkommen. Nach eigenartigen Zinsverhältnissen, die in dem
ganzen Gewand gegolten haben (s. 332), muß auf eine einheitliche Rodung vielleicht unter herrschaftlicher Leitung spätestens
am Ende des 13. Jhs. geschlossen werden. Damit hätte aber
Stgt. bald wieder keinen Weidewald im W und NW gehabt;

---

65) Wg. sub montibus dictis Valkhart — 1301; Wg. in Rútinun in Falkart
— 1350; Wg. zu Wigenreute — 1347.
66) Wg. apud H. — 1291.

denn anzunehmen, daß die Tunzhofer Markung noch über den Forst nach W reichte, ist kaum gerechtfertigt. Der Name Bürgerwald, der als Besitzbezeichnung ursprünglich für den ganzen westlichen Wald vom Botnanger Sattel bis zur Kaltentaler Mühle und möglicherweise auch für den „Kräher" vorkam (s. 256), kann einen Hinweis auf die Weiterentwicklung geben. Das ganze Gebiet, außerhalb der morphologischen Grenze des Stgt. Beckens, greift in den geschlossenen alten Glemswald ein. Nach der Analogie anderer Wälder, die „den Bürgern gehören", und die wahrscheinlich oft durch Schenkung an die einzelnen Markungen gekommen sind, darf man auch an eine Schenkung des Glemswaldteiles an Stgt. denken. Als Schenkende kommen nur die Grafen von Württemberg, die Gründer der Stadt, in Betracht. Für den Zeitpunkt der Zuweisung des Walds wird man, von der Rodung des „Forst" ausgehend, etwa auf das 14. Jh. geführt (1447 ist „der Bürger Wald" zum erstenmal bezeugt). Etwas anders können die Verhältnisse für den „Kräher" liegen; ein Anhaltspunkt durch den Namen fehlt. Hier ist es noch wahrscheinlicher als beim Gebiet vom Hasenberg nach W, daß der Wald nicht im Erbe von Tunzhofen war. Er gehört einem ganz anderen Bachsystem an und liegt, wie der Wald Gallenklinge, vollständig im Interessengebiet von Feuerbach, von dem aus das fast unmittelbar am Walde gelegene Botnang vor dem 12. Jh. gegründet wurde. Es ist denkbar, daß der Wald später den Herren von Frauenberg, den auf der Feuerbacher Heide sitzenden Ortsherren von Feuerbach, gehörte, und daß er von ihnen bei der Auflösung ihrer Burg vom Ende des 14. Jh. an wie ziemlich viel Wald aus ihrem Besitz an die Grafen gekommen ist, von den Grafen aber, bis auf ein kleines Stück beim Feuerbacher „Falkenrain" an Stgt. weitergegeben wurde. Dieser Weg über den Besitz der Frauenberger ist auch für den Hasenbergwald, den späteren Bürgerwald, möglich. — Außer dem Fln. Bürgerwald sind die Waldnamen des Gebiets für die Siedlungsgeschichte nicht verwertbar. Sie sprechen teils von späteren Besitzverhältnissen (Nittel, Metzgerhau), teils von der Weidewirtschaft (Viehstelle), teils vom Bewuchs oder einer den Teil charakterisierenden

Eigenschaft (Birkenkopf, Rotenwald, Heslacher Wand), teils bringen sie die Lage und Geländegestalt zum Ausdruck (Zwickenberg). Die „Gallenklinge", die mit ihrem Namen vielleicht auf die Christianisierung durch das Kloster St. Gallen weist und damit zu den ältesten Namen des Gebiets gehörte, ist für die Geschichte der Stgt. Markung bedeutungslos, da sie sicher nie organisch in irgend einer Beziehung zum Nesenbachtal gestanden ist; ebensowenig Bedeutung für die Markungsgeschichte hat der Name Heidenklinge. — Der Teil der Tunzhofer Markung nördlich, nordöstlich und östlich der Siedlung fiel spätestens nach dem Abgang Tunzhofens selbsttätig an Stgt. Damit stieß die Stgt. Markung jetzt im W und NW an Botnang, im N und NO an Feuerbach und Cannstatt, bzw. die Vorgänger dieses Teils der Cannstatter Markung, Brie und Berg, ebenso im O an Berg. Von Tunzhofen übernahm die Stadt auch die Markungs- und Weidestreitigkeiten mit den Nachbarorten (s. o.!).

Die Immenhofer Markung dürfte um die Stadt und von dieser aus am Nesenbach aufwärts immer zu Stgt. gehört haben [67]). Im übrigen aber lag auf der rechten Seite des Nesenbachtals die Markung der Burg Weißenburg, zu der ein Wald gehörte, möglicherweise der Wernhaldenwald, da dieser später in Herrschaftsbesitz war [68]). Die Burgmarkung muß nach der Brechung der Burg mit der Stgt. Markung vereinigt worden sein. — Weiter als bis zum Höhenrand hat die Stgt. Markung, soweit sie von Immenhofen übernommen war, wohl nicht gereicht; der ganze Wald auf der Filderhöhe und in den dazu gehörigen Tälern ist

---

67) Über spätere Ausdehnungen der Markung gegen Degerloch im Nesenbachtal s. S. 58 f.

86) Die Annahme ist dadurch möglich, daß das Holz, „daz ze Wizzenberg höret", 1312 an Stgt. fallen sollte wie auch der Wald Burgstall (wohl der bei Heslach s. 64), den der Graf von Württemberg vorher gekauft hatte; die Bestimmungen scheinen wieder rückgängig gemacht worden zu sein, denn der Burgstallwald gehörte später der Herrschaft; auf die gleiche Weise kann der Weißenburger Wald, den sich Stgt. bei augenblicklicher Ohnmacht des Württembergers durch Eßlingen geben ließ, später von diesem an sich genommen worden sein (vgl. 64). Sicher und zwingend ist der Schluß nicht.

fast durchweg nachweisbar spätere Erwerbung der Stadt[69]). Dazu kommt wohl als Beweis gegen ein Weiterreichen schon des Immenhofer Walds der Fln. „auf der Hub" von 1391, der sich auf die Gegend der Bopserhöhe beziehen muß. Der Name, zusammen mit den späteren Besitzverhältnissen, beweist, daß der Wald auf der Filderhöhe (vielleicht hinab bis zur „Stelle") einst zu einem Mehrdörferwald der Filderorte gehört hat (vgl. 679). Auch dieses Waldgebiet greift ja über die morphologische Grenze des Stgt. Beckens hinaus. Sonst lassen auch hier die Waldnamen nichts über die einstige Gestaltung der Außenteile der Stgt. Markung erkennen[70]); nur dem Namen „Cannstatter Wald" auf dem Frauenkopf kann markungsgeschichtliche Bedeutung zukommen; das Gewand gehört aber wahrscheinlich schon nicht mehr zum Wald des Nesenbachtals und damit Stgts., sondern zu dem Bergs und Gablenbergs (s. S. 77).

Auf der Immenhofer Seite stieß nun die Markung Stgt. an Kaltental, an Degerloch und den gemeinsamen Wald der Filderorte und an die alte Berger Markung.

Nach der Bestimmung der Außenteile der Markung ist es nötig, einen Blick auf die Ausgestaltung im Innern zu werfen. Der Stutgarten mußte spätestens der Gründung der Stadt weichen. Um die älteste Stadt im Eirund zwischen König-, Eberhard-, Karlsstraße und Planie, lag nach den Fln. Ackerland, und zwar schloß sich unmittelbar an die Mauern herrschaftlicher Besitz, der als solcher von den Fln. bewiesen wird: auf der rechten Talseite „Fronacker", auf der linken „im Acker", später „Turnieracker". Der Schluß auf Herrschaftseigentum von den Fln. aus wird bestätigt durch die spätere Entwicklung der betreffenden Teile: auf herrschaftlichem Grund und Boden entwickelten sich

---

69) Falsche Klinge 1391: UB. No. 158, No. 161; 1437: UB. No. 305; 1541: WJB. 1914, 242; Landschreiber 1534: WJB. 1914, 242; um 1536: Grenzb. 1536; — Wald hinter Weißenburg am Bopser 1441: UB. No. 320 (?); — Armenkastenwald s. 673, 2. Bel.

70) Sie zeugen wieder von Besitz — z. B. Welling, Landschreiber, Armenkastenwald — oder von Eigenschaften — z. B. Lettenloch, Silberwald, Falsche Klinge, Buchrain — oder vom Weidebetrieb — Stelle; der Name Bopser ist ungelöst.

mit dem Willen der Herrschaft die beiden Vorstädte. Nach dem Lb. w. 1350 soll die Herrschaft in jeder Zelg 64 Morgen Acker haben; im „Fronacker" und im „Acker" liegen deutlich zwei der drei herrschaftlichen Besitzteile vor; wo der dritte lag, läßt sich aus den Fln. nicht erkennen; vielleicht schloß er sich an einen der beiden bekannten Teile (wohl den auf dem Turnieracker, da hier mehr Platz zur Verfügung stand) an und bildete mit diesem zusammen eine Einheit. Weiter besitzt die Herrschaft nach dem gleichen Lb. 68 und 18 (diese am Neckar) Mannsmahd Wiesen. Auch für die 68 Mannsmahd läßt sich in den an das Schloß anstoßenden „Herrschaftswiesen" im Nesenbachtal, dem „Herrschaftstal", eine Entsprechung finden. Diese Wiesen gaben später den Platz für den herrschaftlichen Tier- und Lustgarten und für alle herrschaftlichen Anlagen im Nesenbachtal her. — Die Anlage der Stadt und die Verteilung der landwirtschaftlich benützten Markungsteile erfolgte also ziemlich genau nach der von den alten Siedlungen bekannten Art; auch den sonst vorhandenen „Espan" kann man in der „Tanzwiese" wiederfinden. Anders sind nur die Fln. für den Kern der benützten Markung: Breite, Brühl und Espan treten für Stgt. nicht auf. Alles beweist, daß die Neusiedlung noch nicht allein im Hinblick auf weinbautreibende Bevölkerung gegründet wurde. Der Ackerbau hat auch noch über das Feld, das sich im W und NW unmittelbar an die Stadt anschloß, hinausgegriffen. Die natürlichen Bedingungen dazu waren im Gebiet der „Röte" gegeben (Lößbedeckung); der Fln. Lerchenfeld spricht vom Ackerbau. Im übrigen aber muß frühe der Weinbau zur Hauptbeschäftigung der Stadtbewohner geworden sein, da für Ackerbau bei einer größeren Bevölkerung das zur Verfügung stehende Gelände nicht ausreichte. Darüber, wie sich die Rebenkultur von Stgt. aus auf die einzelnen Talhänge ausdehnte, geben die Fln. keine Auskunft. Vielleicht kann man in dem gelegentlich auftretenden einfachen „Halde" als Fln. jeweils die erste Weinberganlage in dem betreffenden Gewand sehen (s. 113), möglicherweise auch in dem ebenso auftretenden „Beunde" (s. 79); absolute Zeitangaben lassen sich aber nicht machen. Die Namen der größeren Weinberggewande um Stgt. (i. a. Gn.) geben keine Erkenntnisse, die siedlungsgeschichtlich von Bedeutung sind.

Vollständig übergangen wurde bis jetzt das Nesenbachtal oberhalb Stgts. In dieser Richtung fand eine Siedlungsausdehnung statt. Von Stgt. aus folgen sich bachaufwärts im ganzen drei Siedlungen: Lehen, Böhmisreute und Heslach. Die Anlage der Einzelsiedlung im Lehen (Näheres s. 632) muß ziemlich frühe angenommen werden, ehe noch der Weinbau das alleinige Interesse Stgts. in Anspruch nahm; sie lag am Rande des lößbedeckten Gebiets (Leonhardsvorstadt — Immenhofen), war also rein im Hinblick auf Ackerbau entstanden, was auch daraus mit größter Deutlichkeit hervorgeht, daß die dem Weinbau weniger günstige Talseite zur Siedlung benützt wurde. Aus dem Gegensatz in der Benennung, die zu der sonst recht ähnlichen Einzelsiedlung Böhmisreute besteht, kann vielleicht geschlossen werden, daß die Siedlung Lehen auf gerodetem, vom Ort Immenhofen aus schon bebautem Gebiet lag. — Auch die zweite Einzelsiedlung, die Böhmisreute, entstand vor der Hauptperiode des Weinbaus in Stgt.; sie lag auf einer Lößinsel in einer Erweiterung des hier noch sehr engen Nesenbachtals, im Eiernest, auch auf der dem Weinbau ungünstigen Talseite. Im Vergleich mit „Lehen" wurde die Böhmisreute später angelegt; sie liegt einmal ganz allgemein ungünstiger, und dann mußte, wie der Name zum Ausdruck bringt, hier zuerst gerodet werden. Man befindet sich damit schon im waldbedeckten Teil des Nesenbachtals, dessen Anfang bachaufwärts ohne Zweifel in der Gegend der Einengung zwischen Reinsburghügel und Haigst gesucht werden darf. Wenig oberhalb dieser Stelle setzen die Wald- und Reutenamen ein: bei der Böhmisreute lag die Diepoltsreute; ganz in der Nähe finden sich mehrere „Baumreuten", dann das „Heslach" und der „Aspenwald". Die Böhmisreute ist 1304 zum erstenmal genannt; daß sie damals auch schon besiedelt war, ist aus der Nennung der Wüstenmühle Lb. w. 1350 zu schließen, die einen terminus ante quem für die Siedlung Heslach bildet. Wenn aber Heslach vor 1350 bestand, muß die Besiedlung der Böhmisreute schon vorher erfolgt sein; denn das Ackerland der Böhmisreute hätte, wenn es von Heslach aus gerodet worden wäre, auch von dort aus leicht genützt werden können, und eine isolierte Einzelsiedlung wäre nicht nötig gewesen. Als Siedler in der Böhmisreute kommt wohl ein Böheim in Frage, dessen Witwe 1301 genannt ist[71]). Man kann also für die Anlage der Böhmisreute auf die zweite Hälfte des 13. Jhs. schließen und daraus wieder auf einen etwas früheren Zeitpunkt für die Anlage des Lehen. — Die dritte Siedlung im Nesenbachtal ist Heslach. Der Name tritt 1334 zuerst als „Armen Heslach" auf; allem Anschein nach bildete der Teil des Gewands Heslach, der mit dem Zusatz „armen" auftritt, einmal eine Stiftung an das Eßlinger Spital (s. 124). Von Anfang an kommen Wg. in dem so benannten Gebiet vor. Daß diese aber nicht zu den besten gehört haben können, geht aus der Lage im Tale und aus dem Fln., der immerhin von einer gewissen Feuchtigkeit spricht, hervor. Die spätere Siedlung ist ohne Weingärtnerbevölkerung nicht verständlich. Das alte Heslach lag auf der dem Weinbau günstigen Talseite, hart am Fuße des Hangs. Zu landwirtschaftlicher Betätigung der Bewohner standen Wiesen in ausgedehntem Maße, wenig Ackerland und sehr viel Weinbergland zur Verfügung. Nach Pfaff kommt eine Ortschaft Heslach zuerst 1350 und 1359 vor. Wie oben erwähnt, muß diese Siedlung vor 1350 schon bestanden haben, weil die da genannte Wüstenmühle eine größere Siedlung weiter talaufwärts voraussetzt. Es wäre aber falsch anzunehmen, daß die Sommerhänge des Nesenbachtals um Heslach erst vom Ort Heslach aus zum Weinbau benützt wurden. Das günstigste Weinbergland, der Oberteil des südöstlichen Hangs, weist in seinem Namen auf Nutzung aus anderer Richtung: Afternhalde. Es wird nicht ganz deutlich, worauf sich after = hinter im einzelnen bezieht; möglich, aber sehr unwahrscheinlich ist eine Beziehung auf das Gewand Hasenberg (viel ungünstiger als Afternhalde, zweifellos nach ihr in Nutzung genommen); daß der Fln. Afternhalde erst für kultiviertes Land entstanden ist, geht mit Wahrscheinlichkeit aus dem Grundwort -halde hervor;

---

71) UB. No. 31.

so bleibt die Möglichkeit der Beziehung des Bestimmungsworts etwa auf die Reinsburg als die entsprechende vordere (von Stgt. aus) Halde; daß der Fln. von Heslach aus entstanden ist, ist bei der Lage des Gewands ausgeschlossen. Dazu kommt als unbezweifelbares Zeugnis für die Richtung, aus der die Afternhalde in Bau genommen wurde, die Führung des Afternhaldenwegs, des einzigen Zugangs zum oberen Teil des ganzen Hanges: er geht von der Hasenbergsteige aus und hat keine organische Verbindung mit Heslach (Näheres s. 129). Erst als der Weinbau von oben tiefer ins Tal gedrungen war, wurde Heslach besiedelt. Daß zwischen dem linksufrigen Heslach und der rechtsufrigen Böhmisreute zunächst keine Beziehung bestand, beweist der Name: „an der alten Straße" für den Weg vom Oberen Tor in Stgt. aus am Hang des Gewandes Reinsburg hin ins Heslacher Tal (s. 208). Auf diesem Wege kamen vermutlich die Heslacher Siedler. — Aus den übrigen Fln. des oberen Nesenbachtals läßt sich wieder nichts für die frühe Markungsgeschichte erkennen. Wichtig ist wohl die Beobachtung, daß sich am Sommerhang des Tals noch 3 Fln. mit dem Grundwort -berg und einem Pn. als Bestimmungswort finden: Gebelsberg, Seidenberg, Kûningesberc; die genaue Lage und Bedeutung des Lurlunberg bei Heslach ist nicht bekannt. Die übrigen Namen sind z. T. Gn., z. T. beziehen sie sich auf wirtschaftliche Verhältnisse, meist aber erst der späteren Zeit; Gereut, Neugereut und Waldstückle entstammen erst dem vorletzten bzw. der Mitte des letzten Jhs.

Das Wichtigste über die Verkehrsbedingungen des alten Stgt. ist bereits bei der Betrachtung der beiden Ausbauorte im Nesenbachtal gesagt. Die älteste Stadt hatte 3 Tore: gegen N das Tunzhofer, gegen WNW das Obere und gegen SO das Eßlinger Tor. Das Tunzhofer Tor diente dem Verkehr mit Feuerbach (Stäffelesfurch), Tunzhofen und Altenburg (Tunzhofer Straße), Berg und Cannstatt (Mühlberger Weg s. 495, bzw. Tunzhofer Straße), das Obere dem mit Heslach (Reinsburger Weg), Leonberg und dem Schwarzwald (Hasenbergsteige), Botnang (Botnanger Weg) und Ditzingen (Ditzinger Steige) und das Eßlinger dem mit Berg (Stöckacherweg s. 522), Eßlingen (Eßlinger Straße) und mit den Fildern (Heerstraße [Bopserweg], Weinsteige). Es zeigt sich deutlich aus der Lage der Tore: 1. für einen direkten Verkehr mit Immenhofen ist nicht gesorgt, woraus mit ziemlicher Sicherheit zu schließen ist, daß der Ort zur Zeit der Ummauerung der Stadt nicht mehr bestanden hat, 2. die alte Talüberquerung Bopserweg—Herdweg bzw. Stäffelesfurch war zur Zeit der Ummauerung nicht mehr von wichtiger Bedeutung, da ein direkter Eingang des Bopserwegs und des Herdwegs in die Stadt nicht vorgesehen war. Auf geringe Bedeutung der Weinsteige darf wohl aus dem Mangel eines besonderen Tores für sie nicht geschlossen werden; bedeutender war allerdings die Eßlinger Straße — nach ihr wurde auch das betr. Tor genannt; aber das Eßlinger Tor lag nicht eindeutig in der Richtung der letzteren, sondern etwa in der Mitte der südöstlichen Mauerseite, so daß die Eßlinger Straße sowohl wie die Weinsteige nicht sofort ihre natürliche Richtung einschlagen konnte. Vielleicht hat eben dieses Zusammenlaufen der 2 Straßen aus entgegengesetzter Richtung die Ausbildung des „Abstellmarktes" (vgl. 2) in der unteren Hauptstätter Straße veranlaßt.

Berg, Gablenberg.

Der zweite Teil der Markung umfaßt die Orte Berg und Gablenberg, die kirchlich lange eine Einheit gebildet haben; als dritter Ort gehörte in diese Einheit Gaisburg[72]). Kirchliche Abhängigkeit ist aber oft ein Hinweis auf ehemalige Verbindung mehrerer Orte in weltlichen Angelegenheiten. Neben den urkundlichen Zeugnissen für die kirchliche Zusammengehörigkeit geben auch Wegnamen Anhaltspunkte dafür: „Totensteigle" und ein örtlich nicht genau festlegbarer, aber wohl mit diesem zusammenfallender „Kirchweg" von Gsb. über den Höllschen Bühl nach Berg; ebenso wenig ist örtlich festzulegen ein „Gablenberger Kirchweg", der von Gablenberg nach Berg geführt haben muß; erst in spätere Zeit fällt der „Kirchweg" von Gbl. nach Gsb. Von diesen Wegen

---

72) Im folgenden müssen verhältnismäßig oft Fln. von Gsb. herangezogen werden; s. S. 1 Anm. 3.

aus muß auf die Berger Kirche [73]) als Mutterkirche für die zwei Orte geschlossen werden, und damit kommt man auf Berg als die älteste der drei Ortschaften. Aus urkundlichen Belegen geht hervor, daß das Gebiet, auf dem Gsb. und Gbl. angelegt sind, einmal zur Markung Berg gehört hat. Diese Urmarkung Berg und ihre innere Ausgestaltung ist zunächst zu bestimmen.

Der Name Berg ist Stellenbezeichnung; damit gehört der Ort wohl nicht zu den ältesten Siedlungen des Landes. Er ist sogar wahrscheinlich jünger als Tunzhofen und Immenhofen im Stgt. Tale und verdankt seine Entstehung wohl erst einer Burg, für die der Name „Berg" nicht verwunderlich ist. Es ist möglich, daß man sogar zwei Burgen bei Berg annehmen muß (vgl. 566 f.). Von der Burg war offenbar das Dorf als „der Flecken" unterschieden (s. 564). Damit, daß Berg jüngeren Ursprungs ist, muß sich seine Markung aus einer oder mehreren anderen herausgelöst haben. Im N, NO und O kommen als ältere Orte in Betracht: Altenburg, wo die Mutterkirche für den ganzen Stgt. Bezirk lag, vermutlich Brie und vor allem Cannstatt; im W lag Tunzhofen und weiter weg Immenhofen; dagegen war im S und SO keine ältere Siedlung bis Wangen, dessen Michaelskirche auch auf höheres Alter weist. Im N von Berg verläuft heute die Markungsgrenze gegen Cannstatt unmittelbar beim Ort, so daß sich die Untersuchung wegen der Beschränkung auf die Stgt. Markung auf das nördl. Gebiet nicht erstrecken kann; allzu weit kann die Berger Markung hier aber nicht gereicht haben, da Brie im Wege stand. Nach der Zehntbeschreibung von 1466 gehören nördlich, nordwestlich und westlich von Berg in den Berger Zehnten die Äcker bis: Kahlenstein — Kehle am Schneckenberg — Eckartshalde — äußerer Egelsee — Burgstall ob dem Sterzbach — Sterzbach — Erbenol. Diese Zehntgrenze muß ungefähr die frühere Grenze der Markung von Berg, die 1466 längst nicht

---

[73]) Eine Liebfrauenkirche — vgl. „Unserer lieben Frau Wiese" s. 538 —, nicht eine Johanneskirche, wie OAB 442 und danach Bossert (Bl. f. württ. K. Gesch. 1890, 34 f.) annimmt; vgl. Pfaff 1, 374: der Jungfrau Maria, dem Hl. Pankratius und Cyriakus ist der Berger Kirchhof geweiht.

mehr bestand, darstellen [74]). Im unteren Nesenbachtal hat die Markung bis zum Mühlberg gereicht; neben den Bel. in Anm. 74 ist sehr wichtig: 1. 40 M Wiesen unter dem Hirschbad geben den Heuzehnten an die Pfarr Berg [75]); 2. die Nachricht: „die von Gaisburg sollten untergehen, wie von alters herkommen sei, und den Viehtrieb haben bis unter das Hirschbad" [75]); Gsb. hat hier wohl nach dem Aufhören der landwirtschaftlichen Bedeutung Bergs in Viehtrieb und Untergang dessen Rechte in der ehemaligen Markung ausgeübt. — Für die Bestimmung der Markung kann auch noch ein „Widemacker", der 1466 auf der Prag im Abschnitt „Äcker im Berger Zehnten" erscheint und deshalb wohl zum Berger Kirchengut gehörte, dienen und ebenso eine „Widemwiese" unter dem Mühlberg, für die nach ihrer Umgebung im Lb. w. 1466 ähnliche Verhältnisse anzunehmen sind. — Diese unmittelbaren Angaben über den Markungsumfang finden in den Fln. außer in den Namen „Widemacker" und „Widemwiese" und in „Stöckach", aus dem Bewaldung des Talhangs von Berg bachaufwärts hervorgeht, keine Ergänzung. Über den inneren Ausbau nördlich, nordwestlich und westlich des Orts kann man wohl mit Sicherheit aus den Fln. jüngerer Herkunft auch für ältere Zeit Schlüsse ziehen: Sandäcker, Stöckachäcker; dazu kommt noch die wohl auf ältere Verhältnisse zurückgehende Bezeichnung „Berger Feld" für das Gebiet, das vielleicht das älteste von Berg aus bebaute Ackerfeld am Fuße des Kahlensteins darstellt. Alle andern Namen des Gebiets sind siedlungsgeschichtlich ohne Bedeutung; sie beziehen sich auf spätere, zum Teil recht moderne Gegebenheiten, oder sind es Gn. Die Namen Kirchweg und Mühlweg können wegen des Mangels genauer Angaben örtlich an nichts angeknüpft werden.

74) Frühere Belege weisen Berg zu: Güter in der Gegend der Eckartshalde (? 1279: UB. 2,24 f.?; 1281: UB. 4,24 ff.; 1291: UB. 8,2; 1315: UB. 17,12; 1319: UB. No. 50; Lb. E. 1304,17 a; vgl. auch UB. 413,9), im Erbenol (Weinzehnten zu Berg im E. [Lb. g. 1558, 160], auf der Prag (?) (Lb. w. 1350, 9 b), im Mühlberg (Lb. w. 1350, 9 b) — die Belege für Prag und Mühlberg sind nicht beweiskräftig, da die Einreihung im Lb. wohl nur auf den Wohnsitz des Zinsenden weist; Mühlberg auch: UB. No. 101).

75) Lb. g. 1558, 55. — 1495, UB. 582, 31 ff.

Günstiger liegen die Verhältnisse für den Teil der Markung südlich des Orts, für das Gebiet des heutigen Gaisburg und Gablenberg. Als S- und SO-Grenze muß hier wohl ungefähr die heutige Markungsgrenze von Gsb. und Stgt. gegen Wangen und Rohracker angenommen werden. Noch jetzt treffen die Markungen, von dem Stück beim Abelsberg abgesehen, nur im Walde zusammen. Der Wald hat sich früher weiter nach N und NW erstreckt; bis zum Klingenbach und bis zu der Fortsetzung der Froschbeißerklinge läßt sich dies durch die Fln. nachweisen; bei Gbl.: Gänswald, Buchwald; bei Gaisburg: Nonnenwald, in der Eich, Ruit, Fischerwäldle; von anderen Gewanden in der Gegend ist späte Rodung bekannt[76]). Der Wald, soweit er heute Stgt. und Gsb. Besitz ist, scheint aber einst nicht Berg allein gehört zu haben; ein Nachbarort hat in Fln. Spuren ehemaligen Besitzes zurückgelassen: Cannstatter Rain, Cannstatter Allmand, Nonnenwald[77]), Cannstatter Wald am Frauenkopf. Bei den meisten der angeführten Gewande ist Besitz der Stadt Cannstatt (nicht etwa nur einzelner Bürger) in den Lb. nachweisbar. Man muß also schließen, daß die Markung Berg mit einer Nachbarmarkung ein gemeinsames Waldgebiet besaß. Bei der Auflösung des Gemeinschaftsbesitzes scheinen sich Reste des Besitzes der Nachbarmarkung in einzelnen größern Komplexen erhalten zu haben. Merkwürdig ist, daß die Besitzgemeinschaft mit Cannstatt bestand, das mit seiner Markung später nicht an die Teile stieß, in denen sich die Spuren seines einstigen Besitzes finden (die Gsb. Markung schob sich dazwischen). Es muß daraus mit ziemlicher Sicherheit geschlossen werden, daß Cannstatt die Muttermarkung war, in die Berg hineingesetzt wurde, und daß der Wald im S von Berg in gemeinsamer Nutzung von Mutter- und Tochtersiedlung blieb. Die Annahme von Cannstatter Besitz und Rechten so weit weg vom Ort Cannstatt fällt nicht mehr besonders auf, wenn man sich vor Augen hält, daß die Cannstatter Markung noch bis vor kurzem

---

76) Sauhalde 1510: ist gar ein Neuwbruch (Lb. w. 1510, 22 ff.); Wald zu Gablenberg ... werden genannt in der Landessin und Sewhalden (Lb. w. 1571, 377; vgl. auch Lb. w. 1524, 179).

77) Die Nunnen von Cantstatt — Lb. w. 1536, 104.

bei Gsb. auch auf das linke Neckarufer übergriff. — Die Abgrenzung der alten Berger Markung im SW und W muß, da die Fln. versagen, mit Hilfe der natürlichen Verhältnisse und der urkundlichen Angaben festgestellt werden. Die natürlichen Verhältnisse lassen das Ende der Markung auf dem Kamm des Höhenrückens zwischen Klingen- und Nesenbachtal annehmen. Diese Annahme wird von den schriftlichen Zeugnissen wenigstens für den südl. Teil des Höhenrückens bestätigt; im nördl. hat die Markungsgrenze auch auf die Nesenbachseite des Rückens übergegriffen und hier den Anschluß an die „Wiesen unter dem Hirschbad" gefunden. Hier stieß Berg mit den Markungen von Tunzhofen und Immenhofen zusammen [78]). — Die Hoffnung, aus

[78] Von schriftlichen Angaben kommt zunächst die Zehntbeschreibung von 1466 (Lb. w. 1466, 10 b) in Betracht; nach ihr gehören in den Berger Zehnten Äcker in einem Gebiet zwischen einer Linie vom Trauberg an den Neckar einerseits und der oben bei dem Teil der Markung nördlich des Orts angegebenen Grenze. Außerdem erscheinen als zu Berg gehörig die Gewande: Gablenberg (in monte Gabenlemberg apud Berge 1275 — UB. 2, 17 f.; Wg. im G., aufgef. in der Abt.: in Berge — Lb. E. 1304, 17; Wg. sito ze Gablunberg ... und lit in Berger Mark — Lb. E. 1334, 8 a; Wg. am G., aufgef. in der Abt.: in Berger Mark et in Gaisburg — Lb. E. 1350, 62 b; Wg. im G., aufgef. in der Abt.: In Gayzpurg et in Berg — Lb. w. 1350, 9 b), Ameisenberg, aufgef. in der Abt.: „in Berger Mark et in Gaisburg" oder: „in Berge" — Lb. E. 1304, 17; 1350, 62 b; UB. No. 73; (Ameisenberg und Saurer A. in verschiedenen späteren Lb. als zu Gaisburg gehörig genannt, ohne Zweifel durch Mißverständnis und Vermischung der Berger mit der Gaisburger Markung — z. B. Lb. w. 1472, 64; 1524, 147), Ecklen, aufgef. in der Abt.: in Gayzpurg et in Berg — Lb. w. 1350, 9 b, Schwarenberg, aufgef. in der Abt.: in Berger Mark et in Gaisburg — Lb. w. 1350, 62 b; wahrscheinlich Lb. w. 1350, 9 b — Swainberg. Beim „Höllschen Bühl" ist die Zugehörigkeit zu Berg natürlich (z. B. Lb. w. 1350, 9 b; UB. No. 101). Dazu am Hang gegen das Nesenbachtal: Diemershalde (in der Abt. in Berger Mark et in Gaisburg — Lb. E. 1350, 62 b; anscheinend nur dieser eine Beleg für die Zugehörigkeit zu Berg; allerdings gehört Diemershalde 1350 (Lb. w. 1350, 7 b) in den Stgt. Zehnten und 1466 in einen Zehntbezirk (der Zehnte $^{1}/_{2}$ an Herrschaft, $^{1}/_{2}$ an Stift), in den auch Teile des Ameisenbergs, Traubergs und Gablenbergs fallen — (Lb. w. 1466, 9 b f.), Werfmershalde (in den Abt.: in Berge bzw.: in Berger Mark et in Gaisburg — Lb. E. 1304, 17; 1350, 62 b; Wg. im Berger Zehnten am W. — UB. 46, 18 f.), und Legenloch (Zehntzugehörigkeit strittig — UB. No. 689). — Eine unbedingte Einheit in dem Berger Zehntbezirk scheint im 14. Jh. nicht

den Fln. nähere Auskunft über den inneren Ausbau des S-Teils der Berger Markung zu erhalten, wird i. a. nicht erfüllt. Sie sprechen, wie es nach den geologischen Bedingungen (Lößbedeckung) des Teils südlich des Höllschen Bühls zu erwarten ist, in reichlichem Maße von Ackerbau — daß der Weinbau hier i. a. erst später eingedrungen ist, zeigt der Name „Junge Weinberge" (im Gegensatz zum alten Weinbaugebiet südlich von Gsb.) manche Namen enthalten einen Pn.; andere beziehen sich auf natürliche oder wirtschaftliche Gegebenheiten und geben damit zu interessanten Einzelbeobachtungen häufig Anlaß, sind aber siedlungs- und markungsgeschichtlich ziemlich wertlos. Diese Namenschicht reicht i. a. bis zum Klingenbach. An den Hängen treten die vom Stgt. Tal her bekannten Fln. mit dem Grundwort -berg auf. Sie entstammen vermutlich erst der Zeit des Weinbaus, und die -acker- und -wiesen-Namen gehen, nach ihren Bestimmungswörtern zu schließen, auch nicht in die ältesten Zeiten zurück. Auf den Anfang des Weinbaus bei Gbl. kann hier vielleicht wieder weisen das appellative „Halde", das für einen Wg. an der Eßlinger Steige vorkommt, aber örtlich nicht genau festzulegen ist (s. 798). — Daß der größte Teil des Ackerlands schon von Berg aus genützt war, ist nicht wahrscheinlich, da anzunehmen ist, daß die Neusiedlungen Gsb. und Gbl. größtenteils in Rodland angelegt wurden. In der Hauptsache hat das Gebiet also wohl als Wald der Weide gedient. Es ist möglich, daß sich in einer Bezeichnung für einen Teil im Ort Gsb. oder nahe dabei, die heute allerdings nicht mehr lebendig ist, „auf der Stelle", eine Erinnerung an den alten Berger Weidebetrieb erhalten hat, da eine „Stelle" in oder ganz nahe beim Ort von der Gsb. Weidewirtschaft aus nicht recht verständlich ist. Für den Viehtrieb von Berg in die Gbl. Gegend und in den Wald auf der Höhe ist auch ein Zeugnis die Benennung eines Wegs von Berg durch Gbl. durch auf die Geroksruhe, der ein Stück einer vorgeschichtlichen, vielleicht auch römischen Verbindung

---

mehr bestanden zu haben, da Werfmershalde bis zu Sattelklinge, Schwarenberg und Höllscher Bühl im Stgt. Zehnten laufen (Lb. w. 1350, 7b); in den Zehntbeschreibungen von 1466 an sind die Verhältnisse ziemlich verwickelt.

darstellt: Herdweg, Viehtrieb, Viehweg, heute als „Viehgasse" unterhalb, als „Viehtriebweg" oberhalb von Gablenberg noch durchaus lebendig (s. 843 ff.).

An Wegen muß außer dem Viehtriebweg für das frühe Berg eine Verbindung neckarabwärts nach Cannstatt, Brie usw. und neckaraufwärts im Zug der alten Reichsstraße angenommen werden, die später auch den Verkehr mit Gaisburg vermittelte. Wie weit andere Wege von lokaler Bedeutung wie Totensteigle, Kürnweg, Hohlweg — Gablenberger Weg (s. 763, 852) von und nach Gsb. und Gbl., Mühlberger Weg nach Tunzhofen und Stöckacher Weg nach Stgt. — Immenhofen (?) zeitlich zurückgehen, ist nicht erkennbar.

Der Teil der Berger Markung südl. des Orts nahm später Gsb. und Gbl. auf. Gsb. ist das ältere, eine Burgensiedlung; es scheint sich frühe von der Verbindung mit Berg gelöst zu haben und hat eine eigene Markung besessen.

Gbl. ist viel jünger und hat es nie zur Selbständigkeit gebracht. Im Gegensatz zu Gsb., das primär Ackerbaugemeinde war, müssen sich die Einwohner Gablenbergs von Anfang an, wenn vielleicht auch nicht ausschließlich, dem Weinbau gewidmet haben, da die Siedlung weit hinten im Klingenbachtal liegt und unmittelbar dabei wenig ebenes Gelände zur Verfügung steht. Der Ort zieht sich lang ausgestreckt zu beiden Seiten des Viehtriebwegs von Berg her talaufwärts. Von Berg aus muß auch noch die Gründung erfolgt sein, da das Klingenbachtal für eine Neusiedlung von Stgt. aus zu abgelegen war, und da eben die Anlage entlang eines Wegs von Berg in dieser Richtung weist. Unmittelbar jenseits des Klingenbachs setzte lange der Wald an (weniger durch Fln. als nur durch schriftliche Überlieferung nachzuweisen)[79]. Die Fln. der Umgebung geben keine Auskunft über die Markungsverhältnisse (vgl. ob. bei Berg). Auf die Art der Entstehung des Orts selbst wirft aber ein noch heute bestehender Hausname Licht: Im Hof. Der Name muß entstanden sein, als ein Hof in dem Tale noch etwas Einzigartiges war, d. h. es muß

---

[79] Buchwald; Sauhalde und Landeisen 1510 und 1571 noch bewaldet s. o.!

hier der Anfang Gablenbergs vorliegen. Da der Ort in früherer Zeit durchaus nur „das Weiler" heißt und meist als „das Weiler zu Gablenberg" bezeichnet wird [80]), ist eine Entstehung aus einem Hof, zu dem sich später andere gesellten, sehr naheliegend, und man darf annehmen, daß die Gegend von Hauptstraße 104 und 106, die eben „im Hof" genannt wird, die Ursiedlung von Gablenberg war [81]). — Das „Schlößle" dürfte siedlungsgeschichtlich keine Bedeutung haben, da es allem Anschein nach erst später entstanden ist.

Die Verkehrsverhältnisse für Gsb. und Gbl. waren in der Hauptsache bedingt durch die Abhängigkeit von Berg; über die lokalen Wege ist bei Berg das Nötige gesagt. Für Gbl. war die Eßlinger Straße wichtig wegen des Verkehrs mit Stgt.; dazu kam für die Zeit der kirchlichen Abhängigkeit von Gsb. der „Kirchweg", der sich teilweise an die Eßlinger Straße unterhalb des Orts anschloß (s. 844).

Viertes Kapitel.

Verzeichnis der Stuttgarter Flurnamen.

A. Nach örtlichen Gesichtspunkten geordnete Aufzählung.

Die Anordnung beim einzelnen Namen ist: 1. Schriftsprachliche Form, die z. T. dem Pk. entnommen ist, aber veraltete Schreibungen unberücksichtigt läßt, zum andern Teil, soweit die Namen nicht im Pk. erscheinen und über die lautliche Entwicklung kein Zweifel bestehen kann, von der früher belegten schriftlichen oder von der heutigen mündlichen Form aus erschlossen wurde. In

---

80) Vgl. z. B. Lb. w. 1466.
81) Lange hatte Gbl. den Charakter des Weilers; noch 1882 habe man gesagt, die Gablenberger wohnen so weit auseinander, daß jeder dem anderen noch rufen könne; ursprünglich schlossen sich möglichst hinter jedem Hause der zugehörende Baum- und Grasgarten und weiter oben am Hang die Weinberge an (Tgbl. 1882, 39).

Klammern ist durch beigesetztes „Pk." bemerkt, wenn der Name im Pk. aufgenommen ist; manchmal tritt statt „Pk." „Distr. x Abt. y" auf, was auf die forstliche Einteilung der Wälder Bezug nimmt, in seltenen Fällen „Adr.B." oder eine Lit.Angabe, wenn der Fln. sonst nicht oder in nicht schriftsprachlicher Form erscheint. Auch in der Klammer folgen Angaben über Bebauung und Benützung, soweit dies nicht aus den angeführten älteren Belegen ersichtlich ist. 2. Die ma. Aussprache in Lautschrift. 3. Die lautlich, manchmal auch sachlich wichtigen Belege aus älterer Zeit (die überflüssigen Buchstaben der Schreiberorthographie des 16. Jhs. ff. sind i. a. weggelassen). 4. Die Behandlung des Fln., an deren Ende die wichtigste Literatur, auf die sich die Bearbeitung stützt, angeführt ist; die allgemeinen Wörterbücher sind dabei meistens nicht zitiert; sie wurden jedoch bei der Bearbeitung ausgiebig zu Rate gezogen, insbesondere das Schwäb. Wörterbuch. — Ist die Quelle für die schriftsprachliche Form nicht angegeben, und fehlt auch die ma. Aussprache, so ist der Fln. nur aus früherer Zeit belegt. — Den mehrfach vorkommenden gleichen Namen sind zur Unterscheidung römische Ziffern beigesetzt.

1. Nesenbach. nę̄səbaχ; lā̰ēsəbaχ.

(Uss siner pfründ huse am wåschbach gelegen. Lb. w. 1451, 32). Huss vorm Esslinger thor am Nesenbechlin. (Lb. w. 1503, 39). Ain hauß ... bym Nesenbach (Steuerb. 1554). 1 M wisen ob Hesslach an dem Naisenbach. (Lb. w. 1571, 820). Jenseit des Nessenbachs (1582. Rep. Stg. w. 1, Bü. 14). Platz nächst dem tummelplatz am Naissenbach gelegen. (1599. Rep. Stg. w. 1, Bü. 16a). In den Akten über den „Kiesweg" aus dem 17. Jh. meist: Naisenbach (städt. Archiv D, Bü. 19). Mallmstaller hutt fangt am Stuttgardter Seylthor an und gehet auf rechter hand hin, der Neisenbach hinauf biss zur Nähren-Mühl, von der Nähren-Mühl biss zur Stuttgarder Spitthal-Mühl weiters den bach hinauf biss auf heslach. (Lb. F. 1682, 244.) 2 gras- und baumgärten über dem neuen herrschaft- und rennweg und dem Neessenbach. Zwischen dem Naisenbach und ... (Lb. w. 1589/1695, 6 bzw. 10). Von dannen wider in den Laissen Bach (Lb. F. 1699, 27). Lesenbach (Plan 1743). Nessenbach, Neesenbach (Lb. g. 1745, 181).

„Nesenbach" für den Bach vor seinem Eintritt in die Stadt ganz selten belegt, vor dem 16. Jh. überhaupt nicht. Als Bezeichnungen (Bel. s. unter den einzelnen Namen!) wurden gebraucht 1. Bach schlechthin. 2. Alter Bach — für den ganzen Lauf vom Eintritt in die Markung an (am häufigsten verwendet). 3. (Alter) Heslacher Bach — für den Teil unterhalb Heslach. 4. Kaltentaler Bach — für den ganzen Lauf bis zur Stadt (sehr selten). 5. Furtbach — im wesentl. von der Mühle beim Furt an. „Bach", „Heslacher Bach", „Kaltentaler Bach" erklären sich selbst. „Alter Bach" betont das Vorhandensein zweier Wasserläufe im Tal: auf der Höhe von Heslach wurde vom Nesenbach nach rechts abgeleitet der „Mühlbach" für die Tannen- und Spitalmühle; ein zweiter „Mühlbach" („Klötzlesbach") wurde an der Tannenmühle nach links abgeleitet für die Mühle beim Furt. „Alter Bach" bezeichnet demnach den Nesenbach zum Unterschied von den neuen Mühlbächen (Bezeichnung gelegentl. auch auf den Teil oberhalb der Ableitungen übertragen). — „Furtbach" hieß der Nesenbach i. a. von seinem Eintritt in das Gewand „Furt" an (manchmal auch das Stück zwischen Tannenmühle und Furtmühle). Etwa an der Kreuzung der heutigen Paulinen- und Tübinger Str. wurde vom Nesenbach „einiges Wasser abgeleitet, welches in einer steinernen Rinne und in einem gemauerten Kanal zum Seelthor" und von da i. a. um die Eßlinger Vorstadt herum zur Hofmühle im Lustgarten lief („Hofmühlenbach" Pfaff 1, 78), Dieses abgeleitete Wasser scheint von der Stelle der Ableitung an bis zum Seeltor den Namen „Furtbach" weitergeführt zu haben, während der Nesenbach, der in der Richtung der Gerber- und Bachstr. weiterfloß, wieder „Altenbach" und „Heslacherbach" hieß. Durch die Eßlinger Vorstadt lief der Bach als „Wäschbach" (von einem Waschhaus, das an ihm stand — Pfaff 1, 78); nach Verlassen der Stadt floß er südlich und teilweise östlich am Lustgarten hin und berührte in mehreren bedeutenden Krümmungen auch den Fuß des „Mühlbergs" (Tunzhofer Mühlen). Nach der großen Überschwemmung von 1508 wurde er hier korrigiert; er erhielt ein gerades Bett, mit dem das heutige im wesentlichen zusammenfällt. Dadurch waren in dem wasserreichen Tal Altläufe und andere Gräben und Bäche vorhanden; z. B. mündete auch der Abfluß der Seen, der „Bleichgraben", unterhalb des Lustgartens ein. An Bezeichnungen für alle diese Wasserläufe des unteren Tales kamen vor: 1. Bach, 2. Altenbach, Alter Graben I, Mühlberger Graben — für das alte Bachbett am „Mühlberg" (zuerst Lb. w. 1510, 16). 3. Neuer Graben, Neuenbach — für den neuen, geraden Lauf. 4. Herrschaftlicher Graben — steht im Zusammenhang mit den „Herrschaftswiesen". 5. Schanzgrabenbächle (Plan 1743) — für eine Ableitung vom Hauptbach zwischen der SO-Ecke des Lustgartens und dem Hirschbad (s. 479). 6. Mühlbach I kann den alten Nesenbach bzw. eine Ableitung zu den Tunzhofer Mühlen bezeichnen, oder ist der Nesenbach allgemein im Hinblick auf die Bachmühle in Berg gemeint, wie sicher im Bel. 2. 7. Stuttgarter Bach — in Berg. Bel. und etwaige weitere Erklärungen siehe unter den einzelnen Namen. — Der Gesamtname Nesenbach ist für den Teil des Bachs unterhalb der Stadt öfter belegt als für den oberhalb; aber er bildet durchaus nicht die häufigste Bezeichnung. Heute gilt er für den ganzen Lauf vom Ursprung bei Vaihingen a. F. bis zur Mündung bei Berg. Er wurde nach Aussagen älterer Bewohner früher auch in Stuttgart im engeren Sinn gebraucht. Dagegen ist bestimmt bezeugt, daß in Heslach „Nesenbach" fast ganz fremd war; hier galt lá̦ęsəbaχ, daneben „Bach" und „Altenbach". Interessant ist der erste dieser Namen, der nach Literaturzeugnissen (Pfaff 1, 77; WJB. 1875, 2, 118) und nach mündlichen Mitteilungen einst auch für Stuttgart im engeren Sinn neben „Nesenbach" gegolten hat. Zu diesem Befund stimmt genau die Tatsache, daß „Nesenbach" früher durchaus nicht häufig belegt ist, und daß auch daneben einmal Laisenbach vorkommt (s. o.!). Wahrscheinlich gab es ziemlich lange keinen einheitlichen Namen für den Bach, sondern nur Namen für einzelne Teile. Dies wird dadurch bewiesen, daß 1. bei einer Beschreibung des Stuttgarter Forsts (Lb. F. 1555 u. St. F. 1680) kein Name für den Bach vorkommt, obwohl er in seinem ganzen Lauf die NW-Grenze des Forsts bildet; der Schreiber begnügt sich mit „bechlin" bis Kaltental und „bach" von Kaltental an; es stand ihm also wohl kein einheitlicher Name zur Verfügung (verschiedene Namen, für Grenzbeschreibung nicht angebracht), 2. bei einem Markungs-

streit zwischen Stgt. und Cannstatt Mitte des 16. Jhs. nur „Der
Bach" oder „Der Bach so von Stuttgarten hinablauffendt" genannt wird (Rep. Stg. w. 1, 169 Bü. 53). Es ist nun durchaus
denkbar, daß sowohl lā̊ẹsəbaχ wie „Nesenbach" ursprünglich
nur Namen für einzelne Teile des Baches waren (Nesenbach
vielleicht für den Lauf unterhalb der Stadt, da dafür verhältnismäßig oft belegt), und daß sie sich von diesen aus auf den ganzen
Wasserlauf ausgedehnt haben, teils mehr im mündlichen, teils
mehr im schriftlichen und amtlichen Gebrauch. Das Bestimmungswort des volkstümlichen Namens ist am ehesten als „Linsen"
aufzufassen (von einem einst anstoßenden Linsenacker o. ä. aus;
ein entsprechender Gewandname mit Bestimmungswort Linsen-
urkundlich nicht nachweisbar). Eine zweite Deutungsmöglichkeit
gibt der Pn. Leins. Der amtliche, heute allgemeine Name „Nesenbach" weist in seinem ersten Teil (nach den Belegen mit ai
mhd. ê als Tonsilbenvokal) auf die schon früh vorkommende
Kurzform Nes von Agnes in der, wie die heutigen ma. Formen
beweisen, mhd. ê vorlag (s. F. 1, 118; 4, 1997). Wenn die Voraussetzung richtig ist, daß der Name zunächst nur für einen Teil
des Baches galt, möglicherweise auch für einen Teil innerhalb
der Stadt, so ist er ohne Schwierigkeit auf eine Anwohnerin
oder Besitzerin eines anstoßenden Grundstücks zurückzuführen.
Die Deutung mit Pn. Nes wird gestützt durch das Vorkommen
der Namen Nessenthoma, Nesenhänsin und Nesen Caspar in
Stgt. 1491, 1495 und 1516 (UB. 523, 35; 588, 30. Steuerb. 1516.
Städt. Arch. N Bü. 4 No. 11). In der heute allgemein gültigen
Aussprache ist, wie es auch für die Kurzform Nes als Vorname
bezeugt ist, und wie in Seele, Lehrer, Ehre, ẹ an die Stelle von
ę bzw. aę als Fortsetzung eines mhd. ê getreten (F. 1, 118; 4,
1997), was bei einem Namen, der lange wohl hauptsächlich nur
schriftlich überliefert wurde, nicht verwunderlich ist. — Die
schon vorgeschlagenen Ableitungen von naß, Nässe und Nixe
sind vom sprachlichen Standpunkt aus abzulehnen (Vokalquan-
tität). — Ein weiterer, recht drastischer Gesamtname „Weltzentreckh" ist nur bei dem Wiener Domherrn Ladislaus Suntheim
aus Ravensburg um 1500 belegt und scheint eine einmalige

Bildung zu sein[1]). F. 1, 118; 4, 1997, 1255. Miedel 48. Staa 1875, 72. WJB. 1875, 2, 118. Stadtglocke 1845, 87/89. Nick 55. Württemberg 1, 512. Pfaff 1, 18, 77 f.; 2, 99 ff.

Namen für Teile des Bachs oberhalb der Stadt mit Belegen:

1a. Bach. Dem Bach nach hinab bis gen Hesslach, von danen den Bach abhin bis gen Stgt., von danen den graben hinab durch das gerberthürlin dem bach nach bis gen Berg an die mullin in den Neckher. (Lb. F. 1555, 4.) Wisen bey dem furt zwüschen dem bach und dem rainspurg gelegen. (Lb· g. 1558, 524).

1b. Alter Bach. Wiesen oberhalb Häslach zwischen . . . dem Alltenbach so von Kaltental flüsst (Lb. w. 1571, 117). Wisen zwischen der Herrschaft wirtemberg wald das burgstall genannt und dem Alltenbach (Lb. w. 1571, 465 ff.). Wisen zu Behamsreütin zwüschen dem mülbach und dem alten-bach (Lb. g. 1558, 533). Wisen under Ràinspurg . . . stossen oben uff den mülbach und unden uff den Alltenbach (Lb. w. 1571, 453).

1c. (Alter) Heslacher Bach. Wisen hinderm krautgarten, zwischen dem gemainen weg und dem heslacher Bach gelegen (Lb. w. 1571, 471). Wisen in furt . . . stossen . . . unden uff den hesslacher Bach (Lb. g. 1558, 524). Wisen bey der Tannamüllin under dem Rainsperg . . . stossen . . . unden uff den alten Hesslacher Bach (Lb. g. 1558, 531). Wisen im furt zwischen dem furtbach und Hesslacher Bach (Lb. g. 1582, 211). — Die Bildung „alter Heslacher Bach" wird von „alter Bach" beeinflußt sein.

1d. Kaltentaler Bach. Wisen zu Behamsreüten . . . stosst oben an mülbach und unden an Kaltentaler Bach (Lb. g. 1558, 534). Wisen im furt . . . stossen oben uff den Kaltentaler Bach (Lb. g. 1582, 213).

1e. Furtbach. Wisen underm Rainsperg zwüschen dem mülbach und dem Furtbach gelegen (Lb. g. 1558, 531). Wisen im Furt zwüchen dem Furtbach . . . (Lb. g. 1558, 525). Eben dieses herbeigeleitete Wasser [aus dem Bären- und Pfaffensee und aus dem Kaltentaler Tal] teilet sich aber an dem außerhalb dem Sailtor befindlichen Wöhr in die sog. Furtbach und Nesenbach (1793, Städt. Arch. D, Bü. 48).

Namen für Teile des Bachs unterhalb der Stadt mit Belegen:

1f. Bach. Garten underm tiergarten . . . am bach gelegen (Lb. w. 1451, 21). Wisen underm múlnberg am bach (Lb. w. 1472, 1).

---

1) Oefele, Script. Rer. Boic. II p. 600 als Fundort für die von Pfaff (I 18) zitierte Stelle mit dem Namen Weltzimdreckh kann nicht richtig sein. Dagegen heißt es in Suntheims „Chronik" (teilweise abgedruckt WVH. 1884, 128): Stuodgartten die Haubtstat inn dem Lanndt zu Wirttemperg dorinn ain schöne Purgkh da rint kain namhafft Wasser [dabei auf dem Rand von derselben Abschreiberhand: dann ain Pach, genannt der Weltzentreckh, ligt in ainem Weinpirg nit verr vom Neckher] (mit dem Orig. Cod. hist. F. 250 in der Landesbibl. Stgt. verglichen).

1 g. Altenbach. Was ob denselben stainen zwischen dem alten Bach und den wingarten . . . (Lb. w. 1510, 16). Zwischen . . . dem altenbach ainerseitz und dem Neuenbach anderseitz gelegen (Lb. w. 1571, 113).

Mühlberger Graben. Wisen under Duntzhofer Bronnen zwischen xx und dem Mülberger Graben (Lb. g. 1558, 563).

Alter Graben I. Wisen under dem Mülberg am alten Graben (Lb. g. No. 2004)

1 h. Neuer Graben. Belege siehe bei „Hirschbad" und Altenbach.

1 i. Herrschaftsgraben. Wisen im Stöckach zwischen dem Stöckacher Weeg und dem Herrschafft Graben (Lb. g. 1701, 317).

1 k. Mühlbach. Wisen am Mulbach (Lb. w. 1451, 77; ebenso Lb. w. 1472, 73). Scheidet der Mulbach von Stutgarten hinab biss gen Berg den Stutgarter, Kirchaimer und Schorndorffer vorst (Lb. F. No. 137 [1555] 2).

1 l. Stuttgarter Bach. Neu gebaute Scheuer [zu Berg] am Stuttgarter Bach (1579, Rep. Stgt. w. 1 Bü. 32).

I. Zwischen der Weinsteige (vom Hauptstätter Tor aus) und der Straße nach Calw (vom Rotebildtor aus).

A. Zwischen Weinsteige und Nesenbach — Furtbach (vom Seeltor aus).

2. Weinsteige (Pk.-Bw., Wg.). a) wá̜ẹšdǫeg, šdǫeg, dę̜ ăld šdǫeg. b) ę̜n dər wá̜ẹšdǫeg, ę̜n dę wá̜ẹšdǫegə.

wisen an der winstayg (Lb. w. 1350, 1 a) ergerd . . . uff der winstaig (Lb. w. 1472, 16). wiesen . . . gegen die Weinsteig hinaus bei der Hauptstatt gelegen (Reg. 1487 UB. 458, 18 ff.). Egarten uff der weinstaig an . . . und zwischen baiden staigen gelegen (Lb. w. 1528, 159; ebenso Lb. w. 1540, 155). wisen im Lehen zwischen der Alltenstaig ainerseitz und xx wälden anderseitz (Lb. w. 1571, 445). Wg. in der Weinstaig zwischen xx Wg. und gemelter staig gelegen (Lb. w. 1571, 655). Wg. in der weinstaig . . . stosst oben uf die alt staig (Lb. g. 1586, 16).

Der Name bezeichnet a) eine Straße (heute: Alte Weinsteige), b) ein Gewand. Dieses, nach der Straße benannt, liegt westlich von ihr an und unterhalb der ersten Biegung (auf Plan 1807 Gebiet östlich der Steige als „Obere W." von der „Unteren W." westlich unterschieden; vgl. Pfaff 1, 456). Die Straße nahm ihren Anfang am Hauptstätter Tor, folgte i. a. der äußeren Hauptstätter- und Heusteigstraße und zog dann wie die heutige Alte Weinsteige steil den Vorsprung des „Haigst" aufwärts und nach einer starken Biegung von SW nach SO an seinem Osthang hin

gegen Degerloch; hier war die natürliche Fortsetzung ins Dorf
die Karl- und Kirchstraße. Die Steige folgte offenbar nicht
immer dem gleichen Zuge; ganz deutlich wird von 1528 an im
4., 5. und 7. Beleg das Vorhandensein zweier Steigen vorausgesetzt. Es wäre falsch, daraus auf eine Neuanlage der Steige
überhaupt zu schließen und vielleicht ihren ursprünglichen Verlauf in der Nähe, aber doch mit ganz anderer Lage anzusetzen;
dagegen spricht schon der 4. Beleg. Solange der Name W. vorkommt, ist unbedingt anzunehmen, daß die Straße im wesentlichen da lag, wo sie heute noch liegt. Das geht deutlich hervor 1. aus ihrem durchaus geraden und organischen Zug zum
Hauptstätter Tor bzw. vorher zum Inneren Eßlinger Tor, 2. was
durchschlagender ist, aus der Zehntbeschreibung von 1466, wo
das Gewand W. in der Aufzählung der Gewande genau an der
Stelle erscheint, an der es noch heute einzureihen ist: ... Haslach, vordern Arnest ... und füro umbher die Winstaig im
Lehen Wülnhald Vangelssbach Altberg ... (Lb. w. 1466, 6a);
die Steige muß also vor 1466 an der Stelle verlaufen sein. Die
zwei Steigen, von denen von 1528 an die Lb. berichten, sind wohl auf
eine bloß geringe Verlegung des Straßenzugs zurückzuführen. Die
Belege geben nur Anhaltspunkte für eine Verlegung auf der Strecke
oberhalb der Ziegelhütte (Straßenbahndepot). Von einer Korrektion
der Steige berichtet auch eine sekundäre Quelle: „Später wurde sie
verbessert, ein größer und ‚lägserer' Umrang genommen, und
damit manchem Unglück vorgebeugt" (Stadtgl. 1844/45, 80). Nach
Seytter (No. 139) haben Altertumsforscher eine noch „ältere W."
gefunden, die links vom jetzigen Zahnradbahnhof dem Geleise
entlang in einer Hohlrinne aufwärts führt, die Steige oberhalb
der Friedenslinde überquert und sich heute noch (z. Zt. Seytters,
also um die Jahrhundertwende!) auf einer Strecke sichtbar am
Höchst hinaufzieht. Ein diesen Angaben etwa entsprechender
Weg ist auf Plan 1847 angegeben, ebenso noch auf den Adreß-
buchplänen vom Anfang des Jhs. (1901, 1906, 1909); auch in
den Höhenlinien der neueren Adreßbuchpläne (z. B. sehr gut
1914) lassen sich Einsenkungen feststellen, die nicht von der
Zahnradbahn bedingt sind, sondern auf einen ehemaligen Hohl-

weg schließen lassen und genau dem von Seytter angegebenen Verlaufe folgen. Der Hauptunterschied zwischen der alten und neuen Wegführung ist, daß der alte Weg am Steilhang fast unmittelbar auf die Höhe des „Haigst" führte, während der neue mit geringerer Steigung von dem „größeren und lägseren Umrang" bei der Friedenslinde an seinem Seitenhang hin aufwärts zieht. Zu welcher Zeit die Korrektion stattgefunden hat, kann nicht festgestellt werden; sie ist aber wohl nicht zu lange nach der Gründung Stuttgarts anzusetzen, da ein gesteigerter Fahrverkehr, wie er von den Filderorten (Degerloch, Möhringen, Vaihingen — es bestand keine Fahrverbindung Kaltental—Vaihingen—Echterdingen u. a.) zum lokalen Marktzentrum Stuttgart vorausgesetzt werden muß, sie unerläßlich machte. Auf starken Verkehr von den Fildern her weisen die große Breite der Hauptstätter Straße innerhalb des Hauptstätter Tores, aus der schon auf einen althergebrachten Abstellplatz der Marktgüter an dieser Stelle vor dem Inneren Eßlinger Tor geschlossen worden ist (Wever 14), und das Vorhandensein des Hauptstätter Tores. — Auch der Name der W. und sein sachlicher Grund setzen mit großer Wahrscheinlichkeit die Verbesserung schon voraus. Der Name kann nur vom Gesichtspunkt des Handels aus erklärt werden, da gerade an dieser Stelle (N- und NW-Hang) Weinbau nicht zu früh angenommen werden darf und von den Fildern kein Wein nach Stuttgart kam. Es war ohne Zweifel der Weinbedarf des Oberlandes, der z. T. auf dieser Steige alljährlich vom Unterland her befördert wurde (Besitz oberländischer Klöster im Unterland!). Eine genaue Parallele darf man wohl in dem „Weinweg" sehen, der von Botnang nach Vaihingen a. F. führt (OAB. Amt 131)[2]). Die Weinsteige hatte bis ins 18. Jh. keine Bedeutung für den Fernverkehr. Geschichtlich wichtig wurde sie bei der Landesteilung von 1442, nach der Württemberg in „den Teil ober und den Teil unter der Steig", gerade der Weinsteige, geschieden wurde. Auch nach der Wiedervereinigung wurde die

---

2) Vgl. zu beiden in der Sache die Weinstraßen zwischen Nagold, Enz und Murg.

Unterscheidung in mancher Beziehung beibehalten (Sattler, Top. 5). Vom 18. Jh. an bildete die Steige ein Stück der bekannten „Schweizerstraße", bis sie in ihrer verkehrsgeschichtlichen Bedeutung 1831 durch die „Neue Weinsteige" (684) abgelöst wurde. — Andere Daten über die Geschichte der Weinsteige, die sich manchenorts finden, widersprechen den vorhandenen urkundlichen Belegen und auch der Darstellung, die schon Pfaff (1, 181; 2, 249 f.) gegeben hat, und sind deshalb abzulehnen [3]). Die nicht unbekannte Erklärung des Namens daraus, daß das erste Fuhrwerk, das auf der vollendeten Steige fuhr, ein Weinwagen war, ist sagenhaft. — Hartmann, Chronik 231. Gradmann, Städt. Siedlungen 165 f., 182. WVH. XXXIII, 20, 29.

3. **Furt.** (PK.—Gg., früher W.). ẹm fũrt.

de prato by dem Furt (Lb. w. 1350, 2 b) de prato im Furt (Lb. w. 1393, 11) am weg gem furt hinuss (Lb. w. 1451, 22) uss siner milin zenechst ob dem furt (Lb. w. 1472, 54) wisspletzlin . . . by dem furt (Lb. w. 1503, 21) wisen im furt zwuschen beyden bechen gelegen (Lb. w. 1528, 253 ff.

Zu beiden Seiten des Nesenbachs ungefähr von der Nähermühle (Brauerei Dinkelacker) bis zur Mauer der Leonhardsvorstadt zwischen Seeltor und Hauptstätter Tor. Vor der Mauer ging das Gewand anscheinend ohne strenge Scheidung in das Gewand „bei der Hauptstatt" über. — Nach Angabe älterer Leute sei man noch im letzten Jh. ungefähr an der Stelle, wo heute die Silberburg- in die Tübinger Straße mündet, „durch den Bach gefahren". Furt = Fahrweg durch fließendes Wasser. Der Name hat sich von der Furt selbst auf das anstoßende Gebiet ausgebreitet. — Welche verkehrsgeschichtliche Bedeutung der Stelle zukam, ist nicht bekannt. In der Nähe erreicht der alte „Herdweg" (heute Römerweg) von Degerloch her das Nesenbachtal; es ist möglich, daß die Furt ursprünglich zu diesem gehört hat;

---

3) Weinsteige neu angelegt 1616; seit dieser Zeit auch der Name nach dem ersten Fuhrwerk (Stadtgl. 1844/45, 80). Dieser Darstellung folgt Seytter.
Weinsteige angelegt von Herzog Karl 1750, vorher nur eine Schlucht, ein Hohlweg, der nicht „Weinsteige" hieß; Name nach dem ersten Fuhrwerk (H. Baum, Aus dem Schwarzwald 1927, 72 ff.).

eine klare Fortsetzung des Wegs links des Bachs ist heute aber nicht erkennbar, so daß die Wahrscheinlichkeit nur lokaler Verkehrsbedeutung größer ist (vgl. S. 59). Paulus sah in dem Herdweg eine Römerstraße, die im „Furt" den Nesenbach überschritt; die Annahme ist nach den Ausführungen Goeßlers unrichtig. Vgl. 580. — OAB. 451. Goeßler 3; 80.

4. Kuchenwiesen.
wisen im furth, genannt Kuechenwissen (Lb. g. 1701, 337). Kuchenwüßen (Prot. 1724). Kuchenwisen (Unterg. 1741). Kuechen Wisen (Plan 1743). Kuchen Wiesen (Plan — Ende 18. Jh.).

Vor dem Hauptstätter Tor vom Bach bis zur alten Tübinger Straße. Zuerst 1701; heute unbekannt (Gebiet bei der Stadtausdehnung sehr früh überbaut). Unklar, ob Bestimmungswort „Küche" oder „Kuchen". Die Ableitung von „Kuchen" ist wahrscheinlicher: Plan 1743 schreibt die Umlaute sonst nur als ü, ä, ö, nicht ue, ae, oe; Lb. g. 1701 schreibt „Küche" in anderem Zusammenhang regelmäßig „Kuche" (einmal allerdings findet sich „Kuechen-"). Wenn die Deutung richtig ist, kann der Fln. auf die Gestalt einer Wiese oder auf ein bestimmtes Ereignis, etwa die Veräußerung um einen Kuchen o. ä., Bezug nehmen. Daneben besteht die Möglichkeit, ihn mit einer beliebten Einrichtung des 18. Jhs. in Verbindung zu bringen mit den „Kuchengärten" die die Rolle der Gartenwirtschaften spielten; hier, unmittelbar vor der Stadt, ist ein solcher Kuchengarten gut denkbar; die anstoßenden Wiesen wären danach benannt (statt dreiteiligem Kuchengartenwiesen). — DWB. 5, 2502. O. Kaemmel, Deutsche Geschichte (1911) 2, 238.

5. Kuchengäßlein. Immenhofer Pfad.
wisen im furt zwüschen xx und dem Imenhoffer pfad (Lb. g. 1558, 525). wisen im furth zwischen ihme selbsten ein- und anderseits dem imenhoffer pfaadt oder dem sog. Kuechengässlen gelegen (Lb. g. 1701, 338).

Nicht weit vom Hauptstätter Tor den Bach und die alte Tübinger Straße kreuzend und in das Gewand Immenhofen führend; der Weg begrenzte an einer Seite die „Kuchenwiesen". Er kommt früher vor als „das Gesslin so gen ymenhofen geht" (1528). Kuechengässlen statt Kuchenwiesengässlein (vgl. 4 und 686).

6. **Teuchelseelein I.**
Nach Pfaff 2, 104 befand sich ein „Teuchelseelein" vor dem Seeltor; es wurde 1782 ausgefüllt und der Platz mit Bäumen besetzt. Nach F. wurden und werden heute noch gelegentlich in den Teuchelweihern (Teuchelseele wohl in gleicher Bedeutung) die Holzteuchel bis zum Gebrauch aufbewahrt. — F. 2, 166. Vgl. 499.

7. **Bruckenwiesen.** (Plan 1794.)
Wie die anstoßenden „Kuchenwiesen" ins Gewand „Furt" oder in die „Wiesen bei der Hauptstatt" gerechnet. Eine Brücke über den Nesenbach muß den Namen veranlaßt haben, vielleicht die, auf der die Straße vom Seeltor her den Bach überschritt, um auf das „Lindle" zuzugehen und sich dort mit der Tübinger Straße vom Hauptstätter Tor her zu vereinigen.

8. **Am Lindle.** ăm lę̆ndlę̆.
Stelle, wo das Tübinger Tor zuletzt war, an der Kreuzung der Weißenburg-, Hauptstätter-, Paulinen- und Kurzen Straße, deshalb früher häufig auch „am Tübinger Tor" genannt. Wohl von einer Linde; nach Munder soll sie von Herzog Ulrich gepflanzt und Ulrichslinde genannt worden sein. — Stadtgl. 1844/45, 156. Württemberg 2, 172 ff., 507.

9. **Porzellanwegle.** bŏrtslåwęglę̆, — gęsslę̆.
Ehemaliger Gartenweg in dem Viereck Tübinger-, Fangelsbach-, Hauptstätter- und Kurze Straße. Der Weg führte an einen Abfallplatz, der besonders zur Ablagerung von Porzellan- und Hafenscherben benützt wurde. Name heute nach dem Verschwinden des Wegs unbekannt.

10. **Im Grundel.** (Pk.-Gg.) ĕm grŏndlăgər, ĕn dę̆ grŏndlęgər, ĕm grŏndl.
2 M ackhers in der Grundlen genannt (Lb. g. 1701, 473/74) gartten in der grundel (Lb. g. 1701, 608. In der Grundel (Plan 1743).
Kleines Gewand zwischen Nesenbach und früherer Tübinger Straße etwa von der heutigen Kolb- bis zur Cottastraße. Da das Gewand am Bach liegt, wird der Name von dem Fisch Grundel abzuleiten sein. Nach mündlicher Mitteilung fingen die Kinder allgemein Grundeln im Nesenbach, z. B. sehr gerne bei der

Karlsmühle in Heslach. Das männliche Geschlecht des Fln., das der Pk. angibt, und das auch mündlich gelegentlich vorkommt, ist sicher durch die fast ausschließlich gebräuchliche Form „Grundelacker" beeinflußt, oder liegt einfach das Geschlecht der Kulturart (Acker) vor, wie es bei Pn. als Fln. bekannt ist. Merkwürdig ist, daß hier Äcker vorkommen, während sich sonst in den anstoßenden Gewanden um den Nesenbach fast ausschließlich Wiesen finden. — Die Form „Gründeläcker" (Pfaff 1, 447 und Lotter, Merk. 1904, 5) erscheint zweifelhaft, da mündlich keine Spur davon vorhanden ist.

11. **Sieh dich für I.** sīdę̂fīr.

Gegend der Ziegelhütte; die Bezeichnung ist von der heutigen Wirtschaft „Zur goldenen Traube" (Kolbstr. 14) ausgegangen, wo 1713 wegen einer herannahenden Pest eine Quarantäne für alle aus verdächtigen Orten ankommenden Personen eingerichtet wurde. Die Bezeichnung, die auch sonst für alleinstehende Häuser vorkommt, weist hier ohne Zweifel auf diese Art der Verwendung. — Vgl. 273. — F. 2, 1873. Pfaff, 2, 313. Hartmann, Chronik 131. Merk. 1904, 5.

12. **Villa Fürchterlich.** wīlā fīrχdrlīχ.

Hinterhaus Hauptstätter Str. 149 h, ein Rest der Ziegelhütte bzw. der Häuser „im Lehen" (632), wird in der Umgegend so genannt; die scherzhafte Bezeichnung sei schon früher (2. Hälfte des 19. Jhs.) in Gebrauch gekommen, als das Haus aus privatem in städtischen Besitz überging und Mietshaus wurde.

13. **Ziegelhütte I.** tsiəglhĭdę̇.

1584 wurde die damals herrschaftliche Ziegelhütte von der „Sitzenklinge" oberhalb Heslach an den Fuß der Weinsteige (Gegend des Straßenbahndepots am Marienplatz) versetzt. (Rep. Stgt. W. 1 Bü. 13); die Ziegelhütte bestand in privatem Besitz bis in die zweite Hälfte des letzten Jhs. — Pfaff, 1, 296 (Lageangabe „Sitzenklinge" ist falsch).

14. **Ziegelhüttenwiesen** (Pk.-W.) ęn dę̇ tsiəglwīsə.

Bei der Ziegelhütte; im mündlichen Verkehr zweiteiliges Kompositum statt des dreiteiligen.

15. **Kautzenhecke, oder -Klinge.**

10 M Bg. und Wg. am Fuß der Weinsteige. Nur bei Pfaff 1, 449, sonst völlig unbekannt; vielleicht Irrtum Pfaffs (vgl. 33).

16. Spitteläcker.

Etwa von der Kleinen Schweiz bis zum westlichen Teil des Marienplatzes. Ob nach dem Stuttgarter Hospital als Besitzer oder nach der Lage bei der Spitalmühle benannt, ist ungewiß. Der Fln. ist erwähnt Merk. 1904, 5; sonst unbekannt.

17. Bei der Tanne.

uss der müllin by der Tann (Lb. w. 1393, 34) Acker bei der Tannen (1447, UB 188, 17) Mühle bei der Tannen (1447, UB 188, 10).

Nach einem Baum, der wohl durch Vereinzelung auffiel. Es ist bemerkenswert, daß die Tanne im Mühlennamen weiterlebte, dagegen nicht im Namen für das anstoßende Gewand, obwohl die Möglichkeit dazu nach Bel. 2 geradeso dagewesen wäre. Für das Gewand wurde dann die Tannenmühle namengebend (z. B. in der stehenden Abteilungsüberschrift in den Lb.: „Wiesen bei der Tannenmühle, unterm Reinsburg und in der Wannen"). Vgl. 18.

Mühlen: Die Anordnung und Einreihung der einzelnen Namen folgt den Ausführungen Pfaffs, die allerdings ziemlich unklar und auch ungenau sind und der Revision bedürfen (z. B. bedeutet Wüsten-, Spanreitels-, Heiligen- und Spitalmühle wohl kaum dasselbe). Pfaff 1, 284 f.; 2, 382 f. Tagblatt 1920, 94. Seytter No. 78.

18. Tannenmühle. (Mittlere Bachmühle) dånəmīlę̊.

uss der müllin by der Tann (Lb. w. 1393, 34) hänslein Spanreitel gen. Sprüerlin aus seiner Mühle bei der Tannen (Reg. 1447, UB 188, 10). wisen bey der Tannenmilin (Lb. w. 1528, 263 f.). Wysen bey der Tannamull (Lb. g. 1558, 531). Plan 1807: Spitalmühle. Plan OAB Amt: Spital- und Tannenmühle. Plan OAB.: Tannenmühle. Pk. (35, 191 ff.): Spital- und Tannenmühlbach.

Im Landbuch von 1623 als Eigentum des Spitals angeführt (vgl. Spitalmühle — 20). Zum Namen s. 17.

19. Obere Tannenmühle.

mülin gen. die ober Tannenmülin zwischen xx und dem Arnestweg. (Lb. g. No. 2004). Melchior Hildtprandt usser seiner obern Thannenmihlin zwischen dem Arnestweg und Barthlin Hermans mihlin gelegen. (Lb. g. 1586, 456.) xx usser seiner obern Thanna Mühlin (Lb. g. 1588).

Barthlin Herman (Bel. 2.) ist 1558 Müller in der Spitalmühle;

somit bezeichnet „obere Tannenmühle" vielleicht die Schleifmühle, die sich nach Pfaff (1, 285) 1451 neben der Spitalmühle befand.

20. **Spitalmühle.** (Obere Bachmühle.) šbídlmīlę̇.
a) Wüsten- oder Spanreitelsmühle. der Hailig 5 pfund de molendino Wůsten (Lb. w. 1350, 4 b.), Wůsten Můlin v lb. hl. (Lb. w. 1350, 9 a). — wisen bi Spanraytels mûlin (Lb. w. 1350, 1 a). De prato hinder Spanraytels mûlin (Lb. w. 1350, 3 b). (Mehrmals auch Lb. w. 1393.) Nach den Besitzern; die Spanreitel waren eine Müllerfamilie, die im 14. und 15. Jh. mehrere Mühlen oberhalb Stgt. besessen haben müssen.
b) Heiligenmühle. Der Hailig 5 pfund de molendino wůsten (Lb. w. 1350, 4 b). Wiese gelegen in dem Tal gen Kaltental an der Heiligen Mühle (Reg. 1392, UB. 68, 20). Spanraitel Müller uss Hailigen Mülin oben im Tal (Lb. w. 1393, 16). — Die Mühle gehörte dem Heiligen, der 5 Pfund Heller aus ihr zinste. Vgl. 123.
c) Spitalmühle. Mühle genannt Spitalsmühle (Reg. 1447, UB 188, 12 f) wisen by des Spitals Múlin (Lb. w. 1451, 62). Barthlin Herman Miller in der Spital Müllin us 1 Tw. wisen by der Spitalmüllin zwüschen dem Mülbach und den Rainsperg wingarten. (Lb. g. 1558, 531.) Mallmstaller Huot gehet . . . von der Nähren Mühl biss zur Stuttgarder Spitthal Mühl (Lb. F. 1682, 244). Der Spittal Stuettgardt us 3 M wisen bey der Thannenmühlen zwischen dem Bach und der Straße gelegen, stossen oben auf des Spittals Mühlen (Lb. g. 1701, 378.).

Die Mühle, bei der Kleinen Schweiz (Gegend der Tannenstraße) gehörte seit 1447 dem Spital, der sie am 20. Dezember 1787 an einen Privatmann verkaufte. 1741 hatte sie zwei Mahlgänge und einen Gerbgang. — Plan 1807 bezeichnet sie als Spitalmühle, Plan OAB. Amt als Spital- und Tannenmühle, Plan OAB. als Tannenmühle; vgl. auch Bezeichnung des Mühlbachs als Spital- und Tannenmühlbach im Pk. (35, 191 ff.). Noch in der zweiten Hälfte des letzten Jhs. waren bei der Kleinen Schweiz eine Mahl- und eine Sägmühle. Die Spitalmühle war offenbar die Mahlmühle. Zu unbedingter Klarheit kann man auf Grund der Aussagen älterer Stuttgarter heute nicht mehr kommen, da die Bezeichnung Tannen- und Spitalmühle wohl noch bekannt sind, die Mühlen aber i. a. nach ihren Besitzern (Wahl und Bauernfein) genannt wurden. Vgl. Tannenmühle (18). Pfaff 1, 284 f.

21. **Spitalsee.** Wahlen-See. šbídlsę̇. swalǝsę̇.
. . . bey dem kleinen Spital Feuer-Seelen (1758; städt. Arch. D Bü 55).

Stauweiher bei der „Spitalmühle", vom Mühlbach gespeist, zur Versorgung der dortigen Mahl- und Sägmühle. Zweiteiliger Name statt dreiteilig Spitalmühlensee. In Heslach wurde die Bezeichnung nach dem Besitzer der Mühle (Mitte des letzten Jhs.), Wahl, i. a. vorgezogen, daher Wahlen-See. Der See, 1750 angelegt, diente nebenbei auch Feuerlöschzwecken. — Pfaff 2, 104. OAB 16.

22. Schutz.

vinea Rainspurg ob dem Schutz (Lb. w. 1393, 3). vinea Rainspurg uf dem Schutz (Lb. w. 1393, 8). uss der wisen an Spanraitels Schutz (Lb. w. 1393, 30). xx hat des spittals Mülin . . . acker ob dem Schutz (Steuerb. 1554.).

mhd. schuz = Umdämmung, Aufstauung des Wassers, Schutz-, Stauvorrichtung. Hier handelt es sich um das Wehr der Spitalmühle, die Spanraitel besaß, und die im letzten Bel. auch auftritt. Buck 251. Eberl 190. Keinath 75.

23. Mühlwiesen I. ęn dę mīlwīsə.

wisen bey der Thannenmühl, die Mühlwiss genannt (Lb. w. 1701, 378).

Unmittelbar bei der Tannenmühle.

24. Mühlrain I. ęm mīlrǫ̈ę. (Pfaff 1, 451: Mühlrainwiesen.) Auf dem Mühl Rhein (Prot. 1724). Hang von der unteren Weinsteige unmittelbar oberhalb der Ziegelhütte gegen die Tannen- und Spitalmühle.

25. In den Gärten. ęn dę gęrdə.

Kleines Gebiet am Südende der Adlerstraße, auf dem das Marienhospital z. T. steht. Garten, mhd. garte, bezeichnet ursprünglich einen eingefriedigten Raum; der Garten kann innerhalb oder außerhalb Etters liegen; er ist gegen das Ackerland abgegrenzt und dient besonderem Anbau vor allem von Gemüse, Flachs, Hanf, in späterer Zeit von Kartoffeln. Im Mittelalter wurden Rosen- (= Blumen-) und Krautgärten unterschieden. Gärten standen in besonderer Pflege. — Hier handelt es sich um Gärten außerhalb Etters; wahrscheinlich gehörten sie meist zu den nahegelegenen Mühlen, vorausgesetzt, daß sich die folgenden Belege auf dieses Gebiet beziehen: ¹/₄ Krutgartens by der Thannenmülin (Lb. g. 1536, 50). Krautgarten by der Thannen Mühlin (Lb. g. 1588 —). Krautgarten und Bandheckhen bey der

Thannenmühlen (Lb. g. 1701, 207). — Kluge 158. Albv. XX, 117 f.
Miedel 43. Vollm. 47, Keinath 45.

26. Compagniewiese. khǫmbā́nīwīs.

Heute in Heslach gelegentlich gebrauchte Bezeichnung für eine Wiese beim Marienhospital; diese war durch Erbschaft in den gemeinsamen Besitz mehrerer Familien gekommen, die über den Verkauf bzw. Nichtverkauf des Grundstücks während der Inflationszeit nicht immer eines Sinnes waren. Spottname!

27. In den Bandhecken. ę̃n dę bā́ndhę̃gə.

Kleines Stück an der Schreiberstraße oberhalb der Böheimstraße ganz unten am Hang gelegen, das von mehreren Besitzern zur Anpflanzung von Weiden verwendet wurde. Vielleicht gehören folgende Belege aus früherer Zeit hierher: Wg. im Arnnest . . . stossen unden auf die Banndtheckhen (Lb. w. 1571, 613); Wg. im Stuttgarter Arnnest . . . stoßt . . . unden auf die Heckhen (Lb. w. 1393, 618). Im Weinbergprotokoll 1724 sind beim Gewand Ayernest zahlreiche Bandhecken aufgeführt. — „Bandhecken" oder „Weidenstücklein" nennt man Pflanzungen von Weiden für den Gebrauch der Weingärtner zum Binden der Reben[4]). Kleine Stücke feuchten Landes, etwa am Ende eines Weinbergs, die sich sonst zu nichts eignen, werden dazu verwendet. F. 1, 605 bezeichnet das Wort als der älteren Sprache angehörend; es wird aber unter den Stuttgarter Weingärtnern noch heute appellativ gebraucht. „Band" hat durchaus den Sinn von Weide, die zu „Band" benützt wird, nicht den von Rand, Einfassung oder Bann, Möglichkeiten die F. offen läßt.

28. Schimmelhütte. (Pk. — W, Bg., A. — Beiname für einen Teil des Eiernests.) ę̃n dər šę̆mlhĭdę̆. ę̃n dę̆ šę̆mlhĭdənə.
Wg. in der Schimmelhitt (Steuerb. 1567). In den Schimmel Hütten (Prot. 1724). In der Schimmelhütte oder im untern Aiernest (Unterg. 1800).

[4]) Die einzelnen Weidenzweige zum Gebrauch im Weinberg werden mit „Schleißen" (šlae̩sə) aus hartem Holz, in drei oder vier Teile geschlitzt („Band machen"); die kleinsten und zartesten Zweiglein heißen khǫbwīdlə (etwa zum Rosenbinden zu benützen). Die Anlage neuer Bandheckenpflanzungen geschieht mittels „Bandstumpen", die in die Erde gesetzt werden. Mit dem Bandmachen beschäftigt man sich meist an Winterabenden. Die „Band" werden in Büschel gebunden und im Frühjahr im Wasser geweicht.

Bahnschlittenartig zwischen Wegen hinter dem heutigen Marienhospital gelegen bis zu einer Klinge, in der die Markungsgrenze verläuft, sich erstreckend. Die namengebende Hütte lag nach einem Lb.-Beleg (s. u.) nahe an der Markungsgrenze. Noch in den 70er Jahren des letzten Jh. sei in dem Gewand ein altes Haus gestanden, vor dem „man sich fürchtete"; überhaupt sei es dort nicht geheuer gewesen. Nach anderen Aussagen soll ein Teil des Gewands der Platz einer Abdeckerei gewesen sein. Das Gespensterhafte kommt im Fln. zum Ausdruck (Anspielung auf Gespensterschimmel oder Schimmelreiter). Die Hütte selbst ist vor dem Gewandnamen belegt: . . . Zaigt der selbig stain oben im Arnest da die Schimel Hüt ist gestanden die Klingen hinuff (Lb. g. No. 2004). — F. 5, 838 f. Keinath 94.

29. **Haldenweg.**

zu Arnest... stoßt auff den Halden Weg (Lb. w. 1571, 240). Im Schreyber... stoßen oben auf den Halldenweg (Lb. w. 1572, 554).

Einer der beiden Wege gemeint, die die Böheimstraße kurz vor dem Marienhospital gemeinsam verlassen und am Westhang des Scharrenbergs an der Halde aufwärts nach Degerloch führen; wahrscheinlich der obere.

30. **Im Pfaffen.** (Wg.) ẹm pfăfə.

Nur durch einen Gewährsmann bezeugt: kleines Gewand oberhalb von „Schimmelhütte" und „Untere Weinsteige" bis über den „Pfaffenweg" hinaus. Einziger Beleg aus älterer Zeit, der den Ausgangspunkt für den Fln. bilden könnte: Wg. zu Arnest zwischen Salmanswiler und Pfaff Schiblingers wingarten (Lb. w. 1451, 65). Lage dieses Wg. nicht genau bestimmbar, doch kommen Wg. im „Eiernest" nur am NW-Hang des Scharrenbergs vor, wo auch „im Pfaffen" liegt. War das wirklich der Ursprung des Fln., so muß er nur im mündlichen Verkehr weitergelebt haben; schriftlich ist er nirgends belegt. Der Fln. kann aber auch in neuerer Zeit erst entstanden sein und von einem Besitzer namens Pfaff ausgehen. Im Pk. ist ein Weingärtner Joh. Jak. Pfaff aus Heslach angeführt, der 13,49 a Wg. in der „Weinsteig" ganz in der Nähe der fraglichen Stelle besitzt; der Name Pfaff kommt auch sonst in Heslach vor; vgl. Lb. g. 1701, 917:

Jung Christoph Pfaff mit Besitz im unteren „Göbelsberg". Eine weitere Möglichkeit der Herleitung (wenig wahrscheinlich s. 31) ist, daß der Fln. sekundär vom Pfaffenweg aus, der durch das Gewand führt, entstanden ist.

31. Pfaffenweg. pfáfəwēg.

Der Weg zweigt wenig oberhalb der großen Biegung rechts von der Alten Weinsteige ab und führt durch Wg. und Obstgärten am W-Hang des Haigst über die „Kautzenhecken" nach Degerloch. — Im Gegensatz zum Namen des Gewands „Pfaffen" ist der des Wegs fast allgemein bekannt. Sicher besteht ein Zusammenhang zwischen den beiden, da der Weg durch den oberen Teil des Gewands führt. Sind die beiden unabhängig voneinander, oder ist der Name des Wegs primär und der des Gewands davon abgeleitet, so würde „Pfaffenweg" auf den Benützer des Wegs und damit am ehesten auf die Beziehungen zwischen einer Pfarr- und einer Filialkirche weisen. Derartige kirchliche Zusammenhänge lassen sich aber in der Gegend nicht feststellen.

32. Haigst. (Pk.-Wg., Ba.) ūf əm haekšt. — Plan 1807: Haigst. — Höchst mhd. hoehest; für die ma. Form muß aber von dem ausl. h des mhd. im Positiv hôch, also von ma. haǫχ ausgegangen werden. — Gipfel und O-Hang eines steil abfallenden Vorsprungs des Scharrenbergs südlich von der großen Biegung der Weinsteige. Die Bezeichnung des Bergs als dər haekšt ist sehr treffend, da er sich in ganz kurzer Entfernung von der Talsohle um rund 120 m über sie erhebt und, als Bergvorsprung etwa vom Anfang der Hohenstaufenstraße gesehen, fast gleich hoch wirkt, wie der um ungefähr 40 m höhere Scharrenberg. Die im letzten Jh. häufige Annahme einer Burg hier ist weder durch Bodenfunde noch durch irgendeine urkundliche Erwähnung gerechtfertigt. — Merkwürdig ist, daß sich die mundartliche Form des einfachen Fln. im amtlichen Gebrauch festgesetzt hat und wohl von da aus auch in die Stgt. Umgangssprache eingedrungen ist, die sonst halbma. hĕkšt spricht; der Grund ist vielleicht der Mangel einer herkömmlichen Schreibung für den Namen (früher nicht belegt; Berg sicher wenigstens an O- und N-Seite lange bewaldet). — Goeßler, Tagbl. 1919, 581.

33. **Kautzenhecke,** Im Kautzen. (Pk.-Bg. Wg.) ę̆n dę̆ khə́utsəhĕgə.

Wg. zuo Arnnest . . . stoßt oben auf die Khauzenhecken (Lb. w. 1572, 631). In der Kautzenhecken (Prot. 1724).

Auf der Höhe des Scharrenbergs z. T. auf Degerlocher Markung. Der Stuttgarter Teil gegen NO eignet sich nicht besonders zum Anbau (Stubensandstein); hier u. a. kleinere Stein- und Sandbrüche. — Das Grundwort -hecken (mhd. hecke) weist auf einen lebendigen Zaun hin. Nach Lage des Gewands ist dabei vielleicht an die Kennzeichnung der Markungsgrenze oder an die Einzäunung des anstoßenden Walds zu denken. In gleicher Bedeutung wie Kautzenhecken verwendet Lb. w. 1572 „Scharrenberger Hecken". Örtlich muß Kautzenhecken ungefähr zusammenfallen mit „Kauzenhütte", das in Lb. F. vorkommt: mer ain holtz uf der Weinstaig, an dem Zweren weld, und an deren von Degerloch welden oder egerten ainseitz bis uff des Kautzen Huten . . . (Lb. F. 1555, 18); dasselbe in Abschrift aus spät. Jh.: . . . biß auf des Keuzen Hütten . . . (Lb. F. No. 70). Danach ist das Bestimmungswort wahrscheinlicher von einem Pn. als vom Vogelnamen abzuleiten. Diese Annahme wird auch gestützt durch frühere Belege für ein Gewand „im Kautzen" an der gleichen Stelle (Grenzb. 1559/1731 und Steuerb. 1567, 1579); dazu wird im Grenzb. 1731 noch gelegentlich von einer „Kautzenklinge" gesprochen. Pn. Kauz ist von 1534 an in Stuttgart belegt (Pfaff 1, 398); es kann aber auch gerade so gut ein Degerlocher Bürger des Namens in Betracht kommen, zumal da „Kauzenhütte" und im „Kautzen" hart an oder großenteils schon auf der Degerlocher Markung liegen mußten, wenn das „Holz auf der Weinsteig" an sie stieß, das wahrscheinlich die heutigen Gewande Kautzenhecke und Haigst bedeckte, und wenn die Markungsgrenze „im Kautzen" verlief. Unmittelbar unterhalb, wo der Pfaffenweg die Markungsgrenze überschreitet, kommt auf Degerlocher Markung der Fln. „Käuzle" für ein kleines Gewand vor (Flk. XXIV, 8; ę̆m khə́itslĕ). Wahrscheinlich besteht ein Zusammenhang zwischen den beiden Fln.; auch diese zweite Form kann als Eigentümername aufgefaßt werden. — Kauzen-

— 101 —

"becken" (Pfaff 1, 449) beruht auf Roths Grundriß der Stuttgarter Markung 1807, den Pfaff benützt hat (1, 441) (dort Verschreibung oder Druckfehler); F. 4, 298 scheint die Form übernommen zu haben. Albv. X, 385. Keinath 57.

34. Sperbrücklein.

ain holtz uf der Weinstaig an dem Zweren weld und an deren von Degerloch Welden oder Egerten ainseitz bis uff des Kautzen Huten, die wingart anderseitz gegen der stat die Weinstaig hinab bis an das Sper Bruckhlin (Lb. F. 1555, 18). Spätere Abschrift dieser Stelle: . . . biß an das Sperrbrücklein (Lb. F. Nr. 70). Ein Stück Waldts uf oder an der Weinstaig . . . uf der andern Seiten gegen der Statt an der Weinstaig hinab biß zue oder an daß Sperr Brücklin, unden an die Arnest stoßend (1662 Städt. Arch. J Bü 57). Dasselbe ist wohl gemeint: Item die Staig hinuff bis zu brucklin sollent die von Stuttgart in bý [später: buw] halten (Grenzb. 1521; ebenso bis 1553).

Wenn die Weinsteige einmal über ein Brücklein ging, so kann es nur über einen unbedeutenden Graben geführt haben; oberhalb der Ziegelhütte, bis wohin 1555 der Wald nicht mehr reichte, kann die Straße nie einen richtigen Bach überschritten haben. Der letzte Beleg, den man wohl herbeiziehen darf, da die Waldgrenze, durch die die Lage der Brücke im Bel. 1—3 bestimmt ist, und die Straßenunterhaltungsgrenze, die im 4. Bel. als bestimmend angegeben ist, möglicherweise zusammenfielen, würde die Brücke ziemlich weit der Markungsgrenze und Degerloch zuweisen. Die Qualität des Vokals in sper ist unbekannt. Auf dem Umweg über eine ursprünglich dreiteilige Zusammensetzung ist eine Deutung denkbar. mhd. spör(e) = trocken, hart vor Trockenheit; mod. schwäbisch gebraucht besonders vom trockenen, rissigen Erdboden, kann etwa mit „Graben" zusammengesetzt gewesen sein, das als Mittelstück dann in der Komposition unterdrückt wurde. Der Graben wäre also oft ohne Wasser gewesen, so daß der Boden meist ausgetrocknet war. Dieses sprachliche Ergebnis stimmt zu der sachlichen Annahme, daß das Brücklein nicht über einen Bach geführt haben kann. Am besten denkt man an einen „Wasserfall" aus einem Weinberg, der die Straße überquerte. Bei Schmeller ist sogar sper mit Beziehung auf das Wasser selbst angegeben („durch Austrocknung

seicht gewordenes Wasser"). — Wenn man beim Graben, der
die Straße überquerte, bleibt, könnte allerdings sper auch aus
„sperren" gedeutet werden: Graben, der den Weg sperrt, weshalb ein Brücklein über ihn ging. — Weniger wahrscheinlich
ist es, ohne Beziehung auf einen Wasserlauf sper von „sperren"
herzuleiten, wobei an der Brücke die Straße hätte künstlich
gesperrt werden können (etwa zum Einzug von Weggeld). Die
Annahme einer solchen Zollstelle dicht am Wald hat nicht viel
für sich. — An das Sperren der Räder auf der steilen Straße
darf man nicht denken, da das Wort in dieser Bedeutung erst
aus jüngerer Zeit belegt ist. — Lex. II, 1106, 1083. DWB X, 1, 2174
(B 1 aβ), 2176 (B 1 de), 2676. F. 5, 1565, 1518. Schmeller 2, 683.

35. Aiernest. (Pk. — W, A, Wg.) ẽm ǫęərnęˇsd.

vinea sita in monte dicto Arnest (Lb. E. 1304, 2 b) ager in Arnest (Lb. E.
1304, 3 a). vinea in Arnuetst (Lb. w. 1350, 1 b). vinea in Arnuest (öfter so,
Lb. w. 1350, 2 a u. a.). vinea in Arnnest (Lb. w. 1350, 2 b). vinea Arnest (Lb.
w. 1393, 6). In der Wannen . . . vordern Arnest und daselbst stand zween
stain an der klingen unden und obnen und schaident den zehenden zů
hindern Arnest den man zu Tegerloch sammlet . . . (Lb. w. 1466, 6 a). wisen
underm Arnest zwuschen ime selbs und den Arnesten gelegen (Lb. w. 1528,
270 f.). wißen im airn Neßt, neben: airnest und arnest (Unterg. 1615). Ayer
Nest neben: Arnest (Prot. 1724). Ayrnest (Unterg. 1743).

Heute allgemein „Eiernest", bis zur 2. Hälfte des letzten Jh.
auch Ayernest geschrieben. Das Gewand, soweit nicht in Wg.
auf Degerlocher Markung am steilen WNW-Hang des Haigst und
des Scharrenbergs, liegt eingesenkt in eine deutliche Bucht
zwischen „Lerchenrain" und „Hahnwald" im W, Scharrenberg
und Haigst im O; seit kurzem nimmt die Eiernestsiedlung fast
die ganze Bucht ein. — Der alte Name Arnest — so noch
Lb. g. 1701, 308 belegt — zusammengesetzt aus mhd. ar swm.
= Adler und Nest; auf ar = Adler als erstes Kompositionsglied
weist auch das Auftreten des diesem Substantiv thematischen n
in mehreren frühen Belegen. Der Fln. entstand wohl aus einem
Vergleich der Buchtlage des Gewands mit dem Nest eines großen
Vogels; später als „ar" unverständlich geworden war, wurde er
volksetymologisch in Eiernest umgewandelt. Die Heranziehung
eines Pn. mit ar zur Erklärung des Bestimmungsworts ist, wie

F. (1, 302) ausführt, möglich, aber in Verbindung mit Grundwort Nest nicht gut denkbar. Die übrigen Deutungen, die F. für ar — Komposita vorschlägt, dürften hier ausgeschlossen sein. — Der Fln. wird von den Weingärtnern nicht häufig gebraucht, eher dafür die Namen kleinerer Teile (44, 45, 46, schließlich auch 28). Vgl. 94.

36. Burggraf.

x hat 1 M Wg. zu Arnest genant der burggraff (Steuerb. 1518). ½ M Wg. genanntt der Burg gräven im arnnest in Stuttgarter Zwingen und Bännen (Lb. w. 1571, 599).

Es ist die Frage, wie sich die Form des 2. Bel. zu der des 1. verhält; der Schreibweise des Lb. 1572 nach kann ä nicht den Diphthongen au < mhd. â meinen; man muß deshalb wohl auf einen fränkischen Schreiber schließen (fränk. umgelautetes „Graf" [ahd. grâvio, grâvo] möglich z. B. Gräfendorf). Benennung nach einem Besitzer des Namens (oder Erinnerung an ehem. Besitz der Herren von Kaltental, die von 1278 ab etwa 25 Jahre lang als Burggrafen bezeichnet werden — s. WVH. 1919, 11.OAB. Amt 172). Kluge 187.

37. Geißallmendlein.

Wg. im geiselmendle (Steuerb. 1554). Wg. im geiselmindlin (Steuerb. 1554). Wg. im Geiselmändlin (Steuerb. 1579).

Nach der Art der Einreihung im Steuerbuch im Arnest gelegen. Kleines Stück Allmend, d. h. Gemeindeland, zur Weide für Geißen benützt.

38. Kellin.

Wg. zu Arnnest genannt der Kellj (Steuerb. 1518). Wg. zu Arnnest genannt der Kellin (Steuerb. 1518). Wg. im Kellin (Steuerb. 1554). Wg. im Köllin (Steuerb. 1567). Das Dorff [Degerloch] hat XIII Morgen Wald im Kellen (Steuerb. 1579).

Wohl nach einem Besitzer; nach Pfaff 1, 399 Hans Köllin 1544—50 für Stgt. belegt.

39. Maurer.

Wg. zu Arnnest genant der Murer (Lb. w. 1472, 19).

Nach Aussagen eines Gewährsmanns ist es möglich, daß der Fln. noch im letzten Jh. gebraucht wurde. — Vom Pn. Murer, der ziemlich häufig in Stgt. belegt ist (1445/65 z. B. Auberlin Murer als Untergänger genannt). Pfaff 1, 403. UB 646.

40. Hoher Rain.
Im Hau Rhein — im Index: Hohen Rhein (Prot. 1724). Wg. im Arnest oder auf dem hohen Rein (Unterg. 1800).
Wohl ein am steilen Abhang gegen einen Wasserlauf oder einen Weg gelegenes Stück.

41. Ruck.
Wg. zu Arnnest genannt der Ruck (Steuerb. 1518). Wg. in der Weinstaig der Ruck genannt (Steuerb. 1567). Wg. im Arnnest der ruck genant (Steuerb. 1579).
Nach einem Besitzer; der Fn. Ruck ist 1433 und 1451 für Stgt. nachgewiesen (UB. 130, 28; Pfaff 1, 410).

42. Singer.
Wg. im hindern Arnest, genannt der Singer (Steuerb. 1579).
Wohl nach dem Namen eines Besitzers; Singer als Fn. für Stgt. im 15. Jh. belegt (UB. 165, 13, 20, 23. Pfaff 1, 416).

43. Eiernestklinge. o̯e̯ərne̯šdgle̯ŋə.
Wg. im Haan zwischen gemeines fleckhen Degerloch Haan Wald und dem Arnestklingen Wasserfall (Lb. g. 1700, 20).
Die Klinge kommt von Degerloch her; vor ihrer Ausmündung ins Nesenbachtal erbreitert sie sich stark; hier liegt das „Eiernest".

44. Entensee. e̯m e̯dəsae̯.
Der x Stain stat am Entensew (Grenzb. 1508). ain stain stat am Entensee (Grenzb. 1527). Bg. und Gg. ... hinter Hesslach zwischen xx und dem so genannten Entten See gelegen (Lb. g. 1701, 852).
O-Teil des Eiernests. An der Stelle der jetzigen Eiernestsiedlung sei noch in der zweiten Hälfte des letzten Jh. ein kleines „Wasser" gewesen, das so geheißen habe (zweifellos nach seiner Verwendung). Der See wurde gespeist von einer Quelle und von Grundwasser, das sich bei starken Regenfällen im November 1927 in manchen Kellern der neuen Siedlung wieder bemerkbar machte. — „See": in der Ma. schon die kleinsten stehenden Gewässer; „Teich" bedeutet ma. nur Vertiefung. — Name des Sees auf die ganze Umgebung übertragen; „Eiernest" kommt für das betr. Gebiet so gut wie nicht mehr vor. — F. 5, 1298. Becker 45.

45. Hahnwiesen. (Pk. — Bw., A.) ęn dę hā́wīsə.
Am allgemeinsten gebraucht zur Bezeichnung des größten Teils des „Eiernests" (bei „Lerchenrain" und „Hahnwald"); früher nicht belegt; gebildet durch Zusammensetzung mit dem Namen des anstoßenden Gewands „Hahn" (59). Vgl. 60.

46. Im Acker I, im Aeckerle. ęm ăgər. ęm ę́gərlę.
Flach zu beiden Seiten der Wilhelm-Raabe Straße; früher Aecker, die aus den umgebenden W. und Bw. heraustraten (Plan 1807). Die oberen, breiteren Stücke am Wald: „im Acker", die unteren, kleineren gegen den Bach im Eiernest hin: „im Aeckerle".

47. Böhmisreute. ûf dər bărməsrəídę; früher allgemein gebraucht, heute nur noch selten, dafür nach der Schriftform: ûf dər bę̄misrəídę.
Qui ager dicitur Behaimsruti (Lb. E. 1304, 3a). us dem agger in der Behems Rütin (Lb. w. 1393, 30, 33). Haintzlin Reck uss der Mülin und uss den wisen ze Behemsrútin (Lb. w. 1393, 16). Schliffmülin zu Behamsrútin (Lb. w. 1451, 16). — Weiterhin etwa gleich verteilt: Böhams-. Behems-, Behaims-. — Ain gutt ligt zu Böhemsreyttin (Lb. w. 1527, 15). wisen zu Behamsreüt (Lb. g. 1558, 533 f.). Caspar Kopp zue Böhmans Reitin (Lb. g. 1585, 48). Under dem Weyler Kaltental vorbey dem Tal nach hinab zwischen Hesslich undt Barmsreüttin durch (Lb. F. 1699, 34). Auf der Wisen underhalb der Barmesreite (1699, Städt. Arch. B Bü 15). Auss wisen zue Bömheimbsreithen; wisen zue Böhmbsreithen; zue Böhmreitten (Lb. g. 1701, 326 ff.). Heßlach oder Barmesreutin (Unterg. 1796). Plan 1807: Barmis Reutin.

B., heute streng genommen nicht Fln., bezeichnet etwa den Teil von Heslach zwischen Taubenstraße, Böhmisreuteweg, Kelter- und Böheimstraße, d. h. den alten Weiler B. Das Gebiet ist überbaut. Nach den Lb. Bel. muß früher unter B. außer dem Weiler ein viel weiteres Gebiet verstanden worden sein; es umfaßte mit seinen Aeckern und Wiesen einen großen Teil des Tals (später Spitalwiesen, 49). — Bestimmungswort: Gen. Sg. des Pn. Bêheim, der in der geschriebenen und gesprochenen Form des Fln. verschieden entwickelt wurde. In der Schrift wurde wie im nhd. Land- und Volksnamen die zweisilbige zur einsilbigen Form mit Unterdrückung des Diphthongs der 2. Silbe. In der Ma. hat sich die zweisilbige Form teilweise erhalten als bę̄ām. Von dieser Form (in vielen Bel. von der Mitte des 15. Jh. an ohne Zweifel gemeint) muß bei der Erklärung der heutigen Aussprache des Fln. ausgegangen werden. Der Hauptakzent muß schon in früherer Zeit auf dem Grundwort gelegen sein; so konnte in nebentoniger Stellung der lautstärkere Vokal der Verbindung ẹ̄ā leicht zur alleinigen Herrschaft kommen (vgl. S. 23 f.). Von einer Form bǟmaus kann Umdeutung und Anlehnung an Bekanntes (viell. das angrenzende Arnest) stattgefunden und sich so ein r eingeschoben haben. Aus rhythmischen Gründen wurde ein Indifferenzlaut zwischen Neben- und Hauptton ausgebildet in Anlehnung an andere Fln. mit einem ursprünglichen Besitzernamen als Bestimmungswort (in der Nähe: Claudleswiesen, Schlettleswiesen, Schlenklesbrunnen), sodaß sich Barmesreute ergab. Es ist möglich, daß die neue Form im 7. Beleg gemeint ist. Böhmreite von 1701 kann unter dem Einfluß von Baumreute stehen (in Heslach amtlich an 3 Stellen als Fln.). — Häufig sind die Bestimmungswörter in Zusammensetzungen mit Reute durch eine Ortsbezeichnung oder durch die Bezeichnung des Urhebers, Eigentümers oder Inhabers (so hier — vgl. 48, 326, 323) gebildet (Schw. 6, 811 ff.). Wahrscheinlich gehört der Beheim des Fln. zusammen mit „Mechthild Beheim, Witwe des Beheim, Bürgers zu Stuttgart", die 1301 genannt ist (UB. No. 31). — F. 1, 1269. DWB 2, 223 f. Schott § 219 Eberl 102.

48. Diepoltsreute.

de 2½ jugeribus agri sita ze Arnest et xx sitis ob dem weg und darunder und sint zwo Rútin und ligent an Dyepoltz Rútin im bach (Lb. E. 1350, 30 a).

Man kann zweifeln, ob die Bezeichnung als Fln. anzusehen ist; gebildet ist der Name ganz analog dem der nahen Böhmisreute: Pn. Diepolt < theudobald im Gen. + Reute. — Heintz Dyepolt de vinea uf der Eck (Lb. w. 1350, 3 a). Die alte Diepoltin (Lb. w. 1637, 7; Pfaff 1, 386). Förstem. 1, 1417 ff. Heintze 361.

49. Spitalwiesen. (Pk. — W.) ĕn dę šbídlwīsə.

Großes Gewand ganz im Tal zwischen Mühl- und Nesenbach gelegen, ungefähr von der Kleinen Schweiz bis ans alte Heslach (Adler- bis Finkenstr.). Name nach verhältnismäßig großem Wiesenbesitz des Stuttgarter Spitals in der Gegend.

Die Stadt zu Stuttgart, das Spital und Bet Lorcherin auf der einen, Hans

Wälling auf der andern Seite hatten stôss und zweiung wegen etlicher Wiesen under Geblinsperg (1436, UB. No. 301). Das Spitale us 5 mansmaden wisen im Tal by dem Stockbronnen (Lb. w. 1451, 28). Das Spital zu Stutgarten usser seinen 5 Tw. wisen zu Behamsreütin zwüschen dem Mülbach und dem Altenbach gelegen (Lb. g. 1558, 533). Spital zu Stutgarten ... wisen bey der Thannenmüllin (Lb. g. 1558, 531). ... und an der andern seiten des Spitals wisen gelegen (Lb. g. 1558, 459). Bg. bey seinem Hauss zue Hesslach zwischen ... und der Spitthal Wisen gelegen (Lb. g. 1701, 328).

In früherer Zeit gab es mehrere Namen für das Gebiet, bzw. wurden die verschiedenen Teile zu den anstoßenden Gewanden gerechnet: 1. Im Tal — für das ganze Nesenbachtal um Heslach. 2. Unter dem Gebelsberg. 3. Zu, unter Heslach. 4. Böhmisreute (im S anstoßend). 5. Bei, ob der Tannenmühle.

50. Finken. Wg. im hintern Finken (1334, Pfaff 1, 446). Wahrscheinlich anzuschließen an die Finkenstraße, der ein Fln. zu Grunde liegen soll; wohl nach Pn. Fink (1350 zuerst belegt — Pfaff, 1, 389; UB. 575, 2). Adreßb. 1928 III, 3.

51. Baumreute I. (Pk. — Bg., Gg.). Auf der Baumreute (Prot. 1724). Westlich vom einstigen Weiler Böhmisreute, heute zu beiden Seiten der Kelterstraße zwischen Hahn- und Böheimstraße. Der Fln. als solcher früher nicht belegt, mündlich nicht gebraucht. B. nach dem Pk. in Heslach noch an zwei andern Stellen als Fln. (116. 154); mündlich verwendet nur für eine von den 3 Stellen. — Sachlich: Stück Land, das gerodet und mit Bäumen bepflanzt wurde. Das Wort findet sich in den Lb. sehr häufig appellativ. In folgenden Bel. kann sich das appellative B. auf das heutige Gewand beziehen: usser synem M bomrütin am Lörcherrayn (Lb. g. 1536, 76). 1 M Bohmreittin und ackers am Lörcher Rhein (Lb. g. 1588).

52. Am Rain. ăm rǭę; ăn dę̆ rǭę. Schmales, abschüssiges Stück Bg. zwischen Hahn- und Burgstallstraße, von der Finkenstraße an aufwärts. Der an den Nesenbach und Mühlbach stoßende Hang tritt den daneben liegenden, flacheren „Bachwiesen" gegenüber besonders hervor.

53. Kühgasse. kh'iəgäs. Stück der Hahnstraße. Es ist noch bekannt, daß hier der

Hirte einst das Vieh hinauftrieb. Der Weg ging wahrscheinlich von der heutigen Vaihingerstraße aus in den Hahnwald. Als Weg für den Viehtrieb war er gegen die angrenzenden Grundstücke abgeschlossen (Gasse!). Vgl. 217. Schw. 2, 452. Vollm. 45.

54. **Waldstückle I.** ḙ́n dę̆ wáldšdi̇́glə. Bw. westlich der oberen Kelterstraße, die im Pk. unter dem Namen „Lerchenrain" laufen („Lerchenrain" aber fast ausschließlich für den anstoßenden Wald verwendet). Der Wald ist hier nach Aussagen von Heslachern erst in den 50er Jahren des vorigen Jh. gerodet und in Parzellen von je 1/4 M um etwa 50 fl. verkauft worden (vgl. Waldstückle II 167) (Lerchenrainwald vorher im Besitz der Stadt). Es handelt sich also um Aufteilung eines Stücks Gemeindeland durch Verkauf. „Stückle" wie „Teile", „Lose" (vgl. Rheinw. 86) für einzelne Teile aufgeteilter Allmende. — Es ist bemerkenswert, daß der Name, den das Gewand vorher trug, im amtlichen Verkehr noch fortlebt, während im Munde der Heslacher Weingärtner, denen die Aufteilung praktisch wichtiger war, ein anderer an seine Stelle getreten ist, der die Art der jetzigen Verteilung zusammen mit der früheren Kultur bezeichnet.

55. **Lerchenrain.** (Pk. — Bw. Ba. A) ḙ́m lę́rχərǭę̆.

1482: nach einem Salbuch des Klosters Lorch von 1342 besitze das Gotteshaus an der Brandsteige einen Wald, auf der einen Seite an der gnädigen Herrschaft Wald stoßend, an das Burgstall und weiter bis an den Zaiser und an das Degerlocher Holz „umb und umb"; das alles sei des Gotteshauses eigener Boden, Zehent und Zins, und heiße der Lorcher Rain (Reg. 1482; UB. 401, 16 ff.). von dannen am lercher Rain oben herumb. in der Wißen an der von Lorch wald ... an den Lorcher Rein (Grenzb. 1505). am lorcher holtz (Grenzb. 1508). vom xx hinauss auff der lercher Holtz (Grenzb. 1521). wisen im Lercherain (Lb. 1528, 270). Bomrütin am Lörcher Rayn (Lb. g. 1536, 76). wisen im Lerchenrain (Lb. w. 1540, 272). Mer haben die von Stutgarden ein Holtz genant der Lorcher Rain (Lb. F. 1555, 18). Ain Holtz ... ligt am Lorchenrain (Lb. F. 1555, 20). — Lb. F. No. 70 die letzten Bel. in Abschrift aus spät. Jh.: Lerchen Rain. — Wisen zu Arnnest ... stoßt oben an Lerchen rain (Lb. g. 1558, 536). Stuttgarter Lorcherrain — daneben auf einem Plan: Lerchenrainsthörlin (St. F. 1680, 12). wisen unter dem Lorcher Rein (Lb. g. 1701, 324). ... rechter Hand der Klingen Lorcher Rhein oder Hahn hinauf (Grenzb. 1725 ff.). Der Hahn oder Lörchenrain (1827/28; Städt. Arch. B Bü 18).

Im Pk. bezeichnet der Fln. nur **waldfreies** Land (vgl. 54), in der Umgangssprache den Wald am Hang hinter und neben der Lerchenrainschule. Früher muß der Fln. den ganzen Abhang vom „Burgstall" bis zur Hahnklinge umfaßt haben (heute größtenteils Hahnwald genannt — 59). Das Gewand liegt am Hang von der Höhe der Dornhalde-Schießbahn gegen den Bach im „Eiernest" und gegen den Nesenbach. Auf der Höhe der Schießbahn verläuft die Markungsgrenze. In der Gegend finden sich Lärchen (Zufall oder absichtl. Pflanzung, um dem Namen eine Bedeutung zu geben — vgl. OAB. 220). Benennung nach dem einstigen Besitzer, Kloster Lorch, ist aber unzweifelhaft klar (s. Bel.!); weder Vogel noch Baum spielt herein (Staa. 1875, 95). Sehr lange scheint die ursprüngliche Namensform, wenigstens in der Schreibstube, noch bekannt gewesen zu sein; daneben schon mindestens seit 1520 (Lerchenklinge — Grenzb. 1521, s. 60!) die heutige Form; also Umdeutung schon vor Übergang des Walds vom Kloster Lorch in den Besitz der Stadt Stgt. 1525/26 (WJB. 1914, 242). Vermittlungsform umgelautet Lörcher-, Lercher- (vgl. Fn. Lörcher-Kapff 72). Die Endsilben -el, -er, -en gehen leicht ineinander über, besonders wenn eine weitere Liquida in der Nähe ist (vgl. Rheinw. 25).

56) B r a n d. ĕm brănd.

Waldstück oberhalb der Lerchenrainschule, das sich ungefähr von der halben Höhe des Hangs gegen das Heslacher Tal hinaufzieht bis zur Ebene (Schießbahn Dornhalde) und dort auf die Markung Degerloch übergreift. — Bedeutung des Fln. an dieser Stelle unklar; mhd. brant, -des stm. Er könnte auf Waldrodung durch Brennen deuten; in den Lb. läßt sich aber nie gerodetes Land an der fraglichen Stelle nachweisen, falls nicht: xx de orto auf dem Burgstal (Lb. w. 1350, 4a) auf Rodung in der Gegend weist. Der i. a. ziemlich steile Nordhang wird die Talbewohner nicht besonders zur Rodung gelockt haben; eher kämen vielleicht noch die Bewohner der nächsten Filderorte in Frage. — Bei „brand"-Namen darf man auch an geschichtliche oder vorgeschichtliche Erinnerungen denken (besonders hier bei der unmittelbaren Nähe des Waldes „Burgstall"). Daß es sich um etwas handelte, das den Leuten auffiel, beweist die Brandsteig, die ihren Namen davon erhalten hat. Wenn man allerdings Burgstall als Platz einer mittelalterlichen Burg auffaßt (vgl. 64), läßt sich „Brand" leicht als das die Burg umgebende gerodete Land deuten. Der Name muß seiner ganzen Art nach alt sein; wenn er auch selbst früher nicht vorkommt, spricht doch das belegte „Brandsteig" dafür. — Auf Plan 1849 ist in der Gegend ein größeres Stück waldfreien Landes eingezeichnet; Plan 1807 stellt aber alles bewaldet dar, sodaß es sich nicht um eine alte, unbewaldete Stelle handeln kann. — Alem. 10, 240. Schrift. d. württ. Alt.Ver. I (1850), 19. WJB. 1874 II 207; 1875 II 159. Buck 35. Miedel 58. Vollm. 8, 39. Keinath 42. Korr. bl. f. Anthrop. XXVI, 52.

57. Brandhalde. ęn dər brắndhaldə, — šdǫeg. vgl. 56. Oft in gleicher Bedeutung verwendet wie 58.

58. Brandsteige. ęn dər brắndšdǫeg. — häldə.

Wald [ein Stück Lerchenrain] jennet der Brandstaig hinüber; 4 M äcker da es ouch wer und hiess an der Brandstaig (1482; UB Nr. 673; nach derselben Urkunde in einem Salbuch von 1342 schon Brandsteige erwähnt). Acker zu Böheimsreute an der Brantsteig (Reg. 1447; UB. 188, 21). Acker und Wald an der Brandsteig und an derer von Lorch Eigen (Reg. 1477; UB. 349, 16). Der dritt stain statt die cling hinuff baß zwüschen dem Wachßel(!) und dem Burgstall. Item der vierd stain baß hinuff der branndstaig zu. Item der fünfft stain am xx hinuff baß. Item der sechst stain statt uff der branndstaig oben uff dem Rain. Item der sybend die staig ain wenig hinab. Item der achttend stain baß hinab. Item der nünd stain die staig och baß hinab zům burgstall. Item der zehend margkstain statt glich unden in der branndstaig und schaidend die vorgemelten stain unsers gnedigen Hern und der von Tegerloch wäld och der von Stůttgart und der von Tegerloch zwing und bänn. Item under der Brandstaig uff dem Burgstall statt ain margstain und von dannen am lercher Rain oben herumb (Grenzb. 1505). Am ort der von lorch wald nit wyt von der brandstaig stat der XVII marckstain. Der XVIII marckstain stat hinuff bas am Burgstal in der Brandstaig. Da dannen gat darnach das undermarck ob dem Burgstal hinumb bis in den XIX marckstain (Grenzb. 1508). Von dießem [Stein Nr. 56] hinüber über die Brandstaig am Burgstall über den Weg in ein Stein mit der Statt Wappen Nr. 57 (Grenzb. 1536). Brandsteiger Thor [an der Stelle, wo der Burgstallwald mit seinem nordöstl. Ende an den Nesenbach stößt] (St. F. 1680, 17). Noch ferners über die Brandstaig hinüber . . . noch einer neben der Brandstaig, da der Degerlocher Wald sich endet (Grenzb. 1731).

Nach den Angaben des 4. Bel. ist die Steige in ihrem oberen Teil genau bestimmbar (die Nummern noch auf den jetzigen Marksteinen): Stein 3 30/40 m nach OSO (fast O) vom Ansatz der letzten östl. Ausbiegung der Straße Heslach—Waldfriedhof vor ihrer Einmündung in die Straße von Degerloch her, an der Stelle, wo die Markungsgrenze im rechten Winkel von östl. in nördl. Richtung übergeht. 100/110 m fast nördl. davon und etwa 220 m östl. vom Scheitel der großen westl. Ausbiegung der Waldfriedhofstraße, Stein 5; die Steine 6, 7, 8, 9 und 10 folgen in geschweifter Linie gegen NNO; Stein 10 unmittelbar westl. vom Pulvermagazin der Militärschießbahn Dornhalde. Bald darauf, etwa 40 m südöstl. vom Scheitel der ersten Krümmung der Waldfriedhofstraße gegen SO über der Lerchenrainschule, biegt die Markungsgrenze nach O ab. Der nächstfolgende numerierte Stein wenig nordöstl. vom Pulvermagazin mit der Zahl 56. Die Steine 5—10 stehen auf der ganzen rund 250 m langen Strecke unmittelbar östl. an einem sich stetig leicht senkenden befahrbaren Waldweg oder ganz wenig entfernt davon. Es kann kein Zweifel bestehen, daß dieser Waldweg den Oberteil der ehemaligen Brandsteige darstellt; einen an sich nicht mehr nötigen Beweis gibt auch der 6. Bel., in dem von dem noch vorhandenen Stein 56 nach W ausgegangen wird. Das Wegstück hat heute weder auf der Höhe noch nach unten eine eindeutige Fortsetzung. Nach den andern Bel. führte die Brandsteige einst durch die Gegend der Böhmisreute und durch den Lerchenrain. Heute ist der Name nur als Gewandname, nicht als Wegname bekannt. Ältere Leute aus Heslach sind geneigt, am ehesten in einem Weg, der südlich an der Josephskirche vorbei vom Böhmisreuteweg in den Wald führte (ungef. Fortsetzung der Wilhelm-Raabe-Straße jenseits der Kelterstr.; dieser Güterweg hört heute am Waldrand auf), die Brandsteige zu sehen. Dazu kann die Angabe der OAB. (454) stimmen, die die Brandsteige einen „tiefen Hohlweg" nennt, da dieser Güterweg teilweise Hohlweg ist. Mit dem Verlauf des Wegs lassen sich die verschiedenen Angaben der Belege für den Unterteil der Steige vereinbaren; ebenso kann er mit dem sicher erwiesenen Ober-

teil in Verbindung gebracht werden, wenn man zwei größere
Biegungen annimmt. Festzuhalten ist, daß der Weg durch das
Waldstück „Brand" (Name!) und am Wald „Burgstall" bis auf
die Waldhöhe geführt hat. Von hier aus ist eine etwa geradlinige Fortsetzung nicht ohne weiteres ersichtlich und wegen
des Geländes nicht leicht denkbar (das nächste Ziel müßte wohl
Möhringen sein). Paulus (Schrift. d. württ. Alt.Ver. 1 [1850], 19)
bringt die Brandsteige in Verbindung mit „Burgstall", was
durchaus nicht von der Hand zu weisen ist, und führt an, daß
eben die Benennung „Brandsteige" nicht selten alten Straßen
zukomme.

59. **Hahn**. (Pk.-Wald, in städt. Bes.) ę̆m hǎwǎld.
Wg. im Han (Lb. w. 1503, 51). Wg. im Haan zwischen des Dorfs Degerloch
waldt und den wingartten im Arnnest gelegen, stossen ... unden auf die Haan-
clingen (Lb. w. 1572, 552). Zwischen dem Degerlocher Hahnenwald und
Stadt Lorcher Rhein (Grenzb. 1731). Der Hahn oder Lörchenrain (1827/28;
städt. Arch. B Bü 18).

Fast nur Wald und Wg.; größtenteils, vor allem die Wg., auf
Mark. Degerloch; zu Stuttgart gehört nur Wald. Gelände sehr
steil; der Wald bedeckt den Hang von der Höhe der Dornhalde-
Schießbahn und Degerlochs gegen NO und N. Der Hahnklinge,
die den Hang unterbricht, folgt die Markungsgrenze gegen Degerloch ungefähr. Lange hat das Gewand wohl nur Wald enthalten, da die Wg. im Degerlocher „Hahn" (am rechten Talhang
des Eiernestbachs bis tief in die Klinge hinabreichend) ihrer
Lage nach ohne Zweifel erst später angelegt wurden. Der
heutige Stuttgarter Teil des Waldes hat früher wahrscheinlich
Lerchenrain (55; vgl. Bel. 6) geheißen und zunächst wohl nicht
zur Stuttgarter Markung gehört (vgl. S. 58 f.). Die Benennung
ging also wohl von Degerloch aus und galt ursprünglich für ein
Waldgebiet. – „Hahn" allein wird heute in Stgt.-Hsl. kaum verwendet; man sagt i. a. Hahnwald (Gegensatz: Hahnwiesen).
Für sekundäre Bildung beider Namen von einem schon im Nom.
Sg. festen Fln. „Hahn" aus spricht das Fehlen einer Flexionsendung beim Bestimmungswort. Deutung wegen der regelmäßigen Verbindung mit dem bestimmten Artikel am ehesten
von einem Pn. Hahn aus (von 1334 an für Stgt. — Pfaff 1,

393, vielleicht auch für Degerloch anzunehmen). Andere Erklärungsmöglichkeiten: 1. Vom Vogel (bei Wald wohl an Wildhühner zu denken), ein häufiges Vorkommen der Tiere an der Stelle bezeichnend. 2. Entstellung und Umdeutung aus Heune mhd. hiune (solche Umdeutungen aber viel eher bei Fln. mit -hühner und -hennen); sachlich könnte die Nähe des „Brand" und „Burgstall" diese Erklärung stützen. WJB. 1874, 2, 209. Staa 1875, 72. Vollm. 37, 62 f. Keinath 40, 56, 73, 97.

60. Hahnklinge. Lerchenklinge. ẹ̃n dər hã́glẹ̃ŋə.
Da dannen gat die Undermarck die lorcher Klingen hinuff (Grenzb. 1508) . . . gaut die undermargkt die Lerchenklingen hinuff (Grenzb. 1521) . . . geet die undermarck die lorchen Klingen hinuff (Grenzb. 1536). Wg. im haan zwischen des Dorfs Degerloch Waldt und den Wg. im Arnnest gelegen, stossen oben auf die Allmeindt und unden auf die Haanklingen (Degerloch, Lb. w. 1572, 552).

Klinge, in der ein Bach von der Dornhalde durch den Wald „Hahn" oder „Lerchenrain" dem Bach im „Eiernest" zufließt. Die Klinge ist ein Stück weit Markungsgrenze gegen Degerloch. Name sekundär von Hahn (59) und Lerchenrain (55) aus gebildet. Vgl. 45.

61. Hahnbrunnen.
Auff dem berg ob der Thanenmülen, hat es drey guote quellen, alle drey die Hanbrunen genandt (1622, Schickhardt. Begleittext zu „Bronnen- und Wasserstuben zu Stuttgardt" — Staatsarch. Bausachen Rolle 2. — Nach einer Abschrift von Stadtarchiv. Dr. Stenzel).

Quellen am Waldhang „Hahn"; wahrscheinlich ist der „Meisenbrunnen" (62) eine davon (in der Hahnklinge heute mehrere Brunnenstuben).

62. Meisenbrunnen.
holtz genannt der Lorcher Rain, ainseitz am Maisenbronen an des Dorfs zu Tegerloch und an xx Wald . . . (Lb. F. 1555, 18). me ain stain im klinglin hinhinder underm Maisen bronnen (Grenzb. 1505 ff.). Maißen Brunnenstub (Riß 1731; städt. Arch. B Bü 16).

Brunnen (Quelle) unten in der Hahnklinge hart an der Markungsgrenze (Markstein Nr. 47). Nach der Form des Bestimmungsworts bedeutet dies Meise (mhd. meise), das, wie die Namen anderer Singvögel, gern zur Benennung von Buschwäldchen, Auen und Bergen dient, also auch als Bezeichnung für eine Quelle gut denkbar ist. Buck 171. Keinath 39. Vollm. 37.

63. **Sandebene** II. Signal „S. II" Flk. XXIII, 7.
Auf der Höhe des „Burgstalls". Der Name ist nicht bekannt. Die allgemeinen örtlichen Bedingungen sind ähnlich denen von S. I (178).

64. **Burgstall** I. (Pk.-Wald) ẹ̆m bŭršdl, bŭrgšdl; seit Bestehen der Burgstallstr. auch für den Waldnamen i. a. schriftsprachliche Form benützt.

daz xx holtze daz der grave von Wirtenberg kofte . . . und daz haizzet daz Burgstal (1312, UB. 14, 19 f.). Garten under dem Burgstal (Lb. w. 1350, 1 a). wisen underm Burgstall (Lb. w. 1528, 274). wisen oberhalb Hesslach zwischen dem Burgstall Wald und dem Altenbach (Lb. g. 1701, 384 ff.). — Ohne Zweifel ist Burgstall in der verschriebenen ma. Form Burschtel auch gemeint mit „Herrschaftl. Bürtschelwald" und „Bürtscheltörlen" für den betr. Waldteil (Riß von 1699, städt. Arch. B Bü. 15).

Steiler Bergvorsprung südl. von Heslach mit ziemlich ebener Hochfläche (dort heute auf Degerlocher Markung die Schießbahn). Die Nase, an der der Name haftet, ist nach W gerichtet und wird heute durch die Markungsgrenze von einer ziemlich großen Hochfläche abgeschnitten; diese ist durch eine Klinge, die in Südheim ausmündet, von der Ebene des Waldfriedhofs getrennt; sie ist mit ihr nur durch einen verhältnismäßig schmalen Durchgang im SO verbunden; im O schneidet die Hahnklinge ein; dort hört die Hochfläche auf; der Hang vom Eiernestbach her geht ohne Zwischenstufe in den letzten Anstieg zur Filderhöhe über, die im S die ganze Hochfläche überragt. — Name weist auf das Vorhandensein einer Burg oder einer Befestigung, von der aber nichts mehr zu sehen ist. Reste von Vertiefungen und Wällen auf der Höhe östl. über der Kehre der Straße Waldfriedhof/Lerchenrain möchte Goeßler ohne nähere Untersuchung nicht für die Burg in Anspruch nehmen (Tagbl. 1919, 581). Wahrscheinlich besteht ein Zusammenhang mit dem anstoßenden „Brand" und der „Brandsteig", wie ihn Paulus annimmt (58). Vielleicht könnte einen Anhaltspunkt zur Deutung die Tatsache geben, daß der Wald „Burgstall" Herrschaftsbesitz war (Ausnahme in der Gegend). Dieser Umstand legt auch nahe, den

1312 genannten Burgstall als den Heslacher aufzufassen. Die Stadt Stuttgart suchte den Wald für sich zu gewinnen; in der Urkunde von der Übergabe an Eßlingen vom 31. 7. 1312 heißt es: Wir suln ouch daz holtze, daz ze Wizzenberg hôret, und daz holtze, daz der grave von Wirtenberg kofte umbe drizig phunde Haller und daz haizzet daz Burgstal, und hern Renhartz holtz von Berge han zů unser holtzmarcke (UB. 14, 17/21). Die Verbindlichkeiten müßten später wieder aufgehoben worden sein (vielleicht im Zusammenhang mit der Aussöhnung zwischen den Grafen von Württemberg und Eßlingen — 1316, UB. Nr. 47); denn der „Burgstall" blieb Herrschaftswald, als was er Lb. F. 1555, 17 folgendermaßen beschrieben ist: „Bürgstall ain junger Haw ungeferlich 50 morgen stosst oben an die von Tegerloch unden an Hesslacher wissen ainseitz an Tegerlocher wissen anderseitz an Stutgarder Lorcher Rain" (Degerlocher Wiesen wohl rechts des Nesenbachs oberhalb des Schützenhauses). Es ist nun die Frage, von wem der Graf von Württemberg vor 1312 den Wald gekauft hat. Vielleicht ließe sich da an ein kleineres Geschlecht denken, das aus irgend einem Grunde Burg und zugehöriges Land verkaufen mußte. Andererseits wiese aber eine Kombination des Fln. mit anderen aus der unmittelbaren Nachbarschaft auf vor- oder frühgeschichtliche Reste (Brand, Teufelsbrücke, Heidenklinge). — Burgstall ist in früherer Zeit durchaus neutralen Geschlechts; männlich vereinzelt in einem späteren Auszug aus Lb. F. 1555 (Lb. F. Nr. 70) und in Lb. g. 1701. WJB 1875, 2, 155, 165.

65. Burgstallwald. Burgholz (Pfaff 1, 13).
<small>wisen oberhalb hesslach zwischen dem Burgstallwald und dem Altenbach (Lb. g. 1582, 260).</small>
Am Abhang des Bergvorsprungs „Burgstall". (Vgl. 64.)

66. Müllerwald. (Waldbez. Distr. VI Abt. 7) ĕm mī̆lĕwăld. Teil des Burgstallwalds unten an der Hahn- und Müllerstraße; nach der früheren Karlsmühle (67). Zusammensetzungen mit Mühle als erstem Glied zeigen die Formen Mühle- und Mühl-; letzteres ist häufiger, besonders in festen und alten Verbindungen. Karlsmühle erst 1848 errichtet; das vorliegende Kompositum ist

also recht jung. Amtliche Bezeichnung „Müllerwald" wohl von Müllerstraße beeinflußt. — F. 4, 1790. Adreßb. 1927, III, 6.

67. **Karlsmühle.** khǎrlsmīlę̆.

Früher Mühle, heute Eisenwerk von Groß & Frölich, Müllerstraße 12/14. Erbaut 1848; unbekannt, nach wem die Mühle genannt ist (vielleicht nach dem damaligen Kronprinzen Karl). Merk. 1904/5. Adreßb. 1927, III, 6.

68. **Bachwiesen.** (Pk.-W.) ę̆n dę̆ bǎχwīsə.

Wenige Morgen zwischen Nesenbach und Wald (heute: zu beiden Seiten der Burgstallstraße von der Müller- bis jenseits der Benckendorffstraße). Name früher nicht belegt; die Wiesen fallen in das Gebiet, das in den Lb. mit: „Wiesen ob und unter Heslach" bezeichnet wird.

69. **Burgstallwiesen.** (Pk.-Bw.) ę̆n dę̆ bǔršdlwīsə, bǔrgšdl—.

Zwischen Bach und Burgstallwald, ungefähr vom Schützenhaus bis zur Müllerstraße, d. h. soweit der Wald „Burgstall" reicht. Pfaff 1, 444 gibt eine andere Lage an, die nach Karten und Aussagen von Heslachern anzuzweifeln ist. Die Wiesen fallen in das Gebiet, das in den Lb. bezeichnet wird mit: „Wiesen ob und unter Heslach". Benennung vom anstoßenden Wald „Burgstall".

70. **Buiziballen.** (Pk.-Bw.) ę̆n dę̆—, ę̆n dər—, ę̆m búitsəbälə. — Plan 1849.

Bw. und W. oberhalb des „Burgstalls", zwischen dem Bach und dem steil aufsteigenden Wald. An der Stelle, wo jetzt das Schützenhaus steht, habe sich noch in den 70er Jahren ein großes Loch befunden; von hier, wo das Bachbett ziemlich tief gewesen sei, wurde das Wasser für die Karlsmühle abgeleitet. Die Markungsgrenze läuft dem Gewand entlang an der rechten Talseite. Einigermaßen Sicheres ließe sich bei dem Namen, bei dem auch das Geschlecht zu schwanken scheint, nur an Hand früherer Belege (fehlen!) feststellen. Vermuten kann man: 1. „Ballen" bezieht sich auf „das im Mittelalter sehr beliebte Ballspiel, das im Freien von alt und jung getrieben ward" (Buck 18); 2. es bedeutet Klumpen, geballte Masse und bezeichnet so irgend eine Eigenschaft des Bodens (nichts diesbezügliches bekannt); 3. es ist Pn. mit Bald- oder ein Beiname „Ballen". Bedeutung 1 käme wohl eher in Frage, wenn Ballen Bestimmungswort wäre, und ist durch den ersten Teil des Fln. ziemlich ausgeschlossen. Bedeutung 2 und 3 in Verbindung mit einem Pn. sehr gut denkbar. — buitsə ist am ehesten Gen. eines Fn. Der Fn. kommt in Stgt. vor: 1. des Búzen Scheuer (1490, UB. 469, 12); 2. ein Bernhard Buitz hat Besitz im Gänswald (Lb. w. 1520, 113). Buzze (1250 — UB. 1, 7) und Butz (1466 — Pfaff 1, 384) dürften weniger in Betracht kommen. — Eine Erklärung aus Butz = Schreckgestalt (Staa 1875, 96) ist aus sprachlichen Gründen (Vokalqualität) wohl abzulehnen. — Bei „Ballen" in Bedeutung 3 würde eine Grundstücksbezeichnung fehlen; es läge eine Zusammensetzung zweier Pn. vor, von denen wohl der zweite durch den ersten (Vater-, Familienname) näher bestimmt wäre. Vgl. 347. F. 1, 591 f. Schw. 4, 1148. Buck 18.

B. Zwischen Nesenbach—Furtbach und der Straße nach Calw.

71. Furtwiesen. Furth Wisen (Plan 1743).

Im wesentlichen = „Furt"; Name manchmal gebraucht zur besseren Unterscheidung von den „Furtweingärten" (75).

72. Nähermühle, Frechsche Mühle, Mühle beim Furt (untere Bachmühle).

a) Rörlinsmühle: de vinea sita ze Rainspurg ob Rörlins múlin contigua vinee dicti Ungerihte an Rörlins múlgraben. (Lb. E. 1334, 3 b) ... sitis iuxta mollendinum dicti Rörlin (Lb. E. 1350, 30 a). — Nach dem Besitzer (vgl. Pfaff 1, 284, der Rönlin liest).

b) Mühle bei dem (im) Furt: Albertus Mollitor de molendino by dem Furt (Lb. w. 1350, 4 b). Kůnlin Müller uss der mülin by dem Furt (Lb. w. 1393, 16). Hans Spanreitel aus seiner Mühle im Furt (1447, UB. 188, 7). Eberlin Müller us der Múlin zenechst ob dem Furt (Lb. w. 1472, 54). — Von der Lage.

c) Reichenmühle: xx de prato by des Rychen mûlin (Lb. w. 1393, 11). xx de vinea Rainspurg ob Richen mülin (Lb. w. 1393, 13). Vom Besitzer.

d) Nähere Tannenmühle: 1547 (Pfaff 1, 284).

e) **Nähermühle**: wisen bei der neherin mülin (Steuerb. 1554). Plan 1592 (Nehermulin); Landbuch 1623 (Pfaff 1, 284); Mallmstaller huot fangt am Stuttgardter Seylthor an und gehet rechter Hand hin, der Neisenbach hinauf biss zur Nähren-Mühl, von der nähren Mühl biss zur Stuttgardter Spittal Mühl (Lb. F. 1682, 244). Nähermühle (Plan 1743). Nehrenmühle (Plan 1807). Die sogenannte Nähren- oder Schlethes-Mühle (Wegweiser 1811, 156).

f) **Schlettesmühle**: Ende des 18. Jh. von dem Besitzer Abraham Schlette (Pfaff, 2, 383. s. e.!) Wasserkanal bei der Schlettischen Mühle (1789; Teil D Bü. 48). Schlettel auch daneben Schlettes-Mühlbach (Pk. 35, 199).

Die Mühle lag an der Stelle der Brauerei Dinkelacker (Tübingerstraße 50) oberhalb der „Furt". „Nähermühle" scheint in der zweiten Hälfte des letzten Jhs. nicht mehr bekannt gewesen zu sein; dafür nach dem Besitzer: Frechsche Mühle. Vgl. S. 59.

73. **Mühlwiesen II.**

1 Tw. ohngefährlich Mühlwisen im Furth . . . stosst oben auf die Mühlin (Lb. g. 1701, 336).

Von der Lage bei der Nähermühle.

74. **Tal I.**

de agro (prato) in dem Tal (Lb. w. 1350, 1 b. u. a.). uss hailigen mülin oben im Tal (Lb. w. 1393, 16). Lb. w. 1393 noch öfter: de prato oben im Tal. Das Spitale us 5 mansmaden wisen im Tal (Lb. w. 1451, 28). Peter Müller in der Tannenmühle zu Stgt. im Tal gesessen (1494, UB. 566, 32). wisen im Tal, zwuschen xx und dem Tegerlocher Wald gelegen (Lb. w. 1528, 271).

Das Nesenbachtal ober- und unterhalb von Stuttgart wurde schlechthin mit „Tal" bezeichnet (deshalb unsicher, ob Bel. 1 hierher gehört). „Oben" wird gelegentlich der Bezeichnung für den Heslacher Teil beigefügt. Nach Pfaff 1, 455 werden 8 M A. oberhalb von Heslach am Weg nach Kaltental auch „Herrschaftstal" genannt, ohne Zweifel, weil das Gebiet oberhalb der „Ziegelklinge" fast ausnahmslos der Herrschaft gehörte (s. 171!). Bezeichnung „Tal" für das Nesenbachtal ist verständlich, wenn man bedenkt, daß es verglichen mit seinen Seitenklingen recht breit ist.

75. **Furtweingärten.** ẹ̆n dẹ̆ fŭrdwẹ̆ŋərt.
Wg. im Furt (Lb. w. 1451, 6). wisen im Furt . . . anderseitz an Furtwingarten gelegen (Lb. g. 1558, 525). wisen im Furt zwischen den Furtwingarten und dem Bach gelegen (Lb. w. 1540, 251 ff.).
Am linken Talhang gegen die heutige „Silberburg" und die Wg. in der „Reinsburg". Statt Furtwengert meistens nur Furt.

76. **Silberburg.** sĭlbərbŭrg.
Vergnügungsgarten mit Wirtschaftsbetrieb am NO-Hang des Reinsburghügels. Bürgerlich-romantische Benennung des beginnenden 19. Jhs. Ursprünglich Landhaus der Fürsten von Taxis, das 1809 an einen „Cafétier" Silber überging, der eine dann sehr beliebte Gartenwirtschaft einrichtete. Pfaff 2, 170. Stadtgl. 1844/45, 93. Merk. 1904, 4.

77. **Gaisrain. (Pk.).**
gemeiner Statt Stuttgardt Weinberg im Gaiß Rhein. Das erste Stückh der Kolb genant [auf einem beiligenden Riß: das erste Stuckh im Kolben genandt]. Das andere Stück zwischen dem Waagthurn und Rothen Bildthor. Das dritte Stückh vom Rothen Bildthor biß an Pulferthurn (1699, städt. Arch. B Bü. 15).
Vor dem Calwer Tor: „Längs der Stadtmauer bis zur heutigen Marienstraße der G., an dem der Sage nach der Geishirte den ersten Geishirtlesbaum pflanzte" (Merk. 1904, 4). — „Rain" hier wohl in der Bedeutung: schmaler, zumeist grasiger Abhang längs einer Straße, nämlich längs einem Weg vom Nesenbachtal zum Rotebildtor (heute Paulinenstraße); u. U. ist der G. in Zusammenhang mit der Vorstadtbefestigung zu bringen, die lange nicht ordnungsmäßig mit Mauern ausgeführt war und hier vielleicht eine Zeitlang aus einem einfachen Wall bestanden hat, an dessen Außenseite Geißen weiden konnten. Vgl. 749, 4. F. 5, 115; 3, 235. Pfaff 1, 28.

78. **Kolb.**
. . . der Kolb genant (1699). S. Bel. 77!
Wohl nach einem Besitzer (Fn. Kolb 1393 und 1498 in Stgt. bel. — Pfaff 1, 399).

79. **Beunde I.**
de vinea in der Byunden (Lb. w. 1350, 2 a). us der Bŭnden an dem Viraubent (Lb. w. 1393, 30). uss siner Bŭnden im Fyrabent (Lb. w. 1451, 3).

Beim „Feierabend" (80), also nicht zu weit von der Stadt entfernt; Lageangabe bei Pfaff 1, 443 (wohl nach Neckarwein 20 — vgl. 504) ist falsch. Beunde ahd. biunt(a) < *biwant = was sich herumwindet, Zaun, eingezäuntes Stück Land, das dem Flurzwang und Weidgang nicht unterworfen war; ob solche Stücke aus der Nutzungsordnung der Ackermarkung oder in Besitz und Nutzung aus der Weide-Waldmarkung ausgesondert waren, ist noch nicht ausgemacht. Unter dem Namen kommen vor allem vor Gemüseländer, Bg., Hanf- und Flachsfelder, W., nach F. auch Wg.; die Stücke lagen meist in der Nähe der Wohnungen. Es können im vorliegenden Fall immer Wg. in Frage gekommen sein wie im 1. Bel.; der Name kann sich allerdings ebensogut ursprünglich auf andere Kulturverhältnisse bezogen haben, da das Gewand vielleicht noch dem Lößgebiet angehörte. — Der Fln. ist in ganz Deutschland sehr häufig belegt; in Oberschwaben soll das Wort noch appellativ gebraucht werden. Vgl. 132. 504. 412. 696. — Kluge 52. F. 1, 979. Schw. 4, 1401. Germanica 184. Albv. XI, 80. DWB. 1, 1747. Schmell. 1, 395. Buck 25. Vollm. 7, 46 f. Keinath 46. Knapp GB. 185; NB. 84, 88.

80. Feierabend. (Pk.-Lagerpl., früher Wg. A. G.).
vinea den man nent Firabent (Lb. w. 1350, 2 b). uss des x Acker am viraubent (Lb. w. 1393, 13). Wg. im Feyraubendt (Lb. w. 1528, 200). Feierabend (Plan 1834, Hartm., Chron. bei S. 232).

Ungefähr zwischen Rotebühl-, Paulinen-, Reinsburg- und Silberburgstraße. Der Name hat sich ganz offensichtlich noch in der Zeit seiner urkundlichen Nennung von einem kleineren Gebiet auf ein größeres ausgedehnt: 1350 nur für einen Wg., 1393 öfter zur Lagebestimmung anderer Grundstücke (viermal mit Präp. „an", zweimal mit „in"), von 1451 an ziemlich häufig nur noch „im F." für größeres Gebiet. Feierabend ist für Stgt. in den Lb. von 1528 an als Geschlechtsname belegt; also wohl Name eines ehemaligen Besitzers zugrunde liegend. — Ein ziemlich großes Stück des Gewands wurde um 1700 zum herzoglichen „Hofküchengarten" verwendet (81). — Staa. 1875, 96. Heintze 169.

81. **Hofküchengarten.** Kgl. Hofküchengarten (Plan bei Memminger, Stgt. i. J. 1816; Plan 1834, Hartm. Chron. S. 232). Ende des 17. Jhs. entstand im Gewand Feierabend unmittelbar vor der Stadtmauer südlich von der Rotebühlstraße ein „Garten der Herzogin", der später zum H. wurde. 1841 (Name bis dahin in Stgt. bekannt) wurde die Augustenstraße mitten durchgelegt. — Zur Anlage des „Gartens der Herzogin" wurde der nach einem Besitzer genannte „Demondische Acker" genommen (vgl. Ihro Hochfürstl. Durchleucht der verwittibten Frau Herzogin in Württemberg nächst an dem Rotenbildthor ligender, zu einem Gartten gerichteter sogenannter Demondischer Acker — Lb. g. 1745, 41 f.). — Pfaff 2, 42 f. OAB. 134. Merk. 1904, 4. Hartm., Gesch. 221.

82. **Kröpfach.** (Pk.-Lustg., früher Wg.)
vinea zů dem Kröpfen (Lb. w. 1350, 3a). vinea in den Kröpften (Lb. w. 1393, 7). all vòrst . . . Kröpff (Lb. w. 1466, 6). Wg. in Kröpffen (Lb. w. 1472, 18; daneben auch mit best. Art.). Wg. im Kröpfach daneben: im Kröpffen (Lb. w. 1520, 178). — Ungefähr im gleichen Verhältnis mit je einmal „Kröpfach": 1528, 1536, 1540. 1571 „im Kröpfach" in der Mehrzahl; 1586, 1588, 1701 nur noch: Kröpfach, Krepfach. — im Kropfich (Plan 1743).

Vom Fuß des Reinsburghügels bis etwa zur Rotebühlstraße und zwischen Silberburg- und Hasenbergstraße. — Fln. ursprünglich im Pluralis ohne -ach; er bezieht sich wohl auf hervorstehende Stellen irgend welcher Art (Unebenheiten des Bodens oder Auswüchse an Bäumen, Reben). „Kropf" kommt auch sonst in Fln. vor (vgl. F. 4, 776. Schw. 3, 1847). Als Pn. ist das Wort in Stuttgart nicht belegt. Der singul. Artikel im 1. Bel. muß verschrieben sein. Der Fln. war 1350 wahrscheinlich noch nicht alt und wurde in beinahe appellativer Weise mit dem bestimmten Artikel gebraucht, offenbar solange die Ursache der Benennung noch bekannt war. Von 1472 an fehlt der Artikel hin und wieder. Zum erstenmal 1520 erscheint in den Lb. „Kröpfach"; nun wird auch „Kröpfen" wieder mit dem bestimmten Artikel, aber im Singularis gebraucht; „Im Kröpfen" wohl kontaminiert aus „in den Kröpfen" und „im Kröpfach". Das Kollektivsuffix -ach drang zuerst wohl in der schriftlichen

Überlieferung ein, als die Endung -en von Kröpfen im Deklinationssystem der Ma. isoliert war, und andererseits die Bildungssilbe -ach, die in andern Fln. häufig vorkommt (Seelach, Heslach usw.), in manchen Gegenden als ə gesprochen wurde. Die kollektive Bedeutung des Suffixes gibt trotz der zufälligen Entstehung einen ganz guten Sinn. Kluge 281. F. 4, 776. Eberl 186.

83. Rappenweg. (Pk.) răbəwĕg.

stossen dise Wg. . . . an die Stras underm Rappentanz (Lb. g. No. 2004). Wg. im Krepffach . . . stossen oben uff den Rappenweg (Lb. g. No. 1586, 383).

Im wesentlichen die Reinsburgstraße bis zur Abzweigung der Hasenbergsteige. Der Weg führte am Gewand „Rappen(tanz)" (84) hin und bildete die natürliche Fortsetzung der Hasenbergsteige ins Tal (s. 223). F. 5, 137.

84. Rappen. (Pk.-Wg., Gg.) ęn dę răbə.

Wg. zu Rainspurg im Rappentantz (Lb. w. 1503, 48). In der Wintterhalden im Rappentantz. Lb. w. 1503, 12.) Wg. im Rapen (Steuerb. 1554). Wg. im Rappen (Steuerb. 1567). Wg. im Rappen . . . stosst oben uf die Reinspurger Haid (Lb. g. 1701, 919).

N- und NW-Hang des Reinsburghügels bis zur Reinsburgstraße (die Angaben bei Pfaff 1, 452 ungenau und irreführend). Besonders der W-Teil des Hangs trug früher den Hauptnamen Winterhalde. Das ehemals durchaus herrschende „Rappentanz" ist wohl scherzhafte Benennung eines Hangs, an dem sich Raben zahlreich aufhielten; an Tänze im Freien darf bei dem steilen Gelände nicht gedacht werden. Die ma. Form des Vogelnamens ist hier erhalten, obwohl diese sonst in Stuttgart kaum zu finden sein wird; herrschend ist ma. Krappe, in der Halbma. schriftsprachliches Rabe; mhd. raben, rabe, rappe. — Als Vermittler zwischen dem älteren „Rappentanz" (noch 1571 belegt) und dem modernen „Rappen" darf der sehr bekannte „Rappenweg" gelten, der ein dreiteiliges Rappentanzweg vertritt und so wohl zur Unterdrückung des Grundworts auch im Fln. beigetragen hat. Vgl. 83; 86; 418. Zum Abfall des Grundworts vgl. auch S. 28 f.!

— F. 5, 135; 2, 56 ff. Schw. 6, 1172; Bächtold 78.

85. Rappenloch.

Actum im Rappenloch ... durch dieses bereits zugefüllte Rappenloch ... das Rappenloch sollte mit einem Zaun eingemacht werden [nähere Lageangaben fehlen] (Unterg. 1738). Wahrscheinlich beim oder im Gewand Rappen. Wohl eine ausgegrabene Stelle (Erdengrube vgl. 108), wie sie gerne als „Loch" bezeichnet werden.

86. Winterhalde I.

Vinea Raynspurg in der Winterhalden (Lb. w. 1350, 3b). vinea Hasenberg in der Winterhalden (Lb. w. 1393, 6). Bomrûtin, zu Reinspurg in der Winterhalden (Lb. w. 1451, 31). Wg. in der Wintterhalden im Rappentantz (Lb. w. 1503, 12).

N- und NW-Hang des Reinsburghügels und unterster Teil des Hasenberghangs (Gegend des Schwabtunnels) gegen die Reinsburgstraße. Eine Unterabteilung, deren Name schließlich diese Allgemeinbezeichnung verdrängte, war „Rappentanz". „Winterhalde" als Fln. noch an mehreren anderen Stellen um Stgt.; der Name haftet überall an nördl. Hängen und findet sich für solche noch heute in appellativem Sinn. Auch in den Lb.-Bel. ist oft sehr schwer zwischen appellativem und nicht appellativem Gebrauch zu scheiden. Nirgends scheint die Bezeichnung ursprünglich absolut einen N-Hang zu meinen, sondern jeweils nur die winterlich gelegenen Teile eines und desselben Gewands, das auch sommerliche Lagen hat; so z. B. hier deutlich im ersten Beleg: Wg. in der Reinsburg und zwar an ihrer Winterhalde; ebenso ist die „Winterhalde" bei der „Röte" nur in Beziehung auf den entgegengesetzten südlichen Hang der „Röte" zu verstehen, was aus den Belegen deutlich hervorgeht (s. 237). Ähnlichen Sinn wie Winter- und Sommerhalde haben in den Fln. die Zusätze Sauer und Süß, Letz und Recht (s. Hasenberg, Ameisenberg, Falkert). Vgl. 237. 303. 324. 428.

87. Reinsburg.

(Pk.-Wg.) Hintere, vordere, obere R. Untere R. s. 88! ẽm rǫ̈ẹšbŭrg, ẽn dę rǫ̈ẹšbŭrgə.

Wg. ... in monte qui dicitur Rainburg (1286, UB. 6, 24). de dimidio jugere vinearum sita in Rainsburg — daneben: ze Rainspurch (Lb. E. 1304, 2b). Vinee, que site sunt in Rainspurg iuxta ripam (Lb. E. 1304, 4a). Wg., der da haizet des Arzaten wingart und liget ze Rainsburc ob Cůnrats wingarten an dem Rain (1314, UB. 15, 21 ff.). De vinea hinder Raynsburg (Lb.

w. 1350, 4 b). De vinea vordern (hindern) Rainspurg, idem de vinea obern Rainspurg (Lb. w. 1393, 11). Vinea am vordern Rainspurg (Lb. w. 1393, 13 a). Eine Wiese an dem vorderen „Rainsperg" (1440, UB. 148, 12). Wg. im Rainspurg, Wg. im hindern Rainspurg — daneben: zů R. (Lb. w. 1472, 11, 13). Rainsperg (Überschr.), Wg. zu hindern Rainspurg. (Lb. w. 1520, 93 f.). — Von jetzt an sind Rainsperg und Rainspurg und Formen mit und ohne best. Art. stark gemischt; manche Lb. haben nur Rainsperg, z. B. 1540 und 1542.

Als Wg.-Halde bezeichnet der Fln. nur den Hang des dem Hasenberg östlich vorgelagerten Hügels gegen das Nesenbachtal; allgemein wird er aber heute für den ganzen Hügel gebraucht. Die Reinsburg zählt zu den besten Weinberglagen Stuttgarts. — Pn. Ragin —, Regin — oder Geschlechtsn. Rym (1347 bel. — Hartm. — Staa 1875, 96 deutet so) zur Erklärung beizuziehen, verbieten sprachliche Gründe. Nach der heutigen Aussprache des ei liegt germ. ai vor, also Bestimmungswort mhd. rein; syntaktisch ist s in der Kompositionsfuge nicht berechtigt; es ist eingeschoben wie etwa in Schalksknecht, Bauersmann (Wilmanns 2, § 391, 3), und die ursprüngliche Form des Fln. liegt im 1. Bel. vor. Aus dem 4. Bel. und aus Übernamen von Stuttgarter Einwohnern[5]) geht deutlich hervor, daß das Bestimmungswort zunächst ohne Zusatz als Fln. vorkam. Ohne Zweifel hatte Rain hier die Bedeutung: Abhang eines Hügels gegen ein Bachtal; vielleicht war ursprünglich nur der untere, flachere Teil der Halde gemeint. Der Hang gegen das Nesenbachtal fällt durch zweierlei auf: 1. von Stgt. her ist es der erste Berghang, der von links unmittelbar an den Bach stößt, 2. verglichen mit dem steilen Abfall des Hügels gegen die Adlerstraße, ist er, besonders in seinem unteren Teil, sanft. Beides rechtfertigt die Benennung. -burg ist durchaus sekundär; auf eine wirkliche Burg, wie Pfaff annimmt, bezieht es sich nicht; eine solche ist nach Goeßler nie auf dem Hügel gestanden; vielleicht ist der Fln. aus einer reinen Modebewegung, für die in der Zeit der

---

5) 1. (Cůnradus Scultetus de Stůtgarten dictus an dem Raine (1286, UB. 6, 12 f.). Wahrscheinlich ist es derselbe, der im 4. Bel. wiederkehrt. 2. Wernherr am Rain (1314, UB. 15, 31 und 1334, UB. 33, 4). 3. Heinrich am Raine, H. dictus am Rain (1328, UB. 30, 25 bzw. Lb. E. 1334, 4 a).

zahlreichen Burgengründungen jede Erhöhung fast schon so viel wie eine fertige Burg bedeuten mußte, entstanden. — Merkwürdig ist das männliche Geschlecht; zu erklären wohl aus Analogiewirkung der vielen Fln. auf -berg. Das heute gebräuchliche weibliche Geschlecht scheint ganz jung zu sein und liegt den eingeborenen Weingärtnern nicht. Der Wechsel von -burg und -berg, wie er von 1440 an auftritt, vielfach in Fln. – Stuhls (Tagbl. 1927, 29. 8.) Ableitung des Fln. von der „verklungenen Pferdebenennung Ren oder Rein" kommt ernsthaft nicht in Betracht.

Zu Rain: Lex 2, 388. Kluge 384. F. 5, 115, 269. Schw. 6, 979 (bes. 2). Schmell. 2, 104. Els. 2, 262. DWB. 8, 72 f. (bes. 3). Albv. X, 302. Buck 210. Miedel 11. Vollm. 21. Rheinw. 191. Eberl 151, 161. Keinath 16, 60.
Zu Berg-Burg: Alemannia 1, 271; 6, 135 f. F. 1, 1534. Becker 22. ZfdMA. 1919, 60 f.
Sachlich: Pfaff 1, 13, 280. Goeßler, Tagbl. 1919, 581.

88. **Untere Reinsburg.** (Pk.-Gg., A., Lagerpl.). Im unteren Reinspurg (Unterg. 1802). Plan 1807 und 1849. ẹ̌m ǒndərə rọ̌ẹšbůrg.

Unterer Teil der „Reinsburg" (87) zwischen der Kleinen Schweiz und der Nähermühle etwa von der Mörikestraße an abwärts über den Mühlbach bis zum Nesenbach. Es ist möglich, daß ursprünglich nur dieser untere Teil „Rain" genannt wurde. Von früheren Bel. gehören her: vinea in Rainsburg iuxta ripam (Lb. E. 1304, 4a und 1334, 6a). vinea sita ze Rainspurg ob Rôrlins múlin contigua vinee xx an Rôrlins múlgraben (Lb. E. 1334, 3b). Wg. zu Rainspurg ... stosst oben uff den gemainen Weg und unden uff den Mülbach (Lb. w. 1571, 289 ff.); ähnlich (Lb. g. 1701, 301).

89. **Erberheidle I.** Reinsburger Heide.
Wg. zu Rainspurg ... stosst oben auff die haid (Lb. w. 1571, 289 ff). Wg. im Rappen ... stosst oben uff die Reinsburger Haid (Lb. g. 1701, 919). Auf der Reinspurger Heid (Unterg. 1802).

Bis Anfang des 19. Jhs. bekannt für die Kuppe des Reinsburghügels (Schilfsandstein; heute Anlagen der „Karlshöhe", früher Steinbrüche). mhd. ertber in ma. Aussprache. Vgl. dieselbe Bezeichnung für einen mit Erdbeeren bewachsenen Ödplatz (633). — Stadtgl. 1844/45, 91.

Im Gewand Reinsburg liegen No. 90—96:

90. Des Arzaten Wingart.

Wg. der da haizet des Arzaten wingart und liget ze Rainsburc ob Cûnrats wingarten an dem Rain. (1314, UB. 15, 22.)
Vom Inhaber, dem ersten Arzt, der in Stgt. urkundlich genannt wird. Bezeichnung ist völlig lose Besitzerangabe, wird aber durch das beigesetzte Verbum als Name gekennzeichnet. Pfaff 1, 358.

91. Fellmen.

de vinea Rainspurg an dem Felman (Lb. w. 1393, 7). Wg. zu Rainsburg an dem folman (!) Wg. (1409, UB. 92, 7 f.). Wg. gelegen im Rainsperg an dem folmen wingart (Lb. g. No. 2004).
Genaue Lage unbekannt. Vgl. 143.

92. Heilbronner.

vinea Rainspurg der der Hailprunner haisst (Lb. w. 1393, 11). vinea Rainspurg am Hailprunner (Lb. w. 1393, 13). Wg. zu Rainspurg heisset der Heylpronner (Lb. w. 1451, 35).
Pfaff 1, 452 gibt unter Reinsburg „Heilprunnen" an; die Abkürzung in den Lb. ist aber die für -er. Name von den Besitzern: Pueri de Heylprûnn de vinea in Raynspurg (Lb. w. 1350, 5a); im Lb. w. 1393, 22 ist ein Walther von Hailprunn genannt. Nach Lb. w. 1350 wohnten die Besitzer in Eßlingen (vgl. WGQ. IV No. 295). – Auf Pfaffs Angabe fußt Bacmeister-Hartm. (WJB. 1875 II 124 u. Staa. 1875, 72). — Die Annahme Seytters (109), der die Wallfahrten nach Heslach am Ende des 15. Jhs. mit dem angeblichen Heilbrunnen in Verbindung bringt, muß fallen.

93. Neusätze.

vinee site ze Rainspurch zen niusaetzen (Lb. E. 1304, 3b). vinea sita ze Rainspurg zen nûnsatzzen (Lb. E. 1334, 2b). Vinea sita ze Reinspurg zen Nûsatzzen (Lb. E. 1350, 31a).
Neusatz = neu angelegter Wg.; hier bei der frühen Nennung vielleicht identisch mit Rodung. Hartmann (Staa. 1875, 95) bezieht den Fln. fälschlich auf eine Niederlassung. — F. 4, 2018. Schw. 7, 1559. Buck 190. Bächtold 75.

94. Reute.
de agro dicto Rutin . . . sito uf Rainsburg (Lb. E. 1304, 3a).
Ahd. riuti(n) stf. — Reute.

95. Rögner.
vinea Rainspurg der der Rôgner haisst (Lb. w. 1393, 6).
Vom Besitzer: Rôgnâr de vinea in Rainspurg (Lb. w. 1350, 4a).

96. Sporer.
vinea dicitur Sporâr (Lb. w. 1350, 5b). vinea Rainspurg gelegen an dem Sporer (Lb. w. 1393, 5).
Vom Besitzer; Fn. Sporer, von 1408 an belegt, muß dem Fln. nach schon fürs 14. Jh. angenommen werden. Spârâr ist 1350 belegt (Lb. w. 1350, 6b) — vielleicht Verschreibung. UB. 660. Pfaff 1,416.

97. Trauben.
Sehr zweifelhaft, ob der Fln. bestand; bekannt ist er nicht mehr; nur auf dem Pfaffs Geschichte beigegebenen Plan in der Nähe der „Reinsburg" eingetragen. F. 2, 327.

98. Martinsburg (OAB. 454).
„Ein Lb. von 1700 spricht von einem Steg über den Mühlbach, gelegen bei der Martinsburg ‚unter der Reinsburg‘, was jedoch nicht mehr erklärt werden kann" (OAB. 454). Der Name kommt noch vor in der Überschrift auf einem Protokollbuch des städt. Arch. von 1722/24: „Protocollum über alle Gebäude welche ausser der Stat zu Gablenberg, Heßlach, Martinis Burg, Böhmiß Reute befindlich seynd"; sonst ist er nicht bekannt. Es liegt eine neuere Namensbildung vor. Nach persönlicher Mitteilung von Stadtarchivar Dr. Stenzel hat sich, wie gewisse Pläne zeigen, in der Gegend ein Haus mit auffallenden Gartenanlagen befunden. In dem angegebenen Protokollbuch wird als Besitzer eines Hauses (wohl des eben erwähnten) im Heslacher Tal ein Rittmeister Johann Caspar Martini genannt. Dieser darf als der Urheber des Namens angesprochen werden.

99. Kleine Schweiz. (Plan 1807.) ĕn (ŭf) dər glǫ̈ǫ̈nə šwóits. — In der kleinen Schweiz (Unterg. 1796).
Einige Häuser, besonders ein großes, bei der Tannen- und Spitalmühle, die nach Pfaff 1, 373 1482 zum erstenmal er-

scheinen sollen als: im Lehen; nach OAB. 433 als: das gegen Stgt. gelegene Lehen. Noch im 17. Jh. soll der Name bestanden haben. Außer diesen Angaben konnte nichts über die Bezeichnung festgestellt werden. Es ist anzunehmen, daß hier eine Verwechslung vorliegt mit Häusern im nahe gelegenen Gewand „Lehen" (632; Näh. s. dort). Im 18. Jh. sei wegen der trefflichen Viehzucht, die dort getrieben wurde, der Name „Kleine Schweiz" dafür aufgekommen. – Hartm., Chronik 28. Schweizerbarth-Roth 26. Für derart. Namen vgl. Alem. 37, 139 f.

100. **Straßenwiesen.** (Pk.) ẹ̆n dẹ̆ šdrǫ̆səwīsə, ăn dər ăldə šdrǫ̆s.

Wiesen zwischen Böblingerstraße und Nesenbach (Möhringerstraße), ungefähr von Schreiber- bis Adlerstraße; nach der Lage an der alten Straße von Stgt. nach Hsl. vgl. 210.

101. **Schlettleswiesen.** šlẹ̆dləswīsə.

Kleines Gewand am Bach zwischen Eier- und Adlerstraße. Im Fln. der Name des Besitzers, vielleicht der Besitzer der Nähermühle (s. Pfaff 2, 383; vgl. 72 f.). Wenn man vom Fn. Schlette auszugehen hat, ist der Fln. ähnlich zu erklären wie „Claudleswiesen" (155). Vgl.: „Der Schlettel-Mühlbach (auch daneben Schlettes-)" Pk. 35, 199.

102. **Ferchernest.**

vinea in Verhernnest (Lb. w. 1350, 3b). Wg. im Ferhernest under der Wannen (Lb. w. 1466, 6a). Wg. im Förher Nest, under der Wannen (Lb. w. 1528, 394).

Bucht (teilweise oder ganz) zwischen Gebelsberg und Reinsburg, der auf der rechten Talseite die etwas breitere des „Eiernests" entspricht; daneben muß die Bucht oder ein Teil davon immer auch schon den Namen des anstoßenden Gewands „Wanne" getragen haben (vgl. 104. 103). Ferchernest und Arnest (beidemal Tierbezeichnung + Grundwort Nest) stehen wohl in innerem Zusammenhang. Ferher- Plur. zu mhd. varch, -hes Schwein, Ferkel; dieser Plur. im mhd. in vielen Zusammensetzungen gebraucht; die nicht deminutive Form des Worts kam vielleicht schon im 16. Jh. außer Gebrauch. — Schreibung mit nn von 1350 wohl aus Anlehnung an Arnnest (s. 35). Pfaffs

Deutung als Vorder-Arnest ist unbegründet. Vgl. 284. — Lex. 3, 20, 129. F. 2, 949. Buck 65. Eberl 222.

103. Wannenwiesen. ën dę̆ wănəwīsə.
Gelegentlich gebraucht zur Bezeichnung des unteren Teils der „Wannen", wo Wiesen waren (heute Fabrik von Benger mitten im Gewand). Die Wiesen werden in den Lb. unter der Sammelüberschrift: „Wiesen bei der Tannenmühle, unterm Reinsburg und in der Wannen" geführt. 1701 kommen sie als selbständige Unterabteilung vor: Ausser wisen in der Wannen (Überschr. — Lb. g. 1701, 394/95). Vgl. 104.

104. Wannen. (Pk.-Wg. und BW.- nach den Lb.-Bel. auch A.). ën dę̆ wănə, ën dər wănə.
in monte qui dicitur Rainburg unum [jug. vin.] in der Wannun (1286, UB. 6, 24). de vineis in Raynspurg in der Wannen (Lb. w. 1350, 3 b). wisen bey der Tannenmülin underm Rainspurg und in der Wannen (Lb. w. 1540, 262 ff.). Wg. in der undern Wanna (Lb. g. No. 2004). wysen bey der Tannamüll underm Rainsperg in der Wanna (Lb. g. 1558, 531).

Einwärts gewölbter Hang von „Gebelsberg" bis „Ecksteigle" und Einbuchtung zwischen „Afternhalde" (Gebelsberg) und „Reinsburg", vom Sattel zwischen Hasenberg und Reinsburg (I. G. Fischer-Denkmal) bis nahe an den Nesenbach reichend. „Wanne" als Fln. häufig, fast in allen Fällen vom Bild der umgestülpten Fruchtwanne, „eines aus Weiden eng geflochtenen Korbs zum Reinigen des Getreides durch Schwingen" genommen. Das vorliegende, heute so bezeichnete Gewand kann aber nicht mit einer umgestülpten, sondern nur mit einer aufrechten Wanne verglichen werden. Doch ist mit einer Namensübertragung von einem Gebiet auf das andere zu rechnen, einer bei Fln. nicht seltenen Erscheinung. Im vorliegenden Fall wird eine solche sehr wahrscheinlich durch Bel. 1 u. 2, so daß der Name etwa dem steilen Abhang des Reinsburghügels gegen die oben beschriebene Bucht gegeben und dann auf den gegenüberliegenden Hang übertragen worden wäre. Da an diesem Abhang des Hügels Abtragungen stattgefunden haben, läßt sich seine ursprüngliche Form nicht mehr genau feststellen; aber die Möglichkeit des Vergleichs mit einer umgestülpten Wanne war sicher da. — Andere Namen für einen Teil des Gebiets s. 102, 103! — F. 6, 418. Els. 2, 827. Buck 293. Miedel 12. Vollm. 21. Keinath 14, Eberl 165. — Kgr. Wbg. 2, 410.

105. Hauser.

Wg. in der Wannen heisset der Huser (Lb. w. 1451, 4). Wg. in der Wannen am Húser (Lb. w. 1472, 39). Wg. genannt der Húser in der Wannen (Lb. w. 1472, 29). Wg. in der Wannen genannt der Huser (Lb. w. 1524, 120). Wahrscheinlich nur ein M. Wg. in der „Wanne". Bezeichnung vom Familiennamen: Der junge Huser von Plattenhard — 1393, Pfaff 1, 394. Pfaff 1, 448 und 456 (Wanne) gibt einen Beleg von 1411 an.

106. Eck.

Wg. sita zû der mittelun Eckke (Lb. E. 1334, 8b). Wg. sita an der underun Ekke (Lb. E. 1334, 8b) de vinea uf der Eck (Lb. w. 1350, 2b u. a.; ebenso: Lb. w. 1393, 10 u. a.).

Der Fln. lebt nicht mehr. Die Lb. geben unmittelbar keinen Anhaltspunkt für die Lage; doch stehen die Belege meist mitten unter Heslacher Fluren; mehrere Besitzer wohnen in Kaltental; das Gewand ist also wohl bei Hsl. zu suchen. Pfaffs Gleichsetzung mit „Ecklen" bei Gablenberg (1, 444) ist abzulehnen. Am einfachsten ist der Anschluß an den Fln. „Ecksteig" (wahrscheinlich von Eck abgeleitet, örtlich festgelegt — 107). Es handelt sich damit um die Gegend der Einsenkung zwischen Hasenberg und Reinsburghügel. — Eck in Fln. kann folgende Bedeutungen haben: 1. Geländeform: Spitze, vorspringende Höhe von Bergen, Hügel. 2. Winkel. 3. Schneide, Kante, Flurgrenze. 4. Übergangsstelle eines Bergpfads, Paßhöhe (Schw. 1, 155); kerbenartiger Einschnitt in Bergrücken (vgl. „Seibels Eckle" beim Mummelsee — Württ. Top. Atl. 91, Die „obere, untere Eck" zwischen Kirnbach und Gutach — Bad. Top. Atl. 94 — Volkskundeblätter aus Württ. und Hohenz. 1916/17, 11). Für jede der vier Bedeutungen sprechen einzelne Züge des vorliegenden Gewands. Für 1: Reinsburghügel mit Steilabfall gegen die Adlerstraße. Für 2: die Biegungen, „Ecken", die die Hasenbergsteige von jeher machen mußte, um am Reinsburghügel vorbeizukommen. Für 3: Gegend, wo man i. a. Heslacher und

Stuttgarter Besitz scheidet. Für 4: der hervorstechendste Zug: Einschnitt zwischen Hasenberg und Reinsburghügel, über den vom Nesenbach- ins Vogelsangtal führen der Wannenweg und ein nur für Karren befahrbarer Weg in der Richtung der Adlerstraße von der Tannenmühle her; beide Wege vereinigen sich am heutigen „Ecksteigle" mit der Straße Stgt.—Calw (= Hasenbergsteige). — Die Präposition „auf" mit bestimmtem Artikel (1350 und 1393 ausschließlich so — s. Bel.!) spricht sehr stark für Bedeutung 3 oder 4. Meinen dagegen die Belege von 1334 dasselbe wie die von 1350 und 1393, so kann, nach dem Gebrauch der Präpositionen zu schließen, die Bedeutung eine andere sein; am ehesten paßt die Unterscheidung „mittlere und untere Eck" auf die 3 Biegungen der Hasenbergsteige (1. vor dem Aufstieg zum „Ecksteigle", 2. am „Ecksteigle", 3. beim Eintritt in den Stubensandstein). Mit dieser Erklärung steht aber nicht im Einklang die Tatsache, daß der Fln. „Eck" frühe verloren ging, vielleicht, wenn der oben vermutete Zusammenhang tatsächlich bestand, verdrängt wurde, und daß sich „Ecksteigle" gerade an der Paßhöhe erhalten hat. Am wenigsten für sich hat die Bedeutung 1; der Name hätte doch wahrscheinlich fortgelebt, wenn er den Reinsburghügel allgemein bezeichnet hätte. Eine Entscheidung darf nach den oben angeführten Parallelen am ehesten wohl für 4 getroffen werden. Vgl. 107. Lex. 1, 507. F. 2, 533. Schw. 1, 155. Buck 52. Miedel 8, 22. Vollm. 20. Eberl 155, 175. Keinath 13, 25, 28. Lunglmayr — Schrift. d. Ver. f. Gesch. d. Bodens. 26 (1897) 105.

107. Ecksteig(le). ăm ĕgšdŏĕglę̆.
de vinea zu undern Ecstayg und de vinea in Haselach (Lb. w. 1350, 2 b). vinea an der Egstayg (Lb. w. 1350, 2 b). vinea in Egstayg (Lb. w. 1350, 7 a). Vinea an der Ekstaig an der Winterhalden (Lb. w. 1393, 15). vinea uf der Ekstaig (Lb. w. 1393, 26). uss ainem morgen Wg. in Kröpffen und an der Eckstaig gelegen (Lb. w. 1472, 18). Wg. zu Eckstaig (Steuerb. 1567). Wg. . . . stosst oben uf den gemainen Weg, die Eckhstaig genannt (Lb. w. 1571, 244 f).

Gegend des Passes zwischen Hasenberg und Reinsburghügel (Zusammenlaufen der Hasenbergsteige, Wannen- und Hohenzollernstraße). Lagebestimmung der Ecksteige: Pfaff (1, 444) bringt sie dem Namen nach mit „Ecklen" zusammen und verlegt sie offenkundig irrtümlich nach Gablenberg (alle Belege mit Örtlichkeitshinweisen dagegen). Nach den Bel. kommt nur die Gegend des heutigen „Ecksteigle" in Betracht. Es wird in Verbindung mit dem Fln. angegeben: 1. An der Winterhalden. 2. In Kröpffen. 3. Wg. an der Eckhstaig . . . stosst oben auf die Haid am Rainspurg (Lb. w. 1571, 244 f.). 4. 1571: Wg. in der Wannen . . . stossen oben uff die Eckhstaig (Lb. w. 1571, 318). Für die Lage ergeben 1 und 2 den Hang des Reinsburghügels gegen das Vogelsangtal, 3 und 4 den Hang vom Reinsburgsattel gegen das Nesenbachtal. — Nach den Plänen von 1807 und 1849 und dem der OAB. beigegebenen Plan vereinigen sich in der Gegend des heutigen „Ecksteigle" im ganzen 7 Straßen und Wege, wenn auch nicht alle an einem Punkt: 1. Rappenweg (etwa = untere Reinsburgstraße), 2. Straße nach Calw, in der Richtung der Rotebühl-, dann der Hasenbergstraße vom Rotebildtor her (auf Plan 1743 „Strass von Teinach" genannt), 3. Feldweg, ungefähr vom Treffpunkt der Straßen 1 und 2 nach W in die Gegend der unteren Seyfferstaffeln (wahrscheinlich teilweise die obere Reinsburgstraße), 4. Fortsetzung der Straße nach Calw auf den Hasenberg (= Hasenbergsteige), 5. Wannenweg als Verbindung nach Heslach, 6. ein unbefahrbarer Weg auf die Reinsburghöhe, 7. nach mündlichen Berichten ein nur für Karren fahrbarer Weg in der Richtung der Adlerstraße vom Nesenbachtal herauf. Von diesen Wegen kommen nicht in Betracht: 3 (ohne Durchgang und fast eben), 5 (heißt 1571 Wannenweg — Lb. w. 1571, 249, 318, auch ganz geringe Steigung) und 6 (unbefahrbar). Daß sich der Name auf das allergrößte Stück des Oberteils von 4 bezieht, sagt kein Beleg; der unterste Teil könnte im 4. Bel. gemeint sein. Dieser obere Weg hat sonst andere Namen (s. 223). So bleiben noch 1 und 2 und das Stück, das sie gemeinsam haben, bis zur Abzweigung des Wannenwegs. Für das gemeinsame Stück darf der Name „Ecksteige" durch das heutige Vorkommen und wohl durch den 4. Bel., der sich allerdings auch auf einen Teil der Hasenbergsteige wenig weiter oben beziehen könnte, als gesichert gelten.

Nach den Angaben der Lb. hatte der Weg wahrscheinlich eine Fortsetzung jenseits des Reinsburgsattels ins Nesenbachtal. Als diese Fortsetzung kommt wohl nur Weg 7 in Betracht. — Die sachlichen Erwägungen werden gestützt durch den Namen. Wenn „Eck", das ziemlich sicher mit „Ecksteige" zusammengehört, den Einschnitt der Paßhöhe bezeichnet, so kann die „Ecksteige" nur als ein Weg aufgefaßt werden, der über diese Paßhöhe „Eck" führte, nicht nur an ihr vorbei, also eine Verbindung vom Nesenbachtal ins Vogelsangtal darstellte. Der Name schließt nun eine Beziehung des 4. Bel. auf einen Teil der Hasenbergsteige wenig oberhalb des Sattels aus. Sollte die Erklärung „Eck" = kerbenartiger Einschnitt nicht zutreffen oder „Eck" nicht mit „Ecksteige" zusammengehören, so bietet sich für den Namen eine andere Erklärung in mehreren Winkeln, die die Hasenbergsteige bei der Umgehung des Reinsburghügels machen muß. In diesem Fall hätte einfach der untere Teil der Hasenbergsteige nach ihren Biegungen „Ecksteige" geheißen. Besonders wahrscheinlich ist diese Erklärung nicht; sie gibt keinen Anhaltspunkt dafür, daß sich als Fln. „Ecksteigle" gerade an dem Reinsburgsattel erhalten hat, wo lange eine steinerne Ruhebank gestanden sei, die mit großer Wahrscheinlichkeit nach Analogie anderer in ihren Ursprüngen sicher alter Steinbänke um Stgt., an Stellen, wo Straßen vom Tal her die Höhe erreichen[6]), auf einen Paßweg deutet. Daß der Wegname heute in deminutiver Form erscheint, ist wohl daraus zu erklären, daß der Weg in der Klinge vom Nesenbachtal (Tannenmühle) herauf in Verfall kam, vielleicht nachdem Heslach zu einer bedeutenderen Siedlung geworden und in Verbindung damit der bequemere Wannenweg vom Ort Heslach zum Reinsburgsattel entstanden war. Vgl. 106.

108. **Erdengrube.**
Stein in der undern Wanna . . . schait in ein stein gesetzt an der Erdengrüben . . . von diesem stein under schlechts hinüber biss in ain stein ge-

---

[6]) Beim Gähkopf am Weg nach Feuerbach; auf der Bopserhöhe am Weg nach Ruit; auf der „Stelle" am Weg nach Rohracker und Sillenbuch; früher beim „Ameisenberg" an der Straße nach Eßlingen.

setzt in xx wingart in der Wanna by der Erdengrůben (Lb. g. 1558, 472; ähnlich Lb. g. No. 2004).

Wohl Ausgrabung eines Stücks Öde, heute „Zuberle" genannt. Das Grundwort Grube (mhd. gruobe = Grube, Loch, Höhlung) schließt aus, daß die Vertiefung zu umfangreich war. F. (3, 861) führt das Wort als Appellativ nicht auf; es wird aber in Stgt. noch heute so gebraucht. Vgl. OAB. 224.

109. Zuberle. ĕm tsŭbərlę̆.

Kleine, mit Bäumen bepflanzte Vertiefung wenig oberhalb des Wannenwegs vor der ersten Biegung vom Reinsburgsattel her; wahrscheinlich als frühere Erdengerechtsame ausgegraben. Nach örtlicher Überlieferung geht der Name auf einen dort einmal stehengebliebenen Zuber Wein zurück; tatsächlich war natürlich die Form der Vertiefung namengebend. Mhd. zuber und zûber ist die oben offene ovale Wanne mit 2 Handhaben. Bemerkenswert ist, daß der Umlaut des u fehlt. Vgl. 108.

110. Göbelsberg. (Pk.-Wg.) unterer, oberer G. ĕn dę̆ ǫndərę̆, ǭbərę̆ gę̆blšbę̆rg.

que vinea sita est in monte dicto Geblinsberg (Lb. E. 1304, 2 b). de novali . . . dicta dů halde sita in monte dicto Geblinsperg (Lb. E. 1334, 3 a). vinea in Geyblinsberg, neben 2 mal: in Geblinsberg und in Gêblinsberg (Lb. w. 1393, 1). Wg. zu Göblinsperg (Lb. w. 1451, 16). Wg. zů goblinsperg (Lb. w. 1503, 63). — In den ff. Lb.: öbl, obl, ehl gemischt, vereinzelt: äbl, abl. — im Geblinsperg, Goblinsberg (Lb. w. 1540, 115 f.). Wg. in Gebelssperg neben regelmäßig: Geblinsberg (Lb. w. 1540, 63 f.). 1 Tw. wisen underhalb Heslach undern Geblinsbergen (Lb. w. 1571, 476 f.). Wg. im Hesslach beim Göbelsperg genannt Armanshesslach, neben regelmäßig: -ins- (Lb. w. 1571, 754). Im Gebelsperg (Unterg. 1616). Wg. im undern Göbelsperg (Lb. g. 1701, 309).

Westl. der unteren Schickardtstraße am S- und SO-Hang einer deutlichen Ausbuchtung, gewissermaßen des Eckpfeilers beim Einbiegen des Hangs gegen den Sattel zwischen Hasenberg und Reinsburghügel. Der hervortretende Teil reicht gegen oben nur bis zum unteren Afternhaldenweg, d. h. etwa bis zur halben Höhe. Der untere G. erstreckt sich bis ins Tal (i. a. früher Bg.); der obere enthält fast nur Wg. Bestimmungswort wahrscheinlich Pn. Geblin, später an den Fn. Gebel angeschlossen. Geblin Metzger belegt 1447 (UB. 161, 16 und 185, 29); Fn.

Gebel Lb. w. 1393, 28 belegt (Pfaff 1, 390). — Von der auffallenden Bergform aus wäre eine Herleitung von mhd. gëbel = Schädel, Kopf, Giebel sachlich nicht undenkbar. Dabei aber bedeutende sprachliche Schwierigkeiten: gëbel hat Brechungs-ë; der Fln. wird aber heute mit ę gesprochen; früher häufige Schreibungen mit ö weisen auch auf ę; 1350 ist der Vokal mehrmals mit Index geschrieben (in dem betr. Lb. in Verbindung mit e selten), der fast ausnahmslos ę bezeichnet. Es wäre also Übergang ë > ę anzunehmen; dieser ist unter Einfluß von folgendem i gelegentlich möglich, ist aber doch nicht so allgemein, daß man ihn zur Erklärung des Worts, bei dem er sonst im Schwäbischen und in den Nachbarma. nicht belegt ist, beiziehen darf, solange eine andere, ebenso gut mögliche Deutung zur Verfügung steht. — Heintze 96 f. (Zu gëbel: Lex. 1, 749. Ders., Tasch.wb. 60. F. 3, 119. Buck 83. Bohnenberger, 15. Jh., 44 f. Vollm. 20. Eberl 156.)

111. Badhorn.

vinea dicitur Badhorn (Lb. w. 1350, 3a). Wg. in der Wannen heisset das Badhorn (Lb. w. 1451, 41). Wg. an der Wannen heisset der Badhorn (Lb. w. 1451, 26). Wg. zu Affternhalden genannt Badhorn (Lb. w. 1472, 56). Wg. am Göblinsperg genant der Badhorn (Lb. w. 1472, 38).

Ungefähr an der Biegung des unteren Afternhaldenwegs unterhalb des Seewasserwerks zu suchen. In dieser Höhe geht der Vorsprung des Göbelsbergs in die Afternhalde über; wo der Vorsprung ansetzt, ist der Hang auf eine kleine Strecke hin flacher als sonst. Gerade dieser Kopf des Göbelsbergs kann zu den verschiedenen, in den Bel. genannten anstoßenden Gewanden gerechnet werden. — Wohl als Pn. zu erklären; Horn durch Bad näher bestimmt; Pn. Horn in Stgt. belegt (UB. 642; Pfaff 1, 396). Für die Deutung spricht sehr stark der männliche Artikel in Bel. 3 und 5. Trifft sie nicht zu, so bezieht sich Horn = hornartiger Vorsprung an Berghängen ohne Zweifel auf die oben beschriebene Form des Geländes, in dem das Gewand wahrscheinlich lag; diese Deutung nimmt der Schreiber des 2. Bel. an. Dabei ist die Deutung des Bestimmungsworts schwierig; eine Badstube war nicht in der Nähe; vielleicht standen einige

Wg. dort dem Bader von der Gemeinde zur Nutznießung zu, so daß etwa Bad = Badstube (die Badstuben heißen in den Lb. meist „das Bad") für Bader gebraucht wäre. Oder kann der Name durch Unterdrückung des Mittelstücks in einer dreiteiligen Zusammensetzung gebildet sein (vielleicht für Badknechtshorn). — Vollm. 53. Keinath 65, 91 f. WJB. 1875 II, 125.

112. Gölterlin.
vinea Afternhalden haisst der Gelterlin (Lb. w. 1393, 11). Wg. im Göblinsperg genannt Gölterlin (Lb. w. 1503, 24). Wg. im Göblinsperg genant das Gölterlin (Lb. w. 1524, 35; ebenso Lb. w. 1528, 1540, 1571).

Einem Gewährsmann in Heslach erscheint es nicht ausgeschlossen, daß er in seiner Jugend gę̌ldərlę̌ gehört habe. Näheres nicht bekannt. Es handelt sich in den Lb. im ganzen immer nur um ½ M. — Fn. Gölterlin ist 1451 belegt (Lb. w. 1451, 78). Geschlechtswechsel des Fln. zeigt, daß der Zusammenhang mit dem Fn. dem Schreiber 1524 unbekannt war; damit wurde der Fln. in seiner deminutiven Form leicht sächlichen Geschlechts. — F. (3, 305) stellt den Namen mit Fragezeichen zu „Gelter"; die zahlreichen Schreibungen mit ö weisen aber auf ę̌.

113. Halde I.
De novali xx dicta dů halde sita in monte dicto Geblinsperg (Lb. E. 1334, 3 a). Vgl. 795.

114. Harder.
vinea Häslach am Hardrer (Lb. w. 1393, 16). Wg. am Harder (Lb. w. 1451, 65). Wg. am Sydinberg an dem Harder gelegen (Lb. w. 1472, 55). Wg. im Harderer (Lb. w. 1503, 62). Harder, Wg. im Harder (Lb. w. 1520, 72; ebenso 1528, 1540, 1543).

Zwischen Seidenberg und Gebelsberg zu suchen. Trotz sprachlicher Verschiedenheit ist die Bedeutung des 1. Bel. und der übrigen Bel. wohl dieselbe. Auf der gleichen Seite wie Bel. 1 im Lb. 1393 aufgeführt: „Hans Harderer de vinea Häslach"; Harderer meint also nur die Person des Angrenzers. Vielleicht war das Bewußtsein, daß es sich um einen einzelnen Wg. handelte, der den Namen eines einstigen Besitzers trug, bis 1472 lebendig, wo noch jemand Wg. „am Harder" besitzt. Von 1503 an bezeichnet „im Harder" einen Bezirk von mehreren Wg. (gelegent-

lich auch als bes. Abschnitt mit Überschrift „Harder" in den
Lb. geführt). — Ob Pn. Hard(e)rer zugrunde liegt, oder ob
in Bel. 1 nur Verschreibung für Harder vorliegt, zweifelhaft;
jedenfalls machten die r in beiden Silben den Schreibern
Schwierigkeit (1542 unter der Überschrift „Harder": „Im Hader"
belegt). Harderer als Pn. kommt 1431 vor, allerdings kaum für
einen Einwohner von Stgt. (UB. 129, 12); Hans Harder ist belegt 1486, 1488 (UB. 446, 11; 476, 19) und Lb. w. 1528.
Heintze 201.

115. Kirchherr.
Wg. zů Affternhalden heisset der Kirchherr (Lb. w. 1451, 21). Wg. im
Kirchherren (Lb. w. 1451, 33). Wg. zů Göblinsperg genant der Kirchherre
(Lb. w. 1472, 56). Wg. . . . zů Affternhalden haisst der Kirchherr (Lb. w.
1472, 21). Wg. am Göblinsperg genant im Kirchherren (Lb. w. 1472, 19;
auch Lb. w. 1503, 1524, 1528).

Nach den Lb. in der Gegend, wo sich Afternhalde und Gebelsberg berühren. Benannt nach dem Besitzer (entweder Titel oder
Fn.). Pfaff Konrad Kirchherr und sein Bruder Peter K. 1394
urkundlich belegt (UB. No. 167). Zum Titel mhd. kirchherre
(Lex. 1, 583) vgl. F. 4, 403. Schmell. 1, 1288 f. Schw. 2, 1533.

116. Baumreute II. (Pk.-Bw.) nicht gebraucht.
Unmittelbar unterhalb Heslach, links von der Straße nach Stgt.
am Hang unter dem Göbelsberg und der unteren Afternhalde. Auf
diese B. bezieht sich wohl: ½ M. Wg. in der undern Afffernhalden sambt der Bomreitin darunder bey Hesslach (Lb. w. 1571,
709). Vgl. 51, 154.

117. Hofküfer. (Pk.-Bw.) ɛ̌m hǫ́fkiəfər.
Kleines Stück hinter der Brauerei Rettenmeyer (Böblingerstraße 118/22); nach einem Besitzer, der Hofküfer war.

118. Wengertle. (W. Bg.). ɛ̌n dɛ̣ wɛ̌ŋərtlə.
Unmittelbar hinter der Brauerei Rettenmeyer fast ganz im
Tal. Die deminutive Form ohne jedes Bestimmungswort bezeichnet wohl mit Spott den Versuch, so tief im Tal Reben zu
pflanzen.

119. Schlenklesbrunnen. šlɛ̌ŋgləsbrǫ̌nə.
Urban Schlenklins Töchter haben 1 M. Wg. bei Schlinklins bronen (Steuerb.
1554). Wg. im Seydenberg oder Schlenckle (Unterg. 1627). Lauf der Schlenklens-

quelle in Heslach gefaßt und zu einem Gemeinds Brunnen unten an der
Chaussée . . . eingerichtet (1810; städt. Arch. D, Bü. 42).

Der Brunnen, der das beste Wasser bei Heslach lieferte, war
an der Gebelsbergstraße in einer flachen Klinge kurz nach Einmündung der Wannenstraße (noch heute Pumpbrunnen). Vom
Pn. Schlenklin: 1540 und 42 hat ein Hans Schl. von Hsl. im
anstoßenden Gewand Göbelsberg Besitz. (Lb. w. 1540, 112 f.;
1542, 63 f.); ein Auberlin Kurtz gen. Schlenck kommt 1503 vor
(Lb. w. 1503, 61); 1503, 1520 und 1524 besitzt Hans K. gen.
Schlencklin seßhaft zu Hsl. 1 M. Wg. genannt Armans Heslach
(Lb. w. 1520, 71; 1524, 48); vgl. dazu Bel. 1. Brunnen hier
= eine schon lange gefaßte Quelle, die aus einem Stock lief,
vgl. 120. — 1334 und 1350 heißt es wohl von demselben
Brunnen: de vinea sita iuxta fontem dictum zů dem armen
Haslach (Lb. E. 1334, 2 a); . . . zů dem armen Haslacher Hôrdenlin (Lb. E. 1350, 30 b).

120. Stockbrunnen.

W. im Tal by dem Stockbronnen (Lb. w. 1451, 28) A. zu Göblinsperg bey
dem Stockpronnen (Lb. w. 1540, 215).

120 = 119. Nach der Art des Brunnens mit hölzerner
Brunnensäule (Stock), aus der das Wasser lief. Herleitung von
einem Bildstock, die Staa. 1875, 72 annimmt, ist unwahrscheinlich.
S. 119.

121. Brunnenwengert. ęn dę brǫnəwęņərt.

Wg. hinter dem Schlenklesbrunnen in einer flachen Klinge gelegen. Vgl. 119, 120.

122. Hôrdenlin.

vinea xx sita iuxta fontem dictum zů dem armen Haslacher Hôrdenlin (Lb.
E. 1350, 30 b); Lb. E. 1334, 2 a heißt ders. Wg.: vinea xx sita iuxta fontem
dictum zů dem armen Haslach.

Es darf wohl eine enge Beziehung zwischen diesem Namen
und dem Namen Hörmühlin (123) angenommen und Hôrdenlin
in hôr- und -denlin (wohl Deminutiv von mhd. tanne) getrennt
werden. Weitere Erklärung s. 123! — Der Baum stand nach
den Angaben des Lb. beim Schlenklesbrunnen, also etwas über
der Talsohle. Vgl. 124.

123. Hörmühlin.

[Auberlin Kurtzlins Witwe] hat . . . ³/₄ Wg. am Hörmülin (Steuerb. 1518). Hanns Kurtz ir Son haut ³/₄ Wg. am Hörmúllin (Steuerb. 1518). — Sonst nicht belegt.

Die Besitzer wohnen in Hsl., mit den bei 119 genannten Personen identisch. Da diese Familie Kurz Besitz bei dem 1350 genannten Hôrdenlin hat, so liegt es nahe, auch hier auf diese Gegend zu schließen und Hörmühlin mit Hôrdenlin in Verbindung zu bringen. Man kann so auf eine 1518 vielleicht verfallene (Deminutivform!) Mühle in der Gegend der Heslacher Kirche schließen, die ihren Namen (hör — wohl kontrahierter Komparativ zu mhd. hôch) gehabt hätte von ihrer Lage weiter oben im Tal von der Tannenmühle aus gerechnet (mit Beziehung auf diese ist benannt die „Nähermühle", näher bei der Stadt — 72). Damit wäre sachlich vielleicht auch eine Entsprechung für die 1392 und 1393 genannte Mühle „in dem Tal gen Kaltental" oder „oben im Tal" (s. 20 b) gefunden. Der Begriff „höher" kann von hier aus dann auch für eine in der Nähe stehende Tanne (122) übernommen worden sein (Unterdrückung des Mittelglieds in der Komposition). Ebenso wohl möglich ist, daß der Begriff „höher" für die Tanne entstanden ist (weiter unten im Tal seit 1393 eine Tanne belegt [17]: Tannenmühle!) und erst sekundär der Mühle zukam, oder daß er zunächst mit einem ganz anderen Grundwort zusammengesetzt war (Bedeutungsverdunklung durch Mittelgliedunterdrückung in Komposition), und daß die Mühle sowohl wie die Tanne erst später danach benannt wurden. Auch eine Beziehung auf den Fn. Höhr, der heute in Stgt. vorkommt, ist nicht ausgeschlossen. Vgl. 122. Adreßb. 1929 II 249, 253.

124. Armansheslach.

vinea xx sita iuxta fontem dictum zů dem armen Haslach (Lb. E. 1334, 2 a). vinea gelegen zů dem armen Haslach (Lb. E. 1334, 5 b). Vinea xx sita iuxta fontem dictum zů dem armen Haslacher Hôrdenlin (Lb. E. 1350, 30 b). Wg. zů Armenhässlach (Lb. w. 1472, 55). Wg. genannt Armansshesslach (Lb. w. 1503, 61). Ebenso Lb. 1520, 1524, 1528, 1540, 1542 — Wg. im Hesslach genannt Armans Heslach (Lb. w. 1571, 754). — Später nicht mehr belegt.

Die in Bel. 1 und 3 genannte Quelle kann nach der Angabe von Angrenzern und nach Bel. 6 nur der heutige Schlenklesbrunnen sein. Das Gewand lag also beim Brunnen in der Mulde. — Der ursprüngliche Name ließe sich als einfaches Adjektiv + Substantiv auffassen; er wiese auf ein Stück von geringerer Güte im Gewand Heslach. Eine zweite, wohl bessere Erklärungsmöglichkeit ist, den Fln. in Beziehung zum Eßlinger Spital zu setzen, das 1334 und 1350 Gülten von den betr. Grundstücken bezieht. Nach mittelalterlicher Anschauung sind die Armen die Besitzer des Spitals; ihnen wären also die Gülten geschenkt worden, und so wäre der Name als Zusammensetzung mit „arm" als Substantiv aufzufassen. — In der Überlieferung der sprachlichen Form ist ein starker Einschnitt um 1500. Von da an tritt der Fln. im Nominativ mit „genannt" auf gegenüber dem Dativ mit Präposition der vorhergehenden Belege. Zugleich ist er geändert und mit Beziehung auf Armmann umgedeutet. Armmann früher allgemein = der Arme = kleine Mann, besonders der Leibeigene. Trifft für die ursprüngliche Form die Bedeutung der geringeren Lage zu, so könnte zu „Armansheslach" noch eine sachliche Beziehung bestehen: infolge der schlechten Lage wäre es auch kleinen Leuten möglich gewesen, hier Eigentum zu erwerben. — F. 1, 315 ff. Keinath 84. WVII. NF. 6, 5 u. 16, 100.

125. Heslach. hęsliχ.

vinea gelegen zů dem armen Haslach (Lb. E. 1334, 5 b). vinea in Håselach (Lb. w. 1350, 1 b). vinea in hindern Haslach (Lb. w. 1350, 3 b). vinea under Haselach (Lb. w. 1350, 7 b). uss ainer růtin ze Häslach (Lb. w. 1393, 7). vinea Häslach haisst das Pfenninglin (Lb. w. 1393, 16). wisen zů Heslach (Lb. w. 1451, 13). Ulrich Hund von Heslach in Stuttgarter Zwingen und Bännen (1491, UB. 530, 21). wisen ob Hesslach, under Hesslach, hinder Heslach (Lb. w. 1528, 272 ff.) Wg. im Hesslach beim Göbelsperg genannt Armanshesslach (Lb. w. 1571, 754). — Schreibungen ab 1500 hauptsächlich: Hesslach, Hässlach und Heslach. ... dem Tal nach hinab zwischen Hesslich und Barmsreuttin durch (Lb. F. 1699, 34).

Früher hauptsächlich: Wg., W., A. und Reuten, später besonders W. — Der heutige On. ist eine Stellenbezeichnung; die Gegend besonders auf der Sommerseite des Tals wurde darunter begriffen. Die vielen Wg., die anfangs unter dem Fln. vorkommen, zeigen, daß das Gewand ursprünglich ziemlich weit in die Höhe gegangen sein muß; auch der Zusatz „in hindern Haslach" spricht für seine Größe. Nach Pfaff 1, 372 ist eine Ortschaft erst 1350 und 1359 nachzuweisen. Von etwa 1500 an wird in den Lb. der Übergang vom Fln. zum On. ganz deutlich, vor allem in der stehenden Überschrift: Wiesen ob und unter Heslach. Daneben muß aber immer noch ein bestimmter Wg. = Bezirk den Namen getragen haben, der unter den Wg. in den Zehntbeschreibungen aufgeführt wird. — Der Fln. ist Kollektivbildung mit dem Suffix -ach zu mhd. hasel = corylus. Man muß sich also das wasserreiche Tal um Heslach in der Frühzeit mit Haselgebüsch bestanden denken. „Armansheslach" wohl ein Teil des größeren „Heslach". Vgl. 124. — Kgr. Wbg. 1, 188. Schott § 19.

126. Seidenberg. (Pk. unter der „Unteren Afternhalde" aufgeführt). ěm səidębẹ̌rg.

vinea Sydunberg (Lb. w. 1393, 17). vinea an dem Sydenberg (Lb. w. 1393, 10). Wg. . . . am Sydinberg (Lb. w. 1451, 29). Wg. zů Affternhalden genant der Sydinberg (Lb. w. 1472, 10). Wg. zu Heslach am Sydlinberg (1491, UB. 530, 28). Wg. zu Affterhalden genant der Seidenberg (Lb. w. 1528, 151). Wg. zu Hesslach im Seidenberg (Lb. w. 1571, 307 f.).

Wg. u. Bw. am Hang entlang der Gebelsbergstraße ungefähr von der Seidenbergstraße bis zum Gebelsberg. Die Lage ist gut. Die älteren Bel. des Fln. verlangen eine Ableitung von mhd. sîde (Adj. sîdîn kann eingewirkt haben — vgl. 3. und 4. Bel. und heut. gesproch. Form). Dies würde auf eine Maulbeerpflanzung weisen, die bei dem Alter der ersten Belege und bei der Lage des Gewands an dem Steilhang gegen das Nesenbachtal aber sachlich sehr zweifelhaft erscheint. Möglich ist auch die Herleitung von einem Pn. mit früher, teilweiser Umdeutung. Der Pn. ist belegt: gegen Dietrich Syden 1385 (UB. 61, 27). Auch Unterdrückung des zweiten Teils eines zusammengesetzten Pn. ist denkbar bei Namen wie Sidensvanz 1266 (WUB. 6, 255 u. a.), Sidentrager 1342 (WGQ. IV, 363, 18), Seidensticker 1477

(UB. No. 608; Pfaff 1, 415). — Die Ableitung von einem Pn. scheint um so besser möglich, als an dem großen S-Hang des Hasenbergs bei Hsl. mehrere kleinere Teile nach Besitzern, bzw. ersten Anbauern benannt sind. Heintze 338. Förstemann I, 1315, 1339; II, 2, 713.

127. Stückle. ĕn dĕ šdĭglə.

Wenige Wg. und Bg. unten am Hang an der Gebelsbergstraße ungefähr bei der Einmündung der Seidenbergstraße. Das Gelände ist sehr bequem zur Bearbeitung; die Parzellen sind klein. „Stückle" in Fln.: die einzelnen Teile aufgeteilten Gemeindelands (Stück = Teilgebiet eines zusammenhängenden Ganzen). Oft scheint es sich dabei um junge Nutzbarmachung und Verteilung zu handeln. Das Wort ist als Fln. in mündlichem Gebrauch in dieser Bedeutung sehr beliebt; daneben wird es aber auch ganz allgemein appellativ zur Bezeichnung von kleineren Grundstücken verwendet, allerdings in Stgt. und Hsl. sonst nie für Wg. Entweder hat nun im vorliegenden Fall ein Kulturwechsel stattgefunden — dann wäre Stückle ursprünglich = kleine Grundstücke gewesen; oder beruht die Bezeichnung doch auf aufgeteiltem Gemeindeland — dann müßte sich hier länger als sonstwo so nahe beim Dorf Gemeindeland erhalten haben. Bekannt ist darüber in Hsl. nichts. Vgl. 54. 167. F. 5, 1898. Miedel 61. Keinath 21, 47.

128. Afternhalde. (Pk.-Wg.). Obere, untere A. ĕn dər (dĕ) äfdərnhăldə.

In Afternhaldun in monte qui dicitur Kŭningesberc (1286, UB. 6, 21). . . . siti in staiga versus Aftirnhaldun (2 mal diese Form, sonst -ern; Lb. E. 1304, 4a). . . . Vinee que sita est in Afternhaldun superiori (Lb. E. 1304, 4 a). Wg. da ze Stŭgarten an Afdernhaldun (1315, UB. 16, 13). Wg. ze Afternhalden (1343, UB. 37, 1 — nach d. Orig.). De vineis in Afternhalden (Lb. w. 1350, 1 a). Usser ainem halben morgen wingartz gelegen in Afftterhaldun, gelegen uff Affterhaldun (Lb. E. 1402, 66). Wg. zů Affterhalden (Lb. w. 1451, 8). — Zu Affternhalden (Lb. w. 1542, 56). Wg. in der obern Affternhalden (Lb. w. 1571, 61). Wg. in der undern Affternhalden (Lb. w. 1571, 709); Wg. in der hindern oder obern Affternhalden (Lb. w. 1571, 723). — Affterhalde, Afternhalden — gemischt (Neckarwein 16 u. a.).

Fast am ganzen S-Hang des Hasenbergs, vom Wald bis

„Gebelsberg" und „Wannen" (kleinere Teilgebiete hier gerne mit bes. Beinamen). Einteilung in „obere" und „untere A." scheint sehr alt (s. Bel. 1304); beide geschieden durch den unteren Afternhaldenweg. 1571 Wg. in der oberen A. genannt unter der Überschrift „Newgereite Wg. seit 1553" (Lb. w. 1571, 61). — Nach den ältesten Formen (ganz einheitlich Afternh...) Zusammensetzung von Adjektiv (im Dat. Sing.) + Substantiv. Da mhd. after = hinter, nachfolgend heute nur noch wie hier in isolierten Wörtern vorkommt, so hat es im Dat. Sing. der schwachen Flexion die im mhd. der Regel entsprechende Lautverbindung -rn bewahrt, die sonst in den Adjektiven auf -r und -l nach Analogie der übrigen schwach flektierten Adjektiva -ren (rə) wurde. In einem anderen ähnlichen Fln. (ĕm fǫrdərə bĕrg) folgte das Adjektiv dieser Analogie, da es in der Ma. lebendig ist und man somit seine Bedeutung auch im Fln. klar kennt. Der einzige Beleg „Affalterhalde" (von affalter = Apfelbaum), den Pfaff 1, 441 von 1345 anführt, fällt gegenüber den älteren, ganz einheitlichen Belegen Afternh. nicht ins Gewicht; er zeigt vielleicht nur, daß schon damals der Fln. in seiner richtigen Bedeutung nicht mehr allgemein verstanden wurde. — Die Bedeutung „hintere Halde" legt nahe zu erwägen, von wo aus die Benennung erfolgte. Es bestehen zwei Möglichkeiten: 1. vom N-Hang des Hasenbergs aus, 2. von Stgt. aus, daß die Bedeutung etwa wäre: hinter der Reinsburg. Eine Benennung von Heslach selbst aus kommt nach der Bedeutung nicht in Frage. Daß auch die Wg. im größten Teil der Afternhalde nicht von Heslach aus angelegt wurden, beweist die Lage der Zugangswege (s. 129). — Keinath 28, 52.

129. Afternhaldenweg, oberer, unterer. ǫbərər, ǫndərər äfdərnhåldəwĕg.

Wg. in der Wannen ... stossen oben uff den Affternhaldenweg (Lb. w. 1571, 318). Wg. in der Affternhalden stossen ... unden uff den undern Affternhaldenweg (Lb. w. 1571, 236). ... Stossen unden uff den mittlen Affternhaldenweg (Lb. w. 1571, 236). Wg. in der obern Affternhalden ... stossen ... unden uff den obern Affternhaldenweg (Lb. w. 1571, 61).

Der obere Weg zweigt am Seewasserwerk von der Hasenbergsteige ab und führt fast eben durch die ganze obere Afternhalde; der

Weg hat keine direkte Fahrverbindung nach Heslach; mit schweren Wagen muß man noch jetzt von Heslach in die obere A. über die Hasenbergsteige fahren. Der untere Weg zweigt heute zunächst als Hohentwielstraße von der Hasenbergsteige ab, führt in gleicher Art und Richtung wie der obere durch die Halde und mündet in den „Biegelweg" (147); er scheidet die obere und untere A.; jenseits des Biegelwegs — seiner Fahrverbindung mit Hsl. — setzt er sich als geringer Haldenweg im „Neugreut" fort, senkt sich langsam und mündet bei der Ziegelklinge in die Böblingerstraße. — Bel. 3 meint mit dem „mittleren" Affternhaldenweg den unteren (dabei der unterste der drei Haldenwege [Wannenweg] als „unterer Afternhaldenweg" gerechnet). Auch im 1. Bel. handelt es sich den übrigen Lageangaben nach um den unteren Afternhaldenweg. — Nur diese zwei Wege kommen zum Verkehr mit der „Afternhalde" in Betracht; der eine hat keine direkte Verbindung mit Hsl., der andere nur eine unorganische. Diese Tatsache beweist hinreichend, daß der Hauptteil der Afternhalde nicht von Hsl. aus kultiviert und ausgenützt worden sein kann, bzw. daß er vor der Anlage von Hsl. in Bau genommen wurde. — Wahrscheinlich ist der obere Afternhaldenweg, bzw. sein Anfang von Stgt. her, schon gemeint in: ... sita in staiga versus Aftirnhaldun (Lb. E. 1304, 4a). Vgl. 223. — Vgl. 128.

130. Afternhäldle. ęn dę̆ ǎfdərnhę̆ldlə.

Kleine Stücke am O-Hang einer flachen Einbuchtung beim südl. Eingang des Gäubahntunnels, ohne Nachmittagssonne. Die Wg. sind sehr schmal; sie sind im Besitz geringerer Leute, auf die die Besitzer von Afternhalden-Wg. heruntersehen. Entweder soll das Deminutiv die geringe Größe der einzelnen Stücke (deshalb im Besitz kleiner Leute) ausdrücken oder die geringere Güte des Weins dem übrigen Afternhaldengewächs gegenüber betonen (das erste vielleicht eine Folge des zweiten). Jedenfalls liegt in dem Fln. Spott, besonders da am gegenüberliegenden Hang der Einbuchtung die besten Wg. der ganzen Afternhalde liegen (143). Vgl. 128.

In der Afternhalde liegen ferner No. 131—149:

131. Berner.

Wg. der der Berner heisst und zu Stgt. in Afternhalden liegt (1380, UB. 56, 16). Vinea Afternhalden haisset der Berner (Lb. w. 1393, 16).

Fn. Berner (Pfaff 1, 381). Ein Konrad Berner scheint Anfang des 14. Jhs. dem Spital Eßlingen mehrere Wg. vermacht zu haben: im Ameisenberg (Pfaff 1, 381; WGQ. IV, No. 340) und in der Pleckethalde (Lb. E. 1304, 4 a). Es liegt nahe, anzunehmen, daß auch dieser Wg. in seinem Besitz war und auf gleiche Weise an das Eßlinger Spital überging, das ihn 1380 verkaufte (UB. No. 140).

132. Beunde II.

xx uss der Bûnden ze Afternhalden (Lb. w. 1393, 11.)

Erklärung s. 79.

133. Teiler. ẽm dǫilər.

Wg. im thyller (Steuerb. 1518). Wg. ob Hesslach im Theiller (Lb. w. 1540, Einl. 35/36). Wg. im Deiler (Steuerb. 1567). Wg. im Theyler (Steuerb. 1579). Affternhalden oder teyller genant (Überschr.) Stritt und Span in undern Affternhalden und dieller (!) genant (Unterg. 1648).

10—12 Wg. in der unteren Afternhalde. Der Fln. dürfte ursprünglich ein Besitzername gewesen sein. Der Fn. Tyler, den Bel. 1 fordert, 1480 für Stgt. belegt (UB. 375, 6 f., 13). — Das Gewand „im Tailer", das Pfaff (1, 455) für 1350 anführt (vgl. Neckarwein 25), kann wegen der Verschiedenheit des Tonvokals nicht hierher gehören. Falls nicht mangelhafte schriftliche Wiedergabe von Teiler vorliegt, muß dafür ein besonderes, örtlich nicht bestimmbares Gewand angenommen werden.

134. Eckhart.

Wg. zu Hässlach haisst der Eckhart (Lb. 1472, 56). Wg. im Eckhart (Steuerb. 1518). Wg. zu Hesslach genannt der Eckgart (Lb. w. 1542, 69). Gerade so: Lb. w. 1503, 1520, 1528, 1540. Wg. im Eckert (Steuerb. 1554).

Wahrscheinlich an der Afternhalde, da im 1. Bel. als Anstößer Eberlin Eberler genannt ist, der im „Kirchherr" Besitz hat (vgl. 115). Es wird immer nur $^1/_2$ M genannt. Fn. Eckhart in Stgt. seit 1350 belegt; Mitte und Ende des 15. Jhs. Eckharte in wichtigen öffentlichen Ämtern. Wahrscheinlich geht der Fln. auf einen von ihnen zurück. UB. 630. Pfaff 1, 387.

135. Erlacher.
1 M Wg. haisset der Erlacher underm Schilt (Lb. w. 1451, 66). Wg. haisst der Erlach (Lb. w. 1503, 64). Ebenso 1520, 71; 1528, 124; 1540, 120; 1542, 69.

Es liegt der entstellte Pn. Erlicher vor: de vinea Afftern-halden gelegen an dem Erlicher (Lb. w. 1393, 4; vgl. UB. 58, 1; 59, 5). Die zweite Entstellung zu Erlach (männl. Geschlecht!) im 16. Jh. durch Weglassen oder Übersehen der Schreiber-abkürzung für die Silbe -er zu erklären.

136. Kůningesberc.

apud Stůtgarten in Afternhaldun in monte qui dicitur Kůningesberc quatuor iugera vinearum insimul sita, ibidem sub via duo que dicuntur vinea Sculteti, ibidem unum quod dicitur vinea Morhardi Citvogels (1286, UB. 6, 21 ff. und WUB. IX 97).

Das Gewand dem „Kuonenberg" (Kornberg) gleichzusetzen (UB. 628), ist unberechtigt; in der Urkunde, in der es erscheint, ist bei der Aufzählung der Güter eine ganz bestimmte Ordnung von W über S nach N eingehalten, nach der der K. als eine Unterabteilung der Afternhalde parallel mit zwei andern eben dort an erster Stelle aufgeführt wird. Das Bestimmungswort ist ein Pn., wie auch die beiden andern Unterabteilungen der Afternhalde nach Personen genannt sind, die zur Zeit der Urkunde wohl noch am Leben waren. Pn. König ist von 1304 an belegt: dictus Kůnink de feodo vinee site ze Rainspurch (Lb. E. 1304, 3b). C. dictus Cůning de vinea sua sita in Stainihus (Lb. E. 1304, 4a). Pfaff 1, 399. Alem. XV, 36.

137. Vinea Morhardi Citvogels. S. 136.

Der Pn. Zitfogel kommt außerdem 1304 und 1350 vor (Pfaff 1, 425).

138. Vinea Sculteti. S. 136.

Vielleicht ist einer der beiden Schultheißen gemeint, die unter den Zeugen in der gleichen Urkunde erscheinen und die ersten Schultheißen von Stgt. sind, die genannt werden. (Pfaff 1, 426.)

139. Schild I.

Wg. heisset der Erlacher underm Schilt (Lb. w. 1451, 66). Wg. am Schilt (Lb. w. 1451, 64). Wg. zů Heslach heisset der Schilt (Lb. w. 1451,

63). Wg. zu Affternhalden an dem Schilt (Lb. w. 1472, 44). Belegt bis 1571.

Nach der Gestalt des Stücks (Vergleich mit der umgekehrten Form oder der Randform eines Schildes). Eine andere Möglichkeit der Deutung gibt Bazing (WVH. 1890, 272 f.), der bei vielen der mit „Schild" gebildeten On. an ein öffentliches Schutz- und Schirmverhältnis denkt. Eine sichere Entscheidung ist hier unmöglich, da Gestalt und Lage des Wg. unbekannt sind. Vgl. 301. 427. — Eberl 162. Keinath 68. Rheinwald 203.

140. Schliff I.

Wg. im Sliff (nach Besitzer und Angrenzer in der.Afternhalde — Lb. w. 1451, 63). Wg. zů Affternhalden im Schliff (Lb. w. 1472, 59). Ebenso: Lb. w. 1503, 1520, 1528, 1542.

Da es sich immer nur um 1¼ M Wg. handelt, liegt der Schluß nahe, daß der „Schliff" nicht viel größer war. Wo er genau lag, ist nicht festzustellen. S. 307.

141. Im Schrauten. ĕm šraǫdə.

Etwa 10 Wg. in der unteren Afternhalde beim Gebelsberg; weder in Lage noch im Bau von der Umgebung unterschieden. Wahrscheinlich Fn., wie bei mehreren Unterabteilungen der Afternhalde. Pn. Schrot, Schraut in Stgt. von 1447 an nicht selten, auch heute noch vertreten; z. B. besitzt Jacob Schrout 1490 Wg. im Reinsburg und in der Wanne, also ganz in der Nähe dieses Gewands (UB. No. 799). Mit schroten = umhauen, umbrechen (Keinath 44) und mhd. schrôt = Felsabsturz, jäher Abhang, Steilhang (Buck 249, Eberl 163, Miedel 12) hat der Fln. wohl nichts zu tun. Vgl. auch F. 5, 1149. UB. 658. Pfaff 1, 414. Adreßb. 1927, II, 510, 512.

142. Steinbis.

vinea Stainbys der der Filerösin wass (Lb. w. 1393, 7 u. a.). vinea Afternhalden am Stainbis (Lb. w. 1393, 14).

Der zweite Teil des Namens zu mhd. bôzen-schlagen, klopfen. Als entsprechende Substantive kommen mhd. vor: bôz, boz, bûz, biuz und das kollektive gebiuze. Die letzteren können hier vorliegen (Vorsilbe ga-, ge- in diesem Fall beim Vortreten eines Bestimmungsworts als Mittelglied unterdrückt; vgl. die On. auf -büttel [< gibutli, gibudli] — Germanica 153 f.) Die Schreibung mit y kann die entrundete Länge darstellen sollen; auch, wenn y als kurz aufgefaßt werden muß, ist die Kürzung des Vokals durch Tonentziehung in der Zusammensetzung denkbar (ähnlich: Burgstall u. a.), wobei der geschwächte Vokal vor dem palatalen s einen sehr geschlossenen, i-artigen Charakter angenommen hätte. — Bedeutung: 1. Steinbruch; es wird in Hsl. heute als möglich angesehen, daß in der obersten Afternhalde einmal Steinbrüche waren[7]). 2. Fast wahrscheinlicher: ursprünglicher Pn., wie er in Stgt. allerdings in älterer Zeit nicht belegt ist, aber (Steinbeis) heute vorkommt. Lex. 1, 291, 336, 756. DWB. 2, 268. F. 5, 1710. Buck 28. WJB. 1874 II, 211. Staa. 1875, 95. Bacmeister 71 f. MfHz. 6, 73. Eberl 142, 154. Keinath 4.

143. Völlmer (Pk. — Beiname von 210a Wg. in der oberen Afternhalde). ẹ̃m (ẹ̃n dẽ) fẹlmə.
vinea in Felman (Lb. w. 1350, 5a). vinea Vellman (Lb. w. 1393, 11). vinea am Fellman (Lb. w. 1393, 17). Wg. zů Affternhalden an xx heisset der Vellman (Lb. w. 1451, 18). Wg. im Velmar (1568, Rep. Stgt. w. I, Bü. 14a). Wg. der Fellman genannt (Lb. w. 1571, 805). Mein Weinberg abhin in dem Felma — daneben: Felman und Vellmann (1586, Rep. Stgt. w. I, Bü. 14a). xx verkauft an Herrn Johann Friedrichen Hertzogen . . . einen Morgen Weingarts im Fehllmar (1610, Rep. Stgt. w. I, Bü. 19). Im Völlmer (Prot. 1724).

Die besten Wg. in der Afternhalde beim südl. Eingang des Hasenbergtunnels am S-Hang einer flachen Einbuchtung (am N-Hang die „Afternhäldle") mit Morgen- und Mittagssonne. 1571 hat die Herrschaft 1 ½ M Wg. dort im eigenen Bau; 1586 kauft Herzog Ludwig, 1610 und 1614 Herzog Johann Friedrich noch andere Wg. (s. Bel.). — Aus dem Namen eines Besitzers hervorgegangen. Ob Bel. 3 noch Pn. oder schon Fln. ist, ist zweifelhaft. Geschlossenes ẹ und Schreibung mit ö weisen auf um-

---

[7]) Pfaff 1, 442 führt unter Afternhalde einen Wg. „unter dem Steinbruch" fürs 14. Jh. an, was sehr gut zur Ergänzung und Bestätigung paßte; seine Lesung wird jedoch unrichtig sein. 1350 (Lb. E. 1350, 32a) kommt vor: in Afternhaldun underm Stainbůch, 1304 heissst derselbe Wg.: in Aftirnhaldun sub Szhainbůch (Lb. E. 1304, 4a), und dieser Name ist als Fn. von 1304 an belegt (Pfaff, 1, 414; UB. 655.) Demnach ist die Stelle von 1350, die Pfaff wahrscheinlich meint, als offenkundige Verschreibung aufzufassen.

gelautetes o; der zweite Bestandteil -man ist unter der Hand
der Schreiber in unbetonter Stellung zu -mar, -mer geworden
(vgl. 519); in der mündlichen Form unbetontes -man erhalten.
Der Mann, auf den der Fln. zurückgeht, muß wohlhabend gewesen sein und eine gewisse Rolle gespielt haben, da er Wg. in
den besten Lagen besaß (vgl. 91), und da in zwei Fällen sein
Name auf seinen Besitz überging. Die Fn. Fellmann und Fellmer
kommen heute in Stgt. vor, wobei jedoch dahingestellt bleiben
muß, ob die Familien schon lange ansässig sind. Adreßb. 1927,
II, 130. Vgl. Heintze 177.

144. Luginsland. ŭf əm lúəgę̆nslănd.

Wenige M Wg. beim Restaurant „Waldhaus" auf dem Hasenberg, von denen man einen großartigen Ausblick auf das Heslacher Tal und das gegenüberliegende Degerloch hat. Hinter
dem Wg. ist die Stelle, wo nach der OAB (19) das „Belvedere"
lag (145). Von diesem Aussichtspunkt aus ist der Name des
Wg. zu erklären. Beziehungen etwa zu geschichtlichen Bauten
(Vollm. 61) darf man hier kaum annehmen. — Keinath 14.

145. Auf dem Rondell. ŭf əm rǫ̆ndę̆l.

Kreisförmige, steinerne Aussichtsplatte vor dem Restaurant
„Waldhaus" auf dem Hasenberg (etwa 1838 erbaut). OAB. 19
(ähnl. K. Büchele, Stgt. u. s. Umg. 1858, 342) wird die Platte
„Belvedere" genannt. Vgl. auch Karte der OAB. — Aussichtsturm auf dem Hasenberg erst 1879 erbaut. Vgl. 144.

146. Säunest. ę̆m sə́inę̆sd.

Wg. und Bg. unterhalb des Restaurants „Waldhaus" vom
Waldrand aus östl. Bei dem steilen und felsigen Gelände läge
es nahe, den Fln. als Bezeichnung des Widerwärtigen aufzufassen, wobei das Grundwort in übertragener Bedeutung gebraucht wäre; doch die Form Säu- weist eher auf ein Zurückgehen auf natürliche Verhältnisse, vielleicht Lagerplatz von Wildschweinen. Belegt ist an der Stelle selbst oder anstoßend „das
Säuhag": Wg. in der hindern oder obern Afftemhalden gegen
der Stadt zwischen den Egarten ainerseitz und dem Sewhag
anderseitz gelegen (Lb. w. 1571, 723). — „Nest" wird auch in
Verbindung mit andern Tieren, nicht nur mit Vögeln, gebraucht.

F. 5, 593, 600; 4, 1999. Schw. 4, 839. Miedel 50. Rheinwald 199.

147. Biegel I. ęm biəgl; biəgələ.

Bg. im hinteren Teil der Klinge, durch die heute der Weg (= Biegelweg) zum Haltepunkt Heslach der Gäubahn führt. Benennung von der Lage der Güter in dem engen Winkel. Biegel, mhd. biegel, zu biegen; mit Bühl (so Hartmann Staa. 1875, 95) hat es nichts zu tun. Vollm. 25. Rheinwald 224. Eberl 174. Keinath 65.

148. Aellmendle. ęm ęlmədlę.

Kleines Stück in einer Senkung am Biegelweg bei der Abzweigung des unteren Afternhaldenwegs; als eine Art Wildnis mit Gesträuch und Bäumen bewachsen. Dem Namen nach war das nicht sehr wertvolle Stück lange im Gemeindebesitz. – Der Umlaut im Deminutiv ist durchaus fest.

149. Scheihing. ęm šóięŋ.

Wenige Parzellen Wg. an einem S-Hang rechts am Biegelweg. Nach einem Besitzer. Da Sch. anscheinend kein Heslacher Fn. ist, ist es um so leichter begreiflich, daß er als Name eines Auswärtigen an dessen Besitz haften blieb. Hauptsitz der Weingärtnerfamilien des Namens ist Wangen-Untertürkheim. Ein Vertreter kommt noch heute auch als Weingärtner in Stgt. vor, woraus man vielleicht schließen darf, daß sein Zweig schon länger in Stgt. ansässig ist und vielleicht einmal die betreffenden Wg. bei Heslach besaß. — Adreßb. 1927, II, 478, 481.

150. Hasen. ęm (ęn dę̄) hāsə.

Wenige Bg., oberhalb der Benckendorff- und Hasenstraße leicht gegen die Afternhalde hinaufziehend. Im Pk. entspricht wahrscheinlich das sonst unbekannte Gewand „Aeckerle". Wohl nach einem Besitzer: 1. xx und Hans Hass von Vaihingen . . . Wg. zu Heslach heisset der Schilt (Lb. w. 1451, 63). 2. Wg. zu Hesslach am xx und dem Hasen von Ror (Lb. w. 1503, 24). Natürlich ist auch eine Benennung vom Tier aus mit Weglassung eines Grundworts möglich.

151. Aeckerle I. (Pk.-Bg.).

Beim Heslacher Friedhof, wohl mit 150 identisch. Da der

Name mündlich nicht belegt ist, kann es sich um Ein- oder Mehrzahl des Deminutivs handeln, ebenso gut auch um den Fn. Aeckerle. Wenn das letztere nicht zutrifft, weist die deminutive Form auf Kleinheit oder geringen Ertrag. Vgl. 150. 46.

152. Baumeister. (Pk.-Gg. Bg.). ẽm bəumǫe̥šdər.

An der Benckendorffstraße gegenüber dem Heslacher Friedhof. Der Fln. ist wenig mehr bekannt. Nach mündlicher Überlieferung war B. der Name einer Lehrersfamilie, die in mehreren Gliedern bis in die 40er Jahre des 19. Jhs. die Schulmeisterstelle in Heslach innehatte. Das Gewand war Schulbesoldungsgrundstück. Es scheint also in Hsl. der Fn. B. allmählich geradezu gleichbedeutend mit Schulmeister und Schule gebraucht worden zu sein.

153. Aspenwald. ẽm ášbəwăld.

Gegend um den Heslacher Friedhof, diesen selbst eingeschlossen; nach ehemaligem Bewuchs mit Espen. Man sagt in Hsl.: „Bacht, der kommt bald in den Aspenwald", wenn jemand dem Tod nahe ist (vgl. Prag). Amtlich wird das Gewand teilweise „Aeckerle" genannt.

154. Baumreute III. (Pk.-Bw.). ẽn dər bǫmrəidę.

Südwestl. vom Heslacher Friedhof an der Straße nach Kaltental. Von den 3 Baumreuten des Pk. und des Plans 1849 wird allein für diese der Fln. mündlich gebraucht. Bedeutung s. 51. Vgl. 116.

155. Claudelswiesen. (Pk.-W.). ẽn dę̆ glȯudləswīsə. Grundriß 1849: Claudle.

Ungefähr 1 M W. im Tal zu beiden Seiten der Vaihinger Straße von Müller- bis jenseits der Benckendorffstraße. Form und Schreibung legen die Ableitung von einem Pn. (Claudle zu Claudius) nahe. Claudle (1849) ließe an eine Bildung durch Anhängung des Deminutivsuffixes -le (mit der Bedeutung: kleines Grundstück) an den Pn. Claude denken. Später wäre der Pn. falsch aufgefaßt und mit dem Grundwort Wiesen versehen worden. Da Claudius als männlicher Vorname selten ist, ist die Benennung eines Gewands nach einem Träger des Namens gut begreiflich. F. 4, 460. Rheinwald 39 f., 212.

156. **Krautgärten.** ĕn dę́ grə́ugę̄rdə.
Belege s. 157! Bezeichnung anscheinend oft für „im Unfrieden" gebraucht, besonders für den Teil nahe bei Heslach, wobei im einen Fall der Bewuchs, im andern das äußere Merkmal, durch das das Gewand aus der Umgebung heraustrat, betont wurde. Zwischen Müller- und Ulmenstraße waren noch Ende des letzten Jhs. die Heslacher Gemüsegärten. Krautgärten waren Felder, die mit der Hacke bebaut und mit Kraut, Rüben, Erbsen, Linsen, Flachs u. a. bepflanzt wurden. Sie bildeten einen der Teile, in die sich die alte Markung der Bewirtschaftung nach gliederte und lagen meist dicht am Dorf. — In der Aussprache hat sich der Dental dem folgenden Guttural assimiliert. Vgl. 157. 158. 159. 25. Miedel 48. Albv. 20, 117 f. Knapp I, 184 f., 394.

157. **Unfrieden.** (Pk.-Bw. Länder). ĕm ǫ́frīdə.
Wisen ob den Krautgarten (unter: Wisen ob und unter Heslach — Lb. w. 1540, 274 ff.). Der gemein Fleck Hesslach zinst järlich usser einem tagwerk Krutgarten im Unfridt zwischen dem Bach und xx gelegen (Lb. g. 1558, 296). Wisen ob, auch zwischen den Krautgärten, die Unfrid genannt (Lb. w. 1571, 473). Die Gemaindt zu Hesslach usser zwelff Stuck Krautgartens zu Hesslach im Unfrid so vor Jaren ain Manssmad wisen gewest (Lb. g. 1582, 200). Wisen oberhalb Hesslach zwischen xx Acker und den Unfridt Krautgärten gelegen (Lb. g. 1701, 390).

Im Tal zwischen Vaibinger, Möhringer und Burgstallstraße, von der Neugreut- ungefähr bis zur Ulmenstraße gegen das alte Heslach. Den Lb.-Bel. nach handelte es sich um Krautgärten im Gemeindebesitz. Krautgärten lagen meist im Innern des Eschlands und waren von diesem durch Zäune aufs peinlichste getrennt (Ztschr. d. hist. Ver. f. Schwab. 29, 29). Dieser abgegrenzte Platz wurde hier „im Umfried" (< mhd. umbe + vride, vrit = Einfriedigung, eingehegter Raum) genannt, volksetymologisch zu „im Unfrieden" entstellt. Daß besonders der Teil nahe bei Heslach gern „in den Krautgärten" genannt wurde, erklärt sich daraus, daß die Krautgärten näher beim Dorf schon länger bestanden, während das Gewand „im Unfrieden" erst später eingezäunt und zu Krautgärten gemacht wurde; in dieser Richtung weist auch die Bemerkung im 4. Bel. „so vor Jaren ain Manssmad wisen gewest". So bekam erst das neu gewonnene Krautland den Namen im vollen Gegensatz zum freien Wiesenland, zu dem es selbst lange gehört hatte. — Ein Fn. U. ist im alten Stgt. nicht belegt. — „Unfunden" (Pfaff 1, 455) muß Irrtum sein. Vgl. 156. 158. 159. Buck 74. Miedel 52. Vollm. 47. Eberl 150. Keinath 45, 59. — Knapp 1, 283, 394.

158. Krautgartengäßle. (Pk. 35, 142: das Krautgartengäßchen). gróugārdəgḙslḙ, auch bloß: gḙslḙ.
Im Pk. Feldweg genannt. Die heutige Vaihinger und Möhringer Straße vom Ort Heslach in die „Krautgärten", bald in die Straße nach Kaltental mündend. Das Gäßlein war wohl zu beiden Seiten eingezäunt (Bezeichnung Gasse!) und lief innerhalb der Umfriedigung der Krautgärten. Vgl. 156. Miedel 73. Becker 45. Vollm. 56. Rheinwald 135. Keinath 71.

159. Torwiesen. (Pk.-Bw.). ḙn dḙ dǫrwīsə.
Zwischen Bach und Böblinger Straße vom Südheimer Platz bis zur Neugreutstraße, früher unter den Begriff „Wiesen ob Heslach" fallend. Nach dem Fln. an einem Tor, d. h. Durchgang durch eine Einfriedigung gelegen. Es kommen 2 Tore in Betracht: 1. „Sewthor", eingezeichnet als Tor im Wildzaun auf dem Plan des Kräherwalds (Lb. F. 1682, 260) an der Stelle, wo der Wald links von der Ziegelklinge die Kaltentaler Straße (= Böblinger Straße, heute Wagenhalle der Straßenbahn) berührt. 2. Zugang zum anstoßenden Gewand „im Unfrieden"; es könnte sich um einen Zugang am Krautgartengäßle (158) handeln, vielleicht da, wo es in die Kaltentaler Straße mündete; hier treffen die Gewande T. und „im Unfrieden" zusammen. Die Benennung von Tor 1 aus ist wahrscheinlicher; noch Anfang des letzten Jhs. sei an der Stelle ein Tor oder Schlagbaum (Überlieferung unsicher) gewesen.

160. Gereut. (Bg.). ḙm grəit, Plur: grəidər.
Noval Weinzehend im Gereuth und Neugereuth zu Hesslach (Lb. g. 1745, 131).

Bg. am unteren Teil des Vorsprungs, auf dessen Höhe das „Neugereut" liegt, das von diesem „Gereut" aus benannt wurde. — ahd. giriuti, mhd. geriute, mit Kollektivpräfix ahd. gi- zu ahd.

riut = ausgereutetes Stück Land gebildet. Vgl. 161. Alem. 10, 197. Miedel 59. Rheinwald 136. Keinath 43. — Knapp I, 155.

161. **Neugereut.** (Pk.-Bw.). ę̆m nəigrəit.
Im neuen Gereüth (Prot. 1724). Neugereit wengert (1731. 8tädt. Arch. B, Bü. 16). Noval Weinzehend im Gereuth und Neugereuth zu Hesslach (Überschr.). 35 M . . . Wg. und Bg. im Gereuth und Neugereuth hinter Hesslach, zwischen dem Pfarrweeg gen Bothnang einer-, anderseits gegen denen Wissen dem gemeinen Güterweg gelegen oben auf den Wildzaun unten die Kaltentalerstrassen stossend (Lb. g. 1745, 131).

Oberer Teil des Bergvorsprungs zwischen Ziegelklinge und Biegelweg (Weg zum Haltepunkt Heslach); S- und NO-Hang, oberer Teil schon im Stubensandstein (Wg. heute nur ausnahmsweise). Da der Novalzehnte zum erstenmal 1745/46 erscheint, dürfte noch Anfang des 18. Jhs. der Wald „Heslacher Wand" das Gebiet bedeckt haben; vom einstigen Wald in der Gegend habe man noch in der 1. Hälfte des 19. Jhs. gewußt. Im Alltagsverkehr statt Neugereut i. a. Heslacher (162). — Neugereut, im Gegensatz zum Gereut, das schon vorher dagewesen sein muß. — In Neugreutstraße hat die Form mit unterdrücktem e der Vorsilbe ge- auch im Schriftbild Eingang gefunden. S. 160.

162. **In den Heslachern.** ę̆n dę̆ (ę̆m) hę̆sliχər.
Anläßlich einer Statistik der städt. Wälder: In der Haydenklingen und dem Heßlacher (undat.; städt. Arch. I, Bü. 57).

Amtlich: „Neugereut" (161). Sprachlich: Adjektiv eines On. mit Ellipse des Hauptworts, sodaß keine Verbindung mit dem zu bezeichnenden Flurstück hergestellt ist; der Art des Gebiets nach ist am ehesten „Gereute" zu ergänzen. – Zur Bedeutung des Adjektivs: es ist möglich, daß 1. das Gebiet erst nach der Rodung H. genannt wurde, und daß das Adjektiv die Besitzer der Gereute bezeichnet, oder 2., daß dieses schon vor der Rodung Heslacher Besitz meinte, der von dem der Stadt Stgt. gehörenden „Bürgerwald" umgeben war; Heslach war aber immer von Stgt. abhängig und hatte keinen eigenen Gemeindewald (vgl. Lb. F: 1583: Hösslach, Stuttgarter Ampts – diser Fleck hatt kein Waldt). Privater Waldbesitz ist nicht nachzuweisen. Eine 3. Möglichkeit ist, daß das Adjektiv von dem Namen der unmittelbar anstoßenden „Heslacher Wand" herkommt, bzw. dasselbe Adjektiv ist; zweifelles hatte der einstige Wald des Neugereuts auch zur „Heslacher Wand" gehört. „Wand" wurde nun unterdrückt und das freie Adjektiv in Geschlecht und Zahl an „Gereut" angeschlossen. Die beiden Formen hatten ja Gemeinsames im Nom. Sing. bzw. Nom Plur.; deshalb wäre der Übergang umso leichter gewesen; es kann beim Übergang auch eine Form wie „Heslacher Rain" für „Heslacher Wand" (allerdings nur einmal belegt s. 164!) eine Rolle gespielt haben. Wenn man auf diese Deutungshilfe verzichten will, könnte „Heslacher" noch so erklärt werden, daß das Waldstück den Heslacher Bürgern im besonderen zu gewissen Nutzungen zugewiesen war. Darauf könnte vielleicht ein Beleg von 1760 weisen: „die Haydenklingen zwischen der Stadt und der Burger Wald auch Heßlacher Wald" (städt. Arch. I. Bü. 57) und gerade auch der Umstand, daß der Wald später von und für Heslach gereutet wurde. Vgl. 173. ZfdM. 6 (1905) 362 ff. Rheinwald 39 f., 147. Eberl 30 f.

163. Ziegelwiesen, Ziegelstücklen, Ziegelklinge. (Pk.-W). ęn dę̣ tsiəglwīsə; ęn dər tsiəglglę̄ŋə.

Im untern Teil der Ziegelklinge. Mittelteil in einem dreiteiligen Ziegelhüttenwiesen unterdrückt. Nach Pfaff (1, 296) stand eine herrschaftliche Ziegelhütte schon 1448 dort; sie wurde 1584 an den Fuß der Weinsteige versetzt (13). 1863 wurde hier die Bihlsche Ziegelei errichtet (Böblinger Str. 226). Von früheren Belegen gehören her:

aigne Ziegelhütten der Herrschaft (Überschr.). Die Ziegelhütt oberhalb Hesslach in der Seitzenklingen . . . Ziegelhütt + 3 M Wisen mit Zugehörd, gelegen zwischen der Burger zu Stuttgarten Wälden beederseitz, stosst oben uff der Herrschaft Würtemberg aigen Wisen (Lb. w. 1571, 136). Wisen der Herrschaft in der Seitzenklingen oberhalb Heslach, bey und an der Ziegelhütten (Lb. w. 1571, 124). Häslacher Zigelwiese (Lb. F. 1682, 260).

Vgl. 164. 177. Merk. 1904, 5.

164. Seitzenklinge.

Wisen zu Seitzenklingen zwuschen sein selbs Acker und der Burger Wald gelegen (Lb. w. 1528, 275). In der Seutzencling zwischen dem Burgerwald beiderseits gelegen (Lb. w. 1540, 281). Wiesen der Herrschaft in der Seitzenklingen, oberhalb Heslach bey . . . der Ziegelhütten (Lb. w. 1571, 124). Die Ziegelhütt oberhalb Hesslach in der Seitzenklingen (Lb. w. 1571, 136).

Nach den Bel. identisch mit 163. Das Bestimmungswort ist schw. Gen. Sing. eines Pn. Ein Sitz von Wangen hat 1447 Besitz im Eiernest (UB. 165, 8); 1451: ½ M Wg. zu Heslach am Sitzen von Wangen (Lb. w. 1451, 13); andere Seitze sind 1393 und 1542 genannt. Pfaffs Annahme (1, 296, 454) einer Klinge dieses Namens am Fuße der Weinsteige ist falsch und muß auf einer Verwechslung (Ziegelhütten an beiden Stellen) beruhen (Rep. Stgt. w. I, Bü. 13). — Der Fln. ist bis 1571 belegt. Vgl. 13. Heintze 336 f.

165. Heslacher Brunnen.

Wisen und Wald by dem Hesslacher Bronnen (Lb. w. 1520, 192). Acker und Wisen bym Bronnen zwischen der Statt Wald und xx (Lb. g. No. 2004). Wg., W. und A., bei dem Heslacher Pronnen, zwischen dem Fuosspfad so in der Burger zu Stutgarten Wald geht ainerseitz . . . stossen oben auf gemeiner Statt Stutgarten Wald (Lb. w. 1571, 336).

Wahrscheinlich der Brunnen bei der Ziegelhütte (Pfaff 1, 296), am Ende der Ziegelklinge. Heute ist in der Gegend kein Brunnen bekannt. Da der Wald „Heslacher Wand" und das Gewand im „Heslacher" an die Ziegelklinge stoßen, ist anzunehmen, daß der Name für den Brunnen mit diesen beiden zusammengehört. Vgl. 162.

166. Hummelwiesen. (Pk.-W.). Pfaff 1, 447: Hagenwiesen I.

ęn dę hǫmlwısə.

1, 22 ha W. in städt. Besitz am „Sandweg", gegenüber von Südheim. Die Wiesen standen dem Faselviehhalter zur Verfügung. Vgl. 348. F. 3, 1866.

167. Waldstückle II (Pk.: Heslacher Wand; A. Bw.).

ęn dę wåldšdĭglə.

Zu beiden Seiten des unteren „Sandwegs" von der Ziegelklinge bis etwa zur Leonberger Straße. Das Gebiet am Übergang vom Bunten Mergel zum Stubensandstein ist noch auf Plan 1849 als bewaldet dargestellt (1848 wird von Rodung und Verkauf von 22 M Wald in dieser Gegend gesprochen — städt. Arch. B, Bü. 18). — Wie bei W. I lebt auch hier der frühere Name noch im amtlichen Gebrauch weiter. Manchmal wird das Gewand auch „am Sandweg" genannt. Vgl. 54. 215.

168. Ob dem tiefen Graben.
Wisen ob dem tieffen Graben (Lb. w. 1520, 189). Wiese genannt die Haydenklingen . . . ob dem Tiefen Graben zwischen deren von Stuttgardt Wäld gelegen (1564, Rep. Stgt. w. I, Bü. 9). Wiesen im Tieffen Graben zwischen dem Altenbach und der gemeinen Statt Wald gelegen (Lb. w. 1571, 468). Wiesen ob dem tieffen Graben zwischen dem Altenbach und dem Degerlocher Waldt gelegen (Lb. g. 1558, 537).

Die Grundstücke in den Lb. meist unter der Überschrift „Wiesen ob und unter Heslach" geführt. Der Fln. kommt heute nur noch in „Tiefengrabenbrücke" vor. Linkes Nebental des Nesenbachs, die steile, tief eingeschnittene „Heidenklinge", die beim Eisemannwerk (früher Weiffenbach) ausmündet. „Graben" scheint hier die Bedeutung von Schlucht mit Wasserlauf[8]) zu haben; die sonst allgemeine Bedeutung: mehr oder weniger gerader Wasserlauf in der Ebene ist sachlich hier ausgeschlossen. Der Bach in der Klinge bildet in seinem oberen Teil die „Wasserfälle". In ihn mündet der 1566/75 gebaute Abfluß des Pfaffensees, der „Christophstollen". Vgl. 170. 180. 193. F. 3, 778. Schw. 2, 678. Vollm. 21. Rheinwald 138, 167. Keinath 17. — Sachlich: Pfaff 1, 83 f.

169. Tiefengrabenbrücke. dıəfəgrábəbrŭg.
S. 170. 168.

170. Teufelsbrücke. dóiflsbrĭglę̆.
Mallmstaller Huot . . . gehet . . . weiters der Bach hinauf biss zur Teuffelsbrück (Lb. F. 1682, 244). Teuffelsbrückle (Lb. F. 1682, 260). Teufelsbruck (Kieser, Forstk. 192).

Brücke, auf der die Kaltentaler Straße den Heidenklingenbach unmittelbar vor seinem Einmünden in den Nesenbach überschreitet. Name leicht an die Heidenklinge anzuschließen und mit dieser aus vor- oder frühgeschichtlichen Resten zu erklären (Spukgestalten). Es ist an der Stelle nicht geheuer. Auch sonst sind Brücken als die Aufenthaltsorte von Geistern und Verwünschten bekannt (DWB. 2, 415). Sprachlich ist andererseits ein Zusammenhang mit „tief" von dem „Tiefen Graben" (168) her nicht ausgeschlossen (tief, mhd. tief, oberd. tiuf, mit Teufel,

---

[8]) Vgl. Herrschaftswiesen . . . zwischen . . . und dem Graben, die Haidenkling gelegen (Lb. w. 1571, 122).

mhd. tiuvel, tievel, vermengt; Vollm. faßt Teufel- und Teufelsin Zusammensetzungen manchmal so auf). Gerade im Zusammenhang mit der „Heidenklinge" ist aber eine Erklärung ohne die Einwirkung von tief vielleicht vorzuziehen. In Zusammensetzungen mit Wegbezeichnungen gibt „Teufel" bisweilen Hinweise auf alte (nach Paulus römische) Verkehrswege. – Schrift. d. württ. Altert.- Ver. 4 (1856), 22. Miedel 68. Vollm. 59 und Bayr. Hefte f. Volksk. 9 (1922), 110. Keinath 95, 17.

171. **Kaltentaler Tal.** (Pk.-W.). skhăldẹ̆dál.
W. ob dem tiefen Graben — unter: Kaltental (Lb. w. 1520, 189). W. zu Kaltental — unter: Wiesen ob und unter Heslach (Lb. w. 1540, 279). Herrschaftswiesen oberhalb Häslach im Kaltental zwischen der Burger zu Stutgarten Wald (Lb. w. 1571, 117).

Das Tal oberhalb des Einzugs der Heidenklinge (W., fast ganz in Staatsbesitz). Das sehr enge Tal bildet von der Heslacher Seite aus den einzigen unbehinderten Luftzugang für den Stuttgarter Kessel. Die Bezeichnung gilt von der Stelle an, wo das Tal seine Richtung von NNO nach NO ändert. Ursprünglich hat wohl das ganze obere Nesenbachtal, auch jenseits der Stgt. Markungsgrenze, so geheißen (Stellenbezeichn. > On. Kaltental). Die amtliche Form (auch auf Plan 1849) faßt den Fln. irrtümlich nicht als primär auf, sondern als sekundär vom On. aus. In der gesprochenen Form werden die Bestandteile noch als gesonderte Wörter gebraucht. OAB. Amt 169 f.

172. **Spitzwiese** (Pk. — OAB. 8.). ẹ̆n dər šbĭ̆tswīs (selten gebraucht).

Unterer Teil des „Kaltentals"; von der spitzigen Form zwischen Landstraße und Weg von der Heidenklinge her.

Der Wald westlich von Heslach.
(No. 173 — 194).

173. **Heslacher Wand.** (Pk.). ẹ̆n dər hẹsliɣər wănt.
Heslacher Wandt (Lb. F. 1682, 260). Die Hesslacher Wandt stosst obenher auf den undern Burgerwaldt allwohin die Strass auf Magstett gehet, unden aber auf die Wüssen und Strass Kaltental zuogehendt, einerseits abermalen den undern Burgerwaldt, anderseitz aber die Afternhaldten Weingardt stossendt, hat gemischt Holz und ist ein Haw. 140 M 98 Rut. (Lb. F. 1699, 720). — Der Art

der Erwähnung nach in einer Aufzählung der Waldteile sind gleichbedeutend wie Heslacher Wand. 1. Heslacher Rain: in anno 1580 . . . beschriben Wintterhalden, Hasenberg, Vogelgsang . . . Haidenkling und Heßlacher rhein (in später. Abschrift; städt. Arch. I, Bü. 57) und 2. das bloße „Heslacher": in der Haydenklingen und dem Hesslacher (undat.; städt. Arch. I, Bü. 57).

Der Wald östl. einer Linie Sophienbrunnen—Sandweghütte—Heidenklinge ganz allgemein so genannt. Er reichte früher von der Fortsetzung der Hasenbergsteige bis an die heutige Böblinger Straße und östl. ungefähr bis zu einer Linie vom Friedhof Heslach bis zum Hasenbergturm. Bei Hsl. später „Gereut", „Neugereut" und „Waldstückle II" gerodet. In das Gebiet fällt hauptsächlich der steile Anstieg zur Hasenberghöhe, westl. und nordwestl. von Hsl.; geologisch gehört der untere Teil dem Bunten Mergel, der obere, größere, dem Stubensandstein an. Unmittelbar an das Neugereut anstoßend, liegt im Wald ein verlassener Stubensandsteinbruch, der i. a. nicht gerade hoch ist, sich aber ziemlich lang an einem Waldweg hinzieht. In Hsl. bringt man den Fln., zweifellos mit Recht, mit diesem Steinbruch in Verbindung. Die Grundbedeutung wäre also Wand = Felswand, von dem Steinbruch auf das ganze anstoßende Waldgebiet übertragen. Das Adjektiv bezeichnet wohl die Lage bei Hsl.; u. U. könnte den Namen ein Heslacher, der Besitzer des Steinbruchs gewesen wäre, veranlaßt haben. — Vgl. 162. 167. — Buck 292. Miedel 12. Rheinwald 157. Eberl 165. Keinath 16.

174. Buchenbrunnen I.
Buechenbron (1699; städt. Arch. B, Bü. 15).

Als Brunnenstube im Waldteil Heslacher Wand eingezeichnet. Name wohl von der Lage des Brunnens bei einer oder mehreren Buchen. Vgl. 341.

175. Tannenwäldlein.
Klein Tannenwälttle (Lb. F. 1682, 260). Tanwälttle (Kieser, Forstk. 192). Stuttgarter Wald in Mademer Huoth: Das Tannenwäldlin oben daran [näml. der Heslacher Wand] so erwachsen [3 M weniger 5 Rut. 9 Schue] (Lb. F. 1699, 721).

Wenig südl. des Hasenbergturms; in den Wäldern um Stgt. war Tannenwald selten und fiel auf. Nach Pfaff soll das erste

Tannenwäldchen i. J. 1600 durch Herzog Friedrich I. auf der Höhe des Bopsers angelegt worden sein. Vgl. „Birkenwäldlein" in der Nähe, das auch aus der Umgebung heraustrat. — Über den Grund dafür, daß T. hier als Fln. behandelt wird, s. 249. Pfaff 1, 279. Hartm., Gesch. 184.

176. Binsenplatte. (Distrikt III, Abt. 2.) bĕntsəblădə.
Die sog. Binsenplatte, ein ehemaliger Sumpf, der früher mit keinem Holz bewachsen war und vor 10 Jahren mit Erlen und Eschen angepflanzt wurde (als Unterabt. der „Ziegelklinge" aufgeführt in einer Beschreibung der Stadtwaldungen 1827/28; städt. Arch. B, Bü. 18).
Waldstück mit nassen Stellen südl. des Sophienbrunnens, links vom Anfang der Ziegelklinge; benannt nach dem auffallenden Bewuchs einer Stelle mitten im Stubensandsteingebiet. mhd. binez̧. Eine hinreichende Erklärung gibt der Beleg. Keinath 32.

177. Ziegelklinge. tsiəglglĕṇə.
Nicht allgemein gebraucht. Der Name bezeichnet 1. den Wald um die Klinge, die unterhalb der Heidenklinge von links in den Nesenbach geht, etwa bis zur Gäubahn (so auch Plan 1849); 2. die Ziegelwiesen im unteren Teil der Klinge. — Nach der herrschaftlichen Ziegelhütte. Wie „Ziegelwiesen" wohl mit Unterdrückung eines Mittelglieds gebildet. Vgl. 164, 163.

178. Sandebene I. (Distr. III, Abt. 3.) ŭf dər săndębənę̆.
Unterabteilung der „Heslacher Wand": Ein Theil dieser Wand ligt eben die sogenannte Sandebene. ... Die Ebene ist durch vieles Laubrechnen verdorben und schlechter Sandboden (Ende 18. Jh.; städt. Arch. I, Bü. 57).
Fln. jüngeren Ursprungs; er findet sich außer in dem angegebenen Beleg 1. auf der der OAB. beigegebenen Karte, 2. auf der Geognost. Karte von Wbg. Bl. 16 (1864), 3. auf Flk. XXIV, 6. Dagegen heißt der betreffende Wald auf Plan 1807: Unterer Bürgerwald; auf Plan 1849 fällt er zum Teil in das mit „Ziegelklinge" benannte Gebiet. Wald zu beiden Seiten des „Sandwegs", besonders aber auf der Seite gegen Stgt. hin, etwa von der Gäubahn bis zur Bürgerallee. Das Gebiet (Stubensandstein) steigt nur noch sehr mäßig im Vergleich zu dem ersten steilen Anstieg vom Heslacher Tal her (Ebene). Der Fln. wird benützt, doch ist er nicht so bekannt wie „Sandweg", von dem aus

er wohl auch gebildet worden ist (zweiteilig statt dreiteilig). Vgl. 215. 63.

179. Bopserle I. (Distr. III, Abt. 15.) bǫ̆bsərlę̆.

Gerundeter Abfall der „Sandebene" gegen den Ausgang der Heidenklinge und gegen das Nesenbachtal. Die Gestalt gleicht ziemlich genau der einer Halbkugel. Gerade diese Kugelform wird bei mündlichen Beschreibungen dieses heute ersten Walds rechts der Leonberger Straße von Heslach aus immer hervorgehoben. — Name wahrscheinlich vom „Bopser" übertragen, worauf auch das Fehlen des Umlauts weist. Vgl. 614.

180. Heidenklinge. (Pk.). ę̆n dər hǫ̈ędəglę̆nə.

de prato in Haydenklingen (Lb. w. 1350, 7 a). de prato in der Haiden Klingen (Lb. w. 1393, 1). Wisen under der Heydenklingen (Lb. w. 1451, 3). W. under der Haidenklingen (Lb. w. 1472, 55). W. in der Haidenclingen zwuschen xx und dem Tieffengraben gelegen (Lb. w. 1528, 276). W., genannt die Haydenklingen, . . . in der Klingen herab, ob dem Tiefen Graben zwischen deren von Stgt. Wäld gelegen (Rep. Stgt. w. I, Bü. 9 — 1564). Herrschaftswiesen oberhalb Hesslach in der Haidenklingen zwischen der Burger zu Stutgarten Wald, und dem Graben, die Haidenkling gelegen (Lb. w. 1571, 122). Stuttgarter Wald in Mademer Huoth: Die Haydenklingen, stosst oben und neben auf den undern Burgerwaldt, unden die Hesslacher Wandt, auf der andern Seiten aber den Zwickenberg, ist gemischt Holtz, ein Haw — 105 M 87 Rut. (Lb. F. 1699, 720).

Wilde Klinge mit Wasserlauf = „Tiefer Graben" (beide Namen, besonders bei der Ausmündung ins Nesenbachtal, gelegentlich füreinander gebraucht). Das Gebiet unmittelbar unterhalb der Einmündung des „Tiefen Grabens" in den Nesenbach wurde mit „unter der Heidenklingen", das oberhalb mit „ob dem Tiefen Graben" bezeichnet. Im oberen Teil der Klinge die „Stuttgarter Wasserfälle". — Seiner Form nach bedeutet das Bestimmungswort den Nichtchristen (paganus). Sehr viele derartige Zusammensetzungen beziehen sich deutlich auf Reste vor- und frühgeschichtlicher Bevölkerung, vielfach auf die Römer (Paret, Röm. in Wbg. III, 253, und z. B. 320, 392; WJB. 1874, II, 209; Korr. Bl. f. Anthrop. XXVI (1895), 51 f.). E. Schneider erinnert für den vorliegenden Fall an die „Gallenklinge" auf der entgegengesetzten Seite des Birkenkopfes und sieht in den beiden Fln. Hinweise auf einen zeitweiligen Zustand während der Christianisierung im 8. Jh. (WVH. 1919, 7; Staa. 1921, 144); Goeßler lehnt die Kombination als nicht sehr wahrscheinlich ab (68, 88). Schneider redet allerdings nicht wie Paulus nach einer „in die frühesten Zeiten hinaufreichenden Volkssage" (OAB. 453; WJB. 1875, II, 173) von einem Heiligtum in der feuchten Klinge, wie Goeßler offenbar seine Ausführungen auffaßt, sondern ganz allgemein von einem Fortleben des Heidentums auf der S-Seite des Birkenkopfs. — Trotzdem scheint der Fln. doch eher eine Deutung von vor- oder frühgeschichtlichen Resten aus zu verlangen, da in der Umgegend manche Benennung leicht mit solchen in Zusammenhang gebracht werden kann: diesseits des Nesenbachtals vielleicht Rotes Steiglein, Teufelsbrücke, jenseits: Burgstall, Brand. — Es bestehen noch andere Deutungsmöglichkeiten: ohne Beziehung auf Geschichtliches wurde die tiefe, wilde Schlucht mit ihren Steinblöcken und Felsstücken dem „Ungefügen, Unbändigen aus heidnischer Vorzeit" verglichen und erhielt daher ihren Namen, oder geht dieser auf den Geschlechtsnamen Heid zurück, der 1447 für Stgt. belegt ist (UB. 639). Vgl. 168. 193. F. 3, 1336. Alem. XV, 35 f. Vollm. 62. Eberl 40, 128 f. Keinath 97.

181. Wolfsklinge I.

Wolfsklingenbach, wohl irrtümlich für Heidenklingenbach auf Plan Lb. F. 1682, 260; wahrscheinlich hätte der Schreiber den Namen für den nächstoberen linken Nebenbach des Nesenbachs verwenden sollen; diese nächste Klinge, später „Eselsklinge", hieß allem Anschein nach einmal Wolfsklinge nach dem dabeiliegenden „Wolfersberg" (Wolffsperg Lb. F. 1556, 131, Mark. Kaltental); Name also wohl zweiteilig statt dreiteilig (Wolfsbergklinge). Vgl.: Die Herrschaft hat Wald gekauft in der Wolffs Clingen bey Kaltental zwischen . . . und deren von Eßlingen Wald gelegen (Lb. w. 1540, 15). Vgl. 187.

182. Sauklinge. (Distr. III, Abt. 17; Pk.) ẽn dər səuglẽŋə.

Tief eingeschnittene und enge, wasserführende Nebenklinge der Heidenklinge von N her, heute von Gäubahn und Leonberger Straße überquert. Fln. wohl neueren Ursprungs zum Ausdruck der Geringschätzung. Natürlich kann er sich auch auf das Tier beziehen; das wäre jedoch wahrscheinlicher bei einem Bestimmungswort im Pluralis. Vgl. 183.

183. Sackträger. (Plan 1849.)
Als Unterabteilung der „Heidenklinge" genannt Der sogenannte Sackträger, eine nordöstliche steile Bergwand, die sich gegen den tiefen Graben hinzieht (1827/28; städt. Arch. B, Bü. 18).
Rechter Hang der Sauklinge. Ein Weg, auf dem Säcke getragen wurden, sei es von Menschen oder von Eseln, also wohl Zugang zu einer Mühle, darf in der engen Klinge nicht angenommen werden; es ließe sich auch kein Ausgangsort für einen solchen finden. Wenn der Waldname nicht durch Zufall (vielleicht auch Gespenstererscheinung) entstanden ist, deutet er auf ein Besitz- oder Rechtsverhältnis (öffentliche Nutzungen). Die Sackträger waren im Mittelalter berufsmäßige Träger, vielfach in Zünfte vereinigt: in Ingolstadt und Augsburg z. B. waren sie zugleich Stadtwächter, also öffentliche Angestellte, denen Nutzungen aus Gemeindewald wohl zustehen konnten. In Stgt. waren im 19. Jh. (nach der Fruchtmarktordnung vom 16. 10. 1811) Sackträger zum Auf- und Abladen der Säcke im Kornhaus angestellt. — Lex. 2, 568. DWB. 8, 1627. Schmeller 1, 653; 2, 221. F. 5, 528. — Pfaff 2, 412.

184. Vogelrain. (Distr. IV, Abt. 4; Plan 1849.) ĕm fǫ́glrǭę̄ (selten gebraucht).
... im Zwickenberg, worunter der sogenannte Vogel Rain und Vogel Ebene begriffen (1760; städt. Arch. I, Bü. 57).
Hang der „Vogelebene" zum Nesenbachtal von der Esels- bis zur Heidenklinge. Wahrscheinlich „Vogelebene" davon abgeleitet. — Auf dem Plan des Kräherwalds (Lb. F. 1682, 260) heißt die Stelle „Zwickenbergshalden" (S. 186. 185).

185. Zwickenbergshalden. (Lb. F. 1682, 260.)
Heute: Vogelrain s. 184. 191.

186. Vogelebene. (Distr. IV, Abt. 5.) üf dər fǫ́glē̜bənę̆.
Vogel Ebene (1760; s. 184!).
Stubensandsteinebene am Rande der Markung bei der Pfaffenwaldhütte zwischen Eselsklinge, Nesenbachtal und Klemarxenklinge. Der Hang gegen den Nesenbach heißt „Vogelrain". Die beiden

Namen hängen eng miteinander zusammen (Mittelgliedunterdrückung in dreiteiliger Zusammensetzung). Im Pk. läuft das Gebiet unter „Zwickenberg", zu dem es auch in den Lb. gerechnet wird (auch Plan 1807), vgl. 184.

187. **Eselsklinge.** Esels Klinge (Plan 1849). ęslsglēŋə. Erste Klinge, die auf Stuttgarter Markung von links ins Nesenbachtal mündet. Wenig oberhalb ihrer Ausmündung lag noch auf Kaltent. Markung die untere Kaltentaler- oder Eselsmühle (vgl. OAB. Amt 174, vgl. 189). Wohl für Eselsmühlklinge. Wahrscheinlich hat die Klinge einmal „Wolfsklinge" geheißen (s. 181). – Albv. 10 (1898), 388. Keinath 68. – Auf Geognost. Spezialk. von Wbg. (1864) Blatt 28 und Top. Atl. 1 : 50000 Bl. 16 heißt „Eselsklinge" die Klinge zwischen „Wesel" und „Kohlhau" rechts des Nesenbachs.

188. **Toten-Manns-Brunnenstube.**
Toden Manns Bronnenstub (1731; städt. Arch. B, Bü. 16).
Auf einem Waldplan bei der Eselsklinge an der Markungsgrenze gegen Kaltental eingetragen. Wahrscheinlich Ereignisname nach einem männlichen Toten.

189. **Müllerwäldle.** (Plan 1849).
Gnädigste Herrschaft hat ein Höltzlen an des Müllers in der Esellmühl Hölztle (Lb. F. 1682, 261). Ein Wäldlin ob der Esselmühl liegt zwischen des Esellmüllers Waldt und der Statt Stgt. Zwickenberg (Lb. F. 1699, 484). Müllerwäldle (Plan 1849; OAB. Amt 174).
Kleines Stück Wald zwischen der Markungsgrenze gegen Kaltental und dem Bach in der Eselsklinge. Kurz oberhalb des Einzugs dieser Klinge ins Nesenbachtal lag die untere Kaltentaleroder Eselsmühle, deren Besitzer nach Bel. 1 und 2 der Wald gehörte. OAB. Amt 174.

190. **Klemarxenklinge.** (Distr. IV, Abt. 3; Plan 1849).
Wasserführende, tiefe Klinge, die beim früher Weiffenbachschen Anwesen von rechts in den „Tiefen Graben" mündet. Ohne Zweifel nach einem Besitzer (Klemm + Markus?) des Waldstücks benannt. Der Fln. ist kaum bekannt.

191. **Zwickenberg I.** (Distr. IV.) ęm tswĭgəbęrg.
W. oben im Tal under dem Schwickenberg (Lb. w. 1472, 55). . . . stat ain stain am angend des Zwickenbergs (Grenzb. 1508). W. underm Zwicken-

berg — unter: „Wiesen ob und unter Heslach" (Lb. w. 1540, 281). W. ob dem Tieffen Graben . . . stossen oben an Zwickenperg (Lb. g. 1558, 538). Ein Wäldlin ob der Esselmühl liegt zwischen des Esselmüllers Waldt und der Statt Stgt. Zwickenberg (Lb. F. 1699, 484). Heute außer im forstwirtschaftlichen Gebrauch hauptsächlich für den nördl. Teil eines bewaldeten Bergstücks zwischen Eselsklinge, Nesenbachtal und Heidenklinge, das durch die Klemarxenklinge in eine nördl. und südl. Hälfte gespalten wird. Die Hochfläche des Bergs, auf der die Markungsgrenze gegen Vaihingen verläuft, reicht westl. bis zum Anstieg der Liasebene des „Pfaffenwalds". Der Teil südl. der Klemarxenklinge heißt jetzt „Vogelebene" und „Vogelrain"; dagegen hieß früher (noch Plan 1807) der ganze Berg Z. ohne Rücksicht auf die Trennung durch die Klinge, wie heute noch in der forstlichen Einteilung als Distr. IV. — Name von der keilförmigen Lage in der Gabel Nesenbachtal—Heidenklinge: Zwick(e) = Zwickel = keilförmiger Einsatz (F. gibt fürs Schwäb. nur Zwick an) — die Lage des Bergs stimmt mit der der Örtlichkeiten im Schwarzwald, die „Zwickgabel" heißen, genau überein (vgl. z. B. Württ. Top. Atl. 1 : 25 000, Bl. 91). — 1554 kaufte die Stadt hier 6 M Wald; 1699 wie heute ist das Gebiet ganz in ihrem Besitz. Vgl. 827. — F. 6, 1450 f. Buck 314. Miedel 25. Vollm. 25. Eberl 181. WJB. 1914, 242.

192. Insel. ůf dər ẹnsl.

Nach früherer Einteilung Abt.-Name in Walddistr. III für ein steilabfallendes, kleines Bergstück, auf dem heute das Rudolf-Sofienstift steht; der Hügel ist von allen Seiten künstlich vom übrigen Wald abgeschnitten: im S und O durch die Leonberger Straße, im N und W durch die Gäubahn. Der Name, rein bildlich, konnte erst entstehen, als nach Erbauung der Gäubahn die Abschneidung durchgeführt war; heute wieder außer Gebrauch.

193a. Am Kürnstein.

Der 111 margstain im Pfaffenwald am Kirnstein (Grenzb. 1559). ain Margstain am Pfaffenwald genannt am Kürnstein ist bezeichnet mit No. 111 (Grenzb. 1578; ähnl. in den Grenzb. bis 1721).

Es scheint ein Markstein mit „Kirnstein" gemeint zu sein.

Ein sehr großer Markstein No. 111 steht heute oberhalb der Wasserfälle westl. der Leonberger Straße; die Lage stimmt mit der in den Bel. angegebenen überein. Im Bestimmungswort mhd. kürne stf. = Mühle; wahrscheinlich soll damit das Material (Sandstein wie zu Mühlsteinen) bezeichnet werden (Grenzb. 1533 heißt der K.: ain alter Sandstain am Weg. Grenzb. 1553 heißt es von anderen Steinen: steet ein newer Sandstein ... danach baß hinab steet aber ein Kirnstein); der jetzige Stein unterscheidet sich stofflich nicht von denen der Umgebung (Sandsteine); die Bezeichnung muß also auf ältere Verhältnisse zurückgehen.

193 b. Christophstollen. (Distr. III, Abt. 10.) grī́sdǫ̆fšdǫ̆lə.

Unterirdische Wasserleitung vom Pfaffensee in die Heidenklinge, ursprünglich für die Nesenbachmüller; zugleich mit der Anlegung des Sees unter Herzog Christoph 1566 gebaut, aber erst unter Herzog Ludwig 1575 vollendet. S. 194! — Pfaff 1, 81 ff. OAB. Amt 12 f. Hartm., Chronik 68, 207, 213.

194. Pfaffendohle. (Distr. III, Abt. 13.) pfắfədǫl.

Waldstück am Anfang der Heidenklinge, unter dem der „Christophstollen" verläuft. Ohne Zweifel der ursprünglich volkstümliche Name für die Wasserleitung, die dann auf den Wald übertragen wurde. Der Stollen nimmt am Pfaffensee seinen Anfang, daher das Bestimmungswort. -see als Mittelstück in dem dreiteiligen Kompositum „Pfaffenseedohle" unterdrückt. Vgl. 193.

C. Fln., die in den Abschnitt I fallen, aber örtlich nicht genau festgelegt werden können:
(No. 195—204).

195. Berger.

Vinea Häslach haisst der Berger (Lb. w. 1393, 17). vinea Häslach nebem Berger (Lb. w. 1393, 17). Wg. zú Heslach heisset der Berger (Lb. w. 1451, 64). Ebenso Lb. w. 1472, 59. Wg. am Berger (Steuerb. 1518).

Fn. Berger; vgl.: de vinea in dem Forst der des Bergers was (Lb. w. 1393, 32); Wilhelm Berger — 1413 (UB. 95, 31).

196. Eigenlin.

de vinea haisset das Aigenlin (Lb. w. 1393, 17).

Besitzer aus Kaltental; Wg. ist mitten unter Heslacher Wg.

aufgeführt; er lag also wohl bei Hsl. Deminutiv zu „Eigen" = kleiner Wg. im Eigenbesitz. Dieser Begriff von „eigen" tritt etwa seit dem 13. Jh. auf und steht häufig im Gegensatz zu „Lehen". Das Wort wird gerne als Fln. verwendet, da eigene, freie Grundstücke selten waren und deshalb auffielen. Mhd. eigen stn. — F. 2, 569 f. Schw. 1, 146. Ernst, Grundeig. 67, 86. Knapp I, 394 ff., 202; II, 108 f.

197. Jud.

Vinea dicitur Jud (Lb. w. 1350, 3 b). Vinea Häslach haisst der Jud (Lb. w. 1393, 17). Wg. zů Heslach am Juden (Lb. w. 1451, 66).

Besitz eines Juden. Juden in Stgt. sind 1350 urkundlich belegt (Lb. w. 1350 Judengasse und Judenschule aufgeführt). Mhd. jude, jüde. WVH. 1890, 273 f. Pfaff 1, 21, 312.

198. Lurlunberg.

Vinea Lurlunberg — [an g ist ein Abkürzungszeichen für -er, bzw. -re angefügt] (Lb. w. 1350, 1 b). Vinea Häslach Lurlunberg (Lb. w. 1393, 17).

Daß die genaue Lage des Gewands nicht bekannt ist, macht eine Deutung des dunklen Namens noch schwieriger. Am besten aufzufassen als zweiteiliges Kompositum, dessen Bestimmungswort Deminutiv ist. In den Lb. von 1350 und 1393 und gelegentlich später finden sich auch andere Belege, wo -lun deutlich für -lin steht; z. B. Richlunberg, Ecklun (Lb. w. 1393, 74 f., Lb. w. 1466, 6 a, 10 b); Formen wie Gablunberg, Gablunbrunnen, wo u berechtigt ist, und die in den Lb. teilweise in unmittelbarer Nähe stehen, haben wohl die Vokalform vermittelt. Es ist also für die Deutung ein lurlinberg anzusetzen. In lurkann vorliegen: 1. mhd. lûre, lûr, stf. = Lauer, Hinterhalt, 2. mhd. lûre, swm. = schlauer, hinterlistiger Mensch, Schelm, 3. Fn. Lur, der 1487 in Stuttgart belegt ist (UB. 458, 6). Die Möglichkeit, daß der Fln. durch Ausfall eines Mittelglieds oder durch Kontraktion ganz verdunkelt ist, muß daneben immer im Auge behalten werden. Vgl. das Auftreten des gleichen oder eines ähnlichen Namens in Lurlenbad (277). — Lex. 1, 1989 f. F. 4, 1029 f. Schöpf, Tirol. Id. 373.

199. Pfenning.

Vinea Häslach haisst das Pfenninglin (Lb. w. 1393, 16). Wg. zů Hässlach genannt das Pfenninglin (Lb. w. 1472, 56). Wg. zu Hässlach genannt der

Pfening (Lb. w. 1503, 61). Wg. zu Hesslach genannt der Pfennig (Lb. w. 1528, 123). Wisen so vorhin ein Weingart gewesen, ob Hesslach, im Pfenning genannt (Lb. g. 1701, 852).

Nach Aussagen eines Heslachers ist es möglich, daß der Fln. im letzten Jh. noch vorkam; er kann zurückzuführen sein auf: 1. Münzfunde, 2. geringen Wert des Stücks; vielleicht auf eine tatsächlich einmal bezahlte kleine Kaufsumme, 3. Abgabe, die auf dem Grundstück lastete, 4. Pn.— bel. Pfenningin (Lb. w. 1350, 3 b), 6 b), Pfenning Wingarter 1488 (UB. 465, 22), Hanns Pfening Múlhúser (Lb. w. 1503, 37). Sicheres ist nicht bekannt. Mhd. phenninc, phennic. Der Nasal vor dem Guttural ist, wie heute noch in der Ma. in allen Bel. außer im 4., wo Schreibfehler vorliegen kann, erhalten. — Buck 106 (Heller). Heck 50. Keinath 57.

200. Prügel.

2 M akers ligent am Kaltentaler Weg an Spitals aigen by dem prúegel (Lb. E. 1436, 51). Wg. im Prügel — 1508 (Pfaff 1, 451).

Sehr fraglich, ob Bel. 2 dasselbe meint wie 1. Die Schreibung in 1 mit umgelautetem Diphthong weist auf die Bedeutung „Brühl", ebenso der Gebrauch des bestimmten Artikels. Da bei Hsl. die sachliche Anschließungsmöglichkeit für einen „Brühl" fehlt, ist die Ableitung von einem Pn. aber wahrscheinlicher, besonders auch, da hier vielfach einzelne Grundstücke nach ihrem Besitzer genannt sind. Der betr. Pn. kommt vor: Hanns Brügel us 1 ½ M Wg. zu Affternhalden (unter: Vógingen zinst gen Stgt. — Lb. w. 1451, 63); Wg. im Lehen am Hannsen Brúgel (Lb. w. 1472, 21; Pfaff 1, 384). Es ist auffallend, daß der Name und die für die Erklärung wesentliche Schreibung nur ein einziges Mal und dazu in einem Eßlinger Lb. belegt sind.

201. Siglin.

vinea Häslach haisst Siglin (Lb. w. 1393, 17).

Fn. S. von 1304 an in Stuttgart belegt. Pfaff 1, 415 (UB. 659).

202. Stockwiese.

auf der Stockwisen (Prot. [Wiesen] 1724).

Angeführt als „in der Baumreute" (welcher? 51, 116, 154?)

gelegen. Stock kann als Bild- oder Zollstock aufgefaßt werden; oder zu Stockbrunnen gehörend? — F. 1, 1112. 5, 1778. 6, 1258. Keinath 74, 80.

203. Utzenbronnen.

4½ Tw. wisen bym Uotzen Bronnen (Lb. g. 1536, 78).

Lage bei Hsl. nicht sicher. Von dem sehr häufigen Vor- und Familiennamen Utz. — Pfaff 1, 420. UB. 674. Förstem. I, 1176. F. 6, 312.

204. Vogelweide.

Wg. zu Haslach genant die Vogel wādt (!) (Lb. w. 1510, 23). Wg. zu Hesslach genant die Vogellwayd (Lb. w. 1527, 27). Ebenso Lb. w. 1528, 412.

1510, 1527 und 1528 als Neubruch aufgeführt, also vorher wohl bewaldet. Von dem im Mittelalter beliebten Vogelfang: Ort, wo Vögel eingefangen wurden. - Lex. 3, 428. Buck 289. Jacobs 208 f. Keinath 77.

D. Wege und Wasserläufe im Abschnitt I, soweit sie nicht nur in ein bestimmtes Gewand fallen und bei diesem aufgeführt sind:

(No. 205—219.)

205. Besetzter Weg I, Steinweg.

Us siner wisen und Garten im Furt an dem besetzten Weg (Lb. w. 1451, 29).

Besetzen, nämlich mit Steinen = pflastern. Der „Besetzte Weg" in Stgt. schlechthin war die spätere Büchsenstraße auf dem „Turnieracker"; er ist um 1530 (Lb. g. No. 2004; Pfaff: 1537) zum erstenmal erwähnt und bekam 1811 seinen neuen Namen (Pfaff 1, 36; 2, 552). Im vorliegenden Fall ist wahrscheinlich der Weg vom Hauptstätter Tor zur Weinsteige gemeint, die wie die meisten Landstraßen in der Umgebung Stgts. von der Stadt gepflastert werden mußte. Vielleicht hieß die Strecke später „Steinweg", jedenfalls kommt sie bei Munder einmal unter dem Namen vor [9]. F. 1, 916. Schw. 7, 1698 (1 b β). Pfaff 1, 181.

206. Furtweg, Furtbachweg. (Pk.: Furtbachweg.) fűrdbăχ-węglę̆, fűrdwęglę̆.

---

[9] Stadtgl. 1844/45, 164: „nicht fern vor dem Haupstätterthor, da wo der Weg vom Gaisrain in den Heslacher Steinweg mündet . . ." gemeint ist das „Lindle", wo die Paulinen- auf die Hauptstätter Straße trifft.

W. im Furth zwischen dem Furthbach und Hesslacher bach stosst oben uf den gemainen Furthweg (Lb. g. 1582, 211). Im letzten Jh. besserer Fußweg, von der Kreuzung der Tübinger und Paulinenstraße in der Richtung der Furtbachstraße, Anfahrt zur Frechschen Mühle (Nähermühle), von dort parallel dem „Klötzlesbach" zur Kleinen Schweiz. Der Name galt nur bis zur Mühle. Früher ging der Weg vom Seeltor aus. — Der Weg führte im ganzen am Furtbach hin. Furtweg kann selbständig vom Gewand „Furt" hergeleitet werden, durch das der Weg mitten durchführte. Vgl. 3. E. Schweizerbarth-Roth, Erinnerungen einer alten Stuttgarterin (Stgt. 1925), 28.

207. **Heslacher Fußpfad.**

W. im Furt . . . stossen oben an die Strassen und unden an den Hesslacher Fusspfad (Lb. g. 1558, 524). W. im Furth stossen . . . unden uff den Hesslacher Pfad (Lb. g. 1582, 214). Fußweg, wohl in der Nähe des Bachs vom Seeltor nach Hsl.

208. **Reinsburger Weg.** Alte Straße. rę̄šbŭrgwę̄g, dę̆ ăld šdrǫ̆s.

de orto H. dicti am Rain sita am wege qua itur da hin gen Rainspurg (Lb. E. 1334, 4a und 1350, 31b). vinee . . . ze Rainspurg ob dem wege (Lb. E. 1334, 3b und 1350, 31a). de vinea sua sita ze Rainspurg underm dem wege (Lb. E. 1334, 8a). Garten am weg gen Rainspurg usshin (Lb. E. 1402, 66). Neben dem Rainspurger Weg seien zween stain . . . Wg. im Kröpffach (Lb. w. 1571, 36).

Weg von Stgt. ins Gewand Reinsburg und nach Hsl. In ältester Zeit scheint der Weg zusammen mit der Hasenbergsteige vom Oberen Tor ausgegangen zu sein, dann halblinks abgebogen und auf ziemlich gleicher Höhe am S-Hang des Reinsburghügels hin nach Hsl. geführt zu haben; sein Zug ist heute ungefähr: Marien-, Mörikestraße und unterer Wannenweg (s. die 4 ersten Bel.). Später, als die Mauer der Oberen Vorstadt den Durchgang zum Oberen Tor sperrte, Ausgang vom Rotebühltor: Rotebühlstraße, Silberburgstraße bei der „Silberburg" Vereinigung mit der alten Verbindung (5. Bel.). — Der Weg wird als sehr steinig beschrieben (Schweizerbarth-Roth [s. 205] 27); er sei etwa 4–5 m breit gewesen. Es besteht kaum ein Zweifel, daß er zu den ältesten Weinbergwegen um Stgt. gehört; wahrscheinlich stellt er die älteste Verbindung zwischen Stgt. und den Weilern Böhmisreute und Hsl. dar (Alte Straße!).

209. Böhmisreuteweg. bărməsrəide̊wĕg, bĕmĭsrəide̊wĕg.

W. an der Weinstaig . . . stosst unden an Behamsreüt weg (Lb. g. 1558, 530). W. zu Behamsreüt (Lb. g. 1558, 533). W. zu Böhmbsreüthen stosst . . . unden uf den Böhmbsreütter Weeg (Lb. g. 1701, 327).

S. 47.

210. Stuttgarter Weg I.

W. by der Kirchen zwuschen xx und dem Stuttgarter Weg (Lb. g. 1558, 537).

Straße von Hsl. über die Tannenmühle und die Ziegelhütte an der Weinsteige zum Hauptstätter Tor. Benennung geht von Hsl. aus.

211. Kaltentaler Straße.

A. ligent am Kaltentaler weg (Lb. E. 1436, 51). Wg. und Bg. im Gereuth und Neugereuth . . . oben auff den Wildzaun unten die Kaltentalerstrassen stossend (Lb. g. 1745, 131). Unter denen Neugereuth Wg. herfür biss auff die Strassen gen Kaltental (Lb. g. 1745, 139).

Von Hsl. das Nesenbachtal aufwärts nach Kaltental; bis 1809 ohne Fortsetzung nach Vaihingen–Böblingen. OAB. 279.

212. Wannenweg. wănəwĕg.

Wg. in der Wannen stossen oben uff den Affternhaldenweg und unden auff den gemainen Wannenweg (Lb. w. 1571, 318).

Guter Weinbergweg, der vom „Ecksteigle" mitten durch „Wannen" und „Gebelsberg" führt und hinter Heslach in den Biegelweg mündet. Heute offizieller Name „Wannenstraße". Vgl. 104. 107.

213. Möhringer Steig, -Weg. Böhmisreuter Steig. šdəig.

stain am Móringer styg (Grenzb. 1508, gelegentlich auch in den ff. Grenzb.; ausnahmsweise 1553: an der Möringer staig). Wg. zu Arnest . . . . stosst unden uff den Möringer Steig (Lb. w. 1571, 240), Wg. underm Arnester Weg zwischen dem Möringer Steig und der Haanklingen gelegen (Lb. g. 1700, 25). Wisen stossen oben uf die Weinsteig und unden an den Möhringer Weg (Lb. g. 1701, 399). – an dem gemelten Holtz [Lerchenrain] bas hinumb an Behamsrůtter styg (Grenzb. 1508 ff.).

Noch heute heißt ein Weg von der Lerchenrainschule aus an den Schießbahnen vorbei zur Möhringer Heide „Steig" (nur noch im Wald vorhanden). Wahrscheinlich ist er die Fortsetzung des in den Lb. genannten Wegs, der durch das „Eiernest" geführt hat. Nach Bel. 4 muß die Bezeichnung schon in der Gegend der Tannenmühle gebraucht worden sein; allerdings heißt es da den natürlichen Verhältnissen entsprechend „Weg". Hier muß der Möhringer Weg mit dem Böhmisreuteweg zusammengefallen sein, von dem er dann abging. — „Böhmisreuter Steig" dem näheren Hinweis (Lerchenrain) nach vielleicht dasselbe; dann eben als Fortsetzung des Böhmisreutewegs gedacht und danach ohne Rücksicht auf sein weiteres Ziel benannt.

214. Pfarrwegle. pfărwęglę.

Wg. und Bg. im Gereuth und Neugereuth zwischen dem Pfarr-weeg gen Bothnang . . . Lb. g. 1745, 131). Unter den Wg. dem Pfarrweg nach hinauff auff den 4. Stein (Lb. g. 1745, 139).

Der Weg folgte von Hsl. aus zunächst dem Biegelweg (Fortsetzung der Hasenstraße), um bald nach links abzubiegen und nur als Fußweg über den Sophienbrunnen an die Geißeiche und dann der Straße folgend nach Botnang zu führen. Schon die Deminutivform zeigt, daß es sich bei Hsl., wo der Name nur vorkommt, bloß um einen Fußweg handelte, der die Fahrstraße Botnang—Hsl. (= Sandweg) abschnitt und unmittelbar auf die Heslacher Kirche zuführte. Benannt nach dem Benützer, dem Botnanger Pfarrer, der (vom Ende des 16. Jhs.?) bis 1751 auch Hsl. zu versorgen hatte (vgl. S. 11). pfăr gekürzt < Pfarrer, mhd. pfarraere, in der Ma. weithin gebräuchlich, gleichlautend mit dem Wort für Pfarre, das für die Ableitung des vorliegenden Fln. aber nicht in Frage kommt. — F. 1, 1013 f. Keinath 73, 88.

215. Sandweg. (Pk.) săndwęg.

Vornen aber, wo diese Wand gegen den Sandweg an die Heßlacher Wand hinstoßt (Ende 18. Jh.; städt. Arch. I, Bü. 57).

Verbindungsweg zwischen Hsl. und Botnang am Fuß des Birkenkopfs und an der Geißeiche vorbei; früher ganz im Wald, jetzt liegen „Waldstückle II", die manchmal auch „am S." genannt werden, und „Hummelwiese" am unteren Ende. Zunächst führt der Weg durch Bunten Mergel, dann durch das Waldgebiet des Stubensandsteins (auf der Höhe „Sandebene"); die Bezeichnung „S." gilt nur zwischen Hsl. und Birkenkopf. Vgl. 178.

216. Brunnenweg.

Garten zu Heslach . . stossen oben uff den Bronnen Weg und unden uff die gemaine Strass (Lb. w. 1571, 470).

Wohl ein Weg vom Ort Hsl. zum Schlenklesbrunnen gemeint. Vgl. 119.

217. Viehweg I.

A. zu Hässlach am vich wege an xx wisen gelegen stosst an der Burger Wald (Lb. w. 1472, 56). A. zu Hässlach am Vichweg . . . stosst an der Burger Wald (Lb. w. 1503, 62). A. zu Hesslach inn (!) Vichweg (Lb. w. 1528, 188). Ebenso auch: Lb. w. 1540 und 1542.

Es muß ein Weg vom Ort Hsl. in den westl. Wald gemeint sein, auf dem das Vieh ausgetrieben wurde. Solche Wege waren genau bestimmt und abgezäunt zum Schutz der Äcker und Wiesen. Heute ist nur ein solcher Weg in den südl. Wald bekannt 53. Becker 78. Rheinwald 130.

218. Mühlbach II, Mühlgraben I; Spital- und Tannenmühlbach, Schlettelmühlbach, Klötzle.

1. Ain gůtt zů Behams Reuttin . . stosst . . . unden an Mülbach (Lb. g. No. 2004). W. by der Thanna Müllin zwüschen xx wisen und den beeden Mülbechen gelegen stosst oben an Mülbach und unden an den alten Bach (Lb. g. 1558, 532). W. zu Beheims Reittin . . . stossen oben uf den Mühlgraben und unden uff den Hesslacher Bach (Lb. g. 1582, 231). — 2. vinea sita ze Rainspurg ob Rôrlinsmůlin contigua vinee dicti Ungerihte an Rôrlins mŭlgraben (Lb. E. 1334, 3 b). Pratum . . . iuxta mollendinum dicti Rôrlin und ziehent den mŭlgraben uf (Lb. E. 1350, 30 a). W. underm Rainspurg zwischen dem Mühl- und dem alten bach gelegen (Lb. g. 1582, 227).

1. Im Pk.: der Spital- und Tannenmühlbach. In Hsl.: mīlbăχ.

Auf der Höhe vom alten Hsl. rechts vom Nesenbach abgeleitet zur Tannen- und Spitalmühle, später schon im „Buiziballen" abgehend, um auch noch die 1848 erbaute Karlsmühle unter dem „Burgstall" zu speisen.

2. Im Pk.: der Schlettel- (auch daneben Schlettes-) Mühlbach. glętsləsbăχ; sglętslę.

In der „Kleinen Schweiz" links vom Nesenbach abgeleitet zur Nähermühle, die im 18. Jh. „von ihrem vieljährigen Besitzer

Abraham Schlette den Namen Schlettesmühle" erhalten hatte (Pfaff 2, 383). In Stgt. bezeichnete man den Mühlbach 2, vielleicht auch den Mühlbach 1, als glḙtsləsbä̆χ oder glḙtslḙ. Im Gegensatz zum wasserarmen, schmutzigen Nesenbach habe dieser immer genügend klares Wasser geführt (deshalb gern zum Baden benützt); seine Ufer seien mit Weiden und Haselbüschen bestanden gewesen. Der Name hängt mit der Sägmühle bei der Kleinen Schweiz zusammen. „Klotz" = das auf eine bestimmte Länge (4,5 — 6 m) zugesägte Stammstück, das in der Sägmühle in Bretter geschnitten werden soll. F. 4, 503. DWB. 5, 1248. Merk. 24. 9. 27 (Knödler, Sägm. im nördl. Schwarzw.). — In Mühlbach und Mühlgraben bezeichnet Bach und Graben einen künstlichen Wasserlauf.

219. Teuchellage. dóiχllāg.

Heslacher Bezeichnung für die im 1. Drittel des letzten Jhs. angelegten See- und Trinkwasserleitungen von den Seen im Rotwildpark bzw. von den Quellen im Heslacher Tal über die Heidenklinge oben am Heslacher Friedhof vorbei, in einem Stollen unter dem Sattelrücken zwischen Reinsburghügel und Hasenberg durch zum Feuersee und weiter zum Seelein auf dem Bollwerk. Das Wasser lief in bedeckten Rinnen aus Sandstein, die mit Mörtel fest verkittet waren. Teuchel mhd. tiuchel = Wasserleitungsrohr (meist aus Holz) im Boden. Die Bedeutung, die F. (2, 166) für das Kompositum angibt, trifft hier nicht zu; vielmehr scheint -lage in Stgt. allgemein zur Bezeichnung von einer Wasserleitung im Boden verwendet worden zu sein [10]). Das Substantiv steht hier in ganz enger Bedeutungsverbindung mit dem Verbum (vgl. ein Rohr, eine Leitung legen) und bedeutet: Platz, Strecke, wo Teuchel liegen. Keinath 74. — Zur Sache: Pfaff 2, 106 f. OAB. 11, 302. WJB. 1853, II, 175 f.

---

[10] „Durch eine 2 Stunden lange Rinnenlage aus Sandstein" OAB. 302 — es ist eben diese Teuchellage gemeint. — Bronenquell, welche . . . zum Faßen taugenlich ist, und die teichel Lag bey 70 teichel erfordern möchte (1699; städt. Arch. B, Bü. 15). — Lauf der Schlenklensquelle in Heslach gefaßt und zu einem Gemeinds Brunnen unten an der Chaussée mit einer irdenen Deuchellag eingerichtet (1810; städt. Arch. D, Bü. 42).

E. Namen einzelner Gebäude in Heslach und in der Böhmisreute.
220. Bei der Kirche.
W. by der Kirchen (Lb. w. 1472, 30). Ähnlich auch in späteren Lb.
Die alte Heslacher Kirche stand auf dem Platz vor der alten Schule, wo sich Böblinger, Vaihinger, Ulmen- und Buchenstraße treffen bzw. kreuzen.

221. Bachmuseum. băχmŭsę̈ǫ̈m.
Ehemals großes Haus in der Vaihinger Straße unmittelbar am Bach; in dem Haus wohnten 4—5 Familien, die man die băχ- mŭsję̈ (= monsieurs) nannte; davon abgeleitet „Bachmuseum".

222. Schafstall. šǫ̈fšdăl.
Langes, einstockiges Haus mit großem Dach, einem Schafstall vergleichbar, in der Böhmisreute, das für sehr alt gehalten wird.

II. Zwischen der Straße nach Calw und dem Botnanger Weg
(vom Rotebildtor-Feuersee aus).

223. Hasenbergsteige. hāsəbę̈rgšdǫ̈ęg,
vinearum . . . siti in staiga versus Aftirnhaldun (Lb. E. 1304, 4 a). vinea uf der Staig — [unter: Kaltental zinst gen Stgt.; der Bel. steht mitten unter Gütern bei Heslach] (Lb. w. 1393, 17). Wg. zů Heslach an der Steig gelegen (Lb. w. 1451, 63). Wg. zů Affternhalden an der Staig (Lb. w. 1472, 58). Wg. zu Hasenberg zwuschen . . . und dem Staiglin (Lb. w. 1520, 66 f.). Beschreibung der Botnanger Hut: Durch den Stuttgardter Krähwald durch bis zum Hasenberger Thor, diesse Hasenberger Strassen weiter fort, dem Hasenberger Bronn vorbey, an den Wg. hin bis wieder zu der Statt Stuttgardter Rotenbilthor (Lb. F. 1682, 376). Auch: Haasenberg-Strass genannt (Lb. F. 1682, 244). Das Rotenwäldlin liegt einerseits und zwar oben an die Strass uff Leonberg zue (Lb. F. 1699, 647). Strass von Teinach (beim Feuersee, — Plan 1743). Botnanger Huoth nimbt ihren Anfang zue Stuttgardt vorm rothen Bildthor und gehet der Strass nach den Haassenberg hinauf (Lb. F. 1699, 32).

Ohne Zweifel ist die Hasenbergsteige gemeint im 1., 4., 6. und 9. Bel., wahrscheinlich im 3. und 5., (keine Steige bei Hsl. außer der Weinsteige, die aber nicht so unmittelbar hergerechnet wird), wenn es sich hier nicht auf einen Weg ohne Durchgang bezieht (der „Herdweg I" wohl nicht gemeint, da kurz vorher mehrmals genannt), möglicherweise auch im 2. Bel. — Der Name gilt heute vom Gänsepeterbrunnen an aufwärts. Ob er unter den Weingärtnern gebraucht wurde, ist unsicher; i. a. habe man gesagt: de hāsəbe̥rg nŭf (vgl. 9. Bel.). — Stuttgart zu fand die Steige, die am N-Hang des allmählich sich in die Tiefe ziehenden Hasenbergvorsprungs nach O hart unterhalb des Grats verläuft, durch Umgehung des Reinsburghügels an seinem N-Fuß ihre natürliche Fortsetzung im Rappenweg (= Reinsburgstraße), der unmittelbar auf das „Obere Tor" an der Breiten Straße zuführte. Später, als nach der Befestigung der Oberen Vorstadt kein Durchgang zum Oberen Tor mehr war, wurde die Hasenbergsteige mit Hilfe mehrerer unorganischer Biegungen über die heutige Hasenberg- und Rotebühlstraße aufs Rotebildtor geführt. Von der Kreuzung der Hasenberg- und Rotebühlstraße lief sie zusammen mit Herdweg I. (Fortsetzung der Straße auf der Höhe s. 224.) — Vom gleichen Punkt des Hasenbergs aus (ungefähr Aussichtsturm) standen dem Verkehr ins Tal zur Verfügung: 1. die Steige, 2. der Herdweg, der zuerst einer steilen Schlucht, dann einem breiten Tal folgt. Diese Möglichkeit des doppelten Abstiegs hat Hertlein öfter bei der Führung vorgeschichtlicher Wege festgestellt. Auf vorgeschichtliche Beziehungen der Gegend deuten ein Wohnplatz aus der mittleren Steinzeit am Birkenkopf und die Grabhügel aus der spätesten Hallstattzeit etwa 200 m westl. des Auseinandergehens der beiden Wege auf dem Hasenberg, die nach Goeßler auch an einer „uralten Verbindung des Neckartals und seiner angrenzenden Höhen mit der Filderhochebene, die auf den Höhen nördl. des Stgt. Kessels lief", liegen. — Die Funktion der Steige als Verkehrsträger in der Richtung Calw ist seit den 50er Jahren des letzten Jhs. von der von Hsl. ausgehenden Leonberger Straße übernommen worden. Vgl. 268. 227. — Goeßler 27 f.; ders., Tagl. 1919, 581. Württ. Studien 172 (Hertlein). Württemberg, Monatsschrift, Juli 1930, 346.

224. Magstadter Straße.

Landtstrass von Stuttgardt nach Magstatt (Lb. F. 1682, 260). Der ober Burgerwaldt stoss einerseits an die Leonberger anderseits die Magstetter Strass, unden an . . . Der under Burgerwaldt stosst einerseits an die Heydenkling, anderseits die Magstetter Strass (Lb. F. 1699, 720). Die

Hesslacher Wandt stosst obenher auf den undern Burgerwaldt allwohin die Strass auf Magstett gehet (Lb. F. 1699, 720 f.). Strass von Teinach (Plan 1743).

Die Hasenbergsteige von Stgt. her folgt am Sophienbrunnen der heutigen Bürgerallee bis zum Christophstollen, von wo an die jetzige Straße nach Magstadt von Hsl. her die alte Straße (Verbindung nach Calw) aufnimmt. — Das e im 2. Bel. muß nicht Umlauts-e sein; es kann nur zur Darstellung des Indifferenzlauts verwendet worden sein, wie er heute gesprochen wird: mǫ̈gšdəd (vgl. 3. Bel.). Die Straße von Hsl. nach Magstadt, von der beim Christophstollen die Leonberger Straße abgeht, wurde erst in den 50er Jahren des letzten Jhs. gebaut. Vgl. 223. 266.

225. Beim Feuersee. (Pk.-Gg. und Lustg.) fǝiǝrsę̈.

W. so zuvor ein A. gewesen, beym Newen Fewersee, oder Maulbeer Bäumen (Lb. g. 1701, 490). Randbemerkung bei der Erwähnung einer Wiese: Ligt nunmehr im Fewer See, wesswegen Crafft nachstehenden hochfürstl. Befehls diese Gültt solang es ein Fewer See verbleibt, in Abgang gebracht, dafern aber solcher über kurz oder lang wider trucken gelegt wird, von solcher Zeit an alsdann wider eingezogen und verrechnet werden solle (Lb. g. 1701, 882).

Anfang des 18. Jhs. vor dem Rotebildtor angelegt, da die Seen im NW der Stadt im Abgang waren. Der See bezog sein Wasser teils vom Vogelsangbach, teils durch verschiedene Leitungen aus dem Kaltentaler Tal (vgl. 219). Er stand später mit dem „Feuerseele" auf dem Bollwerk in Verbindung; sein Wasser konnte in Fällen der Not durch 5 Leitungen in die Stadt befördert werden. Früher (noch Plan OAB.) war der See dreieckig. — Zur Sache: Acta die Anlegung des Feuersees in Stgt. betr. (Rep. Stgt. w. I, Bü. 52 a.) Reyscher, Samml. württ. Ges. XIII, 809. Pfaff 2, 103 f. Hartm., Chronik 126.

226. Bei den Maulbeerbäumen.

W. so zuvor ein Acker gewesen beym Newen Fewersee, oder Maulbeer Bäumen, zwischen dem Hasenberger und Röthenen Weeg gelegen (Lb. g. 1701, 490). W. so zuvor ein A. gewesen, bey den Maulbeer Bäumen zwischen . . . und dem Hasenbergerweeg gelegen (Lb. g. 1701, 494).

In Stgt. wurde im 17. und 18. Jh. Seidezucht betrieben. Anscheinend im Anschluß an die hier genannten Maulbeerbäume wurde in den 30er Jahren des 18. Jhs. vor dem Rotebildtor ein Fabrikgebäude (spätere Rotebühlkaserne) zur Seidenmanufaktur errichtet. Pfaff 2, 392. WJB. 1831, II, 142.

227. Hasenberg. (Pk.-Wg. und Bg.) ẽm hāsəbẹ̆rg. Usser 1 jugere vinee sita ze Hasenberg (Lb. E. 1334, 5b). vinea Hasemberg (Lb. w. 1393, 20) — [Hasemberg-Formen bis 1503]. — Zu obern Haasenberg (Überschr.) Wg. zu Oberhaasenberg (Lb. w. 1571, 37). Wg. im Haasenberg (Lb. w. 1571, 683). Wg. zu under Hasenberg (Lb. g. 1586, 30). Der obere Hürth hat sein Trüeb den Haasenberg hinauff (Lb. F. 1699, 282).

Nördl. Hang des gegen den Reinsburghügel vorspringenden Bergrückens, zwischen Hasenbergsteige und Rotebühlstraße. Der früheren Scheidung der Wg. in „obere" und „untere" H. (nach Plan 1807 „obere H." an der Steige wenig unterhalb des Seewasserwerks, „untere H." am Fuß des Hangs bei der Reinsburgstraße) entspricht heute die in „sauere" und „süße" H. Die Eigenschaftswörter bezeichnen unter den Stgt. Weingärtnern ganz allgemein gute und weniger gute Lagen der Wg.; sie beziehen sich ursprünglich auf die Qualität des Weins (synonym „letz" und „recht" — meistens ohne weiteres für Winter- und Sommerlage). Das ganze Gewand lieferte kein feines Gewächs, der wertvolle Abhang des Bergrückens liegt gegen Hsl. (s. 128). — „Hasen-" entweder vom Tier oder von einem Pn. abzuleiten; entsprechende Pn. allerdings erst im 15. Jh. in Stgt. belegt (vgl. UB. 639; Pfaff 1, 393). — Von der Stgt. Bevölkerung wird heute der allgemein bekannte Name zur Bezeichnung des ganzen vorspringenden Rückens und vor allem auch der Höhe verwendet; der anstoßende Wald heißt „Hasenbergwald"; man geht jetzt „auf den Hasenberg", während die Weingärtner noch „in den Hasenberg" und „den Hasenberg 'nauf" gehen, wie es der Lage des Gewands entspricht (vgl. 6. Bel.). — Eine Befestigung auf dem Berg ist nicht nachgewiesen. Die in Stgt. ziemlich bekannte Herleitung des Namens aus „Hass' den Berg" (wegen der Besitzer der sagenhaften Burg „Rauber") ist reine Phantasie Munders. Vgl. 223. — Staa. 1875, 95. Tagbl. 1919, 581 (Goeßler). Stadtgl. 1844/45, 88 f. Württbg. I, 277, 511.

228. **Hasenbergbrünnele.** hāsəbę́rgbrĕnəlę̆.
... diesse Hasenberger Strassen weiter fort, dem Hasenberger Bronn vorbey, an den Wg. hin (Lb. F. 1682, 375). Hasenbron (Kieser, Forstk. 192). Gefaßte Quelle im Gewand „Hasenberg" oberhalb der Hasenbergstaffel (Osianderstraße). Vgl. 247.

229. **Hasenberger Heide.**
Wg. zu Hünder Reckenwiss ... stosst oben uff der Statt Stuttgarten Wald und unden auff die Haasenberger Haid (Lb. w. 1571, 38). Auch Lb. g. 1585, 338. Anscheinend unten am Gewand „Hasenberg"·

230. **Röckenwiesen.** (Pk.-Wg. und Bg.) ę̈n dę̈ rę̈gəwísə.
... sita in Reggenwis (Lb. E. 1304, 2b). Wg. bi Recken wise (1312, UB. 14, 34; so auch zweimal: Lb. w. 1350, 1b). Sitis ze Recwisun, daneben: ze Rekenwisen: (Lb. E. 1350, 30a, 31a). Vinea in Regen-, Rêgen-, Recken-, Reggenwisen (Lb. w. 1350, 5b, 7a u. a.). Wg. ob der Reckenwisen (Lb. w. 1503, 10). Wisen ... vornen in der Reckenwisen, daneben: Röckenwisen (Lb. w. 1528, 53). Zu hinder Reckhenwiss, daneben: zu hindern R. (Lb. w. 1571, 38, 60). Wg. in der nidern Röckhenwisen (Lb. g. 1701, 602).

In einem sich zu beiden Seiten der Rotebühlstraße stark erbreiternden Tal von nahe beim Feuersee bis an den Rotenwald (Westbhf.), im S durch Herdweg I (= Rotebühlstraße) vom „Hasenberg", im N durch den Röteweg (= Gutenberg-, Ludwig-, obere Bismarckstraße) von der „Röte" geschieden. Pn. Recke, Reck, etwa von 1280 an in Urkunden und Lb. ziemlich häufig für Stgt. belegt (UB. 652, Pfaff 1, 409). Ganz deutlich hat sich die Bezeichnung einer Wiese als Fln. auf das große Gewand ausgedehnt. — Moderne Schreibung mit ö ist unbegründet.

231. **Röte.** (Pk.-Wg., A., Ba.) Daneben nach dem Pk. „Raiten" für 99a. ę̈n dę̈ raędə, sehr wahrscheinlich auch: raędənə, gestützt durch 12. Bel. und Maulbeerbäume 1. Bel.! Heute auch unter den Weingärtnern: ę̈n dər rę̈dę̈.
... sito ze Rôten, daneben: ze Rôtun (Lb. E. 1304, 3b). Wg. sita uf dem Rotenn (nur einmal, sonst gleich 1. Bel., Lb. E. 1334, 2a). Wg. ze Rôtun (1343, UB. 36, 23 — nach dem Orig.). De agro ze Rötin, de vinea Röty (Lb. w. 1393, 3, 20). Wg. gelegen ze Stůtgarte in dem Banne ze Rôti (1415, UB. 99, 22 — nach d. Orig.). All Vôrst und Rôtin (Lb. w. 1466, 6). Wg. zu Rôutin (1494, UB. 571, 32). Wg. in der hinderun Röttin (Lb. g. No. 2004). Wg. in der Röthin, daneben: zu Rötin (Lb. w. 1571, 476, 622). Wg. in der undern Rhötin (Lb. g. 1588, 3). Rothe Acker (Plan 1743). Röthenen (Plan im Lb. g. 1745, 51/54). Raiten (Plan 1807).

Großes Gewand, begrenzt von Feuersee, Rotebühlstraße, Westbhf., dem alten Weg vom Westbhf. zur Ziegelhütte an der Botnanger Straße (270) und dieser selbst; besonders im westl. Teil gegen SO geneigt; hier liegen die Wg., während die Äcker gegen den Feuersee zu flachere Lage hatten. — Der Fln. ist eine vom Adjektiv rot abgeleitete Eigenschaftsbezeichnung — mhd. rœte (die in frühester Zeit nicht selten belegten -un-Formen von der Dekl. der schw. Fem. beeinflußt). Auffallend ist die Form des 2. Bel., die in Lb. E. 1350 ganz gleich wiederkehrt (wohl reine Schreiberschöpfung, vom Abschreiber übernommen; sonst keine Anknüpfungsmöglichkeit in den Lb.). — Das Wort ist als Fln. nicht selten und bezieht sich auf die Bodenfarbe. Im vorliegenden Fall ist aber diese Beziehung sehr fraglich; geologisch gehört das Gewand heute in seinem Hauptteil dem Lößablagerungsgebiet an, in seinem oberen Teil, wo die Wg. liegen, dem Gipsmergel und dem Schilfsandstein. Die Weingärtner behaupten, daß die Bodenfarbe in der Röte durchgehend halbweiß sei; soweit es heute noch feststellbar ist (z. Z. der Niederschrift fanden umfangreiche Grabungen für Straßendurchbrüche und Häuserbauten statt), ist nichts von auffallend roter Farbe im Wg.-Gebiet zu sehen, und selbst wenn sich rote Stellen im Schilfsandsteingebiet gefunden hätten, so hätte sich damit das Gewand in nichts unterschieden von vielen andern auch sehr frühe belegten Halden um Stgt. Die Quelle für die Namengebung muß also in künstlichen Anlagen gesucht werden. Der Wald, der westl. an das Gewand anschließt, heißt „Rotenwald". Durch ihn und der ganzen „Röte" entlang führt ein Weg, in dem Paulus eine Römerstraße vermutet, und der auf der Hasenberghöhe als „Rotes Steiglein" erscheint. Es kann nun völlig dahingestellt bleiben, was „rotes Steiglein" historisch bedeutet; aber daß dieser Weg mit seinen „roten" Merkmalen auch die Bildung des Fln. „Röte" veranlaßt hat, liegt ziemlich offen. — Vgl. 270. Heck 160 f. Staa. 1875, 95 (Hartm. bringt den Fln. mit „Roden" zusammen, was natürlich im obd. Sprachgeb. ausgeschlossen ist)

In oder bei der „Röte" zu suchen sind No. 232—235.

232. Rötenfeld.
2 M A. im Röttin feld (Lb. w. 1520, 173). A. im Röttenfeld (Lb. g. No. 2004).
A. zu Rottinfeld (Lb. w. 1571, 13).

In der Gegend des früheren Zuchthauses (Ecke Senefelder- und Ludwigstraße) in oder am Gewand „Röte", wohl zu beiden Seiten des alten Botnanger Wegs Immer nur wenige M A. angeführt, von denen das Stift den Zehnten erhält. Bel. 2 tritt schon Lb. w. 1466, 8a und 1510, 11 auf, nur noch ohne den Fln.; dort werden 3 M Äcker als Widemgut bezeichnet (235). Der Fln. scheint sich erst am Ende des 15. oder im 16. Jh. mit bestimmter Beziehung auf das Stift als Zehntherr herausgebildet zu haben, wobei -feld wohl den Gegensatz des A.-Gebiets in der „Röte" ausdrücken wollte zu einem Wg.-Gebiet ebendort, von dem der Zehnte auch allein dem Stift zuging (vgl. Lb. g. 1632, 26).

233. Der Månnin Weingart.
Wg., der da haizet der Månnin wingart und liget ze Rôten (1314, UB. 15, 15).
Gn., in Stgt. belegt seit 1304: pro Ulrico dicto Manne (Lb. E. 1304, 2b). Vgl. Pfaff 1, 403; UB. 645.

234. Mergelacker.
xx us dem mergel acker (Lb. w. 1350, 3b). De agro am Mergel agger ze Rôtin (Lb. w. 1393, 13).

Mergel, im Volksmund „alles, was nicht Gyps ist und landwirtschaftlich benützt werden kann", war in der älteren Landwirtschaft als Dungerde allgemein beliebt („Mergeln"). Nach den Bel. wurde hier nur ein Acker „gemergelt", so daß er aus seiner Umgebung heraustrat. — F. 4, 1616 f. Vollm. 23. Keinath 4.
— O. Fraas, Die nutzb. Minerale Württbgs., 155.

235. Widemacker I.
2 M A. zu Rötin . . . wendet uff den Wydemacker (Lb. w. 1451, 29).

1466 werden 3 M A. im Rötenfeld als Widemgut bezeichnet (Lb. w. 1466, 8a); um diese handelt es sich wohl. Widem (Wittum) mhd. widem(e) = Gut, das ursprünglich einer Pfarrkirche gestiftet ist und zu ihrer Dotation gehört. Der Zehnte von diesen Grundstücken ging dem Stift zu. Vgl. 232. 442. — F. 6, 758 f. Miedel 68. Vollm. 57. Keinath 83. Knapp I, 156.

236. **Lettenbuckele.** lĕdəbŭgəlĕ̥.
Langgestreckter, ungenützter Rain auf der linken Seite der Vogelsangstraße etwa zwischen No. 57 und Kreuzung Claudiusstraße. Der Rain, in seiner jetzigen Gestalt erst seit Anlage der Straße, wird von den Kindern der Gegend im Winter gern als Schlittenbahn benützt. Vom lehmigen Boden (Letten.) F. 4, 1191.

237. **Winterhalde II.** (Pk.-Ba. und Wg., früher überwiegend Wg.) ĕn dər wĕndərhålᵊdə.
De 1 iugere ... sito ze Rôtun in der Winterhalden (Lb. E. 1304, 5 a). Wg. ze Winterhalden (1343, UB. 37, 9 — nach d. Orig.). vinea Röty in der Winterhalden (Lb. w. 1393, 26). Neubruch: in der Winterhalden — bis an Wald (Lb. w. 1510, 22 f.).

N-Hang gegen das Vogelsangtal, etwa zwischen Vogelsang-, Seyffer-, Paulus- und Scheffelstraße. Bis Anfang des 19. Jhs. begrenzte ein Vorsprung des Rotenwalds die Winterhalde im W (s. 238); im S und O stieß die „Röte" an. Daß die Lage für Güter nicht besonders geschätzt war, zeigt die Redensart: „In der Winterhalden, da kann man 's Lachen halten" (= da geht es einem schlecht). Das Gewand war wohl die bekannteste unter den „Winterhalden" um Stgt. Hier ist die allgemeine Bezeichnung für jeden N-Hang, der in enger Beziehung zu einem S-Hang steht, schon frühe am ehesten zum Eigennamen geworden. Vgl. 86.

238. **Rotenwäldle**, Winterhaldenwald. (Pk.) ĕm rǫ́dəwĕldlĕ̥.
Am N-Hang gegen das Vogelsangtal westl. an 237 anstoßend, i. a. zu „Heckenbeergütlein" verwendet. Das Viereck zwischen Herder-, Rotenwald-, Scheffel- und oberer Vogelsangstraße, auf Plan 1807 noch als bewaldet dargestellt (nicht mehr auf Plan 1849), bildete einen Vorsprung des Rotenwalds in kultiviertes Land. Die deminutive Form war früher für den ganzen heutigen „Rotenwald" üblich. Ursprünglich scheint das Stück Wald ziemlich lange im besonderen als „Winterhaldenwald" bezeichnet worden zu sein, vgl. von früher: W. im Vogelgsang zwischen dem Winterhalden Wald und Wg. (Lb. g. 1701, 386.) Vgl. 244.

239. **Vogelsang.** (Pk.: Vogelgesang. — Ba.,Wg.) ẹ̃m fǫ́glsǎŋ, ẹ̃n dẹ fǫ́glsẹ̌ŋ (Neutrum); früher anscheinend nicht vorkommend, heute unter den Bewohnern der Gegend nicht selten fǫ́glsǎŋ (s. S. 25 f.).

<small>De ortu in dem Vogelsang (Lb. w. 1393, 2) . . . den Berg genant das Vogelsang . . . (1488, UB. 472, 37). W. im Fogelgesang, -gesang auch schon 1491 (UB. 531, 27; Lb. w. 1503, 57). W. im Vogelgsang (Lb. w. 1520, 179). Vogelsang (Plan 1807). — Sonst fast durchweg -gesang (Lb. g. 1745, Lb. F. 1682 und Kieser Forstk. 188). — vgl. Bel. bei Vogelsang-Wald (245).</small>

Das Vogelsangtal, in dessen oberem Teil das Gewand liegt, ist anfangs sehr tief eingeschnitten und zieht sich vom Rotenwald unterhalb des Birkenkopfs über den Bahndamm der Stadt zu. Fast die ganze Klinge diesseits und jenseits des Bahndamms ist jetzt aufgefüllt. Früher floß hier der Vogelsangbach (s. 298), der die Stgt. Seen speiste; er bildete im Gewand selbst einen kleinen See (etwas südl. der Kreuzung Rückert-, Herder-, Moltkestraße)[11]. Rechte Talseite diesseits des Bahndamms bis in die 1. Hälfte des 19. Jhs. bewaldet (Rotenwäldle); jenseits fiel der Wald erst dem Bahnbau selbst und der Ausdehnung der Westbhf.-Anlagen zum Opfer. Das Gewand liegt ausschließlich am Hang gegen SO links des Bachs. Ende 1488 wurde der „Berg genannt das Vogelsang" von der Stadt aufgeteilt und an die Einwohner von Stgt. zur Anlage von Wg. verkauft; der größte Teil war also wenig vorher wohl noch bewaldet (Neubrüche noch Lb. w. 1510, 22 ff. aufgeführt). Daß es in der Verkaufsurkunde heißt „der Berg genannt das V." beweist, daß der Fln. schon vor der Nutzbarmachung bestand. – Der in ganz Deutschland außerordentlich häufige Fln. Vogelsang und Vogelgesang ist in seiner Bedeutung umstritten. -sang kann zu singen und sengen gehören; beide Ableitungen lassen sich mit dem Bestimmungswort leicht vereinigen, da das üppig wachsende Buschwerk abgebrannter Flurstücke von Vögeln gern als Aufenthalt gewählt wird (Buck 288. Vollm. 60 f. Keinath 78). Ed. Jacobs (Beitr. z. deutsch. Phil., J. Zacher dargebr. — Halle a. S. 1880 —

<small>11) An diesem See dichtete Lenau seine „Schilflieder". — Schwäb. Bund 1919, 216.</small>

205/42) tritt für die Ableitung von „singen" ein, die der ganzen Ausdrucksweise nach wohl wahrscheinlich ist. Nach ihm geht der Fln. zurück in die Zeit des Minnesangs; er wurde erst möglich, als das deutsche Gemüt „für den Gesang und die Empfindung sanfter Melodie empfänglich" gemacht war; in ihm lebt noch „ein Stück volkstümlicher Waldpoesie" aus dem späten Mittelalter. Es trugen nur Gehölze und Wäldchen in der Nähe von Siedlungen den Namen; sie waren besonders von Vögeln belebt (Bach und Teich im Stgt. Vogels.). Es ist merkwürdig und eine Stütze für die Anwendungen der Ausführungen Jacobs auf den Stuttgarter Fall, daß sich nicht weit vom V. das Gewand „Rosenbergle" findet. Auch die Rosen-Namen (besonders „Rosengarten") entsprangen nach ihm einer Volksseele, die durch den allmählichen Einfluß christlicher Kultur im 12. Jh. feineren Gefühlen und Empfindungen aufgeschlossen war [12]). — Als phantastisch abzulehnen ist die Deutung Stuhls, der neuerdings seine Theorie von den Pferdezucht-Fln. auch auf Stgt. angewandt hat (Tagbl. 29. 8. 27) und in V. (= Absang für die Vocken oder Vogel = Fohlen) und anderen Fln. des Gebiets eine Stütze für die alte Rossezucht sieht. — Mhd. vogelgesanc, vogelsanc stmn. Nach Jacobs kommen die Formen ohne ge- besonders den älteren Quellen zu; ge- scheint im vorliegenden Fall den Lb. nach ziemlich unfest gewesen zu sein, und hat vielleicht nie im mündlichen Verkehr gelebt.

240. Schwenkelbrunnen. šwęnglbrŏnə.

Ehemaliger Brunnen bei der Kreuzung Moltke- und Seyfferstraße, dessen Wasser zum besten in der Stuttgarter Gegend gehört haben soll. Vielleicht mit dem früher belegten Heinzenbrunnen identisch. „Schwenkelbrunnen" = Ziehbrunnen, bei denen der Schöpfeimer mittels eines Schwenkels, einer waagebalkenartigen Stange, emporgehoben wird (F. 5, 1277 f.). Nach

---

[12]) Gewissermaßen eine Bestätigung der Ansicht Jacobs bietet eine Urkunde Albrechts I. von 1304, wo ein Vogelsang bei einer Mühle offenbar neben dem neu gegebenen Namen noch einen hergebrachten volkstümlichen trägt: juxta locum Vogelsank, qui vulgariter dicitur Altach (WGQ. IV No. 364).

Stadtgl. 1844/45, 4, 15 standen solche Brunnen z. T. auch in den Straßen Stgts. — Schminkelbrunnen (Pfaff 1, 456) ist Druckfehler. — Mhd. swengel, swenkel, stm. = Schwengel. Vgl. 241.

241. **Heinzenbrunnen.**
W. bym Haintzenbronnen im Vogelgsang (Lb. g. 1536, 50). Wg. im Vogelgsang ... heraber gegen dem Bächlin, so vom Haintzen Bronnen heraber fleusst (Lb. w. 1571, 39). Zuletzt belegt Lb. g. 1588; wohl nach einem Angrenzer. Möglicherweise = 240.

242. **Driangel.**
nún morgen, vahent an hinden am driangel (1488, UB. 473, 15 f.). den morgen an dem driangel und darzů den driangel (1488, UB. 473, 19 f.).

Im Vogelsangtal beim Wald. Der Name bezeichnet ein dreieckiges Stück, hier vielleicht gerodeten Landes, das in ungerodetes hineinreichte. Das Wort ist angedeutscht aus lateinisch triangulum. F. 2, 353. Kluge 101. Vollm. 25.

243. **Botnanger Sattel.** bǫdnǎṇər sǎdl.

Paßartige Einsenkung oberhalb von Botnang, die die Straße von Stgt. dorthin von jeher zur Überschreitung des nordwestl. Höhenzugs benützt hat. Es konnte nicht festgestellt werden, ob der Name früher volkstümlich gebraucht wurde; heute ist er fast allgemein bekannt.

Der Wald im Westen Stuttgarts, soweit er in Abschnitt II fällt.

Waldtore: Die Tore im Wildzaun oder Säuhag, der den Wald gegen das anstoßende bebaute Land abschloß, allgemein „Säutore" (wohl statt Säuhagtore) genannt, sind in dem hier behandelten Abschnitt:

a) **Hasenbergertor.** ... auf diesser Landstrass oder Haasenbergstrass bis zum Hasenbergertor (Lb. F. 1682, 244). Hasenberger Tor (Lb. F. 1682, 258). ... und wider [bis] A am Sewthor (Lb. F. 1682, 257).
In der Gegend des Hasenbergturms an der Leonberger Straße.

b) **Ridtwaltt Thor.** Ried Thor (Lb. F. 1682, 258; Kieser Forstk. 188. Ridtwaltt im Lb. F. 1682 = Rotenwald).

Etwa am Westbhf., wo ein Weg vom Feuersee her in den Wald ging.
  c) **Winterhalden Tor.** (Lb. F. 1682, 258.) Wo der Paulussche „Herdweg" den Wald betritt; ungefähr bei der Vereinigung von Rotenwald- und Herderstraße; der Weg führte vorher an der „Winterhalde" entlang.
  d) **Vogelgesang Tor.** (Lb. F. 1682, 258; Kieser Forstk. 188.) Unterhalb der Geißeiche, wo das Gewand „Vogelsang" an den Wald stößt.
  e) **Sewthor.** (Kieser Forstk. 188.) Am Botnanger Sattel.

244. **Rotenwald.** (Pk.) rǫ́dəwält.

Rothenwäldlin über dem Vogelsang — zum erstenmal belegt 1498 (Hartm., Gesch. 178). Riedtwaltthalden, Riettwaldthalden, Ridtwaltt Thor (Lb. F. 1682, 258). Trüeb den Haassenberg hinauff, des rothen wäldtlin, Gallenklingen .. (Lb. F. 1699, 282). In Bottnanger Huoth: Die Statt Stúgardt hat folgendte Wäldt: Das Rothwäldlin liegt einerseits und zwar oben an die Strass uff Leonberg zue, anderseits an die Vogelsanger Wüssen, oben uff den Metzgerhaw, unden gegen der Stadt zue auf die Weingardt in der Röckenwüessen, ist Büechin und Aichin Holz. Helt am Mess 239 M. 137 ruth. 8 schue (Lb. F. 1699, 647). Rothenwäldle (Plan 1798 und 1807). Rothenwald (Plan 1849).

Wald südl. und westl. vom Westbhf. gegen Birkenkopf und Gallenklinge; davon zu scheiden ist heute das Gewand „im Rotenwäldle" (238). Auf die heutige Grenze wurde der Wald durch den Bau des Westbhfs. und seiner Nebenanlagen von den 70er Jahren des 19. Jhs. an zurückgedrängt. — Da weitaus die Hauptmasse des Waldes geologisch dem Stubensandstein angehört, kann der Name nicht auf die natürliche Bodenfarbe Bezug nehmen; er ist vielmehr wohl mit dem in der Nähe belegten „Rotensteiglein" zusammenzubringen, auf dessen ungefähren Verlauf der Wald eben durch seinen Namen einen wertvollen Hinweis gibt. Rotenwald wohl für Rotensteiglenswald. Die früher anscheinend übliche Deminutivform (erhalten für 238) läßt eine spätere Ausdehnung des Namens auf ein größeres Waldstück vermuten. Die Formen „Riettwald" usw. müssen Schreiberbildungen sein; für eine Ableitung von Ried, die sie verlangen, spricht heute in dem Gebiet nichts. Vgl. 238. 270.

245. Vogelsang (Wald).
Item im Vogellgesang die Wg. ob dem undern weg gelegen . . . die ziehend ob dem weg umbhin bis an den wald genannt das Vogelgsang (Lb. g. No. 2004). Ebenso Lb. g. 1558, 475.

In der Gegend der Geißeiche; sonst kommt der Name nicht vor. Vgl. 239.

246. Geißeiche. (Distr. II, Abt. 7: Geißeich.) Plan in OAB. Gais Eiche (Pfaff 2, 99). gǫesǫex, meist: gáesaex.
. . . bis zu der Straße, die zur sog. Gais Eiche führt (1827/28; städt. Arch. B, Bü. 18).

Mächtige alte Eiche rechts der Straße vom Hasenbergturm zum Botnanger Sattel. Im Namen wohl Beziehung zur alten Weidewirtschaft; etwas Ähnliches nimmt Munder an (Stadtgl. 1844/45, 89).

247. Sophienbrünnele.
1. Roter Steiglensbrunnen (Karte v. 1771, nach Goeßler 80). 2. Hasenberger Brunnen (Plan 1798). 3. Vom Hasenbrönnle an bis zu der Straße (1827/28; städt. Arch. B, Bü. 18). Hasenbrünnle (Plan 1849). 4. Sophienbrunnen (Plan OAB. und OAB. 5).

Auf einem Plan des Kräherwalds Lb. F. 1682, 260 und auf Kieser Forstk. 192, ebenso auf Plan 1807 nicht angegeben. Gefaßte Quelle südöstl. des Birkenkopfes, wo die Bürgerallee von der Straße Hasenberg–Parkwärterhaus abzweigt. – Zu 1.: s. 270. Zu 3.: wohl mit Ausfall des Mittelglieds für Hasenbergbrünnle. Der Name kann aber auch selbständig neu gebildet sein im Anschluß an Hasenberg: „Hasenbergbrünnele" unverkürzt für eine Quelle nördlich der Hasenbergsteige (228). Zu 4.: wohl nach der württbg. Prinzessin Sophie, die 1839 den Erbprinzen Wilhelm von Oranien heiratete. In diesem Jahr wurde die schon länger beschlossene Herstellung des Brunnens von der Stadtdirektion mit Eifer betrieben (städt. Arch. D, Bü. 42).

248. Birkenkopf. (Pk., Plan 1798.) bĭrgəkhǫ̈pf, in Botnang: ăm bĭrgənə khǫ̈pf.
Die Gallenklinge . . . und gegen Mittag an den Birkenkopf (Ende 18. Jh.; städt. Arch. I, Bü. 57). Der Birkenkopf. Dieser Wald soll 17 Morgen 2½ Viertel im Meß halten . . . an Oberwuchß hat er in allem 176 Eichen, 46 Buchen und 66 Birken. . . . und ist am besten, wenn dieses Stück Wald,

nachdem die Steinbrüch wieder etwas zugeworfen, eingemacht und mit Büchelen und Aichelen angesäet und ausgesteckt wird (Ende 18. Jh., städt. Arch. I, Bü. 57).

Höchste Erhebung des nordwestl. Höhenzugs, die den letzten Vorposten des Lias bei Stgt. bildet. Das Gestein wurde in früherer Zeit hier gebrochen (Straßenschotter — s. 250). Die verlassenen und überwachsenen Brüche hielt man lange für Ringwälle und faßte den Namen des Kopfes als aus Burg, Bürg verderbt auf, was sprachlich durchaus möglich wäre; dagegen Goeßler aus archäologischen Gründen (vgl. auch Bel.). Die natürliche Deutung auf die Birke wird außer durch den angegeb. Lb. Bel. noch durch andere Zeugnisse für das Vorhandensein von Birken in der Gegend gestützt: 1. s. 249. 2. s. 253, 2. Bel. 3. Kräherwald . . . so etwas mit Bürckhin Holtz undermengt ist . . . (Lb. F. 1699, 646). Auch die ma. Form (aus Botnang) läßt die eigentliche Bedeutung klar erkennen: das Bestimmungswort ist als das Adjektiv birken aufzufassen. OAB. 452. WJB. 1875, II, 173. Staa. 1875, 72. Merk. 1921, 446. Goeßler 25, 76; ders. Tagbl. 1919, 581. — Wohnpl. der mittl. Steinzeit — s. Württemb. Monatsschr. 1930, 346.

249. **Birkenwäldlein.**

Das Rothwäldlin . . . das absonderlich darbey liegendte Bürckenwäldlin, so erwachsen, helt am mess 18 morgen weniger 10 ruthen (unter den Wäldern, die die Stadt Stgt. in der Botnanger Hut hat — Lb. F. 1699, 647). 18 Morgen das Bürkenwäldlen zwischen denen Vogelgesang W. und denen Rödte Wg., oben auf die Winterhalden, und unten das Rothewäldlen ein 5jährig mit meist Bürken, auch Aichen und Buchenholtz schön angewachsener Hau (1760; städt. Arch. I, Bü. 57).

Wahrscheinlich auf oder ganz nahe bei dem Birkenkopf. Daß es besonders in dem Lb. aufgeführt und vermessen ist, rechtfertigt es, die Bezeichnung als einem Fln. sehr nahestehend aufzufassen. Vgl. 248.

250. **Alter Bruch.** (Distr. II, Abtl. 8.)
S. 248, 2. Bel.

Für Birkenkopf, dessen Name in der forstlichen Einteilung nicht vorkommt. „Alter Bruch" soll ma. statt „Birkenkopf" verwendet werden. Bedeutung s. 248. Buck 38.

251. **Kreuzleswald.** (Distr. II, Abtl. 9.) gróitsləswält.
Die Gemeind zu Bottna hat ain wald, der Creutzlins Wald genannt, am Aspenwald — ungevarlich 50 morgen. — Unter Stuttgarter Besitz aufgeführt (Lb. F. 1682, 95).

Vom großen Bogen der Straße Stuttgart—Botnang südl. gegen den Birkenkopf, im W an die „Gallenklinge" grenzend. Ob der Bel. dasselbe Gebiet meint, erscheint nach genannten Anstößern sehr fraglich, bzw. scheint ein Stück Wald jenseits des Metzgerbachs auch so geheißen zu haben (vgl. Adreßb. Pl. 1909). Der Name bezieht sich auf ein oder mehrere Kreuze; eine Wegkreuzung ist nicht vorhanden. Man kann gerade hier an der Markungsgrenze an Kreuze als Grenzzeichen an Bäumen denken; darauf weist vielleicht auch die Deminutivform. Möglich ist auch eine Beziehung auf die Missionstätigkeit der St. Gallener Mönche. Vgl. 252. F. 4, 731. Schw. 3, 941 (2 d β). Buck 146. Eberl 243. Keinath 74, 80.

252. **Gallenklinge.** (Pk. und Distr. II, Abtl. 10.) gălə-glĕŋə, găləglĕŋ.
Zuerst erwähnt 1356 (Goeßler 68). Stift Tübingen hat den Zehnten aus Wg. in der Gallenklinge (1484, UB. 431, 15 ff.). xx und xx von Cannstatt haben ain Wald an der Gallklingen, ainseitz an der Gemeind wald von Bottna, anderseitz an dem Kreerwald (unter: Cannstatt — Lb. F. 1556, 96). W. in der Gallenklingen zwischen Gemainer Statt Stuttgardten Wald und gemains Flecken Bottnang Holtz gelegen (unter: Botnang — Lb. g. 1585, 305). Die Statt Stúgardt hat folgende Wäldt in Bottnanger Huoth: Die Gallen Kling ist mehreren theyls Büchin stangholtz stosst einerseits an den Kräher, anderseits an den Metzgerhaw, oben die Stuettgardter Vogelgesanger Vichstelle, unden aber die Bottnanger wüessen — helt an mess 154 morgen 52 ruthen 14 schue (Lb. F. 1699, 646).

Die Güter des 1. und 3. Bl. gehören sicher nicht zur Stuttgarter Markung. — Die G. ist vom Metzgerbach durchflossen. Abgesehen vom obersten Stück bildet das rechte Ufer dieses Bachs die Markungsgrenze Stgt.-Botnang. Der Stuttgarter Teil liegt am NW-Hang und ist ganz bewaldet; der Botnanger Teil liegt gegen SO und ist bis zur stärkeren Verengung der Klinge, bis wohin der Name G. ungefähr reicht, Kulturland, unten Wiesen und Gärten; oben an der Straße Botnang—Vaihingen befanden sich bis vor kurzem sehr gute Wg. Eigenartiges über die Bodenbeschaffenheit (Boden im Tal schwerer und nässer als oben am Hang) konnte nicht in Erfahrung gebracht werden. Es ist deshalb wenig wahrscheinlich, daß sich das Bestimmungswort auf diese bezieht. So kommt zur Deutung nur der Pn. Gall in Frage. Es ist möglich, an einen Besitzer dieses Namens zu denken. — Da aber die Gallenklinge durchaus ins Wassergebiet des Feuerbachs gehört und das Kloster St. Gallen i. J. 708 Schenkungen in diesem Tal erhielt (WUB. I, 2), darf man wohl mit Recht dieses Kloster als namengebend betrachten. Damit gehört G. zu den ältesten Fln. des behandelten Gebiets überhaupt; es ist aber zu beachten, daß die Namengebung sehr wahrscheinlich in gar keiner Beziehung zum Nesenbachtal stand. Die Schneidersche Kombination mit der „Heidenklinge", die Goeßler ablehnt, ist durchaus nicht nötig; der Name der Klinge erinnert nur an die missionierende und kultivierende Tätigkeit des Klosters in der Umgebung. Vielleicht besteht hier auch eine Beziehung zum „Kreuzleswald" (vgl. 251). — Der Stuttgarter Teil der G. ist vielleicht wie der anstoßende Kräherwald durch Schenkung an die Stadt gekommen (vgl. 256, S. 67 f.) F. 3, 30, 32. Buck 77. Keinath 6. WJB. 1875 II, 131. WVH. 1919, 7. Staa. 1921, 144. Goeßler 68.

253. Metzgerhau. (Pk. und Distr. II, Abtl. 11.) mętsgərhaǫ. Wald, im Hirschauer genant ... oben an den Metzger Haw (Lb. F. 1556, 115). Der Metzger Haw stosst oben und neben auf die Gallenkling, undten gnädigster Herrschaft Nickhelwaldt, anderseits aber Leonberger Strass, ist Bürckhin und Büechin Holz, im Haw. — helt am mess 65 morgen, 66 ruthen, 5 schue (Lb. F. 1699, 646). Auf dem Plan des Kräherwalds (Lb. F. 1682, 258) heißt der Wald, da er sich gegen den Metzgerbach senkt: Stuttgardter Metzgerhaw Halden.

Letzter Wald (Stadtwald) auf Stuttgarter Markung, von N unmittelbar an die alte Leonberger Straße stoßend. Der Wald gehörte wegen seiner Größe (nach Pk. 19 ha) wohl eher der Zunft der Stgt. Metzger als einem einzelnen; 1699 in städt. Besitz (für Wald in Zunftbesitz vgl.: die Schmeltzer haben ein Holz an der Weißenburger Steig [8 M] — Lb. F. 1555, 20).

254. Nittel. (Pk. und Distr. II, Abtl. 12: Stadtwald N.) nȋdl. Die Gallenklingen hinuff zwischen der Statt Stůttgart und der Nittel Wäld

(Grenzb. 1505). . . . gegen Nüttels Wald (Grenzb. 1533). . . . im Nittel
(Grenzb. 1660). Zwischen der Burger von Stuettgardten und des Nittels
Waldt (Lb. F. 1699, 272). . . . gnädigster Herrschaft Nickhelwaldt (Lb. F.
1699, 282). Der Nittelwald, der erst vor wenigen Jahren von der Herrschaft
gegen ein anderes Waldstück eingetauscht wurde, hält im Meß 8 Morgen,
grenzt gegen Abend auf den sogenannten Weinweg (1827/28; städt. Arch. B,
Bü. 18).

Der Wald reicht am Ursprung des Metzgerbachs nur ganz
wenig in die Stuttgarter Markung herein (vgl. letzten Bel.!), beim
östl. Parkwärterhaus; der Hauptteil ist im Staatsbesitz auf Mark.
Botnang (Schwarzwildpark). Der Name geht ohne Zweifel durch
ein Besitz- oder Nutzungsrecht auf die Stuttgarter Familie Nüttel
zurück, die von 1314 an belegt ist, und deren Glieder mehrfach
hohe Ämter in Stadt-, Hof- und Kirchendienst bekleideten. (UB.
649 f. Pfaff 1, 406, 426 ff., 430, 432, 438.) Vgl. 255.

255. Nittelklinge.

Nittelkling (= oberer Teil des Tals des Metzgerbachs — Lb. F. 1682, 258).
Weisset hinein in die Nittelklingen . . . die Nittelklingen ab und ab bis oben
an xx Wüssen, die Nittelwüssen genant (Lb. F. 1699, 414).

Vom umgebenden Wald Nittel.

256. Bürgerwald. (Pk.) bı̌rgərwǎlt.

Wald zu Reckenwiesen an der Bürger Wald (1447, UB. 187, 6). — Der
Bürgerwald als Anstößer bei Gütern in den „Reckenwiesen" öfter genannt;
einmal heißt es: Wg. und bomgerut zu Reckenwiesen an im selbs und der
Statt Wald (Lb. w. 1472, 48). A. zu Heslach an der Burger Wald (Lb. w.
1451, 62). W. ob Hesslach zwischen dem Burgerwald und dem Bach (Lb. w.
1540, 279 — so schon Lb. w. 1528). Wg. in der hindern Röttin . . . stossen
oben an Bürger Wald (Lb. g. No. 2004). W. oberhalb Hässlach im Kaltental zwischen der Burger zu Stutgarten Wald (Lb. w. 1571, 117). W. im
Vogelgsang zwischen der Burgerwald (Lb. w. 1571, 490). Uff die Pfaffen-
wüssen, weiters in der Statt Burgerwaldt under dem rothen Staiglin, mehr
in die kleine Burgerwaldt under der Strassen — daneben auch seltener: der
Burger Wald (Lb. F. 1699, 282 — bei Beschreib. des Stgt. Viehtriebs).
Pfaffen Wald . . . stosst einseits an den Stuettgardter Burgerwaldt anderseits an den Esslinger Waldt (Lb. F. 1699, 384). In Mademer Huoth hat die
Stadt Stgt.: Den ober Burgerwaldt stoss einerseits an die Leonberger anderseits die Magstetter Strass, unden an des Closters Bebenhaussen Waldt, oben
aber uff den Haasenberg, ist ein Haw von allerhandt gemengtem Holz —
helt am mess 187 morgen 134 ruthen 8 schue. — Der under Burgerwaldt
stosst einerseits an die Heydenkling, anderseits an die Magstetter Strass,

oben die Hesslacher Wandt, unden aber den Zwickenberg, hat Aichin, Büechin und Bürckhin Holz und ein Haw — helt am mess 135 morgen 140 ruthen 12 schue (Lb. F. 1699, 720).

Entstanden aus einer rein appellativen, rechtlichen Bezeichnung, die als einheitlicher Name zuerst 1528 erscheint, daneben aber noch bis ans Ende des 17. Jhs. in ihrer ursprünglichen Form belegt ist. Die Bezeichnung nennt einen Besitzer und zwar die Bürger zu Stgt. (Bürger mit vollem Bürgerrecht im Gegensatz zu den Beisitzern.) Es wird noch heute an manchen Orten unbedingt unterschieden zwischen Wald, der der Gemeinde, und Wald, der den Bürgern gehört (z. B. in Gerlingen OA. Leonberg; vgl. dazu auch eine den vorliegenden B. betreff. Stelle: „die Haydenklingen zwischen der Stadt und der Burger Wald ... einerseits ... 1760; städt. Arch. I, Bü. 57); solche Bürgerwälder weisen vielfach noch eigenartige Rechtsverhältnisse auf. Bisweilen handelt es sich dabei um Wälder, die ihrer Lage nach nicht selbstverständlich zur Ortsmarkung gehören. Vielleicht lassen sich ähnliche Verhältnisse für den Stuttgarter Fall annehmen; die stehende Bezeichnung „der Bürger Wald" legt den Schluß sehr nahe. — Heute gilt der Name im allgemeinen Verkehr für den Wald zu beiden Seiten der „Bürgerallee", in der forstlichen Einteilung nur noch für eine gewöhnliche Abteilung (Distr. III, Abt. 5). Daß früher aber das ganze Waldgebiet zwischen Heiden- und Gallenklinge damit bezeichnet wurde, wenigstens solange als „der Bürger Wald" nur ein Besitzverhältnis ausdrückte und noch nicht Name war, wird durch die Lageangaben bei Gütern in den Reckenwiesen, im Vogelsang und bei Heslach (s. d. Bel.) erwiesen. Es ist sogar nicht ausgeschlossen, daß die gleichen Besitzverhältnisse auch für den heutigen Kräherwald galten, so daß der ganze NW- und W-Wald einst „der Bürger Wald" gewesen wäre. Wenn die Besitzbezeichnung für den Kräherwald nie belegt ist, ist das kein Beweis gegen diese Vermutung, da sich hier ein Heidestreifen zwischen die Güter und den Wald schob und also keine Möglichkeit bestand, den Wald zur näheren Bestimmung der Lage der Güter in den Lb. zu benützen. Vgl. 335. — F. 1, 1535 f.

Schw. 4, 1579. Buck 41. Volkskundebl. aus Württ. und Hohenz.
1913, No. 2/3. Prof. Dr. Ernst-Stgt. 1. Vortr. im württ. Gesch.-
und Altert.Verein (20. 2. 1926), 2. persönliche Mitteilungen.

257. Bürgerallee. (Top. Atl. Bl. 69: Bürger Allee.) bírgərälẹ.
Durchzieht den „Bürgerwald" vom Sophienbrunnen in süd-
westl. Richtung bis zum Straßendreieck beim Christophstollen.
Statt: Bürgerwaldallee. Früher Magstadter Straße.

258. Bebenhäuser. (Distr. III, Abtl. 8.)
Der Name soll gebraucht werden. — Nördl. der Bürgerallee
mitten im Bürgerwald. Bebenhäuser Besitz ist hier nie nachzuweisen. Der Name ist entweder übertragen von dem Gebiet
„Bebenhäuser" westl. der Solitudestraße oder aus der Lagebezeichnung „am Bebenhäuser" mißverstanden und tiefer in den
Bürgerwald hereingerückt.

259. Hasensäule.
Zue end deß Hirsawers gegen oder ahn dem Pfaffenwald 155 schritt, steht
ein Stein . . . hart an der Hasensaul (Grenzb. 1647 ff.).

Nach der Marksteinnummer am Straßendreieck beim Christophstollen. Sog. Hasensäulen grenzten bei Ludwigsburg ein
Kleinwildgehege ab (Wagner, Jagdwes. 291). Hier ist unbedenk-
lich dieselbe Bedeutung anzunehmen — vgl. Heck 155.

260. Stuttgarter Viehstelle.
Herrschaftlicher Stifts- oder Pfaffen Wald grentzet an . . . von D bis E der
Stuttgardter Vieh-Stelle (Lb. F. 1682, 255). Stuttgardter Viehstelle (Lb. F.
1682, 260 und Kieser Forstk. 192. Risse von 1731 — städt. Arch. B,
Bü. 16).

Nach der Darstellung auf den Plänen ein Halbrund unmittelbar nördl. des Straßendreiecks beim Christophstollen; heute noch
ungefähr markiert durch einen Waldweg, der die Solitudestraße
am Dreieck nach O hin verläßt, um im Halbkreis etwa in der
Mitte zwischen Straßendreieck und östl. Parkwärterhaus wieder
auf sie zu führen (s. Top. Atl. Bl. 69). Jenseits der Markungsgrenze schloß sich die „Bebenhäuser Platt- oder Viehstelle" an,
deren Bezeichnung nach ihrer Lage im „Bebenhäuser" im Lb. F.
1682 auch einmal für die Stuttgarter Stelle vorkommt (bei Angabe des Angrenzers), was vielleicht darauf weist, daß beides

ein und dieselbe „Stelle" war. — „Stelle" aus der Zeit, in der die Weide eine der wichtigsten Nutzungen war, die die Gemeinden am Wald hatten. „Stellen" = Orte, die von Natur oder durch Hecken und Bäume geschützt oder mit einer Hütte versehen, in weiterer Entfernung von der Siedlung dem weidenden Vieh schützende Unterkunft gewährten (es wurde hier „gestellt" im Gegensatz zum Umherziehen bei der Weide). Vgl. 261. 654. Albv. 10, 387 f. Keinath 53.

261a. Viehstelle, Botnanger — Vogelsanger.

Botnanger Huoth nimbt ihren Anfang zue Stuttgardt vorm rothen Bild Thor und gehet der Strass nach den Haasen Berg hinauff biss auff die Bothnanger Küehestelle, und von der Stelle der Strass nach bis an den Glembswaldt (Lb. F. 1699, 32). Zum rothen Bild Thor hinaus der Strass nach hinein bis auf die Bottemer Stelle, von der den Marcksteinen nach biss auf die Glembswüessen (Lb. F. 1699, 35). Die Gallenkling ... stosst ... an den Metzgerhaw, oben an die Stuettgardter Vogelgesanger Vichstelle (Lb. 1699, 646). Auff der Bottemer Stelle (1699; städt. Arch. B, Bü. 15).

Die Nennungen tragen durchweg appellativen Charakter genau in der Art der Belege für „Stelle" im Bopserwald. Die „Stelle" muß bei der Straßenkreuzung am östlichen Parkwärterhaus gewesen sein. Entweder waren nach der näheren Bestimmung in den Belegen zwei „Stellen" ganz nahe beieinander, oder zeugt in den sich hier kreuzenden Weidebezirken von Stgt. und Botnang die verschiedene Besitzerangabe von wechselnder Benützung. — „Vogelsang" NW vom Birkenkopf, stößt an den Wald. — Über die Form Bottemer s. „Botnanger Halde" (309). Vgl. 260.

261b. 1699 ist auf einem Riß eine Vogelgsanger Viehstelle etwa in der Gegend der Geißeiche über den Wg. im Vogelsang angegeben.

262. Hecklinskreuz.

... als die Klingen [Gallenklinge] hinuff biß aufs Heglins Crutz (Grenzb. 1521, 1527). In den Grenzb. von 1529 an nur in den Formen: des Huglins (Heuglins, Hüglins, Heiglins, Heigelinß, Häugelins) Krutz. Der Stuttgarter Wald am Kreer: ... zeucht ... von der Pfaffenwiss bis uff des abts Hirschawer und bis zu des Heckhlins Creutz (Lb. F. 1556, 94). bey des Heglins Creutz (Lb. F. 1556, 95). im Hirschauer ... ainseitz vom Heglins Creutz herab uff die Pfaffenwiss (Lb. F. 1556, 115). Wald in der Gallenklingen

... stosst an Stuetgarter Wald und oben an das Heglins Creutz (Lb. F. 1583).

Kreuz von einem oder für einen namens Hecklin oder Heglin (diese Namensform wohl trotz den entgegenstehenden Formen der späteren Grenzb. als die ursprünglich richtige anzusprechen). Das Kreuz stand an der Markungsgrenze, ungefähr beim östl. Parkwärterhaus; es ist zuletzt 1721 belegt. — Vgl. OAB. Leonb.² 347. [Rötelbergwald = Uberischer Wald. Im „Rötelberg" südl. der Solitude wird Stuttgarter Besitz erwähnt; Lb. F. 1699 heißt er „der Uberische Wald" „nach Stuettgardt gehörig". Das Gebiet hat aber wohl kaum je zur Stgt. Markung gehört; dagegen hatten dort mehrfach Privatleute aus Stgt. Waldbesitz (pers. Mitteil. von Prof. Dr. Ernst). Für „Rötelberg" vgl. Lb. F. 1682, 376, 389, 393, 409 f.; für „Der Uberische Wald" vgl. Lb F. 1699, 401 f., 408 f. (Stiftsküster Georg Uber hat dort Besitz).]

263. Neuer Wald = Wolfsklinge II. (Pk.) ěm nəiə wält.

Beschreibung gemeiner Statt erkauffter zwayhundert morgen Waldung uff der Lewenberger Höhin von denen zue Öltingen (1647 — Abschr. d. Fert.-briefs, städt. Arch. I, Bü. 58). ... an den Stuttgardter Neu Wald, der Klembsbach wieder hinunder und an der Leonberger Wald, die Höhe genannt fort und fort ... wie auch der Stuttgardter Neuwald und die Leonberger Höhe schon in dem Böblinger Vorst ligen (Lb. F. 1682, 233). Ein Waldt genannt uff der Weydt und im Bruederrhein, liegt zwischen der Magstetter Strass und dem Maden Thal ... unden uff der Statt Stuettgardt Waldt stossendt (Lb. F. 1699, 475). Newe Waldt (Üb.) ... ist solcher Neüe Wald auff der Leonberger Höhe an der Wolfs Klingen genandt (Grenzb. 1721).

Früherer Name: Stuttgarter Stadtwald (so: Top. Atl. 1 : 50 000, Bl. 16). 200 M große Exklave der Mark. Stgt. beim „Schatten", zwischen Magstadter Straße und Madental. Der Wald wurde am 1. Oktober 1647 (Urk. — städt. Arch. B, Bü. 80) Eltingen abgekauft (s. Bel.!), das ihn gegen ein Stück am „Kammerforst" (Top. Atl. Bl. 68) zu diesem Zweck von Leonberg eingetauscht hatte[13]). Ob der Wald sofort der Markung Stgt. einverleibt

---

13) 200 Morgen Waldts, welche wir von gemeiner Statt Leonberg tauschweise an uns gebracht, in der Wolfsklingen (1647 — Abschr. d. Fert.briefs; städt. Arch. I, Bü. 58).

wurde, ist unbekannt. Solange das Gebiet noch in Leonberger Besitz war, bildete es einen Teil der „Leonberger Höhe" [14]) oder des „Hohen Bergs". Auch der Name „Wolfsklinge" kommt in dieser Zeit vor (s. Bel.!). Am Anfang und am Ende des Walds münden kleinere Klingen von links ins Madental; vielleicht war eine von diesen die Wolfsklinge, vielleicht aber auch eine größere tiefe Klinge, die kurz unterhalb des Neuen Walds ebenfalls von links einmündet. — OAB. 219. Hartm., Gesch. 185. Prof. Dr. Ernst-Stgt. 1. Vortr. im Württ. Gesch.- und Altert.V. (20. 2. 1926), 2. pers. Mitteil.

264. **Wolfsklinge II**, s. 263.

265. **Kleine Weide.**

Die Vichwayd bey dem Biesenawer Hoff (Lb. F. 1583, 1). Mallmstaller Hutt: Von diessem Hoff [Büsnauer Hof] lässet man den herrschaftlichen grossen Wayth Wald auf der rechten Hand ligen (Lb. F. 1682, 244). zue Biesenaw hat unser gnädigster Fürst und Herr einen Hoff mit Hoff und Scheuren, sambt einer Vichwaydt, welche Waydt Ihre fürstl. Gnaden jährlich zum fürstl. Gebrauch mit aigenem Vich beschlagen (Lb. F. 1699, 265). — S. auch Bel. bei 263.

Die „Kleine Weide" greift nach Top. Atl. Bl. 69 z. T. in den Stgt. Neuwald ein; nach anderen Darstellungen berührt sie den Stgt. Wald nur (Kieser Forstk. 191). Wie dieser gehörte sie zum Böblinger Forst, während die „Große Weide" noch im Leonberger Forst lag (s. o. 2. Bel.). Die Herkunft des Namens wird aus den Bel. klar. — Über Büsn. Hof und die Weide s. auch Kgr. Württ. I, 571. OAB. Amt 265 f.

Wege und Wasserläufe in Abschn. II, soweit sie nicht nur in ein bestimmtes Gewand fallen und bei diesem aufgeführt sind:

(No. 266—271)

266. **Leonberger Straße**, Hasenbergstraße.

Von A bis H gehet die Hasenberger Strass, welche von Stuttgardt nach Leonberg gehet, durch diesen Wald hindurch (Lb. F. 1682, 258). Bebenhäuser Wald (Hirschawer) . . . anderseits der Leonberger genant Steinstrass

---

[14]) Vgl. außer den Bel.: die Statt Leonberg in des Knechts zu Warmbrun Hut haben in irer Markung einen Wald, die Leonberger Hew und Glembsrain genant, einerseitz an Euer fürstl. Gnad Vichwaid zu Biesnaw, anderseits an das Wissthal, so von der Maden herabgeht (Lb. F. 1583, kkk).

und dem Stuettgardter Burgerwaldt gelegen (Lb. F. 1699, 581). Der ober Burgerwaldt stoss einerseits an die Leonberger anderseits die Magstetter Strass (Lb. F. 1699, 720). — Die Zwing und Bännstein oben am weeg 58 schritt davon ahn der Steinstraß genandt im Schlegel oder Thurner. Ferner übern weeg hinüber 33 schritt am Hirsawer umbhin (Grenzb. 1660 ff. bis 1721).

Von Stgt. über den Hasenberg bis zum Sophienbrunnen zusammen mit der Magstadter Straße; von dort aus zur heutigen Rotenwaldstraße (Verbindungsstück erhalten) und ihrem Zug bis zum Verlassen der Markung beim östl. Parkwärterhaus folgend, um hier die Richtung zur Solitude einzuschlagen. — Beachtenswert ist Bel. 2. Nach der Lage des Bebenhäuser Walds muß er sich beziehen auf eine kurze Strecke der Solitudestraße vom Parkwärterhaus in nordwestl. Richtung oder auf eine Verbindung vom Parkwärterhaus südl. in der Richtung der heutigen Straße zum Straßendreieck am Christophstollen. Nach der Ausdrucksweise des Lb. ist eine Beziehung auf den Straßenteil nördl. wahrscheinlicher, obwohl auch eine Beziehung auf den südl. nicht ausgeschlossen ist, wenn man annimmt, daß der Schreiber den Namen Leonberger Straße, der vom Parkwärterhaus an immer galt, als den bekannteren auch auf das südl. Stück übertrug und neben dessen eigentlicher Benennung „Steinstraße" angab. Auf den Teil der Straße unmittelbar beim Parkwärterhaus bezieht sich Bel. 4. Da der Name auf ehemaliges Steinpflaster zurückgehen muß, hat man ihn sachlich mit der römischen Abzweigung von der Steinstraße von Feuerbach zum genannten Straßendreieck und der Betteleiche nördl. von Vaihingen zusammenzubringen (Fortsetzung von Vaihingen an nicht gesichert). Der Name kommt als weiterer Hinweis für Vorhandensein und Lage des lange verloren geglaubten Wegstücks zwischen Christophstollen und Anschluß an die „Steinstraße" zu den jetzt gefundenen Spuren hinzu. Vgl. 223. 224. Römer in Württ. II, 56 f. Goeßler 40, 79. Fundb. N. F. II, 56 f.; 66 f. WJB. 1875, II, 150.

267. Steinstraße. S. 266.

268. Herdweg I. Hasenberger Weg. Röckenwiesenweg.

Wg. zu Hasenberg am Hertwege (1447, UB. 158, 33) Acker zů Rŏtin am

Hertweg (Lb. w. 1451, 43). Wg. zu Hasemberg stosst an den Hertweg (Lb. w. 1472, 1). A. im Fererberg am Hertweg (Lb. w. 1503, 15 — Lb. w. 1520 und 1528: Feberberg). Wg. zu Hasenberg oberthalb zwuschen xx und dem Hertweg und underthalb auch am Hertweg (Lb. w. 1520, 66). — Gleich nach dem letzten Bel. bei einem neuen Stück: zwuschen xx und dem Staiglin (Lb. w. 1520, 66 ff.). Wg. zu Hasenberg zwischen dem gemainen Herdtweg (Lb. w. 1571, 265). — Nach 1571 nicht mehr belegt.

Von den in Betracht kommenden Wegen auf Plan 1849 und Plan in der OAB. entspricht allen Lageangaben nur einer, der vom Rotebildtor aus ziemlich lange entsprechend der Rotebühlstraße in einer flachen Mulde verlief, etwa bei der Kreuzung mit der Reinsburgstraße leicht nach links bog und in einer steilen Klinge vollends in die Gegend des Hasenbergturms hinaufstieg (heute Staffel neben dem „Buchenhof"). Dieser Weg stimmt allerdings nicht zu dem „Herdweg" vom Stuttgarter Tal in den Rotenwald, den Paulus (OAB. 451; WJB. 1875, II, 172 f.) als römisch in Anspruch nimmt (s. 269, 270). („Alter Herdweg" bei Pfaff [1, 448], auf den sich Paulus beruft, bezieht sich auf 620.) Der Paulussche Herdweg kann in Bel. 2 und 4 gemeint sein, unmöglich aber in den übrigen, in denen das Gewand „Hasenberg" mitgenannt ist. Hätte der Weg, den Paulus — seine Angaben sind manchmal sehr unzuverlässig — annimmt, tatsächlich Herdweg geheißen, so müßten 2 Herdwege ziemlich nahe beieinander von Stuttgart in den Rotenwald geführt haben, was nicht sehr wahrscheinlich ist. Da die Herden nicht auf den allgemeinen Wegen getrieben werden durften und in der Regel, wie heute noch vielfach in den Alpen, auf die „alten" beschränkt waren — die Viehwege waren zum Schutz der Felder abgezäunt —, ist die Lage nahe bei der Hasenbergsteige, das Vorhandensein eines zweiten Wegs als auschließlichen Triebwegs nahe bei dem allgemeinen Verkehrsweg, gut erklärlich. Einen Beweis für die Lage des Wegs am Hasenberg und zugleich für die Art seiner Verwendung als Herdenweg gibt folgende Stelle: Der obere Hürth hat sein Trüeb den Haasenberg hinauff, des roten Wäldlin, Gallenklingen, Metzgerhaue usw. (Lb. F. 1699, 282.) Daß es 2 Wege „den Hasenberg hinauf" gab, scheint auch die Betonung der „Straße" in folgenden Belegen zu beweisen: Bothnanger Huoth nimbt ihren Anfang zue Stuttgardt vorm rothen Bildthor und gehet der Strass nach den Haasen Berg hinauff (Lb. F. 1699, 32). Zum rothen Bildthor hinaus der Strass nach den Haasenberg hinauf (Lb. F. 1699, 35). — Der Weg kann alt sein und als Schluchtverkehrslinie neben der Hasenbergsteige als Gratverkehrslinie bestanden haben. — Der Weg scheidet die Gewande „Hasenberg" und „Röckenwiesen". Er kommt auch vor als Hasenberger Weg (s. Bel. 226). Eine dritte, den älteren Stuttgartern noch bekannte Benennung für den Weg, solange er noch nicht zu steil verläuft, ist „Röckenwiesenweg" (Pk.). — OAB. 451. WJB. 1875, II, 172 f. Goeßler 80. F. 3, 1461. Heck 99. Rheinw. 151 f. Schr. d. Württ. Alt.Ver. 4 (1856) 21. Vgl. 223. 351.

269. Hohlwegle, Hexenwegle, Pulverweg, oberer Röteweg. hǫ́lwęglę̨. hęksǝwęglę̨. bŭ́lfǝrwęg.

<small>Wg. in der Winterhalden . . . stossen oben auf den Holweg (Lb. w. 1571, 531 f). — Wg. in der Winterhalden . . . stossen oben uff obern Röttin Weg (Lb. g. No. 2004).</small>

Letzter Rest des Paulusschen „Herdwegs" (s. 270); zieht oben an der Winterhalde hin zwischen Seyffer- und Rotenwaldstraße; der Weg ist unterhalb der Rotenwaldstraße ziemlich tief eingeschnitten. Er kommt auch als „oberer Röteweg" vor, im Gegensatz zum tiefer gelegenen „Röteweg" (= Gutenberg-, Ludwig- und obere Bismarckstraße). Heute neben „Hohlwegle" und „Hexenwegle" auch „Pulverweg", nach einem Pulverturm, der im letzten Jh. an dem Weg in der Gegend der Eisenbahn stand. — Hexe in Fln. haftet manchmal an Stellen vor- oder frühgeschichtlicher Funde (auf das Unheimliche deutend). Die heute noch lebendige Bezeichnung stützt die Annahme von Paulus, der in seinem „Herdweg" eine „römische" Verbindung vom Christophstollen her sieht; es läßt sich noch ein anderes Merkmal des Wegs als Stütze für diese Annahme beibringen (s. 270!). Vgl. 687. 690. — F. 3, 1567. Schw. 2, 1825 Vollm. 59.

270. Rotes Steiglein.
<small>Zum rothen Bildthor hinaus der Strass nach den Haasenberg hinauff dem</small>

obern rothen Steiglin zue, und der Strass nach hinein bis auf die Bottemer Stelle, von der den Marcksteinen nach bis auf die Glembswüssen (Lb. F. 1699, 35). — [Die gleiche Linie ist gemeint, aber das „rote Steiglein" nicht genannt: Botnanger Huoth nimbt ihren Anfang zue Stuttgardt vorm rothen Bildthor und gehet der Strass nach den Haasen Berg hinauff bis auff die Bothnanger Küehestelle, und von der Stelle der Strass nach bis an den Glembswald (Lb. F. 1699, 32)]. Und von dannen den ganzen Pfaffenwald uff die Pfaffenwüessen, weiters in der Statt Burgerwaldt under dem rothen Staiglin, mehr in die kleine Burgerwaldt under der Strassen bis an die Hayden Klingen hinumb, alsdann wider hinab und der Statt zue. — Beschr. des Stuttgarter Triebs (Lb. F. 1699, 282). Hayd am Rotenstaigle, so mit alten Aichen bewaxen (Plan 1699; städt. Arch. B, Bü. 15). „Roter Steiglensbrunn" heißt der heutige Sophienbrunnen auf einer Karte von 1771 (Goeßler 80). Beim „roten Strässle" werden Münzen gefunden (Goeßler 80). — Die beiden letzten Bel. im Zusammenhang mit der Konstruktion Paulus-Lachenmaier einer römischen Verbindung vom Christophstollen nach O genannt.

Rot, mhd. rôt, kann sich nicht auf natürliche, geologische Verhältnisse beziehen (das ganze Gebiet außer der Liaskuppe des Birkenkopfs im weißen Sandstein). Es ist die Beobachtung gemacht worden, daß Römerstraßen, vielleicht von der Verwendung von rotem Sandstein bei ihrem Bau, noch heute zum Teil „Rote Straße" heißen (WVH. 1886, 25); u. U. kann man auch im vorliegenden Fall an derartiges denken [15]. – Die vorhandenen Zeugnisse reichen nicht aus, den Weg genau festzulegen. Das „obere R. St." ist in der Gegend von Hasenbergturm und Birkenkopf zu suchen; ein ziemlich fester Punkt ist der „Rote Steiglensbrunn"; in dessen Umgebung verzeichnet auch der Plan 1699 die „Hayd am Rotenstaigle". Bel. 2 kann die römische Straße

---

15) Es ist zu beachten, daß „rot" in Namen gerne auftritt für Gebiete, die an oder nahe bei römischen und vorgeschichtl. Straßen und Siedlungsplätzen liegen. Eine oberflächliche Zusammenstellung ergibt schon eine Reihe von Beispielen: Rotösch sw. von Bühl, Röte sw. von Kilchberg (Top. K. 108), Röte sw. von Jettenburg (Top. K. 109), Roter Rain — Waldabt. südl. des Haltep. Lustnau, Rotsteigle nw. von Kusterdingen (Top. K. 109) in der Nähe vorgeschichtlicher Wege (Römer II, 71 ff.). Roter Rain bei Loffenau an einem Urweg (Römer II, 45). Röte südl. von Waiblingen (Top. K. 57) an einer Römerstraße (Römer II, 108). Rote Äcker sw. von Gebersheim (Heck 49, 226), Rote Halden sw. von Gerlingen (Heck 124 f.) in der Nähe einer Römerstraße (Römer II, 48 ff.). Rote Steige, Anstieg Weilheim-Boßlerpaß, ist Urweg (Römer II, 265).

zwischen Christophstollen und Vaihingen meinen (s. 266), jedenfalls handelt es sich um die Gegend beim Christophstollen. Es ist wahrscheinlich, daß beide Punkte die gleiche Straße bestimmen, der Weg hat damit am Sophienbrunnen vorbei durch den Bürgerwald an das Straßendreieck beim Christophstollen geführt. Es kann aber kaum die heutige Bürgerallee gewesen sein, da diese als „Straße" im 2. Bel. deutlich vom R. St. unterschieden wird. Über die Fortsetzung des Wegs gegen das Nesenbachtal vom Sophienbrunnen an gibt mit ziemlicher Wahrscheinlichkeit „Rotenwald" Auskunft. Dieser Wald zieht sich heute von der NO-Seite des Birkenkopfes hinab zum Westbhf. und ging früher noch über diesen hinaus. Durch den Wald führt der von Paulus-Lachenmaier als römisch angenommene Weg vom Birkenkopf am Pulvermagazin im Vogelsang vorbei zur Ziegelhütte westl. des Feuersees (268). Aus der Bezeichnung „Hexenwegle" (s. 269), kann unabhängig von der Paulusschen Annahme mit Wahrscheinlichkeit auf Herkunft des Wegs aus alter Zeit geschlossen werden. Soweit er im Rotenwald verläuft, ist er auf Plan 1699 (städt. Arch. B, Bü. 15) von seiner Abzweigung von der alten Magstatter Straße (am Sophienbrunnen) an als „Magstatter Fußweg" bezeichnet. Der Weg geht an noch einem Gewand hin, in dessen Namen die rote Farbe eine Rolle spielt: „Röte"[16]). Bei „Rotenwald" ist es wie für das R. St. ausgeschlossen, bei Röte wenigstens sehr unwahrscheinlich, daß sich „rot" auf geologische Verhältnisse bezieht. — Eine Reihe sich aneinander anschließende Fln. und Wegnamen lassen also die Paulus-Lachenmaiersche Konstruktion eines allerdings nicht unbedingt römischen, jedenfalls aber sehr alten Wegs als nicht unmöglich erscheinen; er wäre als die „Rote Steige" anzusprechen. Die Verbindung folgte nach Paulus zunächst dem Paulusschen Herdweg[17]), um

---

16) In der „Röte" ist einmal bei Wg. eine Steige belegt, die kaum auf einen andern Weg gedeutet werden kann: ... vinea Röty an der Staig (Lb. w. 1393, 22).

17) Nach heutigen Verhältnissen: Abzweigung von der alten Straße nach Botnang bei der Kreuzung Moltke-Schwabstraße, von da in gerader Linie etwa an die Kreuzungen Elisabethen-Gutbrodstraße und Vogelsang-Seyffer-

als „Rotes Steiglein" etwa vom Birkenkopf an weiterzuführen.
Archäologisch nachgeprüft kann die Straße heute, besonders
zwischen Stadt und Birkenkopf, natürlich kaum mehr werden.
Goeßler 79 f. Römer II, 56, Anm. 2. OAB. 451. WJB. 1875,
II, 172 f., 178, 212 (vgl. „Rothes Steigle" östl. von Böblingen
— OAB. Amt 108, Top. Atl. Bl. 82).

271. Metzgerbach. (Top. Atl., Bl. 69. OAB. Amt 12.)
Gallenklingenbach. mĕtsgərbäχ.
mehr an der Bruckhwüsen nebeu dem Gallen Klingen Bach (Grenzb. 1660;
1667).

Bach in der Gallenklinge, der unterhalb von Botnang mit
andern Bächen zusammen den Feuerbach bildet; nur in seinem
obersten Teil beim östl. Parkwärterhaus auf Mark. Stgt.; nachher verläuft die Markungsgrenze auf seinem rechten Ufer. Am
Oberlauf von rechts her der „Metzgerhau"; also zweiteilig für
dreiteiliges Metzgerhaubach. Vgl. 253.

III. Vom Botnanger Weg bis zum Herdweg II.

A. Vom Botnanger Weg bis zum Forstweg (= Hoppenlau-, Forststraße, Diakonissenplatz, Kreuzung von Senefelder- und Lerchenstraße, Gaußstraße).

272. Botnanger Weg. bọdəmər węg, in Heslach: baọd . . .,
bọdnăŋər šdǫęg.
W. und A. an Botnanger Strass (Lb. w. 1451, 58). Oben am Botnanger Weg
(1467, UB. 271, 15). A. . . . gåt der weg gen Botnang dardurch (Lb. g.
No. 1994, 23). ann Bouttnanger staig Furbach zu (Grenzb. 1521 ff., gemeint
ist der Weg nahe bei Botn.). Der 79 margstain unden an der Bautnar
staig (Grenzb. 1559). A. zu Röttinfeld . . . und zwerch der Bottnanger Pfad
dardurch (Lb. w. 1571, 13). Wg. hinden im Stainhausen . . . stossen unden
uff den Bottnanger Weg (Lb. w. 1571, 39). — So auch Lb. F. 1699, 646 und
Lb. g. 1701, 458, daneben hier auch: Botnanger Straße. — Am Botnanger-
weg (Plan 1834, Hartm., Chronik bei S. 232).

straße, in gleicher Richtung weiter, von der Kreuzung mit der geplanten
Arndtstraße an ungefähr im Zuge der gepl. Paulusstraße bis zur Rotenwaldstraße, diese überschreitend an der großen Biegung und wenig links dieser
Straße zur Eisenbahn; von da quer über den Güterbahnhof des Westbahnhofs und den Hang hinauf mit ungefährer Richtung auf die Charlotten-
buche.

Beim Feuersee rechts von der Magstadter Straße abzweigend, über Kreuzung Senefelder- und Ludwigstraße zur Bismarck- und Schwabschule und in der Richtung Moltke-, Spitta-, Forst-, Herder- und wieder Moltkestraße und Botnanger Steige zum Botnanger Sattel, von da unmittelbar in nordwestl. Richtung nach Botnang hinunter. Soweit der Weg besonders steigt, zwischen Herderstraße und Botnanger Sattel, ist er heute noch teilweise vorhanden und heißt allgemein Botnanger Steige (auch offizieller Straßenname). Früher unbequem und wegen Steilheit kaum befahrbar, so daß schwere Wagen von Botnang nach Stgt. den Weg über Feuerbach wählten. OAB. Amt 131, 133. Vgl. 309.

273. Siehdichfür II.

1563 wird ein 2½ Morgen grosser Wg. im S. hart an der Stadtmauer vor dem Rothenbildthor von des Pfählers Haus bis hinum zu dem Thurm am obern See, angelegt (Pfaff 1, 454).

Nach Paulus Hinweis auf einen ehemaligen Wachtposten. Man darf kaum soviel hinter dem Namen suchen, der wohl eher, wie „Neckarwein" 24 f. annimmt, von einem Spottvogel geschaffen wurde. Nach mündl. Mitteil. hat man in Stgt. ganz allgemein wenig brauchbare Grundstücke so geheißen („Der hat auch irgendwo so einen S."). — F. 2, 1873. Schrift. d. württ. Altert.V. 1 (1850), 3. Goeßler 86.

274. Dappischer Garten.

Usser 4 M ¼ so theils zum beschlossnen Garten, und theils zu einer offenen Wisen gelegt, vor dem Rothenbildthor, im Sewberg, vorhin ein Acker gewesen zwischen sein selbst aigenem alten = sogenannten dappischen Garten und dem Fuesspfad (Lb. g. 1701, 455)

Offenbar nach einem Besitzer.

Seen. Im NW. der Stadt lagen 3 größere Seen vor der Oberen Vorstadt; sie waren alle im Besitz der Herrschaft; teils wurden sie im Namen unterschieden, teils ist nur „See" ohne Unterschied für sie gebraucht. Zum Ganzen vgl.: Pfaff 1, 78 ff., 2, 102. OAB. 17; 136 f. Württ. Zeitg. 1907, 21. Schneider, Tagbl. 1926, 516.

275. Der Obere See.

Es ist möglich, daß der o. S. 1393 „Seelein" genannt wird; es kann aber auch etwas anderes gemeint sein mit: x de prato by dem sowlin (Lb. w. 1393, 3). Wg. by dem obern See (Lb. w. 1472, 1). Gen dem alten See hinus bi dem Bronnen (1491, UB. 527, 21 f.). W. ... stosst oben uf den Graben und unden uf sin selbs See so vor dissem der obere See genannt worden (Lb. g. 1701, 361 f.).

Ungefähr zwischen Seiden- und Silberburgstraße; leicht gebogene Form; Flächenraum: 9 M. Nach Pfaff kommt der See 1304 als „Gräflicher See" vor; dann wurde er nach Anlegung des „mittleren Sees" „oberer See" genannt. Einmal findet sich „alter See". 1555 war er mit Gras, Ried und Rohr überwachsen und lag bis 1581 „wüst". Damals verkaufte ihn Herzog Ludwig an seinen Cammer Secretarius Melchior Jäger, der einen Garten anlegte (Rep. Stgt. w. I, Bü. 13).

276. Der Mittlere See.

de ortu unter dem nuwen sowlin (Lb. w. 1393, 4). A. ... bym mitteln See (Lb. w. 1472, 25 — beim gleichen Acker 1451: ob dem Sew — Lb. w. 1451, 38). Bg. bei dem obern See vorm Büchsenthor (Lb. g. 1701, 808). der kleine Büchsensee (Plan 1743).

Ungefähr zwischen Schloß-, Büchsen-, Militär- und Seidenstraße (Gelände des Schwimmbads und der Liederhalle); 1623: 6 ½ Morgen. Nach Pfaff das „Neue Seelein", das 1393 belegt ist; der See heißt dann „Mittlerer See" von seiner Lage zwischen den zwei andern, auch kleiner See und Büchsensee (vor Büchsentor und Büchsenhaus). „1683 war er fast nur ein mit Binsen bewachsener Sumpf und hieß daher auch das Binsenseelein." 1700 ausgetrocknet; 1738 Krautgarten für die fürstliche Hofhaltung angelegt. 1752 wurden hier Maulbeerbäume gepflanzt (s. 279). 1701 kommt für den mittleren See die Bezeichnung „oberer See" vor im Gegensatz zum allein noch vorhandenen „unteren See" (OAB. 17).

[Der große See s. 353.]

277. Lurlenbad.

x us sin huse und garten an dem see gelegen genannt das lurlenbad(Lb. w. 1451, 60).

Nach Pfaff 1467 als abgebrochen angeführt. Der Name kommt auch sonst vor für Bäder; „das lörleinsbad scheint Spottname eines Bades für arme Leute gewesen zu sein, dessen

Benutzung nichts kostete" (DWB). Etymologie ungeklärt; nach Götze: lürlisbad = Bad der Luren (mhd. lûre), der elbischen Wesen: Hölle; vielleicht diese Bedeutung in übertragenem Sinne gebraucht. — Vgl. das Auftreten des gleichen oder eines ähnlichen Namens 198. DWB. 6, 1151 f. F. 4, 1347. Schmidt, Els. WB. 230. Schmell. 1, 1500. Götze, frühnhd. Gloss.[2] 154. — Pfaff 1, 360. OAB. 299.

278. **Autenrieder Garten.** Momaisletz. (Plan 1743.) Vor der Stadtmauer an der Stelle des einstigen oberen Sees beim Bollwerk; nach dem Besitzer Autenrieth. Die auffallende adjektivische Form des Fn. ist wohl eine Eigenart des Plans. Unmittelbar über dem Namen steht auf dem Plan: Momaisletz (Lesung nicht sicher); Bedeutung unbekannt.

279. **Seidengärten** (Pk.-Lagerpl.) erh. in: sǫidę̊šdrǫ̊s. Seidegärten (Plan 1849); Seidegarten (Pfaff 1, 454).

Ungefähr zwischen Büchsen-, Militär-, Weimar- und Schloßstraße. 1752 wurde an zwei Kommerzienräte, die sich zur Übernahme der Seidenmanufaktur bereit erklärt hatten, von der Regierung ein Garten von 6 M. vor dem Büchsentor, der frühere „mittlere See", für Maulbeerpflanzungen überlassen. – Der Name der jetzigen Seidenstraße geht auf diese Pflanzungen zurück. WJB. 1832, 123. Pfaff 1, 454; 2, 394. OAB. 137. Adreßb. 1929, III, 9.

280. **Säuwasen.** S. 356.

281. **Beim Schießhaus.**

Auf Plan 1834: Gelände des ehemaligen mittleren und oberen Sees, nach dem Schießhaus der Schützengesellschaft (= Büchsenstr. 51). Vgl. 282.

282. **Bei der Schießmauer.**

A. by der Büchsenschützen schiessmuren bym mitteln Sew (Lb. w. 1520, 176). Wg. bey der Schiessmauren (Lb. w. 1542, 141). Wg. in der Schießmur (Steuerb. 1554).

Die 1500 gegründete Schützengesellschaft bekam 1515 ein eigenes Haus innerhalb des St. Sebastianstors (= Büchsentor) mit einem Schießplatz und einer Schießmauer. Vgl. 281. Pfaff 1, 34, 169.

283. Seeweingärten. (Pk.-Lagerpl., Gg.)
Wg. im Seewingart (Steuerb. 1567). ½ M. weingardts beim See (Lb. g. 1588).
Seewingart (Plan 1592). In See-Weingardten (Überschr.) xx usser 1 M. Bg.
und Gg. in Seeweingardten (Lb. g. 1701, 789 f.). Wg. in obern Seeweingardten (Lb. g. 1701, 799). — Auf Plan 1743 heißt das Gewand Seegärten, dargestellt als W. und G. Auf den Seeweingärten oder in der Lerche (Unterg. 1797).

Zwischen Hoppenlau-, Forst-, Falkert- und Militärstraße am früheren mittleren See. Entstehung des Fln. zeigt Bel. 2.

284. Fercherberg.
A. am Verherberg (Lb. w. 1451, 34). A. uff dem Verherberg . . . stossent an den Graben bym Röten Bild (Lb. w. 1472, 24). A. uff dem Feherberg — nur einmal, im Register noch: Ferherberg — ebenso bis Lb. w. 1542 (Lb. w. 1520, 173). Sewberg oder Veherberg (Überschr.). Wg. am Feherberg oder Sewberg (Lb. w. 1571, 307).

Ferher Plur. zu mhd. varch, -hes stn. Schwein, Ferkel. Von 1520 an fehlt das r der ersten Silbe regelmäßig; da der Name heute nicht mehr besteht, nicht zu entscheiden, ob es sich hier um einen vererbten Schreibfehler handelt oder um eine Ausstossung (vgl. Fack—Schmell. 1, 755; Fägg—Schw. 1, 712). Nach 1571 nicht mehr belegt; dafür „Säuberg". Jedenfalls beide Namen schon vorher nebeneinander für zwei aneinander anstoßende Gebiete (vielleicht Pferch für die jungen Schweine: Fercher neben einem für die älteren: Säue). Das Vorschlagen des einen über den anderen, u. U. nur durch einen Schreiber veranlaßt, wurde vielleicht dadurch gestützt, daß Farch, Fercher in nicht deminutiver Form schon damals außer Gebrauch gekommen sein kann (heute nur noch im Deminutiv gebräuchlich). — Ableitung von Föhre, die Staa. 1875, 95 vorschlägt, kommt nicht in Frage. Wegen der Lage s. 285. Vgl. 102.

285. Sauberg (Pk.-A., Gg., früher vielleicht Wg.) anscheinend unbekannt; lebt nur noch in: Saubergele, Saubuckele (286).

s. Fercherberg 4. Bel. W. vor dem Rotenbildtor, am Sewberg . . . stossen oben uff das Staiglin und unden uff das Sewberger Staiglin (Lb. w. 1571, 495). Bg. und Gg. vor dem Rotenbildthor im Sewberg genannt (Lb. g. 1701, 779).

Leicht ansteigendes Gelände zwischen Rotebühl-, alter Botnanger-, Senefelder-, Militär- und Silberburgstraße. Von 1571 an zunächst neben, dann für 284. Die Pluralform des Bestimmungsworts, die lange ausnahmslos gebraucht wird, zeigt ziemlich sicher, daß der Fln. keine Beschimpfung ausdrücken soll, sondern sich auf das Tier bezieht. Vgl. 284. — F. 5, 600. Merk. 1903, 608.

286. Saubergele, -buckele, Falkertbuckele. səubḙrgələ̦, səubŭgələ̦.

In den sogenannten Sauberglen (Unterg. 1796).

Falkertstraße zwischen Militär- und Forststraße. Der Weg steigt von der Militärstraße her eine kleine Strecke ziemlich stark. Er gehört nicht mehr zum Gewand Sauberg (früher vielleicht ausgedehnter), stößt aber unmittelbar an. Zusammenhang zwischen beiden Namen ist unzweifelhaft. „Saubergele" war früher anscheinend gebräuchlicher; dagegen heißt es heute als Teil der Falkertstraße eher Falkertbuckele bzw. Saubuckele. — Der Weg kann 285, 2. Bel. gemeint sein.

287. Sauäcker. Plan von Ende des 18. Jhs.; Sauacker (Plan 1743). Sauäcker, 40 M. A., G. und Bg. am Feuersee (Pfaff 1, 453).

Im Fercher- oder Sauberg sind früher häufig Äcker bezeugt. Für dreiteiliges Saubergäcker.

288. Lemmeler.

Von aim A. in Lammellunbrun (Lb. w. 1350, 7 a). de agro (prato, vinea) im Låmmeller (Lb. w. 1393, 9 u. a.). A. im Lemenler (1447, UB. 160, 39; 182, 14) — ebenso Lb. w. 1451, 1462, UB. 241, 14, 35: Lemmenler neben Lemmeller. A. im Lemler (Lb. w. 1472, 28). A., ist yetzo zu einem Weingart gemacht im Lemeller by dem Mitteln See, zwischen der Seewisen und der Strassen die zum Valkert hinuss gett (Lb. w. 1520, 84). Im Lemeler by dem obern Sew (Lb. w. 1524, 117). usser der Wisen in der Lörchen im Lemeler (Lb. g. 1536, 51). — Nur noch im 16. Jh. belegt.

Etwa zwischen Militär-, Silberburg- (Johannes-?), Forst- und Seidenstraße zu suchen; Gelände und Art müssen dem anstoßenden „Lerchenfeld" entsprochen haben, nur etwas tiefer und näher beim Vogelsangbach gelegen. Mit seinem Lößboden ist das Gewand von vornherein nicht unbedingt zum Weinbau bestimmt, und die Belege bestätigen, daß mehr A. und W. dort waren als Wg. Man muß also bei der Deutung nicht davon ausgehen, daß der Fln. einen Weinbergbezirk bezeichnet und dazu die Weinbergnamen „Lämmler" in Heppach OA. Waiblingen und in Fellbach als Parallelen beiziehen, wie es F. 4, 941 tut. Die für „Lämmler" bei Fellbach vorgeschlagene Deutung mit lam = Bruch, Schlucht, Tobel (Schmell. 1, 1470, Schw. 3, 1266) oder mhd. lâmel = Klinge (lamela, Lex. 1, 1816) kann nach der Geländeart kaum für den vorliegenden Fall in Betracht kommen. Da der Fln. von 1393 an ausnahmslos in Verbindung mit dem best. Artikel vorkommt, ist am einleuchtendsten die Ableitung von einem Pn. mit mhd. lembelin, der allerdings in Stgt. nicht belegt ist; dazu stimmt die Form von 1350 mit -lun für -lin, wie es der Eigenart des Schreibers entspricht (vgl. Lurlunberg, Richlunberg); nachdem die Deminutivsilbe zu -le geworden war, konnte zum Pn. leicht ein Fln. auf -er gebildet werden. n, in der 2. Silbe anfangs nicht selten, ist wohl als überschriftsprachliche Schreibung des ə-Lauts aufzufassen. Für Lamelluner (Pfaff 1, 450) konnte kein Beleg gefunden werden. Socin 735, 782. Staa. 1875, 96. — OAB. Cannstatt[2], 537 f.

289. Lemmelerbrunnen.
S. 288, Bel. 1. A. am Lemenler stösst an den Lemenler Brunnen (1447, UB. 182, 14).
S. 288.

290. Hubenwiese.
A. . . . an Ulrich Huben wisen ob dem Lemmeler (Lb. w. 1466, 7 b). A. . . . an der Huoben wisen ob dem Lemeler (Lb. w. 1510, 11). A. an der Hieben wisen ob dem Lemeler (Lb. w. 1528, 398).

Vom Besitzer (s. Bel.). Der Umlaut hat seinen Ausgang wohl in der Femininform des Fn. Huob; 1528 ist Hans Hieben Witwe Besitzerin von Äckern, die 1510 Hans Huob besessen hatte. Sie war die Hiebin und legte dadurch, wenn sie noch längere Zeit nach dem Tod ihres Mannes vielleicht ohne Söhne lebte, die Umlautung im Fn. überall nahe.

291. Spitalacker.

Wg. im Verherberg an des Spitals Acker gelegen (Lb. w. 1451, 27). W. zu
Röttin . . . stosst unden uf des Spittalls Acker (Lb. g. 1558, 541). Der Spital
aus 3 Tw. W. zu Steinhusen . . . stossen unden an den Spital Acker (Lb. g.
1558, 542). In Milchsuppenäckern — Der Spitalacker (Prot. 1724). Spithal
Acker (Plan 1743).

Spitalbesitz; ungefähr in einem Dreieck mit den Ecken: Kreuzung von a) Senefelder-Ludwigstraße, b) Senefelder-Militärstraße, c) Moltke-Schwabstraße. — Noch 1845 benützten Munder und der Schwäb. Merk., 1858 Büchele den Namen, gewöhnlich aber hieß man dieses Gebiet in der 2. Hälfte des 19. Jhs. „Milchsuppenäcker". Vgl. 292. Stadtgl. 1845, 369. Merk. 1845, 345 (nach Pfaff 2, 589). Büchele 111.

292. **Milchsuppenäcker.** (Pk.-A., Lagerpl. im Besitz der Hospitalpflege; ehemaliges Zuchthaus.) mĭlχsŭbənĕgər.

In Milchsuppenäckern — Der Spitalacker (Prot. 1724).

Gebiet = 291. Der Name und die Erklärung, die Äcker seien dem Spital von einem alten, reichen Mann vermacht worden, der dafür nur eine Milchsuppe genossen habe und dann gestorben sei, scheinen in Stgt. allgemein bekannt gewesen zu sein. Nick setzt die Begebenheit ins Jahr 1421. Die Erklärung kann keinen Anspruch auf Originalität und Glaubwürdigkeit machen; sie kehrt in Mülhausen i. E. in zwei Varianten wieder, von denen die eine fast genau mit der Stgt. Form übereinstimmt. Der Kern ist allen drei gemeinsam: der Stifter von Gütern stirbt nach dem Genuß einer Milchsuppe vom Spital. Der Fln. kommt auch an andern Orten in Verbindung mit Spitalbesitz vor: Milchsuppenacker (Mülhausen i. E.) und Milchsuppe, ein dem Bürgerspital gehöriges Bauerngut (Kant. Basel-Stadt — Schw. 7, 1241). Es kann sich in allen Fällen um Stiftungen zur Reichung von Milchsuppen an die Spitaliten vielleicht an Festtagen handeln. Vgl. 291. — Stadtgl. 1845, 370. Nick 73. Alem. 8, 118. Els. 1, 25. A. Stöber, Sag. d. Els. I (Straßb. 1892), 29, 123.

293. **Lerchen.** (Pk.-Lagerpl., Gg.; früher: Wg., A., W.) ĕn dĕ lĕrχə.

Vinee sue site in Lerchenvelde (Lb. E. 1304, 5 b). vinea sua sita ze Lerchen felt (Lb. E. 1334, 7 b). Von zwain Eckern ze Lerchunfelt ze Stainhus (Lb. w. 1350, 3 b). Wg. im Lerchenfeld am grossen See, zwischen dem See und der

Stattmauer gelegen (Lb. w. 1571, 679). — Letzter Bel. „Lerchenfeld" 1588. In allen Lb. g. (außer 1588, wo beide Formen) von No. 2004 ab erscheint der Fln. als „Lerchen": Lerchen, für Lerchenfeld der Zehntbeschreib. Lb. w. 1466, 6 (Lb. g. No. 2004). W. zu Pleckenhalden oder in der Lerchen (Lb. w. 1571, 488). Wg. in der Lerchen . . . stossen . . . unden uf die obern Lerchen (Lb. g. 1586, 244). — Plan 1743 unterscheidet: in den Lerchen Lerchenwiesen, Lerchenacker.

Langsam gegen W und NW ansteigend ungefähr zwischen Militär-, Hasenberg-, Lerchen- und Falkertstraße, meist noch im Lößgebiet. Grundwort -feld (bis 1588 bel.) weist auf ursprünglichen Ackerbau; Weinbergkultur ist also spätere Entwicklung. Das Bestimmungswort bezieht sich auf den Vogel (mhd. lêrche, lërche swf.), ursprünglich vielleicht auf Lerchenfang. Merkwürdig ist Unterdrückung des Grundworts vom 16. Jh. an und Überführung des Bestimmungsworts in den Singularis. Zur Unterdrückung von -feld kann die Tatsache geführt haben, daß in der Nähe eine „Röte" neben einem „Rötenfeld" bestand. — Zum Abfall des Grundworts vgl. 84. 429, S. 28 f. — Heck 47, 113.

294. Pleckethalden. (Pk.-Wg., Ba.; früher öfter W.; 1510 Neubruch: wenige Wg., oben zu Pl. Lb. w. 1510, 22). ę̈n dər blęgrtháldə, blęgətháldə.

Sub montibus dictis Valkhart et Bleckenshald (1301, UB. 10, 30). De 1 iugere vinearum sito in Bleggundenhald (Lb. E. 1304, 2 b). Vinee site in Bliggendenhald (Lb. E. 1304, 4 a). vinee site ze Bleckenhalden (Lb E. 1334, 6 a). von aim wingart Blęgendhalden (Lb. w. 1350, 1 a). Wg. zu Pleckendenhalden (Lb. w. 1451, 13). Bleckendahalden (Lb. g. No. 2004). In der Plecke(n)thalden (Steuerb. 1567). Bleckete Halden (Plan 1592). Pleckhetenhalden, daneben noch: Pleckhenden Halden (Lb. g. 1701, 370 bzw. 449). Vorstaig oder Pleckethalden (Unterg. 1796).

Unterhalb des „Forst" gegen SO in der Richtung auf Rosenbergplatz. Nach der Karte lassen sich ganz leichte Aus- und Einbuchtungen am Hang feststellen; im ganzen aber fällt er gleichmäßig ab; früher muß sich das Gewand noch ein Stück weit in das anstoßende flachere Gebiet gegen den Vogelsangbach hin erstreckt haben, wo sich dann gegen NO „Lerchen" und gegen W „Steinenhausen" anschlossen, mit denen dieses Stück der P. in den Lb. manchmal vermengt wird[18]). — Bei dem ursprünglich so langen Fln. Bleckendenhalden, in dem die Nebensilbe -en im ganzen dreimal vorkommt, muß man mit Verschreibungen und Kürzungen rechnen (s. Bel. 5; oft: Blekenhalden). Bel. 1 von 1301 ließe an eine Ableitung von einem Pn. denken; dem stehen aber andere Belege in großer Zahl entgegen, die in der Form Bleckendenhalden doch eine ziemlich weit hergeholte Umdeutung eines einfachen Pn. wären. Diese letztere Form darf man wohl für die Deutung zugrunde legen. Demnach Zusammensetzung aus einem Part. Präs. mhd. bleckende im Dat. Sing. und halde. Mhd. blecken, ahd. blecchen sw. vb. I intr. = sichtbar werden, sich entblößen. Der Name deutet also auf eine Stelle, die hervorblickt, sich entblößt hat, d. h. wo die Erde abgerutscht ist und der Stein durchschaut. Auf derartige Rutschungen weisen auch die benachbarten Fln. Blankenhorn und Schliff. blecken hat Umlauts-e; heute liegt aber ẹ vor; darauf, daß ehemals ẹ in dem Namen galt, deutet Bel. 3, der nur auf Verwechslung des ẹ-Lauts mit dem phonetisch nahe verwandten i beruhen kann; auch Bel. 5 beweist ẹ (s. u.!). ẹ muß entstanden sein, als der Zusammenhang mit dem Vb. blecken nicht mehr klar war, d. h. spätestens, als die Form Bleckethalde allgemein gebraucht wurde. Warum der Wechsel im Tonvokal eintrat, ist nicht ersichtlich. In den Formen bleggundenhalden, die nur Lb. E. 1304 bietet, dürfte historisch unberechtigte Anwendung des vollen Vokals in der Nebensilbe vorliegen. Lb. w. 1350 versieht in der Regel das e mit einem Index und schreibt dann einfachen Konsonanten (daneben gelegentlich Schreibungen mit e + Doppelks.). Wo der Index sonst in dem Lb. über e (ê) erscheint, handelt es sich in den allermeisten Fällen um ẹ[19]); man darf also hier einen Beweis für ursprünglich geschlossenes ẹ sehen. — Zwischen dem gutturalen und dem dentalen Explosiv-

---

[18] W. zu Steinihussen in der pleckenden Halden (Lb. w. 1528, 280). W. zu Stainhausen oder zu Pleckhendenhalden (Lb. w. 1571, 480). W. zu Pleckendenhalden oder in der Lerchen (Lb. w. 1571, 537).

[19] Z. B.: fêselerina (Pn.), Sêflingen, Gêblinsberg, Frêmd, Wêtzels wingart, Kêslerin.

laut hat sich in der Aussprache ein sonantisches r eingeschoben, wahrscheinlich unter dem Einfluß des benachbarten „Falkert" (vgl. Stadtgl. 1844/45, S. 369: Bleckerthalde). Vgl. plechenten stein (Graff 3, 246) Schade 75. Lex. I, 301. DWB. 2, 86. Kluge 61. F. 1, 1188 f. (Albv. 11, 80. Schw. 5, 58 f. Vollm. 21. Keinath 5.)

295. Jobs Weingart.

1½ M. vinearum sitis in bleggundenhaldun quae vinea dicitur jobs wingarte (Lb. E. 1304, 2 b). Pn.—Socin 70. Heintze 213.

296. Der alte Graben II.

Das Wasser, das aus dem Vogelsang fließt, soll im alten Graben an der Stadt Wald durch xx W. geleitet werden (Reg. 1495, UB. 590, 10 ff.). Zu Bleckendenhalden . . . derselbig stain schaidet herab bis uff den alten Graben (Lb. g. 1558, 474). Wg. zu Bleckendenhalden . . . stossen unden auf den alten Graben (Lb. w. 1571, 40).

Wohl der Vogelsangbach, der im Gegensatz zu neuen, künstlichen Wassergräben (vgl. UB. 271, No. 488) so genannt wurde. Vgl. 1.

297. Steinenhausen, hintere, vordere. (Pk.-Wg., W.) Plan 1807 unterscheidet: obere, mittlere und untere St. ẹ̆m, ẹ̆n dẹ̆ šdǫ̈ẹnəhəusə.

2 iugera vinearum sita . . . in monte Steinihus (1250, UB. 1, 7). Wg. der da haisset Stanihusen . . . und [wir] haben im aigin und lehin an dem wingarte in zi Stainhusen gigebin (1294, WUB. X, 281 f.). Que vinea sita est in Stainihus (Lb. E. 1304, 4 a). Wiese zu Stainihusen (1320, UB. 21, 7). Vinee sita ze Blanckenhorn ob Stainihuse (Lb. E. 1334, 5 b). Vinea in Staynhusen (Lb. w. 1350, 2 b). Daneben Lb. w. 1350: us ainer Egerden ze Staynhus, de agro in Staynhus. — Vinea hindern Staininhus (Lb. w. 1393, 28). zu vordern Stainihusen (1489, UB. 486, 34). W. zu Stainenhausen (Lb. w. 1510, 11). Wg. im Schliff ob Stainehaussen — neben: Staini . . . (Lb. w. 1527, 26). hinden im Stainhausen zwischen . . . und der Bottnanger Halden — einmal: Steinahausen (Lb. w. 1571, 39 bzw. 595).

Am linken Hang des oberen Vogelsangtals etwa zwischen Gauß-, Steinenhausen-, Gutbrod- und Moltkestraße–Botnanger Steige. In Lb. E. 1304 und Lb. E. 1350 schon verhältnismäßig oft.— Zusammensetzung von mhd. steinîn und hûs; als mhd. Dativform muß angenommen werden steinînenhûse, das durch Synkopierung des Flexionsvokals im Adjektiv nach der nebentonigen Silbe und durch Zusammenfallen der beiden n > steinînhûse wurde (gleicher Vorgang Lex. 2, 1166 und F. 5, 1712). Das schließende n der Nebensilbe schwand in der Aussprache, besonders da ein anderes n vorangeht, so daß sich die häufigste Form der frühen Belege ergibt. Ungestörte Fortsetzung des Bestimmungsworts wäre stǫ̂ęnę̂, wie unflektiert mhd. steinîn; statt dessen ist die Bildungssilbe wie in den Formen des flektierten Adjektivs durch das nachdruckslose ə vertreten (1571 schriftlich dargestellt in Bel. 12). Daß es in diesem Fall eintrat, kann durch rhythmische Erwägungen begründet werden: das notwendig betonte ę̂ wurde zwischen Haupt- und Nebenton tonlos und geschwächt zu ə (vgl. den lautl. Unterschied in der Ma. zwischen flekt. und unflekt. Form der Adjektive auf -în in der Bildungssilbe). Es ist sehr fraglich, ob die öfter belegte Form „Steinhausen" je im mündl. Verkehr gebraucht wurde; sprachlich läßt sie sich nicht ohne weiteres an das zugrunde liegende Adjektiv anschließen. Dieselben sprachlichen Änderungen bei andern On. mit Bestimmungswort stein, steinîn s. Förstem. II, 2, 857. – Im Grundwort ist die in den frühen Belegen bei weitem überwiegende Singularform das Ursprüngliche. In den Lb. E., die nur -hus schreiben, erscheinen andere -hausen-Orte durchaus mit dem Grundwort im Plural. Der alte Dat. Plur. -hûsen wurde hier erst analog zu den zahlreichen -hausen-Orten später gebildet. Irgend eine Siedlung ist urkundlich nicht nachweisbar, muß aber aus der Siedlungsbezeichnung erschlossen werden; es handelt sich jedoch nicht um eine Gruppensiedlung der Ausbauzeit (sing. Form des Namens noch im 14. Jh.!). Da der steinerne Charakter des Hauses im Namen betont wird, ist die Entstehung des Fln. aus römischen Resten, wie sie Paulus annimmt, nicht ohne weiteres abzulehnen (er sieht eine Stütze für seine Annahme in 299). Die natürlichen Verhältnisse, die Goeßler für römische Gutshöfe als Bedingungen angibt, treffen zu: 1. sonnige Lage am Hang gegen S oder SO, 2. Wasserversorgung (Schwenkelbrunnen — ausgezeichnetes Wasser; Vogelsangbach), 3. fruchtbarer Boden (das Gewand stößt unten auf das Lößgebiet nordwestl. des Feuersees. Archäologisch nachgewiesen ist eine römische Niederlassung nicht an der Stelle; die Annahme einer solchen ergibt jedoch eine denkbare Erklärung des Fln. Es kann auch an einen früh abgegangenen kleinen Herrensitz gedacht werden, dessen Steinbau gegenüber der bis ins späte Mittelalter gewöhnlichen Holzbauweise auffiel (mhd. steinhûs stn. — Haus von Stein, Herrenhaus, Schloß; vgl. die „Steinhäuser" im OA. Leonberg). — Germanica 191 ff. Bohnenberger, On. Württ. 17. WVH. N. F. 3, 75. — Pfaff 1, 12. OAB. 452. Schrift. d. Württ. Altert.V. I (1850), 3. Goeßler 57, 86. Weber, Stgt. Geogr. Studien A, 4/5, 1927, 66 f. (Steinenhausen nicht auf Mark. Botnang!) Staa. 1875, 95. Zur Bezeichnung vgl. „Steinhäuser" Mark. Steinheim mit römischen Bauresten (Paret 199); „Echterdingen haben ain höltzlin genannt Stainenhausen Heckhlin..." Lb. F. 1555, 24.

Im Gewand Steinenhausen liegen:
(No. 298 bis No. 304)

298. Talgraben.

W. zu Stainhausen... stossen unden uff den Thaalgraben (Lb. w. 1571, 483; ebenso Lb. g. 1558, 543 und Lb. g. 1582, 243). W. im Steinenhaussen zwischen dem Erdengerechtsamen und dem Thalgraben, auch dem Weeg an der Winterhalden gelegen (Lb. g. 1701, 874).

Wahrscheinlich der Bach im Vogelsangtal am Fuß des Gewands Steinenhausen. Der Name kommt auch sonst für Bäche vor (z. B. im „Lindental" Top. Atl. Bl. 69, XXVI, 4 und in seiner Fortsetzung unterhalb Weil im Dorf, wo Gewand „Tal" daneben — Top. Atl. 56, XXX, 4). Die unterhalb des „Steinenhausen" verhältnismäßig flache Talung wurde danach vielleicht als „Tal" bezeichnet. Im Pk. wird der Wasserlauf in seinen verschiedenen Stufen genannt: 1. Bach durch die Vogelsangwiesen, 2. Bach oder Graben an den Steinenhausenwiesen, 3. Wassergraben im Seelat. Vgl. 296.

299. Pflasterwiese.

Nach Paulus in der Nähe von Steinenhausen. Er verbindet diesen Fln. mit St. und schließt auf eine römische Siedlung. Genaue Lage der Wiese unbekannt. Der Name könnte sich auch auf ein neuzeitliches Straßenpflaster beziehen wie z. B. in Gablenberg; als Straße dafür käme der Botnanger Weg in Betracht, von dem eine Pflasterung aber nicht bekannt ist. — Schrift. d. Württ. Altert.V. I (1850), 3. OAB. 452. Goeßler 86. — Vgl. 789, 794, 808.

300. Schande.

xx Haber us der Schanden ze Stainhusen (Lb. w. 1350, 7 a). xx de vinea in der Schandun (Lb. w. 1393, 15).

Belegt bis 1451; jeweils nur 2—3 Wg. unter dem Namen. Der in Oberdeutschland häufig wiederkehrende Fln. ist nicht befriedigend erklärt. Am einleuchtendsten und sprachlich einwandfrei sind die Deutungen: 1. Grundstücke, die oft geschädigt werden durch Wasser oder durch Wagen und Fußgänger oder durch Weidevieh; 2. Feldstücke in schändlichem Zustand. Manchmal mag ein Hinweis auf schändliche Vorgänge in dem Namen enthalten sein; unmöglich weisen alle Schand-Namen auf entehrende Strafen (Schandpfahl) hin (hier ausgeschlossen, da das Gewand weit von der Stadt entfernt ist). Der Vorschlag Vollmanns: Schande = Ort des Schindens der gefallenen Tiere, dann Ort, wo die gefallenen Tiere verscharrt werden, ist mit großer Vorsicht aufzunehmen, solange er nicht durch Tatsachen bewiesen ist. Die Erklärung Schand zu schinden, analog Band zu binden und Wand zu winden, ist zu bezweifeln; da schinden als Denominativ zunächst schwach ist und erst in mhd. Zeit starke Formen aufweist, hat es nicht ursprünglich derselben Ablautklasse angehört wie binden und winden. Zudem ist in der Bedeutung das Verhältnis Schand: schinden ganz anders als Band: binden und Wand: winden. – Schardau (Pfaff 1, 453) ist Druckfehler oder irrtümliche Lesung. — Kluge 413, 422. DWB. 8 2127. F. 5, 683. Buck 232. Miedel 64. Vollm. 54, und Bayer. Hefte f. Volksk. 9 (1922), 114/15. Eberl 192. Keinath 57, 101 f.

301. Schild II.

Wg. zu Steinhausen an dem Schilt (1447, UB. 184, 29 f.).

S. 139. Vgl. 427.

302. Vögelenswiese.

In Steinenhausen auf der Vögelenswiese (WJB. 1853, II, 179).

Von den Vögeln oder von einem Besitzer.

303. Winterhalde III.
De vinea Staininhus an der Winterhalden (Lb. w. 1393, 22 f.). Wg. zu Steinenhausen an der Winterhalden (1447, UB. 173, 4 f.).

Ins Gewand Steinenhausen schneiden zwei kleine Klingen ein (verlängerte Rückertstraße und Schliffgässle), die beide Hänge nach O und NO haben. Für einen dieser Hänge muß die Bezeichnung gegolten haben; es gibt sonst keine winterlich gelegene Halde im Gewand. Die Belege machen den Eindruck appellativen Gebrauchs; vgl 86. 237.

304. Bangarten.
De vineis ibidem [in Steynhus] und von dem Bangarten (nachtr. Eintr. — Lb. w. 1350, 7 a).

Wohl durch Assimilation < bandgarten, wobei der Nasal von dentaler zu gutturaler Artikulation überging (vgl. Kauffmann, § 191, 1); damit Bedeutung etwa = Bandhecken (vgl. 27). Eine Beziehung zu Bann nicht ausgeschlossen. Vgl. Schw. 2, 437.

305. Blankenhorn. (Pk.-Wg.) ẹ̃m blắŋgəhǫrn.
sita ze Blanckenhorn ob Stainihuse (Lb. E. 1334, 5 b). — Schreib. bald mit p, bald mit b. — Wg. im Planckenhorn (Lb. w. 1451, 61). Wg. im Planckenhorn stosst oben uff den Vorstweg (Lb. w. 1571, 761).

Zu beiden Seiten der Gäubahn ungefähr zwischen Steinenhausenstraße und Zugang zur Gaußstraße von der Schwabstraße her. Oberhalb der Bahn setzt in halber Höhe des Hangs ein kleiner Bergvorsprung an, von dem der Fln. wohl ausgegangen ist. Erklärung ist möglich von 1. Pn. Blank, seit 1318 in Stgt. bel.; Vertreter des Namens haben in der Nähe des Gewands Besitz, ab 1350 nachweisbar: im Lerchenfeld (Lb. w. 1350, 1 b), im Steinenhausen (1447, UB. 180, 5 f.), in der Hauptmannsreute (1447, UB. 168, 26 f.), im Forst (Lb. w. 1528, 312); vgl. UB. 620. Pfaff 1, 382; 2. Adjekt. blank = hellglänzend, auch bloß; dabei muß man etwa an ein Hervortreten des Gesteins (Schilfsandstein) denken, das durch Rutschungen entstanden sein könnte (vgl. das 294 Gesagte!). An eine vom Wald entblößte Stelle zu denken, verbieten sachliche Gesichtspunkte: das Horn ist recht klein, und man sieht nicht ein, warum es hätte vor seiner Umgebung gerodet werden sollen; für natürliche Waldfreiheit liegen keine Gründe vor. — Da im Gelände ein „Horn" vorhanden ist, erscheint eine Herleitung vom Pn. Blankenhorn wenig wahrscheinlich (der Fn. anscheinend erst 1571 belegt — Lb. w. 1571, 507). — Buck 30. Eberl 166. Keinath 5.

306 Gänser. ẽm gẽsər.
Im Gänser (Steuerb. 1567). Im Genßer (Prot. 1724). Ganser (Plan 1807), Gänser (Plan 1849).

SW-Hang gegenüber dem „Schliff" unterhalb des „Forst"; nur 100a (nach Pk.). Von einer Gansgülte, die auf den Grundstücken ruhte. Gänse als Gülten scheinen in Stgt. hauptsächlich an Gütern im und am Forst gehaftet zu haben (vgl. 332). Von den 15 1/2 Gänsen, die 1447 in Stgt. zur Ablösung kommen, entfallen 12 auf den Forst (schon 1350 belegt), 2 1/2 auf Häuser und 1 auf eine Wiese bei Tunzhofen. So ist der Fln. gerade hier leicht erklärbar, wo die Gänse zudem noch einen Gegensatz bilden konnten zu den Hühnern, die von den meisten Wg. im Forst zu geben waren. Wie der gegenüberliegende Schliff wurde der G. früher zum Forst gerechnet. Die Bezeichnung für die Abgabe wurde gewissermaßen personifiziert und so zum Fln. — Vollm. 10. UB. No. 338, bes. 165, 35; 175, 31; 177, 5; 182, 29, 35. — Lb. w. 1636, 5b, 6b.

307. Schliff II. (Pk.-Wg., Bg.) ẽm šlïf.
vinea Staininhus gelegen an dem Schlif — daneben: de vinea Staininhus zů dem Schlif (Lb. w. 1393, 24). Wg. im Forst genant im Schliff (Lb. w. 1472, 18). Wg. im Schliff ob Steinihusen, ist ain Neuwbruch (Lb. w. 1528, 412).

SO-Hang einer kleinen Klinge, die unterhalb der Gaußstraße ansetzt und gegen die Scheffelstraße zieht; Name nur für etwa acht Stücke im obersten Teil der Klinge; wie der gegenüberliegende „Gänser" zum Forst gezählt. — Schliff, Schlipf (mhd. sli(p)f stm., slipfe f. = Abgeschliffenheit, Erdrutsch) in Fln.: kleinerer Abrutsch, abrutschende Stelle oder Stelle, wo ein Erdrutsch stattgefunden hat [20]) (vgl. das 294 Gesagte!). Vgl. 140. Miedel 19. Vollm. 21. Rheinwald 205. Keinath 16.

308. Schliffgässle. (Pk. Schliffgässchen.) šlïfgẹslẹ.

---

[20]) In appellativer Verwendung in: „In des Schufelins wisen, da der Schliff herab gefallen, ist ein Marckstain gesetzt (Grenzb. 1527).

Eine Art Hohlweg, vom alten Botnanger Weg in den „Schliff"; heute unterhalb der Paul-Gerhardt-Kirche rechts von der Forststraße abgehend.

309. **Botnanger Halde.** (Pk.-Ba. und Wg.) bǫdəmər hăldə (in Stgt.); baǫdəmər hăldə (in Heslach).

Wg. im Forst zwúschen xx und Botnanger Halden gelegen (Lb. w. 1524, 20). Wg. hinden zu Stainihausen ... stöst an bötwar (!) Halden an die Hayd (Lb. w. 1527, 29). Wg. im Vogelgesang ... stost oben uf Bautamar Halden (Lb. g. No. 2004). — Daneben: bawtmar halden und Boutnanger Halden (Lb. g. No. 2004). Wg. im Vogelgesang stost oben uff die Botmar Halden (Lb. g. 1558, 494). Wg. im Vogelgsang ... oben uff die Egerten genannt Bottnanger Halden (Lb. w. 1571, 39).

Östl. Berghang vom Botnanger Sattel gegen Stgt. zu beiden Seiten der Botnanger Steige; Name von der Lage an dieser. Die Halde scheint ziemlich lange wirtschaftlich nicht genützt worden zu sein. Wg. wurden nach Pfaff 1, 443 erst nach 1770 angelegt. Im 2. Bel. muß der Index über o als v = u aufgefaßt werden; das w wird Verschreibung für m sein. Die sonstigen Formen stimmen mehr oder weniger zur ma. Aussprache des On. Botnang: bǫdnə bzw. baǫdnə. On. zuerst als Botenanch 1075 (WUB I, 279). — Sehr viele On., die ma. auf ə ausgehen, sind solche auf -heim; bei ihnen ist ein vom On. gebildetes Adjektiv auf -mer durchaus berechtigt. Diese Art, Adjektiva von On. zu bilden, hat sich auch auf andere On. übertragen, bei denen m ursprünglich nicht berechtigt ist, die aber ma. auf ə ausgehen (vgl. Wangen, Honau, Stockach); bei -ingen-Orten allerdings kommt die Bildung kaum vor. Schließlich werden Adjektiva auf -mer auch noch gebildet zu kurzen, gewöhnlich einsilbigen On., die nicht auf ə ausgehen (vgl. Weil — s. 342! — Buch, Korb Rohr). Das so gebildete ma. Adjektiv zu Botnang sollte nun nach Schwund des Flexionsvokals im Bestimmungswort „Boten-" regelrecht lauten: baǫdnəmər. Zwischen den zwei Nasalen ist aber Dissimilation eingetreten derart, daß der erste, dentale, ausfiel. Nach den Belegen scheint sich die Unterdrückung eines Vokals nunmehr gewissermaßen in -em der Ableitungssilbe (-emer) gelegentlich wiederholt zu haben, ohne jedoch durchzudringen. So ergibt sich die Form baǫdəmər. Parallelen für dieselbe Art von Dissimilation und Unterdrückung eines Nasals: 1. Das vom On. mit gleichem Grundwort gebildete Backemer = Leute von Backnang. 2. Brackemer = Leute von Brackenheim. 3. Botemer = Leute von Botenheim. 4. Rappemer = Bewohner von Rappenau (O. Meisinger, WB. der Rappenauer Ma. [1906], 5). — Bächtold 47. Wilmanns 1, § 161, 4. Zum On. Botnang: Kgr. Württ. I, 561.

In Abteilung III A sind zu suchen:
(No. 310 und No. 311)

310. Lettengrube.
ain A. lit by der Lettengrûben — zelga gen Stainihusen usshin (Lb. g. No. 1994, 23).
Stelle, wo Letten = geringerer Lehm gegraben wurde.

311. Widemwiese I.
2 M. an der Widem wisen - zelga gen Stainihusen usshin (Lb. g. No. 1994, 23).
S. Widemacker, in dessen Nähe die Wiese wohl lag (235). Vgl. auch: 715.

B. Vom Forstweg bis zum Herdweg II.

312. Forstweg. (Pk.) fǫ̆ršdwęg.
Wg. iuxta viam qua itur zem Forste (Lb. E. 1350, 30 a). Wg. im Schliff
... stossen oben an den Forstweg (Lb. g. 1558, 475). Wg. im Plankenhorn
... stossen oben uff den Vorst Weg (Lb. w. 1571, 60). Wg. im Vorst, zwischen xx und der Staig gelegen, stosset oben uff den Vorst Weg (Lb. w. 1571, 659).

In den Belegen ist ein anderer Weg gemeint als im Pk.; der Weg des Pk., der auch sonst so hieß (vgl. Pfaff 2, 590; Adreßb. 1930, III, 3), ist die jetzige Forststraße und hat im Grunde nichts mit dem heutigen Gewand Forst zu tun. Anders der Weg, den die Lb. meinen; dieser fällt im Anfangsstück mit dem Forstweg des Pk. zusammen (bei diesem Name von dem gemeins. Stück fälschlich auf die Fortsetzung übertragen); es ist der natürliche Zugang zum „Forst", in seinem oberen Teil dargestellt durch die Gaußstraße, in seinem Anfang in der Stadt wohl durch Hoppenlau- und Forststraße, dann durch eine Linie vom Diakonissenplatz — hier zweigt der Forstweg des Pk. ab

— zur Kreuzung von Senefelder- und Lerchenstraße und von hier durch den von der Schwabstraße an noch vorhandenen Güterweg zur Gaußstraße.

313. Hoppenlau. (Pk.-Gg., Bg., Wg.) ĕm hǫ́bəlaǫ. Wg. ze Hůpenloh duo cum dimidio (1286, UB. 6, 25). 1 iug. vinee siti in Hůpenloch — daneben: Hůppenloch (Lb. E. 1304, 4b). 1 jug. vinee ... sita in Kůppenloch (!) (Lb. E. 1350, 32a). Wg. zu Hůppenlouch (1447, UB. 159, 4). A. zu Hupenlouch (Lb. w. 1510, 11). W. zu Huopenlow (Überschr)., daneben: Huppenlauch (Lb. g. No. 2004) --. Hupenlouch (Überschr.). Wg. zu Huppfenlauch, auch: Hupfenloch (Lb. w. 1540, 116). W. zu Hupenlow (Überschr.) zu Hupelow, im Hopenlaw zwischen den Hopenlaw wingart (von anderer Hand geschrieben; Lb. g. 1558, 550). — Die alten Formen mit Diphthong noch 1701, 1724, auf Plan 1743 und Unterg. 1751 belegt. Im Hoppenlau (Unterg. 1797). — Plan 1743 unterscheidet: H. Wingart, H. Wiesen, H. Gärten, H.- oder Spithal Äcker.

Ungefähr umgrenzt von Hoppenlau-, Forst-, Falkert-, Hölderlinstr., Herdweg- und Holzgartenstr.; ein Teil an der südwestl. Ecke, im Pk. nicht unterschieden, als „Spitaläcker" gesondert behandelt (316). In einer Einmuldung, deren Sohle ganz wenig südwestl. von der Hegelstraße mit Richtung auf den Stadtgarten verläuft; geologisch teils im Löß, teils in den Gipsmergeln; gegen W steigt das Gelände leicht, etwas stärker gegen N. — Anläßlich einer Pest wurde hier 1626 der Hoppenlaufriedhof angelegt. — Der Fln. hat schon viel Beachtung gefunden; die meisten Erklärer gehen aber von der heutigen Form aus und kommen damit zu den merkwürdigsten Deutungen, die, soweit sie bekannt wurden, angeführt seien: 1. Vom Boden, durch Einschulung der Pferde zu Turnieren sehr holperig, „hoppelig" geworden (Stadtgl. 1844/45, 93 — bezweifelt von Weitbrecht, Württ. I, 513). 2. Von einem Pn. (Huplin 1393, Hoppenhan 1451, Pfaff 1, 396), Staa. 1875, 95; Amtsgrundb. der Kirchen- und Schulpfl. Stgt. 1886, 101; Buck. 3. Von Hoppe, Hoppetzer = Frosch; = „Froschwäldchen" (Buck 114; Württ. I, 513). 4. Von Hupe = Signalhorn der Weingärtner (Pfeiffer, d. Hopp.-Friedhof in Stgt. ², 1912, 2). 5. Von einem nd. (!) Hoppe = Roß, das in einer Menge von norddeutschen (!) Siedlungs- und Flußnamen vorliegt (vgl. Hoppegarten) = „Kultwald, in dem die Wotan geweihten Orakelrosse gezüchtet wurden" (Stuhl, Tagbl. 29. 8. 1927). „-lau" wird von den meisten richtig als mhd. lô(ch) aufgefaßt. — Die Ausführungen Stuhls waren schon längst vor ihrem Erscheinen widerlegt durch F., der den Fln., von den zur Deutung einzig brauchbaren frühesten Belegen ausgehend, unter „Hube" einreiht. Ihm folgt Feiler, der die Erklärungen 5 und 3 widerlegt (Tagbl. 1927, 416) und den Fln. mit „Hubenwald" übersetzt. Zu dem gleichen Ergebnis kommt Klaiber (Merk. 1927, 610); er erklärt den Fln. sachlich als: Wald, an den die Bauerngüter (Huben) anstießen; die Umwandlung aus Huopen- in Hoppensei ziemlich jung. — Ernsthaft können nur die Deutungen erwogen werden, die wie F. von der früher allein herrschenden Form Huopen- des Bestimmungsworts ausgehen. Grundwort völlig regelmäßig mit Abfall des gutturalen Spiranten > ma. -lau entwickelt; uo > ǫ im Bestimmungswort dagegen kann sprachlich auf regelmäßigem Weg nicht erklärt werden. Die Umwandlung kann nur bei nebentoniger Stellung des Vokals stattgefunden haben. Nebentonigkeit des Bestimmungsworts ist bei der in Fln. weithin gebräuchlichen Haupttonigkeit des Grundworts nichts Ungewöhnliches (vgl. S. 19 ff.). Sie liegt heute im einfachen H. allerdings nicht vor, tritt aber bei Verbindung mit einem weiteren Grundwort sofort ein (Hoppenlaúweg, Hoppenlaúfriedhof). Übergang uo > o spätestens um 1500, da in den Belegen Lb. w. 1540 und Lb. g. 1558 vorausgesetzt. Es kann auch noch an eine Einwirkung des ganz nahe liegenden Gewands „Koppental", dessen Name im wesentlichen die gleiche Entwicklung (Diphth. > Monophth.) durchgemacht hat, gedacht werden; daß die beiden Fln. gelegentlich vermischt wurden, zeigt Bel. 3. Es ist auffallend, wie lange sich der Diphthong in der schriftlichen Form erhalten hat. Bel. 7 ist volksetymologische Umdeutung. — Ob das Bestimmungswort mit „Hube" zusammengebracht werden darf, ist sehr fraglich, da die ausnahmslos geltende Schreibung mit p der gewöhnlichen Schreibung von Hube durchaus nicht entspricht. Vorzuziehen ist die Auffassung des Worts als Pn. Huopo, die auch mit der Beobachtung, daß „Loh" besonders die kleineren, äußeren Wälder bezeichnet, die oft im Sonderbesitz waren und in Fln. gerne in Verbindung mit

Pn. vorkommen, im Einklang steht. Das bebaute Feld, an das dieser Außenwald, das Loh, stieß, gehörte wohl zu Tunzhofen, von wo aus auch die Namengebung erfolgt sein dürfte (vgl. S. 48 f.). Lex. 1, 1949. F. 3, 1808, 1842. Förstem. I, 861. Alem. 10, 236. MfHz. 6, 80. Albv. 10, 301 ff., 385. Vollm. 26 f. Rheinwald 146. Keinath 36.

Im Hoppenlau liegen:
(No. 314—316)

314. Halbertag.
De ortu by Halbertagen (Lb. w. 1393, 7). 1 mörgelin gelegen ze Hůppenloch an dem Halbertag (Lb. g. No. 1994, 23).

Pfaff 1, 447 behandelt den Namen als Fln.; vielleicht liegt aber nur reiner Pn. zur Angabe des Anstößers vor. Ein Garten (Bel. 1) ist wahrscheinlich nicht im „Hoppenlau" zu suchen und deshalb dürften Bel. 1 und 2 kaum dasselbe meinen. Der betr. Pn. ist von 1393 an belegt (Lb. w. 1393, 20; UB. 74, 37; vgl. Pfaff 1, 393).

315. Holzgarten I. hǫ́ltsgärdə.

Holzlagerplatz in der Nähe des Hegelplatzes; 1900 aufgehoben. Adreßb. 1928, III, 4.

316. Spitaläcker I, Zigeunerinsel. ŭf dər tsĭgä́ę̄nərĕnsl.
W. im Lemenler an des Spitals Acker gelegen (Lb. w. 1451, 44). A. zu Cuonberg zwischen . . . u. des Spitaals Äckern gelegen (Lb. w. 1571, 326). W. im Hueppenlaw zwischen dem Spittal Acker (Lb. g. 1701, 317). Huopelau oder Spithal Acker (Plan 1743). Hospitalacker (Plan 1807, Pfaff 1, 449). Spitaläcker (Plan 1834).

Ungefähr zwischen Hoppenlaufriedhof, Forst-, Falkert-, Lerchen- und äußerer Büchsenstraße (einschl. der neueren Teile des Friedhofs); Unterabteilung des Gewands „Hoppenlau". Das Gebiet heißt noch heute zusammen mit den anstoßenden Straßen „Zigeunerinsel". Wahrscheinlich war dort auf dem Besitz des Spitals durchziehenden Zigeunern ein Lagerplatz angewiesen. Keinath 99. Amtsgrundbuch 101.

317. Rosenbergle. (Pk.-Gg.) ę̆m rǫ́səbę̄rglę̆, auch: raǫs . . . sei vorgekommen, daneben: rǫsəbę̆rglę̄.

Wg. im Rosenberg (Steuerb. 1516). egarten und bomreitin im Rosenberglein beym Falckert (1578, Rep. Stgt. w. I, Bü. 13, S. 318). Im Rosenberglen (Prot. 1724).

Leicht ansteigend etwa zwischen Schwabstraße und Diakonissenplatz mit der Lerchenstraße als Diagonale. Der Fln. drückt eine Beziehung zu der Blume aus (mhd. rôse). Nach Jacobs sind die Rosen-Namen (am meisten allerdings „Rosengarten"), die Auswirkungen des Minnesangs und des Rosenkults im Volksgemüt, als „Sinnbilder der Liebe" und „Bezeichnung der Lieblichkeit" aufzufassen. Seine Theorie kann für Stgt. durch den Hinweis auf die geringe Entfernung zwischen „Vogelsang" und „Rosenbergle" gestützt werden. Man kann Rosenberg jedoch auch im wirklichen Sinn auffassen und den Fln. an das Appellativ Rosengarten anschließen, das für Blumengarten i. a. gebraucht im Gegensatz zu Krautgarten (= Gemüsegarten) steht. – Ableitung von Roß, wie sie Stuhl (Tagbl. 29. 8. 27) annimmt, durch die Aussprache widerlegt. Vgl. 239 293. – Lex. 2, 490. F. 5, 404. Miedel 27. Vollm. 60. Keinath 30.

318. Schweitzergalle.

Im Roßenbergle oder im Schweitzergalle (Überschr.). Streit und span im obern Roßenberglin oder im Schweitzergallin genandt (Unterg. 1644). Stritt und Span im Roßenberglen oder Schweitzer Galli genant (Unterg. 1648.)

Nach einem Besitzer (wohl Gall(us) Schweitzer).

319. Falkert. (Pk.-Wg., Gg.) ĕn dę fålgərt; rę̆χdę, lę̆tsę̆ fålgərt.

Wg. sub montibus dictis Valkhart et Blekenshalde iuxta Stukardiam (1301, UB. 10, 30). vinearum suarum sitis in monte dicti Valghart (Lb. E. 1304, 2b). vinea vordern Falkhart (Lb. w. 1393, 27). Wg. im Falckhart (Lb. w. 1472, 11). A. zu Farckhart(!) (1491, UB. 522, 4). Wg. im hindern Valckhart (Lb. w. 1528, 368). Herrschafts-Wg. genannt der Falckhart (Lb. w. 1571, 109).

Vorderer, hinterer F.; heute: rechte, letze F.; die rechten geteilt in: obere, untere F. (Plan 1807). Lotter teilt ein in: gute und Lohn- oder Lege-Falkert (Merk. 1903, 608). — Die beiden Hänge einer Klinge, die etwas südl. des Hölderlinplatzes ausmündet, und das unmittelbar unten anstoßende Gebiet etwa bis zur Falkertstraße; von der Gäubahn durchschnitten, gegen oben durch die Straße Hauptmannsreute und den Verbindungsweg zur Zeppelinstraße begrenzt. Der Hang gegen SSW heißt „rechte F.", der gegenüberliegende gegen NO „letze F.". Recht und letz, entsprechend süß und sauer, für Sommer- und Winterhalde desselben Gewands („Winterrain" scheint früher für letze F. vorgekommen zu sein; s. 324. Vgl. 227). Grundwort -hart besagt, daß hier Weidewald war; durch den Raubvogelnamen wird das betr. Stück des Harts näher bestimmt. Etwas anderes als der Vogelname kommt zur Deutung des Bestimmungsworts kaum in Betracht; falb, mhd. val, -wes, (Klaiber — Merk. 1927, 610 — gibt es als zweite Möglichkeit) läßt sich nicht mit der sprachlichen Form vereinigen. Die Halde war schon im 16. Jh. als sehr gut geschätzt. Vgl. 320. F. 2, 921. Keinath 39. — Pfaff 1, 275.

320. **Nonfalkert**, Lohnfalkert, Legfalkert.

Wg. zů Nonfalckart (Lb. w. 1451, 21). Wg. im Nonfalckhart (Lb. w. 1503, 37). Nonfalckhart (Überschr.). Wg. zu Weigenreütin oder Falckhart (Lb. w. 1571, 285). — Zuletzt belegt 1595 (Rep. Stgt. w. I, Bü. 15). Wg. im Lonfalckert (Steuerb. 1554). ain bomreitin im Lonfalckhart (Steuerb. 1567). Im Launfalckhart (Unterg. 1613). Im Lohnfalckert (Prot. 1724).

Von einer Beziehung zu Nonnen; vielleicht veranlaßt durch eine Gülte, die 1301 durch Kauf an zwei Eßlinger Beginen kam (UB. No. 31); Beginen wurden im Volk i. a. als Nonnen bezeichnet (vgl. Merk. 1927, 398; „Nonnenkirchle" = Kapelle eines ehemaligen Beginenklosters in Waiblingen – Kgr. Württ. I, 617). — Später kommt im Falkert eine Unterabteilung „Lohn- oder Legfalkert" vor (Pfaff 1, 445; daß Lohnfalkert schon 1457 belegt ist, wie es dort heißt, nicht nachzuweisen; vielleicht Druckfehler statt Nonfalkert, das 1451 zuerst erscheint). Als Lohnfalkert ist auf Plan 1807 der NO-Hang des Falkert, also heute der „Letze Falkert", bezeichnet. Sehr wahrscheinlich meinen Nonfalkert und Lohnfalkert tatsächlich das gleiche Gebiet, wie es auch Neckarwein 20 angibt (verschiedene Namen durch Verlesung oder Umdeutung). Vielleicht wurde eine Namensumdeutung durch die Art der Bebauung dieser Wg. unterstützt. Nach Pfaff (1, 275 f.) unterschied man nämlich in Stgt. Lohnwg., die um Lohn gebaut wurden, und Teilwg., die vom Eigentümer um einen gewissen Teil des Ertrags verpachtet wurden. Schon die Tatsache, daß es Lohnwg. gab, könnte die Umdeutung nahegelegt haben. An mhd. lôch darf man nicht denken (Staa. 1875, 95). Wie es vollends zur Ausbildung von „Legfalkert" kam, (Legefalkert, wenn die Form, die Lotter — Merk. 1903, 608 — angibt, richtig ist) ist unklar; wohl Zusammensetzung mit mhd. læge = sanft ansteigend. Da aber der betr. Hang durchaus nicht sanft ansteigt, erscheint es sehr fraglich, ob man ohne weiteres mit Pfaff annehmen darf, daß der Fln. das gleiche Gebiet bezeichnet wie Lohnfalkert. Am Ausgang der Falkertklinge stößt Gelände an, das die Bezeichnung viel eher verdiente. Bezieht sich der Fln. doch auf die „Letzen Falkert", so müßte er in unmittelbarem Gegensatz zu den „Rechten Falkert" gebildet sein, die vielleicht noch etwas steiler aufsteigen. Keinath 16.

321. Kugelbrünnele, Falkertbrünnele. fålgərtbręnəlę.

Zu einem Röhrenbrunnen gefaßte Quelle am Fuß des Falkert. Von der Einfassung mit steinernen Kugeln; wahrscheinlich identisch mit dem späteren Falkertbrünnele (im ersten Jahrz. dieses Jhs. wegen gesundheitsgefährl. Wassers gesperrt). OAB. 10. Staa. 1875, 72. WJB. 1875, II, 123.

322. Reuten.

Vinea in Rûtinun in Falkart (Lb. w. 1350, 5 b).

Der Schreiber scheint die Bezeichnung als Fln. aufzufassen. Vielleicht wurden gleichzeitige Rodungen im Falkert zunächst einfach „die Reuten" geheißen (Fln. „Weigenreut" von einem Reutteil aus dann erst allmählich auf das ganze Gebiet ausgedehnt). Vgl. 323.

323. Weigenreute.

Wg. zu Wigenreute (1347, Reg. UB. 33, 12). uss ainer Rûty by Wygen Rûtin (Lb. w. 1393, 61). Nonfalckart (Überschr.). Wg. zu Weigenreütin oder Falckhart (Lb. w. 1571, 285). Weigreitin oder Weigoreütin (Überschr.). Wg. zu Weigereütin (Lb. w. 1571, 322).

Nach Bel. 3 im „Falkert"; von einem Pn.: h. dictus Wige (Lb. E. 1304, 3 b, 4 b; Pfaff 1, 422). Vgl. 322.

324. Winterrain, Winterhalde IV.

Wg. zů Valckart am Winter Rein am Bronnen (Lb. w. 1451, 60). Aufzählung in der Zehntbeschreibung: . . . Kainberg, Falckhart die Winterhalden, Hartmansrútin (Lb. w. 1466, 6). Ebenso Lb. w. 1510, 14. Sonst nicht belegt. Gemeint ist ohne Zweifel der NO-Hang des Falkert, heute „Letze F.", früher i. a. „Nonfalkert". Vgl. 86. 237. 303. 320.

325. Kornberg. (Pk.-Wg.) ĕm khǫ́rnbĕrg.
Bebenhausen besitzt: ibidemque an Kůnenberge unum (1286, UB. 6, 26). Vinearum sitis ze Kůnberch (Lb. E. 1334, 8 a). Vinea in Kůnberg und an dem Hertweg — daneben seltener die Schreibung: Kŏnberg (Lb. w. 1350, 6a). Wg. zu Kůniberg — daneben im Reg. oft: Kunberg (1447, UB. 159, 29). Kainberg (Lb. w. 1466, 6). A. by Cůnberg (Lb. w. 1472, 25). A. zu Conberg — daneben: Cunberg (Lb. w. 1503, 21, 39); ebenso Lb. w. 1520, Lb. g. 1536, Lb. w. 1540, 1542, Lb. g. 1558. — W. zu Coinberg (Lb. w. 1528, 290). Koinberg — Zehntbeschreibung, sonst: Conberg (Lb. g. 1558, 490). A. zu Cuonberg (Lb. w. 1571, 326); sonst immer: Conberg, das bis 1586 belegt ist. — Kainberg (Plan 1592). Wg. im Kornberg (Unterg. 1621). Wg. im Kornberg (1633, Rep. Stgt. w. I, Bü. 26 a). Im obern Kornberg Prot. 1724).

Zwischen Herdweg und Hölderlinstraße-Kornbergsteig, nach oben bis zur Straße Hauptmannsreute, gegen S und SO geneigt, gehört zu den besten Weinberglagen. Fln. stark umgedeutet. Nach Bel. 1 liegt Pn. Kuno im Gen. Sing. zugrunde; durch Unterdrückung der Flexionssilbe (Synkopierung des e und Zusammenfallen der beiden n) einsilbig. Die oft wechselnden, verschiedenartigen Schreibungen des Diphthongs uo vor Nasal stimmen genau zu den Angaben Bohnenbergers für das 15. Jh. (mhd. ei + Nasal = uo + Nasal, da Stgt. nach F. Atl., Karte 15 im Gebiet, in dem mhd. ei vor Nasal > ǫə). Lautwert des Bestimmungsworts: kǫən mit erhaltenem Nasal, ursprünglich intervokalisch (vgl. Greanbach mit erhaltenem n bzw. m für Grünenbach, Eberl 36). Übergang zu Kornberg nur durch Schreibfehler oder Schreiberetymologie einleuchtend zu erklären. — „Kuhberg" (Seytter 383) ist unberechtigt. — Über das Verhältnis zu Kůningesberc s. 136! Vgl. 676. 827. F. 4, 837 (633 ff.). Socin 7. Bohnenb., Schwäb. 15. Jh., 132 ff. Staa. 1875, 96.

326. Hauptmannreute. (Pk.-Wg., Ba.) ĕn dər (dĕ̌) haǫbmāsrə́idĕ̌ (-ə), auch bloß: ĕn dər rə́idĕ̌.

Wg. apud Hartungesrutin bzw. in Hartuncsrúti (1291, UB. 8, 9, 16; WUB. IX, 421, 412). Wg. der da heist Hartdunsrutin (1294, UB. 8, 29). Wg. sita ze Hartungsrútin — auch: — ks — (Lb. E. 1334, 5 a); ebenso: Lb. w. 1350, 1393, Lb. E. 1402. — Wg. zu Hartmansrútin (Lb. w. 1451, 14). — Diese Form zum erstenmal im UB. No. 338 (immer in Reg.), belegt bis 1592 (Plan 1592). Wg. in der Haubtnes Reytten (Unterg. 1618). Wg. in der Haubtmannsreüthin (Lb. g. 1701, 293). In den Falkert und Reutenen (Unterg. 1798). — Neue Form zum erstenmal 1558 belegt, s. 327.

Zwischen Herdweg und Zeppelinstraße, oberhalb der Straße Hauptmannsreute. Fln. zweimal umgedeutet. In dem 1. Bel. deutlich der Pn. Hartung. Daraus machte man einen Hartmann und daraus wieder einen Hauptmann (spätestens um 1550, s. 327). Pn. Hartmann kam in Stgt. vor (Lb. E. 1304, 3 a; 1334, 1 a; 1350, 30 a; vgl. Pfaff 1, 394; UB. 639), was zur 1. Änderung beigetragen haben dürfte. Ein zwingender Grund für die 2. Änderung ist nicht einzusehen, da Pn. Hartmann durchaus bekannt blieb; vgl. jedoch Rheinwald 147 f.: Hartmannsgrueb > Hauptnetsgrube (vgl. Bel. von 1618!), Hauptmannsgrube. Möglich war die Änderung leicht dadurch, daß der Haupton auf dem Grundwort ruht und a vor rt im Bestimmungswort ohne Zweifel gedehnt gesprochen wurde.

327. **Hauptmannsreuter Heide.**

Wg. im Falckart . . . stossen oben uff die Hauptmansreüter Haid (Lb. g. 1558, 596).

Heide, oben an die Hauptmannsreute anschließend; im Bel. muß die Gegend der oberen Zeppelinstraße gemeint sein.

328. **Viehweide.**

Wg. apud Hartungesrutin . . . superiori parte ad loca dicta Vihewaide (1291, UB. 8, 10).

Nur 1291 belegt. Vgl. S. 49. Rheinw. 130.

329. **Doggenburg.** dǫ́gəbŭrg.

Eine in der 2. Hälfte des 19. Jhs. auf der Feuerbacher Heide errichtete Züchterei württembergischer Hatzrüden (Wirtsch. z. Doggenburg 1873); heute „Tiergarten Doggenburg". Staa. 1875, 71. Adreßb. 1928, III, 2.

330. **Vorsteig.** (Pk.-Wg., Ba.) ę̈n dər fǫ́ršdǫeg.

Wg. in der Vorsteig (Steuerb. 1579). Wg. im Roßenberg unden in der Vorstaig (Unterg. 1613). . . . Steinwerckh außer disem Fahrweg oder Vorstaig zu romen (Unterg. 1613). Stritt und Span im Vorst Staiglen (Unterg. 1649). In der Vorstaig (Prot. 1724).

Kleines Gewand um äußere Schwab- und Vorsteigstraße. Der Name gibt einen Hinweis auf die Lage der ehemaligen Ditzinger Steige (331); vielleicht wurde diese in der Gegend der Schwabstraße vom Forstweg benützt, mindestens kann sie nur wenig abseits von ihm verlaufen sein. Bel. 4 gibt die ursprüngliche Form des Fln.: Forststeig, die wohl als Kontamination aus Forstweg und Ditzinger Steig aufzufassen ist (Umdeutung Forststeig > Vorsteig in ma. Aussprache nach Zusammenfallen der beiden st-Laute sehr leicht möglich). — Mit Forche (Staa. 1875, 95) hat der Fln. nichts zu tun. Vgl. 312.

331. Ditzinger Steige.

Vinea que sita est an Dizzinger Staige zů dem Forst (Lb. E. 1304, 4b). Wg. sita ze Hartungsrůttin zůhet an die obern Dizinger Staige (Lb. E. 1334, 5a). Wg. sita ze hynderost am Forste zůhet ouch an die obern Dizzinger Staige (Lb. E. 1334, 5a). Sitis an Titzzinger Staige ze nechste neben dem Weg (Lb. E. 1350, 30a). Vinea an der Ditzinger Staig (Lb. w. 1393, 26). In den Zehntbeschreibungen: all ... Falckhart die Winterhalden, Hartmansrůtin, Titzinger Staig, Lerchenfeld, Lemmeler, Bleckenden Halden Steinihusen all Vôrst und Rôtin (Lb. w. 1466, 5; ebenso: Lb. w. 1510, 14 f.; 1527, 17; 1528, 382 ff. und Lg. g. No. 2004). Wg. im Vorst zwischen dem Ditzinger Staiglin und xx — daneben: zwischen der Ditzinger Staig (Lb. w. 1571, 730). — Belegt bis 1589.

Ditzingen, Pfarrdorf im OA. Leonberg, spielte verkehrsgeschichtlich früher eine nicht unbedeutende Rolle. An einen Zusammenhang mit dem Pn. Ditzinger, 1304 für Stgt. belegt, wie ihn Staa. 1875, 96 annimmt, ist bei dem Namen einer Steige nicht zu denken. Der Weg, der historisch von Bedeutung ist, da er eine unmittelbare Verbindung zwischen Strohgäu und Nesenbachtal darstellt, kann nach Karten und urkundl. Bel. heute mit vollständiger Sicherheit kaum mehr festgestellt werden. Seine Lage beim Verlassen des Stgt. Kessels ist ungefähr klar; im Gewand Vorsteig darf man einen örtlichen Hinweis für den einstigen Weg erkennen (vgl. 330). Zusammen mit den Angaben der Lb. ergibt sich daraus: der Weg zog in der Richtung des letzten Stücks der Zeppelinstraße auf die Höhe. Eine Verbindungslinie vom Punkt der Einmündung der Zeppelinstraße in die Straße „am Kräherwald" nach Ditzingen führt in ziemlich gerader Richtung durch das Klinglertal über die Stroheiche, wo sie in der Nähe des Weil im Dorfer Burgstalls die „Steinstraße" kreuzt, und über den Bergheimer Hof (vgl. das Vorkommen einer Bergheimer Straße 1731, s. 338!). Auf der ganzen Strecke kann man (Top. Atl. Bl. 69 und 56) den angenommenen Zug in Fahr- oder Fußwegen ungefähr verfolgen. Allem Anschein nach handelte es sich um eine alte Verbindung, die als wichtige Verbindung nach Ditzingen spätestens zu Beginn der Neuzeit außer Gebrauch kam. Ob für eine solche in Hinsicht auf die Wegführung der angenommene Verlauf möglich ist, muß dahingestellt bleiben; daß sie einmal bestand, beweist der Fln. Vgl. 339.

332. F o r s t. (Pk -Wg.) Hohe oder Obere Forst (bei der Nikolauspflege), mittlere Forst, untere Forst. ĕm fǫršd, ĕn də fęršd; ĕm (ĕn dĕ) fǫršd (diese modernere Form überwiegt heute).

<small>Vinee . . . site an deme Vorst (Lb. E. 1304, 4 b). que sita est an Dizzinger Staige zů dem Forst (Lb. E. 1304, 4 b). Vinee sue site in dem Forst (Lb. E. 1304, 5 a). Wg. sita ze hynderost am Forste zůhet ouch an die obern Dizzinger Staige (Lb. E. 1334, 5 a). sita am Forste obnan (Lb. E. 1334, 5 b). — 1350 immer: in dem Forst; von 1393 an regelmäßig: im Forst. — Steinihusen all Vörst und Rôtin (Lb. w. 1466, 6).</small>

Von westl. der in gerader Linie zur Gäubahn nach rückwärts verlängerten oberen Zeppelinstraße bis in die Nähe der Botnanger Steige; unten begrenzt durch Gaußstraße (alter Forstweg); früher scheinen noch Teile unterhalb dieses Wegs (Schliff und Gänser, vielleicht auch oberste Steinenhausen) dazugerechnet worden zu sein. — Das Wort Forst, mlat. forestis, mhd. vorst, daneben zweisilbige Formen, erscheint zuerst in Merowingerurkunden. Seine sachliche Bedeutung ist gegenwärtig wieder umstritten. Man nahm bisher an, daß das Wort ursprünglich einen Wald bezeichnete, der der gemeinen Nutznießung und freien Pirsch entzogen und der landesherrschaftlichen Jagd vorbehalten war. F. lehnt für Schwaben die Annahme ab, daß auch unbewaldete gebannte Kulturen Forst benannt worden seien; anders Ernst: Forst nicht = Wald, sondern = Wildbannbezirk, der ebensogut die Wohnplätze und die Äcker umfaßte, wie die

Wälder, ohne Rücksicht darauf, wem sie gehörten (OAB. Riedlingen, 405). — Im vorliegenden Fall ist langes Bewaldetsein des Gewands, heute noch am Wald gelegen, sicher anzunehmen nach der unmittelbaren Umgebung: östl. Hoppenlau, Falkert, Hauptmannsreute, südwestl. Vogelsang und Rotenwald, die als schlechter gelegen sogar noch bis in urkundlich gut faßbare Zeit bewaldet waren. Von Tunzhofen her, von wo die Fln. Hoppenlau und Falkert wahrscheinlich ausgingen, bildet der Forst den Übergang zum alten Glemswald, der, wie die meisten großen Waldkomplexe ursprünglich nicht den Einzelmarkungen zugeteilt war. Die Auffassung von Forst als ein der gemeinen Nutznießung entzogener Wald wird dadurch für das Stgt. Gewand nicht unwahrscheinlich, gerade auch deshalb, weil „Falkert" (Weidewald s. 319) unmittelbar anstößt (s. S. 66 f.). Daß der Forst einmal eine Sonderstellung eingenommen hat, geht deutlich aus späteren Zinsverhältnissen hervor: auf sehr vielen Wg. ruhen Hühner- und Gänsegülten (s. Lb. w. 1393); im Lb. w. 1350 wird der Forst als gesonderte Abteilung aufgeführt: Nota in dem Forst pulli (vgl. Nota diz ist das wingelt in dem Forst). Es handelt sich hier um dingliche Lasten, die am Grundbesitz haften (Hühner von Grund und Boden in der Regel als jährl. Leistungen von Lehengütern gegeben, gleichsam als regelm. Anerkennung des Eigentumsrechts des Grundherrn). Es ist nun denkbar, daß das gesamte Gewand Forst zu gleicher Zeit gerodet und von dem Herrn, dem der Bannwald zustand, mit Hühner- und Gänsezinsen belastet, als Lehen ausgegeben wurde. — Es ist vielleicht wichtig festzustellen, daß das große Gewand im NO bis zu der Linie der anzunehmenden Ditzinger Steige reicht (vgl. 331). — Die Forstburg einer Stgt. Sage ist durch nichts nachgewiesen. — Du Cange 3, 549 ff. Lex. 3, 466, 480. DWB. 4, 1, 13 ff. Kluge 151. F. 2, 1675. Vollm. 26. Keinath 37. Stadtgl. 1844/45, 93 ff. Goeßler, Tagbl. 1919, 581. Knapp I, 404; II, 111.

333. Forstheide, Botnanger Heide.

Wg. im Vorst . . . stossen oben uff die Vorst Haid (Lb. w. 1571, 614). Der Kräherwald . . . stosst oben her auf die Frawenburger und Först Haydt (Lb. F. 1699, 646). — J. a. bloß: uff die haidt.

Heide oberhalb des Forst am Kräherwald; daneben kommt früher vor „Frauenberger Heide", wie auch heute i. a. das Gebiet noch zur Feuerbacher Heide gerechnet wird; im letzten Jh. dafür auch „Botnanger Heide" (= Heide über Botnang im Gegensatz zur Heide über Feuerbach). Vgl. 391. Plan 1849. OAB. 3. Pfaff 1, 446 (Forst.)

334. **Heideweg.** (Pk.: Der Heideweg ob dem Forst.) Heute: „Am Kräherwald"; von Botnanger Weg bis Herdweg, entlang der Botnanger und Hauptmannsreuter Heide.

C. Der Wald nordöstlich des Botnanger Wegs.

Waldtore: Tore im Wildzaun:

a) **Herdweger Tor.**
   Hardtweg Thor (Lb. F. 1682, 258). Biss ans Harttweeg Thor (Lb. F. 1682, 327) ... dem Weg nach den Kräher hinauff bis zum Heerdtweeger oder Seythor (Lb. F. 1699, 32). Hertweger Thor (Plan 1798).

Bei der Doggenburg, wo Herdweg II den Wald betritt.

b) **Krähertor.**
   Kraeherthor (Lb. F. 1682, 258).

An der östl. Ecke des herrschaftl. Kräherwalds gegen das Feuerbachtal.

c) **Ziegeltor.**
   (Lb. F. 1682, 258; Kieser Forstk. 188).

Wo der Weg nach Weil im Dorf (Verlängerung des Herdwegs II) ins Feuerbachtal austritt; nach den davor im Feuerbachtal liegenden „Ziegelwiesen" (statt: Ziegelwiesentor). Vgl. Top. Atl. Bl. 69.

d) **Brückentor.**
   Brucken-, Brückenthor (Lb. F. 1682, 258; Kieser Forstk. 188).

Wo die Straße nach Botnang den Wald und die Stgt. Markung verläßt; von einer Brücke, die dort über den Bach gegangen sein muß.

335. **Kräher.** (Pk.-Stadtbes.; ein Teil im Bes. des württ. Herzogshauses [vgl. 345].) grę̄ərwǎld, ę̆m grę̄ər (mehr bei amtl. Gebrauch).

W. zu undern Botnang ... an Stůtgarter Halden, der Kreer (Lb. w. 1472, 63). W. zwischen Feuerbach und Botnang under dem Kreyer (1488, UB. 472,

6 f.). Der Kräer genannt — sonst = 1. Bel. (Lb. w. 1503, 67). . . . an der von Stutgarten wald genant der Kräen . . . unnder dem Krein (Grenzb. 1508). Die Grenzb. von 1521 an geben fast ausnahmslos die Formen Kreer und Kräer oder Kreher. Stutgartt hat ain wald am Kreer, ligt ainseitz ob Stutgartter weingart, zeucht hinab biss uff Kalthentaller müllin, von der Müll an zu der Haidenkling, zwischen dem Pfaffenwald bis uf Pfaffenwiss, von der Pfaffenwiss biss uff des Abts Hirschawer und biss zu des Hecklins Creutz volgendts zwischen der Herrschaft wald und Jheronimy Reytzin, von der Herschafft wald an biss wider uff den Falckhen Rain ist ungefehrlich 1288 morgen (Lb. F. 1556, 94 f.). Der Falcken Rain, und der Kräer [von anderer Hand verbessert aus „Keller Haw"] ligen zwischen deren von Stutgardten und Furbach guetter, ainseitz an Stuttgartter Kreen (Lb. F. 1556, 58). Wald . . . anderseitz an dem Kreerwald (Lb. F. 1556, 96). Die Statt Studtgarten haben ainen waldt, das Vogelgesang, Gallenklingen und Krewer genant, facht an der Haidenklingen, am Pfaffenwaldt und geht biss an Fallckhenrain bey Feurbach (Lb. F. 1583). Stuetgardter Krähenwald — auch: Krehenwald; meist in dieser Form; zweimal: Krähwald; auf einem Plan ist der Obername für den ganzen Stuttgarter Wald: Krehenwald (Lb. F. 1682, 255 ff.). Ein Wald, genannt der Kräher, ligt zwischen der Statt Stuttgardt Kräherwaldt (Lb. F. 1699, 488). W. im Bothnanger Thal . . . stosst oben uf des flecken wald und unden den Bach, am Stuettgardter wald, im Kreher, genannt (Lb. g. 1701, 89). Pfaff 1, 182 führt aus einem Bericht des Magistrats vom Jahr 1547 an: Zinse aus den W. im Krähen. — Krähenwald (Geognost. Spezialk. Bl. 28 [1864] und Top. Atl. 1 : 50000, Bl. 16).

Wald am NW-Hang des Höhenzugs zwischen Nesen- und Feuerbachtal vom Falkenrain am alten Weg Stuttgart—Feuerbach bis zum Botnanger Sattel. Diesem Gebiet scheint auch der Name im besonderen immer zugekommen zu sein (s. 1. und 2. Bel.); er wurde dann aber ausgedehnt auf den ganzen Stgt. Waldbesitz links des Nesenbachs; zugleich trug vielleicht alles zusammen die Besitzbezeichnung „der Bürgerwald" (256). — Die heutige Form des Namens weist auf eine Verbindung mit Krähe, mhd. kræe swf. = Vogel Krähe. Die früheren Belege stehen dieser Deutung nicht im Wege; ey (2. Bel.) auch sonst im 15. Jh. gelegentlich für mhd. æ nachgewiesen (Bohnenb., Schwäb. 15. Jh., § 27 ff.); ebenso ew im 8. Bel. aufzufassen. Der Name der Krähe, deren Vorkommen den Wald wohl in irgend einer Weise charakterisiert hat, gab erweitert mit -er nach Art der von Besitzernamen gebildeten Fln. den Namen für den Wald (vgl. Gänser - 306; Linserin - Rheinw. 40, 177). Die

Formen mit -en statt -er sind nur als später geschaffene engere Verbindung mit dem Vogelnamen zu erklären. Vielleicht liegt in dem Namen K. und „Falkenrain" (nördl. an den Wald sich anschließend — Mark. Feuerbach) ein ursprünglich bewußter Gegensatz. — Da es sich um ein Waldgebiet handelt, ist eine andere Deutung nicht ausgeschlossen: ma. kräe f. = Reisigbüschel (auswärts nirgends bezeugt); die Namenbildung wäre gleich wie bei einem zugrunde liegenden Krähe. — Ableitung von einem Pn. (Hans Kråy, Krey — Lb. w. 1393, 21, 34; Pfaff 1, 400; Kräher 1548/50 − Pfaff 1, 400) ist weniger wahrscheinlich, da ein Pn. in verhältnismäßig früher Zeit kaum als namengebend für ein größeres Waldgebiet angesehen werden kann (Deutung Bucks-Alem. 13, 216). − Obwohl das vorliegende Gewand in seiner Lage an einem Abhang mit den von Brandstetter (Gesch.Freund 44, 247 ff.) angeführten Örtlichkeiten, in deren Namen sich krä-, krei- findet, übereinstimmt, kann doch seine Deutung aus mhd. krei stm. = Geschrei, Ruf (alte Rufsignale!) nicht angenommen werden, da sich bei uns die lautlichen Fortsetzungen von mhd. ei und æ nicht berühren und ein Übergang vom einen Wort zum andern damit fernliegt. Von den älteren Schreibungen könnte nur Kreyer und Krewer auf mhd. ei weisen (vgl. jedoch oben!). Auch Schw. Id. lehnt eine Übertreibung der Aufstellungen Brandstetters ab. − Lex. I, 1699, 1718. F. 4, 664. Schw. 3, 803. Alem. 35, 129. Bächt. 68. Rheinw. 169. Eberl 159.

336. Kölleskling. (Plan 1849 [sonst nicht bel.]. − Vgl. Distr. I, Abtl. 8: Klingenwald.)

Klinge, die südwestl. der Doggenburg beginnt und ins Feuerbachtal führt. Heute folgt ihrem unteren Teil die Schlittenbahn stückweise. Von einem Pn. Kölle, 1544/50 in Stgt. belegt. (Pfaff 1, 399.)

337. Entenberg.
W. zwischen Feuerbach und Botnang under dem Kreyer uf dem Gentemberg oben . . . (1488, UB. 472, 5 f.). Darnach stat der x stain am gentenberg an xx wisen (Grenzb. 1508; in den ff. Grenzb. nicht mehr). . . . und dann die wüssen abwerts neben dem Cantstatter Spitalwaldt gegen dem

Entenberg im Stuttgardter Kreherwaldt, lencker handt den alten Vichtrieb uff und uff (Lb. F. 1699, 27 f.). W. im Botnanger Thal . . . stosst vornen uff der Statt Stuettgardt Entenberg wisen (Lb. g. 1701, 134).

Es muß ein Stück des Kräherwalds gemeint sein, das durch die Köllesklinge und die im SW nächstfolgende Klinge aus dem Hang herausgeschnitten wird und an den Feuerbach stößt. Der Fußweg von der Doggenburg zum „Neuen Schützenhaus" im Klinglertal führt ziemlich lange mitten über den Berg. — Vorausgesetzt, daß sich Bel. 1, 2 und 3 auf dasselbe beziehen (Lageangaben und Bel. 4 sprechen dafür), ist, falls nicht ein Pn. zugrunde liegt, die Form im 1. und 2. Bel. als Verschmelzung der Präposition gên mit Entenberg aufzufassen; sie ist sehr gut möglich, wenn gên u. U. schon > gę geworden war. Die Verbindung des Fln. mit dieser Präposition kann häufig gebraucht worden sein bei Lageangaben, wie sie Bel. 3 zeigt. Da der Berg auf drei Seiten von Bächen begrenzt ist, kann der Fln. sehr wohl für dreiteiliges Entenbachberg stehen.

338. Bergheimer Straße.

No. 66 ein Stein . . . Hierzwischen ist die Berckheimer Straß durch den Kräher herab (Grenzb. 1731).

Es muß einer der beiden bei 339 genannten Wege gemeint sein (über Klinglertal—Stroheiche zum Bergheimer Hof). Vgl. 331.

339. Dischinger Pfad.

Der XV stain stat bas hinuff an dem obgemelten Wald [Kräher] bym Dischinger pfad (Grenzb. 1508; in den ff. Grenzb. nicht mehr).

Nach der Reihenfolge in der Aufzählung ein Weg, der zwischen dem Weilemer Weg und Botnang das Feuerbachtal überquerte. Es kommen dafür von größeren Wegen in Betracht: Fortsetzung des Herdwegs zum Schützenhaus im Klinglertal (= alter Viehtrieb 340) und Fortsetzung der Ditzinger Steige (331) an den gleichen Punkt. Der Name weist auf eine Verbindung in die Gegend der Stroheiche, wo die Herren von Dischingen eine Burg hatten; später heißt dort ein Waldteil „Dischinger" [21]; daraus läßt sich für den näheren Verlauf des Wegs jenseits des Feuerbachs auf den Weg durchs Klinglertal zur Stroheiche schließen (= Fort-

---

[21] Persönl. Mitteilung von Prof. Dr. Ernst.

setzung der Ditzinger Steige — 331). — Vielleicht trat aber auch im vorliegenden, nur einmal bezeugten Namen „Dischinger" irrtümlich für Ditzinger ein.

340. Alter Viehtrieb.

Gegen dem Entenberg im Stuttgardter Kreherwaldt lencker handt den alten Vichtrieb uff und uff zum Seythor und am Heertdweeg hinunder (Lb. F. 1699, 27). Hert Weeg (Plan 1798).

Von der Doggenburg ins Botnanger Tal, ungefähr = heute Fußweg zum „Neuen Schützenhaus" an der Ausmündung des Klinglertals, also Weiterführung des Herdwegs; auch in der Sache dem Namen nach anscheinend eine Fortsetzung dieses Wegs im Walde. Vgl. 342. 217. 351. Becker 78. Rheinw. 130.

341. Buchenbrunnen II.

Der 60. margstain by dem Buch Brunna under dem Kreher (Grenzb. 1559; in den vorausgehend. Grenzb. nur: by dem Bronnen). Stain beim Buochenbronnen (Grenzb. 1596). stein überm bach hinüber unter dem Buchenbronnen (Grenzb. 1721, ebenso 1731).

Etwa halbwegs zwischen dem Weilemer Weg (342) und dem Weg ins Klinglertal steht heute auf dem Platz des Stuttgarter Jugendvereins ein Brunnen, der Lage nach (Steinnumerierung!) etwa = dem alten Buchenbrunnen. Vgl. 174.

342. Weilemer Weg. (Distr. I, Abtl. 3.) wəiləmər wĕg.

. . . herein gegen dem Weilheimer Steig (Grenzb. 1647 ff.). . . . über den Weilheimer weg unden am Bach (Grenzb. 1647 ff.). Hertweg von Weyl im Dorff nach Stuttgardt (Lb. F. 1682, 329). . . . An dem weilemdorfer weg (Grenzb. 1725 f.).

Fortsetzung des Herdwegs II jenseits der Doggenburg ins Feuerbachtal, über Heimberg und Hohewart nach Weil im Dorf. Zur Form s. 309. Vgl. 340. 351. Heck 97.

343. Feuerbacher Poststraße.

Stein an der Feuerbacher Poststraß (Grenzb. 1731).

Unter den Steinen im Feuerbachtal aufgeführt, ehe die Markungsgrenze talaufwärts den Weilemer Weg überschreitet. Unbekannt, welcher Weg gemeint ist, und was die Bezeichnung sagen will. Vgl. 452. 495.

344. Kräherklinge.

1. Stein unden im Wüssthal am Zaun scheidet die Statt Stuetgardt und die

Herrschaft . . . weisset in der Kräherklingen hinauff . . . (Lb. F. 1699, 488 ff.). Krähkling, Kräherkling (Lb. F. 1682, 257 f.).

Letzte Klinge, die vom Kräherwald rechts ins Feuerbachtal mündet. Die Klinge scheidet den städtischen und herrschaftlichen (herzogl.) Kräherwald.

345. **Herrenwäldle**, Schloßberghau. (Plan 1807: Herrschaftliches Herren Waeldle.) — Besitzer: Herzogliche Rentkammer.

Nordöstl. Ende des Kräherwalds, durch die Kräherklinge vom Stadtwald geschieden. Das Waldstück war 1556 herrschaftlicher Besitz, scheint also nicht wie der übrige Kräherwald in die Hände der Stadt gekommen zu sein: Eigene Hölzer des Fürsten: Item der Falcken Rain, und der Kräer ligen zwischen deren von Stutgardten und Furbach guetter . . . (Lb. F. 1556, 58). Einmal als „Schloßberghau" bezeichnet: Der Kräherwald . . . stoßt . . . unden aber [an] gnedigster herrschaft Schlossberg Hau (Lb. F. 1699, 646). — Deminutive Form wegen der geringen Größe im Vergleich mit dem Stgt. Kräherwald. Wegen Schloßberghau vgl. OAB. Amt 157.

Ca. Manche am unteren Ende des bewaldeten Abhangs im Feuerbachtal liegende Wiesen erscheinen regelmäßig in den Grenzb. Sie gehörten wohl sicher nie ganz zur Stgt. Markung, wohl aber verlief die Markungsgrenze auf oder an ihnen. Dem Bachlauf folgend (No. 346—348):

346. **Bruckwiese**.

Uff der Bruckenwisen (Grenzb. 1559). Der 80. Margstain uff der Bruckwisen (Grenzb. 1566). Der ander steht auch auf der Bruckwisen (die von Bothnang nennens die Mezgerwisen) (Grenzb. 1647).

Jenseits des Feuerbachs unmittelbar oberhalb der Einmündung der alten Botnanger Straße ins Tal, benannt wohl nach der Brücke, auf der diese Straße den Bach überschritt. Vgl. S. 231, Waldtore d!

347. **Buitzwiese**.

Uff der Buitzwiesen am eck stat ein stein (Grenzb. 1527). uff der butzwisen am eck stat ain stain (Grenzb. 1541; bis 1553 belegt als Bútz- . . . und Buitz- . . ., dann nicht mehr).

Zwischen Weilemer Weg und Botnanger Steige. Zur Deutung des Bestimmungsworts bietet sich am besten Fn. Buitz wie bei 70, der aber in diesem Fall nicht genitivisch verwendet wäre. Daß neben buitz verhältnismäßig oft auch butz und bútz geschrieben ist, läßt vielleicht an einen Pn. Butz oder an das Hereinspielen von Butze = Schreckgespenst denken. Die Schreibungen mit ú stehen der Erklärung aus dem Fn. Buitz allerdings nicht im Wege, dagegen die mit ui der Deutung als Butz. Zum Fn. Buitz s. 70!

348. Stadtwiese, Bürgerwiese, Spitalwiese, Hummelwiese.
Ob der Burgerwiß staut ain stain [unmittelbar vorher „der Statt wisen" genannt] (Grenzb. 1521). In den späteren Grenzb. ist oft die Rede von „der Stadt Wiesen" z. B. 1721: endet sich allhier die Stattwießen. Von dannen etwas abwarths auf der Spitalwießen und finirt sich alhier der Statt oder Spitalwießen (Grenzb. 1725). No. 67 stehet auf deß Spithals Hummelwisen (Grenzb. 1731). Spithal Hummelwiß (1731, städt. Arch. B, Bü. 16).

Nach den angegebenen Steinnummern kommen die verschiedenen Namen immer dem gleichen Grundstück ziemlich unmittelbar südwestl. vom Weg ins Klinglertal zu. Auf einem Riß von 1731 (5. Bel.) ist die W. im Feuerbacher Zehnten eingetragen; trotzdem war sie im Besitze der Stadt (vgl. die Namen), die sie 1488 von einem Feuerbacher Einwohner erkauft hatte (UB. No. 764); damals 3 ½ Tw. groß. Später scheint sie an das Spital gekommen zu sein und zwar, wie aus dem Namen Hummelwiese zu schließen ist, als Entschädigung für die Farrenhaltung (OAB. 225). Vgl. 166.

D. Wege im Abschn. III, soweit sie nicht nur in ein bestimmtes
Gewand fallen und bei diesem aufgeführt sind:
(No. 349 und 350)

349. Hoppenlauweg, oberer, unterer. (Adreßb., 1927, III, 4.)
hǫbəláọwęg.
Wg. im Huoppenlaw ... stosst oben uff den Huoppenlawer weg (Lb. w. 1571, 616). stossen unden auff den undern Huoppenlaw weg (Lb. w. 1571, 751). W. im Hueppenlaw zwischen xx und xx ... stosst oben an das Hueppenlawer fuessweglen (Lb. g. 1701, 876).

Oberer H., noch erhalten parallel der Hegelstraße zwischen Seiden- und Sattlerstraße, früher vom Herdweg II (1. Stück jetzt

Sattlerstraße) zum Kornbergweg (ungefähr Kreuzung Falkert-Kornbergstraße). — Unterer H., von der Büchsenstraße (1. Teil jetzt Hoppenlaustraße) westl. am Hoppenlaufriedhof vorbei zum Kornbergweg (etwa Kreuzung Falkert-Lerchenstraße). Vgl. S. 49.
350. Steig. (də) šdəig (nǔf). Bis vor kurzem noch steiler Hohlweg, vom Hölderlinplatz zur Hauptmannsreute (Restaurant Zavelstein); früher aus der Gegend vom Spitalacker und Büchsentor her. Der Weg ist in den Lb. belegt als Kornberger Weg und -Gäßlein: A. zu Hůoppenlaw stossen oben und unden uff die (!) Conberger Weg (Lb. w. 1571, 12). Wg. im Kornberg stosst unden an das Kornberger Gässlen (Lb. g. 1701, 914).

IV. **Vom Herdweg II bis zur Tunzhofer (Ludwigsburger) Straße.**
A. Vom Herdweg II bis zum Feuerbacher Weg.
351. Herdweg II. (Straßenbezeichnung.) hęərdwęg.

Vinea in Kůnberg und an dem Hertweg (Lb. w. 1350, 6 a). Wg. am Hertweg oder Langen Acker (Lb. w. 1540, 224). bis an das Harttweger Thor (Lb. F. 1682, 257). — Kieser schreibt immer (auch Forstk.): Har . . . ausser: hertweg von Weyll im Dorff nach Stuttgardt (Lb. F. 1682, 329). — Wg. im Langenacker oder Hardtweg . . . stosst oben und unden auf den Herdtweeg (Lb. g. 1701, 302).

Außer den angeführten noch zahlreiche Belege; sie bieten aber nichts Bemerkenswertes. (UB. 4, 32 bezieht sich auf „Herdweg" Mark. Gr. Heppach — Top. Atl. Bl. 58; aus UB. 640 geht das nicht hervor.) — Heute vom Hegelplatz z. T. als Hohlweg in langausgezogener S-förmiger Krümmung, besonders im letzten Teil sehr steil auf den nordwestl. Höhenzug bei der Doggenburg; dort gespalten in einen östlichen Arm, für den „Herdweg" und „Rennweg" (jenseits der Hohen Wart: Rainweg — Top. Atl., Bl. 56 —; Förrach oder der Rennweg. Rennwegthor an der Straße von Stgt. nach Weil im Dorf — Lb. F. 1682, 358) vorkommen, übers Feuerbachtal zur Hohen Wart und nach Weil im Dorf; und in einen westlichen (s. 340) ins Klinglertal. Der Name bezieht sich deutlich auf die Viehherden (s. 268!); zugleich liegt ein sehr alter Weg vor, der nach Weller als geradlinige

Fortsetzung des Bopserwegs (früher auch als Herdweg belegt — 619) wohl den ältesten Talübergang darstellt und auch von den Römern benützt wurde. — Heer, Hart, hart, Herd gehen in Zusammensetzung mit Wegbezeichnungen leicht ineinander über und unterliegen vielfach Umdeutungen. Vgl. 342. — Korrespondenzbl. 13, 93 ff. WVH. XXX, 205, anders Goeßler und Hertlein (Goeßler 80).

352. Herdwegbrünnele. hęərdwęgbręnəlę̊.

Wg. am Hertweg by dem bronen gelegen, gegen Atzemberg hinuss (Lb. w. 1642, 59).

Früher am Herdweg bei der Kreuzung der „Hauptmannsreute".

353. Der Untere (große) See.

Zwen morgen und 14 ruten by dem undern See (Lb. w. 1466, 7b). Unsern [näml. des Grafen Eberhard] undern Sŏw zů Stutgarten (1490, UB. 506, 35 f.). Wg. am großen See und der Stattmuren (Lb. w. 1528, 205).

Ungefähr zwischen Schloß-, Büchsen-, Holzgarten-, Kriegsberg- und Keplerstraße; im Mittelpunkt heute der Stadtgarten. Nach dem Landbuch von 1623: 35 Morgen. Der See wurde 1440 angelegt; sein Wasser empfing er aus dem Mittleren See. Ein kleines Stück 1618 ausgetrocknet, der Rest 1737. Dieser bildete dann die herrschaftlichen „Seewiesen". Neben „Unterer S." auch „Großer S.". Vgl. 275. 276.

354. Auf dem Güßbett.

xx de ortu uff dem Gussbett (Lb. w. 1393, 4). xx de ortu uff dem Gŭssbett (Lb. w. 1393, 5, auch 11).

Güßbett zu mhd. güsse stf. m. = Anschwellen und Übertreten des Wassers, Schwall, Überschwemmung, appellativ = Rinnsal, Kanal; auch für den Ausfluß von Seen gebraucht (F. 3, 937). In dieser Bedeutung wahrscheinlich hier wohl für den Ausfluß des unteren Sees. Vgl.: garten und wingart an dem wer . . . er und sin brůder sŏllen das wasser von dem Güsbett uss füren (Lb. w. 1451, 2).

355. Seewiesen I. (Pk.-Gg.) üf dər sęwīs.

A. im Lemeller by dem mitteln See, zwischen der Seewisen und der Strassen die zum Valkert hinuss gett (Lb. w. 1520, 84). A. so jetzo W. zu Huopenlaw . . . stossen unden uff die See wiesen (Lb. g. 1582, 26).

Der Fln. der Bel., der sich auf W. beim Mittleren See bezog, hat sich für diese allein nicht erhalten (später „Seidengärten" — 279); er kam 1737 nach Trockenlegung des Unteren Sees für das dadurch gewonnene Wiesenland neu in Gebrauch; vielleicht fiel darunter auch noch ein Teil der nahen ursprünglichen Seewiesen. Herrschaftsbesitz, auf Plan 1743: „Herrschaft Wisen oder abgangener grosse See", auf Plan 1807: „Herrschaftliche See Wiesen"; als „Seegassen-Wisen" erwähnt bei der Beschreibung der Anlegung der Allee durch den damaligen Stadtoberamtmann Stockmayer in Just. Kerners „Bilderb. aus meiner Knabenz."., (Werke, Ausw. in 6 Teilen, Bong I 23.) Ihre Ausdehnung fällt mit der des Unteren Sees zusammen. Über ihre ganze Länge zog sich ein Wassergraben; vor 75 Jahren habe es auf den Wiesen noch Wasser genug gehabt. Hier wurde 1763 und 1787 zwischen Büchsen- und Seegassentor die Allee (ălḝə, ălḝəlḝ), der Hauptspaziergang außerhalb der Stadt, mit einer 4fachen Reihe von Kastanien- und Lindenbäumen angelegt. 1871 entstand in der Mitte der „Seewiesen" der Stadtgarten (1881 erweitert); vorher zum großen Teil Exerzierplatz und Platz für Schaustellungen, Maienfeste u. dgl. — Vgl. 353. Pfaff 2, 97f., 102. Hartm., Chronik 276, 288 f. Merk. 1903, 607. Württ. Ztg. 1907, 21. OAB. 137.

356. **Seewasen**, Säuwasen.

W. zu Kriegsperg stoßt oben uff den langen Acker und unden uff den Seewassen (Lb. g 1558, 557). W. zu Huoppenlaw . . . stosst unden uff den Seewasen (Lb. w. 1571, 500). Belegt bis 1701.

Gürtel jenseits der Seen, ungefähr entlang der unteren Militär- und der Holzgartenstraße und um den Hegelplatz. Die betr. Teile auf Plan 1743 als „Säuwasen" bezeichnet (hier dieselbe Bezeichnung auch in der Gegend des früheren Mittleren Sees). Nach der Beschreibung, die Stadtoberamtmann Stockmayer gibt, hatte der neue Fln. seine Berechtigung: „Ich wählte hiezu [zur Anlage der Allee] . . . den Platz vor dem Büchsentor, der vorher alleinig für die Schweine und den großen Kutter destiniert und ein wüster und unebener Platz war" (s. 355!).

357. **Krumme Wiese**.

A. und W. zu Kriegsperg an der krummen wisen (Lb. w. 1451, 37). by dem undern See stossent ain syt an die krommen wiss (Lb. w. 1466, 7b). W. bey dem undern See, stossend an die krumben wisen . . . bis an den Graben (Lb. w. 1528, 397). Wg. im Selach stossen an die krummen wisen (Lb. g. 1558, 473).

Bei der Kreuzung der Kepler- und Kriegsbergstraße; von der Form; vgl. Rheinw. 171.

358. Steinacker.

xx von dem Stainacker (Lb. w. 1393, 9). A. ob dem Sew heisset der Steinacker (Lb. w. 1451, 38). Ob dem Weg der zum Türlin usshin gat ligt ein A. ist uff funff morgen stosset an den Weg der an dem Seelach uffhin gat und heisset der Steinacker (Lb. w. 1466, 14a). — So noch Lb. w. 1528.

Etwa zwischen Kriegsberg- und Jägerstraße zu suchen. Ob nach den natürlichen Verhältnissen oder nach Bodenfunden, ist bei der ziemlich unbestimmten Lage nicht sicher zu sagen. Das erste dürfte wahrscheinlicher sein, da in der Gegend die Lößbedeckung aufhört. Schr. d. württ. Alt.V. IV (1856), 22. WJB. 1875, II, 154. WJB. 1874, II, 211.

359. An der Militärstraße. (Plan 1834.)

Gebiet nördl. der Kriegsbergstraße zwischen See- und Bahnhofstraße. „Militärstraße" oder „Militärweg" anfangs des letzten Jhs. für durchziehende fremde Truppen angelegt; ihr folgen heute etwa die Kriegsberg- und Holzgartenstraße („Kriegsbergstraße" 1851 für „Militärstraße"). OAB. 138. Hartm., Chronik 236. Pfeiffer 3. Adreßb. 1927, III, 5.

360. Lange Äcker. (Pk.-Gg., Bg.) ę̌n dę lā̜ņę ę̌gər.

De agro in Langen Acker (Lb. w. 1350, 5b). de agro by dem langen Acker (Lb. w. 1393, 27). 4 M. zu Langenacker am xx (1447, UB. 160, 28, ebenso 1489, UB. 487, 2). Wg. . . . uff dem langen Acker (Lb. w. 1520, 179). W. zu Kriegsperg stosst oben uff den langen Acker (Lb. g. 1558, 557). W. im Kriegsperg stosst oben auf die Langeäcker Erdengerechtsamen und unden uff den Seewassen (Lb. g. 1701, 347).

Die schmalen Äcker zogen sich vom Katharinenhospital unmittelbar rechts am Herdweg hinauf bis in die Gegend der Relenbergstraße. Bestimmungs- und Grundwort noch als selbständige Größen empfunden. Vgl. Rheinw. 173 f. Heck 54.

361. Koppental. (Pk.-Wg., Ba.) ę̌m khǫbę̌dál, ę̌n dę khǫbę̌dę́l.

Wg. zi Kubintal, Kûbintal (1294, UB. 8, 20 ff.). Vinee sue in Kûbental
(Lb. E. 1304, 4b). de agro in Köbental, daneben: Kûbental (Lb. w. 1350,
5 b). Wg. im Kûbental (Lb. w. 1472, 7). — In den folgenden Lb.: Kûb . . .
neben: Kub . . . — W. zu Koubenthall (Lb. g. 1558, 557). usser W. zu
Kuoppental, daneben: Kuobent . . . (Lb. w. 1571, 501 f.). Wg. im Koppen-
tall (Unterg. 1638, vereinzelt!). Under den Kueppenthalweingardten (Lb. g.
1701, 248) . . . In obern und untern Koppenthal (Lb. g. 1745, 89).
Rechts der oberen See-, Koppentalstraße und zum Teil auch
der Straße Ehrenhalde; Hauptgebiet der sehr guten Wg. am
SSW-Hang des Kriegsbergs bis zur oberen Eduard-Pfeiffer-Straße.
Im namengebenden Tal der Koppentalbach, der aber nicht immer
Wasser führte, von der Azenbergstraße her, entlang der Seestraße. — Deutung nur möglich von den früher allein herrschenden Formen mit Diphthong uo aus. Heute weist ę der
2. Silbe zurück auf mhd. î, also Endung -în, die auch im frühesten Beleg geschrieben erscheint. Damit kann das Bestimmungswort sein: 1. Stoffadjektiv, 2. Adjektiv- oder Verbalabstraktum, 3. moviertes Femininum oder Femininum auf -în,
das wie diese flektiert (Braune, Ahd. Gramm.³, § 211, Anm. 3).
Gegen einen Zusammenhang mit dem Namen des früher unmittelbar anstoßenden Gewands Hoppenlau (über ge + huopen-
> kuopen wie Gehäu > Kai oder mit Wechsel von h und k,
der gelegentl. vorkommt, aber nicht erklärt ist), den anzunehmen
außerordentlich naheliegt, spricht 1. ę der Nebensilbe, 2. Schreibung von Koppental anfangs durchweg mit b, der die von Hoppenlau mit herrschendem p entgegensteht. Daß sich die beiden
Fln. allerdings später gegenseitig beeinflußten, geht aus manchen
Schreibungen hervor (vgl. Kûppenloch, 1350, Kuoppental, 1571);
vielleicht steht auch die merkwürdige Entwicklung von uo > o
in beiden Fällen in gegenseitiger Beziehung: eine Abhängigkeit
in der Namengebung selbst ist abzulehnen. Sonst kann Kuob-
nirgends angeschlossen werden; die einzige Möglichkeit der
Deutung ist, solange sich nichts Klareres bietet, das Bestimmungswort auf einen Pn. in femininer Form (Kuobîn) zurückzuführen.
Nachgewiesen ist ein derartiger Pn. für Stgt. nicht. — Zur Entwicklung uo > o unter dem Nebenton s. S. 23 ff. — Vgl. 313.

362. Heidle I.

Wg. im Koppenthal auff dem Haidlen (Lb. g. 1745, 97; ähnlich schon Lb. g 1632, 50).

Vgl. Erberheidlen (89, 633), denen das vorliegende Heidle der Sache nach wohl gleichkommt.

363. Koppentalbrunnen. khǫ̆bĕ̆dálbrĕ̆nəlĕ̆. W. zu Koubenthall stost unden uff den Koubenthall prunen (Lb. g. 1558, 557). Solcher Stein zeügt von gemelter wiesen hinauss biss auf den Kuepentaler Bronnen (Lb. g. 1632, 47). Dem Koppenthaler Radbronnen zu (Lb. g. 1745, 91).

Heute Ecke Panorama- und Seestraße.

364. Kriegsberg; unterer, oberer, früher daneben: hinterer, vorderer, gute, hohe K. (Pk.-Lagerpl., Wg.) ĕ̆m (ĕ̆n dĕ̆) griəgšbĕ̆rg.

in vinea dicta Criegesberch (1294, WUB. X, 224). vinee sue site in Kriechsberg (Lb. E. 1304, 4b). vinee an hinder Kriegesberg, daneben: Kriegsberc (Lb. E. 1350, 32b). W. ze Kriegsperg (Lb. w. 1393, 17). Wg. der ze Stutgarten am Kriechsperg gelegen ist (1409, UB. 91, 21). Wg. zů vordern Kriegberg (Lb. w. 1451, 11). Wg. im Kriegsberg ainerseitz anwenden die Wg. darauf und der Frawenberger haid anderseitz gelegen (Lb. w. 1571, 685). in obern mitlen undern Kriegspergen (Lb. g. 1632, 46). Wg. in gueten hohen Kriegspergen (Lb. g. 1632, 52).

Eine der besten Lagen (vgl. Pfaff 1, 275) am S- und SW-Hang eines Vorsprungs vom nordwestl. Höhenzug gegen das Nesenbachtal; unterer K.: zwischen Hegelplatz, Panorama-, Goethe- und Kriegsbergstraße; mittlerer K.: zwischen gedachter Verlängerung der Goethe-, Panorama-, unterer Birkenwald-, Waldeck- und Jägerstraße; oberer K.: über der Panoramastraße. Heute heißt der ganze Vorsprung gemeinhin Kriegsberg. Der Begriff scheint auch früher gelegentlich recht weit gefaßt worden zu sein (s. 7. Bel.). — Sprachlich ohne weiteres klar; sachlich kann „Krieg" auf jeden Streit einzelner, wie auf Gefechte, Feldlager und Feldzüge zurückgehen. Es könnten etwa auch Streitigkeiten um Weideland oder um den Zehnten in Frage kommen. Welche Bedeutung hier anzunehmen ist, muß unentschieden bleiben. Daß der Fln. einen in Stgt. nicht belegten Pn. Kriech enthält (Staa. 1875, 96), ist unwahrscheinlich. — Ob Bel. 1 hierher gehört, ist nicht sicher; eine Markung ist nicht angegeben; der Herausgeber des WUB. bezieht jedoch den Fln auf Stgt., s. Inhaltsverz. Band X! — Festg. 370 f. Vollm. 52. Keinath 99.

Im oder beim Kriegsberg liegen oder sind zu suchen: (No. 365 bis No. 376)

365. **Himmelsberg.** (Pk.-Wg.) ĕm hĕmlšbĕrg.
vinea in Húmmelinsberg (Lb. w. 1350, 5 b). Wg. zu Himelinsperg (1447, UB. 171, 16). Wg. zu Himelsperg (Lb. g. No. 2004). Zwischen Schottstraße, Straße „Im Himmelsberg", Wilhelm-Hertz- und Eduard-Pfeiffer-Straße. Kleines Gewand am oberen Teil des Kriegsbergs, nicht gerade ausnehmend hoch gelegen; es schließt noch eine leichte Mulde teilweise ein, in der der Feuerbacher Weg (Straße „Im Himmelsberg") verläuft. Der Fln. kann auch nach den Aussagen von Weingärtnern kaum aus einem Vergleich der hohen und freien Lage mit dem Himmel entstanden sein, wie man ihn oft für die Himmel-Namen annimmt; der Wein ragt nicht durch Güte hervor, so daß auch in dieser Hinsicht „Himmel" nicht eine Auszeichnung meinen kann (wie z. B. beim Fln. Himmelreich). Auch die ursprüngliche Deminutivform macht eine solche Entstehung etwas fraglich. Eher muß man an einen Pn. denken, etwa Deminutiv zu Himmel oder Hummel, der für Cannstatt z. B. 1394 belegt ist (UB. 70, 30). Schon ziemlich früh muß der Name an „Himmel" angelehnt worden sein. Die Deutung mit einem Pn. auch bei Hartmann (Staa. 1875, 96).

366. **Krieger.** (Pk.-Wg., Ba.) Plan 1807. ĕm griəgər.
In Kriegern (Prot. 1724). Im Krieger (Unterg. 1798). Kleines Gewand im höchsten Teil des Kriegsbergs nahe beim Aussichtsturm; Gelände teilweise sehr steil. — Wahrscheinlich zusammenhängend mit „Kriegsberg". Krieger kann der Ort sein, wo oder um den im besonderen „gekriegt" wurde, so daß gleichzeitige Entstehung mit Kriegsberg, vielleicht sogar primäre, anzunehmen wäre. Andererseits kann das schwierige Gelände erst später kultiviert und nach dem anstoßenden Kriegsberg benannt worden sein. Nicht ausgeschlossen ist auch Benennung nach einem Besitzer, so daß das örtliche Zusammentreffen mit Kriegsberg rein zufällig wäre. Vgl. 365. 367.

367. Feuerleiter. fəiərlọẹdər.

Steilster Teil des „Krieger", wegen seiner Lage und seiner zahlreichen Mauern mit einer Feuerleiter verglichen.

368. Asar.

De vinea in Kriegsperg dicitur Asar (Lb. w. 1350, 6 a). Mhd. êser, âser, anser, modern schwäb.: Anser (n vielleicht sekundär), schweiz.: Aser, bayr.: Āser = Sack zum Umhängen, dient zum Mitnehmen von Eßwaren, wie auch als Jagdtasche und zu manchem anderen; etymologisch zu mhd. âʒ = Nahrung gezogen. Wahrscheinlich ist dieses weitverbreitete Wort hier Fln. (Vergleich der Gestalt oder Lage — Vertiefung — des Wg. mit einer solchen Tasche.) Ein entsprechender Pn. existiert nicht (Staa. 1875, 96 will so deuten). Schmid 32. Schw. 1, 506. Schmell. 1, 155. Buck 11, 61.

369. Der Burst.

Stain, gesetzt an der von Salmansswiler Wg. den man nempt den burst und fúro in ain Stain gesetzt oben an dem burst in der Egerden (Lb. w. 1466, 3 a). Wg. im Burst, daran das aygen der von Salmansweyler ist (Lb. w. 1510, 4). Ein Stein gesetzt an den Salmanssweiler weingart den man nent die Burst und fúro in ein Stein gesetzt oben in dem Burst (Lb. g. No. 2004). Ebenso: Lb. g. 1558, 471 (die burscht!).

Nach der Steinfolge in den Zehntbeschreibungen auf der Höhe des Kriegsbergs zwischen Ehrenhalde, König und Schülen gelegen. Von einem Pn.: De feodo vinee dicti Burst site an hindern Kriegesberg — 1 ½ M. (Lb. E. 1304, 4 b.)

370. Burstlauben.

17. Stain, der stehet oben an xx wingart am weg oder gässlin, in den Burstlauben — [der Weg geht nach späterer Angabe auf die Heide] (Lb. g. 1582, 84).

Lage ähnlich wie 369, falls nicht überhaupt 370=369. Es ist möglich, daß auf dem Grundstück irgend eine Hecke oder eine leichte Hütte „Laube" genannt wurde, da ja das Wort Laube sehr volkstümlich ist. DWB. 6, 290. F. 4, 1022. Schw. 3, 962. Miedel 38. Keinath 65.

371. Fleugaus.

Stein im Obern Kriegsperg, der Fleügauss genant (Lb. g. 1632, 51). dem Gässlein nach hinab in die obern Kriegsperg, ob dem Fleügauss (Lb. g. 1632, 51). Ebenso Lb. g. 1701, 252 und 1745, 98.

Satzname ausgehend von einem Besitzernamen oder von einem Vergleich mit ausfliegenden Insekten, besonders der Art, wie diese aufsitzen. Die Vokalform eu < iu (ahd. oberd. fliug —) stimmt nicht zu der in der Ma. ursprünglich regelmäßigen (ui); es kann in der Schreibung Anlehnung an außerma. Gebrauch stattgefunden haben. — Der Fln. kommt auch sonst vor. Heck 180.

372. Wässerige Furche.

Vinea an der wassrigen furch (Lb. w. 1393, 8). stein an des xx wisen under dem Kriegsperg an der wässerigen Furch (Lb. w. 1466, 14 b; ebenso Lb. w. 1510). Stein, der an der Cappellen steet underm Kriegsperg an der wesserigen Furch (Lb. w. 1528, 410).

Genaue Lage unbekannt. Furche wohl im Sinn des vertieften Staffelwegs zwischen den Rebenpflanzungen; wässerig wohl wegen feuchten Bodens. Vgl. 401.

373. Im Kalkofen.

Wg. in undern Kriegspergen und dann uf der andern Seiten der Strass nach dem Kalgofen zuewerts (Lb. g. 1632, 46). vor dem Büchsen Thor, auf denen Wiesen im Kalchofen oder Hoppenlau . . . oberhalb der Wüse im Kalkofen weiter oben im Hoppenlau (Unterg. 1796).

Durch Baumeister Schickhardt wurde anfangs des 17. Jhs. auf dem Kriegsberg ein Lager schieferiger Braunkohle bergmännisch abgebaut; weil der Bau nicht lohnte, ließ man den Stollen 1623 wieder eingehen. Die gewonnenen Kohlen wurden zum Kalkbrennen verwendet, wozu ein besonderer Ofen gebaut worden war. F. 4, 162. Keinath 68. — Sattler, Hist. 65. Pfaff 1, 281. OAB. 45 f. Hartm., Chronik 92. Begleitw. z. geogn. Spezialk. von Württ., Bl. Stgt.[3], 21.

374. Kapf.

Wg. am Khapff . . . zaigt von dannen am Khapff weiter für umbhin . . . — in einem Abschn. überschrieben: In einem besondern besteinten Bezürck oberhalb dem Khriegsperg (Lb. g. 1582, 57).

Sonst unbekannt. Kapf = Stelle zum Kapfen = Ausschauen. Miedel 10. Vollm. 20. Keinath 14. Geschichtsfr. 44, 329 ff. (Brandstetter.)

375. Achtstück.

Von acht Stücken wingarten zu Kriegsperg, die da bawet . . . (Lb. w. 1510, 5). Von den acht Stuck wingarts zu Kriegsperg (Lb. w. 1527, 5).

An dem weinzehenden von den acht Stücken wingartens aneinander zu Kriegsperg gelegen (Lb. g. 1558, 490). 6 M ungeverlich wingarts am Kriegsperg genannt die Achtstuck (Lb. w. 1571, 29). Ebenso auch noch Lb. g. 1582, 72.

Lb. w. 1466, 3 b heißt es nur: Von den wingarten zu Kriegsperg. Die Erklärung des Namens für die in 8 Stücke zerfallenden 6 M. Wg. liegt in den Zehntverhältnissen: sie fielen dadurch aus ihrer Umgebung heraus, daß sie den Zehnten zu $^2/_3$ an die Herrschaft, zu $^1/_3$ an das Stift gaben, während von allen umliegenden Wg. der Zehnte meist an das Stift allein ging oder von Herrschaft und Stift je hälftig oder von Stift und Spital geteilt wurde (s. Zehntbeschreib.!). 1350 (Lb. w. 1350, 7 b) bezieht die Herrschaft „die 2 Teil" des Zehnten aus 5 M. im Kriegsberg, ebenso 1451 (Pfaff 1, 450); es handelt sich dabei wohl um dasselbe Gebiet. Vgl. 376.

376. Zweistück.
Anderhalben Morgen ungeverlich wingarts auch am Khriegsperg die Zwaystuckh genannt (Lb. g. 1582, 88).

Gleiche Verhältnisse wie bei 375. Wahrscheinlich meint Lb. w. 1466, 3 b dieselben Wg. mit: „Item von den zwain wingarten zu Kubental", die gleiche Zehntverhältnisse haben wie das vorliegende Zweistück (in dem betr. Zehntverzeichnis sonst nur noch für die Wg. von 375).

377. Relenberg. (Pk.-Wg., Gg., Bg.) ẽm rẹləbẹ̈rg. (rẹ́ləbẹ̈rg).
vinee . . . site in Renlintberg (Lb. E. 1304, 2 b). vinea in Renlidberg, Reinlidberg, Reinlinberg — die beid. letzt. Formen je nur einmal (Lb. w. 1350, 5 b, 7 a, 8 a). vinea Renlinberg (Lb. w. 1393, 18; ebenso 1447, UB. No. 338). — Wg. zu Renliberg (1399, UB. 75, 14). egerden zů Reinlinberg (Lb. w. 1451, 36) auch 1492, UB. 531, 13. Wg. zů Renlinberg (Lb. w. 1472. 30). Diese Form herrscht in den Lb. von jetzt an. — Wg. zu Renleberg (Lb. g. 1536, 146). Wg. im Relenberg — einmal neben herrschendem Renlinberg und gelegentlichem Renlenberg (Lb. w. 1540, 69). Wg. im Rendlinberg — daneben: Renleberg (Lb. g. 1558, 496). Rinlinsberg (Plan 1592). Wg. im Renlenberg (Lb. g. 1701, 922). Rönlenberg (Unterg. 1739). Röhlenberg (Unterg. 1742).

Wenig hervortretender Ausläufer des Azenberghangs zwischen Herdweg II, Straße Hauptmannsreute, Verbindungslinie vom Treffpunkt Hauptmannsreute/Lenzhalde zur Bahnunterführung der

Azenbergstraße und dieser selbst unterhalb der Gäubahn; das Hauptgebiet für die Wg. lag über der Bahn. — Nach den frühen Belegen ist der Vokal mhd. ei < egi, das vor Nasal als ẽ erscheint (Bohnenb., Ma. § 28 – vgl. Renhardi, 1286, UB. 6, 13). Der dentale Explosivlaut, der 1304 und 1350 die Nebensilbe schließt, ist für die Deutung von größter Wichtigkeit; daß er tatsächlich vorhanden war, beweist sein Vorkommen in zwei voneinander unabhängigen Lb. Ein Abkürzungsstrich über t in Lb. E. 1304 muß als Nasal aufgelöst werden; dieser fehlt in Lb. w. 1350, wo allerdings ein Nasal in der Form Reinlinberg auftritt. Der dentale Explosivlaut ging frühe durch Assimilation an den folgenden labialen unter, und in dem zugrunde liegenden weiblichen Taufnamen Re(i)nlint < Regenlint wurde die Nasalierung aufgegeben. Die heute im Volk übliche Erklärung aus Rehlein weist darauf hin, daß derartige Gedankengänge bei der Bildung der heutigen Namensform mitgewirkt haben können. — Beachtenswert ist, daß hier sicher ein Frauenname in früher Zeit als Bestimmungswort auftritt (vgl. dazu viell. auch Koppental, 361). Neckarwein 15 und Pfaff 1, 452 geben fälschlich für das erste Vorkommen 1286 an. (F. 5, 246.) Förstem. I, 1234 f. Socin 60.

378. Renlinfeld.

Wg. zu Renlinfelde (1447, UB. 176, 38).

Falls nicht Verschreibunng für Renlinberg (es handelt sich um Wg.!), bezeichnet der Fln. vielleicht den unteren, ebeneren Teil des Relenbergs, an den die „Langen Äcker" anstoßen (vgl. A. im Relenb., 380 Bel. 7!); er müßte, da wohl Entstehung < Regenlint wie 377 anzunehmen ist, aber der dentale Verschlußlaut vor dem Grundwort fehlt und damit die Lautform des Bestimmungsworts wahrscheinlich nicht vor dem anlautenden Reibelaut von -feld entstanden sein kann, für dreiteiliges Relenbergfeld stehen.

379. Böser Brunnen.

vinea Renlinberg ob dem bösen brunnen (Lb. w. 1393, 26).

Quelle mit schlechtem Wasser; bös = unbrauchbar, gering nicht gut. F. 1, 1303.

380. **Azenberg.** (Pk.-Wg.) ěm (ěn dě) ătsəběrg.
Wg. lit an Azzenberch berge (um 1280, WUB. VIII, 197). vinearum siti in Azenberg (Lb. E. 1304, 4 b). Que vinea sita est in monte dicto Azzenberg (Lb. E. 1304, 5 a). Wg. sita ze Atzenberg (Lb. E. 1334, 8 b). us dem wingart ze Assenberg, uss dem . . . Aszenberg (1343, UB. 37, 37 — nach dem Orig.). Uss dem undern Atzenberg (Lb. w. 1350, 7 a). — In den ff. Lb. Atzenberg, Azenberg. — W. und A. zu Renlinberg . . . zwischen dem Weg und den Atzenbergen gelegen (Lb. w. 1520, 165). Stein, welcher weiset dem Fahrweg nach hinumb zwischen den obern Atzenbergen (Lb. g. 1632, 49). Sehr ausgedehnter SSO-Hang vom Herdweg II ursprünglich anscheinend bis zum Feuerbacher Weg; nach unten begrenzt ungefähr durch Straße Hauptmannsreute, Schottstraße und Frauenbergweg; teilweise gehört das Gewand zu den besten Weinberglagen. Bestimmungswort: Gen. Sing. des Pn. Azzo; Fn. Atze für Stuttgart belegt: de orto h. dicti Aze (Lb. E. 1304, 3 a); de feodo iugeris Rentzen Atzen (Lb. E. 1334, 6 b); er kommt auch heute noch vor. — Buck und Hartmann suchen hinter den vielen Atzenbergen die Elster als Namengeberin; F. bezweifelt aber das Vorkommen der Form Atzel für Elster, die dabei wohl zugrunde liegen müßte, bei uns stark. Die Annahme ist bei der völlig klaren und einheitlichen Überlieferung des Fln. von der frühesten Zeit an für Stgt. unnötig. F. 1, 350, 115. Förstem. I, 219. Buck 13. Keinath 93. Staa. 1875, 95. Alem. 15, 29. Adreßb. 1928, II, 12, 14.

381. **Azenberg-Aufgang.** (Adreßb. 1928, III, 1.) ătsəběrgər wěg, ătsəběrgóufgāŋ.
Garten im Atzenberg zwischen dem Atzenberger Weingardtgässlen und . . . (Lb. g. 1701, 564).
Tiefer Hohlweg in geradliniger Fortsetzung der Azenbergstraße jenseits der Gäubahn zur Schottstraße. — „Gässle" des Belegs für den Weg heute nicht bekannt.

382. **Nußklinge.** (Adreßb. 1927, III, 6.) ěn dər nŭsglěŋə.
Kurze, enge Klinge zwischen Straße Feuerbacher Heide und Straße Hauptmannsreute. Es stehen Nußbäume dort.

383. **Schießbuckel.** (OAB. 7.)
Auf der Feuerbacher Heide an der Stelle des Spielplatzes war im letzten Jh. ein Militärschießplatz; eine so genannte Er-

höhung diente wobl als Kugelfang. Seytter 252. Vgl. Schießrain — Schw. 6, 983.

384. **Hangörlein.**
Wg. zů Atzenberg an der Steig heisset das Hangörlin (Lb. w. 1451, 35). Genaue Lage unbekannt. H. scheint appellativ verwendet worden zu sein; was damit bezeichnet wurde, ist unbekannt; es muß sich um eine Wagenart gehandelt haben, wie eine Stelle in einem Untergangsprot. 1795 zeigt; „wohingegen die . . . Nachbarn . . . mit ihren Hangöhrlen nicht mehr weiter in die Klinge hinein zu fahren befugt seyn sollen als die Marcksteine außweisen" [vorher ist die Rede vom Erdeholen in Butten]. Fln. wohl aus einem Vergleich mit dem betr. Gegenstand oder Zufallsname. — Erle kann zur Deutung nicht in Frage kommen (so Staa. 1875, 95). — F. 3, 1146; 5, 67, 72.

385. **Gähkopf.** (Pk.-Wg.) ę̃m gę̃khǫ̆pf. ę̃n dę̃ gę̃khę̆pf.
xx de vinea Gågenkopf (Lb. w. 1393, 26). Wg. in Gegenkǒpf (1447, UB. No. 338). Wg. am Gegenkopff . . . item di Gegenköpff. — [Bei demselben Wg. heißt es vorher: Zu end der Herrenhalden] (Lb. w. 1466, 6 a). — Ebenso in den folgenden Lb. Wg. im geewen Kopf (Steuerb. 1554). Im Atzenberg . . . stossen oben uff die Gehenköpf und unden uff die Kuobenthal; daneben: Gögenkopff (Lb. w. 1571, 601, 526). Im Gehkopf, im Gehen Kopf (Prot. 1724).

Wenige Wg. in einer südl. gerichteteten Mulde unterhalb der Vereinigung der Straßen „Am Bismarckturm" und „Am Tatzelwurm". Fln. hierher übertragen von der darüber liegenden höchsten Erhebung des Höhenzugs (Bismarckturm). Anlaß zur Übertragung gaben Lageangaben wie im 3. Bel. Nach den älteren Belegen darf bei der Deutung nicht vom Adjektiv gäh ausgegangen werden. Anscheinend liegt Pn. Gäg(g) vor, der 1493 für Stgt. belegt ist (UB. 569, 30, 32). Gehenkopf (gewen Kopf) und Gähkopf sind spätere Umdeutungen. Der Fln. kann primär für den Kopf entstanden sein, oder kann Gägenkopf infolge des Ausfalls eines Mittelglieds in dreiteiliger Zusammensetzung etwa für Gägenwengert-, Gägenhalde- o. ä. -kopf stehen.

386. **Ehrnhalde.** (Pk.-Wg.) Adreßb. 1928, III, 2: Ehrenhalde. ę̃n dər ărnhăldə, gelegentlich: ę̃rn . . .

Domini de Keysheim 4 messos Saltzes de vinea in Herrenhalden (Lb. w. 1350, 7a). die Herren von Kayshain 4 zollmess saltz de vineis Amassenberg et de vineis Herrenhalden (Lb. w. 1393, 33). Von des Klosters Kaisheim Wg. zu Stgt. am Atzenberg genannt die Herrenhalde (1394, UB. 72, 5). Wg. zu Hernhalden (Lb. w. 1520, 63). — Von jetzt an in dieser Form. — In der Zehntbeschreibung überall: Ernhalden, wo Lb. w. 1466 Herrenhalden hat; sonst auch: Hernhalden (Lb. g. No. 2004;. — In den folgenden Lb. teils der alte, teils der neue Name; Herrnhalde in den Lb. zuletzt belegt 1582. Wg. in der Aihrnhalden (Unterg. 1613). Wg. in der letzten und höchsten Ehrenhalden (Lb. g. 1745, 93 f.).

Um den westl. Ausgang des Kriegsbergtunnels ungefähr zwischen oberer Eduard-Pfeiffer-Straße, Straße „Am Tatzelwurm" und unterer Eduard-Pfeiffer-Straße, Straße „Ehrenhalde". — Nach den Zisterziensern des Klosters Kaisheim (bayer. Bez.Amt Donauwörth), die im Azenberg Besitz hatten (s. 1., 2., 3. Bel.); Herren allgemein = geistliche Herren im Gegensatz zu den Laien. — Für die heutige lautliche Form muß frühe Kürzung des ursprünglich langen Vokals in Herren vorausgesetzt werden; damit muß das Wort nicht mehr verstanden worden sein, da anders heute die Verbindung -rn nicht möglich wäre; sie hätte, der schwachen Deklination im Schwäbischen folgend, > -rə werden müssen. Die Kürzung des ê in Herren, sonst in Fln. durchaus lang, kann nicht unter dem Hochton stattgefunden haben; es muß dafür die proklitische Stellung des Bestimmungsworts, wie sie heute vorliegt, schon für frühere Zeit angenommen werden. Anlautendes h konnte in enger Verbindung mit Präposition oder Artikel leicht unterdrückt werden (vgl. Airenbach-Ehrenbach = Herrenbach, Mark. Dußlingen [22]); auch hier wirkte wohl stark mit die proklitische Stellung des Bestimmungsworts und das Bestreben, die zweifache Artikulation eines anlautenden Hauchlauts im Bestimmungs- wie im betonten Grundwort zu vermeiden (vgl. Rheinwald 29). Damit kommt man zu der Form, die von Lb. g. No. 2004 an schriftlich belegt ist. Vom Schriftbild aus wurde sie mit „Ehre" in Verbindung gebracht; von dieser Umdeutung aus ist dann die ma. Form Aihrnhalden (1613) zu verstehen. In der Aussprache wurde der anlautende Vokal vor der r-Ver-

---

[22] Nach pers. Mitt. von Dr. O. Springer.

bindung zu a geöffnet. Was diesen Wechsel veranlaßt hat, ist unbekannt; es mag auch hier wieder die proklitische Stellung oder ein Nebeneinander von ern ... und airn (s. vorletzter Beleg!) mitgespielt haben; vielleicht hat auch das Anlauts-a des in unmittelbarer Nähe liegenden Gewands Azenberg, zu dem die Ehrnhalde früher anscheinend gerechnet wurde (s. 3. Bel.), mitgewirkt oder sonst eine Anlehnung an Bekanntes (Arnest? allerdings lokal weit entfernt) stattgefunden. Wenn gelegentlich in der Aussprache auch alter Stuttgarter ę̄rn ... und ę̄rə ..., wie der Fln. als Straßenname natürlich ausgesprochen wird, vorkommt, so ist das auf Einfluß des Schriftbilds zurückzuführen; bei näherem Befragen versichern sie immer, die Alten hätten ärn ... gesagt. – Zeitschr. f. d. Wortf. 3, 106 ff. Albv. 13, 483. Rheinw. 152. Staa. 1875, 72 (im Fln. viell. röm. Erinn. [airenweg] oder Ableit. von Erich). — W. Götz, Geogr.-hist. Handb. v. Bayern II (1898), 998 f.

387. Schleimgraben, Schleimloch I.

... stain gesetzt in xx Wg. am Schlingraben (Lb. w. 1466, 3 a). Wg. am Schleymgraben (Lb. w. 1528, 385). Ebenso Lb. g. No. 2004. Stein der stehet in xx Wg. ob dem Schleimloch in der Ehrnhalden (Lb. g. 1582, 82).

Bel. 3 fällt in der Lage mit 1 und 2 ungefähr zusammen und wird in der Sache Ähnliches bedeuten. Schleim hier = Schlamm. Schlammlöcher oder Erdfänge werden die Gruben am Ende der „Wasserfälle" in den Wg. genannt, in denen sich die vom Regen abgeschwemmte Erde sammelt. – Im 1. Bel. auslautendes m des Bestimmungsworts als n dargestellt (vgl. 577. 733).

388. Salzegert, Salzweingarten.

Wg. zů Herrenhalden heisset die Saltzegerd (Lb. w. 1451, 16). Wg. am Schlingraben, derselb stain schaidt in ain stain gesetzt an xx Wg. an der Saltzegerden oben an Herrenhalden (Lb. w. 1466, 3 a). — Ebenso in den Zehntbeschreibungen: Lb. w. 1510, 3; 1527, 4; 1528, 385; aber nicht mehr Lb. g. No. 2004. — Salzweingärten: Uss den Saltzwingarten ob der Herrenhalden (Lb. w. 1451, 39). Wg. zu Herrenhalden, haissen die Saltzwingart (Lb. w. 1472, 25).

Beide Fln. bringen zum Ausdruck, daß auf Wg. in der oberen Herrenhalde Salzabgaben lasteten; s. 386, 1. und 2. Bel., UB. No. 168, 209, dazu: 1. 7 mess saltzes de vinea in Herrenhalden

(Lb. w. 1350, 7 a), 2. 2 mes saltz de vineis Herrenhalden (Lb. w. 1350, 7 a), 3. 1 schyben saltz de vinea Herrenhalden (Lb. w. 1393, 32), 4. die Herren von Keysshein geben 4 zollmess saltz uss iren wingarten und egerden zů Herrenhalden (Lb. w. 1451. 68). Abgaben von Salz fielen unter die sog. Küchengefälle oder Küchendienste; jedoch erscheint Salz nicht so häufig unter dieser Art von Abgaben, wie etwa Geflügel, Eier, Öl u. a. Seltener vorkommende Abgaben gaben gern den Grundstücken, an denen sie hafteten, den Namen (vgl. Gänser, 306). — Nach Hartm. Hinweis auf früheren Salzabbau; nach den geologischen Verhältnissen und den angegebenen wirtschaftsgeschichtlichen Tatsachen abzulehnen. Vollm. 51. Staa. 1875, 72. — Knapp I, 407 f.

389. Falkenflug.
stain gesetzt oben in xx Falckenflug (Lb. w. 1466, 3 a). Stain gesetzt oben in xx Wg. am Falckenflug (Lb. w. 1510, 3). Ebenso Lb. w. 1527, 1528, 385: . . . im F.; ebenso Lb. g. 1582, 83.

Wohl nur ein kleineres Gebiet; nach der Steinfolge in den Zehntbeschreibungen auf der Höhe des Kriegsbergs etwa beim „König" zu suchen. „Flug" hier in der Bedeutung einer Schar Vögel, speziell wahrscheinlich einer Meute von Beizvögeln, die zu gleicher Zeit auf das Wild losgelassen wird. Zu beachten ist, daß ziemlich nahe auf Mark. Feuerbach das Gewand „Falkenrain" an die Feuerbacher Heide anstößt. Vielleicht dürfen beide Fln. in Verbindung mit dem Jagdwesen der Burg Frauenberg gebracht werden. Keinath 41. v. Wagner, Jagdwesen 373 ff.

390. Kolbenkreuz.
Wg. und Egerden in Gegenkópf unter dem Kolben-Crütz (1447, UB. 188, 31). Stein an xx Wg. zuend der Herrenhalden . . . dessgleichen was Wg. ob dem oberen stain usshin ligent gen Kolbencrutz uffhin (Lb. w. 1466, 2 b). Stain gesetzt in xx Wg. am Gegenkopff ouch die Wg. ob den selben Stain . . . gen Kolbencrutz usshin (Lb. w. 1466, 6 a). Ebenso in den ff. Zehntbeschreibungen; von Lb. w. 1510 an immer: Gegem Kolbenkreuz.

An der Stelle zu suchen, wo der Feuerbacher Weg den Höhenrücken überschreitet. Pfaff 1, 446 gibt unter Gähkopf zu 1447 „Kalberkreuz" an; er meint allem Anschein nach Bel. 1. Auf wen er sich mit seiner Form stützt, ist unbekannt. Wenn sie richtig wäre, ließe sich der Name ohne besondere Schwierigkeit als Umdeutung des lat. calvaria auffassen oder von kahl ableiten. Da aber ein urkundlicher Beleg nicht bekannt ist, muß die Deutung von dem besser belegten Kolben- ausgehen und den Namen aus der besonderen Form des Kreuzes oder durch einen Pn. (1393, 1498 belegt — Pfaff 1, 399) erklären.

B. Die Namen des Rückens vom Herdweg II bis zur Markungsgrenze, der unter dem Gesamtnamen Feuerbacher Heide eine Einheit bildet.
(No. 391—399)

391. **Feuerbacher Heide**, Frauenberger, Stuttgarter Heide. (Pk.-A., Weide, Bw., Steinbr.) ŭf dər fəiərbäχərhǫ̈ed.

Der von Stutgarten zwing und bånn gegen den von Cannstatt sien gangen von Frowemberger haid herab bis uf der Erbenol (1476, UB. 326, 1). Wg. im Vorst ... stosst oben an die Frowenberger Haid (Lb. g. No. 2004). Wg. im Kriegsperg ainerseitz anwanden die Wg. darauf, und der Frawenberger haid anderseitz gelegen, stosst oben und unden wider uff die Frawenberger Haid (Lb. w. 1571, 685). Von A biss B stosset an diesen herrschaftlichen Wald [= Kräher] die Feuerbacher und Stuttgardter Heyde [beim Bismarckturm] (Lb. F. 1682, 330). Wald genannt der Kräher ... stosst oben uff die Frauenburger Heydt (Lb. F. 1699, 488). Wg. im Schüelen ... oben uff die Fewerbacher Hayd stossend (Lb. g. 1701, 914).

Der ganze Rücken des Höhenzugs zwischen Nesen- und Feuerbachtal vom Herdweg II bis zum Weißenhof, — gelegentlich auch das Stück zwischen Botnanger Sattel und Herdweg II (anscheinend auch früher schon — Bel. 2). Daß „Frauenberger Heide" dafür zuletzt 1506 erscheint, ist Pfaff 1, 446 zu berichtigen. Name nach der ehemaligen Burg Frauenberg auf Mark. Feuerbach, östl. des Feuerbacher Wegs. „Stuttgarter Heide" ist von Feuerbach aus benannt. Geogn. Spez.K., Bl. 28 unterscheidet Feuerbacher und Stuttgarter Heide östl. bzw. westl. des Feuerbacher Wegs. - Für den östl. Teil der Heide kommt auch „Hundsmaul" vor. Gerade dieses Stück war im 15. und 16. Jh. Anlaß zu vielfachen Streitigkeiten zwischen Stgt., Cannstatt und Feuerbach, da es ursprünglich eine gemeinsame Allmend für die drei Orte bildete. — Nach Pfaff wurde 1575 das erste Stück der Heide angebaut; 1777 überließ die Stadt ein größeres Stück um einen jährlichen Erbzins an Leute aus Stgt. und Feuerbach. Das war der Anfang für die Anlage von Gärten und Höfen (z. B. 9 Morgen großer Garten von Polizeisekretär Hehl). Vgl. 392, 393. 394. 396. − Pfaff 1, 268, 446; 2, 364 f. OAB. 3. WJB. 1909, 127 f. — Burg Frauenberg: Sattler, Top. 51, 85. OAB. Amt 156. Tagbl. 1919, 581.

392. Hundsmaul.

Das das Hundsmul anfach uf dem Warperg uf der Erbenol oder Rússenstaingrůb Egkhertshalden und gang bis an Frowenberg pfad, do man von Fúrbach gen Stůtgart gåt (1480/81, UB. 389, 16 f.). Vgl. UB. No. 663. Marksteine auf dem Hundsmaul oder Frowenberger haid (1483, UB. 409, 33). uff der Egerdt stat aber ain stain im Hundsmul. Item uff dem Hundsmul underm Furbacher pfad (Grenzb. 1508 ff.). Von wegen der Haidt Hundtsmaul oder Frauwenberger Haidt genannt (1574, Rep. Stgt. w. I, Bü. 55 a).

Nach der Beschreibung im 1. Bel. wurde unter dem Begriff die ganze Hochfläche des nordwestl. Höhenzugs und seiner Ausläufer östl. des Feuerbacher Wegs zusammengefaßt. Für die Geschichte der Heide s. 391. Heute fällt der größte Teil in die Markung Stgt. — Grundwort nach der Art des Bestimmungsworts mhd. mûl stn. = Maul, Mund; es vergleicht vielleicht eine Geländeform, vielleicht die Vorsprünge von „Wartberg" und „Erbenol", mit dem entsprechenden Körperteil. Einer Erklärung des Bestimmungsworts als Bezeichnung des Minderwertigen, was man oft in Hund-Namen sehen will, steht im vorliegenden Fall nichts entgegen. Es ist zu beachten, daß hund (Zusammenhang mit ahd. hunt stn. = Hundert, Hundertschaft?) hier wie oft (bes. Hundsrücken) an einer Grenzflur haftet. — Schade 431. DWB. IV, 2, 1919. Vollm. 36. Eberl 145, 223. Rheinwald 160. — Staa. 1875, 95. — Sachlich: WJB. 1909, 127 f.

393. Mühlbachhof. mílbăχhǫ̈f.

Auf der Höhe der Feuerbacher Heide an einem Weg zwischen oberster Eduard-Pfeiffer-Straße und Saumweg beim Wasserhochbehälter. Gründer: Traiteur Mühlbach in der 2. Hälfte des 18. Jhs. (Gebäude selbst noch nicht auf Plan 1807.) Pfaff 2, 365. Hartm., Chronik 166.

394. Kochenhof. khǫ́χəhǫ̈f.

Straße „Am Kochenhof" 59. Es gilt im wesentlichen das bei 396 Gesagte. Der Gründer hieß Koch (Gebäude noch nicht auf Plan 1807). – Die Aussprache läßt keinen Zusammenhang mit dem häufigen Fn. mehr ahnen; wahrscheinlich wurde der Name in irgend eine Verbindung gebracht mit dem Zeitwort „kochen". Adreßb. 1928, III, 5.

395. Grenzhaus. (Top. Atl., Bl. 57.)
Seit 1878 Name eines alleinstehenden Restaurants nördl. des Kochenhofs an der Markungsgrenze gegen Feuerbach und Cannstatt (heute nur noch gegen Feuerbach s. Anm. 23). Adreßb. 1928, III, 3.

396. Weißenhof. ŭf əm wəisəhŏf.

Obere Birkenwaldstraße 213; die Gebäude sind als landwirtschaftlicher Eigenbetrieb der Stadt in Benützung. Anfänge des Hofs in der 2. Hälfte des 18. Jhs. (s. 391); Gründer die Bäckermeister Philipp und Sebastian Weiß. „Auf dem Weißenhof" ist neuerdings eine allbekannte Bezeichnung für die Gegend um die Kunstgewerbeschule und die Weißenhofsiedlung. Pfaff 2, 365. Hartm., Chronik 166. Adreßb. 1928, III, 10.

397. Im grauen Loch.

Auf dem Abriß des Augenscheins bei dem Streit auf dem Hundsmaul zwischen Stgt., Cannstatt und Feuerbach steht bei Markstein No. 44 (in der Gegend des Kochenhofs): diser stain steet in einer sachen genant im grew loch (2. Hälfte d. 16. Jhs., Rep. Stgt. w. I, Bü. 55a).

Mhd. loch stn. hier = Bodenvertiefung. – Vokalform des Bel. beruht wohl auf Verschreibung für grau. Keinath 17.

398. Erbenol. ěm ěrbənǫ̆l.

Wg. in montibus Erbenol et Eckertshaldun (1281, UB. 4, 25). Wg. uf Brak an Erbenol (1345, UB. 39, 9 f.). de agro uf Erbennol (Lb. w. 1350, 3 b). Grenze von Zwing und Bann gegen Cannstatt: vom Egelsee bis gen Erbenol ... von Frowemberger haid herab bis uf der (!) Erbenol, von Erbenol bis uf den Egelsee uf der Brackt (1476, UB. 323, 24; 326, 1 ff.). Uf der Erbenol oder Rüssenstaingrůb (1481, UB. 389, 18). Acker zu Eckhartshalden underm Erbenol (Lb. w. 1524, 163). An dem weinzehenden zu Berg im Erbenol von allen wingarten (Lb. g. 1558, 160). Ob dem Erbanol (Grenzb. 1559). Erbenöl — auf dem „Abriß des Augenscheins" beim Grenzstreit auf dem Hundsmaul (1574, Rep. Stgt. w. I, Bü. 55a).

Rundlicher Bergvorsprung, der sich etwa 40—50 m über die äußere Prag erhebt; seine nicht sehr große, ziemlich ebene Oberfläche stößt an die ihn überragende Feuerbacher Heide; auf seinem Gipfel das ehemalige Restaurant „Schönblick" (Rathenaustr. 55). Der Bergform folgen ziemlich deutlich Teile der Friedrich-Ebert- und Wilhelm-Blos-Straße. — Stgt. hatte nur ganz wenig Teil an dem Gewand durch einen ausspringenden Winkel der Markung in der Gegend der Kunstgewerbeschule; in der Hauptsache lag es auf Mark. Cannstatt (früher Brie — Lb. E. 1304, 15 f.; 1334, 12 f.; 1350, 67; Lb. w. 1350, 9 b, 10 b)[23]); die in den Belegen angeführten Grundstücke fallen wohl allermeist in diese. — Der Name wird hier behandelt, da das Gewand früher als Grenzpunkt eine wichtige Rolle gespielt zu haben scheint. Grundwort Nol ahd. hnol, mhd. nol, -les = rundlicher Körper, Topf — für derartig geformte Berge. Dehnung des Vokals geht von der mhd. Nominativ-Form mit einfachen Kons. aus, die im Fln. vorliegt, weist also wohl auf eine gewisse isolierte Erhaltung des Worts. Im Bestimmungswort Pn. Erbo, Erbe (< arbio). Weibliches Geschlecht im 4. und 5. Bel. vielleicht unter Einfluß von mhd. nulle swm. f.?, das ähnliche Bedeutung hat. - Nach Sattler (Top. 93) soll hier auf dem Cannstatter Teil einmal ein Weiler gestanden sein. — Socin 14, 139 f. Förstem. I, 141 ff. Schade 410. Schw. 4, 716. Festg. 367. Buck 192. ZfhdMa. 2, 53 ff. Keinath 12. — Staa. 1875, 72, 95 (vermutet die Sippe von Ulm [Bedeutung Sumpf] und Erdbeeren in dem Fln.). — OAB. Cannst.[2] 504.

399. Rússensteingrúb.

... uf der Erbenol oder Rússenstaingrúb Egkhertshalden (1481, UB. 389, 18).

In der Gegend sind viele verlassene Steinbrüche. Bestimmungswort: Genitiv eines Pn. Riusse (mhd. Rûz, Riuʒe = Russe); Reuss (Reyss) nach Pfaff 1534/37 belegt (vgl. Rüssin — 1447, UB. 187, 19). Socin 555. Heintze 310. Lex. 2, 560.

---

23) Seit neuester Zeit gehört der E. ganz zur Mark. Stgt.: die Markungsgrenze gegen Cannst. folgt von der Prag an der Ludwigsburger Straße bis zur Markung Feuerbach. — Im Pk. erscheint der Fln. nicht.

Der in Abschn. IV B fallende Wald ist zusammen mit dem vom Abschn. III B behandelt (s. No. 335 bis 345).

C. **Vom Feuerbacher Weg bis zur Tunzhofer (Ludwigsburger) Straße.**

400. **Feuerbacher Weg**, Frauenberger Steige (Adreßb. 1932, III, 3). fəiərbă χər wĕg. Wg. zu Himelsperg zwischen der egerden am Feurbacher weg und xx (Lb. g. No. 2004). Ebenso Lb. g. 1536, 19. Wg. zu Ernhalden stossen oben an die Feuwerbacher strass (Lb. g. 1558, 471). A. undern Kriegsperg stosst unden uff den Feuerbacher pfad (Lb. w. 1571, 12). A. im Schielinsberg zwischen xx und dem Feurbacher Weg gelegen (Lb. w. 1571, 20). Wg. im König zwischen dem Feurbacher pfad . . . (Lb. w. 1571, 46). Alle Wg. am Schüelinsberg zwischen der Feurbacher staig (Lb. w. 1571, 45). Uff dem rain oberhalb dem gedachten Feurbacher Pfad oder Weg (Lb. g. 1582, 85).

Vom Seetor, zwischen Jägerstraße 40 und Panoramastraße als „Stäffelesfurch" (401), führte der Weg zur unteren Birkenwaldstraße, von da ziemlich geradlinig, wie heute noch etwas östl. des Bismarckturms, auf die Höhe der Feuerbacher Heide, dann unmittelbar nach Feuerbach hinab; wichtige Verbindung zwischen Nesen- und Feuerbachtal, aber nur für Fußgänger brauchbar (streckenweise Staffeln); der Weg sei in seiner letzten Zeit noch besonders viel von „Milcherinnen" aus Feuerbach benützt worden. – Die mancherlei Bezeichnungen in den Lb. haben ihren Grund in der stückweise verschiedenen Art des Wegs (Fahrweg, Fußweg). In früher Zeit war wohl dieser Weg Zugang zur Burg Frauenberg vom Nesenbachtal aus: Wg. an Atzenberg obenan an der Staige gen Vrowenberg (1334, UB. 32, 15). Wg., gelegen an der Staige gen Fröwenberg (Lb. E. 1334, 8 b). Wg. zů Atzenberg an der Steig (Lb. w. 1451, 35). Das Hundsmul . . . ganz bis an Frowenberg pfad, do man von Fúrbach gen Stůtgart gåt (1481, UB. 389, 19). — Hertlein und Goeßler sehen hier die Fortsetzung der vorgeschichtlichen Talüberquerung vom steilen Bopser her; anders Weller (vgl. 351). OAB. 19. OAB. Amt 151, 154. Pfaff 1, 181. — Goeßler 2, 80. WVH. N. F. 30, 205.

401. Stäffelesfurch, lange Furche. (Pk.) šdę̊fələsfůrχ.
Wg. in Stůtgarton, dictam ze der langen vurhe (1280, UB. 4, 10). Wg. an Kriegesperg obe der langen furhe (1334, UB. 32, 14). Wg. an der langen Furche über dem Kriegsberg (1349, UB. 42, 13). Vinea Kůbental an der langen furch (Lb. w. 1393, 33), ebenso 1419, UB. 108, 20. — Wg. am Kriegsberg an der geståffelten furch (1481, UB. 380, 9). Stein der stett underm Kriegsperg an der gestaffelten furch (Lb. g. No. 2004). Ebenso Lb. g. 1558, 491; 1582, 86; 1634 — Rep. Stgt. w. I, Bü. 4, No. 11. dieser weisset der Stäffelten Furch . . . nach hinauff (Lb. g. 1632, 35 f.). Stäffelis Furch (Plan 1743). Steffel Furch (Grundriß im Text — Lb. g. 1745, 74 f.). Oben an der Stäfflens Furch (Unterg. 1802).

Bel. 1—4 müssen dasselbe bedeuten wie 5—9, nämlich den Teil des ehemaligen Feuerbacher Wegs (400) zwischen Jägerstraße 40 und Panoramastraße, wo er die starke Steigung des Kriegsbergs überwindet. Nach den Belegen muß man annehmen, daß die Furche erst im 15. Jh. mit Staffeln oder wenigstens mit besseren Staffeln versehen wurde. Furche zunächst = Ackerfurche, bedeutet im Weinberggebiet den vertieften Staffelweg zwischen den Rebenpflanzungen. Die Stäffelesfurch war etwa 200 m lang. Vgl. 591. Miedel 43.

402. Bühl.
Wg. gelegen ze dem Bůheln an der staige gen Fröwenberg (Lb. E. 1334, 8 b).

Wohl Verschreibung: dem statt den, oder überflüssiges Flexions-n am Fln. „Bühl". Genaue Lage unbekannt.

403. Seelat. (Pk.-Gg. und Bg.) Plan 1743; 1807: Seelatwiesen.
Wiese im Sålhach (1343, UB. 36 f.). Ebenso Lb. w. 1393, 17. Usser der Wysen in dem Salach (1409, UB. 90, 23 — nach d. Orig.). Weg, der durch das Seelach uffhin gat (Lb. w. 1466, 14). Ebenso ausnahmslos bis Lb. g. 1558 — gelegentlich geschrieben: ä. Stosst unden uff die Seelach Wisen (Lb. g. No. 2004). Wg. im Seelat (Steuerb. 1567). Jr fürstlichen Gnaden Wisen . . . ist im Selat (1559, Rep.Stgt. w. I. Bü 7). A. im Seelach, daneben seltener: Im Seelat (Lb. w. 1571, 17, 111). A. im Seelath (Lb. g. 1582, 30). Wg. im Seeloth — immer so (Lb. g. 1701, 305). Selet (Plan 1743).

Ungefähr zwischen Schelling-, Kepler-, Kriegsberg-, Schiller- und Königstraße (Gelände des alten Bahnhofs); durchflossen vom Vogelsang- und Koppentalbach; später wurden die Seen unmittelbar oberhalb angelegt; Gegend also von Natur feucht. — Kollektivbildung mit Suffix-ahi zu mhd. salhe swf. = Salweide;

solche Bildungen sind in Fln. zahlreich, haben aber sehr häufig keinen Umlaut. Aus der späteren Schreibung ist zu schließen, daß der Fln. i. a. an „See" angelehnt wurde (Seen in der Nähe). Die Änderung zu -at kann zweifach erklärt werden: 1. sekundäre Anfügung eines t an die geschwächte Kollektivsilbe (vgl. Dickicht) mit Schwund des ch; 2. da im vorliegenden Fall jede Andeutung einer vermittelnden Form fehlt, ist es wahrscheinlicher, daß das neue Suffix seinen Ausgang von Verlesungen genommen hat: ch und th sind in manchen Lb. kaum voneinander zu unterscheiden; in seinem Dasein wurde es dann geschützt durch das Kollektivsuffix -lat > lət, das besonders in Verbindung mit Baumnamen vorkommt. WJB. 1875, II, 129. Staa. 1875, 95. Buck 226. Rheinwald 167. Keinath 34.

404. Siechengarten.
Krautgarten bein Siechen, zwischen dem Siechengarten und dem Weg (Lb. w. 1571, 393). W. im Seelath zwischen dem Siechengarten (Lb. g. 1701, 366).
Garten zum Sondersiechenhaus gehörig; s. 458.

405. Kreuzlen.
[Der Zenhende von dem Korn ze Stůgarten als das Crůtz ze Kriegsperg stat gen der Stat über sich uf — Lb. w. 1350, 8a]. Was Äcker ligent... bis an den Weg der gen dem Tůrlin gat do das hoch Crútz stat zwischen den Wg. und der Tuntzhofer straß (Lb. w. 1466, 13b). Ebenso Lb. w. 1510, 1527, 1528, Lb. g. No. 2004. — A. in Hohencreützen (Lb. w. 1571, 17). A. so oberhalb der Tuntzhofer straß zwischen den Wg. bein Hohencreützen (Lb. w. 1571, 16f.). Ähnlich Lb. g. 1582, 35; 1632, 14; 1701, 211; auch noch einmal 1745, 158. — Im Creisslin (Plan 1592). Im Creützlen (Überschr.) Garten im Creüzlen (Lb. g. 1701, 568); nach Pfaff 1, 449 so schon 1588 belegt. — Weist von dannen hinauff auf den Creuzlens-Weg. (Lb. g. 1745, 27). Creutzlis äcker, Creutzlis gärten (Plan 1743). Creuzlens Aecker (Plan 1807). Kreuzlensäcker (Pfaff 1, 449).

Der älteste Gewährsmann glaubt, ěm hɷə grᴐ̍its schon gehört zu haben; etwa das Gelände des Hauptbahnhofs. Ursprung des Fln. aus den Belegen deutlich; das Kreuz stand wohl an der Tunzhofer Straße. Die Deminutivform wird Anlehnung an die angrenzenden „Türlen" und die nahen „Räpplen" sein. Ob Bel. 1 hergezogen werden darf, ist nicht unbedingt sicher; daß es sich um einen Kornzehnten handelt, spricht dafür. Die Herleitung von den Kreuzen eines Friedhofs ist Phantasie (Nick 188).

406. **Türlen**, Türlens-äcker. (Pk.-Wg., Gg., Länder.) ę̈n dę̈ diərlə.

De agro im Tŭrlin (Lb. w. 1350, 4 a). De agro zŭ dem Tŭrlin (Lb. w. 1393, 13). A. underm Túrlin (Lb. w. 1451, 28). Wg. im vorderen Türlin (1494, UB. 574, 15). Reitweg so under den Türlin Weingärten herumb geeth (Lb. w. 1571, 53 ff.). Der x stein weiset an den Thürleins Äckern und ... (Lb. g. 1632, 17). Weiset ein wenig yber offtermelten Reitweg hinyb in die obere Türlen (Lb. g. 1632, 58 ff.).

Der obere Teil, die Wg., unmittelbar unter und um den Vordernberg; gegen das Nesenbachtal wurde das Gelände anscheinend gleich unterhalb der Bahnhofstraße ziemlich flach (hier Äcker); das Landschaftsbild ist heute durch die Eisenbahnanlagen völlig zerstört; schon 1841 wurde in den Türlensäckern die ehemalige Reiterkaserne gebaut. Im ganzen dehnte sich das Gewand früher ungefähr zwischen der Ludwigsburger und Bahnhofstraße aus, gelegentlich noch über diese hinausgreifend (z. B. bis zum Tunzhofer Platz), und reichte etwa vom Ende der Bahnsteighallen des Hauptbahnhofs bis zur Wolframstraße. — Der Fln. wird in den Lb. immer mit dem bestimmten Artikel verwendet, was vielleicht auf das Vorhandensein der sachlichen Grundlage noch z. Z. des ersten Vorkommens schließen läßt. Wahrscheinlich bezieht er sich auf die anstoßende „Breite", die in Zaun- und Weidrecht eine Sonderstellung einnahm und vielleicht wie viele andere Breiten das ganze Jahr über „vermacht" war. Die „Breite" lag wohl ursprünglich zwischen dem Ort Tunzhofen und dem Gewand T., dessen Name sich erst später auch auf das Gebiet der ehemaligen Breite ausgedehnt zu haben scheint. Vgl. 409. Staa. 1875, 96. Bächtold 22 f. Keinath 58. Knöller, Unser Dürrmenz-Mühlacker (1928) 86. — Ernst, Mittelfreie 84 f., Grundeig. 100. — Nick 59 f.

407. **Brunnenacker.**

... Zwischen xx genannt der Brunnenacker und xx Erdengerechtsame oben daran im Thürlin gelegen (Unterg. 1638).

A. benannt nach einem Brunnen, der bei oder auf ihm war. Vielleicht zu 448 in Beziehung zu bringen.

408. **Schillersfeld.**

5 M. großer Platz vor dem Königstor an der Ludwigsburger

Straße; 1826 vom Stuttg. Liederkranz gekauft zur Aufstellung eines Schillerdenkmals. Pfaff 2, 294. Hartm., Chronik 226.

409. Breite.

? [xx us Dyemen brayten wingarten (Lb. w. 1350, 1 a)]? Wg. gelegen zů dem Braiten (1383, UB 58, 24). Wg. in der Breitin (Lb. w. 1451, 6). Gerůts zů Münchhalden in der Praiti (Lb. w. 1472, 7). Wg. ob der Braitin gelegen genannt das Räpplin (Lb. w. 1510, 5). Ebenso Lb. w. 1527, 1528 und Lb. g. No. 2004). ?[Wg. genannt der Brait (Steuerb. 1518)]? Wg. in der Braitin der Vorder Berg genant (Lb. w. 1540, 195). In der Braitin oder Vordernberg (Lb. w. 1571, 241). In der Braitin am Vordernberg (Lb. w. 1571, 637). — Später nicht mehr belegt.

Anscheinend umfaßte die Breite das Lößgebiet unter Wolframshalde, Mönchhalde und N- und O-Seite des Kriegsbergs (später zum „Türlen" gerechnet, heute fast ganz von den Eisenbahnanlagen eingenommen). — mhd. breite, breiten (ahd. breitî), mitunter heute noch appellativ gebraucht; nach den Forschungen V. Ernsts kommt der Bezeichnung sachlich ganz besondere Bedeutung zu; sie wird wie „Brühl" „in den Lb. nicht sowohl als eigentlicher Fln., als Gewandname gebraucht, sondern vielmehr als Eigenname für ganz bestimmte Stücke [ursprüngl. Merkmal: große Fläche, ungeteilt], die zum Maierhof und Rittergut gehören ..." (Mittelfr. 83 f.). Die Stücke liegen i. a. unmittelbar beim Dorf; auf ihnen ruhen bestimmte Rechte und Lasten im Verhältnis zwischen Dorfherr und Gemeinde, die wohl zurückgehen bis in die Zeit der ersten Anlage des Dorfs. Als zugehöriges Dorf kommt im vorliegenden Fall nur Tunzhofen, am Fuße der Wolframshalde in Betracht. — Zů dem Braiten (2. Bel.) meint sachlich dasselbe; es kommt außerdem noch vor in einer Urkunde von 1391 (UB. No. 159), die mit der von 1383 eng zusammenhängt; wohl elliptisch für: zu dem Breiten A. oder vielleicht Wg. (1. Bel.); diese Art, den Begriff durch das Adjektiv „breit" auszudrücken, ist auch bei Ernst (Mittelfreie 79 No. 45; Grundeig. 124 ff., z. B. No. 71, 86) gelegentlich belegt. — Ob Bel. 6 hierhergestellt werden darf, ist nicht sicher; es kann hier auch ein zum Flurnamen gewordener Pn. vorliegen; Lage des betr. Wg. unbekannt. Vgl. 406. Ernst, Mittelfreie 63—90; Grundeig. 99 ff. — Rheinwald 106.

410. Tunzhofen.

Wg. in Tunczhofen (1265, WUB VI 170 No. 1176). Ähnlich 1286, UB No. 17. De agro xx sito in Tunzhofen (Lb. E. 1334, 4a). De prato in Tuntzhofen, von ainer W. ze Tuntzhoven (Lb. w. 1350, 4a, 7a). W. under Tuntzhofen (Lb. w. 1451, 67). W. zů Tuntzhofen am bach (Lb. w. 1472, 51). W. ob ainem morgen zu Tuntzhofen am Bach zwischen dem gnädigen Herrn und xx (1489, UB 486, 36). Usser W. zů under und ober Duntzhofen und Wolfmarshalden (Lb. g. No. 2004). So auch: Lb. g. 1558, 559.

Siedlung T. (Pn. Tunzo — Kgrch. Württ. I, 165) nach Pfaff bis 1372 als bewohnt bezeugt. Es ist schwer zu scheiden zwischen den Belegen, die noch die Markung T. meinen, und denen, die den Namen als Fln. führen. Es fragt sich weiterhin, welches Gebiet gemeint ist. Von 1393 an (Siedlung sicher abgegangen) erscheinen unter dem Namen in den Lb. in den allermeisten Fällen Wiesen und zwar verhältnismäßig viele; die W. können also nicht nur an der Stelle der einstigen Siedlung gelegen sein; bei mehreren ist die Lage durch entsprechende Angaben klar: am Ende der mittleren und Anfang der unteren Anlagen. Das Gewand hat wohl auch die einstige Siedlung in sich geschlossen; daß diese aber im Talgrund lag, ist ganz unwahrscheinlich, da das dortige Gelände ursprünglich sumpfig war; sie ist allem Anschein nach auf der Terrasse über dem Nesenbachtal am Fuß der Wolframshalde zu suchen. Wie weit das Gewand T. gegen den Berghang reichte, läßt sich nicht sagen; nur einmal (Lb. g. 1558, 559 ff.) kommen unter der Überschr. des 7. Bel. auch Grundstücke am Hang vor. Auf diesen späten, vereinzelten Beleg darf man wohl nicht zu viel Wert legen. Der spätere Fln. bezeichnet also wohl ein Gewand, das sich von der Terrasse der ursprünglichen Siedlung ins Nesenbachtal hinabzog. Die altbenannten Weinberghalden der Markung T. behielten ihre alten Namen; der Siedlungsname aber dehnte sich offenbar auf ein Gebiet aus, auf dem viel Stuttgarter Herrschaftsbesitz lag (vgl. 461), von dem im Fln. der ursprüngliche Tunzhofer Besitz (vielleicht ehemals „Brühl" vgl. S. 44) unterschieden wurde.

411. Kaisemer. (Pk.-Wg.) ęm khǫęsəmər.

Abt und Konvent des Klosters Kaisheim verkaufen . . . ihren Wg. mit seiner Zugehörde . . . dez wol sehs morgen sind minner oder mer, der gelegen ist zu Duntzhofen bi Stutgarten und ist genant der Kaissheimer berk (1372, UB. 52, 27). Wg. stösst an den Kaissehemer (1383 UB. 58, 38). Wg. genant der Keyssheimer (Lb. w. 1451, 19). Wg. im Keyssheimer (Lb. w. 1451, 59). Wg. im Kaissamer (Steuerb. 1579). Stein, der unden an xx Wg. im Keyssheimer stehet. Der weiset zwischen dem Keysamer und Thürlens fusspfad . . . hinumb biss auf den 7. stein, der stehet oben in xx Wg. im Keysamer (Lb. g. 1632, 59 f.). Im Kaysemer (Prot. 1724). Kaissheimer (Lb. g. 1745, 110 f.). Geringer Vorsprung des Kriegsberghangs gegen S und SO gelegen, heute eingeschlossen von der Biegung der unteren und oberen Birkenwaldstrasse und der Straße „Im Kaisemer". Nach Bel. 1 ist anzunehmen, daß in dem Fln. „Berg" unterdrückt wurde. Die Herleitung vom Besitz des Zisterzienser-Klosters Kaisheim (bayr. Bez.Amt Donauwörth) ist längst bekannt (im Straßennam. die völlig regelmäßige Ausspracheform). Beachtenswert ist, daß das entfernt liegende bayrische Kloster an 3 Stellen des behandelten Gebiets [24]) den Anlaß zu Fln. gegeben hat, obwohl es in der weiteren Umgebung Stgts. noch mehr Grundbesitz hatte und somit nicht in besonderem Maße unbekannt sein konnte (OAB. Cannstatt [2] 432). — Neckarwein 22. Pfaff 1, 95, 449. Schneider, Tagbl.Schrift. 9, 18. F. 4, 150.

412. Kelternstein.

Vinee sue dicte Kalterstain bund site in Kriegesberg (Lb. E. 1304, 5 b). Wg. im Kelter Stain (Lb. w. 1540, 227). Ebenso Lb. w. 1571, 689, 713. — Stein der stehet . . . oberhalb dem gässlin so zum Khellternstein gehet . . . dem gemelten Gässlin nach abbin in x stein der stehet . . . am Vordernberg (Lb. g. 1582, 86). Das Gässlein des letzten Belegs ist auch „Kelternsteingässlin" genannt (Lb. g. 1582, 112). Kelterstein (Neckarwein 23). Kelternstein (Plan 1807).

2 M. groß nördl. an den „Kaisemer" anschließend, am O-Hang oberhalb des Vordernbergs. Im 1. Bel., Grundlage für den späteren Fln., liegt der Übername einer Person vor: nach einem Schiedsspruch vom 15. 6. 1290 fallen A., W., Wg. und andere Hinterlassenschaft „viri discreti quondam Hainrici presbiteri dicti Kalterstain de Stutgartun" an das Kloster Bebenhausen (UB. No. 22); Bebenhausen ist auch der Besitzer des im 1. Bel. genannten Wg. Der Fln. ging also nicht von natürlichen Verhältnissen aus. Er wurde später unter dem Einfluß von Kelter umgedeutet; daß im

---

[24]) Außer 411 noch 386 und „Gaishämmer"— Gsb.

N Württembergs Kalter für Kelter vorkommt (vgl.: ob der alten Kalter zů Gaissburg — Lb. w. 1472, 64), kann bei dem Übergang mitgewirkt haben. — Beunde, nur 1304 belegt, bezieht sich hier deutlich auf Wg. (vgl. 79, 504). „Keltenstein" (Pfaff 1, 456) wohl Druckfehler; vgl. Pfaff 1, 449

413. Vordernberg. (Pk.: Vordern-Berg; – Wg., Ba.) ẽm fǫ̆rdərəbę̆rg; ẽn dę̆ fǫ̆rdərəbę̆rg.

2 iugera agrorum sita under dem Vordernberge (Lb. E. 1304, 6 a). Vinea sita iuxta Tunshofen dicta der forder berg (Lb. E. 1334, 7 a). — s. 417, 1. Bel. — 1346. Wg. gelegen zů dem vordern berg (1383, UB. 58, 14). Wg. zu dem Vordern Berg, daneben: zum Vordernberg (1391, UB. 66, 3, 6). Wg. im Vordernberg (Lb. w. 1520, 62). . . . stein, der . . . an ainer miststatt an fordern Bergen steht (Lb. g. 1582, 114).

O-Hang links der Bahnhofstraße ungefähr zwischen Straße „Im Kaisemer" und Räpplenstraße; der heutige Vordernberg (nur 220 a) kann ursprünglich nicht allein den Fln. getragen haben; vielmehr dürfte der ganze östl. Abhang des Kriegsbergs zunächst unter die Bezeichnung gefallen sein (vgl. 417). Das noch lebendige Adjektiv ist in der mündlichen Form nicht mit dem Substantiv zusammengewachsen; in den Lb. von Anfang an mit dem bestimmten Artikel verbunden (vgl. dagegen Afternhalde). — Der Fln. ist ganz deutlich (vorder!) von Tunzhofen aus gegeben, das in unmittelbarer Nähe des Gewands lag. Vielleicht wurde das nicht sehr günstig gelegene Gewand erst später bei seinem Anbau vom „Kriegsberg" unterschieden und benannt (vgl. Kelternstein, das im 1. Bel. zum Kriegsberg gerechnet wird).

Im oder beim Vordernberg sind zu suchen:
(No. 414—416)

414. Des Dekans Weingarten.

Kloster Lorch verkauft: den wingarten den man nennet des dechans wingarten zu dem vordern berg gelegen (1383, UB. 58, 11).

Nach der Berufsbezeichnung eines Besitzers; mhd. tëchan(t), dëchan(t) stm. < lat. decanus. Kluge 90.

415. Letschenberg.

Weingült auf dem Letschenberg von Kloster Lorch an einen Stuttgarter verkauft (1383, UB. 58, 28).

Nach dem Zusammenhang der Urkunde wohl in der Gegend des Vordernberg. Vielleicht nach einem Besitzer oder zu Lätsch = Masche, Schleife, großes Endglied einer Kette, große herabhängende Unterlippe, Kraut-, Rübenblatt. Im letzteren Fall vielleicht statt eines dreiteiligen Kompositums. F. 4, 1013. Heintze 260.

416. Zu dem Öden.

Wg. zu dem Öden (1391, UB. 66, 16).
Nach der Anordnung in der Aufzählung der Wg. am Vordernberg gelegen. Mhd. œde = unbebaut, leer; ein Hauptwort (wohl Wg.) ist unterdrückt.

417. Hetzen. (Pk.-Wg.) ĕn dər (dę̆) hę̆tsə.

Wg., der in Tuntzhofer marke an dem vordern berg gelegen und Håtzzen wingarten gehaissen ist (1346, UB. 39, 21). Wg. den man nempt die håtzen; Wg. genant die håtz (Lb. w. 1466, 2b, 4a). Wg. den man nempt die hetzen (Lb. w. 1510, 3). Im Vordern Berg und in der Hetzen (Lb. g. 1582, 112). Zeügt am gässlen so in die obere Hetzen . . . gehet (Lb. g. 1632, 58. Auch Lb. g. 1745, 1110).

Hoch gelegen über der Erlöserkirche zwischen Straße „Im Himmelsberg" und oberer Birkenwaldstraße, teilweise noch über diese hinausreichend, soweit Hang gegen S und SO. Hetze, der bei uns verbreitetste Name für die Elster; vielleicht besteht im Namen eine Beziehung zum anstoßenden Gewand Räpplen. — Die Herleitung von einem Pn. Hetz ist nicht ausgeschlossen. Vgl. 418.

418. Räpplen. (Pk.-Wg.) ĕn dę̆ rę̆blə.

Wg. ob der braittin gelegen, genant daz Raplin (Lb. w. 1510, 5). Dasselbe Lb. w. 1527, 6: Räpplin; Lb. g. No. 2004: Replin; Lb. g. 1558, 484: das Repplin. — Wg. zu Münchhalden oder im Räpplin (Lb. w. 1571, 284).

Am NO-Hang des Kriegsbergs und in der Einbuchtung zwischen Mönchhalde und Kriegsberg unterhalb der Birkenstraße am östl. Ausgang des Kriegsbergtunnels. Der Fln. (Demin. von mhd. rappe = Rabe) ist deutlich erst später aufgekommen. Vielleicht besteht im Namen ein Zusammenhang mit dem anstoßenden Gewand „Hetzen". Es ist bemerkenswert, daß die andere Stelle, wo in der Markung „Rabe" in einem Fln. vorkommt, 84, auch winterlich gelegen ist. Deminutive Form vielleicht spöttisch für die schlechte Lage oder mit Bezug auf geringe Größe der einzelnen Wg.; vgl. Lb. w. 1466, 4a, wo Räpplen noch nicht erscheint: ussgenommen wingartlin ob der braitin gelegen (= Bel. 1). Die Frage, ob nicht ein Pn. vorliegt — durch die nahen Hetzen ziemlich unwahrscheinlich, falls diese nicht selbst Pn. —, muß offen bleiben (Räpplin in Stgt. belegt: Lb. w. 1350, 1, 5, 29; 1402, UB. 79, 20; 1408, UB. 86, 31; Lb. w. 1472, 5). Nick 60 f.

419. Birkenwald. (Pk.-Ba., Wg.) ĕm bĭrgəwălt.
Zu end dem Birckenwald ist ain stain gesetzt (Lb. w. 1466, 4 a). 1 M Wald im bürckenwald (Steuerb. 1554). W. zu Münchhalden zwischen dem Bircken Wald und . . . (Lb. g. 1558, 559 ff.). Wg. oben uff dem Kriegsperg . . . stoßt oben uff die Frowenberger Eegarten oder Bircken wäldlin (Lb. g. 1585, 61). Wg. im Bürcken Wald (Lb. g. 1701, 251).

Am NO-Hang des Kriegsbergs zu beiden Seiten der oberen Birkenwaldstraße und des Feuerbacher Wegs; z. T. auch am Abhang der Einbuchtung um den östl. Eingang des Kriegsbergtunnels. Vom Baum Birke. — 1596 wurde das Gebiet unter die Bürger verteilt und von 1606 an gerodet. Neckarwein 20. Pfaff 1, 443. Hartm., Gesch. 178.

420. Frauenberger Egerten.
Bel. s. 419. — Von der Burg Frauenberg über Feuerbach; wahrscheinlich durch Vermittlung von Frauenberger Steige oder Heide, da die Burg selbst ziemlich weit weg ist.

421. König. (Pk.-Wg.) ĕm (ĕn dę̈) khĕ̈ng, modern daneben: khę̈nï̆χ.
Vinea heizt der Kúng (Lb. w. 1350, 5a). Vinea dicitur Rex (Lb. w. 1350, 5a, 7a). Egerdun Schúchlisberg Kung gelegen (Lb. E. 1402, 66). — Lb. g. No. 2004 setzt zweimal für Schuchlinsberg, das Lb. w. 1466 hat: Künig oder König. — 6 M. Wg. genannt im König zwischen dem Feurbacher Pfad und dem obern Ernhalden Weg gelegen (Lb. w. 1571, 46). Zwischen den Köngen und Ernhalden . . . yber den Weg hinyb zun Köng gehörig stehet der . . . (Lb. g. 1632, 49). In der gleichen Form (Plur.: Köngen) Lb. g. 1701 und 1745.

Kleines Gewand auf der Höhe des Kriegsbergs zwischen Feuerbacher Weg, Straße „Am Tatzelwurm" und Verbindung zur Hoferstraße. Ursprünglich wohl der Name des Besitzers; C. dictus Cůning und dictus Kůnink ist Lb. E. 1304, 3b, 4a, Herman

Künig Lb. w. 1350, 2b, 3a belegt; Fn. auch später nicht selten.
Beachtenswert ist die Übersetzung des Fln. in die Sprache des
Lb. im 2. Bel. Die alte ma. Form entspricht der des On.
Köngen; sie ist die unmittelbare Fortsetzung eines mhd. synko-
pierten künc < künic, künec (s. 1. Bel.) ohne Assimilation des
auslautenden Gutturals an den gutturalen Nasal (vgl. schweiz.
Chüṇg). Schriftform Köng auch sonst in Fln. (F.) F. 4, 601.
F. Geogr. § 50. Schw. 3, 326. — Wilmanns 1, § 312 A.

422. Mönchberg.
. . . decima vinearum sitarum apud Dunzehofen in Monte qui vulgariter
dicitur Munchberg (1280, WUB. VIII, 205). Montis dicti Munchberg siti
apud Dunzehoven (1280, UB. 3, 15; vgl. WUB. IX, 288). Wg. am Munche-
berge (1320, UB. 21, 1). Wg. ze Tunzenhofen an Můnichberge (1327, UB.
29, 18). Wg. zu . . . Rapplin, Bürckenwald, Münchberg, Münchhalden
(Lb. w. 1571, 52).

Anscheinend der ursprüngliche Name für 423; die Belege
hören i. a. auf, wo die von 423 einsetzen; merkwürdig ist allerdings, vor allem wegen seines späten und isolierten Auftretens,
Bel. 5, der doch vielleicht einen sachlichen Unterschied zwischen
den beiden Benennungen annehmen ließe. Der Ursprung des Fln.
ist sicher derselbe wie bei 423.

423. Mönchhalde. (Pk.-Wg., Ba.) ęn dər (dę̄) mḙnχhäldə.
Wg. haiss Můnchhalde sita an im selbs an der von Lorche wingarten ze
nehste (Lb. E. 1334, 2a). Wg. ze Stůggartun, der gelegen ist an Můnchaldun und haisset der Marnerin wingart (1346, UB. 39, 30 f.) . . . Vinearum
dictis Munchalde (Lb. E. 1350, 32 b). Uss ainer Rüty ze Můnchalden (Lb. w.
1393, 8). Us ainem Wg. in der Münchhalden, daneben: Münchshalden (Lb. g.
No. 2004). Wg. in der Mönchhalden, daneben: Münchhalden (Lb. g. 1701,
909). Weist den untern Münchhalden . . . nach herfür (Lb. g. 1745, 106).
Obere, untere M. (Pfaff 1, 451).

S- und SO-Halde oberhalb des Bürgerhospitals zwischen Gäubahn und Birkenwaldstraße vom Eisenbahntunnel bis zur hohen
Prag, die sich kurz vor dem Eckartshaldenweg hereinschiebt;
gehört zu den besten Lagen. − Offenbar = 422. Mhd. mün(e)ch,
mün(i)ch = Mönch; in den Formen mit -s Übergang des Bestimmungsworts in den Singularis. Der Name bezieht sich auf die
Mönche des Klosters Lorch. Dieses steht vom Beginn der Überlieferung an in engem Verhältnis zu dem Gewand und der

ganzen Umgegend (vgl. S. 39 f.). Neben Lorch werden gelegentlich auch Bebenhausen und Blaubeuren als Besitzer in der Gegend genannt (1383, UB. 57, 35; UB. 59, 10 f., 13; 1391, UB. 65, 22); doch spielen sie bei weitem nicht dieselbe Rolle. Neckarwein 17 f. behauptet, der Fln. leite sich vom Kloster Bebenhausen her: der Verfasser kommt zu dieser Ansicht durch Waldverkäufe von 1491 (UB. No. 792 b—d), bei denen Zinsen an Bebenhausen genannt werden. Dieser Verkauf von ungefähr 62 M. Wald an der „Münchhalde" an die Herrschaft wird seit Neckarwein auch als Zeugnis dafür angezogen, daß weite Gebiete um Stgt. Ende des 15. Jhs. noch bewaldet gewesen seien (Hartm., Gesch. 178; Adreßb. 1928, III, 6). Es ist sachlich aber nicht begreiflich, daß so spät an einer der besten Halden ganz in der Nähe Tunzhofens noch Wald gewesen sei und zwar fast so viel, wie das ganze Gewand nach dem Pk. mißt (2097 a); das darüber liegende Gewand „Schüle" war 1491 auch schon lange in Bau genommen; der anstoßende Birkenwald kann nichts beweisen, da seine Lage ganz verschieden ist. Schon Neckarwein findet seine Aufstellung im Widerspruch mit den Aussagen eines „feldverständigen Mannes", daß „im ganzen Stuttgarter Tal er nicht ältere Markungen finde, als in der Münchshalden", und vermutet deshalb, daß es die „älteste Weingarthalden allhie seyen"; er bringt aber dann die beiden Tatsachen wieder in Einklang dadurch, daß er sagt, man müsse „die Zeit recht unterscheiden". Wahrscheinlich liegt der Aufstellung eine Verwechslung zugrunde mit einer anderen „Münchhalde": an der Markungsgrenze Botnang—Feuerbach nordöstl. vom Botnanger Friedhof. Plan 1798 bezeichnet die Stelle als „Mönchholz"; nach Lb. F. 1556 haben Privatleute und das Spital Cannstatt Waldbesitz hier: „Canstatt hat der Spital ain wald an der Munchhalden, stost ainseitz an der Herschaft wald die Munchhalden, unden und oben uff Bottnar almand, und Feuerbacher W., anderseitz an Feurbacher heltzle" (Lb. F. 1556, 96). Auf diese „Münchhalde" passen die Stgt. Urkunden besser, da auch Herrschaftswald dort ist; s i e mag ihren Namen vom Kloster Bebenhausen haben. Sicher ist: es besteht keine Berechtigung, an den sommerlich gelegenen sehr guten Weinberghalden (vgl. Pfaff 1, 275) Stuttgarts noch Ende des 15. Jhs. Wald anzunehmen.

In oder bei der Mönchhalde liegen oder sind zu suchen:
(No. 424—428)

424. Grammen.

Wg. zu Münchhalden an dem Grammen, der des Custers ist gewesen (1383, UB. 58, 5). Wg. am Grammen (1383, UB. 59, 16; dasselbe: 1391, UB. 65, 34: in dem Grammen). Stain gesetzt in xx Wg. im Grammen (Lb. w. 1466, 4 b). xx hat den Hagen und den Grammen — nachher: 1 M. genannt der Hagen und 1 ½ M. im Grammen (1477, UB. 344, 29). Wg. genant im Gramma (Lb. g. No. 2004). — Zuletzt belegt Lb. g. 1558.

Wohl vom Besitzer; Pn. Gramme 1334 in Stgt. (Pfaff 1, 392), 1333 und 1341 in Cannstatt (WGQ. IV, 316, 15 und 348, 23) belegt. Heintze 190.

425. Hagen.

1 M. zu Münchhalden der heisst der Hagen (1391, UB. 65, 28). 2. Bel. von 1477 s. 424.

Wahrscheinlich zum Pn. Hagen, 1451 in Stgt. belegt (Pfaff 1, 393).

426. Der Marnerin Weingart.

Wg. ze Stůggartun, der gelegen ist an Můnchaldun und haisset der Marnerin wingart (1346, UB. 39, 30 ff.).

Von einem Fn. Marner, der danach für Stgt. anzunehmen ist; M. = Seemann (vielleicht auch eine Art Wollweber) s. F. 4, 1492. Heintze 271.

427. Schiltlin.

... in ein Stain gesetzt in Conrad Stierlins schiltlin (Lb. w. 1466, 4 b); ebenso in den ff. Zehntbeschr.

Nach der Reihenfolge der Aufzählung in der Mönchhalde. Der Name scheint hier ziemlich stark appellativen Charakter zu haben. Da Gestalt und Lage des Wg. nicht bekannt sind, kann nicht entschieden werden, worauf sich der Name bezieht (= sanft gewölbtes oder schildförmiges Stück, oder auf ein Schutz- oder Schirmverhältnis weisend – Bazing, WVH. 1890, 272 f.). Vielleicht darf man in „Schild" hier auch einen Ausdruck für Stück Land, Parzelle, Abteilung sehen, wie ihn Schweiz. Jd. kennt. Vgl. 139. 301. Schw. 8, 739, 2 i, 740 A.

428. Winterhalde V.
xx von der Winterhalde zu Münchhalden (1447, UB. 160, 7).
Wohl kleiner Hang, der im Gegensatz zur südöstl. Hauptrichtung der Mönchhalde mehr gegen NO lag. Vgl. 86. 236. 303. 324.

429. Schülen. (Pk.-Wg., Steinbr.) ẹ̈n dẹ̈ šiələ.
Wg. zu Tunzhofen an Schůhelins berge (1312, UB. 14, 32). Vinee sita ze Schůhlins berge; daneben: Schůhelins sperg (!) (Lb. E. 1334, 8 b). Zu dem vordern Schůlinsberg; auch: Schůchlinberg (Lb. w. 1350, 8 a). Usser ainem morgen egerdun Schůchlisberg kůng gelegen (Lb. E. 1402, 66). Wg. zu Schüchlinsberg (Lb. w. 1503, 32). Wg. zu (im) Schie(h)linsberg (Lb. w. 1520, 107). Stein unden an dem vordern Schulinsberg schaidet in zween stein gesetzt zu hindern Schulinsberg (Lb. w. 1528, 389; daneben Schielinsberg). Wg. im Schielin, ausnahmsweise neben herrschendem: Schielinsberg (Steuerb. 1567). Wg. im Schüelinsberg oder König (Lb. w. 1571, 302). Weinzehnten in . . . auch Schüelen (Lb. g. 1632, 53). Der 8. stein zeigt ob den Schüelen . . . bis uf . . . oben in xx Wg. im Schüelen (Lb. g. 1632, 56). Wg. im Schüelens Berg; daneben: Gässlen zu den Schüelen; Wg. im Schüelen (Lb. g. 1701, 305, 256, 914).

SO-Hang vom Feuerbacher Weg, ungefähr bis zur Straße Saumweg zwischen oberer Birkenwaldstraße und Feuerbacher Heide; auch der „König" wurde anscheinend zeitweise dazu gerechnet (s. Bel., vgl. 421). — Zum Fn. Schüle, der zwar nicht in Stgt., aber im benachbarten Eßlingen schon frühe häufig belegt ist (WGQ. IV, 691; VII, 610). Eßlinger Besitzer des Namens sind in Stgt. nachzuweisen: 1. Eberhart Schůhlin de vinea dicitur Rex (Lb. w. 1350, 5 a, unter der Abteilung: Esselinger; beachte, daß „König" bisweilen zum „Schülensberg" gerechnet wurde, s. 421), 2. Konrad Schůhelin . . . Wg. am Kriegsberg (1347, WGQ. IV, No. 857). Es bestehen auch im Schülensberg frühe Beziehungen zu Eßlingen (vgl. UB. 39 und 71). — Ein Wald, der Lb. w. 1571, 20 genannt ist, muß als Teil des Birkenwalds aufgefaßt werden: im Schielinsberg zwischen xx Wald und dem Feurbacher Weg gelegen, stossen oben uf den Schüelinsberg (unter: Äcker aus Neubruch gemacht, zwischen 1551 und 1571). Wegfall des Grundworts wohl unter Einfluß der benachbarten Fln. Räpplen, Türlen, Kreuzlen; vielleicht hat auch die Unterdrückung des Mittelglieds in einem dreigliedrigen Kompo-

situm wie etwa Schülensbergweg mitgewirkt (urkundl. belegt ist
eine solche Form vor dem Auftreten von „Schülen" nicht:
Schüelinsberg weg — Lb. w. 1571, 47; Schüelinsberger Weg
Lb. w. 1571, 30, Lb. g, 1582, 62, 73, 105; Schüelens weg —
Lb. g. 1632, 56). Vgl. zu dem Wegfall des Grundworts 84,
293, S. 28f. Heintze 332. F. 5, 116.

430. **Heiliggrab.** (Plan 1807: Heilig Grab.) ẽm haęlĭχgrȧb.
Wg. genant das Haillig Grab zu Wolffmarsshalden (Lb. w. 1510, 6 f.), ebenso
in den ff. Zehntbeschr., Lb. w. 1466 jedoch noch nicht genannt — Wg. zu
Wolffmarshalden und im Hailgen Grab (Lb. w. 1571, 16 f.). Stein, der stehet
unden am xx Wg. im Heyligen Grab (Lb. g. 1632, 57). . . . dem Wolfmarshalden Fahrweg nach, hinauf bis zue dem Hayligen Grab (Lb. g. 1701,
214).

Leichter Vorsprung der Wolframshalde jenseits der Bahnhofstraße gegen die Mönchhalde hin. Der Fln. wird mit Tunzhofen
in Verbindung gebracht, hauptsächlich mit dem Altar einer Kapelle oder Kirche (angebl. Heiliggrabkirche). Noch zu Pfaffs
Zeit habe man hier einen rund behauenen Stein, den Kanzel-
stein dieser Kirche, gezeigt. Ob diese Annahmen berechtigt
sind, ist fraglich. Deutung auch ohne Zuhilfenahme der Kirche
möglich: „Grab" ganz wörtlich, bezogen auf einen Grabfund,
wie solche in der Gegend gemacht wurden: 1607 sorgfältig ge-
mauertes Grab an der Galgensteig; ebenso 1912 auf dem
„Rebenberg" (alem.); es ist also wohl denkbar, daß man auch
weiter westl. in der Wolframshalde früher schon Gräber gefunden
hat. Eine Stütze dafür sind Spukgeschichten über die Gegend
und besonders über das vorliegende Gewand; es ist nicht anzunehmen, daß auch die Tatsache der Scheu vor dem Gebiet moderne Erfindung ist, wie die Geschichten im einzelnen es wohl
sein mögen. Wahrscheinlich ist „heilig" nicht in Verbindung
mit Christus zu bringen, sondern vielmehr ursprünglich als „der
Heilige" aufzufassen (Lage des Grabs bei einem Heiligenbild oder
Schluß auf Grab eines Hl. wegen guter Ausstattung – Mauerung
oder kostb. Beigaben). — Pfaff 1, 11. OAB. 453 f. Fundber.
XXI, 111. Goeßler 66. Stadtgl. 1844/45, 106 ff. Nick 62.
Seytter 24, 36. Württ. I, 102, 510.

431. Wolframshalde. (Pk.-Gg., Lagerpl.) ẹn dər wǫrfmərš-hȧldə. Wahrscheinlich war dies die mündlich gebrauchte Form; unbedingt Sicheres war nicht zu erfahren; jedenfalls wurde nicht Wolframshalde gebraucht.

Wg. ze Stůtgarten an Wolfranshalden (1351, UB. 43, 9), ebenso Lb. w. 1393, 10. — W. zů Wolffmartzhalden (Lb. w. 1451, 3). Wg. obnen und unden zu Wolffmershalden (Lb. w. 1466, 5a). Wg. zů Wolffmansshalden (Lb. w. 1472, 3). Wg. zu Wolffmarschhalden — öfter so, einmal: -arsh . . . (Lb. w. 1503, 3). Wg. zu Wolffmarshalden (Lb. w. 1571, 310). So noch Lb. g. 1701, aber in den Unterg. von 1625 an: Worffmershalden. Stein im heiligen Grab zaigt unter allen Wolffmarshalden Wg. dem Weg nach herfür . . . Stein der stehet unten an xx Werffmershalden zaigt . . . die Galgenstaig hinauff — auch sonst Werffmershalden, gelegentlich Werckmershalden (Lb. g. 1745, 102 ff.). Stein . . . nächst am Werffmershalder Fahrweg . . . weist ferner dem Worffmershalder Fahrweg nach hinauf (Lb. g. 1745, 32 f.).

SW-Hang zwischen der Lehmebene der Prag und der der Türlen, eingeschlossen ungefähr von Wolfram-, Bahnhof-, Friedhof- und alter Ludwigsburger Straße (Galgensteig). Pn., ursprünglich Wolfran (-ram), entstellt zu Wolfmar; durch Mischung mit Werkmarshalde (519) ergab sich Worfmershalde und Werfmershalde; diese Mischform trat dann an die Stelle des einen wie des anderen ursprünglichen Fln. Die gedankliche Verbindung zwischen den beiden Gewanden wurde vielleicht dadurch enger, daß bei beiden eine Galgensteig lag, und daß wohl beide ursprünglich zur Markung Tunzhofen gehörten. — Es ist zu beachten, daß der „Wolfersberg" (heute Mark. Cannst., früher Brie — Altenburg) einst auch Wolframsberg hieß (WGQ. IV, 712; Lb. E. 1304, 15 f., 1334, 12 f.; Lb. w. 1350, 9 f.). Pfaff·1, 457 gibt als Hauptform „Wolfshalde" an; ein Beleg dafür konnte nicht gefunden werden. Förstem. I, 1654, 1657.

432. Bei dem Galgen.
?[Uss der Egertun by dem Galgen — Lb. w. 1393, 7]? Aus einer Egerden im Ofenlöcher bei dem Galgen (1447, UB. 170, 19).

In der Wolframshalde neben der Tunzhofer Straße; ein Galgen wird hier sicher 1447 genannt (s. 2. Bel.); 1597 wurde ein eiserner Galgen erstellt; Bel. 1 läßt unentschieden, ob nicht noch das alte Hochgericht am „Schellberg" gemeint ist. „Galgensteige" vom 1. Drittel des 16. Jh. an hier belegt. Zur Geschichte des Hochgerichts s. 593. — Pfaff 1, 12, 155. Hartm , Chronik 79.

433. Galgenheidlein.

Der ander Stein (unden an der Galgensteig) zeügt der Galgensteig nach hinauf bis auf den 3. Stein, der stehet an gedachter Steüg oben an xx Wg. und Galgenheydlen . . . welcher weisst von dem 3. Stein an der Landstrass hinauss (Lb. g. 1632, 53 f.).

Beim Galgen (s. 432).

434. Galgensteige. gälgəšdǫ̈ẹg.

s. 456 — 3. Bel., wo im Lb. g. No. 2004 „Tunzhofer Staig" ersetzt ist durch „Galgenstaig". — Wg. zu vorderst an Mülbergen . . . stossen oben auf Galgensteig (Lb. w. 1571, 42). Dieser Stein zeügt under allen Wolfmarshalden Wg. dem gässlin und W. nach herfür bis auf den andern Stein der stehet unden an xx Wg. unden an der Galgensteig (Lb. g. 1632, 53 f.). Stein gesetzt unten an der Galgenstaig . . . zaigt an der alten Strassen . . . die Galgenstaig hinauff und von dannen der Ludwigsburgerstrasse nach hinaus bis zu End der Mühlberg (Lb. g. 1745, 85).

Tunzhofer Straße, wo sie zwischen den heutigen „Mittleren Anlagen" und der Pragstraße über die Wolframshalde zur Ebene der Prag hinaufstieg; Zugang zu dem in der Nähe stehenden Galgen (nicht erst im 17. Jh., wie Pfaff 1, 12 annimmt). Der Name ist älteren Stuttgartern noch bekannt. Vgl. 432. 526.

435. Ofenlöcher.

Wg. am Ofenlocher (1447, UB. 165, 19). Egerd im Ofenlöcher bei dem Galgen (1447, UB. 170, 18). Von den gemelten zween stain zu Wolmersshalden bis an Tuntzhofer Staig ouch die Ofenlócher (Lb. w. 1466, 5 b). In den Zehntbeschr. bis Lb. g. 1558, 485.

Nahe bei „Rebenberg" und Brauerei „Englischer Garten". Name wohl nach der Bodengestaltung, ursprünglich anscheinend im Sing. für den Wg. an einem Loch, gen. Ofenloch, oder für den Wg., dessen Gestalt an ein Ofenloch erinnerte; Übergang in den Plur. am einfachsten erklärt aus einer Mehrheit von Grundstücken beim „Ofenloch" bzw. bei dem so genannten Wg. Das Bestimmungswort verbietet, falls es nicht durch Umdeutung entstellt ist, an mhd. lô(ch) im Grundwort zu denken. Der Fln. kommt auch sonst vor (F. 5, 41, 44). Staa. 1875, 95.

436. Rebenberg, Rebberg. (Rebberg-Villa — OAB. 7; Rebenberg — OAB. Karte.) rẹ̈bẹ̈rg, rẹ̈bəbẹ̈rg.

Südöstl. Teil der Wolframshalde an der früheren Ludwigsburger Straße, wo einst wohl der Galgen stand. Hier 1838 die Villa „Rebenberg" erbaut, deren Erbauer den Namen zweifellos neu schuf; sie gehörte wie die „kleine Solitude", „Weißenburg", „Fellgersburg" nnd „Silberburg" zu den Landhäusern, die in der Biedermeierzeit um Stgt. entstanden. Die Villa fiel erst beim Umbau der Ludwigsburger Straße. Merk. 1903, 605. Gradmann, Kunstw. 30.

437. Prag. Pk. gibt folgende Einteilung: 1. Untere Pragäcker (A.), rechts der Ludwigsburger Straße, stoßen an „Mühlberg". 2. Untere Prag (A.), zum größten Teil Gebiet des Pragfriedhofs. 3. Auf der Prag (A.), Gebiet des Friedhofs. 4. Obere Prag (Lagerpl.), nördl. vom Friedhof. 5. Auf der langen Prag (Bg., Gg.). teilw. beim Friedhof. 6. Obere Pragäcker (A.) an der Ludwigsburger Straße. 7. Hohe Prag (Wg.), steigt hinter 2. auf, unten auf die Gäubahn, oben und seitlich an „Schüle" und „Mönchhalde" stoßend. — üf dər brāg; Plur.: dbrẹ̈g.

a vineis apud Metingen Bri et Brage sitis (1292, WUB. X, 54). wingart sita uf Bragt- unter: in Brie (Lb. E. 1334, 12 b). Wg. uf Brak an Erbenol (1345, UB. 39, 9). De agris uf Bragt (öfter unter: Haber ze Bry der gen Stgt. gehört — Lb. w. 1350, 2 a). Acker uff der Brackt (Lb. w. 1451, 8). usshin uber die Brackt (Lb. w. 1466, 5 a). gen der Bragd usshin (Lb. g. No. 1994, 20). die Bragt do diser güter etwevil legen (1481, UB. 385, 32). . . . sovil des uf der Brack . . . (1490, UB. 487, 10). — In den ff. Lb.: Brack(h), Brackt, selten Brag, Prack ohne Regel durcheinander. — Uff den Lang- und Kurzen Brägdten (Lb. g. 1585, 339). . . . weist der Landstrass nach auf x Stein, der stehet an xx Wg. an der Strassen die Pragd genannt und weist Ermelter Strassen nach bis zu End der sogenannten Langen Prägd (Lb. g. 1745, 104). — In den späteren Lb. unterschieden: 1. Uff der obern Brackh (Lb. g. 1585, 339). 2. Im Egelsee und der nidern Brackh (Lb. g. 1586, 120). Kurz-, Lang- und Hohe Brägd (Lb. g. 1632, 53). Wg. uf der kleinen Bragt (Lb. g. 1632, 54 f.). 5. Auf der hohen Pragdt (Lb. g. 1701, 256). 6. Auff der obern Pragd an der Eckertshalden (Lb. g. 1745, 118 f.).

Der Fln. gilt für eine terrassenartige Senkebene, durch die Hänge des Mühlbergs und der Wolframshalde über das Nesenbachtal emporgehoben, andererseits durch den ziemlich hohen Abfall der Feuerbacher Heide (etwa Mönchhalde, Erbenol, Wartberg) und den Keuperschutthügel des Rosensteinparks abgeschlossen. Die Lage ist geschützt; Lehm bedeckt die ganze Ebene und macht sie zu fruchtbarem Ackerland. Die Markungsgrenze zwischen Stgt. und Cannstatt lief quer mitten über die Ebene (s. Anm. 23). Von den im Pk. genannten Abteilungen liegen 1—6 auf der Ebene, 7, eine Weinberghalde, steigt hinter 2 neben der Mönchhalde zur Feuerbacher Heide empor. Nicht alle Einzelnamen des Pk. sind gebräuchlich; als umfassende Bezeichnung wurde früher „auf der Prag" verwendet, was noch heute für den Pragfriedhof allgemein geläufig ist [25]). Bekannt sind: Lange, Obere, Untere und vor allem Hohe Prag; für „Untere Pragäcker" i. a. Spitaläcker (438); die Zusätze, erst seit Ende des 16. Jh. in den Lb., beziehen sich auf Lage — obere usw. — oder auf Größe der betr. Abt. — lange usw. — Derselbe Fln. haftet auch an einer Stelle auf Mark. Cannstatt: W-Hang (Wg.) des „Kalten Bergs", jenseits des Pragwirtshauses zwischen Ludwigsburger Straße und Fahrweg zum Burgholzhof. Die Stelle ist von der Pragebene durch den Paß zwischen „Wartberg" und „Kaltem Berg" getrennt. — Wenn auch Teile der Prag selbst oder Stücke in ihrer Nähe schon 1292 als Kulturland belegt sind, tritt sie in den Stgt. Lb. erst von der Mitte des 15. Jhs. an häufig auf. Damit deckt sich die Zeugenaussage von 1481 (UB. 385, 31 ff.): „Es sei in vieler Menschen Gedächtnis, daß die Prag . . . wüst gewesen und von Graf Ulrich dem Vielgeliebten um Zins verliehen worden sei; die von Cannstatt, weil sie mehr Ackerbau hätten als die von Stgt., hätten sie empfangen und von den Ihrigen daselbst Steuer genommen; aber dadurch möchten sie keinen Eingang zu rechtlicher Gewähr erlangen, andere Güter in Stgt. Mark. zu besteuern, dieweil doch die undermark zur selben Zit nit understaint wer gewesen". Als dann Marksteine gesetzt wurden, wurde ein großer Teil der Prag Stgt. zugesprochen. 1745 kommt Novalfruchtzehnt vor (An-

---

[25]) Man sagte in Stgt., solange dies der Hauptfriedhof war, von einem schwer Kranken: „der hat nicht mehr weit auf die Prag"; vgl. 153.

bau seit 2 Jahren): auf der obern Pragd an der Eckertshalden; ebenso Novalweinzehnt (s. o.!): auf der hohen Pragd. — Im Lb. E. 1304 und besonders Lb. w. 1350 erscheinen Grundstücke auf der Prag als nach Brie gehörig. Da es sich dabei aber um Wg. handelt, darf man annehmen, daß die Weinberghalde „Prag" auf Mark. Cannst. gemeint ist; denselben Schluß legt Bel. 1 nahe. — Der oben erwähnte Paß zwischen „Wartberg" und „Kalten Berg" ist historisch von außerordentlicher Bedeutung. Hier liefen schon in alter Zeit wichtige Verkehrswege zusammen. Für die Römerzeit machten besonders die Verbindungen von W und NW den Pragpaß zu einem wichtigen Punkt. Die Straße von Straßburg–Pforzheim her, die als „Steinstraße" nach Feuerbach führte und sich auf dem Sattel beim Pragwirtshaus mit der von Mainz über Lienzingen—Illingen—Schwieberdingen kommenden Straße vereinigte, ging von hier aus gemeinsam mit der letzteren zum Kastell nach Altenburg. Ein Weg von mehr lokaler Bedeutung, der allerdings nicht ganz gesichert ist, war für den Verkehr von der Praghöhe zum Tal bestimmt und folgte über das Löwentor etwa dem Zug der heutigen Pragstraße. Hertlein läßt die vorgeschichtliche Neckarstraße, die zum Paß der Prag führt, ihre Fortsetzung in dem alten Weg über die Bopserhöhe nach Ruit —Denkendorf finden; sie müßte also vor Überquerung des Stgt. Talkessels über die Pragebene gegangen sein (vgl. dag. 456, Württ. Studien 166). Im Mittelalter war die Verbindung von Bruchsal nach Ulm, die den Pragpaß überschritt, die Hauptreichsstraße Württembergs. Von hier aus zweigte später auch die Schweizerstraße nach Stgt. ab. — Es soll einmal eine Pragburg gegeben haben, von der der Fln. ausgegangen sei; urkundlich ist nichts bezeugt (Pfaff 1, 13; Goeßler, Tagbl. 1919, 581). — Für die Deutung des Fln. wäre es wichtig zu wissen, an welcher Stelle er entstanden ist. Zur Verfügung stehen drei Örtlichkeiten mit ganz verschiedenem Gelände: 1. die lehmbedeckte Ebene, 2. die Weinberghalde jenseits des Pragwirtshauses (Mark. Cannst.), 3. der Paß, an den sich 1. südl., 2. nördl. anschließt. Daß der Name an 1. und 2. gesondert entstanden ist, ist bei der Nähe der beiden Stellen unwahrscheinlich; man muß vielmehr eine Übertragung oder Zerlegung des Fln. durch Neubenennung eines ursprünglich eingeschlossenen Teils annehmen oder seine Entstehung an einem Punkt zwischen 1. und 2., etwa dem Paß; in diesem Falle hätte sich der Name von hier aus auf das zu beiden Seiten anstoßende Gebiet ausgedehnt. Eine Entstehung an 2. ist sprachlich ziemlich ausgeschlossen, da von Anfang an, auch in den Belegen, die sich auf die Halde beziehen müssen, die Präposition „auf", nie das bei Halden sonst allgemeine „zu" verwendet wird. Zu „auf" paßt entweder die über dem Tal liegende Ebene oder der Paß. Weiter ist zu beachten, daß frühe schon in den Belegen der bestimmte Artikel mit dem Namen verbunden wird und zwar gleich so ausnahmslos, daß dieser Gebrauch schon einige Zeit vor dem ersten entsprechenden Belege vorausgesetzt werden muß. — Von der schriftlichen und mündlichen Form aus ergibt sich sprachlich: 1. Das anlautende p entspricht nicht dem hd. Konsonantensystem; es ist in seinem allgemeinen schriftlichen Gebrauch noch ganz jung, vielleicht entstanden durch Anlehnung an den Namen der Stadt Prag; bis 1528 ausnahmslos Formen mit anlautendem b —, erst in den Lb. von 1701 und 1745 p-Formen unbedingt vorherrschend; daneben waren b-Formen noch lange im Gebrauch und kommen jetzt noch vor (Pfaff 1, 444; OAB. 3; OAB. Cannstatt[2] 683; Goeßler 78). 2. ā der Ma. setzt mhd. ă voraus. 3. mhd. ă konnte in der Stgt. Gegend nur > ā gedehnt werden, wenn nicht schwere Konsonanz auf den Vokal folgte; der Deutung müssen also die Formen ohne Doppelkonsonanz zugrunde gelegt werden, wie sie sich gerade auch unter den ältesten Belegen finden; g im Silbenanlaut und k im Auslaut entspricht dem mhd. Gebrauch. 4. Das auslautende t, das zuerst 1334 belegt ist, muß bei weitem nicht immer und allgemein gebräuchlich gewesen sein, da durch die ganze Überlieferung neben Formen mit, solche ohne t in ziemlich großer Zahl hergehen, und da das heutige ā nicht vor Doppelkonsonanz kt oder gt entstanden sein kann (s. o.!). 1752 gibt Sattler (Hist. Beschr. 32) Brag, 1778 Neckarwein (20) Bragckh an, was wohl sicher beweist, daß t damals nicht gesprochen wurde. Gerade das starke

Schwanken in der Überlieferung weist vielleicht auf ein unorganisches Antreten im Auslaut, wie es aus neuerer Zeit in einsilbiger Wortform nach einem Guttural bei „Sekt" bekannt ist (Wilmanns I, § 152, 2). Es ist auch möglich, an die Herkunft des t aus einem Kollektivsuffix zu denken (Kluge, Abriß d. deutsch. Wortbild.lehre 1913, § 29). Jedenfalls hat der Dental im Schriftbild eine viel größere Rolle gespielt als im mündlichen Verkehr, wenn er hier überhaupt gebraucht wurde; denn auch seinen Abfall zu erklären, bereitet Schwierigkeiten. — Diese Erwägungen führen zur Annahme einer nach mhd. Lautstand zugrunde liegenden Form brac, -ge. Die Pluralform bręg muß sekundär durch irgend eine Anlehnung gebildet sein, da die i-Deklination, der das Wort etwa folgen könnte, ę verlangen würde. Bedeutung und Etymologie des Worts sind unbekannt. Auf Grund des Gesagten fallen auch frühere Erklärungen: 1. Von mhd. brâche — Sattler, Top. 52, Hartm., Staa. 1875, 95; vgl. Widerlegung F. 1, 1340. 2. Von bracken = verhärten, bracket = mit einer harten Kruste versehen, bezogen auf die dort vorhandene Schotterstraße (mittelalterl. und römisch) – Goeßler 78 und Tagbl. 1919, 581. — Es muß in Betracht gezogen werden, daß hier, wenn überhaupt irgendwo auf Stgt. Markung, vordeutsche Benennung sachlich begründet wäre (Verkehrsbedeutung!). Buck versucht auch mittellat. und keltische Deutungen; nach ihm müßte der Fln. als Fremdwort ins Deutsche übergegangen sein (Korresp.Bl. Ulm II [1877], 80). — Als auswärtige, vielleicht mögliche Parallele ist bis jetzt nur anzuführen: „wiswachs im Brag" (1647 — Gemeinde Hemishofen), das heute in Lage und Name unbekannt ist (Bächtold 44). — Schmid 90. Buck 34. WJB. 1909, 128. Goeßler 31, 39, 78. WVH. N. F. 33, 16, 35. Fundber. N. F. 2, 57. WJB. 1875, II, 182. A. Bacmeister, Alemannische Wanderungen, Stgt. 1867.

Auf der Prag liegen:
(No. 438 bis 442)

438. Spitaläcker II. šbídlęgər.

Stein, der stehet . . . uf der kleinen Bragt an des Spithals Acker (Lb. g. 1632, 54 f.).

I. a. anstatt „untere Pragäcker" gebraucht; das Gebiet gehörte dem Spital (nach dem Prot. 1724 besaß das Hospital auf der Prag 34 M. Äcker). Die Äcker waren wegen ihrer Güte beliebt und vielfach von Gaisburgern gepachtet (Pacht bis zuletzt an das Bürgerhospital). Das Spital bezog auch den Fruchtzehnten von einem etwa 20 M. großen Gebiet auf der Prag (Lb. g. 1632, 19).

439. Postäcker. bǫ́šdę̆gər.

Für die „oberen Pragäcker" oder einen Teil davon (= NW-Teil des Friedhofs); beim Krematorium lag das „Postseele". Die beiden Namen stehen wohl in engster Verbindung; „Postseele" wird sekundär sein. Für die Deutung gibt es zwei Möglichkeiten: 1. das Gebiet gehörte zur Posthalterei oder war öfter im Besitz von Postleuten, a) Stein der stehet . . . uff der Bragt, und an Hanns Heckher Post Potten Kinder Acker, so der letzt Acker an der Statt heyd (Lb. g. 1632, 54 f.); b) Postmeister Reinöhl läßt zu Anfang des 18. Jhs. eine Torfgrube dort anlegen (s. 440). 2. der Name kann zusammenhängen mit der Lage der Äcker an dem „Reitweg", von 1632 an auch als „Postweg" belegt (s. 452).

440. Postsee. (Plan 1849; Pfaff 2, 104.) bǫ́štsę̄lę̆.

Lage s. 439! Der See entstand aus einer eingegangenen Torfgrube (s. 439!). Name entweder vom Titel des Urhebers der Torfgrube oder aber, was wahrscheinlicher ist, statt eines dreiteiligen „Postäckersee". Pfaff 2, 104. OAB. 16.

441. Egelsee I.

Stain gesetzt obnen an xx A. by dem Egelsee (Lb. w. 1466, 5 a). Stain gesetzt in dem Widemacker by dem ussern Egelsee an der landtstrass (Lb. w. 1466, 10 b). Von Erbenol bis uf den Egelsee uf der Brackt, vom Egelsee bis uf das klinglin an der Kelen am Schneckemberg (1476, UB. 326, 1 ff.). . . . hinuff zů dem stain an aim Egelseelin und statt ain Zehenstain darby (Grenzb. 1505). . . . ain ander platz . . . der Aigelen See genant. . . . Platz bey dem Euglin See . . . so ist es ein sumpfliger Ort der nicht erschittet möge werden den diss Seelin darin das Hochgericht solte stehn ist und hatt ein lebendig Wasser . . . uff den Platz der Aigylin See genannt (1581, Rep. Stgt. w. I, Bü. 13). Stain der stehet auch neben dem Vichweg am Egelsee (Lb. g. 1582, 92). Im Egelsee und der nidern Brack (Überschr.).

Wg. im Egelsee und der nidern Brackh (Lb. g. 1586, 120). An den langen Prägdten der landstrass nach ... solcher stein weiset den berührten Langen Brägdten am Egelsee und Viechtrieb hinumb (Lb. g. 1632, 54. Ebenso Lb. g. 1701, 255). Im Zusammenhang des Berichts, in dem Bel. 5 vorkommt, kann wohl nur der Egelsee auf der Prag gemeint sein. Der See muß jenseits des Pragfriedhofs an der Markungsgrenze gelegen sein; dort war sumpfiges Gelände (s. 440). Egelseen (mhd. ëgel(e) swf. = Blutegel) sind ungemein zahlreich in Fln., teilweise mit falscher Silbenabtrennung als Nägelsee erhalten. Die Schreibungen von 1581 können sprachlich nicht befriedigend erklärt werden. Vgl. 477. — Miedel 29. Keinath 41. Pfaff 1, 180.

442. Widemacker II.

Stain gesetzt an dem Widemacker by dem ussern Egelsee an der landtstrass (Lb. w. 1466, 10 b).

Der Acker gehörte nach den Angaben des Lb. zum Kirchengut Berg. Vgl. 235. 492.

443. Eckartshalden. (Pk.-A., Wg., Steinbr.) ĕn dẹ̆ ĕgərtshǎldə.

Unum iuger in Eckershaldun situm (1279, UB. 2, 27). Wg. in montibus Erbenol et Eckertshaldun (1281, UB. 4, 25). Wg. an Eggeharteshaldun (1291, UB. 8, 2). ... Vinearum siti in Ecchartshaldun (Lb. E. 1304, 17 a). diu ungereht Echartzhald; diu gerecht Echartzhald (Lb. w. 1350, 8 a). Uss A. und W., ist alles by 6 M. zů Eckhartzhalden (Lb. w. 1472, 66). Die baide Eckhertshalden úberal (1481, UB. 390, 10). Wg. in der cleinen Eckartzhalden (Lb. g. 1558, 161).

Die beiden Talhänge einer Klinge zwischen Hoher Prag und Erbenol; die Markungsgrenze verläuft in der Klinge; der wertvollere, viel größere linke Talhang auf Mark. Cannst. (urspr. wohl Mark. Berg — vgl. Anm. 23). Der Stuttgarter Anteil liegt teilweise geradezu nach N; er ist 1350 unter „ungerechte", 1558 unter „kleine E." zu verstehen. Gerecht und ungerecht hier = recht und letz oder Sommer- und Winterhalde (mhd. gerecht = recht, dexter; vgl. zu der gerechten hand 1462, UB. 241, 24 f.). — Zusammensetzung mit Pn. Eckhart. — Förstem. I, 20 ff. Heintze 109.

444. Hagen-Weingarten.

Super duo iugera vinearum in Eckartshaldun, que vulgariter dicuntur Hagenwingart (1281, UB. 4, 29). Wg. an Eggeharteshaldun, genannt Hagenne wingarten (1291, UB. 8, 3).

Pn. Hag oder Hagen. Vgl. 425.

445. Sitzlins Furt.
Diu ungereht Echartzhald 10 M. von Sitzlins furt bis vornan us (Lb. w. 1350, 8a).

Bei der Eckartshalde ist kein größeres Wasser, so daß sich auch keine Furt = Fuß- oder Fahrweg durchs Wasser dort denken läßt; Furt müßte also hier wohl die Bedeutung Weg, Durchlaß auf dem Feld oder Wässerungsgraben haben, wenn nicht überhaupt Verschreibung für Furche vorliegt; Furchen im Wg.-Gebiet nicht selten, vgl. 401. Bestimmungswort Pn. Sitzlin, vgl. 164. F. 2, 1881. Vollm. 57. Keinath 75.

Fln., die in Abschnitt IV C fallen, aber örtlich nicht genau festgelegt werden können:
(No. 446 bis No. 448)

446. Grübersweingarten.
De uno iugere vinee dicto Grüberswingarte (Lb. E. 1304, 6a).

Unter der Überschrift „in Tunzhoven" aufgeführt; genaue Lage unbekannt; ein Wg. am hinteren Ameisenberg, den 1285 „Alber. dictus der Grůber baut" (UB. 5, 19 f.), kann kaum gemeint sein, da dieser Lb. E. 1304, 17 b unter „in Berg" erscheint. Besitzername.

447. Lindach.
Vinea que sita est in Tuntzhofen ze Lindach iuxta fontem (Lb. E. 1334, 7a). Wg. ze Lindach und usser dem bongarten dabi (1343, UB. 36, 32; nach d. Orig.). uss der rüty ze Lindach (Lb. w. 1393, 23).

Baumname mit Kollektivsuffix ahd. -ahi. Da es sich um Wg. (also Hanglage) handelt, darf fons nicht als der Tunzhofer Brunnen aufgefaßt werden.

448. Stüblin.
Acker liget an dem weg der von der mulin uff gen Münchhalden gat item uber den weg underm Stüblin, hat xx ain A. (Lb. w. 1466, 13a; im Abschnitt: Äcker under dem Vordernberg und under dem Turlin uffhin). Alle Wg. im Stublin, dessgleichen all A. und Wg. underm Vordernberg und under dem Turlin (Lb. w. 1510, 19). Ebenso Lb. w. 1527, 23; 1528, 48.

Ziemlich sicher ist eine Wasserstube = künstlicher Wasserbehälter gemeint; 1632 wird unter der Überschrift: „Fruchtzehendt underm Tührlen Duntzhoferstrassen, Wolfmarshalden und Hohen Creützen", also in der gleichen Gegend, erwähnt: dieser x stein zeigt . . . hinab der Duntzhofer wasserstuben zue (Lb. g. 1632, 16). Stube allein bezeichnet sonst in Fln. einen Holzbau zum Stauen des Wassers in Klammen (in dieser Bed. nach F. heute nur in den südl. Grenzgegenden des Schwäb.). – F. 5, 188; 6, 497. Miedel 20. Keinath 74.

D. Wege und Wasserläufe im Abschnitt IV, soweit sie nicht in ein bestimmtes Gewand fallen und bei diesem aufgeführt sind:
(No. 449 bis No. 455)

449. Azenberger hohe Steig.

Stein in Wg. in der Ernhalden weist biss auf den Atzenberger Weg oben auf den x Stein. Dieser x stein zeügt von dannen, der Atzenberger hohen Steüg nach hinauf biss oben an xx Wg. oben darinnen, in der letzt und höchsten Ernhalden (Lb. g. 1632, 48 f.). Ebenso: der Azenberger hohen Staig — Lb. g. 1745, 94 f.

Mit „Steige" kann in der Gegend wohl nur der obere Teil der ursprünglichen Frauenberger Steige, später Feuerbacher Weg, gemeint sein (viell. = 450?). Die Gleichsetzung wird aber wieder zweifelhaft durch die vielerlei Namen, die damit für diesen Weg vorkämen. „hoch" in Verbindung mit Wegbezeichnungen bedeutet i. a. vertikale Erhöhung und weist öfters auf die gepflasterten römischen Straßen; ein solcher Hinweis dürfte aber im vorliegenden Fall kaum zu sehen sein; es handelt sich vielmehr wohl um eine besser gebaute, ältere Straße, die aufwärts, „in die Höhe" führte. Vgl. 450. — F. 3, 1707. Schw. 2, 972. Schmell. 1, 1044. WJB. 1875, II, 151.

450. Reitweg I.

Wg. zu Azenberg an dem Reitwege (1447, UB. 188, 32 f.). wisen zu Kuobental zwischen dem Reitweg und dem Kuobental bronnen (Lb. w. 1571, 501). Wg. im Atzenberg stosst oben uf die haid, und unden uf den Reitweg (Lb. w. 1571, 641).

„Reitweg" und „hohe Steige" kommen als Bezeichnungen für Römerstraßen und ältere gute Straßenanlagen vor. Vielleicht

= 449 (s. dort!); auffallend wäre, daß beide Bezeichnungen nur gelegentlich neben andern bekannteren und z. T. erst spät belegt sind. — Sehr gut auch sachlich denkbar ist, daß ein umgedeuteter Reutweg (Weg zu Reuten) vorliegt (viell. angelehnt an 451) — vgl. 451. — F. 5, 300. WJB. 1875, II, 151. Schrift. d. württ. Altert.Ver. IV, 22.

451. Reitweg II.
Dem Zug des Wegs von der Stadt aus folgend: 1. A. in Hohen Creützen ... stosst oben uf den Türlins Reitweg (Lb. w. 1571, 17). 2. Wg. in under Kriegsperg ... anderseitz am undern Kriegsperger Weg ... stosst oben an Reittweg (Lb. g. No. 2004). 3. Stein ob xx Wg. im Thürlen underm Weg und zeiget weiters hinybwerts in Reütweg herein gegen der Statt; der x Stein weiset von dannen wider den Reütweg nach hinumb gegen der Statt uf den x Stein under besagtem Reütweg im Ranck stehend, der x Stein weiset ein wenig yber oftermelten Reütweg hinyb in die obere Thürlen (Lb. g. 1632, 58). 4. Stgt. zu einhin bis uff die Tuntzhofer Landtstrass, von dannen der Landtstrass nach bis in den Reitweg, so under den Thürlin Wg. herumb geet (Lb. w. 1571, 54). 5. Stein, der stehet an gedachtem gässlin underhalb xx Wg. an Vordernberg neben dem Reüthweg (Lb. g. 1582, 86). 6. Stain gesetzt an dem Rytweg ... uber den Weg gegen zweyen Stein gesetzt an xx Wg. zů Wolmersshalden — [Lb. w. 1510, 67: daz heilig Grab genant] — (Lb. w. 1466, 5 a). 7. von dannen angeregtem Münchhalden Weg nach einhin in Thürlins oder Reithweg ... dem mererzehlten Reüth- oder Thürlinsweg der Statt zu weytter (Lb. g. 1582, 114 f.). 8 a. Closter Lorch aigener Fruchtzehend under der Münchhalden ... allda ... oben auf des Hospitals Wg. unten auff den Post- oder Reithweg stossend (Lb. g. 1745, 23). 8 b. Wg. in der Minchhalden am Reydtweg (Unterg. 1618). 9. Von der Eckartshalde her: in xx Wg. an dem Rytweg schaident usshin uber die Brackt wingarten und Äcker ... in ain Stain gesetzt obnen in xx Acker by dem Egelsee (Lb. w. 1466, 5 a). 10. wisen in Eckartzhalden ... stost unden uff den Reitweg (Lb. g. 1558, 66). — In zeitlicher Ordnung: 9, 6, 2, 10, 1, 4, 5, 7, 3, 8.

Auf den Plänen von 1807 und 1849 und auf dem Plan in der OAB. läßt sich ein allen Forderungen der Belege genügender Weg finden: am Hauptbahnhof verläßt er die Ludwigsburger Straße, folgt mit geringen winkeligen Abweichungen der Bahnhofstraße, führt in leichtem Bogen um die Halde „Heiliggrab" herum und folgt dann im ganzen der Heilbronner Straße bis zum Eckartshaldenweg auf der rechten Seite der Eckartshaldenklinge. Von hier aus ergibt sich aus den Plänen keine geradlinige Fortsetzung mehr. Nach der Darstellung auf den Plänen darf man sich wohl kaum mehr als einen besseren Güterweg vorstellen. An seiner Art ist zu beachten 1. daß er sich von der Einmündung der Jägerstraße an immer gerade noch am Hang hält und das Lehmgebiet nirgends betritt, 2. daß der Weg nicht ganz einheitlich zu sein scheint: in der Gegend der Wolframstraße geht er in einen Weg über, der von der früheren Reiterkaserne herkommt und hier nach N umbiegt. Dieser Weg, der ehemals durch Tunzhofen geführt haben muß, kann sogar der ursprünglichere und die rückwärtige Verbindung mit Stgt. erst spätere Zutat sein; er ist wahrscheinlich in 4. gemeint. — Über die Bedeutung der Verkehrslinie wie des Namens kann ohne die Kenntnis einer etwaigen Fortsetzung jenseits der Markungsgrenze nichts Sicheres gesagt werden. Vielleicht diente der Weg einem Verkehr von reitenden Boten; damit müßte er ein Durchgangsweg gewesen sein. Wenn man in Betracht zieht, daß der Weg über die Prag sehr oft nicht benützbar war (s. 456), gewinnt die Annnahme sachlich an Wahrscheinlichkeit (sonst in diesen Fällen Umweg über Herdweg—Feuerbacher Heide zum Pragpaß nötig). Gegen das Vorliegen eines verderbten „Reutwegs" spricht, daß später „Postweg" für die gleiche Sache erscheint. Vgl. 452. 453. 450. F. 5, 300. Schrift. d. württ. Altert.Ver. IV, 22.

452. (Alter) Postweg.
A. unden uf den Postweg stossend im Abschnitt: Closter Lorchs aigner Fruchtzehendt under der Münchhalden (Lb. g. 1632, 13). Ebenso Lb. g. 1701, 210; Post- oder Reithweg Lb. g. 1745, 23. — Stein weist ferner dem Worffmershalder Fahrweg nach hinauff biss zu dem Heiligen Grab . . . Stein zwischen ermeltem Worffmershalder — — und dem alten Post-Weg (Lb. g. 1745, 33). Vielleicht gehört ein 1803 genannter „alter Postweg" auch hierher: x lasse wirklich ein Stück Guth [im Birkenwald] umbrechen, wovon er glaube . . . daß es entweder eine Allmand seye oder der alte Postweg . . . [Ein anderer] produciert einen alten Riß vom 20. November 1719 . . . wornach er beweißete daß der vermeindliche Postweg an einem ganz andern ord dieser Gegend und zwar weiter oben situirt seye (Unterg. 1803). — Vgl. „alter Postweg" bei den Bel. von 475.

Sachlich = 451. Erst recht spät belegt; „Post" in älterer Sprache = jede stehende Nachrichtenverbindung. Der Weg kann reitenden Boten und einem Postverkehr (etwa Metzgerpost) gedient haben. Ein offizieller Postkurs von Stgt. über die Prag ist für die Zeit des 1. Bel. und vorher nicht nachzuweisen [26]). „Postwege" wie „Reitwege" scheinen vielfach auf alte (römische) Verkehrslinien hinzuweisen. Ob dies auch für den vorliegenden Fall zutrifft, wie Paulus annimmt, muß dahingestellt bleiben; nachkontrollieren läßt sich das Alter der Straße heute nicht mehr. „Alt" anscheinend nur im 2. Bel. beigesetzt, hat, falls nicht noch ein früherer Beleg bekannt wird, für das Alter gar keine Bedeutung, da es wahrscheinlich nur im Gegensatz zu der 1738 neu erbauten Straße nach Ludwigsburg gemeint ist, die die im April 1741 eingeführte täglich zwischen Stgt. und Ludwigsburg verkehrende Kutsche und der übrige Verkehr natürlicherweise benützten. — Im übrigen vgl. 451. F. 1, 1321, 157 f. OAB. 451. Goeßler 80. Pfaff 2, 416.

453. Türlinssteige, -Weg.

A. gelegen an dem Graben, der under der Türlinstaig abher gat — unter: A. unter dem Vordernberg und unter dem Türlin uffhin (Lb. w. 1466, 13 b). Gehet von dannen angeregtem Münchhalder Weg nach einhin in Thürlins- oder Reithweg . . . dem mehrerzehlten Reüth- oder Thürlinsweg der Statt zu weytter (Lb. g. 1582, 115 f.). Stein im Keysamer zeügt über die Thürlenssteug hinyber — auch: Thürlens strass (Lb. g. 1632, 14 f.).

Es muß der Sache nach dasselbe gemeint sein wie 451.

454. Viehtrieb I.

Wg. am Schüelinsberger Weg . . . bis hinfür in Eckartshalden an den Stutgarten Vichtrib gelegen (Lb. w. 1571, 30). . . . Weg der under den Schüelinsberger Wg. umbhin geeth. Volgendts demselben Weg nach umb und umbhin bis an die Eckhartshalden an den Stuttgarter Vichtrib, demselben Vichtrib nach abhin, bis uff die Tuntzhofer Landtstrass (Lb. w. 1571, 53 f.). Lb. g. 1582, 91 f. auch: Vichweg genannt. — Anfang s. 441, Bel. 8! . . . am Egelsee und Viechtrieb hinumb bis auf den x Stein . . . auf der kleinen Bragt. Ferner ob den Wg. und am Viechtrieb nach hinauf (Lb. g. 1632, 54).

Wohl mit Eckartshaldenweg (auch heute so) identisch; ursprünglich anscheinend Verbindung zwischen der Feuerbacher Heide und Berg. Vgl. 217.

455. Bleichgraben, Seegraben.

---

[26]) Persönl. Mittlg. von Oberpostrat Wolpert-Stgt.

W. undern Siechen zwischen der Stras und dem Graben, der vom See
geet gelegen . . . wisen underm nechstgenemptem Seegraben (Lb. w. 1528, 11).
Abfluß des unteren Sees, unterhalb des Lustgartens in den
Nesenbach mündend. „Blaichgraben" nach Pfaff 1, 80, 293
schon 1462 belegt; von der Bleiche, die sich seit der 2. Hälfte
des 15. Jhs. am Unteren See befand (vgl. Ulrich Plaicher
12 Pfund heller uss der plaichin und der W. underm Söw
underm wur — Lb. w. 1503, 51). OAB. 137.

V. Von der Tunzhofer (Ludwigsburger)
Straße bis zur Eßlinger Steige; von dem
Punkte an, wo diese die Höhe des südöstlichen
Höhenzugs erreicht, soll die Abgrenzung bilden der
Kamm dieses Höhenzugs bis zum Sattel zwischen
Ameisenberghügel und Hügel der Villa Berg, von da
an eine Linie, die etwa der heutigen Sickstraße folgt,
so auf die alte Markungsgrenze gegen Gaisburg stößt
und mit dieser an den Neckar oberhalb Berg zieht.

A. Das Tal mit dem linken Talhang.

456. Tunzhofer Straße, -Steige, Ludwigsburger Straße.
Wg. an der Tunzhofer Steige (1374, UB. 53, 15). Uss der Mülin under der
Dontzhofer staig (Lb. w. 1393, 16). Stein gesetzt uff der Brackt ob Tuntzhofer staig (Lb. w. 1466, 5 b). Acker unter der Sondersiechen Haus hinab
vor dem etterkrúz herüber an der Tunzhofer-Strasse (1487, UB. 457, 24 f.).
Under und ob der Tuntzhofer stras — Überschr. über einem Abschn. (Lb. w.
1528, 390). Wg. in Hohen Creutzen zwischen . . . und der Tuntzhofer
Stras (Lb. w. 1571, 47). Wg. zuvorderst an der Brackh zwischen der Tuntzhofer Strass (Lb. w. 1571, 56). Tuntzhofer Lanndtstrass (Lb. w. 1571, 55).
Dunzhofer Strass (Lb. g. 1745, 158).

Nach dem Dorf Tunzhofen, zu dem die Straße führte; sie
folgte vom Tunzhofer Tor im ganzen der König- und dem früheren
Verlauf der Ludwigsburger Straße (links der Eisenbahnlinie gegen
Cannstatt, vom Ende der mittleren Anlagen an in gerader Richtung zum „Englischen Garten"). Ungefähr zwischen mittl. Anlagensee und Pragstraße (Aufstieg zur Pragebene) hieß sie Tunzhofer Steige; eben dieses Stück wurde später als Zugang zum
nahen Galgen „Galgensteige" genannt (434); Tunzhofer Straße

galt noch für den übrigen Teil bis zum Bau einer Chaussee nach Ludwigsburg, dann dafür „Ludwigsburger Straße". Die neue Straße scheint der „Galgensteige" nicht genau gefolgt zu sein (s. 434, 4. Bel.). — Von jeher hatte die Straße eine Fortsetzung über die Prag (s. 3. u. 7. Bel.), wenn sie auch schlecht genug gewesen sein mag. Es ist fraglich, ob es berechtigt ist, wenn Hertlein Verkehrsverhältnisse aus der 1. Hälfte des 18. Jhs. als Beweis dafür anführt, daß der urgeschichtliche Weg vom Zabergäu her nur mit verlorener Steigung über die Feuerbacher Heide von der Prag aus den Stgt. Talkessel erreichte; einen anderen Weg soll es bis ins 18. Jh. nicht gegeben haben. Der Weg über die Prag wird öfter als Landstraße bezeichnet (vgl. 441, 2. Bel.); 1634 wird er als „Landstraße" in Augenschein genommen, und es wird bestimmt: „Von dem Siechenthor an der Prackh zu hinaus, die Galgenstaig hinauff und von dannen hinaus biss zu dem bechlin, das Stuettgart und Cannstatter Marckung schaid, send die von Stgt. die strassen in ihren Costen zu erhalten schuldig" (Rep. Stgt. w. I, Bü. 44, No. 11). Es gab sogar möglicherweise zwei Wege über die Prag (s. 451, 452). Ob nun einer davon urgeschichtlich benützt war oder nicht, ist eine andere Frage; es ist hier nur festzustellen, daß im 17. Jh. und zweifellos auch vorher (s. 457) mindestens eine Hauptstraße über die Prag ging; das wird auch schon durch das Dasein Tunzhofens gefordert. OAB. 278. Württ. Studien 166. Ludwigsb. Gesch.Bl. I (1900), 37, 47.

457. Besetzter Weg II.

Wisen zu Tuntzhofen am besetzten wege (Lb. w. 1451, 29).

Wohl gelegentliche Benennung der Tunzhofer Straße, die wie die anderen Landstraßen von Stgt. aus wenigstens teilweise gepflastert war. Vgl. 205. 456. Pfaff 1, 181.

458. Bei (unter, ob) dem Siechenhaus.

Von aim garten aput domum Leprosorum (Lb. w. 1350, 1b). de ortu by dem Siechenhus (Lb. w. 1393, 3). A. und W. an einander unter der Sondersiechen Haus (1487, UB. 457, 23 f.). G. bi den Siechen underm Tiergarten (Lb. w. 1503, 20). W. bey dem Siechenhus (Überschr.). G. underm Siechenhuss (Lb. w. 1528, 264). Noch Lb. g. 1701 belegt.

Sondersiechenhaus für Seuchenkranke vor dem äußeren Tunzhofer Tor, in der Gegend des früheren Marstalls; 1350 zum erstenmal erwähnt. Pfaff 1, 351 f.; 2, 437 ff.

459. Schloßweingarten. Pfaff 1, 44.
Am Schloßgraben gelegen, 1578 von Herzog Ludwig gekauft und noch 1652 belegt. Pfaff 1, 44.

460. Meiner Frau Garten, Garten der Herzogin.
xx de ortu hinder der Burg by miner Frowen garten (Lb. w. 1393, 4).
Wahrscheinlich der spätere „Garten der Herzogin" zwischen dem alten Schloß und dem Haus des Deutschtums; nach Pfaff 1, 53 1393 auch als „Garten der Frau von Mantua" (d. h. Antonia, Gemahlin Graf Eberhards des Milden) belegt. Ein neuer „Garten der Herzogin" wurde von Herzog Eberhard III. am Zusammenfluß des Bleichgrabens und des Nesenbachs angelegt. Pfaff 2, 37.

461. Tal II.
W. auf dem grossen Thal bey dem Tuntzhofer Brunnen — Verk. an die Herrschaft (1659, Eintr. im Rep. Stgt. w. I. S. 82, [Bü. 27]). Acta die Hauptwässerung auf die herrschaftlichen Wiessen im grossen Thal betr. (1682, Eintr. im Rep. Stgt. w. I, S. 90 [Bü. 30]). 20 M. $^2/_4$ Wisen, so zuvor äcker gewesen im Thal bey dem Stöckach am Kissweeg, zwischen erstgemeltem Kissweeg einer- anderseitz dem Stöckachweeg (Lb. g. 1701, 871). ufm großen Thal, ufm Thal, unten im Thal (Prot. 1724).

Im Nesenbachtal wurde unterhalb der Stadt unterschieden zwischen dem „kleinen Täle" (oberer Teil) und dem „großen oder Herrschafts-Tal" (unterer Teil); diese Bezeichnungen nach Pfaff von 1511 an belegt. Ob Belege von 1350 (de prato, agro in dem Tal) für das Gebiet oberhalb oder unterhalb der Stadt gelten, ist nicht zu entscheiden; wahrscheinlich ist eine Beziehung auf das untere Tal nicht. Die dortigen Güter waren größtenteils im herrschaftlichen Besitz und hießen „Herrschaftswiesen". Das Tal bildet seit 1808 und 1818 zusammen mit dem Lustgarten, der ursprünglich auch unter den Begriff gefallen sein muß, den Haupteil der „Anlagen" (Schloßgarten). Auf Plan 1743 heißt ein Stück Tal rechts des Lustgartens und des Rennwegs bis hinab zum Hirschbad: Klein Herrschaft Thäle. Vgl. 74. Pfaff 1, 445; 2, 56 ff. OAB. 161 f.

Zum herrschaftlichen Besitz gehörten:
(No. 462 bis 470)

462. Oberwiese.
Irer fürstlichen Gnaden 2⅝ M. wisen underm Siechenthor gelegen, die Oberwisen genannt . . . (1596, Rep. Stgt. w. I, Bü. 15).
Ober-, da die Herrschaft weiter unten im Tal (Gegend des Hirschbads) noch mehr ausgedehnten Wiesenbesitz hatte.

463. Unseres Herrn Garten.
De ortis aput orto domini mey (Lb. w. 1350, 1a). Von ainer Wisen in orto domini mey (Lb. w. 1350, 1a). De orto under mins herren garten (Lb. w. 1350, 1b). De ortu by unssers herren garten (Lb. w. 1393, 1).
Wahrscheinlich der spätere Tier- oder Lustgarten bei der Burg (vgl. 464). Pfaff 1, 45.

464. Tiergarten. Lustgarten.
Garten underm Tiergarten, auch: hinderm . . . (Lb. w. 1451, 2). Jenet dem graben an der tirgarten (1483, UB. 409, 9 f.). Königl. Maj. hat zwen gross bomgarten hinderm Schloss, der ain genant der Turgartt . . . (Lb. w. 1520, 7). Aufzählung der eigenen Güter der Herrschaft: Das fürstlich Schloss . . . item der Thiergart dahinder sambt der mülin und den Lustheüsern darinnen, wie das alles mit der mauren umbfangen (Lb. w. 1571, 67). W. bey den Raigelständen zwischen dem bach am Thürrgarten (Lb. g. 1701, 356 ff.).
Herrschaftsbesitz, nordöstl. sich an das alte Schloß anschließend (heute: teilweise Schloßplatz, Schloß, Kunstgebäude, ob. Anlagen), reichte ungefähr bis zur Eberhardsgruppe in den mittleren Anlagen. Der Garten diente wahrscheinlich schon frühe der Hegung von Wild. Allmählich wurde der „Tiergarten" ganz in einen „Lustgarten" umgewandelt und auch so genannt; als solcher war er eine deutsche Berühmtheit. Vgl. auch 463. F. 2, 201. Sattler, Hist. 57. Pfaff 1, 45 ff.; 2, 37 ff. OAB. 119 f. Tagbl. 1930, 379.

Einzelne Teile des herrschaftlichen Besitzes sind i. a. nur aufgeführt, soweit sie zur Lagebezeichnung von Grundstücken vorkommen:
(No. 465 bis 470)

465. Hemmerlingscher Garten. Pfaff 2, 42.
Herrschaftl. Küchengarten im oberen Teil des Lustgartens; nach

dem Hofgärtner Johann Georg Hemmerling, der 1740 und 1750 hier wohnte. Pfaff 2, 42.

466. Grottengäßlein.

Krautgarten bey dem Grotten Gässlein (1666, Eintr. im Rep. Stgt. w. I, S. 85 [Bü. 29]).

In der Nähe der „Lustgrotte". Diese war 1613/21 an der unteren Mauer des Lustgartens erbaut worden und bildete als Bauwerk sowohl wie als Meisterstück der Wasserkunst eine Hauptsehenswürdigkeit. 1749 wurde sie abgebrochen. — Auch die Grotte selbst kommt zur Lagebestimmung von Grundstücken vor: G. und W. bey der Grotte und dem Tuntzhofer Brunnen (1666, Rep. Stgt. w. I, Bü. 29). Sattler, Top. 60 f. Pfaff 1, 51 f.; 2, 40. OAB. 125.

467. Hundshaus.

Garten hinderm Hunthuse (Lb. w. 1451, 4). Garten hinden am Hundstal (Lb. w. 1451, 24). Ebenso Lb. w. 1472, 29; 1503, 3.

Das alte Hundehaus, um das es sich hier handelt, lag oberhalb der Tanzwiese bei dem „Garten der Herzogin" (etwa = Karlsplatz); später wurde ein neues Hundehaus beim Viehgarten gebaut. F. 3, 1890. Pfaff 1, 55.

468. Viehgarten.

Wiss zwischen dem Dummelplatz und oben auf an der Vichstellin gelegen (1581, Rep. Stgt. w. I, Bü. 14). Wiese . . . zur linken an gemeltem Thumelplatz gegen der rechten Handt an . . . und dann hinauff der gemeinen Landstrass von allhie aus Cantstatt zue an Irer Fürstlichen Gnaden Vichgarten stossundt (1582, Rep. Stgt. w. I, Bü. 14). W. im Thal bey dem Stöckach . . . stosst oben uff gnädigster Herrschaft Vichwayd (Lb. g. 1701, 871).

Viehgarten mit einem Viehhaus, in dem Melk- und Schlachtvieh gehalten wurde; nach Pfaff unterhalb des Lustgartens links des Nesenbachs gegen die Tunzhofer Straße. Pfaff 1, 55. OAB. 127.

469. Reiherwiesen.

Herrschaftwiesen genannt die Raigerwisen, darinnen . das Raigerhauss steet, zwischen dem Siechengarten und . . . und dem Bach anderseitz gelegen, stossen oben uff den Thüergarten (Lb. w. 1571, 117). W. bey den Raigelständen zwischen dem bach am Thürrgartten. Wisen uf den Raigelwisen (Lb. g. 1701, 357 ff.). Besser oben an der Stöckacher Strassen neben ermelter Strassen einer- anderseits der Herrschaftl. sogenannten Raiger-wissen gelegen (Lb. g. 1745, 120).

Wiesen im und am Lustgarten, auf denen 1740/45 eine Kaserne (später Akademie) gebaut wurde; von dem dort stehenden Reiherhaus und von den Bäumen und Ständen, auf denen die zur Zucht gehörigen Reiher nisteten. — Reiher, mhd. reiger, reigel. — Pfaff 1, 53. OAB. 121. Hartm., Chronik 143. v. Wagner, Jagdwesen 380. Herz. Karl Eugen u. s. Zeit I, 622.

470. Tummelplatz.

Wissplatz ein Bohmgartten darauss zue pflanzen, wie man usser Irer F. Gn. yetzo erweiterten Thiergartten, den Rennweg hinab und auff derselben Thumel Platz, jenseit des Nessenbachs zeücht und dahinauswärtts (1582, Rep. Stgt. w. I Bü 14). In einer bei der letzt. Urk. beigelegt. Eingabe auch: Tumblplatz — Dummelplatz. — Platz nächst dem Tummelplatz zur Erweiterung eines Gartens am Nessenbach gekauft (1599, Rep. Stgt. w. I Bü 16a).

Geräumiger Platz links von Rennweg und Nesenbach, unter Herzog Ludwig mit Schranken eingefaßt, zum Tummeln junger Pferde bestimmt. Bezeichnung auch sonst als Fln. (F. 2, 453). Pfaff 1, 55.

471. Mösslin.

G. heisset das Möslin (Lb. w. 1451, 31). G. am Möslin am bach (Lb. w. 1451, 42). G. underm Esslinger berg im Mösslin (Lb. w. 1472, 27).

Wohl beim „Äckerle"; Moos bedeutet neben der Pflanze auch sumpfiges Gelände; obd. = Moor. Vollm. 31. Keinath 33. WJB. 1875, II, 136. Staa. 1875, 72.

472. Propsteigarten.

Garten under der Tantzwisen an der probsty garten gelegen (Lb. w. 1451, 47). Garten uff der Tantzwisen an der propsty garten (Lb. w. 1472, 12).

Nach Pfaff oberhalb von 473; 1393 von Elisabeth, der Witwe des Grafen Ulrich, dem Stift Stgt. geschenkt. Pfaff 1, 55.

473. Tanzwiese. Rennwiese.

De ortu uff der Dantzwisen (Lb. w. 1393, 3). De ortu by der Dantzwisen (Lb. w. 1393, 2). G. under der Tantzwisen an der Strass gen Stöckach (Lb. w. 1451, 12). Bōmgarten . . . gelegen zů Stůtgarten hinder der burg uf dem Graben und růret an der Tanzwisen Graben (1474, UB. 315, 23). G. vorm ussern Esslinger thor uff der Tantzwisen (Lb. g. No. 2004).

Nach Pfaff in herrschaftl. Besitz; im Tal von der Gegend des Hauses des Deutschtums am Lustgarten und Rennweg hinab bis gegen das Hirschbad; rechts vom Stöckacherweg begrenzt, links durchweg an Herrschaftseigentum gelegen. Die Wiese diente den

Stgt. Bürgern zur Versammlung bei Huldigungen (wahrsch. z. B. 1534 — Sattler, Herzöge III, 14; Top. 74) und zu Tanz und Spiel bei Festlichkeiten. Nach Pfaff später auch „Rennwiese", entweder nach dem an ihr entlang laufenden Rennweg oder im Sinn von Spielwiese, wie er in Fln. vorkommt; im Grunde hängen beide Möglichkeiten der Entstehung des Namens aufs engste zusammen, vgl. 494. — Die Benützung der Wiese und auch ihre Lage am Bach haben deutlich sachliche Ähnlichkeit mit den anderwärts als „Espan" bezeichneten Stücken. Hat es sich hier tatsächlich einmal um ein solches Stück gehandelt, so wäre anzunehmen, daß die Wiese, neben den herrschaftlichen Wiesen gelegen, zuerst, wie der „Espan" sonst, Gemeinbesitz war und erst später an die Herrschaft kam. Andererseits bietet sich die Parallele der auf dem „Brühl" stattfindenden Spiele oder „Brühlrennen" (vgl. Badenia I [1859], 454; Ernst, Grundeig. 101). Keinath 79. Pfaff 1, 54 f. OAB. 127. Schneider, Tagbl. Schriften 9, 22. WVH. N.F. 33, 306 ff.

474. Pallmaille. (Ballmall).

Durch die Statt Stuttgardt der Neysenbach nach durch und dem Löhrtörlein zue, wo die Neysenbach hinauss fliest, bis ans Ballie Mailie . . . (Lb. F. 1682, 244). Diese Fewerbacher Hutt fangt zu Stuttgard an dem Siechthor an und gehet dem Baille Mayle an der Neysenbach hinunter auf dem Kieswegg fortt nach dem Wasserthurn vorbey biss an die Banmühl (Lb. F. 1682, 327).

Auf der Tanzwiese rechts des Rennwegs waren zwei parallel mit diesem verlaufende Alleen gepflanzt; die eine bestand aus Obstbäumen, die andere aus Linden. Diese war 1126 Schritte lang und lief bis ans Hirschbad; Namen von dem im 18. Jh. beliebten Pall-Maillespiel, das dort ausgeübt wurde. J. a. anscheinend „Ballmall" gesprochen. F. 1, 594. Pfaff 2, 40. OAB. 125. Vgl. Mallje in Esslingen. F. 4, 1425.

475. Herrschaftswiesen.

. . . was oberhalb disen steinen gegen der Statt uffher ligt, bis an Herrschaft wisen zwischen dem Altenbach und der stras (Lb. w. 1528, 404). A. ob Duntzhoffer prunnen zwischen . . . und der Herrschaft Würtemperg Wisen Lb. g. 1558, 446). An der Herrschaftswisen hinyber (Lb. g. 1632, 19). Herrschafts Wisen (Plan 1743). Herrschaftl. Thal Wiesen (Plan 1794).

Im sumpfigen Nesenbachtal unterhalb des Lustgartens; nach

Pfaff 1451 zuerst angeführt, aber wohl schon lange vorher im Herrschaftsbesitz. Pfaff bezieht auch eine Stelle aus Lb. w. 1393, 6 hierher: de ortu by der wisen do unss herren schochen uff stônd. — Es besteht kaum ein Zweifel, daß man hier in dem nassen, also nach früherer Anschauung günstigen Wiesengebiet die 68 Mannsmahd W. in Herrschaftsbesitz (Lb. w. 1350) suchen muß. Zu einem geschlossenen Komplex in den heutigen ob. und mittl. Anlagen traten noch in den unteren vereinzelte, wohl erst später erworbene herrschaftl. Güter. Das Wiesengebiet stieß ursprünglich unmittelbar an das Schloß; aus ihm wurde der Tiergarten herausgeschnitten; es blieb immer herrschaftl. Eigentum, in letzter Form als der Schloßgarten („Anlagen"). Neben der Herrschaft treten nur wenige Besitzer in dem Tal auf, deren Eigentum diese langsam ankaufte (z. B. Pfaff 1, 45, 455; 2, 57; „Tal" 1. Bel.). Nach Lb. w. 1571 besaß die Herrschaft in der Gegend im ganzen rund $46^{1}/_{2}$ Tw. 7 M. W. Die Wiesen weisen nach Lage und Art Merkmale auf, wie sie von dem alten, ortsherrschaftlichen Besitz („Brühl") her bekannt sind. — Nach dem Landbuch von 1623 sollen die Herrschaftswiesen an der Stelle des ehemaligen Stutgartens gelegen sein. Für diese Annahme sprechen das Stuttgarter Gelände und der spätere On.; die nötigen Gebäude lagen wohl an der Stelle der Stadt (Unterteil); die anstoßenden W. konnten das Weideland bilden. Vgl. 730. Pfaff 1, 55; 2, 57. OAB. 161.

476. Schlatt.

$2^{1}/_{4}$ M. W. gen. im Schlatt zwischen gnädigster Herrschaft Wisen und xx — Verkauf an die Kastkellerei (1658, Rep. Stgt. w. I. Bü. 27).

Wohl, wie Pfaff annimmt, im unteren Tal. Der Fln. ist häufig; i. a. zu mhd. slâte swf. = Schilfrohr gestellt, da die so benannten Stücke oft sumpfig sind, ein Merkmal, das ohne Zweifel auch auf diese Wiese zutrifft. Da der Fln. nicht mehr besteht, kann unbedingt Sicheres über seine Bedeutung nicht gesagt werden. F. 5, 900. Miedel 15. Vollm. 30. Eberl 172, 202. Alem. 1, 275; 8, 10f. And. Etym.: Schw. 9, 762.

477. Egelsee II.

Nach dem Landbuch von 1623 befand sich ein Egelsee auf

den Wiesen im unteren Tal; die natürlichen Verhältnisse machen die Angabe nicht unwahrscheinlich (vgl. „by dem ussern E." = Egelsee auf der Prag, was das Vorhandensein eines 2. Egelsees, wohl des vorliegenden, annehmen läßt). Vgl. 441. Pfaff 1, 80.

478. Wasserturm.

W., auch underm Siechenthor, nitt weitt vom Wassern Thurn (1596, Rep. Stgt. w. I Bü. 15). W. unterhalb des Wasser Thurns (1674, Rep. Stgt. w. I Bü. 29 a). Beim Königsbad; der Turm, 1579 von Herzog Ludwig massiv in Stein aufgeführt, diente als Speicher für die Wasserkünste des Lustgartens; in den 30er Jahren des 18. Jhs. wurde er abgebrochen, nachdem er schon lange unbrauchbar geworden war. Sattler, Hist. 40. Pfaff 1, 54 f.; 2, 41. OAB. 125. Hartm., Chronik 74.

479. Hirschbad. Königsbad.

W. underm Stöckach bym Hirschbad gelegen an der Sträss (Lb. w. 1472, 44). Zins aus dem Hirschbad mit Häusern, W. und Zubehör, uf dri M. ungeverlich unter Stgt. in den W. gelegen (1478, UB. 358, 29). W. ob dem Hirschbad am newen graben (Lb. w. 1510, 13). A., Wg. und W. underm Hirssbad (Lb. w. 1540, 184). ... Hürschbäder, auch under und ober Steckach under den Hürschbädern (Lb. g. 1632, 40 f.). W. im Hirschbad (1675, Rep. Stgt. w. I, Bü. 29 a). Closter Lorch aigener Weinzehend unter dem Hirsch- oder Andrée-Baad (Lb. g. 1745, 84). Andreisch Baad auf der Schanz (Plan 1743). Bg. und Gg. so hie bevor ein Wg. gewesen unter dem Andrée Baad zwischen dess Baadwirts Andrée und xx G. gelegen oben auff den Stöckacher- unten den Kissweeg stossend (Lb. g. 1745, 84).

Im 19. Jh. an der Cannstatter Straße bei der Hauff-Straße (Deutsche Verlagsanstalt); das Bad besaß eine sehr starke Sauerquelle. Nach der Sage gab ein kranker Hirsch 1119 Veranlassung zur Entdeckung und Benennung der Quelle. Badeanlagen sind erst 1478 und 1482 urkundlich nachgewiesen; Mitte des 16. Jhs. ging das Bad ein (Zins aus dem abgegangenen Hirschbad – Lb. w. 1571, 513; nach Lb. w. 1540, 36 bestehen 1540 die Gebäude noch); 1724 von dem Kaufmann Erhard Friedrich Andreä neu hergerichtet und mit einem Wirtshaus verbunden. Als Flurbezeichnung kommt der Name auch in der Zwischenzeit nicht selten vor. Auf Plan 1743 ist ein Rechteck um das Bad hervorgehoben; dieses scheint die „Schanz" (viell. Schutz gegen Überschw.) gewesen zu sein (s. 8. Bel.). Als auch die

Anlage Andreäs in Verfall kam, kaufte sie König Friedrich und eröffnete 1811 das erweiterte „Königsbad". 1827 wurde das Bad an einen Privatmann Burk verkauft, der es mit Beziehung auf Napoleon I. vorübergehend das „Badhaus zum großen Mann" nannte. — „Hirschbad" auch sonst für alte Badstuben bekannt (OAB. Ulm[2] 1, 426; OAB. Tüb. 240), ebenso die Sage einer vom Wild entdeckten Heilquelle (vgl. Wildbad). F. 3, 1685. Sattler, Hist. 65. Pfaff 1, 360 f.; 2, 475 f. OAB. 12, 299. Hartm., Chronik 26, 205.

Beim Hirschbad sind zu suchen:
(No. 480—484)

480. Hirschbadäckerlein.
³/₄ ackers, das Hürschbad äckerlin genannt, beim Hirschbad (Lb. w. 1571, 332).

S. 479.

481. Hirschbrunnen.
Auf Plan 1743 ist in den „Anlagen" (Gegend der Retraitestr.) ein „Hirsch Bronn" angegeben; wahrscheinlich handelt es sich um eine der mineralischen Wasseransammlungen bei der früheren Kgl. Meierei, von der das Wasser ins benachbarte Königsbad, z. Zt. des Plans noch „Hirschbad", geleitet wurde; daß es die ursprüngliche Quelle für das Bad ist, wird dadurch zweifelhaft, daß sie doch immerhin ziemlich weit von der Stelle entfernt war. OAB. 12.

482. Im Krummen Acker.
Veit Kübels Kinder us 3 M. 4 R. A. im krummen acker, under dem Hirschbad am graben (Lb. w. 1571, 329).

Von der Form; so heißen gern Feldstücke, die sich rund um Hügel oder Mulden legen. — Ableitung von Pn. nicht ausgeschlossen: Bürklin krumm de prato im tal dú des Mörders was (Lb. w. 1393, 3), wobei allerdings „Tal" auch den Teil des Nesenbachtals oberhalb von Stgt. meinen kann. Vgl. 357. Rheinwald 171.

483. Pfaffenbaum.
Von den Ä. zwischen den steinen der erst gesetzet underm pfaffennbom [pfaffennbom nachtr. getilgt] xx acker und der stras Berg zu (Lb. g. No. 2004).

40 M. W. under dem Hirschbad zwischen der landtstrassen da der pfaffenbom stat (Lb. g. 1558, 55). 2 M. (Herrschaftswiesen) beim Pfaffenbom ... stossen oben auf den weg, so Berg zugeeth (Lb. w. 1571, 116).... alda der Pfaffen Bohm gestanden ... — sonst gleich wie der 2. Bel. (Lb. g. 1585, 13). Ebenso Lb. g. 1745, 181.

Zwischen Hirschbad und Berg an der Straße durch den Stöckach. Vielleicht Ereignisname, da andere Beziehungen zu Pfaffen nicht bekannt sind; vielleicht auch für einen dreiteiligen Fln., etwa Pfaffenwiesenbaum; Pfaffenwiesen in der Gegend möglich, da die 40 M. W. des 2. Bel. den ganzen Heuzehnten an die Pfarr Berg geben (Lb. g. 1745, 181).

484. Taugstein.
A. beim (am, im) Taugstein (Steuerb. 1567). 3 M. A. uff dem Taugstain ... stosst ... unden uff Veit Kübels Kinder äcker (Lb. w. 1571, 329; ähnl. schon Steuerb. 1554).

Taugstein, modern — ǝu —, neben Tauchstein und Duftstein noch heute volkstümlich für Tuffstein. F. erklärt die verschiedenen Formen als volksetymologisch für ital. tufo, lat. tophus. — Auf der rechten Seite des Nesenbachs unterhalb des Hirschbads, wo der A. nach den Angrenzern (s. 482) zu suchen ist, befinden sich ziemlich mächtige Ablagerungen von Sauerwasserkalk oder Kalktuff. F. 2, 106. Alb.V. 10, 510. Keinath 5. OAB 37.

Tunzhofen s. 410.

485. Mühlberg. (Pk.-Gg., Bg.) ę̄n dę̄ mīlbę̄rg.
Vinea sita in monte dicto Múlberc iuxta Dunzhoven — unter: Bri (Lb. E. 1304, 16a). De prato unden dem Múlberg bi dem Crútz (Lb. w. 1350, 9b). W. ze Múlberg und uss der Múlstat daby gelegen (Lb. w.˙1393, 3). Wg. und Egerden am Múlberg (Lb. w. 1451, 28). uss 1 M. Wg. am Múlnberg (Lb. w. 1472, 16). Wg. zu vorderst an Mülbergen ... stossen oben auf Galgensteig (Lb. w. 1571, 42). Alle Wg. in den ober und undern Mühlbergen (Lb. g. 1582, 115).

Hang von der Ebene der Prag zum Nesenbachtal von der Galgensteig an bis gegen den Rosenstein; heute durch die Eisenbahnanlagen völlig unkenntlich. Von den Tunzhofer Mühlen (nach Pfaff: 2) am Fuß der Halde; sie blieben auch nach dem Abgang Tunzhofens bestehen, bis sie 1508 einer Überschwemmung zum Opfer fielen. — Eine Mühle lag unter der Tunzhofer

Steige (s. 456, 2. Bel.; UB. No. 274, 332), die andere wohl weiter talabwärts. — Es ist zu beachten, daß der Fln. schon sehr frühe den bestimmten Artikel bei sich hat. Pfaff 1, 241, 285. OAB. 453. Sattler, Top. 93.

In der Umgebung des Mühlbergs (meist etwas oberhalb) sind zu suchen:
(No. 486—492)

486. Tunzhofer Brunnen.
?[Vinee . . . que sita est in Tuntzhofen ze Lindach iuxta fontem (Lb. E. 1334, 7 a)]? (vgl. 447!). A. ob Donntzhover bronnen (Lb. w. 1510, 18). W. zu obern Duntzhofer Bronnen (Lb. g. No. 2004). W. ob Duntzhofer Bronnen . . . stosst oben an die gemeine Stras und unden an allten graben (Lb. g. No. 2004). W. beim obern Duntzhofer Bronnen (Lb. w. 1571, 113). W. under dem Dontzhofer Bronnen . . . stossen oben an den Mühlberger postweg und unden an den Graben beim Hirschbad (Lb. g. 1701, 409). Beim dontzhofer Bronnen (Prot. 1724).

Nach Bel. 3 u. 5 gab es zwei Tuntzhofer Brunnen; einer davon muß in den unteren Anlagen gelegen sein; der andere kann in die mittleren fallen. In der Zehntbeschr. von 1466 ist der Brunnen nicht genannt; dagegen tritt er in den Beschreibungen von 1510 an auf an Stelle von „Tunzhofer Mühle" des Lb. w. 1466, 11b, 12b (Lb. w. 1510, 16). Vielleicht hat es sich um eine Mineralquelle, wie sie in der Gegend vorkamen (479, 481), gehandelt (Schwefelbrunnen, von Seytter beigezogen, allerdings wohl zu weit talabwärts). Seytter 24. OAB. 12.

487. Gablerin.
Darunder ist ain wiss genant der gablerin wiss — herrschaftl. Bes. (Lb. w. 1520, 8). W. zu Tanntzhofen (!) gen. des Gablers Wisen (Lb. w. 1528, 11). Ebenso Lb. w. 1540, 11. — Wisen genannt die Gablerin, zwischen der Tuntzhofer Strass ainerseitz und . . . (Lb. w. 1571, 112).

Wahrscheinlich bietet Bel. 2 die Ausgangsform für die Erklärung; Bel. 1 kann schon Kontamination sein aus der endgültigen Form „die Gablerin" (Personifizierung des Begriffs der Kulturart, der das betr. Grundstück angehört, und Übernahme des Geschlechts dieses Begriffs in den Namen des Grundstückbesitzers, in dem es durch ein Suffix, hier -in, ausgedrückt wird vgl. Rheinw. 38 ff.) und der vollständigen Besitzerangabe wie im

2. Bel. Fn. Gabler in Stgt. bekannt; in der 2. Hälfte des 15. Jhs. ist Hans Gabler Kastkeller, Richter und Bürgermeister; auf ihn paßt wohl am ehesten, daß eine Wiese in herrschaftlichem Besitz von zeitweiliger Überlassung an ihn seinen Namen trägt. UB. 636. Pfaff 1, 390, 425, 429.

488. Bei der Kalkgrube.

A. bei der Kalggrueben zwischen der stras und dem pfad gelegen (Lb. g. No. 2004). A. by der Kalggruben (Lb. g. 1558, 459). A. auch under der Duntzhofer strass hivuor genannt bey der Kalggruoben (Lb. w. 1571, 45). Wahrsch. zusammengehörend mit: An dem selben A. liget ain acker ist ain Kalchgrub — im Abschn.: Äcker uff dem Múrach under der strass (Lb. w. 1466, 13a).

Wahrscheinlich auf dem Gelände der Eisenbahn nahe bei der jetzigen Ludwigsburger Straße. Nach pers. Mitt. von Prof. Dr. Bräuhäuser muß sich der Name auf Ablagerungen von Sauerwasserkalk beziehen, die auf der linken Talseite bis in die Gegend des Mittnachtbaus (Königstr. 46) und des Bollwerks reichen.

489. Auf dem Mäurach.

Äcker uf dem Múrach under der strass (Lb. w. 1466, 13a). Ebenso: Lb. w. 1510, 19; 1527, 22; 1528, 407 f. Der Abschn. erscheint Lb. g. No. 2004 nicht mehr.

Der so überschriebene Abschnitt steht in der Zehntbeschr. zwischen: „W. unter Wolfmarshalden" und „Äcker unter dem Vordernberg und unter dem Türlin uffhin". Daraus und aus Besitzerangaben ist für das Gewand auf das Eisenbahngelände außerhalb des Hauptbahnhofs zu schließen. Der Fln. (Mauer mit Kollektivsuffix -ach) kommt auch andernorts in vielerlei Form vor (Mäurach, Mäurich, Mörich, auch entstellt zu: Aurich, Eurich); Mauer-Namen deuten, wie in vielen Fällen nachgewiesen ist (Paret, Urgesch. Württ. [1921] z. B. 198, 200, 209), auf Reste römischer Gebäude. Goeßler vermutet eine römische Siedlung in der Gegend auf Grund eines römischen Falzziegels, der in einem alemannischen Kindergrab in den mittleren Anlagen gefunden wurde. — Paulus, Schr. d. württ. Altert.Ver. IV (1856), 22; WJB. 1874, II, 210; WJB. 1875, II, 151 ff. Röm. in Württ. III, 250, 253. Knöller, Unser Dürrmenz-Mühlacker (1928), 78. Miedel 39. Vollm. 63. Goeßler 60.

490. Spitzacker I.
1 M. A. genant der Spitzacker (Lb. w. 1466, 13 a). Ebenso: Lb. w. 1510, 19; 1527, 22; 1528, 407 f.
Von der Form; nach der Zehntbeschreibung in dieser Gegend. Vgl. 547.

491. Salzlecke.
2½ M. W. undern Mülbergen gen. die Saltzleckhin — Herrschaftsbes. (Lb. w. 1571, 111).
Anscheinend in den unteren Anlagen; der Name deutet auf einen Fütterungsplatz für Tiere. Keinath 77.

492. Widemwiese II.
Liget an der Widemwiss (Lb. w. 1466, 11 b).
In einem Bezirk unter dem Mühlberg bei der Tunzhofer Mühle; wahrscheinlich gehörte die W. nach der Umgebung im Lb. zum Berger Kirchengut. Vgl. 235. 442.

493. Sandäcker. (Pk.-Gg., W.) ęn dę săndęgər.
Unterm Stöckach am Sand Acker (Unterg. 1796). Plan 1807: Sandaecker.
Eben gelegen zwischen Nesenbach (Cannstatter Straße) und Neckarstraße von der Sedanstraße an talabwärts bis wenig oberhalb von Berg. Natürlicher Untergrund: ziemlich mächtige Ablagerung von Sauerwasserkalk, der noch zu Anfang des 19. Jhs. auf Travertinsand (Fln.!) ausgebeutet wurde. Später diente das Gebiet wieder landwirtschaftlichen Zwecken. OAB. 37. Begleitw. (s. 373!) 28.

Wege und Wasserläufe im Abschnitt V A, soweit sie nicht in ein bestimmtes Gewand fallen und bei diesem aufgeführt sind:
(No. 494—497)

494. Rennweg I, Kiesweg. (Pk.: Im Kiesweg. — Bw. Gg. W., Lustg.)
Herrschaftswiesen am Rennweg (Lb. w. 1528, 10). Ebenso Lb. w. 1540, 10.
— Der new Rennweg, vom Thiergarten bis geen Berg zun Mülinen, ist ordentlich mit gehaunen stainen understaint (Lb. w. 1571, 108). Krautgarten hinderm Thiergarten . . . stosst oben uff das gemain Gässlin genant der Rennweg (Lb. w. 1571, 356). Fertigung und Kaufbrief gegen die Herrschaft Württ. um den erkaufften Platz von etlicher Privat Persohnen Gütern zu Stuttgardt zum neuen Rennweg unter dem Thiergarten gegen Berg zu (1572, Rep. Stgt. w. I, Bü. 12). — Der 1. stein stehet am Küssweg under gnädiger

Herrschaft W. . . . der zeügt dem Küssweg nach hinab . . . (Lb. g. 1632, 19). ob- und underhalb dem Hürschbad am Küssweg (Lb. g. 1632, 19). Wisen im Thal bey dem Stöckach am Kissweg (Lb. g. 1701, 872). Am Eck des Baadwirth Andrée Behaussung am Kissweeg (Lb. g. 1745, 36). Östl. am Lustgarten hin talabwärts. Es wird angenommen (Sattler, Pfaff, OAB.), daß der Weg erst 1572 angelegt wurde. Dieser Annahme stehen die Belege von 1528 und 1540, wie auch die Betonung des neuen Rennwegs im 2. und 4. Bel. entgegen; nach Berg ging er 1559 allerdings noch nicht (Abriß bei Streitigk. über Zwing und Bann Stgt.: Cannst., Rep. Stgt. w. I, Bü. 53). Rechts schloß sich an den Weg die „Tanzwiese", später „Rennwiese", an. Als ihre Ergänzung zur Abhaltung von Wettrennen ist der Weg wohl aufzufassen (s. 473); 1572/73 wurde vom unteren Tor des Lustgartens aus, offenbar in Verbindung mit einem schon bestehenden Stück des Rennwegs, ein schnurgerader Weg nach Berg angelegt; da er mit Kies überschüttet war, nannte man ihn gerne auch „Kiesweg"; in seinem unteren Teil ist er heute dargestellt durch Cannstatter- und Poststraße. Wie der Name Poststraße sagt, wurde er später (1737 neu hergestellt) der Hauptverkehrsträger nach Cannstatt und Eßlingen (vorher: der Weg durch den Stöckach und die Eßlinger Steige): Strass nach Cannestatt — Plan 1743, ähnlich Plan 1794: Chaussee nach Cannstatt; vgl. Plan in der „Vereinigung"[27]). F. 4,

---

[27]) Näheres über die spätere Geschichte des Kieswegs geht aus Akten über die „Stöckacher und Mühlberger Straße" hervor (1584/1797; städt. Arch. D, Bü. 24). Es seien nur die wichtigsten Stellen angeführt: Schon vor anno 1600 aber erkaufte gnädigste Herrschaft oder die hertzogliche Rentkammer mehrere bürgerliche Güther und legte auf ihre Costen den so genandten Kies-weeg an deßen gebrauch damahliger Zeit niemanden alß denen herrschaftl. Gutschen und Fuhren gestattet — des Endes der Weeg mit Werren und Schlag-Bäumen gesteret und zur Obsicht ein aigen herrschaftl. Weegknecht aufgestellet worden. — Solcher gestalten bliebe der Kiesweg einig zu herrschaftl. Gebrauch, biß es endlich des Herrn Hertzogen Eberhards des 3ten durchlauchten gn. mem. gefallen in einem sub dato 21. Dec. 1662 erlaßnen Rescript zu erklären, daß Sie den Kies-Weeg zu einer offentlichen Land-Straße machen, ein leidentliches Weeg-Geldt darauf legen wollten, hingegen von der Stadt unterthänigste Erklärung erwartteten, daß Sie in Betracht ihres sich vermehrenden Commercii und da Sie vorhin die Stöckacher Straße zu erhalten schuldig, anstatt des Weeg-Geldts jährlich beytragen

425; 5, 308. Sattler, Herz. 5, 21. Pfaff 1, 54; 2, 42, 56.
OAB. 125. Staa. 1875, 72. Hartm., Chronik 72. Merk. 1904, 11.
495. **Mühlberger Postweg**, Mühlberger Weg.
W. under dem Dontzhofer Bronnen . . . stossen oben an den Mühlberger Postweg und unden an den Graben beim Hirschbad (Lb. g. 1701, 409). W. unter dem Mühlberg: 1 M. zwischen . . . anderseits dem Postweg (Prot. 1724). Der alte Postweeg welchen die Weeg-Knecht genießen [hierher oder zu 452?] (Prot. 1724).
Der Weg heißt sonst „Mühlberger Weg, -Straße" [28]) (mündl.: mīlb̥ęrg wȩg). 2 Wege stehen für eine derartige Bezeichnung zur Verfügung: 1. am Fuß des Mühlbergs von der Ludwigsburger Straße bei der Retraitestraße abgehend zum Ende der Ehmannstraße am Rosensteintunnel, 2. auf der Höhe des Mühlbergs von der Ludwigsburger Straße kurz hinter dem „Englischen Garten" abgehend zum gleichen Punkt wie 1. Von ihrer Vereinigung an führten beide Wege gemeinsam nach Berg. Weg 2 bestand noch bis zu den grundlegenden Änderungen der Bahnanlagen um 1910; Weg 1 ging vielleicht schon teilweise bei der Anlegung der unteren Anlagen ein, sicher sein unterer Teil bei der Erbauung der Eisenbahn nach Cannstatt. Weg 2 wird 1615 als Landstraße, „die Strass gegen dem Berg herunder", in Augenschein genommen (Rep. Stgt. w. I, Bü. 44, No. 11). Der gemeinsame Ausgang beider Straßen bei Berg

---

wolle. [Die Stadt lehnt diesen Vorschlag ab, und es wird bestimmt: der Kiesweg bleibt] deme frey, der ihne gegen Bezahlung des Weeg-Geldts befahren wollte (1760; Städt. Arch. D, Bü. 24). . . . daß vielmehr der Magistrat alles angewandt hat, die Versuche der hertzoglichen Rentkammer, womit sie durch den Kießweg den Stöckach Weg unnütz machen und dadurch den Bezug des Kießweg Zolls vermehren wollte zu vereiteln (1801; Städt. Arch. D, Bü. 24). [Weiter heißt es, noch in der 2. Hälfte des 18. Jhs. sei es zwischen der herzoglichen Rentkammer und der Stadt Stgt. zu Schwierigkeiten gekommen, da jene die Landfuhrleute, die mit Gütern aus dem Remstal kamen und den Stöckacher Weg benützten, wodurch sie den Kiesweg-Zoll umgingen, bestrafte und sie so zur Befahrung des Kieswegs zu nötigen suchte (1801; Städt. Arch. D, Bü. 24)].

[28]) A. undern Mühlbergen zwischen . . . und dem Mühlberger Weg (Lb. g. 1582, 28 f.). Dise Mühlberger Straß, den Weeg und straßen under den Stöckachen und Mühlberg [herstellen, damit man sie zu den Mühlen wieder besser gebrauchen könne] (1650; Städt. Arch. D, Bü 24).

heißt 1559 auf einer Skizze „gemeine strass von Stutgart"; dabei scheint Weg 2 als Anfang gemeint zu sein, wie eine Grenzbeschreibung ebenda ausweist: „der kleinen Äckertzhalden und den margsteinen . . . nach ab und abhin biss uff den Weg so under den Mülbergs weingarten hinabgeht und demselben weg nach biss uff die gemeinen Landstrassen, und derselben strassen nach . . ." (diese Straße = „gemeine strass von Stutgart" der Skizze, links des Nesenbachs). Vgl. Pfaff, 1, 269. Andererseits muß nun aber der „Mühlberger Postweg" nach den Angaben des Belegs als Weg 1 am Fuß des Mühlbergs aufgefaßt werden, wie auch immer „Mühlberger Weg, -Straße". Es ist somit nicht auszumachen, welcher der beiden Wege der bedeutendere war. — Über die sachliche Deutung von „Postweg" s. 452! Dem Namen nach ist anzunehmen, daß der Weg immer oder gelegentlich der Postverbindung Stuttgart—Cannstatt gedient hat. Sicher ist, daß im „Mühlberger Weg" eine Verbindung mit Cannstatt und Berg links des Nesenbachs vorlag [29]), und zwar dürfte diese, vom ursprünglichen Stgt. (Lage des Schlosses) und von Tunzhofen aus gesehen, älter sein als die durch den Stöckach rechts des Bachs. Vgl. 452. 522.

Nesenbach und die Namen seiner einzelnen Teile und anderer kleinerer Wasserläufe im Tal s. 1.

496. Pfudel.
G. uff dem graben an der pfudlen gelegen (Lb. w. 1451, 7). G. hinder der Burg uff der pfudeln (Lb. w. 1451, 10). G. uff der pfudel an miner gnedigen Herrschaft G. (Lb. w. 1503, 27). Usser seinem G. uff der pfudel an kgl. Maj. W. und G. gelegen (Lb. w. 1520, 139). — [Hauss und Hofraitin unden in der Statt . . . stost hinden gegem Harnischhaus uff die Pfudel (Lb. g. 1586, 454).]

---

29) Vgl. die Nennung dieses Wegs unter den Verbindungslinien mit Cannstatt und Berg: Von unfürdenklichen Jahren hero hatte alhiesige gemeine Stadt von denen Seithen gegen Berg und Cantstadt her zu ordentlichen offentlichen Straßen: 1. die Straße von Cantstadt über die Prag, 2. die eigentliche rechte Stöckacher Landstraße, 3. den Weg von denen Mühlbergen hinunter. — Dazu kam dann 1662 noch der Kiesweg (s. 494) — 1760; Städt. Arch. D, Bü. 24.

Unter der Bezeichnung kommen nur Gärten außerhalb der Mauer zwischen Schloß und Lustgarten vor. Beim alten Marstall westl. des Schlosses vereinigten sich die unterirdischen Hauptwasserleitungen zu der sogenannten Pfudel, die dann nach Verlassen der Stadt wieder in zwei Armen den Lustgarten durchlief, sich dort mit einer 3. Dohle vereinigte und oberhalb des Bleichgrabens in den Nesenbach mündete. Auf Plan 1743 heißt die Wasserleitung unterhalb des Lustgartens: Bächle von der Haubtdohlen; der alte Name scheint also damals nicht mehr gebraucht worden zu sein. — Pfudel (wohl zu lat. puteolus) appellativ häufig in Dialekten für Pfütze; er lebt auch z. B. noch in Gablenberg, wo bei mündlichen Erkundigungen ein jüngerer Einwohner ein großes Erdloch, in dem sich ständig Wasser befand, als ə pfū́dlə beschrieb. F. 1, 1082. Schw. 5, 1054 ff. Els. 2, 141. Kluge 370, 379. DWB. 7, 1804. Alem. 15, 140 f. WJB. 1874, II, 205. Staa. 1875, 72. Pfaff 1, 86. OAB. 119. 301.

497. Tierbach.

A. im Tierbache (1343, UB. 37, 13 — nach d. Orig.). de agro in Kriegsperg und in dem Tierbach — ziemlich oft: de prato, agro in dem Tierbach; einmal: uf dem Tierbach (Lb. w. 1350, 3 b). Ebenso Lb. 1393. — G. gein Tierbach hinuss (Lb. w. 1451, 9). G. am Tierbachgassen (Lb. w. 1451, 43; sonst = 2. Bel.). Der Rain in dem Tierbach mit bömen und ain wislin lit darunter (Lb. g. No. 1994, 23).

In der Nähe der Stadt (Gärten! 3. Bel.); es ist möglich, daß Bel. 2 einen Anhaltspunkt für die Lage gibt; unterhalb des Kriegsbergs stehen mehrere Wasserläufe zur Verfügung (Koppentalbach, Vogelsangbach, bzw. Abfluß der Seen). Es liegt nahe, damit auch für den Namen Schlüsse zu ziehen: der Bach kann am Tiergarten, vielleicht noch einem Vorgänger des späteren, hingelaufen sein und seinen Namen daher erhalten haben (Tierbach für Tiergartenbach o. ä.). Ohne Zuhilfenahme eines Fln. mit „Tier-" wäre die Zusammensetzung Tierbach nicht verständlich. Staa. 1875, 72.

B. Der rechte Talhang.

498. Kutterhaufengarten.

Im Wiesenprotokoll von 1724 wird ein „Kutterhaufengartten" vor dem Eßlinger Tor genannt. Es ist an eine Schutt- und Un-

ratablagerung vor dem Stadttor zu denken. Vgl. 579. F. 4,
881 f.

499. Teuchelseelein II.
Bg. und Gg. nächst an der Eßlinger Strass und bey den (!) so genannten
Teüchelseelen (Lb. g. 1586, 578).

1683 Teuchelseelein vor dem Eßlinger Tor erwähnt (Pfaff 2,
104). Dem Namen nach diente das Seelein zur Aufbewahrung
und Frischhaltung von Holzteucheln vgl. 6.

500. Äckerle II. (Pk.-G.) ę̃m ę́gərlę̆; ę̃n dę̆ ę́gərlə.
Wg. in den äckern under dem Esselinger berg stousst ainhalb an Esselinger
pfad (Lb. g. 1480/90, 7). W. vor dem Esslinger thor im acker (Lb. g.
No. 2004). Wg. uff dem (im) acker (Lb. g. No. 2004). Wg. und Bandhecken im Eckerlin (Lb. w. 1540, 227). W. an ackern, uff den ackern, am
acker (Lb. w. 1540, 249 f.). Wg. am Esslingerberg . . . stosst . . . unden
uff die äckerlin (Lb. w. 1571, 584). Krautgärtlin vorm usser Esslingerthor
uff oder beim Acker (Lb. g. 1588). Aekerlens Gaerten (Plan 1794).

Rechts der obersten Neckarstraße leicht gegen SO ansteigend
bis Olga- und Gaisburgstraße, talabwärts etwa bis Eugenstraße;
in der Nähe einer Sippensiedlung (Gräberfunde in der Gaisburgstraße); nach Pfaff 1, 441 schon 1396 belegt. Die deminutive
Form erscheint nicht von Anfang an; später nicht deminutive
und deminutive Form nebeneinander; Grund für den Übergang ins Deminutiv unbekannt. Zunächst scheint das Deminutiv den Teil unmittelbar am Fuß des Eßlinger Bergs bezeichnet zu haben, da anfangs sehr viele Wg. „Am Äckerlin"
vorkommen; erst 1701 auch für Wiesenland häufig. – Ursprünglich
unterschied der Fln. ohne Zweifel Ackerland vom Wiesenland des
Nesenbachtals und von den Wg. des Hanges. Vom Einsetzen der
Belege an kommen aber nur W. und Wg. hier vor; der Fln.
weist also auf ältere Verhältnisse. Die Bezeichnung „im Acker"
könnte nahelegen, auch hier, wie bei 742 an ehemaligen Herrschaftsbesitz zu denken, der wohl noch zum herrschaftl. Acker
an der Stelle der Leonhardsvorstadt gehört hätte und bei der
Anlage dieser Vorstadt in private Hände gekommen wäre. Sehr
wahrscheinlich ist die Annahme aber nicht, da für das Gewand
eine andere Beziehung zu bestehen scheint; es kommt in einigen
Lb. vor unter der Überschrift: „W. an den Äckern mit Weissen-

burg" (Lb. w. 1528, 251 f.; Lb. g. No. 2004; 1558, 523 f.; 1571, 29 ff.); darunter werden dann nur W. aufgeführt. Daß unter diesen „Äckern" das vorliegende Gewand verstanden werden muß, geht aus den Lageangaben hervor: W. an den Äckern zwischen Wg. und dem Stöckachweg; Wiesen genannt die alt bröckenwiss (Lb. g. 1558, 523); daneben auch einfach: usser irem Tw. W. am Acker; aber auch: usser irem Tw. W. ungevarlich zu Weyssenburg zwischen irem selbs Wg. und anderseitz irem selbs waldt gelegen (Lb. g. 1558, 524); also, da Wald anstößt, in einer ganz andern Gegend, bei der Burg Weißenburg selbst. Möglich wäre, daß die formelhafte Überschrift aus einem zufälligen Zusammentreffen zweier Abteilungen mit den Überschriften; „an den Äckern" und etwa „bei Weißenburg" bei der Aufzählung der Güter in den Lb. entstand. Wahrscheinlicher ist aber, daß sich hier eine Erinnerung daran erhalten hat, daß das Gewand einmal zur Burg Weißenburg gehörte. Diese hatte eine eigene Markung, die ohne Zweifel auch Ackerland in sich schloß. Da die Weißenburg ihren Zugang aus der Gegend des äußeren Eßlinger Tores her hatte, ist anzunehmen, daß das zu ihr gehörende Ackerland im nordöstl. Teil der späteren Leonhardsvorstadt oder im anstoßenden Gebiet lag; da weiter bergwärts Ackerbau kaum mehr möglich war, so ergibt sich die sachliche Berechtigung, das Gewand „Äckerle" als einst zur Weißenburg gehörig anzusehen. Vgl. S. 63 f. Goeßler 66.

501. Äckerlesgässle. sęgərləsgęslę.
Im „Äckerle" in der Gegend der heutigen Uhlandstraße.

502. Bröckin.
Krutgärtlin vorm Eslinger thor in der Bröckin (Lb. g. 1536, 122). W. gen. die alt bróckenwiss — unter: Wysen an äckern mit Weyssenburg (Lb. g. 1558, 523). W. im Acker oder Breckhinen — unter: Im Steckach (Lb. g. 1582, 206). Ebenso Lb. g. 1586, 75; daneben: Uff der Bröckin (Lb. g. 1586, 701). W. vorm ussern Esslinger Thor, die Brackenwiss genant — unter: Uff dem Acker (Lb. g. 1582, 209). Wg. und Bg. auf der Breckhen (Lb. g. 1701, 307). W. vor dem ausser Esslinger Thor, die Brockhenwis genant (Lb. g. 1701, 325). W. im Acker — oder Bräckhlen zwischen xx und den Äckerlens Wg. gel. (Lb. g. 1701, 326). Bg. und Gg. im Äckerlen

an ... xx so gen. Brocken Wisen gelegen (Lb. g. 1701, 538). Brocken Wiesen Garten (Plan 1743).

Links der Charlottenstraße entlang zwischen Neckar- und Olgastraße, ursprüngl. ein Teil des Gewands „Äckerle". Vom Pn. Brock, der von 1343 an in Stgt. belegt ist (UB. 622; Pfaff 1, 384); Heinrich Brock besaß 1491 an der Stelle selbst oder ganz in der Nähe einen Wg. (UB. 523, 27 f., 32). Die weibliche Form drückt aus, daß es sich um eine Wiese handelt (vgl. 487). Im Laufe der Zeit Umdeutung des Fln., so Bel. 5 durch Pn. Brack (UB. 622, Pfaff 1, 383), Bel. 7, 9, u. 10 durch Brocken (zunächst viell. entstanden durch Weglassung des Umlautzeichens über o); Bel. 8 muß individuelle Bildung im Anschluß an Äckerlen sein. Daß das einfache Bröckin ständig daneben auftritt, beweist, daß dieses immer gebraucht wurde. Sobald nicht das ursprüngl. Bröckin verwendet wird, ist meist als Grundwort „Wiese" beigesetzt. Im 3. Bel. liegt durch Zugrundelegung einer falschen Pn.-Form doppelte Femininbildung vor. Vgl. 697.

503. Eßlinger Berg, unterer, mittlerer, oberer. (Pk.-Wg., Bg.) ĕm (ĕn dĕ) ęslęnər bęrg.

... Vinee site sub staiga an Ezzelingerberg (Lb. E. 1304, 4 b). Vinea sita uf dem Ezzelinger berge (Lb. E. 1334, 2 a). Vinee site an dem Eslinger berge (Lb. E. 1334, 3 b). in der vorstatt gen dem Esslinger Berg hinus (um 1448, UB. 191, 14). Ain tail an der wyssen staingruben im Esslinger berg (Lb. w. 1520, 8). Wg. in ober Esslinger Bergen stosst oben auf die Gänsshayden (Lb. g. 1701, 293). Baumgut im undern Esslingerberg (Lb. g. 1701, 576).

W-Hang des südöstl. Höhenzugs zu beiden Seiten der alten Esslinger Steige, Gebiet um Eugensplatte, obere Alexander-, Gaisburg- und Uhlandstraße. Von der Lage des Bergs in der Richtung gegen Eßlingen an der Straße dorthin. Vgl. 569.

In der Gegend des Eßlinger Bergs sind zu suchen:
(No. 504—507)
504. Beunde III.

Vinea sita am Esselinger berg under xx Wg. der da zühet an die Esselinger staig ... et dicitur dů Bůnde (Lb. E. 1350, 31 b).

Beunde hier mit Bezug auf Wg. (vgl. 79. 412). — Viell. gab dieser Beleg Pfaff den Anlaß, Beunde bei Stgt. der späteren

„Bergstraße" gleichzusetzen und die sicher belegte Beunde (79) völlig zu übersehen; unterstützt wurde er durch den Druck in Neckarwein, wo „Bainden" neben „Bergstraß" steht, aber nicht gleichgesetzt ist. Neckarwein 20. Pfaff 1, 443.

505. Eßlinger Rain (Pfaff 2, 112).

Sonst nicht belegt; nach einer entsprechenden Stelle im OAB. 10 an der „Eßlinger Steige" (569).

506. Hungerbrunnen (OAB. 10).

„Am Fuß der ‚mittleren Eßlinger Berge' zeigten sich im Jahr 1816 in dortigen Güterstücken Wasserausbrüche, welche schon von früheren Zeiten her als ‚Hungerbrunnen' bezeichnet wurden" (OAB. 10). Der Name, sonst für Stgt. unbekannt, ist nicht selten für Quellen, die nur in sehr nassen Jahren fließen und dadurch Mißwachs, Teuerung und Hungersnot anzeigen. Festg. 371.

507. Nussberg.

[Der Herzog] lagerte sich auf dem ehmals sogenannten Nussberg gegen Esslingen um die Stadt [Stgt.] von daraus zu beschiessen — 1525 (Sattler, Herz. II, 124). Von dem Nussberg bey den Steingruben gegen Esslingen (zitiert bei Memminger 44).

Der Fln. scheint außer den angeg. Stellen nicht vorzukommen (vgl. Pfaff 1, 445, Eßl. B.); er weist auf den Bewuchs mit Haselnußbüschen (Nuß in Fln. öfter = Haselnuß, Haselnußstrauch, als = Walnuß). Miedel 27. Keinath 34, 52.

508. Wagenburg. (Pk.-Wg., Bg.) e̜n dər wȧgəbŭrg.

In xx wingart in der Wagenburg (Lb. g. 1558, 493; schon Lb. g. No. 2004). Wg. uff der Wagenburg (Steuerbuch 1567). Im Wagenburg (Überschr.). Wg. im Wagenburg — Novalweinzehnt (Lb. g. 1745, 123).

Kleines Gewand am Abhang des Ameisenberghügels gegen Stgt. neben der Eßlinger Steige, wo sie die Höhe erreicht. Fln. erscheint erst in den 30ger Jahren des 16. Jhs. Angeblich hatte hier König Rudolf bei der Belagerung Stgts. (1286) sein durch zusammengefahrene Wagen verschanztes Heerlager. F. 6, 347. Keinath 63. — Sattler, Grafen[2] I, 12. Pfaff 1, 8, 456. OAB. 446. Stälin 3, 56. Schneider, Kampf Graf Eberhards d. Erl. (1886), 8. Tagbl. 1919, 581. Staa. 1921, 143. Zu Wagenb. sachlich vgl. Landesbibliothek Msc. Fol. 58 d. a. 1425 und Württ. Neuj.bl. 1884, 14 [30]).

---

30) Ich verdanke diese Hinweise Stadtpfarrer R. Lauxmann, Stuttgart.

509. Königseiche.
Nahe bei 508; hier soll König Rudolf sein Zelt gehabt haben. Der Baum sei bis in die 1. Hälfte des 19. Jhs. gestanden. Pfaff 1, 8. Schneider, Eberhard 8.

510. Schütte.
Die wiss Staingrieb . . . stosst unden uff gemaine stras, die Schütte genannt (Lb. w. 1571, 137 f.). Wg. im Steckach . . . stossen oben uff die Schittin (Lb. g. 1586, 458 f.).

An 511 grenzt 508; der Name des letzteren Gewands legt nahe, „Schütte" (mhd. schüte stswf.) als Erdaufschüttung, künstlicher Erdwall, Bollwerk zu deuten und mit den Belagerungsanstalten König Rudolfs in Zusammenhang zu bringen [31]). Wenn Güter vom Stöckach heraufstoßen (s. Bel.), muß ein Weg am Hang gegen Stgt. gemeint sein. Vgl. Pfaff 1, 281.

511. Hühnerdieb. (Pk.: auch: Hühnerdiebheide; Wg., Steinbr.) ẹ̃m hẹ̃ᵊnərdiəb.
Us dem Hôren Dieb de vinea in Ammassanberg (Lb. w. 1350, 4 a). De vineis Hůrrendiep [im Orig. zwei schräg übereinander stehende Punkte über u] (Lb. w. 1393, 12). Wg. im Hünerdieb (Lb. g. 1536, 19). Zwischen den Hüenerdieb und Wagenburg weingarten dem Weg nach umbhin (Lb. w. 1571, 23 ff.). Wg. in dem Henerdieb oder Wagenburg (Unterg. 1641). Im Hüener Dieb (Prot. 1724).

Kleines Gewand am S-Hang des Ameisenberghügels, an der Eßlinger Steige, wo sie die Höhe überschreitet. Der Name, öfters als Fln., ist wohl Besitzername oder als Bezeichnung eines Raubvogels oder -tiers aufzufassen; als Appellativ schweiz.: Geier, els.: Hühnerhabicht; sonst auch = Fuchs und Hauswiesel. — Die Formen der 2 ersten Belege sind am ehesten als falsche Auflösung einer -er Abkürzung zu verstehen, also Hôren für Hôner, wobei mit dem Index auf o auch u gemeint sein kann; diese Form 1393 vom Schreiber übernommen und weitergebildet zu Hůrren für Hůnerr — F. 3, 1897. DWB. IV, 2, 1878. Stalder II, 61. Els. II, 643.

---

31) Eine Schütte gab es auch in der Stadt: 1. de ortu uff der Schüttin hinder der burg (Lb. w. 1393, 2). 2. de ortu hinder dem Stainhus uf der Schüttin (Lb. w. 1393, 13). Die Bedeutung dürfte der angegebenen ähnlich sein, diesmal bezogen auf die Stadtbefestigung.

512. Weisse Steingrube.
Ain tail an der wyssen Staingruben im Esslinger berg — Herrschaftsbes.
(Lb. w. 1520, 8). Die Staingrůb mit dem weissen Gestain zum Esslinger
berg gehört unserm gnedigen Herrn und der Statt Stutgarten (Lb. w. 1540,
13). Wg. im Scheilinsberg zu der herrschaftlichen weissen Steingrube ver-
aufft (1562, Eintr. im Rep. Stgt. w. I, S. 27 [Bü. 7 a]). Ain Staingruob,
die weiss Staingrieb im Hüennerdieb genannt (Lb. w. 1571, 137 f.).
Steinbruch am Kanonenweg zwischen 511 und 514. „Weiss"
vom Gestein im Gegensatz zur „roten Steingrube" (603), die auch
Herrschaftsbesitz war. Nach pers. Mitt. von Prof. Dr. M. Bräuhäuser handelt es sich bei dem „Weissen Gestein" um den in
den bunten Mergel eingelagerten Kieselsandstein, der am Ameisenberg in ziemlicher Stärke auftritt.

513. Mönchssteingrube.
Spänn und Irrung halber in der Múnchsstaingrieben uff dem Scheyhelberge
. . . in ufgemelter grieben der Múnchsgrieb genant . . . (1566, Rep. Stgt.
w. I, Bü. 6). Ain Staingruob am Scheihelberg die Münchsgruob genannt
(Lb. w. 1571, 137).
Wohl identisch mit einer Steingrube im „Hühnerdieb", deren
Benutzung der Magistrat 1508 den Predigermönchen gestattete;
daher der Name. 1533 war sie nach Pfaff im Besitze der Herrschaft. Pfaff 1, 281.

514. Schellberg. (Pk.-Wg.) ẹ̆m sẹ̆lbẹ̆rg.
Wg. im Scheihelberg (1555, Eintr. im Rep. Stgt. w. II, S. 21). Wg. im
Scheilinsberg (1562, Eintr. im Rep. Stgt. w. I, S. 27 [Bü. 7 a]) . . . in der
Múnchsstaingrieben uff dem Scheyhelberge (1566, Rep. Stgt. w. I, Bü. 6).
Wg. zu Scheylinsberg; ähnl.: Schellenberg (Lb. w. 1540, 13; eingel. Bl. mit
Nachtr. nach 1562). Ain Staingruob am Scheihelberg (Lb. w. 1571, 137).
Wg. im Scheihelberg (Lb. w. 1571, 675). . . . uf der Scheŷhelberger Haid
(1581, Rep. Stgt. w. I, Bü. 13), sonst in diesen Akten auch als: Scheuhel-
berg, Scheihelberg, Scheyhelberg. — In der Steingrüeben underm Scheüwel-
berg (Lb. w. 1571, 767, Nachtr. von 1581). Wg. im Scheülberg (Lb. g.
1701, 614). Ebenso Lb. g. 1701, 772. Im Scheu(e)lberg (Unterg. 1794, 1796).
Scheilberg (Plan 1807). Schellberg (Plan 1849).
W- und NW-Hang des Ameisenberghügels, also Abhang von der
Uhlandshöhe gegen die Stadt oberhalb des Kanonenwegs. Nach
den älteren Formen zu mhd. schiuhel stm. = Scheuel, Gegenstand des Abscheus, der Scheu, Abscheu, Graus. Hier befand
sich das älteste Hochgericht von Stgt., was klar erwiesen wird

durch eine „Supplication" der Güterbesitzer in der Gegend, als bei Beratungen über die Verlegung des Hochgerichts 1581 der Plan einer Versetzung auf den „Schellberg" aufgetaucht war. Es heißt da: „Nun khinden Euer Fürstl. Gnaden wier in unterthenigkeit nit bergen, das es [Hochgericht] etwan vor zeiten unsers Berichts auch alda [auf d. Schellberg] gestanden, aber von dess übeln und bössen Geschmacks willen, den der Neckher lufft besonderlich zu schöner warmer zeit, da er mehrteils zu wehen pflegt in die Statt herein getrieben, lenger alda nit gedult werden mögen, sonnder von dannen hinüber uff die andern seyten gesetzt werden müssen . . ." (Rep. Stgt. w. I, Bü. 13). Merkwürdig ist der Übergang zu Schellberg; er kann rein lautlich nicht erklärt werden, es sei denn, daß ihn eine etwa einmal vorhandene Betonung des Grundworts veranlaßt hätte (vgl. S. 23 f.). Vielleicht muß man auch an volksetymologische Anbildung an die nicht seltenen „Schellenberge" oder an die Einwirkung eines allerdings nicht belegten Fln. mit Schelm-, der seinerseits auch auf die Zeit des Galgens zurückginge, denken. – Pfaff 1, 453 gibt den Namen in der Form Scheilberg; nach ihm stammt der 1. Bel. von 1472. DWB. 8, 2613. Schw. 8, 126. Vollm. 36, 43. — Vgl. Pfaff 1, 154 f.

515. Stöckach. (Pk.-Wg. Lustg., A.) ĕm (ĕn dĕ) šdĕgiχ.
Vinee sita ze Stokach (Lb. E. 1334, 2 b). Wg. ze Stŏckach (1343, UB. 36, 29, nach d. Orig.). Wg. in Stŏcgach (Lb. w. 1350, 1 a). Wg. in Stůgarter benn in dem Stockach gelegen (1434, UB. 134, 31). Wg. zu (im) Stöckach (Lb. w. 1503, 6, 10). Wg. im obern Steckach; Wg. im mitteln Steckach; Wg. im undern Steckach (Lb. g. No. 2004.) Wg. im obern Steckhich (Lb. g. 1588, 2). x Stein weiset an obgemelten obren Steckhachen und . . . hinauf bis auff den x Stein der stehet . . . in obersten Steckhachen (Lb. g. 1632, 40). In den Stoeken; in Stöcken; Stöckich Garten, Stöckich Wiesen (Plan 1743).

Der obere Teil des großen Gewands liegt größtenteils am steilen NW-Hang zwischen Nesenbachtal (Neckarstraße) und Kanonenweg, stark in halber Höhe des Höhenzugs, etwa von der Schillerstraße bis gegen Berg; der untere Teil ist mehr und mehr auf das Tal beschränkt (s. 516). Lage für Wg. nicht besonders günstig; das Gewand wird also nicht zu den frühesten Rodungen gehören. Es wurde hier wohl durch Brennen gerodet; jedenfalls blieben die Wurzelstöcke oder Stumpen noch lange im Boden, was den Fln. veranlaßt hat (mhd. stoc, -ckes stm. = Baumstumpf + Kollektivsuffix -ach). Der letzte Beleg zeigt eine deutlich individuelle Umwandlung des Fln. Miedel 61. Vollm. 39. Heck 86. Keinath 43.

516. **Stöckachäcker.** (Pk.-A., Gg.) ę̃n dę̃ šdę̃giχę̃gər. Ziemlich flaches Gelände rechts der Neckarstraße von der Einmündung der Hackstraße an abwärts, Tal leicht gegen O erweitert; vielleicht erst später von 515 unterschieden.

517. **Schleimloch II.**
Stain, der steht unden an Veytt Khübels Khinder wingart neben dem Schleimloch (unter: im Steckach; Lb. g. 1582, 116). Stein der stehet unden in xx Wg. ob seinem Schleimloch (unter: Im Stöckach; Lb. g. 1632, 40).
Im Stöckach zu suchen. Schleimloch heute = Schlammloch oder Erdfang: Grube am Ende der „Wasserfälle" in steilen Wg., wo sich der durch Regengüsse abgeschwemmte Boden wieder sammelt. Hier vielleicht in rein appellativem Sinn gebraucht. Vgl. 387.

518. **Sattelklinge.** (Pk.-Wg., Bw.) ę̃n dər sădlglę̃ŋə.
Wg. sita ze Wertmanshaldun underhalp der Sattelsklingen (Lb. E. 1334, 5b). Vinea in Sattelsklingen (Lb. w. 1350, 2a). An Werkmanshalden biz an Satelsklinge (Lb. w. 1350, 8a). Wg. zů Werckmanshalden an der Sattelklingen (Lb. w. 1451, 43). . . . stein zeigt ob den Werckmarshalden Sattelklingen ober Steckach um gemeiner Statt Heyd hinumb (Lb. g. 1632, 39).
Am N-Hang des Sauren Ameisenbergs, links der Landhausstraße, bei der Einsattlung zwischen Ameisenberghügel und Hügel der Villa Berg. Mit Sattel-klinge muß ursprünglich, da die Belege nur für den westl. Teil des Sattels Anhaltspunkte geben, eine vom Sattel ausgehende, wohl unbedeutende Klinge ins Nesenbachtal gemeint gewesen sein. Die Änderung, die nach den Belegen in der Kompositionsfuge früh eingetreten ist, ist sprachlich wohl ohne Bedeutung.

519. **Werfmershalden.** (Pk.-Wg., Bw.) ę̃n dər wę̆rfmərš-hăldə.
De 1 iug. vinearum sito in Wergmanshaldon, auch: Werc . . . (Lb. E. 1304, 3b). Wg. sita ze Wertmanshaldun; wo sonst der Fln. erscheint, kann sowohl Wert- wie Werc- gelesen werden (Lb. E. 1334, 5b). Wg. zu Stgt. bei

Tunzhofen an Wertmanshalden (1342, UB. 35, 31). Vinea sita an Werkmanshalden (Lb. E. 1350, 30 b). Wg. zů Werckmanshalden (Lb. w. 1451, 2). Wg. zu Werckmarshalden (Lb. g. 1536, 58). — Werckmarshalden neben wenigen: Werckmanshalden: Lb. w. 1540, umgekehrt etwa im gleichen Verhältnis: Lb. w. 1571. — Ob den Werckmarshalden (Lb. g. 1745, 80). Werffnershalden, Werffmershalden (Unterg. 1746).

Abhang des „Sauren Ameisenbergs" gegen das Nesenbachtal, oberhalb von 515. Pn. Werkmann in ziemlich stark veränderter Form; die in der Frühzeit nicht seltenen Formen mit t zweifellos aus Verlesung für das ganz ähnlich geschriebene c entstanden. Übergang des ausl. gutturalen Verschlußlauts in den labialen Reibelaut, obwohl gerade in „werk" auch sonst bekannt (vgl. werftig für Werktag — OAB. Müns.[2] 395 — und alt Bollwerf für Bollwerk — F. 1, 1279), hier wohl durch Mischung mit „Wolframshalde" jenseits des Nesenbachtals zu erklären: Wolframshalde > Wolfmarshalde, unter Einfluß von Werkmarshalde, > Worf-, Werfmarshalde (Lb. g. 1745 statt Wolframshalde allermeist Werffmershalde, daneben auch Werckmershalden und Wolffmarshalde — s. 8. Bel.). So ergab sich eine Mischform, die schließlich mit leichter Verschiedenheit im Tonvokal für beide Gewande benützt wurde (Wolframshalde nur noch im amtlichen Verkehr — s. 431). -mar scheint als 2. Bestandteil in Pn. beliebt gewesen zu sein; es gibt verschiedene Beispiele des Übergangs von anderen ähnlich lautenden 2. Bestandteilen in diesen (vgl. 431, Lb.-Belege — 143; umgekehrt: Ergmarhusen (Lb. E. 1304, 29) > Erdmannhausen — vgl. Kgr. Württ. I, 465). Im vorliegenden Fall hat wohl die ganz nahe gelegene Diemershalde beim Übergang mitgewirkt. — Pn. Werkmann in .der Frühzeit für Stgt. selbst nicht nachweisbar, aber in der Umgebung öfter belegt (Eberhard gen. Werkmann, ehemals Bürger von Weil [1304, WGQ. IV, 161, 24]; Endriß Werckmann zů undern dúrnckheim gesessen [Lb. w. 1472, 69]; Oswalt und Jacob Werckman wohl in Gaisburg [Lb. w. 1451, 72]).

520. **Hintere Furche.**

De 1 jug. vinearum sita an Wercmanshalden stösst daruf zu der hinderen furch sita gen Berge (Lb. E. 1334, 1 b). Wg. sita an Werkmanshalden . . .

lit an xx Wg. der dar uf stoss zů der hindern furch sita gen Berg hinab (Lb. E. 1350, 30 b).

Für Furche s. 401. Hier wohl Abgang von der Werfmershalde gegen N oder NO in der Richtung auf Berg gemeint.

521. Legenloch.
W. sint jetzo åcker, im Legenloch (letzt. Jahrz. des 15. Jhs., UB. 413, 7). ... er fuhr mit den Kühen von Gaisburg ... in das Legenlenloch und in den Störzbach (1495, UB. 583, 18).' A. gel. im Legenloch zwúschent xx Wg. und dem stockacher Weg (Lb. w. 1520, 190, Nachtr.). Dasselbe: am Leglenloch unter: Gablenberg, Zelg uff den Ecklen und der Thottenstaig (Lb. w. 1524 a, 185). A. ... jetzo zu wingart gemacht im Leglenloch underm Helschen bihell gelegen, daneben auch: Legenloch (Lb. w. 1524 a, 185, 156). A. im Legolaluch [Lesung unsicher!]; sonst regelmäßig: Legenloch (Lb. w. 1540, 226). In den Lb. zuletzt belegt Lb. w. 1571, 328. Acker im Legenloch, Legelenloch (Steuerb. 1579). Im Legelenloch (Prot. 1724). Neckarwein 23: Legelenloch (damals noch lebendig?).

Nach den zur Verfügung stehenden Angaben in der Gegend der Einsattlung zwischen dem „Sauren Ameisenberg" bzw. dem „Schwarenberg" und dem „Höllschen Bühl" und des flachen nordwestl. Abhangs vom Sattel gegen das Nesenbachtal zwischen dem Sauren Ameisenberg und dem Höllschen Bühl; durch Straßen begrenzt: von der unteren Ostendstraße zwischen den beiderseitigen Abhängen bis zur Stöckachstraße. Der Fln. ist am einfachsten zu erklären als Zusammensetzung aus Adj. läg, mhd. læge = sanft ansteigend, flach + Substantiv mhd. loch = Vertiefung. Da sich der Begriff „läg" nicht gut mit dem von Loch verbindet, ist an den Ausfall eines Mittelglieds in dem Fln. zu denken, etwa für Legenhaldenloch. Die Lage ist sachlich mit dieser Erklärung vereinbar. Für ein Adjektiv als 1. Bestandteil spricht auch der ausnahmslose Gebrauch des best. Artikels in gewissem Sinn. Schreibung e für mhd. æ ist nicht ungewöhnlich; die durch -len erweiterten Formen des Bestimmungsworts, die nicht einheitlich überliefert sind (s. 2., 4., 5., 6., 7., 8. Bel.), müssen schreiberetymologische Umdeutungen (Anlehnung an Lägel = Gefäß?) sein; allerdings spricht die Zahl der Bel., vor allem Bel. 6, falls richtig gelesen, für eine Umdeutung auch in der gesprochenen Sprache. Vgl. OAB. Cannstatt[2] 504. — Festg. 372. Bohnenb., Schwäb. 15. Jh., 51.

Wege im Abschnitt V B, soweit sie nicht in ein bestimmtes Gewand fallen und bei diesem aufgeführt sind:
(No. 522—527)

522. Stöckacher Weg, -Straße, -Fahrweg; Bergerstraße; Pflasterweg nach Berg (Pk.) šdę̆giχər wę̆g.

G. an der sträss zum Stöckach (Lb. w. 1472, 13). W. underm Steckach . . . anderseitt an der Steckacher stras (Lb. g. No. 2004). W. underm Stöckacher weg (Lb. g. 1536, 90). W. undern Wg. zu Stöckach zwischen der Berger Strass . . . (Lb. w. 1571, 14). Der Mülweg bey den Wg. im Steckhach hinab (1584, städt. Arch. D, Bü. 24). Der 6. Stein weiset vollends dass Steckacher Gässlein hinab biss auf den 7. Stein, der stehet an xx Wg. und dem Gässlein herab an der Steckacher Straass (Lb. g. 1632, 40). Die Stöckicher . . . straß ; der sogenannte Stöckacher Fahrweg (1650 bzw. 1680; städt. Arch. D, Bü. 24). Bg. und Gg. im obern Stöckach stosst oben an die Stöckacher Landstras (Lb. g. 1701, 827). Bg. in Hirschbädern an der Stöckacher Strassen so der Berg mühlen zugehet (Lb. g. 1745, 79).

Vom äußeren Eßlinger Tor am Fuß des „Stöckach" hin zur Mühle in Berg (vgl. letzt. Bel.), ungefähr = Neckarstraße; anscheinend Hauptverkehrsstraße nach Berg und Cannstatt; 1634 unter den Landstraßen aufgeführt: „... und vom berg under dem Steckhach herauff biss zu dem ausser Esslinger thor ..." (Rep. Stgt. w. I, Bü. 44, No. 11). Nach der Wiederherrichtung des Rennwegs 1737 verlor der Stöckacher Weg an Bedeutung, da der Verkehr großenteils auf jenen überging. Auf dem Plan in der „Vereinigung" ist der Weg bezeichnet als: „Fußweg nach Stgt. durch den Stöckach." Der im Pk. in der Gegend der Metzstr. genannte „Pflasterweg nach Berg" dürfte sich auf den gepflasterten Stöck. Weg beziehen. — Eine entsprechende, wahrscheinlich ältere Verbindung Stgt.—Berg—Cannstatt auf der linken Talseite: Tunzhofer Straße mit Mühlberger Weg als Fortsetzung (s. 495). Der Stöckacher Weg war in der 1. Hälfte des 18. Jhs. so schlecht, daß man sich auf höheren Befehl hin nach Ersatzwegen über die Schellberger Heide umsah (vgl. städt. Arch. D, Bü. 24). Pfaff 1, 181.

523. Grasiger Weg. dər gräsï̆χ wę̆g.

Wg. zu Stöckach stosset uff xx und an den Grasigen Weg (Lb. w. 1451, 2). ... der 3. stain stat an der Eckwisen da der graßweg anget — Gegend des Kahelsteins (Grenzb. 1508). Ebenso: ... da der grassig weg angaut (Grenzb. 1521). Von 1559 an keine derartigen Angaben mehr in den Grenzb.

Der Name war unter den Gewährsleuten nur einem alten Weingärtner noch bekannt; es handle sich um einen „alten Weg, der unten am Stöckach verlaufen und ganz hinunter gegangen sei". Da man wohl annehmen muß, daß in Bel. 1 und 2 der gleiche Weg gemeint ist (Stöckach und Gegend des ehemal. Zollhauses zwischen Berg und Cannstatt liegen nicht zu weit auseinander), kann man daraus und aus den mündlichen Nachrichten auf einen Weg auf der rechten Seite des Nesenbachtals nach Berg (oder Cannstatt?) schließen (ganz oder teilweise = Stökkacher Weg?). „Grasig" in Verbindung mit Weg gibt gern einen Hinweis auf Römerstraßen; ob ein solcher Schluß aber hier berechtigt ist, erscheint doch sehr fraglich. Schr. d. Württ. Altert.-Ver. IV (1856) 21. WJB. 1875, II, 151.

524. Kanonenweg. (Adr.B. 1928, III, 5). khăn͡ŏnəwĕg. Straße am Hang des Eßlinger- und Ameisenbergs, frühere Verbindung Stgt.-Gaisburg (766). Hier wurden früher beim Salutschießen die Kanonen aufgestellt; ein andere Bedeutung hat der Name nicht. F. 4, 194. Pfaff 2, 99. Lauxm. 21.

525. Armensünderweg. (Pfaff 1, 155.) = Zugang zu einem Hochgericht. Nach Pfaff in der Gegend des „Sünder", Fortsetzung eines Wegs vom Eßlinger Tor her. Wenn die Lageangabe richtig und der Weg nicht mit der wohl etwas weiter nördl. gelegenen alten „Galgensteige" identisch ist, ist der Name des ursprünglich vielleicht als Zugang zu einer Kreuzigungsgruppe im „Sünder" dienenden Wegs (= Stäffelfurch) wahrscheinlich Erfindung einer späteren Zeit, die „Sünder" auf den Platz des einstigen Hochgerichts deutete. Vgl. 593.

526. Galgensteig II.
Wg. zu Stöckach zwischen xx und der Galgensteige (1382, UB. 57, 4). De vinea Stökach an der Galgenstaig (Lb. w. 1393, 4). So soll das Hochgericht vor Jaren hie disseit dess thals uff dem Stöckach gestanden sein, dannen her noch ain staiglin zwischen den Wg. der enden das Galgenstaiglin genennt würdt (1581, Rep. Stgt. w. I, Bü. 13) ... in den undern Steckachen unden am Gallgen staiglin (Lb. g. 1632, 41).

Genaue Lage unbekannt; der Weg führte zum alten Hochgericht auf dem „Schellberg"; vielleicht identisch mit 525. Vgl. 434. 514.

527. **Seufzergäßle.** (Merk. 12. 2. 1927.)
Ehemaliger Weg von Uhlandstr. 32 bergaufwärts zum Kanonenweg. Ursprung des Namens unbekannt; vielleicht Beziehungen zu 525 oder 526.

C. Berg und seine unmittelbare Umgebung mit Einschluß des „Höllschen Bühl".

528. **Seewiesen II.** (Pk.)
Nach Pk. Beiname für den unteren Teil der „Sandäcker". Vom offenen Becken, See, des jetzigen „Stuttgarter Mineralbads Berg" („Neuner"). Dieses wurde 1831 gegraben, als der Besitzer einer Baumwollspinnerei Bohrversuche machte, um mehr Wasser für seine Fabrik zu erhalten. Er erschloß dabei fünf starke Mineralquellen, deren Wasser sich in dem Becken sammelte. 1856 ging alles an andere Besitzer über und wurde zu den Anlagen des Mineralbads ausgebaut. Vereinigung 7. WJB. 1832, 20; 1834, 182 f. Pfaff 2, 546. OAB. 14.

529. **Beim Mineralbad.** (Pk.-Gg.)
Güter in der Nähe des „Stuttgarter Mineralbads Berg", Fln. junger Herkunft (s. 528).

530. **Zollhaus I.**
... gleich bej gedachtem Kißwegs Zollhauß (1670; städt. Arch. D, Bü. 20). W. oberhalb des Zollhauses (1674, Rep. Stgt. w. I, Bü. 29 a). alldieweilen ... dieser weg kein via regia, sondern allein zu dem Kißweg gehörig, als ... ein Wegzoll unter dem Bergemer Zollhauß aufgericht ... werden muß (1740; städt. Arch. D, Bü. 20). W. ob dem Zollhauss bey Berg — Stein weist über den Nessenbach und Kissweg hinüber und oberhalb dem Zollhauss hinab (Lb. g. 1745, 186 f.).

An der Einmündung der Mühlen- und Kirchstraße in die Poststraße (= Kiesweg), rechts am Nesenbach. Dieses zweite Zollhaus bei Berg, eine spätere Schöpfung, galt dem Verkehr zwischen Cannstatt und Stgt., später auch zwischen Eßlingen und Stgt. auf dem ehemaligen Renn- oder Kiesweg. Zoll = Pflastergeld, in welcher Bedeutung das Wort in Stgt. vorkommt: 1. Haus

Neue Weinsteige 49, in dem das Pflastergeld eingezogen wurde,
wurde noch in diesem Jh. gelegentlich „Zollhäusle" genannt
(685); 2. in Heslach führte eine Familie, deren Vorfahr mit
dem Einzug des Weggelds zu tun hatte, den Beinamen „Zollerle".
Über die zollpflichtige Benutzung des Kieswegs s. 494, Anm.
Vgl. 540. OAB. 125.

531. Bachmühle.

40 M. W. under dem Hirschbad zwüschen der landtstrassen da der pfaffenbom stat einerseitz und an der andern Seiten den Cantstatter Wg. genant,
der Kallenstein . . . stossen oben an steg und unden uff die Bachmüllin
(Lb. g. 1558, 55), ebenso Lb. g. 1745, 181. — Bg. zwischen der pfarr Berg
hoffraittin und der Bachmüllin gelegen, stost oben an die strass und unden
an den Bach (Lb. g. 1558, 57). Ebenso noch Lb. g. 1700, 993. — W. bei
der Bachmülin — Überschr. (Lb. w. 1571, 342).

Bachmühle am Nesenbach zum Unterschied von den Mühlen
am Neckar. Nach einem Plan von 1559 (Rep. Stgt. w. I,
Bü. 53) lag die Mühle links des Wegs vom Stöckach her an der
heutigen Neuen-, Mühlen- und Poststraße. Nach 1508 zum Ersatz für die zerstörten Tunzhofer Mühlen erbaut, gehörte sie zunächst dem Armenkasten; später war sie bald in öffentlichem,
bald in privatem Besitz. Als die Mühle einging, wurde hier
eine mechanische Spinnerei eingerichtet. Über den zugehörigen
Besitz u. a. vgl. Lb. w. No. 1663. Pfaff 1, 375; 2, 545.

532. Mesnergart.

Pfleger des armen Castens zu Stutgarten zinsen aus 1 M. G. zu Berg, der
Mesner gart genannt, am undern bach, zwischen der strass und dem Mülbach
gelegen (Lb. w. 1571, 390).

Wahrscheinlich Besoldungsgrundstück für den Mesner der
Berger Kirche.

533. Holzgarten II. (Pk.-A., Wirtschaftsg.)

Über den Bach herüber der Herrschaft W. zu neben der Straß jetzo der
Holtzgarten (Grenzb. 1725; noch nicht: Grenzb. I721).

Im 17. Jh. wurde auf der Insel Berg auf Cannstatter Markung
ein herrschaftlicher Holzgarten (= Flößholzlager) angelegt, später
dann der Neue Holzgarten links des Mühlgrabens zwischen der
Poststraße und der Markungsgrenze unterhalb der König-Karls-
Brücke (auf diesen bezieht sich der angegebene Beleg). 1823

wurde der Holzgarten aufgelöst und mit der Stgt. „Holzverwaltung" vereinigt. Vgl. 315. Schott 22. Vereinigung 12.

534. Mittschlerscher Garten.
2½ M. G., der Mittschlersche gardten genannt zwischen Naisenbach und der Cantstatter Vich-Gassen — (Lb. w. 1589/1695, 10).

Nach einem Besitzer.

535. Berger Feld.
xx von 12 M. uf Berger felde de agro; item von 3 M. uf Berger felde (Lb. w. 1350, 9 b). ... und was die von Canstatt in Berger feld in Stůtgarter zwingen und bennen ligend haben, es sieen Wg. A. oder W. (1481, UB. 390, 19 ff.). Bg. und Gg. so zuvor ain A. gewesen, am Cantstatter Kahlstein, im Berger feld, und der Schewrenacker genannt worden (Lb. g. 1700, 997). Ähnlich Lb. g. 1585, 35.

Anscheinend für Äcker am Ausgang des Nesenbachtals unter dem Kahlenstein; Feldflur, die ursprünglich zu Berg, dann zu Stuttgart gehörte, benannt zum Unterschied von den Feldern auf der alten Stuttgarter oder der anstoßenden Cannstatter Markung; ganz allgemein für die ehemaligen Berger Äcker scheint die Bezeichnung allerdings auch vorzukommen, so in: „vom selben stain in Berger feld die Furch hinab" (Grenzb. 1508 ff.), wo die Gegend des Raitelsbergs gemeint ist.

536. Scheurenacker.
Beede Müller zu Berg usser 3 M. A. im Berger veld, der Scheürenacker genannt, zwischen dem Kirchweg ... stossen oben uff des Spitals zue Stutgarten A. und unden uff die allmaindt (Lb. g. 1585, 35). 4⅞ M., 4 Rut., 12 Schuh A., der Scheurenacker genannt (Lb. w. 1589/1695, 10). S. 535, Bel. 3. Im Scheürenacker (Prot. 1724).

Name von einer Scheuer, die entweder auf dem A. oder ganz in der Nähe stand.

537. Dürrwiesen.
Wisen so zuevor ein acker gewesen am Canstatter Kahlstein zwischen ... und der Hochfürstl. Castkellerey sogenannten Dirrwisen gelegen (Lb. g. 1701, 464; ähnlich Lb. g. 1700, 997).

Dürr = wasserarm; hier vielleicht nur wasserarm im Vergleich mit dem sumpfigen Boden des unteren Nesenbachtals. Miedel 13. Keinath 1.

538. Unserer lieben Frau Wiese zu Berg.
Käufer der Mühle zu Berg verpflichtet sich, zu gewissen Zeiten das Mühlwasser auf unser lieben Frau Wiese zu Berg, die Hans Wengenmüller und

Anna seine Frau gestiftet haben, laufen zu lassen (1475, UB. 321, No. 581). Die Wiese unserer lieben Frau und Kirche zu Berg, stösst gegen Cannstatt hinab an das Sondersiechenhaus, auf der andern Seite an den Neckar, auf der 3. an die Straße, wird an die Pfarrpfründe zu Berg verkauft (1483, UB. No. 688). xx als Inhaber von unserer Frau Wiese bei Berg (1489, UB. 494, 12 f.).

Die W. (6 Tw.) gehörte der Kirche unserer lieben Frau in Berg; sie war ihr 1474 gestiftet worden (UB. No. 569).

539. Beim steinernen Kreuz.

Der Marckstein bey dem stainin Kreutz genannt (Mitte 16. Jh., Rep. Stgt. w. I, Bü. 53).

Bei der Einmündung der verlängerten Ehmannstraße in die Cannstatter Straße. „. . . biss an das ort, da vor Jaren ain stainin Kreütz under ainem Siechen oder Zollhauss gestanden und jetzund selbiger enden uff ainem bihelin (alda die Weg und strassen von Stutgarten, Canndtstatt und den berg mülinen herfür zusamen kemen) ain zwenng und bennstain stath" (wie beim Bel.). Vgl. Pfaff 1, 375.

540. Zollhaus II.

A. gel. zu Berg beim Zollhaus stösst an das Siechenhaus (1426, UB. 119, 32 f.). Strasse zwischen Berg der mülin und dem Zollhause — gehört in Zwing und Bann von Stgt. (1451, UB. 199, 5/6). . . . und von Berg überhin für das zolhuss und uff dem Kahelstain umbhin (Lb. w. 1466, 10 b). Ebenso noch Lb. w. 1510, 14 f. und Lb. w. 1527, 17: zu dem Bildstock da das Zollhaus gestanden ist. — . . . von dannen die Gassen und sträss hinfür hinder irem zolhuse hinuf . . . damit ir zolhuse und Siechenhuse stienden uf dem iren und in dem iren . . . da ouch zwing und bänn der von Stůtgarten nit weren (1476, UB. 324, 5 ff.). s. 539!

Nach einem Plan bei den Akten über Zwing und Bannstreitigk. zwischen Stgt. und Cannstatt (s. 539) bei der Einmündung der verlängerten Ehmannstraße in die Cannstatter Straße. Das Zollhaus wie das öfter vorkommende nahe Siechenhaus gehörten zu Cannstatt; es war aber eine Streitfrage, ob beide auf Stgt. oder Cannstatter Markung lagen; jedenfalls lagen sie unmittelbar an der Markungsgrenze, wie sie vor 1836 verlief. Das Zollhaus diente der Zollerhebung an der Reichsstraße Ulm—Bretten. Nach den Gerichtsakten von 1476 (UB. No. 584) scheint es einmal leicht in der Richtung auf Stgt. versetzt worden zu sein, um bald wieder an seinen alten Platz gebracht zu werden. 1479 wurde die Zollstätte mit besonderer kaiserlicher Erlaubnis von der Mühle zu Berg in die Stadt Cannstatt verlegt (Urk. und Akten I, No. 751). WVH. N. F. 33, 16, 35 f. Kgr. Württ. I, 308. Vgl. 530.

541. Kehle.

... uff dem Kahelstain umbhin bis uff die Kelen und an dem Schneckenberg in ain stain gesetzt oben an der Kelen gen Eckhartzhalden usshin (Lb. w. 1466, 10 b). Ebenso Lb. w. 1510, 14 f.; 1527, 17; 1528, 401. — Dann fůro vom Kahelstein bis zů der Kelen, von der Kelen zum Egelsee ... (1476, UB. 323, 23). ... vom Egelsee bis uf das klinglin an der Kelen am Schneckemberg, von dannen bis zům Kahelstain (1476, UB. 326, 3).

Kehle in Fln. = kleine, enge Schlucht, Einbuchtung. Über die Lage läßt sich heute nichts mehr feststellen; vielleicht jetzt auf Cannstatter Markung. Die Schlucht muß von der Gegend der Prag bis an den Neckar gereicht haben (vgl.: der Rain [des Kahlensteins] abhin bis zů der Kelen und an Necker gehöre zu Cannstatt — 1476, UB. 327, 34 f.). Albv. (1898) 10, 302. Vollm. 22. Keinath 20.

542. Stelle I, Viehstelle.

Die steine beim Brücklein [unterhalb der Mühle] und im Neckar seien nicht gesetzt . . ., sondern von wegen der von Stůtgarten stellin, das sie ir vich da trenken und stellen möchten, seien sie gesetzt (1476, UB. 323, 40/324, 3). ... das gegen dem stall hinüber ein blatz gewesen mit velben besetzt, under welchen die von Stuetgarten ir Vichstellin mit gaissen gehabt (Mitte 16. Jh. Rep. Stgt. w. I, Bü. 53). Dann innerhalb dess steins gegen berg die von Stutgarten ein vichstellin gehabt (wie bei Bel. 2). da Cannstatt ... ir gemerk gemachen vermaint, dardurch unser Vihstellin und Drennckin underfangen und endtzogen würde (wie bei Bel. 2). ... bis uf den Waasen zum Stain hinder deß Schöffels mülin zu Berg, alda man auch Tränckhin und Vichställin hat (Grenzb. I578).

Stelle = Weide- (hier Tränke-) und Lagerplatz des Viehs. Zur näheren Erklärung: a) ein Kuhhirt sagt: sie seien oft mit der Herde unter derer von Cannstatt Siechenhaus die Straße aufwärts in den Neckar gefahren, haben darinn „gestelt und wann sie wider darus schlůgen, fůren sie etwan gen Gaissburg zů und darnach haim"; desgl. hätten die von Cannstatt daselbst ihr Vieh in den Neckar getrieben (1476, UB. 326, 40/327, 4),

b) 2 Marksteine wurden gesetzt, . . . „die bedúten, das unsers gnedigen herren Vich daselbs im Necker, môcht getrenkt, das ouch daselbs hin getriben werden" (1476, UB. 327, 21 ff.). Vgl. 260. 261.

543. Geißweiden.

. . . ein waass gegen der múlin, darauff weyden gestanden, die Gayssweyden genandt . . . vgl. 544. (Mitte 16. Jh., Rep. Stgt. w. I, Bü. 53).

Der Name erklärt sich aus der Art der Stgt. Viehstelle am Neckar, die sich unmittelbar an die Weiden anschloß (s. 542, Bel. 2).

544. Felbenwäslein.

Der Stein beim Brücklein [bei der Mühle in Berg] sôlte zôigen und schaidte herfúrwerts gegen dem Felbenwåslin und von dannen die gassen und strässhinfúr hinder irem zolhuse hinuf (1476, UB. 324, 6). a) . . . Marckstein zwischen Stutgarten und Kandtstat zu Berg daniden, uff dem wasen bej der múlin . . . b) . . . an welchem stein an der seyten gegen Stutgarten zu ein bach hin geloffen, welches ein flotzbach gewesst, bey welchem ain waass gegen der múlin, darauff weyden gestanden die gayssweyden genandt, diser was ist deren von Stutgarten gewesst . . . c) das gegen dem stall hinúber ein blatz gewesen mit velben besetzt . . . (Mitte 16. Jh., Rep. Stgt. w. I, Bü. 53).

Wiesenstück zwischen dem Nesenbach unmittelbar vor seiner Mündung und der Straße, heute etwa zwischen Mühlen- und Poststraße. Die verschiedenen Beschreibungen im 2. Bel. erklären den Fln.; Felbe, mhd. vëlwe = Weidenbaum, besonders Silberweide; als Wasen (mhd. wase, wasem zu einer $\sqrt{}$ was = feucht sein — WVH. N. F. 33, 304) = Erdscholle mit Grasnarbe, grasbewachsene Fläche wird alles Land um den Neckar bei Berg bezeichnet, das den Überschwemmungen ausgesetzt ist (am bekanntesten: Cannstatter Wasen). Keinath 51.

545. Bei der Lederfabrik. (Pk.-Blumen- u. Lustg.)

1798 Lederfabrik, Lohgerberei von C. D. Faber, auf der Insel errichtet. Vereinigung 11, 13. Pfaff 2, 546.

546. Höllscher Bühl. (Pk.-Ba., A.)

Wg. ze Hellezbúhel (1344, WGQ. IV, 403, 17). De vinea an dem Helspúhel (Lb. w. 1350, 9 b, 8 a). ?[De vinea in Heilspulhen (Lb. w. 1350, 2 a)]? — A. zu Helschbúhel (Lb. w. 1451, 73). Ebenso 1470, UB. 288, 28; Lb. w. 1472, 73. — 4 M. A. seind jetzo zu Wg. gemacht im Leglenloch underm Helschen bihell gel. (Lb. w. 1524, 185). Wg. im hellischen Bihel (Lb. g. 1588). W. so vorhin auch ain A. gewesen under den hellischen Bühlen (Lb. g. 1701, 466). Höllschen Bühl (Unterg. 1751, Plan 1807, 1849).

Freistehender, nicht besonders hoher Hügel vom Höhenzug des Ameisenbergs durch eine leichte Einsenkung (etwa Sickstr.) getrennt; vor dem Abfall des Hügels (NO) im „Mühlrain" gegen den Mühlkanal breite Terrasse, auf der der obere Teil des Orts Berg mit der Kirche liegt; auch gegen O flacht sich der Hügel vor dem Steilabfall des „Mühlrain" ab (diese Abflachung zum „Raitelsberg" gerechnet). 1846/53 wurde auf dem Hügel die ursprünglich für den Kronprinzen bestimmte Villa erbaut, allgemein bekannt als „Villa Berg". Sie nimmt mit dem zugehörigen Park den weitaus größten Teil des Gewands ein, so daß dessen Name auch bei älteren Leuten nicht mehr bekannt ist. — Wohl kein Zusammenhang mit der Hölle, obwohl ein Adjektiv höllisch etwa von einer Vertiefung aus, die „Hölle" hieße, wohl denkbar wäre; eine solche Vertiefung findet sich in der Gegend aber nicht belegt. Ursprünglich liegt wahrscheinlich Pn. Hölle, Helle im Gen. Sing. vor (der Fn. heute z. B. in Rohracker, das einmal mit Berg zum gleichen Kirchenbezirk gehört hat — OAB. Cannst.[2] 606). Der erste Anlaß zur Umdeutung war, daß sich Ausgangs-s des Bestimmungsworts mit dem Anfangslaut des Grundworts verband zu šb (vgl. 364 f.); die Verbindung ist frühe belegt (s. 4. Bel.), was wohl beweist, daß damals das Bewußtsein für die Bedeutung des Bestimmungsworts fehlte (bei 364 f., wo die Verhältnisse ähnlich liegen, eine solche Form nie belegt); „Helschbühl" durch Unterschiebung einer neuen Bedeutung > höllisch Bühl (6. Bel.). Die merkwürdige Form des 3. Bel. muß, wenn sie überhaupt hergehört, als Verschreibung aufgefaßt werden. — Auf dem Höllschen Bühl wurde ein Fund aus der jüngeren Steinzeit gemacht. — Heintze 211. Büchele 294. Hartm., Chronik 248. Goeßler 14.

547. Spitzacker II.

Gg. und Bg. im Höllischen Bühl . . . stosst unden uff Sanct Catharina Hospitals alhier Spitzacker (Lb. g. 1701, 655).

Von der Form, vgl. 490.

548. Im Zickzack. ĕm tsíktsăk.
Benennung für den Zickzackweg in der Verlängerung der
Sickstraße an den Mühlkanal und wenige Stücke, die dabei
liegen. Zickzack bei uns sonst nicht populär. F. 6 I, 1174.
549. Mühlrain II. (Pk. — Öde, Gg., W.) ĕm mílrǫ̈ę̈)
Eberhard Graf zu Württemberg verkauft seine kleine Mühle zu Berg gegen
den Rain gelegen (1489, UB. 481, 2). Biss zu dem stain der oben am Rain
so etwas herab gesunken stath und sonsten Stutgarter und Gaissburger
Zwenng und Benn auch schaidet (Mitte 16. Jh. Rep. Stgt. w. I, Bü. 59). A.
oberhalb der stras auff dem Rhain — unter den Äckern „unten bei der Kirchen
zu Berg" (Lb. w. 1571, 7). A. zue Berg, bey dem Kirchlen, zwischen . . .
und dem Mühl Rhein gelegen, stossen oben uf den gemeinen fahrweg und unden
wider uf den Mühl Rhein, welcher der Pfarr Berg oder der gaistlichen Verwaltung
Stuettgardt, zugehörig gewesen, in obberührter Zeit aber zuer Weltlichen
Cammer gezogen und anjetzo verkaufft worden (Lb. g. 1700, 996).
Kaufsfertigung um 4 Ruthen vom herrschaftlichen Rain am Mülgraben auf
Stuttgarter Markung (1800, Eintr. im Rep. Stgt w. I, S. 100).

Sehr steiler Abfall des Höllschen Bühls zum „Mühlgraben"
zwischen ehemaliger Gaisburger Markungsgrenze (Sickstraße) und
Berger Kirche. Der Rain steht zunächst in keiner Verbindung
mit den Mühlen; Name deshalb wohl als zweiteilig für Mühlgrabenrain
zu erklären. Ursprünglich im Besitz der Stadt Stgt.;
1663 zur Erbauung von „Wohnungen für Laboranten und Fabrikanten"
7 M. an die herzogliche Rentkammer gegen einen jährlichen
Zins von 2 Pfd. Heller überlassen; bei der Vereinigung
von Berg mit Stgt. fielen sie wieder an die Stadt zurück. —
Auch der Abhang des Kahlensteins jenseits des Nesenbachtals
gegen den Neckar hieß „Der Rain" (s. UB. 327, 34); dieser ist
vielleicht im 1. u. 2. Bel. gemeint. Vgl. 530. 87. Vereinigung
12, 27 (§ 21). Pfaff 2, 544.

550. Kirchrain. (Pk.-Gg., Bg.)
. . . ein stein am Rain unter der Kirche (1476, UB. 326, 31). A. zu Berg
auf dem Rain bei dem Kirchlein gelegen (1492, UB. 532, 16 f.). W. und G.
unterhalb der Bahnmühle bey Berg einerseitz gegen dem Berger Kirchrain
am Bach . . . (Lb. g. 1745, 187).
Der Teil des Mühlrains bei der Berger Kirche — vgl. 549.

551. Bei der Kirchen zu Berg, Kirchacker.
Von hernach beschriebenen Äckern auch in Stgt. Markung gehört der Zehend
an die Pfarr zu Berg: unden bey der Kirchen zu Berg — darunter ein A.

„oberhalb dem Weg, der von Gablenberg herab Berg und Cannstatt zu geeth"
(Lb. w. 1571, 7). unden bey der Khärchen zue Berg — Fruchtzehenden an
die Pfahr zu Berg (Lb. g. 1582, 38). Ebenso Lb. g. 1585, 6. — Alle äcker
... ohngefähr 4 morgen, gleich ob der Kirchen (Lb. g. 1700, 976). Bey der
Kirch zu Berg — im Index als: Äcker bey der Kirch zu Berg und: Kirchacker zu Berg (Lb. g. 1745, 161, 196).

Feststehende Bezeichnung für Äcker unmittelbar bei der Berger
Kirche.

Genaue Lage unbekannt:
(No. 552—555)

552. Heiliger Berg.
Wg. underm Heilligen berg (Steuerb. 1518). Wg. am hailligen berg (Steuerb.
1518).

Wohl Besitz des Kirchenheiligen. Keinath 83.

553. Bihlwiese.
xx Müller zu Berg aus ³/₄ W. bey Banmülin, gen. die Bihlwiss ... stossen
oben uff den Mülbach (Lb. w. 1571, 342).

Wohl als Bühlwiese aufzufassen, vielleicht mit Beziehung auf
die Lage am Höllschen Bühl; eher aber in Zusammenhang mit
einem Bühl an der Stelle, wo die Fortsetzung der Ehmannstraße
in die Cannstatter Straße mündet (s. 539!).

554. Fröschberg.
Wisen am Freschberg (Steuerb. 1554).

Im Bestimmungswort Plur. von Frosch. Vielleicht auf dem
Umweg über ein dreiteiliges Kompositum (etwa Frösch-Graben-
berg) zu erklären.

555. Beim Mehlbirnenbaum.
Acker beim Meelbürenbom (Steuerb. 1567).

Besitz eines Berger Müllers. Nach OAB. 217 waren im 16. Jh.
Mehlbirnen im herzogl. Lustgarten gepflanzt. Mehlbirnen hier
wohl = kleine, steinige, süße Birnenart. F. 4. 1594.

Wege und Wasserläufe im Abschnitt V c:
(No. 556—562)

556. Gablenberger Fahrweg.
4 M. gleich ob der Kirchen zwischen xx A. selbsten und dem Mühlrhein gelegen, stossen vornen uf den Gablenberger fahrweg und hinden wider uff den
Mühlrhein (Lb. g. 1700, 976 f.).

Weg von Berg nach Gablenberg von der heutigen Neuen Straße ausgehend (auf dem Plan in der Vereinigung bezeichnet als: Fußweg nach Gaisburg und Gablenberg). Vgl. 843. 844. 849.

557. Kreuzerbrückchen. (Pfaff 2, 544.)

Steg in nordöstl. Fortsetzung der Poststraße über den ehemal. Floßkanal auf die Sauerbrunnen-Insel (Leuzes Mineralbad; später eiserne Brücke). Obwohl der Floßkanal bis zu seiner halben Breite der Markung Stgt. zugehörte, blieb der Steg ausschließliches Eigentum der Stadt Cannstatt; diese war berechtigt, für die Benützung ein Brückengeld von höchstens 1 Kreuzer für die Person für Hin- und Hergang zu erheben. Vereinigung S. 16, § 3. Pfaff 2, 544.

558. Cannstatter Viehgasse.

G. zwischen Naisenbach und der Cantstatter Vich-Gassen (Lb. w. 1589/1695, 10).

Wahrscheinlich ein Weg von der Cannstatter Straße an den Neckar, der von den Cannstattern zum Viehtrieb benutzt wurde; vgl.: „. . . daß dafür ihre [des Müllers und seines Schwähers] W. fortan zu einem offenen Wege dienen soll, und die von Cannstatt darauf mit ihrem Vieh zu ihrer Weide und wieder heim fahren dürfen" — in Stgt. Zwing und Bann (1451, UB. 199, 17 ff. Vgl. UB. 324, 32 f.; 327, 3 f.).

559. Kirchweg I.

S. 536, 1. Bel.

Nach der Lage des „Scheurenackers" (s. Bel.!) zu schließen, wohl ein Weg unterhalb des Kahlensteins. Er muß wohl alt gewesen sein und in der Zeit, als Berg noch keine eigene Kirche besaß, der Verbindung mit Altenburg gedient haben. Eine andere Möglichkeit ist, daß nur ein Weg vom Ort Berg zur hochgelegenen Kirche gemeint ist (vgl. „das Gäßlein gegen die Kirche zu Berg" — 1476, UB. 327, 12). Sichere Entscheidung unmöglich.

560. Mühlweg I.

Von der Mulin und dem angezoigten stain den Mulweg hinab [in der Richtung auf das ehem. Zollhaus] (Grenzb. 1508). W. zu Berg zwüschen dem Necker und dem mülweg gel. stosen oben an strassen gegen dem Kalstain (Lb. g. 1558, 60). W. und G. bey Berg . . . zwischen dem Bach und dem

Kissweeg gel., stossen oben mit dem Spitz auch uff den Kissweeg unden uf den mühlfahrweg (Lb. g. 1700, 988 f.). W. und G. unterhalb der Bahnmühle bey Berg einerseitz gegen dem Berger Kirchrain am Bach, anderseitz an der Hauptstrassen gel., oben auff gedachte Hauptstrassen auch die Mihl und Scheuren selbsten unten über obvermelten Bach auff den Mühlfahrweeg stossend (Lb. g. 1745, 187).

Die Belege beziehen sich auf einen Weg schon ganz in der Nähe der Mühlen; nach Bel. 1 u. 2 ist es wahrscheinlich, daß dieser von Cannstatt her kam, also vielleicht von der Landstraße weg unmittelbar zu den Mühlen führte.

561. **Floßkanal**. (Pk.) Floßcanal (Vereinigung 23, 24, 26).

Zweigt [32]) wenig oberhalb des Orts und der Mühlen in Berg vom Mühlkanal nach rechts ab, um sofort unterhalb der Kirche und der Mühlen wieder mit ihm zusammenzulaufen. „Vereinigung" bezeichnet den oberen Teil als „Floßkanal", den unteren dagegen als „Hinteren Mühlgraben"; im Pk. heißt die ganze Umgehung der Mühlen „Floßkanal"; er wurde in Verbindung mit dem alten herrschaftl. Holzgarten, der im 17. Jh. auf der Insel unmittelbar am Wasser angelegt wurde, für die Flößerei geschaffen. Das Flößen in Berg bis in die 1. Hälfte des 19. Jhs. belegen folgende Stellen: 1. der Käufer der Mühle zu Berg und seine Erben mögen auch einen Durchlaß machen an dem Wehr zum Flößen (1489, UB. 480, 33 f.); 2. von allen zu den finanzkammerlichen Wasserwerken und zu den Floßeinrichtungen gehörigen Wasserleitungen, nämlich dem Mühlgraben, dem Floßcanal . . . (Vereinigung 23, vgl. auch 12); 3. 55 Flöße werden jährlich in Berg und Untertürkheim ausgezogen (WJB. 1837, 289). — Synonyme Benennungen: Floßgasse, Floßstraße. — F. 2, 1585 f. Keinath 7.

562. **Mühlgraben II, Mühlkanal**. (Pk.) mîlkhǎnǎl.
Brücke über den Mühlgraben seiner Mühle zu Berg (1474, UB. 313, 13). Ein Stein unter dem Mühlengraben beim Brücklein (1476, UB. 326, 14). Platz zu einer Hofstatt, einer Sägmühle und Holzlege zu Berg ob den Mehlmühlen am Mühlgraben (1492, UB. 535, 17 ff.). Eine W. unter dem Ryslinsperg gelegen und an den Mühlgraben des Neckars stoßend (1495 UB. 580, 24 ff.). Mühlgraben, hinterer, unterer M. (Vereinigung S. 15 ff.). Mühlcanal (Vereinigung 11, 12, 26).

---

32) S. S. 2. Anm. 4.

Zweigte beim Gaswerk nach links vom Neckar ab, zog am Fuß des Mühlrains am Ort Berg und am Rosenstein hin bis zur Wiedervereinigung mit dem Fluß wenig oberhalb der Wilhelma auf Cannstatter Markung. Zwischen den beiden Armen lag die Insel Berg; am Kanal von alters her die Berger Mühlen. Er muß in der Hauptsache natürlich gewesen sein, da er für einen bloß neuangelegten Graben für einige Mühlen, ganz nahe beieinander, viel zu lang war. Vielleicht war er ein altes Bett des Neckars, der nach geologischen Zeugnissen vor noch nicht allzu langer Zeit auch bei Gaisburg näher am „Rain" geflossen ist (Gelände des Gaswerks); dieses Bett hätte der Fluß hier neben seinem neuen weiterbenützt, da ihm der freie Abfluß durch die Hochterrassenschotterbank des Rosensteins gesperrt wird. — Oberer, unterer Graben = oberhalb bezw. unterhalb der Mühlen. „Kanal" für Graben muß ganz jungen Ursprungs sein (s. Bel.). Vgl. 561. F. 4, 1791.

Die Siedlung Berg mit den Mühlen:
(No. 563—568)

563. Berg. bĕrg.
Wolframmus miles de Berge (1241, WUB. IV, 31 vgl. Kgr. Württ. I, 188). 1 jugerum in Berge, dictum Raidlins wingart (1265, UB. 2, 12). Wg. in monte Gabenlemberc apud Berge (1275, UB. 2, 17f.). Duas areas in villa Berge sitas (1281, UB. 4, 20). An Bebenhausen verkauft: der Dritteil omnium decimarum in Berge (1282, UB. 5, 13f.). Die Heiligen von Berg, daz nach bi Gaisburg lit (1359, UB. 47, 30). Von aim garten im berg; daneben: in Berg, de area ze Berge (Lb. w. 1350, 1a, 9b). Einer von den Nachbarn um den Berg; das Vieh um den Berg den armen Leuten zugehörig (1489, UB. 495, 38; 498, 3). Oberhalb der [Galgen-]staig die stras gegen dem berg herunder und vom berg under dem Steckach herauff (1634, Rep. Stgt. w. I Bü. 44 No. 11).

On. ist Stellenbezeichnung; diese kann nur entstanden sein für die vom Höllschen Bühl vorspringende, an sich nicht sehr hohe Terrasse, die steil zum Mühlkanal abfällt, und auf der die Berger Kirche liegt. Die Bezeichnung Berg schlechthin ist in ebenem Gelände oder von einem solchen Gelände aus gesehen verständlich. Auf diese Art muß hier der Fln. vom rechten Neckarufer aus entstanden sein. Von dort aus sperrt der „Berg" auf der einen Seite, der „Kahlenstein" auf der andern den Einblick ins Nesenbachtal. Die Stellenbezeichnung wurde anscheinend zum Burgnamen und ging von diesem auf die Siedlung unter oder an der Burg „Berg" über. Nach Bel. 7, 8, 9 muß angenommen werden, daß „Berg" als Fln. noch bestand, als es schon zum On. geworden war (vgl. Gbl. noch heute als On. und Fln.); in den Akten von 1489 (UB. No. 784) wird das Nebeneinander von On. und Fln. besonders deutlich (in allen Fällen ist tatsächlich der Ort Berg gemeint). — On. Berg für Siedlungen an einem Berg ist nicht selten; z. T. sind auch andere Siedlungen dieses Namens nachweislich nach Burgen benannt. Vgl. 566. F. 1, 865. Schott 14. Rheinwald 95. Keinath 11 f. — Kgr. Württ. I, 188.

564. Der Flecken.
Am linken Ufer des Mühl-Canals, an der Stelle, welche der Flecken genannt wird, sollen aber seit langer Zeit einige Häuser Privateigentum gewesen seyn (Vereinigung 12).

Ohne Zweifel handelt es sich um den ältesten Teil Bergs, der im Gegensatz zur Burg benannt ist. Flecken, modern meist = größere Dörfer, im 15. und 16. Jh. daneben auch für unbedeutende Ortschaften; eine solche muß hier vorgelegen sein. Es geht aus dem Beleg nicht hervor, welcher Teil von Berg im einzelnen gemeint ist. Die Angabe, daß die Häuser dort Privateigentum waren, stimmt zu der Auffassung als Urort Berg; vorausgeht in der „Vereinigung", daß das Gebäude- und Grundeigentum in Berg schon früher großenteils, wo nicht ausschließlich, im Besitz der Herrschaft (Rentkammer) war. Nun wird es sich dabei um die Bauten handeln, die erst im engen Zusammenhang mit den herrschaftlichen Mühlwerken entstanden, nachdem die Herrschaft ausgedehnten Besitz in Berg erworben hatte. Im vollen Gegensatz dazu steht damit das Privateigentum, das aus der Zeit stammen muß, da die Herrschaft hier noch nicht Fuß gefaßt hatte und der Ort noch nicht hauptsächlich industriellen Zwecken dienen sollte. F. 2, 1550.

565. An der Ulinen Hofstatt.
A. . . . ze Berg gel. . . . an der Ulinun Hofstat (1347, WGQ. IV 432, 16). Dasselbe in der Mitt. dieser Stiftung an den Bischof von Konstanz: A. zu Berg in loco dicto an der Ülinun hofstat (1353, UB. 44, 21 f.).

Pn. in weiblicher Form; vgl. Ůls Sun von Berge de area ze Berge (Lb. w. 1350, 9b).

566. Burg Berg.

Die Mühle unter der Burg zu Berg wird verliehen (1396, UB. 72, 23 f.). A. und W. zwischen Burgen bei Berg darunter und darob gelegen (1490, UB. 420, 38). Eine Burg Berg, Ausgangspunkt des On., wird auf dem Kirchhügel angenommen; vermutlich hat die Kirche einen Bestandteil der Burg gebildet. Die Burg hat wohl 1241 bestanden (Wolframmus miles de Berge s. 563, 1. Bel.); sie wurde 1291 durch Albrecht von Hohenberg zerstört. 1856 wurden Turmfundamente auf dem Grund des Mineralwasserbassins bei Berg gefunden, woraus auf eine zweite Burg, eine Wasserburg, geschlossen worden ist. Bel. 2 könnte als Stütze für die Annahme gelten. OAB. 433, 455. Kgr. Württ. I, 188. Tagbl. 1919, 581.

567. Burgstall II.

De prato ze Berg ob dem Burgstal (Lb. w. 1393, 15). A. by dem Burgstal (Lb. w. 1451, 77). Ebenso Lb. w. 1472, 73.

Es ist nicht unbedingt sicher, daß die beiden Belege denselben Burgstall meinen. Bel. 2 steht in den Lb. bei Gaisburg unter der Überschrift: „Cannstatt zinst gen Gaisburg" mitten unter Grundstücken, die ausnahmslos in der Gegend von Mühlberg und Mühlbach liegen, also auf den Unterteil des Nesenbachtals weisen. Vielleicht läßt sich der Burgstall mit einer Ausgrabung aus dem Jahr 1604 verbinden, von der Gabelkover berichtet (s. Sattler, Top. 38 f.; vgl. Tagbl. 1919, 581). Welcher Burg die Reste angehörten, und auf welche sich „Burgstall" bezieht, ist unbekannt; es ist möglich, daß beidemal die Burg Berg gemeint ist; man kennt deren Lage aber auch nicht sicher. Vgl. 566. Pfaff 1, 13. Tagbl. 1919, 581.

568. Die Mühlen in Berg.

Nach Pfaff wird die 1. Mühle am Neckar in Berg 1304 erwähnt (Lb. E.); man darf annehmen, daß sie schon damals im Besitz der Herrschaft war, was für das Ende des 14. Jhs. erwiesen ist. Ulrich der Vielgeliebte ließ 1456 eine 2. Mühle daneben erbauen. Jene hieß auch kleine, diese große oder Schöffelmühle (nach der Angabe im Untergangsb. von 1578 — in den vorausgehenden Beschr. wird nur von „der Mühle" gesprochen — geht die Benennung von einem Pn. aus; bis uf den Waasen zum Stain hinder deß Schöffels mülin zu Berg; in den späteren Beschr. dann regelmäßig „Schöffelmühle"). Auch die Bezeichnung Bannmühle kommt für eine der Mühlen vor; die Einwohner bestimmter Orte mußten diese also von herrschaftswegen gegen Entgelt benützen. Mit der kleinen Mühle war eine Schleif-, Loh- und Walkmühle verbunden, die Herzog Eberhard 1495 der Stadt Stgt. überließ (UB. No. 873). 1492 erbaute dieser auf einem Platz, den ihm Cannstatt dazu zur Verfügung stellte, eine Sägmühle (UB. No. 823). Später wurde mit Erlaubnis Herzog Christophs von privater Seite eine Loh-, Stampf- und Schleifmühle errichtet; im 17. u. 18. Jh. kamen auf Stgt. und Cannst. Markung noch andere Werke hinzu, so daß Berg mit vollem Recht ein Industrieort genannt werden darf. Die meisten dieser Anlagen gingen ein, als 1860 und 1880 das Neckarwasserwerk zur Wasserversorgung Stuttgarts erbaut wurde. Die einzelnen Benennungen bezeichnen die besondere Art der betreffenden Mühle. Vgl. Miedel 71. Keinath 67 f. — Pfaff 1, 375 f.; 2, 545 f. Hartm. Chronik 217. — Belege für die Mühlen:

Wiese und Hofstatt ob der Mühle zu Berg (1354, UB. 44, 28). Mühle unter der Burg zu Berg, Lehen von Graf Eberhard (1396, UB. 72, 23). Straße zwischen Berg der múlin und dem Zollhause (1451, UB. 199, 5 f.). Wiesen an dem bach bei Stephan Schmids Schleifmühle; die 2 Wiesen über Stephan Schmids Mühle am Bach (1481, UB. 389, 26, 35). Eberhard Graf zu Württemberg verkauft . . . seine kleine Mühle zu Berg gegen den Rain gelegen; sie wird genannt: Loh-, Walk- und Schleifmühle (1489, UB. 481, 2). Graf Eberhard von Württemberg bekommt von Cannstatt Platz zu einer Hofstatt, einer Sägmühle und Holzlege zu Berg ob den Mehlmühlen am Mühlgraben (1492, UB. 535, 18). . . . das Grabinsgaden mulin je und alwegen für der Herrschaft Mallmúlin gehaissen genannt, derfur gehapt und gehalten worden. Item ist warr, das die nechst múlin under berg gelegen mitsampt andern milinen daselbst . . . (Mitte 16. Jhs., Rep. Stgt. w. I Bü. 53). bey der múlin, unden da die Walckmülin steet (Grenzb. 1566). Banmühle s. 553 (Lb. w. 1571, 342). . . . stosst auff Jacob Stockachers Müllers zue Berg, genanndt Scheffelmüllers Acker . . . (Lb. w. 1572, 505). Scheuer zu Berg am Stuttgarter Bach, welche ihm zu der Herrschaftmühle abgekauft worden (1579,

Eintr. im Rep. Stgt. w. I, S. 98. [Bü. 32]). Bahnmühle Berg (1695, Lb. w. No. 1663, 10). Wisen und Garten unterhalb der Bahnmühle bey Berg (Lb. g. 1745, 187).

VI. Zwischen der Eßlinger Steige und der alten Heerstraße (= Bopserweg — Ruiter Straße) unter Ausschluß des Walds, der in diesen Abschnitt fällt; von dem Punkte an, wo die Eßlinger Steige die Höhe erreicht, soll der Kamm des Höhenzugs und der Rennweg die Abgrenzung gegen N und NO bilden.

569. Eßlinger Steige, -Straße, -Weg, -Pfad. gǫęsbŭrgər wḙg. ḙslĕŋər šdǫ̨ęg.

Dem Zug der Straße von der Stadt aus folgend: 1. G. in Sant Lienhartz vorstatt an der Esslinger sträss (Lb. w. 1472, 2). 2. Wg. in den Äckern unter dem Esslinger Berg, liegt auf der einen Seite am Esslinger Pfad (1491, UB. 523, 4 ff.). 3. Vinee site sub staiga an Ezzelingerberg (Lb. E. 1304, 4 b). 4. Wg. [am Esslinger Berg] der da zůhet an die Esslinger staige (Lb. E. 1334, 3 b). 5. A. am Esslinger weg und an der Rinderklingen gelegen (Lb. w. 1451, 74). 6. A. am Esslinger weg zwischen . . . auch dem Luoderweg, stossen oben uff gemelte Esslinger staig (Lb. w. 1571, 331). 7. W. in dem Gaissburger See gelegen stost unden an die Esslinger landtstrass (Lb. g. 1558, 54). 8. . . . die finkenwisen zwüschen der Esslinger strassen und der alten Lachen (Lb. g. 1558, 54). — In zeitlicher Ordnung: 3, 4, 5, 1, 2, 7, 8, 6.

Vom Eßlinger Tor etwa in der Richtung der Charlotten-, Gaisburg- und Alexanderstraße bis zur Eugensplatte; von hier an ist die Straße heute ungefähr dargestellt durch die Wagenburgstraße, in Gaisburg durch die Schurwaldstraße; mit dieser mündete sie in die Reichsstraße im Neckartal ein, die nach Eßlingen führte. I. a. hieß sie überall Eßlinger Steige, -Straße oder -Weg; daneben örtlich begrenzte Einzelbezeichnungen, so Steige und Stgt. Weg bei Gsb. u. Gbl., und besonders „das Pflaster" bei Gbl. (die Straße war gepflastert s. 789). In letzter Zeit, ehe der Weg zur Stadt-Straße umgebaut und umgenannt wurde, hieß er „Gaisburger-Weg" (Adreßbuchpl. Ende des vorigen und Anfang dieses Jhs.), da er als Verkehrsträger nach Eßlingen nicht mehr in Betracht kam (Staatsstraße über Berg). Zum Fahrverkehr wurde der Weg in der letzten Zeit seines Bestehens nicht mehr benützt, da er viel zu steil und unbequem gewesen sei. Vgl. 794 f. — OAB. Amt 157 f.

570. Eßlinger Bild. Weißes Bild (Lauxm. 12).

... in ain stain an der Eslinger staig als der weg gen Dyemersshalden umbhin gat ... und von dannen zwerchs über die staig under dem Esslinger bild (Lb. w. 1466, 9 b). Ebenso in allen ff. Zehntbeschr. Anscheinend, wo die Eßlinger Steige den Höhenzug zwischen Stgt. und Gbl. überschreitet. Bildstock, vielleicht das ehemalige Postmichelkreuz oder ein Vorgänger, da dieses selbst die Jahreszahl 149 .. getragen habe, zeitlich also zum angegebenen Beleg nicht stimmt. Nähere Bestimmung wohl von der Lage an der Eßlinger Steige aus. — Stadtgl. 1844/45, 55 ff. Württ. I 357 ff., 513.

571. Heusteige, obere, untere. (Pk.-Gg., Bg., Wg.) ẹ̆n dər haẹšdǫ́ẹg. ẹ̆n dẹ̆ haẹšdǫ́ẹgə.

Wg. sitam in Stůtgarten dictam zu Hoͤestaige (1280, UB. 3, 23). ze Hŏstaige 2 iugera vinearum (1286, UB. 6, 25). Wg. apud Stůgarton in monte dicto Hoͮwstage, bzw. Hostaige (1291, UB. 8, 8, 16; WUB. IX 421, 412). . . . vinearum sitis in Hôwestaig (Lb. E. 1304, 2 b). vinee site in Hoͮwestaige, daneben: Hoͮwenstaigi (Lb. E. 1304, 5 a). vinea in Hôstaige (Lb. E. 1334, 3 b). Wg. an der Hôstaig (1349, UB. 42, 10 f.). de agro under der Hôstayg (Lb. w. 1350, 4 a). vinea an der langen Hoͮwstaig (Lb. w. 1393, 13). Wg. zu Heusteig an der Heusteig (1447, UB. 162, 25 f.). Garten under der Höchstaig, Wg. zu Höchstaig [daneben sehr selten: Höwstaig] (Lb. w. 1503, 10, 31). Wg. zu Howstaig, daneben: Höwstaig, Hewstaig (Lb. w. 1520, 74). — In den ff. Lb. als Diphthong: ew, öw, eu, euw, ow. — obere, untere Heustaig (Plan 1807, 1849).

Nordwestl. gerichteter Hang, unmittelbar an die Mauer der Leonhardsvorstadt (Katharinenstr.) anschließend, zwischen unterer Eßlinger Steige (Charlottenstr.) und unterer Bopsersteige (Wilhelmstr.). Die Steige, von der der Fln. ausgegangen ist, scheint nicht mehr bekannt zu sein; sie hebt sich in den Belegen deutlich vom Gewand ab. Der ursprüngliche Weg ist die spätere „untere Heusteige", die offenkundig von der Siedlung Immenhofen vor der Mauer der Leonhardsvorstadt auf die Höhe der Gänsheide geführt hat (Näheres s. S. 60 ff.). Daneben bestand eine andere Straße, die wenig weiter oben (bei der Alexanderstraße) das Dobelbachtal nach rechtshin gegen den Bopserwald verließ; sie muß ursprünglich die Burgsteige für die Weißenburg gewesen sein (s. 683) und ist erhalten im obersten Teil der Rosenstraße (Rosenbergele) und bei der Schickstraße (bei Haus No. 3) — später „obere Heusteig" genannt, obwohl die „untere Heusteig" ursprünglich auf eine ganz andere Talseite geführt hatte; nachdem Immenhofen, der Ausgangspunkt des Wegs, abgegangen und damit das Bewußtsein für seinen eigentlichen Sinn verloren war, wurde der Straßenname auf das Stück entlang der Leonhardsvorstadt eingeschränkt, für das die Bezeichnung Steige gar nicht am Platze ist. Jetzt wurde dieser Weg ohne Rücksicht auf seine ehemalige Fortsetzung als vom Dobelbachtal gegen die Hauptstatt führend angesehen und damit der nächste in gleicher Richtung abgehende Weg „obere H." genannt. Fln. mit Heu- sind nicht selten; zu ihrer Deutung denkt man an: 1. mhd. höuwe stn. = Heu. 2. mhd. höuwe, Plur. zu hou, -wes stm. = Hau, Holzhieb. 3. mhd. hœhe stf. = Höhe. 4. mhd. heien (ma. ọ̈ẹ — F. 3, 1341 ff.) swv. = hegen, schützen, pflegen; davon heie stf. = Hegung, gehegter Wald. Im vorliegenden Fall ist, ganz abgesehen davon, daß eine Steige, vollends im Stuttgarter Kessel, immer auf die Höhe führen muß (es bliebe höchstens der Umweg, den Ausfall eines Mittelglieds anzunehmen), die Erklärung 3 ausgeschlossen auf Grund der frühen Belege (nirgends eine Spur des h von mhd. hœhe; Belege von 1503 mit ch können nicht durchschlagen gegenüber der großen Zahl älterer Belege; sie müssen als individuelle Deutungen eines Schreibers aufgefaßt werden); ebenso die Erklärung 4 auf Grund der ma. Aussprache. Eine sichere Entscheidung für 1 oder 2 ist sprachlich nicht möglich, da beide Wörter lautlich genau gleich sind. Sachlich deutet 1 auf einen Weg für die Abfuhr des Heus, hier also von Waldwiesen; es ist aber durchaus unwahrscheinlich, daß Stgt. bzw. eine frühere Siedlung im Nesenbachtal Heu aus dem steil am Hang oder auf den Höhen liegenden Wald holte (die Oberflächen der Höhenzüge waren später „Heide", also wohl nie als Wiesenland benützt). So bleibt die Erklärung 1 = Steige in die Häue, der Holzabfuhr dienend; sie ist sachlich berechtigt, da der rechte Hang des Nesenbachtals sicher lange bis weit herab bewaldet war (vgl. S. 57 Anm. 55). —

Paulus sieht den Anfang der Steige im Kanonenweg von Gaisburg her; er geht von der oberen Heusteige aus (s. S. 62). — Die für die Stuttgarter Heusteige schon vorgebrachten Erklärungen: 1. Höhensteige (Hartmann; Adreßb. 1928, III, 4) 2. Weg um die äußere Einfriedigung einer Stadt (Bazing) sind auf Grund des Gesagten abzulehnen. Vgl. S. 60 ff. OAB. 451. Schrift. des Württ. Altert.Ver. IV (1856) 20. WJB. 1863, 216. Staa. 1875, 72, 96. Buck 109. Miedel 58. Deutsche Gaue 22 (1921) 15 ff. Vollm. 47. Rheinwald 153. Keinath 42, 72.

In der „Heusteige" sind zu suchen:
(No. 572—577)

572) Bienenweingart.
... vinee dicte binunwingarte C. dicti Berner site in Howesteige (Lb. E. 1304, 4b).

Zu ahd. bîna, mhd. bîn f., daneben ahd. bini n., mhd. bine, bin f. = Biene; das Wort, heute als Appellativ in der Ma. auf ein kleines Gebiet beschränkt, kommt in Fln. gelegentlich vor. — Pfaff 1, 443, 448 liest Binuweingarten, was sicher nicht richtig ist (Auslassungszeichen über u!). Kluge 54. Miedel 50. Keinath 40. Staa. 1875, 95 (Hartm. faßt Pfaffs Lesung auf als bi nu weingart = bei den neuen Wg.).

573. Der Blutlose.
vinea in Hôstayg und 3 viertail habern us dem Blûtlösen (Lb. w. 1350, 7a).
vinea Howstaig den man nempt den Blutlosen (Lb. w. 1393, 29).

Wohl nach einem Besitzer (best. Art.!). Hartm. (Staa 1875, 95) liest Blutlusen (Hinweis auf alte Rechtsverhältnisse, Verteilung der Allmenden durch das Los; damit Blut nicht erklärt; Auffassung als ursprünglicher Pn. natürlicher).

574. Clemens.
Wg. zu Höchstaig genannt der Clements (Lb. w. 1503, 58). Ebenso Lb. w. 1528, 126 (Clementz); 1540, 123 (Clemens); 1571, 270.

Nach einem Besitzer.

575. Frizzen Weingart.
Wg. apud Stûgarton in monte dicto Hôwstage genannt Frizzen wingarten (1291, UB. 8, 7 f.).

Pn. Fritz(e), Kurzform eines Pn. mit frith– als erstem Glied.
Socin 17. Heintze 176.

576. Hechinger.
vinea Howstaig der der Hechinger haist (Lb. w. 1393, 27).
Von einem Besitzer; Lb. w. 1350, 7 a: Hainz de Hechingen
. . . de vinea in Hôstayg.

577. Schleimhaufen.
vinea Schlinhuff (Lb. w. 1393, 5). Wg. im Slinhuffen an der Houptstatt (Lb. w. 1451, 59). Wg. zů Höwstaig am Schlynhufen (Lb. w. 1472, 49). G. und Wg. zů Hôwstaig im Schlynhufen stosst an die Houptstatt (Lb. w. 1472, 37). Wg. zu Höwstaig im Schleimhauffen (Lb. w. 1540, 122). Wg. im Schleinhuffen (Steuerb. 1554). Sch[l]einhauffen (Überschr.). Wg. bey der Hauptstatt im Schleinhauffen (Lb. w. 1571, 302). Im Schleyhenhauffen (Überschr.). G. im Schleyhenhauffen; im hochfürstl. Befehl dabei auch: Im Schlayhenhaufen ohnfern der Statt (Lb. g. 1701, 761). In Schleyhaufen (Prot. 1724).

Nach den älteren Belegen: Schleimhaufen, wobei ausl. m des Bestimmungsworts meist als n dargestellt ist, wie 387, 733. Schleim mhd. slîm stm. = Schlamm, Fln. also etwa, wie 387, 517 = Ansammlung abgeschwemmten Bodens am unteren Ende der Wg. Bel. 8 ist umgedeutet; als Umdeutung nach dem Fn. Schleehauf müssen auch die Formen Schleehauf und Schlagenhaufen aufgefaßt werden, die Pfaff 1, 453 angibt. Lex. 2, 980. F. 5, 927.

578. Schölplin.
Wg. bey der Hauptstatt im Schleinhauffen genannt das Schölplin (Lb. w. 1571, 302).

Wahrscheinlich nach einem Pn. Die Fn. Scholpp, Schölpple heute in den östl. Vororten, bes. in Wangen, unter den Eingesessenen. Adreßb. 1928, II, 511.

579. Im Kutterhaufen.
Im Äckerprotokoll 1724 sind viele Küchengärten bezeichnet als „außer dem Haubtstetter Thor im Kutterhaufen". — Zur Bedeutung s. 498.

580. Bei der Hauptstatt.
W. an der Strass by der Houptstatt (Lb. w. 1451, 12). W. by der Houptstatt hinuss (Lb. w. 1472, 10). Wg. bey der Hauptstatt (Lb. w. 1540, 122). Usser W. bey der Haubstatt (Überschr.) — unter der Überschrift erscheinen: wisen bey dem furth (Lb. w. 1571, 335).

Unmittelbar vor dem Hauptstätter Tor zu beiden Seiten der Straße; nach der daneben, auf dem heutigen Wilhelmsplatz, gelegenen Enthauptungsstätte (mhd. houbetstat stf. = Richtstätte). Sattler, Top. 50. Pfaff 1, 156. OAB. 132.

581. Käs.

1581 wurde um die Richtstätte vor dem Hauptstätter Tor eine 1½ Fuß hohe, kreisrunde Mauer errichtet (Rep. Stgt. w. I, Bü. 13), nach ihrer Form „Käs" genannt; 1767 neu hergestellt, 1811 abgebrochen. Die gleiche Bezeichnung für die gleiche Sache ist bezeugt für Ulm (Schmid 306) und Reutlingen (H. Kurz, Ausg. Heyse [1874] 9, 205). Käs scheint auch sonst, vielleicht von Baumkäs = Boden um die Baumwurzeln ausgehend, eine Bezeichnung für kreisrunde, von einer Mauer umgebene Stellen gewesen zu sein, vgl. z. B. OAB. Amt 44 (Linde in Heumaden „mit einem gemauerten Käse" umgeben). F. 4, 243. Sattler, Top. 80. Pfaff 1, 156; 2, 199. OAB. 132. Hartm., Chronik 205.

582. Schindersbandhecken. ssěndərsbǎndhęgə.

Allgemein unter den älteren Weingärtnern gültige Benennung einer Wirtschaft in der Weberstraße bei der Richtstraße. In unmittelbarer Nähe war früher die Wohnung des Scharfrichters (738). Es ist anzunehmen, daß der Nachrichter (= Schinder, da Nachrichter i. a. = Wasenmeister — Schw. 6, 456. F. 6 I, 472) vor der Mauer eine Bandheckenpflanzung hatte (Name auf ein später an der Stelle errichtetes Haus übergegangen). Über Bandhecken vgl. 27.

583. Köpfenbergle.

Wg. im Kopfenberg (Steuerb. 1516). Wg. im Köpfenberg, daneben: im Kopfenberglin (Steuerb. 1579). Im Kepfenberglen (Unterg. 1649). Im Köpfenberglen (Prot. 1724). Kepfen Beyle (Plan 1734).

Nach Pfaff 1, 449 3—4 M. Wg. an der „oberen Heusteig", links der Preißklinge (untere Stitzenburgstr.); wahrscheinlich vom Pn. Köpf, Kopf.

584. Kleine Solitude.

Landhaus auf der Höhe des Gewands „Heusteig" in der Gegend der Stitzenburgstraße, erbaut um 1770 von einem Privatmann; Modenamen nach dem Schloß Solitude. Vgl. 585. Pfaff 2, 170. Klaiber 5. Gradmann, Kunstw. 30.

585. **Stitzenburg.** (Adreßb. 1928, III, 9.) ŭf dər šdítsəbŭrg. Ursprünglich Anwesen von 584; Belustigungsort und öffentlicher Garten im 1. Drittel des 19. Jhs. In Analogie zu der „Silberburg" nach einem Besitzer namens Stitz umbenannt. Stadtgl. 1844/45, 110. Pfaff 2, 99, 170. Adreßb. 1928, III 9.

586. **Preißklinge.** (Pk.-Bg., Wg.) ęn dər brəisglęŋə; auch: brəisglęŋə.

vinea in Blîd (Lb. w. 1350, 3 a, 3 b). Wg. im Bly, auch: zu Ply (1447, UB. 158, 31). egerden in Blysklingen (1447, UB. 160, 33). Kruss Auberlin us ³/₄ Wg. im Bly an Erhart Ebhusern (Lb. w. 1451, 52). Erhart Ebhuser . . . Wg. in der Blyssklingen am Krus Auberlin (Lb. w. 1451, 53). Im Bly — (Zehntbeschr.; Lb. w. 1466, 6 a). Wg. und Egerden in der Plyssklingen (Lb. w. 1472, 24). In Bleissklingen (Zehntbeschreibung; Lb. w. 1510, 8 f.). Pleissklinge (Plan 1743). Pleiß-Klingen (Unterg. 1799). Pleisklinge (Plan 1807).

Klinge vom Ende des Bopserwalds (Schillereiche) nach N, östl. unter dem Weißenburghügel hin, biegt bei den heutigen Bopseranlagen nach NO um und mündet in den Dobel (Hohenheimer Straße verläuft heute in der Klinge). Der Fln. galt hauptsächlich für den unteren Teil. Bly ist, wie Bel. 4/5 u. 6/8 zeigen, mit Pleißklinge identisch; daß auch das noch frühere Blid hergehört, ist nicht zu beweisen, aber möglich, da es hier sprachlich einigermaßen angeschlossen werden kann. Mitte des 15. Jhs. bestand keine Einheitlichkeit in der Benennung, wenigstens nicht in der amtlichen Form; die beiden vorhandenen Formen lassen sich am besten aus einem Pn. Blî erklären a) als der reine Pn., b) als Zusammensetzung des Pn. im Gen. mit einem Grundwort; dazu paßt auch, daß das einfache Bly mit bestimmtem Artikel gebraucht wird. — Für die Deutung von Blîd stehen zur Verfügung 1. Kürzung eines mit Blid- zusammengesetzten Pn. wie etwa Blidmar, Blithart in der Komposition (wenig wahrsch.). 2. mhd. blîde stswf. = Steinschleuder, Belagerungsmaschine. Ist Blid örtlich identisch mit Bly und Blysklinge, so ist eine sachliche Voraussetzung für die zweite Deutung in der Burg Weißenburg gegeben, die 1287 von König Rudolf ohne Erfolg belagert, 1312 eingenommen und zerstört wurde;

der Name wäre also etwa ein halbes Jh. vor seinem ersten Auftreten entstanden. Der Übergang zu blî wäre auf dem Umweg über eine Zusammensetzung, etwa blîdklinge durch Assimil. > blîklinge, zu denken; unter Nachwirkung des einsilbigen Blid kann aus der Zusammensetzung ein einfaches bly losgelöst worden sein, das als Pn. aufgefaßt (best. Art. und Maskul..!) und in der Folge als solcher mit einer Genitivendung versehen neu mit Klinge zusammengesetzt wurde (Pn. Bly für Stgt. urkundlich nicht nachgewiesen; dagegen Bleile bei anscheinend eingesessenen Familien heute nicht selten in Gsb. und Wangen). Später entstand, wohl weniger durch einen Dissimilationsvorgang als durch volksetymologische Umdeutung, „Preißklinge". – Da der s-Laut des Bestimmungsworts durchaus den Charakter einer Flexionsendung trägt, kommt ein Zusammenhang (im Ablautsverhältnis) mit Bleiß f. = sehr steiler, beraster, felsenumsäumter Abhang, wie ihn F. 1, 1193 andeutet, nicht in Frage. — Förstem. I, 313. Buck 30. Adreßb. 1928, II, 50.

587. Dobel. (Pk.-Gg., Lagerpl.) ęm dǫbl.

Wg. gen. zem Tobel (1314, UB. 16, 4). Wg. sita im Tobel (Lb. E. 1334, 5a). De agro in dem Tobel (Lb. w. 1350, 4a). Sonst Lb. w. 1350: in dem Tobel, im Tobel. — De ortu in dem Tobel (Lb. w. 1393, 3). De ortu am Tobel (Lb. w. 1393, 12). Alle Wg. zwischen dem Weißenburger pfad und dem allten Vichtrib so vom Tobel auf die haid geeth (Lb. w. 1571, 62).

Tal eines Bachs (Dobelbach), gebildet aus den Bächen vom Eulenrain und Kühnle, der den aus der Preißklinge aufnahm und vor dem äußeren Eßlinger Tor in den Nesenbach mündete; heute zu beiden Seiten der Sonnenbergstraße. Das Tal fällt mäßig und ist nicht enger als andere Seitentäler bei Stgt., aber von hohen, steilen Rändern (Sonnenberg, Stafflenberg, Reichelenberg) eingefaßt, die auf der linken Seite ziemlich bald vom Tal abbiegen. Da 1393, 1451 und 1472 G. im oder am Tobel vorkommen, muß man schließen, daß das Gewand damals dem Bach entlang bis in die Nähe der Stadt gereicht hat. Mhd. tobel stm. = enges, tiefes Waldtal, Schlucht, Klinge; das Wort ist mit „tief" verwandt. Alem. 10, 64 ff. Miedel 12. Rheinwald 120. Keinath 17.

588. **Wolfsklinge III.** (Seytter No. 144, sonst unbek.)
Im 30jährigen Krieg hat die Wolfsplage überhandgenommen;
daher soll die „Wolfsklinge" im Dobelbachtal ihren Namen haben.
Vgl. 181. 264. 787.

589. **Kühnlesbrünnele, Himmelfahrtsbrünnele.** khḙ́ɔləs-
brḛnəlḛ. hḛmlfártsbrḛnəlḛ.
Ungefähr beim Zusammenfluß der beiden Quellbäche des
Dobelbachs, heute Ecke Sonnenbergstr. und Straße „Im Kienle".
1. Name von der Lage beim „Kühnle". Der 2. Name hängt vielleicht mit ehemaligen Gebräuchen am Himmelfahrtstag zusammen.
Es scheint nur die halbma. Form des Namens mit ă in Fahrt
bekannt zu sein. — Schw. 1, 1029 (Uf-Fart).

590. **Stafflenberg.** (Pk.-Wg., ausgebeut. Steinbr.) ḛm
šdǎfləbḛrg.
Vinee sue site in Stapzhenberg (Lb. E. 1304, 4b). Vinea sua sita ze Stapphenberg bi der staige ze Sunnenberg (Lb. E. 1334, 7a). Egarten uff dem
Stapffenberg, stosst oben uff die haid (Lb. w. 1571, 371 ff.). Wg. im Stafflenberg (Unterg. 1638 [vorher immer: Stapfenberg]). Bg. im Stafflenberg,
zwischen dem Hohlweeg und dem wasserfall gelegen (Lb. g. 1701, 652).
Bg. und Gg. im undern Stafflenberg (Lb. g. 1701, 817 ff.).

NW-Hang etwa bis zur halben Höhe am südöstl. Höhenzug
aufwärts, oberhalb der Olgastraße bis ungefähr zur Stafflenbergstraße, zwischen Sonnenberg- und Pfizerstraße. Ältere Belege
(noch das ganze 16. Jh. hindurch) durchweg mit mhd. stapfe swm.,
das früher bei uns üblicher war als Staffel für Stufe einer Treppe.
Schreibung -pzh- im 1. Bel. in dem betr. Lb. mehrmals für die
Affrikata pf, z. B. dictus Kapuncipzhel (4a), dictus Rupzhe (5a;
vgl. Pfaff 1, 411). — Der Fln. ist mit der „gestäffelten Furche"
(591) zusammenzunehmen; Bestimmungswort von den Stufen
dieses Staffelwegs.

591. **Gestäffelte Furche, Staffel-Furch.**
Stain . . . am Esslingerberg nit feer von der gestaffelten furch (Lb w. 1571,
23 ff.). Dem Diemarsshalder weg nach umb und umbhin biss an das ander
Eckh xx Wg. an die gestaffelte furch (Lb. g. 1582, 71). Auch besser oben
[dem Sünder zu] an der Staffel-Furch (1782, Sattler, Top. 80).

Anscheinend Staffelweg in der Klinge, die bei der Einmündung
der Gerok- in die Gänsheidestraße beginnt und zuletzt tief ein-

geschnitten bei der Alexanderstraße mündet (heute im unteren Teil Pfizerstraße, fortgesetzt durch die Pfizerstaffeln). Der Weg ist nach den frühen Belegen für Stafflenberg, dessen Name ohne Zweifel hiervon abgeleitet ist, recht alt. Vielleicht ist mit „Hohlweg" (s. 590 5. Bel.) auf diesen Weg Bezug genommen. Wahrscheinlich fällt er zusammen mit dem oberen Teil der alten „Heusteige" und bekam seinen neuen Namen erst, als diese ihre Bedeutung als Weg in den Wald verloren hatte und in einzelne Teile zerfiel. Zwischen Stafflenberg und Gerokstr. hat sich bis vor kurzem ein altertümlicher, sehr steiler Fahrweg neben einem Staffelaufgang erhalten. — Furche s. 401. Vgl. 590.

592. Heller. (Pk.-Wg., Gg.) ĕm (ĕn dę̆) hę̆lər.
... der Sünder, die Heller, all Esslinger berg ... (Lb. w. 1466, 6 a). Ebenso in den ff. Zehntbeschr. — 1 M. Wg. im Heller (Lb. w. 1571, 754 — Nachtr. 1643). — Nach Pfaff 1, 448 kommt ein Wg. genannt der Heller im Esslinger Berg schon 1334 vor.

Kleines Gewand unterhalb von 593. Wohl vom Pn. Heller, von der 2. Hälfte des 15. Jhs. an in Stgt. belegt: an dem heller Hannsen (Lb. w. 1451, 15); vgl. UB. 640; Pfaff 1, 395). Möglich ist auch, daß der Name auf Münzfunde zurückgeht (in der Nähe, Gaisburgstr. 2, alem. Reihengräber etwa aus dem Ende des 6. Jhs. gefunden — Goeßler 64 ff.).

593. Sünder. (Pk.-Wg., Öde.) ĕm (ĕn dę̆) sę̆ndər.
Die halden herfür bis an den Sünder ... der Sünder, die Heller, all Esslinger berg ... (Lb. w. 1466, 6 a; ebenso [auch Sinder und Sünder geschr.] Lb. w. 1510, 8 f.; 1527, 10 f.; 1542, 393; Lb. g. No. 2004; 1558, 491). stain, welcher steet ob dem Soünder (Lb. w. 1571, 23 ff.). Wg. der Sinnder genannt am Diemarßhalder weg (Lb. g. 1582, 71).

Kleines Gewand an der Sommerseite einer steilen, kurzen Klinge (links der Pfizerstr.); vom Oberteil des Gewands freier Blick auf Stgt. Nach Sattler und Pfaff geht der Fln. auf das Hochgericht zurück, das vom Schellberg hierher verlegt worden sei. Die Erklärung entspricht nicht den Tatsachen; es findet sich kein Beleg für ein Hochgericht an dieser Stelle[33]). Nach

---

33) Zur Lage des Hochgerichts: nach Pfaff befand es sich anfangs auf dem Schellberg, wurde von da aber „auf eine Anhöhe neben der Eßlinger Steige, gegen die Gänsheide hin versetzt. Davon bekamen die hier gelegenen

der Sage (Munder) vom Sünder soll hier 1339 ein junger Edelmann wegen eines Mords enthauptet worden sein; er habe sich die Gunst erbeten, auf dem seiner Familie gehörigen Wg., der für ewige Zeiten „die Sünder" heißen solle, sterben zu dürfen. — Tatsächlich soll sich hier in einer Weinbergmauer ein Stein mit lateinischer Inschrift befunden haben, wohl = einem von denen, die heute an der Pfizerstr. stehen. Die Inschrift des Steins oben an den Staffeln lautet auf der Vorderseite: „Peccatorum Desiderium Peribit [Psalm 112, 10] Joañs Broll ff 1564", darüber ein Totenkopf; auf der linken Seite: ein „Tau-Kreuz" auf einem Dreiberg mit der Jahreszahl 1564; auf der rechten Seite: „Noli Amplius Peccare [Joh. 8, 11] 1564"; auf der Rückseite: Wappen des Bürgermeisters Broll, dabei: Jo BROL — Broll

---

Weingärten den Namen „in der Galgensteig"; der zunächst am Hochgericht gelegene wurde der Sünder genannt". Auf einen Bericht des Vogts vom 14. 3. 1581 hin über den Zustand des Verfalls, in dem sich das Hochgericht befand, wurde die Angelegenheit untersucht. Man fand, daß der Platz, auf dem der Galgen stand, Privateigentum war, und beschloß, diesen zu versetzen. Als künftige Plätze wurden genannt Schellberger Heide, Prag und Schwarenberg; doch überall stellten sich Schwierigkeiten entgegen, so daß schließlich das Hochgericht am alten Ort gelassen und nur 10 Fuß weiter abwärts gerückt und mit einer Mauer umgeben wurde. Unvermittelt berichtet Pfaff dann, daß 1597 in der Wolframshalde, auf einer Anhöhe gegen die Prag hin, auf steinernem Fußgestell ein eiserner Galgen errichtet wurde. — Diese Darstellung entspricht zwar den Angaben der Akten über die Verhandlungen wegen der Verlegung 1581, geht aber von der Voraussetzung aus, daß sich das Hochgericht beim „Sünder" befunden habe. Davon ist nun in den Akten mit keinem Wort die Rede. Es wird hier allerdings die Lage des Galgens als allbekannt nicht näher angegeben, aber durch mehrere Hinweise wird es deutlich, daß als Standort nur die Wolframshalde in Frage kommt: 1. die Inhaber solcher Wg. zu Wolfmarshalden [die die Stützpfeiler untergraben haben] — Bericht vom 22. 3. — 2. der Vogt weiß nicht, wann und wie das Hochgericht und die Richtstatt vor vielen Jahren auf dieses Heidlein gekommen sind; von den ältesten Leuten des Gerichts hat er erfahren: „so soll das Hochgericht vor Jaren hi disseit deß thals uff dem Stöckach gestanden sein" — Bericht v. 22. 3. — 3. Vogt und Baumeister und andere gehen „hinab" zum Hochgericht — Bericht vom 30. 3. — 4. sie finden „entlich aber ain gantz bequemen Platz zu sollicher und dergleichen raumlich Richtstatt hie jhenseit deß Thaals [Schellberg] — Bericht v. 30. 3. — 5. die Schellberger Heide wäre vor allen anderen Plätzen im Tal

hatte in dieser Gegend Weinberge (1556)[34]). Der zweite Stein
(bei Pfizerstr. 9/1) trägt die Inschrift: „Gott sey mir Sünder
gnedig. Luk. 18", der auf der Rückseite entspricht: „Deus pro-
pitius esto mihi"; auf der einen Seite steht: „Anno Domini 1552
Johann Ruger", auf der andern: „Renovirt 1620. Dr. Ulrich ..."
(ein Dr. Ulrich Broll, Sohn des Bürgermeisters Johann Broll,
starb 1633 als fürstl. Rat)[35]). Eine Beziehung zwischen den
Steinen und dem Fln. ist wegen des in den Inschriften dreimal
auftretenden Begriffs peccator, peccare sicher. Zeitlich können
die Steine aber nicht den Anlaß zum Fln. gegeben haben (1. Bel.
1466!); sie können aber seinerzeit erneuerte Überreste einer
einstigen Kreuzigungsgruppe (Kreuzweg) an der Stelle in der
Nähe der Eßlinger Steige sein, auf die der Fln. möglicherweise
zurückgeht (so öfters der Ursprung derartiger Fln.). Viel wahrscheinlicher ist allerdings, daß ursprünglich ein Pn. vorlag, und

für die Neuaufstellung zu wählen und „diß alt Hochgericht förderlichen
hinüber zu fueren" — Bericht v. 30. 3. — 6. Supplication vom 11. 4. s. u.!
Öfter wird also hier anläßlich der Nennung des Schellbergs die andere
Seite des Tals betont; damit können das bisherige Hochgericht und der neue
Platz nicht auf der gleichen Seite gelegen sein, was beim Sünder der Fall
wäre. Dazu kommt die ausdrückliche Anführung der Wolframshalde in 1.
Im übrigen sind die Verhandlungen in Pfaffs Darstellung genau wieder-
gegeben, auch mit ihrem Ergebnis, daß das Hochgericht an der alten Stelle
blieb und nur um 10 Fuß hinabgerückt wurde; aber immer ist dabei von der
Wolframshalde als dem damaligen Standort des Galgens auszugehen. Wann
er an diese Stelle gekommen ist, ist und war auch früher nicht bekannt
(s. o. 2.); sicher ist, daß er nicht immer hier stand, sondern vom Schellberg
vor 1447 (s. 432) herversetzt wurde. Daß für den Vorgänger nur die Gegend
das Schellbergs in Betracht kommt, wird bewiesen 1. durch das frühe Vorkommen einer „Galgenstaig" in der Stöckachgegend (s. 526), 2. durch eine
Stelle in der „Supplication" der Besitzer von Gütern im Schellberg während
der Verlegungsverhandlungen vom 11. 4. 1581 (s. 514!). 3. Durch den Fln.
Schellberg selbst, der auf das Vorhandensein eines abschreckenden Gegenstands dort hinweist (s. 514). — Supplication, Bericht, Befehl, Bedenken, Re-
lation und Überschlag wie das Hochgericht zu Stgt. abgebrochen usw. (1581,
Rep. Stgt. w. I, Bü. 13). — Pfaff 1, 154 f. Sattler, Top. 79 f.

34) Vgl. R. Lauxmann, Die Stuttg. Gänsheide, 1932, 15 f. u. Bild 11.
35) Vgl. R. Lauxmann, (a. a. O., 16 f.), nach dessen Angaben die Inschrift
teilweise vervollständigt ist.

daß Steine sowohl wie Sage und Überlieferung vom dortigen Hochgericht erst nachträglich vom Fln. aus entstanden sind. Pn. Sünder ist frühe für Stgt. und Cannstatt belegt: Eberhart Súnder (Lb. w. 1350, 3b, 6a), uss Sünders hus (Lb. w. 1393, 15), vgl. Pfaff 1, 418; für Cannstatt s. WGQ. IV, 699. — Eine Umdeutung aus Zünder = Gemisch von Schlacken und Kohlenresten, wie sie beim Schmelzen von Eisenerzen abfallen, ist der Lage nach hier ausgeschlossen (Deutsche Gaue 1916 (17) 68. Korresp.Bl. 1919, 27. Vollm. 53). — Keinath 29, 81. Sattler, Top. 79 f. Pfaff 1, 154. Stadtgl. 1844/45, 74. Württ. I, 251 ff, 511.

594. Diemershalde. (Pk.-Wg., Ba.) ę̆n dər dęɔmršhăldə.

Wg. den man nemmet Dyemershaldun (Lb. E. 1334, 4b). sitis an Dyemarshalden (Lb. E. 1334, 7b). Vinea in Dyemmarshalden (Lb. w. 1350, 5a). Wg. an Dyemershaldun (1355, UB. 46, 14). Wg. zu Stŭckgarten in monte dicto Diemershalde (1365, UB. 49, 18). Wg. in der Diemarshalden ob den Esslinger bergen (Lb. g. 1582, 71).

W-Hang des „Lausbühls" gegen das Nesenbachtal um den Oberteil der Gerok- und Diemershaldenstraße. Im Bestimmungswort Pn. Dietmar. Förstem. I, 1440.

595. Stuckhäusle. Lärmenhäusle. Kanonenhäuschen (Stadtpl. 1871). šdúghəislę̆.

... das Lermen-Häußlen auf der Gäsheyd ... (1703, städt. Arch. E, Bü 79). Platz auf der Gännshaid, 12 Ruthen vom Stuckhäuslen (1788 — Gemeinderats-Prot. — städt. Arch.).

Kleines Haus, seit 1863 Wohnung eines Oberfeldwächters, Gellertstr. 12. Ursprünglich 1702 als Hochwacht erbaut zur Aufnahme zweier Kanonen (Stück, Stuck), die bei Bränden zur Benachrichtigung der umliegenden Weiler abgefeuert wurden (Feuerordnung 1703, städt. Arch. E, Bü 79, 83, 84) [36]).

596. Lausbühl. (Pk.-Ba., Wg., Öde.) ę̆m lə́usbīl.

Der Lusbúhel (Lb. w. 1350, 8a). Wg. im Lussbúhell (Lb. w. 1520, 57). Wg. im Luspihell (Lb. w. 1528, 200). Wg. im Laussbühel (Lb. w. 1571, 642). Wg. im Stöckach ... stosst oben uff die Laussbihl (Lb. g. 1586, 16).

Runde Erhebung auf dem Rücken der Gänsheide, heute umschlossen etwa von Gänsheide-, Heidehof- und Hackländerstraße. Das Gebiet ist sehr windig, steinig und trocken; man sagt vom

---

36) Vgl. R. Lauxmann 19 ff.

L.: „Da wächst heuer und 's Jahr nichts". Der Name wird von den Leuten mit dieser Nichtsnutzigkeit des Gewands zusammengebracht. Im Oberhessischen ist Laus als Bezeichnung von unfruchtbaren und schwer zu bewirtschaftenden Fluren nach Becker sehr verbreitet. Ein ähnlicher Gebrauch wird hier vorliegen; in Appellativen wird auch bei uns Laus- zur Bezeichnung des Minderwertigen verwendet (vgl. „lausig"). Der Fln. kann sich schließlich auch auf das tatsächliche Vorkommen von Läusen, Feldungeziefer beziehen, oder kann er, was aber wenig wahrscheinlich ist, von mhd. lûʒ(e) stf. = Lauer, Versteck des Jägers abzuleiten sein. — Vielleicht hängt der Name mit dem örtlich nicht genau festgelegten, früher erscheinenden „Laußbart" zusammen, u. U. auch mit „Lauser"; vgl. 839. 840. Schmidt, Hist. WB. der elsäss. Ma. 230. Miedel 50. Becker 93 f. Keinath 40, 77.

597. Schellenkönig. (Pk.-Wg., Bg.) ẽm sẽləkhẽnïχ.
A. in Schellen König (Lb. g. No. 2004). Wg. im Schellenküng (Steuerb. 1567). Wg. genannt Schellenköng; daneb. in einer Überschr.: Schellenking (Lb. w. 1571,23 ff.). Stain der stehet an xx Wg. im Schellen Khing (Lb. g. 1582, 70).

Auf der Höhe der Gänsheide oberhalb von 593; unfruchtbar; man sagt: „Im Schellenkönig, da wächst im Sommer und im Winter wenig". Das Gebiet erscheint Lb. g. No. 2004 als Neubruch. — Wahrscheinlich von einem Besitzer; 1540 und 1542 im Ameisenberg, also ganz nahe, ist belegt: 1. zwischen dem Schellenkong Sporer und der haid (Lb. w. 1540, 306). 2. xx und Schellenkonig Sporer (Lb. w. 1542, 148). — Möglich wäre auch, an eine spöttisch-scherzhafte Benennung. des Platzes zu denken, dessen Unfruchtbarkeit etwa „über den Schellenkönig" ging. F. 5, 762. Deutsche Gaue 1912 (13), 124 f. Keinath 27.

598. Gänsheide. (Pk.-Ba., Wg.) ǔf dər gẽshǫed.
Was Wg. im Sonnenberg . . . zwischen obgemelt steinen bis hinaus an die Gennshaid ligen, stosen oben an die Genns Haid . . . (Lb. g. No. 2004). Stost oben uf die Gensshait (Lb. F. 1555, 33). Vgl. 825, 4. Bel. — Wg. an der Geyssheyd (!) (Lb. g. 1632, 33). Herrschaftliche Gänshayd. Stuttgardter Gänshayd. Dieser herrschaftl. Gänßheyd, wie auch von folgender Stuttgardter stehet im alten Lägerbuch, weillen es ein Heyd und Vichwayth gar nicht(!), dieweill es aber zwischen den Wälden drinen ligt, so ist es auch mit gemeßen

worden. — An der Herrschaftl. Gänßheyd hatt gemeine Statt Stgt. auch ein Stuck und ist die Vich-Stelle sambt der Trennk und Trib darauff (St. F. 1680, 117).

Volkstümlich für die ganze Hochfläche des südöstl. Höhenzugs, vom Wald (Geroksruhe) bis etwa zum Lausbühl; amtlich beschränkt auf den Teil zu beiden Seiten der Gänsheidestraße zwischen Heine- und Pischekstraße. Nach dem letzten Beleg, der durch einen Riß in dem betr. Lb. verdeutlicht wird, hätte die Gänsheide am Ende des 17. Jhs., wenn auch teilweise nur als schmaler, unbewaldeter Streifen, von der Geroksruhe über die „Stelle" bis an den „steilen Bopser" gereicht. — Name von einer Gänsweide ausgehend, die sich wohl auf einem Teil der Heide befand (599). In den Lb. findet sich bisweilen auch nur die Bezeichnung Heide statt des Fln. (z. B. vom Trautberg . . . der Haid nach — Lb. w. 1571, 26 ff.). Die Heide wurde in der 2. Hälfte des 18. Jhs. angebaut. Vgl. 599. 825. Pfaff 2, 364.

599. Gänsweide.

Wg. im Gennswald . . . stosst unden und oben an die Gennswaid (Lb. g. No. 2004). Ebenso Lb. g. 1558, 476 und Lb. w. 1571, 31. — Von allen Wg. im Gennsswald . . . stossen oben uff die Gännsswayd (Lb. g. 1582, 72). Dasselbe Lb. g. No. 2004: Genns haid.

Wohl auf einem Teil der heutigen Gänsheide gegen Gablenberg hin; Ausgangspunkt für die Fln. Gänsheide und Gänswald (vgl. S. 30, 32). Gänsweide und Gänsheide scheinen bisweilen durcheinandergegangen zu sein (s. 2. Bel.). Da Gänswald 1447, Gänsheide Lb. g. No. 2004 schon zum erstenmal belegt sind, muß die Gänsweide mindestens etwa ein Jh. vor ihrer ersten Nennung bestanden haben.

600. Gänsheideweg. (Pk.)

Im Pk. genannt unter den Feld- und Güterwegen; wohl ein Weg auf der Höhe der Gänsheide (Gänsheidestr.).

601. Bubenbad. búəbəbād.

Ehemaliger Tümpel auf der Höhe der Gänsheide in der Nähe der Kreuzung von Grüneisen- und Gerokstraße, der beständig Wasser hatte, allmählich aber verschlammte. Als in dem Seelein einmal einer der Buben, die es zum Baden (Name!) gerne benützten, ertrank, wurde es aufgefüllt und mit Gras angepflanzt

(1895). Name heute noch für die betr. Gegend allgemein bekannt. – In einem Artikel (Merk. 1926, 400) über das „Bubenbad" sagt E. D[-olmetsch], der See habe auch „Gänseweiher" geheißen (vgl. zu diesem Namen 599). — Lauxmann 35 f.

602. Steingrüben. (Pk.-Wg., Ba., Steinbr.) ę̈n dę šdǫ̈ę̈griəbə.

Staingrůb — Zehntbeschreibung (Lb. w. 1350, 8a). Wg. zu Stgt. auf der Steingrube (1352, UB. 44, 4; vgl. 1357, UB. 46, 27; 47, 10). Vinea ob der stain grůben (Lb. w. 1393, 9). Wg. gelegen stain grůebun (Lb. E. 1402, 66). Egerden und gerůts uff der steingruben — ů oder ü zu lesen (Lb. w. 1451, 15). Steingrůben (Lb. w. 1466, 6a). Wg. uff der Steingrüben und von dannen umbhin in ain stain gesetzt zu Dyemarsshalden (Lb. w. 1466, 9b). Am Sonnenberg, Staingruoben, Schellenking und Wagenburg (Lb. w. 1571, 23 ff.). Wg. in der Staingruoben (Lb. w. 1571, 702). Dieser 6. Stein zeigt gantz hinabwerts in den Sonnenbergen, Steingrüeben und dem Heydtlen (Lb. g. 1701, 230).

Großes Gewand (W- und SW-Hang) von dem Steinbruch 603 bis zur Höhe der Gänsheide. Fln. von diesem Steinbruch; er muß einer der ersten Werksteinbrüche um Stgt. gewesen sein, da er „die Steingrube" schlechthin genannt wurde. Derselbe Steinbruch ist wohl gemeint: die erst die Rott Staingruob im Sonnenberg weg — Herrschaftsbes. (Lb. w. 1575, 55), wobei Rote Steingrube der Herrschaft im Gegensatz zur Weißen Steingrube (512) steht. — Steingrube älteres Wort für Steinbruch; die heute allgemeine umgelautete Form tritt in den Belegen nicht klar als herrschend hervor; sehr oft erscheint deutlich nicht umgelauteter Diphthong, der als schriftsprachlich gegenüber dem umgelauteten der Ma. aufgefaßt werden kann. Heute schwäb. beim appellativen Steingrube -uə- neben -iə-; die umgelautete Form kommt auch früher in Appellativen neben der nicht umgelauteten vor: 1. obgemelter Grieben der Münchsgrieb genant (1566, Rep. Stgt. w. I, Bü. 6). 2. ain Staingruob (schriftspr.!), die weis Staingrieb (ma.!) genannt nit feer von obgemelter Münchsgruoben (Lb. w. 1571, 137 f.). 3. ain Staingrüeben am Sonnenberg weg (Lb. w. 1571, 138). 4. Zwischen der Sandgrieben (Lb. w. 1524/28, 176). 5. Heisset die Mergelgrůb (Lb. w. 1451, 75). 6. Genannt die Mergelgrieb (Lb. w. 1472, 65). —

Ein Umlaut scheint in dem Wort sonst in den germanischen Dialekten nicht vorzukommen. Sein Vorhandensein (auch im einfachen Grube früher belegt — s. o. 1. und F. 3, 861) weist auf eine ursprüngliche Nebenform mit jô zu ahd. gruoba. DWB. IV, 1, 6, 600. Rheinwald 213.

603. Rote Wand, dę rǫd wǎnt.

Mächtige, senkrechte Wand aus bunten Mergeln unterhalb des „Sonnenberg" rechts an der Stafflenbergstraße, als Abraum in einem abgebauten Werksteinbruch anstehend (vgl. 602). „Rote Wand" ist wahrscheinlich von dieser Stelle aus als Bezeichnung für die bunten Mergel in die Wissenschaft übergegangen. Die Benennung ist besonders für das Stgt. Talgelände sehr treffend, wo die steile, ziegelrote Wand in allen größeren Brüchen als Abraum ansteht. Vgl. 173. Schwäb. Bund (1919) I, 213. Begleitw. (s. 373!) 22.

604. Heidlen II.

... Stein zeiget ob den Sonnenbergen und der Heyd gegen der Stadt hineinwerts ... stein zeigt ganz hinabwerts in den Sonnenbergen, Steingrüeben und dem Heydlen (Lb. g. 1632, 28 f.). Ebenso Lb. g. 1701, 230.

S. 362.

605. Steingrübenweg. (Adreßb. 1928, III, 9.) šdǭēgriəbəwęg.

Ain stain steet neben demselben obern Staingruobenweg — vorh. nur „Weg" genannt (Lb. w. 1571, 23 ff.).

Steiler Weg, von der Stafflenbergstraße teilweise als Hohlweg am Gewand Steingrüben hin zur Höhe der Gänsheide (heute nur noch teilweise erhalten).

606. Sonnenberg. (Pk.-Wg., Ba.) ęm sǫnəbęrg.

Vinee site ob Sunnenberg (Lb. E. 1304, 4 b). Wg. haiss der Sunnenberg sita ... an holtz haiss ö̆ch Sunnenberg (Lb. E. 1334, 5 b). xx de silua Sunnenberg (Lb. w. 1393, 5). Stain gesetzt zu Sonnenberg (Lb. w. 1466, 9 b). Wg. am Sonnenberg (Lb. w. 1503, 9). xx Ruoten Stainbruch und wingarts im Sonnenberg (Lb. w. 1571, 138). — In Waldbeschr. vom Ende des 18. Jhs. ist immer ein Stadtwald von etwa 6 M. „im Sonnenberg" aufgeführt (städt. Arch. J, Bü. 57). Sonnenberg oder Eylenberg (1662; (städt. Arch. J, Bü. 57).

Großes Gewand am SW-Hang von der Höhe der Gänsheide (Geroksruhe) bis zum Bach im „Eulenrain" und „Dobel" am

Wald; Neubrüche kommen 1510 vor (Lb. w. 1510, 22 ff.). Name von der sonnigen, sommerlichen Lage. Miedel 7. Keinath 28.

607. Eulenberg.

Die guter im Ylennberg oder Krafftsbuhell seind ytel newbruch (Lb. w. 1510, 22 ff.). Ylenberg (Überschr.); xx uss des Krafftzbuhell im Ylenberg, ist by 12 M. (Lb. w. 1520, 136). 12 M. ungefähr waldts gen. des Craffts Bühel im Eylenberg zwischen der Herrschaft Württemberg welden, stossen vornen uff xx wald (Lb. w. 1528, 164). Ylenberg (Überschr.); ausser des Crafts Buhell im Ulenberg (Lb. w. 1540, 160). — Bronenstuben im Eylenberg genant (1699; städt. Arch. B, Bü. 15). Überschr. in einem Privatwaldverz.: Sonnenberg oder Eylenberg (1662; städt. Arch. J, Bü. 57).

Nach Pfaff 1, 449 schon 1488 belegt. Die nähere Bestimmung durch „Kraftsbühl" weist das Gewand in die Nähe von 606 an das Waldgebiet; der Name, ohne Zweifel mit 651 in Verbindung zu bringen, hat wohl einen durch zwei Klingen aus dem Hang vom „Frauenkopf" herausgeschnittenen, heute noch teilweise bewaldeten kleinen Vorsprung auf der rechten Seite des rechten Quellbachs des Dobelbachs bezeichnet. Bestimmungswort mhd. iule, iuwel, ahd. ûwila swf. = Eule; y und ey in den Bel. für den ma. entrundeten Vokal. Vgl. 608. Heck 111.

608. Kraftsbühl.

De vinea Kraftz Bûchel (Lb. w. 1350, 2a). De silua Kraftzbühel (Lb. w. 1393, 6). Uss Crafftsbühel zů Sunnenberg an mins Herren wald gelegen Lb. w. 1451, 17). [Zehn Leute] geben uss dess Kraffts bühel 3½ s heller des ist by 12 M. ungevarlich ligent an ainander (Lb. w. 1472, 32). S. 607, 1. Bel. — s. 607, 3. Bel. — Ausser dess Crafts Buhell im Ulenberg (Lb. w. 1540, 160). — Nach 1542 nicht mehr belegt.

J. a. erst später gerodet (s. 607, 1. Bel.); anscheinend = 607. Vom Pn. Kraft, der für Stgt. belegt ist: Crafft Kassler (Lb. w. 1393, 2); Hanss Krafft (Lb. g. 1480/90, 5); des Krafts Haus (1491, UB. 524, 8); dazu auch in anderen Lb. belegt. Grundw.: Bühl.

609. Kühnle. (Pk.-Bw., Nadelwald; Adreßb. 1928, III, 5: Im Kienle.) ěm khẹ́əlě.

Die hald zu Hasenbron gen. die Kienlinßberg ist ain newbruch (Lb. w. 1510, 24). Ebenso Lb. w. 1527, 28; 1528, 414. — Mer ain holtz daz Kienlin gen. etlichen Inwonern zu Stutgarden gehörig ... ungeverlichen 30 M. Egerten und weld (Lb. F. 1555, 20). In einer Reihe von Akten über Waldverkäufe u. a. (Rep. Stgt. w. I [S. 70], Bü. 18 a u. [S. 157] Bü. 43) 1605/8 bald Kienlin, bald Kienlinsberg: ain morgen waldts im Küenlin (Kienlin) . . . drey viertel walds im Kienlinsberg (mehrfach so) . . . wald im Kienlinberg (mehrfach so) — die Gegend ist dabei immer dieselbe. . . . Mein thail walts im Kielle (schlechter Konzeptzettel 1623; städt. Arch. J, Bü. 57). In einer Beschr. der Stgt. Stadtwaldungen von 1827/28 (städt. Arch. B, Bü. 18) wird unter der Überschrift: „Die Kühnlen" unterschieden: a) das kleine Kühnlen, b) das ehemalige herrschaftliche Kühnlen, welches erst im Sommer 1828 mit dem Weißtannenwäldchen von der Herrschaft eingetauscht wurde, c) das große Kühnlen.

Um den linken Quellbach des Dobelbachs; O-Hang gegen den Bach unbewaldet, W-Hang meist bewaldet. Grundlage wohl Pn. Kuon, auch wegen der Zusammensetzung mit -berg naheliegend. Der Namengeber könnte entweder Besitzer eines Teils des gerodeten Landes gewesen sein oder eines Stücks Wald, der nach den Bel. in der Regel im Privatbesitz von Stgt. Bürgern war. Pn. Kienlin ist von 1393 an nicht selten in Stgt. belegt (Pfaff 1, 398); er kommt auch in Gbl. vor (Stofel Kienlin — Lb. F. 1555, 33 f.). — Daneben besteht die Möglichkeit der Herleitung von Kien (mhd. kien stm. n.) = harzreiches Fichten- oder Forchenholz, Deminutiv teilweise = Fichtenzapfen (vgl. dazu jedoch die Bemerkung bei 659, daß der erste Nadelwald in der Gegend 1600 angelegt wurde) oder von gleichgesprochenem Kenlein = Thymian. — Das verhältnismäßig frühe, durchaus feste Auftreten des einfachen Kienlin für das zusammengesetzte Kienlinsberg und das Schwanken in der Schreibung des Konsonanten der Kompositionsfuge in der Zusammensetzung (s. 3. Bel.) lassen fraglich erscheinen, ob die zusammengesetzte Form, obwohl sie vor Kienlin erscheint, als die ursprüngliche anzusehen ist. Sie kann u. U. nur im schriftlichen Verkehr aus dem einfachen Kienlin sekundär entstanden sein unter dem Einfluß des Namens des anstoßenden Richlinberg (612). Wenn Kienlinsberg als das Ursprüngliche anzunehmen ist, vgl. zur Unterdrückung des Grundworts 84. 429. S. 28 f. Vgl. 325. 676. 830. Miedel 27.

610. **Hosenbrunnen**, Hasenbrunnen.

Uss der Egerten ze hosenbrunn (Lb. w. 1393, 8). Die hald zu Hasenbron genant die Kienlinßberg (Lb. w. 1510, 24). Dafür: Hosenbrun (Lb. w. 1527, 28; 1528, 414).

Falls nicht in den Formen mit o Verschreibung für Hasen und damit irgend eine Beziehung zum Tier vorliegt, muß das Bestimmungswort wohl als Pn. Hos(e) und der 2. Bel. als volksetymologische Deutung aufgefaßt werden; Pn. Hoss, Hose 1350 für Stgt. belegt (Pfaff 1, 396). Andererseits könnte es sich auch um einen Zufallsnamen handeln.

611. Romantisches Täle. (Top. Atl. Bl. 70.) ẽm rǫmǎndĭšə dę̄lĕ̌.

Heute oberer Teil des Tals des linken Quellbachs des Dobelbachs; früher muß der Name unterhalb der Vereinigung der beiden Quellbäche des Dobelbachs gehaftet, ziemlich weit gegen die Stadt hinabgereicht und somit etwa das Gewand Dobel umfaßt haben. Die Bezeichnung ist gebildete Schöpfung des letzten Jhs., aber auch noch jetzt allgemein bekannt. — F. 5, 393. OAB. 5. 19.

612. Reichelenberg. (Pk.-Wg., Ba.) ẽm rəiχələsbę̄rg.
Vinea sita in Richlonberg (Lb. E. 1304, 5 a). Vinea in Rychlunberg (Lb. w. 1350, 5 b). Rütin ze Ricblunberg (Lb. w. 1393, 16). Vinea Richlenberg, daneb.: „Richlunberg" als Regel (Lb. w. 1393, 30). Wg. am Richlinberg (Lb. w. 1451, 23). Wg. und egerdten im Rychlinperge; daneben als Überschr. Reichlinberg (Lb. w. 1528, 344). Im Reichlenberg neben Weissenburg (Überschr.) alle Wg. . . . und oben auff die Reichlenberger Haid stossendt (Lb. w. 1571, 62). Wg. im Reichelenberg (Lb. g. 1586, 76). Im Reiche(n)-lenberg (Unterg. 1620). In Reichellen Bergen (Prot. 1724). Im vordern Reichelensberg (Unterg. 1797). Reichenberg (Plan 1849).

NW-, N- und NO-Hang einer am Ende des Bopserwalds ansetzenden Terrasse neben 614. Von der heutigen Form aus muß auf das Zugrundeliegen eines Pn. geschlossen werden. Pn. Richlin von 1334 an in Stgt. belegt: h. Rychlin (Lb. E. 1334, 4 b), Richlin der Vogt (Lb. E. 1350, 62 b), vgl. Pfaff 1, 409. Das seit 1586 bezeugte e nach der Hauptsilbe ist aus rhythmischen Gründen zwischen Haupt- und Nebenton entstanden. Der Deutung entsprechen die früher belegten Namensformen nicht unmittelbar, da in ihnen durchweg das genitivische s des Bestimmungsworts fehlt, wie auch heute noch in der Schriftform. Die Zusammensetzung mit dem Pn. Richlin darf deshalb aber nicht unbedingt abgelehnt werden, da die heutige Aussprache bei den alten Stuttgartern durchaus fest erscheint, trotz der entgegenstehenden amtlichen Schreibung. - -lon (1. Bel.), -lun (2./3. Bel.), -len (4. Bel.) ungewöhnliche Schreibung für -lîn (vgl. 784, 198). Im Lb. w. 1350 und damit auch in Lb. w. 1393 kann die Schreibung wohl entstanden sein durch Anlehnung an Gablunberg mit berechtigtem u, das im Lb. bisweilen ganz in der Nähe von Rychlunberg erscheint. Zu beachten ist allerdings, daß das von der Stuttgarter Schreibertradition unabhängige Lb. E. 1304 o schreibt; doch auch dies kann man wohl kaum anders auffassen wie als schematische Darstellung eines langen Vokals, der seine ursprüngliche Qualität infolge von Unbetontheit verloren hatte, aber sich von den unbetonten Kürzen unterschied. Für diese Deutung spricht auch -len (4. Bel.), vgl. 784.

613. Reichelenberger Heide.
Falschenkling ... stosst ... uf Reichellenberger Haid (Lb. F. 1555, 16). Oben auf dem Reichelenberg. Vgl. 612.

614. Bopser. (Pk.-Ba., Wg.) ęm bǫbsər — für das Gütergewand; ǔf əm bǫbsər — allgemein; bǫbsərwält — f. d. Waldgebiet.

Usser sinem A. gelegen hinderm bopzer by dem ächtertinger pfad — in Degerloch (Lb. E. 1436, 51). Wald in Stuttgarter Bann hinter Weissenburg auf der einen Seite an der gnäd. Herrschaft zu Wirtemberg Wald und am Bopser, auf der andern Seite an derer von Sillenbuch Wald (1441, UB. 151, 22). Zelg im Bopsser, Acker im Bopsser — in Degerloch (Lb. g. 1536a, 128 f.). Wernhalden ain vermischter Brenwald stost oben an Bopser (Lb. F. 1555, 16). Höltzer in Bopser ainseitz an unsern gnedigen Herrn die Falschenkling anderseitz an Sillenbuocher weld (Lb. F. 1555, 19). xx hat ein holtz im Bopser (Lb. F. 1555, 19). Hat der arm Casten ... ain Holtz am Bopser (Lb. F. 1555, 19). Ain Holz im Konnbron ... einseitz am Bopser so Wellings ist (Lb. F. 1555, 25). Dannenwaldt uff den Bopser stossendt; Dannenwald im Bopser; Dannenwaldt uff dem Popser gelegen (1605, Rep. Stgt. w. I, Bü. 43). Unter dem Pobsard grüen ... zu Stutgart (I. S. Wieland, Urach [1626], S. 12, 9 f.).

Der allgemein bekannte Name bezeichnet 1. ein Gütergewand am steilen NW-Hang und auf der Fläche des Reichelenbergs, 2. das gesamte Waldgebiet zwischen Stgt. und Degerloch und auf der Hochfläche gegen Sillenbuch und Ruit. Das Gebiet von 1. war wohl lange bewaldet (Neubrüche 1745, Lb. g. 1745, 127), so daß anzunehmen ist, daß der Name ursprünglich nur an Waldland haftete; auch was sich gegen Degerloch hin erstreckt und unter dem gleichen Namen vorkommt (s. 3. Bel.), hat dazugehört. Die Stelle, an der der Name entstanden ist, ist unbekannt. — Der Bopser hat immer eine gewisse Bedeutung besessen; nach ihm war die „Bopserhut" im Stgt. Forst genannt; in Degerloch hat es anscheinend eine Zelg „Bopser" gegeben (s. o.). Eine besonders in die Augen fallende Form scheint der gegen NNW abfallende Berg nicht zu haben. — Der Name kommt auch sonst vor, hat aber offenbar überall zunächst ein Waldgebiet bezeichnet, was aus der Lage in der betreffenden Markung und aus den Lb. hervorgeht[37]): 1. „Bopserle" bei Heslach (179). 2. „Böpserle" bei Rohracker („Höltzer so oberhalb des Flecken Rohracker gelegen: . . . 12 M. ligen ainseitz am Bopserlin" [Lb. F. 1555, 31]; vgl. Top. Atl. Bl. 70). 3. „Bopser" bei Gerlingen (Heck 125; Top. Atl. Bl. 69. „An der Ölttinger Hutt hin an dem Vorst haag fort, des xx Wäldle, das Pobserlin genannt" — Lb. F. 1682, 393; „Bopserwäldle ligt ganz frey in der Gerlinger der Zeith wüeste ligenden feldern, wiesen und weinbergen, stosst an ainer seithen an die strass, welche von Leonberg nach Stgt. gehet" — Lb. F. 1682, 427). In Gerlingen hatten die Bopzer von Ditzingen Besitz (pers. Mitt. von Prof. Dr. Ernst). 4. Reichenbach OA. Geislingen und Edelbeuren OA. Biberach haben nach F. auch Bopser-Namen. 1. und 2. liegen an rundlichen Bergvorsprüngen oder Ausläufern; 3. zieht sich am Hang hinauf; die Lagen von 4. sind aus dem Top. Atl. nicht zu ersehen. — Obwohl öfter nachweislich Waldland so benannt ist, darf doch aus der Form Pobsard (s. 10. Bel.) allein nicht auf das Grundwort -hart geschlossen werden (F. stellt diese Deutung zur Diskussion), da die Form spät ist und ihr zahlreiche ältere Belege entgegenstehen, die ganz einheitlich nur die Endung -er aufweisen. Im übrigen ist der Fln. völlig dunkel. Der Pn. Bopp, den Bacmeister darin vermutet, müßte im Gen. Boppen

---

37) Ein im Waldgebiet Bopser liegendes „Bopserle" dürfte für die Namendeutung nicht selbständig verwertbar sein (s. 674).

lauten. Daß Memmingers Annahme eines Orts Bubsingen auf einem Irrtum beruht, hat schon Pfaff nachgewiesen. F. 1, 1295. Staa. 1875, 96. Memminger 374. Pfaff 1, 12, A. 19.

Wege und Wasserläufe im Abschnitt VI, soweit sie nicht in ein bestimmtes Gewand fallen und bei diesem aufgeführt sind.
(No. 615—618)

615. Viehtrieb II.

Im Reichlenberg (Überschr.); alle Wg. zwischen dem Weissenburger pfad und dem allten Vichtrib, so vom Tobel auf die haid geeth (Lb. w. 1571, 62). Wg. im Reichelenberg zwischen dem Weeg oder Vichtrib ein-, anderseits xx Wg. (Lb. g. 1701, 922).

Wahrscheinlich ein steiler Weg (heute Staffeln) an der N- und NO-Seite des Reichelenbergs, der von der Dobelstraße die Neefstraße kreuzend zur Bopserwaldstraße führt. Möglich ist auch, an den heutigen Weg „Am Reichelenberg" an der NW-Seite des Gewands zu denken; dieser führt allerdings nicht so unmittelbar zur Heide wie der erste.

616. Vischerpfad.

Egerd am Rychlinberg . . . stosst uff den vischerpfad (Lb. w. 1472, 48).

Falls nicht Zufallsname, wahrscheinlich nach einem Anstößer namens Vischer; Pn. Vischer in Stgt. seit 1393 belegt (Pfaff 1, 420).

617. Wünschenstäffele. wę̆nšəšdę̆fələ.

Ehemaliger Staffelaufgang durch G. und Wg. von der Olgastraße (No. 73/75) in die „obere Heusteige" (obere Danneckerstraße); nach dem Besitzer angrenzender Wg.: Wünsch (mündl. Erkund.).

618. Dobelbach. (OAB. 9.) dǫ̆blbăχ.

W. und G. am Tobelbach gel. (Lb. w. 1451, 31). W. vorm ussern Eslinger thor, am tobelbach (Lb. g. 1536, 123).

Vom Gewand „Dobel" (587), das der Bach durchfloß. Nach Pfaff (1, 78) nach dem anstoßenden „Sonnenberg" auch: Sonnenberger Bach.

VII. Von der alten Heerstraße (Bopserweg — Ruiter Straße) bis zur Alten Weinsteige, mit Einschluß des ganzen südöstlichen Walds.

A. Die in Nutzung genommenen Teile.

619. Bopserweg, steiler Bopser, Bopserstraße. (Adreßb. 1928, III, 2.) də šdəilə bŏbsər nŭf. bŭbsərwęg.

stein an der Bopser straaß, über solche Straß hinüber, an dem Castenwald abwerz (Grenzb. 1667). oben zue Außgang des [Silber]walds an der Bopßer straaß (Grenzb. 1683, 1721). G. in der Heustaig zwischen ... und dem Bopserweg (Lb. g. 1700, 614). Wg. und Bandth. im Bopser ... zwischen dem Bopser-weeg und der Klingen gelegen (Lb. g. 1745, 127).

Die zweite Bezeichnung für den Weg wohl allgemeiner (vgl. 223); früher vom Hauptstätter Tor an die jetzigen Bopseranlagen und von da wie heute sehr steil im Gewand Bopser zum Wald empor (s. 620!).

620. Heerstraße, Herdweg III, Viehweg II.

Wg. am Richlinberg vornen am alten Hertweg (Lb. g. 1480, 8; ebenso 1491, UB. 523, 38). Falschenkling ... stost oben an die Herstraus (Lb. F. 1555, 16; vgl. 662, 4. Bel.). W. zu Weissenburg ... stosst oben wider auff den Wald, unden auff den Vichweg (Lb. w. 1571, 429 ff.). W. uff Weissenburg zwischen im selbs Wg. und wälden ... stosst unden uff den Hertd oder Vüchweg (Lb. g. 1582, 210). Wg. an der Höhrstrass zwischen Jacob Schlahinhauffen und xx (Lb. w. 1571, 587, Nachtr. nach 1586). Wg. im Reichelenberg zwischen dem weeg oder Vichtrieb ein- anderseits xx Wg. (Lb. g. 1701, 922).

Sicher im 1., wahrscheinlich im 3., 4., 6. Bel. ist 619 gemeint; vielleicht bezeichnet Bel. 5 diesen Weg als Heerstraße (Familie Schlahinhauff hat mehrfach Besitz auf der rechten Talseite). Die Fortsetzung des Wegs auf der Hochfläche ist ziemlich sicher im 2. Bel. gemeint, da der Name für den Teil der Straße bei Riedenberg und Sillenbuch 1350 belegt ist (s. WGQ. IV, No. 940). Die Namen, von denen heute keiner mehr bekannt zu sein scheint, kommen, wie auch Viehweg, mit Vorliebe alten Straßen zu, „Heerstraße" besonders solchen, die zur Verbindung mit entfernteren Gegenden dienten. Tatsächlich liegt hier ein alter Weg vor, der nach Hertlein und Goeßler in 400, nach Weller in 351 seine geradlinige Fortsetzung jenseits des Nesenbachs fand und so „die älteste und natürlichste Überquerung des Stgt. Tals" darstellte. — Von Stgt. her wohl zum Viehtrieb in den Bopserwald benützt (daher Herdweg, Viehweg); auch ohne solche sachlichen Stützen sind Heerwege und Herdwege oft vermischt worden. Vgl. 351. 847. Goeßler 2, 80. WVH. N. F. 30, 205. Über Heerstraßen: OAB. Münsingen[2] 342 f. Fundber. N. F. 2 (1924), 58.

621. Immenhofen. (Pk.-Gg., Bg.) ẽm ẽməhǫfə.
Vinee sita ze Ymmenhofen (Lb. E. 1334, 4 b). Von aim Wg. in Ymmenhofen (Lb. w. 1350, 1 a; auch: De vinea, de prato, de agro). Wg. zů Ymenhoven (Lb. w. 1451, 2). Wg. zu Ymmenhofen (Lb. w. 1503, 2). Wg. im Imenhofer gen. der Landtfärer (Lb. w. 1503, 9). Bg. und Gg. im undern Imenhofen — in dem dabei abgeschriebenen „Hochfürstl. Befehl": Im nidern Imenhoffen (Lb. g. 1701, 683 f.).

Unterster Teil des Abhangs des südöstl. Höhenzugs außerhalb des Hauptstätter Tors (heute etwa begrenzt durch: Neue Weinsteige, Immenhofer-, Cotta-, Hauptstätter-, Wilhelm- und Olgastraße). Der Fln. (Pn. Immo + Siedlungsbezeichnung -hofen) läßt auf eine ehemalige Siedlung der Ausbauzeit an der Stelle schließen; urkundlich belegt ist eine solche nicht; es wurden in der Gegend römische Baureste gefunden, etwas weiter entfernt davon alemannische Gräber (Gaisburgstr. 2). Vgl. S. 56 ff. Förstem. I, 949; II, 1559. Goeßler 60, 64 ff. Weber 66 f.

Im Gewand Immenhofen liegen:
(No. 622 und 623)

622. Klekenacker.
Vinea Ymmenhofen uff Kleken acker (Lb. w. 1393, 6).

Nach einem Besitzer; Pn. Kleck nach Pfaff 1, 398 von 1304 an (Klecko) in Stgt.; vgl. Huk der Sůter der blinde Clecke genant (1330, UB. 31, 33 f.); vinea der Hugen Kleken was (Lb. w. 1393, 8).

623. Landfahrer.
Wg. zu Hŏwstaig heisset der Lantfarer (Lb. w. 1451, 53). Wg. gen. der Landtfarer zů Ymenhofen (Lb. w. 1472, 41). Wg. im Imenhofer gen. der Landtfärer (Lb. w. 1503, 9).

Nach einem Pn.; Claus Lantferer belegt 1350 (Lb. w. 1350,

1 a; Lb. w. 1393; 1366, UB. 50, 3. Pfaff 1, 401). — Zur Sache:
Landfahrer = Reisender, Landstreicher, Vagabund (F. 4, 952).

624. Falbenhennen. (Pk.-Bw., Wg.) ęn dər, dę fälbəhęnə.
Zů der falwen hennen (Lb. w. 1350, 7b). vinea an der langen Howstaig
under der Falwenhennen (Lb. w. 1393, 13). Wg. in der Falbenhennen
(Lb. w. 1451, 4). Falbhennen — [Nom. Sing.] (Lb. w. 1466, 6 a). Wg. in
der Falbenhenna (Lb. w. 1503, 7). Wg. zu Falbenhennen; dabei nachgetr.
Überschr.: Falbenheim (Lb. w. 1524, 27). Wg. zu Imenhofen . . . stossen
oben uff den Falbenhenner (Lb. w. 1571, 275).

NW-Hang, heute etwa zwischen Bopser-, Immenhofer Straße
und Mozartstraße, Neue Weinsteige bis zur 2. Kehre. — Mhd.
val, -wes = fahl, blass (etwa auch Pn.) + henne stswf. = Henne.
Die Bodenfarbe des Gewands ist nicht fahl. Verbindung eines
Farbenadjektivs mit einem Tiernamen als Fln. ist, falls nicht
als Ereignisname, am ehesten als ursprünglicher Pn. zu erklären
(hier von Anfang an in Verbindung mit dem best. Art.). Der
entspr. Pn. Falbhenne ist allerdings nicht belegt; es kann sich
dabei aber sehr wohl um einen nur zeitweise geltenden, urkundlich nicht faßbaren Übernamen gehandelt haben, oder entstand
der Fln. durch Ausdehnung des Namens eines Kleinbezirks
(Teil einer Flur „Henne" im Besitz eines Falb). Zusammenhang
mit Felbe (so Hartm., Staa. 1875, 95 und Seytter 36) wegen
der Vokalform nicht möglich (Falbe scheint schwäbisch nicht
vorzukommen). Hegenach (so Buck 63, 108) kann in Stgt. nicht
zu Henne werden.

625. Gennower.
Wg. in der Falbenhennen heisset der Gennower (Lb. w. 1451, 4).

Nach einem Besitzer: Hanns Gennower (Lb. w. 1451, 4, 52);
vgl. Jennôwer (1465, UB. 262, 9).

626. Weißenburg. (Pk.-Wg., Ba.) ęn dər wóisəbŭrg. ęn
dę wóisəbŭrgə.
datum aput Wizenburc (1263, UB. 2, 2). actum et datum apud castrum
Wizenberg (1293, WUB. X, 157). ze wizzenberg in der marcke (1312, UB.
13, 17). Wg. ze Wissenburg (Lb. E. 1334, 5 b). vinea in Wisenberg (Lb. w.
1350, 3 b). Wald in Stuttgarter Bann hinter Weissenburg (1441, UB. 151,
20). Wg. neben Weissenburg . . . stossen . . . unden uff die Weissenburger
W. in der Klingen (Lb. w. 1571, 62). Wg. und W. im Weissenburg (Lb. g.
1745, 129). . . . herab neben dem Weissenburg (Unterg. 1800).

Vorsprung am N-Hang über der 2. Kehre der Neuen Weinsteige und über der heutigen Villa Weißenburg, unterhalb der „Schillereiche"; östl. von der Terrasse, jenseits der oberen Preißklinge, verläuft in unmittelbarer Nähe die alte Heerstraße (620). Hier stand die Weißenburg[38]), eine der festesten Burgen um Stuttgart; heute ist nicht mehr viel von ihr erhalten; doch Sattler und Munder berichten noch von Gemäuer. Der Name, mit dem Adjektiv mhd. wîʒ = weiß, glänzend, ist typisch für die Zeit der Burgengründungen; das Fehlen des best. Art. noch Lb. g. 1701, 396 zeigt wohl, daß er eher als On. wie als Fln. behandelt wurde. Memminger, Pfaff und Munder überliefern „Weißen Burrle"; Burrle hängt sprachlich nicht mit Burg zusammen; es ist Deminutiv von Burren für den vorspringenden Burghügel; der neue Name wohl für dreiteiliges Weißenburgburrle. — An die Weißenburg knüpft sich die sehr bekannte Sage vom Silberglöcklein auf der Stiftskirche. Vgl. 627. 628. 683. Memminger 372. Pfaff 1, 12 f.; 2, 99. Stadtgl. 1844/45, 69. Goeßler 25. Ders., Tagbl. 1919, 581.

627. Burgstall III.

uss dem gût zů Wyssemburg underm burgstal (Lb. w. 1472, 37). uss dem gût under Wyssemburg dem burgstal (Lb. w. 1503, 36). Wg., W. und waldts alles bey und anainander under neben und uff Weissenburg dem Burgstall (Lb. w. 1571, 788). — [Wg. und gereüth uff, neben und umb die abgegangne Burg Weissenburg genannt — Lb. w. 1571, 62.]

In den Belegen wohl weniger Fln. als noch Appellativ, wie das Wort früher vorkam; Beziehung auf 626.

628. Fellgersburg.

Ehemalige „Lust- und Molkenkur-Anstalt, Schokoladefabrik, Conditorei und Restauration" in der Gegend der Villa Weißenburg, 1844 von den Gebrüdern Fellger erbaut. Pfaff 2, 171. Stadtgl. 1844/45, 110.

629. Altenberg. (Pk.-Wg.) ẹm äldəbẹrg.

2 M. Wg. sins alten Bergs . . . ander syte an dem andern teil sins Altenbergs gelegen (Lb. w. 1451, 122). . . . Altberg . . . — Aufz. der Gew. in der Zehntbeschr. (Lb. w. 1466, 6a). Wg. hinusswerts am Altenberg (Lb. w. 1472, 11). Oben im Allten Berg — Neubrüche (Lb. w. 1510, 22 ff.). Wg.

---

38) Zur Gesch. s. S. 63 ff.

in Alten Bergen — (Nachtr. — Lb. w. 1528, 232). Egarten am Alltenperg (Lb. w. 1540, 324).

Kleine Ausbuchtung des rechten Talhanges des Fangelsbachs zu beiden Seiten der Neuen Weinsteige mit SW- und W-Lage; Gipfel des Altenbergs heute „Schillerhöhe" (mit „Schillereiche"). — „Altenberg" häufig für Wg.; „alt" wird der Umgebung gegenüber ältere Anlage der Wg. bedeuten (vgl. als gegensätzliche Bezeichnung Neue Halden und Junge Weinberge Mark. Gaisb.); „ehemalig" kann kaum gemeint sein, da sich Weinbau an den Altenbergen meist erhalten hat. Die Altersbestimmung ist also nur relativ. Beim Stgt. Altenberg ist sowohl den späten Belegen wie auch der ganzen Lage des Gewandes am südöstl. Höhenzug nach der Weinbau für besonders frühe Zeit nicht vorauszusetzen, aber doch wohl für früher als in den mehr im engen Tal und i. a. ungünstiger liegenden angrenzenden Gewanden Wernhalde oder Fangelsbach. F. 1, 152, 865. Über „alt" in derartigen Zusammensetzungen vgl. Becker 22.

630. Fangelsbach. (Pk.-Gg., Bg., Wg.) ĕm făŋlšbăχ.

ze Famelspach duo iugera vinearum (1286, UB. 6, 25). Wg. zů Vangelspach am steiglin uff gelegen (Lb. w. 1451, 3). Wg. im Fangelspach (Lb. w. 1472, 11).

Gegend um den rechten Nebenbach des Nesenbachs, der von der „Wörnhalde" herkommt; ausgegangen vom Namen des Bachs. Nach dem frühesten Beleg wohl ein Pn. Famel; Übergang zu Fangel- unklar; als der Fln. rund 160 Jahre später zum zweitenmal erscheint, ist die neue Form ausgebildet, die sich im wesentl. unverändert erhalten hat; wahrscheinlich entstand auch sie unter der Einwirkung eines Pn.: „Hans Wolherr, den man nennt Vangelhans" — 1491 (UB. 524, 2 f.). Socin 140. Buck 64. Amtsgrundbuch 103. Keinath 77.

631. Strohberg. (Pk.-Gg., Wg., A.) ĕm šdrǫbĕrg (ǫ halbl.).

W. am Strowberg (Lb. w. 1472, 54). A. im Stroberg (Lb. g. No. 2004). W. im Lehen zwüschen den Strowberg Wg. und xx gel. (Lb. g. 1558, 529). Am Strowberg (Überschr.) — der Zehnte geht ans Stift zu Stuttgart aus: Äcker am Strowberg; daneben: Stroberg (Lb. w. 1571, 11 f.). Stüffts aigner Fruchtzehend im Strawberg und Fangelsbach (Lb. g. 1632, 6). Im Strohberg und Fangelsbach (Überschr.); stein an xx weingardtmauren, so ein Eckstein,

— 360 —

der zeigt 660 Schritt am Strohberg den Wg. und xx W. hinauf biss auf den andern stein oben in xx W. zwischen dem fuesspfad und den Wg. im Strohberg (Lb. g. 1701, 203).

Unterer, sanft abfallender Teil des Rückens zwischen Bach im „Lehen" und Fangelsbach, gegen NW gelegen (gegen den Fangelsbachfriedhof und den Zahnradbahnhof vorstoßend); im untersten Teil seien besonders Äcker gewesen (Lößboden), wie sie auch früher nicht selten belegt sind, während in der Umgebung sonst Bg. und Wg. vorherrschten (vgl. Darst. auf Plan 1807). Wahrscheinlich geht Stroh (mhd. strô, -wes) auf diesen Getreidebau zurück; vgl. „Strohgäu" und die Redensart: Holz macht den Acker stolz, Stroh macht den Acker froh (F. 5, 1871), wo beidemal Stroh, tatsächl. der minderwertigere Teil des Getreides, für Getreide, Korn steht; vgl. auch „Strohberg" Mark. Ditzingen (Heck 114). Vielleicht liegt in „Strohberg" auch ein gewisser Spott der Weingärtner, da die „Berge" um Stgt. sonst Wein trugen. Der regelmäßige Gebrauch des best. Art. weist wahrscheinlich auf jüngeren Ursprung des Fln. — Staa. 1875, 95. Keinath 48.

632. Lehen. (Pk.-Gg., Wg., Ba.) ĕn dĕ (ĕm) laeə.

... vinearum ... sito in monte dicto zů dem Lehen (Lb. E. 1304, 3a). Vinee sue site in deme Lehen (Lb. E. 1304, 5a). ... vinearum site im Lehen (Lb. E. 1334, 7a). Wg. und Wisen am Lehen (Lb. w. 1451, 25). Im Lehen ob dem Haus stand zween stain, was oberthalb derselben stein ligit sindt Newbruch und gehort der Zehent davon eigentlichen dem Stift (Lb. w. 1510, 23). W. im Lehen zwuschen ... und dem Weg, der in das Lehen gat gelegen (Lb. w. 1528, 259 f.). 3 M. A. im Lehen ob den heusern (Lb. g. No. 2004). 1 M. Wg. im hohen Lewen [nur vereinzelt, sonst regelmäßig „Lehen"] (Steuerb. 1554). Wg. im Lehen ... stossen ... unden uff das Lehenhauß (Lb. w. 1571, 282 f.). Ob denen obern Lehen an der Weinstaig (Lb. g. 1745, 143).

Heute bes. der steile linke (gegen NO), teilweise auch der rechte Talhang eines rechten Nebenbachs des Nesenbachs (zu beiden Seiten der Lehenstraße und ihrer Fortsetzung); früher muß das Gewand in das flachere Gelände gegen den Nesenbach hin hereingereicht haben, da nur dort (Lößboden!) Äcker liegen konnten (s. 7. Bel.). — Rechtsbegriff „Lehen" (mhd. lêhen stn.) ist hier Fln. geworden; es müssen dazu besondere Verhältnisse vorgelegen sein; denn ein Lehen an sich bot im Mittelalter, wo

das freie Eigentum die Ausnahme bildete, kein unterscheidendes Merkmal. Es ist anzunehmen, daß der Fln. von Anfang an bebautes Land bezeichnet hat; er muß deshalb nahe der Ausmündung der Lehenklinge ins Nesenbachtal entstanden sein, da der ganze steile NO-Hang wegen seiner ungünstigen Lage von vornherein als junge Rodung anzusprechen ist. Die Annahme wird gestützt durch Bel. 5: ein Haus kann nur im flacheren Gelände gestanden sein. Auf die Lage dieses ehemaligen Hauses, bzw. der Häuser (s. 7. Bel.), weist wahrscheinlich ein noch bestehendes großes Gebäude mit Scheuer (Hinterhaus Hauptstätter Str. 149 a). Es ist offenkundig alt, hat einen mächtigen Keller und soll nach der Überlieferung früherer Bewohner einmal ein Kloster gewesen sein. Von einem wirklichen Kloster an der Stelle ist nichts bekannt; auch daß „Kloster" = Klosterhof (sprachl. möglich), ist wegen der vereinzelten Lage des Hauses außerhalb der Stadt nicht wahrscheinlich. Vielleicht liegt hier ein ähnlicher Gebrauch vor, wie er von der Schweiz bekannt ist (Schw. 3, 700), daß man von einem geräumigen, gemauerten Hause sagt, es sei „wie ein Kloster" (von einem solchen Vergleich Schluß auf ein ehemal. Kloster); vielleicht hat auch nur das Vorhandensein mehrerer Mauernischen, offenbar für Heiligenbilder, die Meinung veranlaßt. — Nach mündl. Mitt. hatte der Eigentümer des Hauses seinen ganzen Grundbesitz im Gewand Lehen. Das weist auf enge, innere Verbindung zwischen Gebäude und Gewand, wie sie bei Einzelhofsiedlungen besteht. Damit liegt es nahe, in diesem Haus, bzw. einem etwaigen Vorgänger, den Kern des Gewands Lehen überhaupt zu sehen. Der Name galt also ursprünglich für einen bzw. zwei Einzelhöfe mit ihrem zugehörigen Feld (vgl. Rheinwald 64 — gleiche Benenn. für Ähnliches). Es lag hier einst eine Siedlung wie die Böhmisreute, was klar beweisbar ist: im Steuerb. 1554 wird in besonderer Abteilung wie „Heslach und Behamsreitten", „Rohr" usw. auch „Lehen" aufgeführt; nähere Beschreibung: „Michel Lutz hat 1 hauß me 1 achtel garten me 1 M. Wg. ob dem hauß me $^3/_4$ Wg. darunder me $^1/_4$ Wg. $^1/_4$ Egerten ob dem Lehen me 1 juchht ackers beim hauß . . ."
— „Countz Bechtlin hatt $^1/_2$ hauß in der Statt me 1 hauß und

hofraitin im Lehen me 1 M. Wg. underm hauß me 1 ½ M. Wg. ob dem hauß . . ." — „Hans Lutzen Kinder haben 2 M. acker im Lehen . . ." [keine Behausung genannt, nur Grundbesitz meist im Lehen gelegen]. Die beiden Höfe erscheinen wieder Lb. F. 1555, 14: „Die baide Inwoner im Lehen sitzen zu aller vorstlichen Diensten wie die zu Behemssreiten"; im St. F. 1680 dazu noch: „Diese Weyller und Müllen sitzen am untermarck beeder Vörst." Nur diese Art des ursprünglichen Zusammengehörens eines größeren Flurteils zusammen mit der Besiedlung erklärt den Fln., da sich damit das betr. Stück von den andern kleinen, nicht-eigenen Stücken deutlich unterschied. Der ganz andere Name für die in der Sache ähnliche Böhmisreute hat wohl darin seinen Ursprung, daß dort erst gerodet werden mußte, während das „Lehen" vielleicht noch zu dem schon von Immenhofen aus bebauten Feld gehört hat. — Nach Pfaff sollen die Häuser der späteren „Kleinen Schweiz" 1482 zum erstenmal genannt und noch im 17. Jh. als „im Lehen" bezeichnet worden sein. Es ist unwahrscheinlich, daß so nahe beieinander zwei bewohnte Lehen waren (daß die Kleine Schweiz und das Gewand Lehen zusammengehörten, ist wegen der örtlichen Verhältnisse nicht denkbar), und daß die „Kleine Schweiz" schon so frühe bestand. Dagegen ist es sehr gut möglich, daß Pfaff die Häuser im Lehen, die er belegt fand, mit der Kleinen Schweiz identifizierte, da er das genannte Gebäude wohl als zur Ziegelhütte gehörig ansah. Tatsächlich waren dieses und die Ziegelhütte im letzten Jh. in den Händen einer Familie; die Beziehung war aber nicht ursprünglich, oder jedenfalls war die Ziegelhütte erst das Sekundäre (diese erst 1584 erbaut, Haus im Lehen schon 1510 erwähnt). — Der Fln. ist heute männlich; Geschlechtswechsel des appellativ nicht mehr gebräuchl. Worts von der Form des Dat. Sing. aus, wo Artikel des Neutr. = dem des Mask. Mit mhd. lêhen mischen sich in Fln. manchmal mhd. lê, -wes stm. und lôch, -hes stm. n.; eine solche Mischung hat aber hier nicht stattgefunden (ganz klare und einheitliche Überlieferung [einzige abweichende Form s. 8. Bel.!] von frühester Zeit an; heutige Form!). Staa. 1875, 95 (von lê). — Pfaff 1, 373.

633. **Erberheidle II.** ębm ębrbərhǫędlęb.
Kleine unbebaute Stelle, mit Erdbeeren bewachsen, am Hang des Gewands Lehen; Schilfsandstein. Vgl. 89.

634. **Leierwiesen.** (OAB. 8; Plan 1901; Signal L.)
Am Unterteil des linken Talhangs im Lehen (wenig oberh. der Zellerstr.). Da Aussprache unbekannt, sichere Deutung nicht möglich; von der Schriftform aus ist möglich Leier = Musikinstrument, Läure = Nachwein, schließlich auch Lei = Felsengrund; auch Fn. kann zugrundeliegen. Buck 161. Miedel 14.

635. **Wernhalde.** (Pk.: Wörnbalde — Wg., A., Gg.) ębn dər węrnhălda.
An Wŭlenhalden duo [iugera vinearum] (1286, UB. 6, 24 f.). Vinea sita est in Wŭlnhald (Lb. E. 1304, 5 a). Vinea ze Ymmenhofen gen dem wege gen Wŭlenhaldun (Lb. E. 1334, 4 b). De prato in Wŏlnhalden; daneben je einmal: Wŏlhalden, Wŭlnhalden (Lb. w. 1350, 2 a). Wg. zŭ Wielnhalden (Lb. w. 1451, 21). Wg. zu Wŭrnhalden (1489, UB. 485, 25). Egerden zu Wŭlnhalden, auch: Wulnhalden (Lb. w. 1503, 10). Wg. und egart zu Wiernhalden (Lb. w. 1503, 20). Wiernhalden — wo die Zehntbeschr. von 1466 „Wülnhalden" hat; daneben: hinden in der Wernhalden (Lb. w. 1510, 14/15, 22 ff.). W. zu Wernhalden (Lb. w. 1528, 258). „Weilnhalden" mehrfach neben: „Wielnhalden" (Lb. w. 1542). Wg. zu Wuelnhalden; zu Wielhalden; Bandhecken in der Wielnhalden; W. zu Wieln- oder Wernhalden; zwischen ... und der Wernhalden Klingen gel.; daneben sehr oft: in der Wernhalden, auch daselbsten in der Hindernwernhalden (Lb. w. 1571, 519 f., 636 f., 782 ff., 34, 59, 550).

Ziemlich steiler, i. a. nach NW gerichteter Hang von der Filderhochfläche über die Neue Weinsteige hinunter ins Tal des Fangelsbachs und seiner Quellbäche und an diesem ein Stück weit abwärts (flaches Gelände); an der Neuen Weinsteige abwärts reicht das Gewand bis zum Altenberg; Gebiet zwischen Filderhochfläche und Weinsteige von Wald eingenommen (s. 668), der ohne Zweifel lange viel weiter talabwärts gereicht hat (Neubrüche „hinden in der Wernhalden" — Lb. w. 1510, 22 ff. und Lb. w. 1527, 29). Nach den frühesten Belegen ist beim Bestimmungswort von mhd. wuol-, wüel- auszugehen, hier in schwacher Form, wie sie in Fln. gelegentlich auftritt (vgl. Miedel; F.). Bedeutung: 1. Wehr, Damm an einem Gewässer, 2. Stelle mit Wasser und Schlamm, in dem sich Tiere (Schweine) wälzen.

Das Wasser als Voraussetzung für beide Bedeutungen ist im Fangelsbach gegeben. — Über die frühe Sonderentwicklung des Bestimmungsworts (-üelen > -eln) s. S. 23 f.; 313, 361, 386! Die erste der heutigen Aussprache entsprechende Schreibung mit e statt üe (ie) stammt von 1510, die zahlreichen Schreibungen mit Diphthong aus dieser und der folgenden Zeit sind also traditionell. Seit dem Ende des 15. Jhs. ist schriftlich eine neue Änderung des Fln. belegt, die die erste voraussetzt: in der Lautgruppe l + dent. Kons. im Bestimmungs- und Grundwort wurde durch Dissimilation l des Bestimmungsworts > r. — Das Zusammentreffen der schriftlich überlieferten Formen mit einem Wort ähnlicher Bedeutung, mhd. wuor(e), wüer(e), ist zufällig. F. 6 I, 968, 982. Alem. 1 (1873), 274; 15, 141. WJB. 1875, II, 131. Buck 304, 296. Festg. 370. Miedel 51, 21. Vollm. 35. Eberl 174, 239, 190. Rheinw. 184, 230. Keinath 10, 75.

Bei oder in der Wernhalde liegen:
(No. 636—643)

636. Bohnenberg I.
Egerden zů Wůlnhalden am Bonenberg (Lb. w. 1472, 36). Ebenso Lb. w. 1503, 20; Lb. w. 1540, 367. Gerechtsame zu Wernhalden im Bonenberg (Steuerb. 1579).

Nach Bohnen (Saubohnen). Vgl. 695. Keinath 49.

637. Nonnenheide.
Wg. in den Wernhalden zwischen dem Wald und . . . stost oben an die Nunnenhaid (Lb. g. No. 2004). Wg. in der hindern Wernhalden . . . zwischen dem wald und . . . stosst . . . oben an das Nonnenheidlin (Lb. g. No. 2004). Ähnlich: Lb. g. 1558, 476; Lb. w. 1571, 34.

Zusammenhang mit „Nonnenwald" (s. 669).

638. Bürgerwäldle.
Stuttgardter Bürgerwäldle (Überschr.). Dieses Wäldle ligt auch . . . an der Herrschaftlichen Wernhalden, gehörtt zerschiedenen Bürgern in Stuttgardt (St. F. 1680, 12). Bürger Wäldle an der Wernhalden (18. Jh.; städt. Arch. J, Bü. 57).

Nach einem beiliegenden Plan (1680) im Oberteil des Fangelsbachtals am Rande des ehemals weiter ins Tal herabreichenden Herrschaftswalds Wernhalde. Name nach den Besitzverhältnissen (siehe 1. Bel.).

639. Magnustörlein.
Am herrschaftlichen Wald fort biß an Magnus Thörlin (St. F. 1680, 11).

Am W-Ende von 638, wohl gedacht als Waldtor für den Römerweg. Im Bestimmungswort wahrscheinlich Vorname Magnus (wohl eines Anstößers).

640. Im Schöner.
Wg. zu Wulnhalden genannt der Schöner (Lb. w. 1503, 19). Die Wg. im Schoner sind all Newbruch (Lb. w. 1510, 23). Im Schöner (Überschr.). Wg. im Schöner zwischen beeden der Wernhalder und Schöner Klingen gel. (Lb. w. 1571, 35). Im Schöner (Überschr.). Wg. im Schöner zwischen xx und xx Wald. Egarten zu Wielnhalden oder im Schöner, ist jetz ain wald (Lb. w. 1571, 59, 784).

Nach Bel. 2/4 in dem an den Wald stoßenden Teil der Wernhalde. Ursprünglich wohl Name des Besitzers eines Wg. (spätere Ausdehnung).

641. Im kalten Loch, im kalten Rank. (OAB. 4, 9.) ẽm khăldə lŏχ. ẽm khăldə rãk (die Aussprache stammt aus Degerloch.)

Oberteil der Klinge des rechten Quellbachs des Fangelsbachs, um die die Neue Weinsteige im Bogen herumführt; der Wald tritt hier links unmittelbar an die Straße. Die Klinge öffnet sich gegen NW; die Stelle ist besonders im Vergleich zu dem vorausgehenden Stück der Straße, zwischen Wg. am W-Hang, immer „kalt". Loch hier für die neben der Straße ziemlich tief eingeschnittene Klinge. Die 2. Bezeichnung scheint vor allem in Degerloch zu gelten; Rank, mhd. ranc stm., für die Biegung, den „Umrang" der Weinsteige. Staa. 1875, 95.

642. Sixle. ẽm sĭkslę̃.
Stark parzelliertes Weinbergstück unterhalb des Etzeldenkmals; es soll hier einmal eine Kapelle gestanden sein (Beziehung zu 637, 669?). Name bes. in Degerloch gebraucht. Six, nicht ungewöhnliche Kürzung von Sixtus, hier entweder Name des Kapellenheiligen oder Besitzername. Im letzteren Fall deminutive Form vielleicht schon im Besitzernamen; sie kann allerdings auch erst aus der Kleinheit der Stücke entstanden sein, so sicher bei Entstehung aus dem Heiligennamen. F. 5, 1425.

643. Schmotzler.
streit und span in der Wernhalden oder Schmotzler genandt (Unterg. 1615).
Wohl Übername oder Fn. eines Besitzers.

B. Der Wald im SO der Stadt vom Rennweg bis zur Alten Weinsteige (Abschnitt VI und VII).

644. **Rennweg II.** rẹ̆nwę̄əg (Ausspr. aus Gbl. und Gaisb.). Die Huot uff dem Renweg; Rennweger Huot (Lb. F. 1555, 7, 15). Im Watennhaw genannt am Renweg (Lb. F. 1555, 38).
Heute von der Geroksruhe durch den Wald bis auf die Höhe über Wangen; zunächst in südöstl. Richtung, nach kurzer Zeit am Fuß des Frauenkopfs fast rechtwinklige Biegung nach NO, weiter auf dem von der „Stelle" ausgehenden, nordöstl. gerichteten Höhenrücken; früher oberhalb von Wangen mit der Richtung auf Hedelfingen neue Biegung gegen SO. Der Weg meidet deutlich den eigentlichen Kamm; er verläuft, wo es möglich ist, im Wald ganz wenig südl., in den Wg. über Wangen ganz wenig westl. davon und ist somit gegen N und O geschützt. Beim Gewand „Burg" südwestl. von Wangen hört der Weg heute unvermittelt auf; er geht unorganisch in einen Querweg über, der bald fast rückläufige Richtung aufnimmt und so ins Tal nach Wangen führt. Vermutlich hatte der Rennweg einst wie der Höhenrücken eine Fortsetzung nach Hedelfingen. — In dem ganzen angegebenen Zuge gilt der Name „Rennweg" [39]). Vorgeschichtliche Spuren an seinem Verlaufe erweisen den Weg als alt; von Hedelfingen her: Grabhügel des die Höhen links des Neckartals einst beherrschenden „Lehenseichle", westl. über Wangen („Fürstengrab"); hier auch Fund eines Meißels (jüng. Steinz.); vermutlicher Grabhügel nördlich des Wegs kurz nach Eintritt in den Wald oberhalb von Wangen; Fund eines zierlichen Beils (jüng. Steinz.) im Wald „Wattenhau". Goeßler sieht die Fortsetzung des Rennwegs vom Neckartal her in einer Verbindung über den Frauenkopf zur „Stelle", wo sich ein weiteres Hügelgrab findet. Damit ist das heutige Schlußstück etwa vom Tennisplatz bis zur Geroksruhe, das nur ins Nesenbachtal führen kann, aus dem alten Zug des Rennwegs ausgeschlossen; der Name wäre einfach auch auf diesen Teil übertragen worden.

---

39) Für das Stück über Wangen: Wg. im Leu an xx gelegen und oben am Rennweg (Lb. F. No. 70). 18 M. uff der Burg, an xx und xx, am Rinweeg — unter: Wangen (Lb. F. No. 70).

Dagegen ist zu beachten, daß sich „Rennweg" für den Teil zur „Stelle" und darüber hinaus nicht belegen läßt. — Nach Goeßler muß man im Rennweg ein Stück einer alten Verbindung vom Neckartal auf die fruchtbaren Filder sehen. — Daß der Weg früher eine gewisse Bedeutung hatte, geht daraus hervor, daß eine der drei Huten des Stgt. Forsts nach ihm „Rennweger Hut" hieß (s. 1. Bel.); Markungsgrenzen folgen dem Weg heute nicht, abgesehen von einer Strecke von nicht ganz 200 m (Mark. Gaisburg: Wangen, damit früher OA. Stgt. Amt: OA. Cannst.). — Die in Deutschland nicht seltenen Rennwege werden auf sehr mannigfache Art erklärt. E. Paulus sah in den meisten württ. Rennwegen alte Römerstraßen, bzw. römische Botenwege. Andere Erklärungen: Grenzwege (von Rain = Grenze), Wasserscheidewege (vom Abrinnen des Wassers), Wege zu Jagdzwecken, forstliche Abgrenzungen aus der Frankenzeit, Wege, auf denen volkstümliche Wettrennen stattfanden (im vorliegenden Fall sicher nicht, vgl. aber 494). Rein sprachlich legt sich eine andere Deutung nahe: „rennen", Faktitiv zu „rinnen", hat ursprünglich als Hauptbedeutung nicht unmittelbar die der schnellen, sondern die der geradlinigen Bewegung, des geradlinigen Zustrebens auf ein Ziel, wie aus dem faktitiven got. urrannjan deutlich hervorgeht: unte sunnon seina urranneiþ ana ubilans jah godans [40]). Damit ergibt sich als Grundbedeutung für die Rennwege die des möglichst kurzen, geradlinigen Zustrebens auf ein Ziel, die mit ihrer Art als Höhenwege übereinstimmt [41]). Keinath 73. Goeßler 14, 28. Alb.Ver. 9 (1897), 251 ff., bes. 255; 1905, 440. Aus dem Schwarzw. 1906, 53. Staa. 1875, 72. Vollm. 55. WJB. 1875, II, 151. Deutsche Gaue 1921 (22), 15; 1922 (23), 73 f. Württ. Stud. 172.

645. Frauenkopf. (Pk.) ŭfəm fráǫəkh̥ǫ̈pf.
Herrschaftlicher Frauenkopf [daneben: Cantstatter Frauenkopf] (St. F. 1680, 115 f.) Falsche Klingen und Frauenkopff (Grenzb. 1721). . . . rechter Hand herauf bis auf den Frauen Kopf (Grenzb. 1725). An dem Graben des Frauenkopfs hinunter (Grenzb. 1726).

---

40) Matth. V, 45 — Bibl. d. ält. deutsch. Lit. Denkm. I^{12} (1913), 5.
41) Diese Erklärung wird von Bohnenberger vertreten.

Höchste Erhebung des südöstl. Höhenzugs unterhalb von Degerloch mit ihrer weiteren Umgebung. Zusammenhang mit Frauenwald (646), dem älteren Namen; Frauenkopf für Frauenwaldkopf. Vgl. 248.

646. Frauenwald.

Frowenwald ain junger Haw und Brennholtz ungeverlich 80 M. stost oben an die von Stutgarten und Canstat, unden an die Gennshait zwischen Stutgarden Fuchs frain (!) und denen von Canstatt und Roracker — Herrschaftswald (Lb. F. 1555, 15). Fuchsrain stost... an der Herschaft Frowenwald (Lb. F. 1555, 17). Cantstatt haben ein stendholz ungef. 8 M. stosst oben an Frowenwald unten an die von Stutgarden und unsers gnädigen Herrn Weld (Lb. F. 1555, 21). Wahrscheinlich Gebiet von 645. Name von einer Frauenkapelle (1536 abgegangen)[42]).

42) Unscheinbare Steinreste im Boden angebl. dieser Kapelle sind noch auf der Höhe des Frauenkopfs wenig östl. vom Spielplatz erhalten (Merk. 1927, 363). Die Kapelle ist von 1508 an nachweisbar; der Art ihrer Nennung nach stand sie bei einer Eiche: [vom Cannstatter Rain] gat das undermarck die Clingen hinuff ob der Syhalden hinuber gegen unnser Frowen der Aichen zu da stat der VII marckstain (Grenzb. 1508—1535). Ob der Sewhalden hinumb unser frowen der aichen zu, alda stett der 7. marckstein ... Uff der Hoffstatt, daruff das Capellen unser frowen by der aich gestanden, steet ain hoher stain (Grenzb. 1536—1553). Des Landschreibers Wald zeigt die Marckung bis zu unser Frawen Capel so vor vil Jaren da gestanden (Lb. F. 1555, 18). Von dannen steet khainer her bis hinauf zu unser Frowen zur Aich da das Käppelin gestanden (Grenzb. 1566). Bis hinauff zu unser Frowen zur Aich da im Babstumb ir Cappellin gestanden (Grenzb. 1596—1721). Bey disem stein ist vor Zeiten da noch das Pabstthum gewest, ein Capel zu unserer L. Frau zur aich genandt gestanden (städt. Arch. . . . Grenzsteinabbildungen wohl von 1731). Frawen Cappel (1731; städt. Arch. B, Bü. 16). — Die Lage der Kapelle mitten im Walde ist einigermaßen auffallend; es kreuzen sich an der Stelle zwei Wege, der eine quer, der andere längs zum Frauenkopf, die aber wohl kaum je mehr als Viehtriebwege waren. Nach den alten Grenzbeschreibungen stand die Kapelle schon immer an der Markungsgrenze (der Längsweg verließ hier die Stgt. Markung, als 664 noch nicht der Stadt gehörte). Am ehesten ist sie wohl vom Weidebetrieb aus als Hirtenkapelle in der Nähe der Stelle und Tränke (s. 654) zu verstehen. Bei einer solchen Erklärung kann die Katharinenkapelle beim Degerlocher Aussichtsturm, in deren Nähe auch eine Viehstelle war (s. die Pläne im St. F. 1680 und im Waldbuch 1699 — städt. Arch. B, Bü. 14, 15), als Parallele herbeigezogen werden. — Die Bearbeitung stützt sich im wesentlichen auf Anregungen von Stadtarchiv. Dr. Stenzel.

647. Doctor Engels Wald.
Der sogenannte Doctor Engels Wald (1827/28; städt. Arch. B, Bü. 18).
Unterabteilung des Frauenkopfs; von einem Besitzer.

648. Cannstatter Wald. (Pk.-Nadelwald.) Flk. XXIV, 11.
Frowenwald ... stost oben an die von Stutgarten und Cantstatt (Lb. F. 1555, 15). Fuchsenrain ... stost oben uf der Herschaft und deren von Canstat wald [fraglich, ob der vorliegende Cannstatter Waldbesitz gemeint ist] (Lb. F. 1555, 17). Des Landschreibers Wald ... langt für um bis an deren von Cantstatt Wald (Lb. F. No. 70). Erstlichen hat gemeine Statt Kanstatt sampt andern Burgern daselbsten einen walldt, zwischen der falschen Klingen und dem Frawen walld ligen, welliches sich an einem stuck uff 200 M. anlauffen thuet (Lb. F. 1583 nn). Cantstatter Wald (Plan 1807). ... bis auf den Frauenkopf, wohl recht oben stehet ein stein mit ... davon 7 schritt ... ein alter stein ... hat ein Hirschhorn und deren von Canstatt Wappen aber nur ad differentiam ihrer daselbst habenden Waldungen und gar nicht der Marckung wie sie es denn selbsten bekandt haben weilen an andern mehr stein ihr Wappen gehauen (Grenzb. 1725 f.).

Früher Enklave im Herrschaftswald „Frauenkopf" am Oberteil des S-Hangs von 645 gegen 662; der Wald gehörte der Stadt Cannstatt (aber nicht Markung C. – s. 6. Bel.!) und kam 1820 durch Kauf an Stuttgart[43]); noch heute läßt sich seine Umgrenzung weithin durch alte Marksteine mit dem Cannstatter Wappen, der Kanne, verfolgen.

Landschreiber s. 664.

649. Entenlache.
... von Direnbach ... hinab bis uf die Steltzen bey der Entenlachen (Lb. F. 1555, 18). Der 12. margstain bey der Enttalachen hat kain statt gemerk (Grenzb. 1559 ff.).

Am oberen Teil des linken Hangs von 662 (Gegend des Rohracker Wegs) zu suchen; die Erwähnungen geschehen anläßlich von Markungsgrenzbeschreibungen (4 Marksteine nach der Frauenkapelle [Anm. 42] gegen die Rohracker Markung hin). Es ist nicht sicher, ob die E. noch auf Stgt. Markung lag. — Mhd. lache < lat. lacus = kleinere Wasseransammlung, sehr häufig in Fln.; Enten hier = Wildenten. Keinath 8 f.

650. Hafenerde.
Des Landschreibers Wald facht an bei der Haffen Erden ... diese obgemelte weld, die Haffen Erden genant, vornen bej der Klingen hat ain Steltzen so der von Raurackher ist (Lb. F. 1555, 18).

---
43) Nach pers. Mitt. von Stadtarch. Dr. Stenzel.

Genaue Lage unbekannt, i. a. zu suchen bei 664, also südöstl. der Frauenkopfkapelle. Dem Namen nach wohl ein Stück mit den geologischen Bedingungen (Zusammentreffen von Knollenmergel und Jura, wie es auf dem Frauenkopf vorkommt), des Gewands Lettenloch (661), so daß sich die Erde zu Töpferzwecken eignete.

651. Eulenrain. (Pk.-Ba., Wald; städt. Bes.) ĕm ǫ́ilərǭę̆.
14 M. 2½ Viertel im Eulen Rain (1760; städt. Arch. J, Bü. 57).

Steiler, meist bewaldeter Abhang, der von rechts an den obersten Teil des rechten Quellbachs des Dobelbachs stößt; auf der linken Seite des Bachs liegt 652. Der Name gehört zusammen mit Eulenberg (607), aus dem er wohl entstanden ist (Unterdr. des Mittelteils in dreiteil. Zusammensetzung).

652. Buchrain. (Pk.) ĕm búəχrǭę̆.
Buochrain ain zimlich erwachsen Holz ungeverlich 50 M. stost oben an die vichstellin unden uf die wingarten Sonnenberg ainseitz an die verdorben Wg., denen von Stutgarden gehörig, anderseitz an Sillenbuocher Pfadt — [Herrschaftsbes.] (Lb. F. 1555, 15). Holtz gen. im Stelhaw . . . zwischen . . . und dem Buochelrain (Lb. F. 1555, 18). Wald stost bis an Buochrain und an Sonnenberger wingart (Lb. F. 1555, 20). Ain Holz das Kienlin genannt . . . einseiz an Buch Rein (Lb. F. No. 70). An dem Biechin Rein (Lb. F. 1583 mm). Kühstelle oder Stellhau zwischen . . . und dem herrschaftlichen Büchelen Rain (1760; städt. Arch. J, Bü. 57). Viehstelle grenzt gegen Mitternacht an den herzogl. Cameral Wald Büchelens Rhein (Ende 18. Jh., städt. Arch. J, Bü. 57).

Steiler, bewaldeter Abhang, von links an den rechten Quellbach des Dobelbachs stoßend; auf der andern Seite des Bachs liegt 651. Vom Bewuchs mit Buchen, der aufgefallen sein muß. Vgl. 824. 651.

653. Blauer Boden. ăm blayə bǫ́də. (Bezeichn. in Rohracker sehr gebräuchl.)

Ebeneres Stück zwischen den beiden starken Anstiegen des Wegs am Hang von 652 von Sonnenbergstr. und Straße „Im Kienle" zur „Stelle". „Boden" = ebenes Land, in der Verkleinerungsform oft = kleine Terrasse an einer Halde, hier also deutlich für das im Vergleich zur vorausgehenden und folgenden Strecke ebene Wegstück; „blau" wohl von der Erdfarbe;

das Gebiet gehört den bunten Mergeln an, während die „Stelle"
im Stubensandstein liegt. „Boden" auch sonst in Fln. in Verbindung mit Farbenbezeichnungen (s. F.: Weißer, Schwarzer B.).
F. 1, 1180, 1255. Miedel 8. Vollm. 19. Keinath 3, 45.

654. Stelle II. (Top. Atl., Bl. 70.) ůf dər šdęl.
S. 652, Bel. 1. Mer ir [der Stuttgarter] Vichstelle zwischen obgemeltem
Holtz [Stellhau] gel. — 7 M. 4 $^1/_2$ ruthen (Lb. F. 1555, 18). Weutters uff
der Kiestellen genannt (Lb. F. 1583 nn). An der Herrschaftl. Gänßheyd hatt
gemeine Statt Stgt. auch ein Stuck und ist die Vich-Stelle sambt der Trennk
und Trib darauff (St. F. 1680, 117). Ein Läufer auf der Stelle, zwischen
gnädigster Herrschaft und der Stelle selbst (Grenzb. 1731). 18 M. sog. Kühstelle oder Stellhau zwischen der Stadt falschen Klingen Wald . . . vornen auf
das Stellhäule . . . (1760; städt. Arch. J, Bü. 57). Viehstelle (Plan 1807).
Name allgemein bekannt für die Paßhöhe zwischen Nesenbach-
und Tiefenbachtal. Bedeutung s. 260. 542. Daß die Bezeichnung auch dieses Platzes aus der Weidewirtschaft stammt, geht
aus den älteren Belegen deutlich hervor. Im Gegensatz dazu
wird der Fln. gerade hier manchmal (mündl. Erkund.) aufgefaßt
als Ort, wo Leute, die Traglasten von einem Tal ins andere
befördern, diese abstellen (sachl. Stütze bis vor kurzem: Abstellbänke und Sitzplätze); solche Abstellplätze heißen i. a.
Ruhe(stätte) oder Absetze[44]); vgl. Keinath 81, Vollm. 57. — Bestimmungswort Vieh- oder Küh- der älteren Belege war wohl
nur in der schriftl. Überlieferung lebendig; daß „Stelle" allein im
Gebrauch war, zeigt „Stellhau". Vgl. 655.

655. Am Kreuzweg I. ăm gróitswęəg.
Zweite Bezeichnung für 654, in Rohracker wenigstens unter den
älteren Einwohnern weithin bekannt (ob auch in Stgt.?). Kreuzung der Wege Gbl.—Geroksruhe – Degerloch (vorgesch. Weg;
auch Fortsetz. von 644) und Stgt.—Rohracker bzw. Sillenbuch.
Unmittelbar bei der „Stelle" liegt ein Grabhügel (Hallstatt). Der
Ort ist in Rohracker sehr verrufen; Männer, die schon verspätet
von Stgt. heimkehrten, erzählen davon, wie ihnen hier, besonders
um Mitternacht, aber auch zu anderer Nachtzeit, von den Geistern
ganz übel mitgespielt wurde (man wird vom Wege abgeführt
und in den Graben gezogen). Kreuzwege oder Wegscheiden sind

---

44) Pers. Mitt. von Prof. Dr. Bohnenberger.

als Sammelplätze der Geister und Hexen im Volksglauben bekannt. Vgl. 767. DWB. 13, 3136 (Wegscheide 4). WJB. 1904, I, 97. — Goeßler 28. Römer II, 55.

656. **Stellhäule**. (Pk.-Laubw.; städt. Bes.) ȩ̈m šdę́lhaȩlȩ̈.
Mer haben gedachte von Stgt. ain holtz gen. im Stelhaw oben an der Falschen Klingen, an der Stat wald der Silber Wald genant zwischen unserm gnedigen Herrn und dem Buochelrain biss an die Genßhait — 31 ½ M. 10 Ruthen (Lb. F. 1555, 18). Stellhäule (Plan 1847). Vgl. 654, 5 Bel.

Umgebung von 654, besonders gegen W. Ursache der Deminutivform unbekannt.

657. **Nicola-Wald**, Dürckhenwäldlein.

Die Namen sind auf einer Skizze (angef. wegen Streitigk. 1667[?]) für einen kleinen Waldteil links des Wegs Stelle–Rohracker kurz nach der „Stelle" eingetragen (städt. Arch. B, Bü. 11, Unterb. 2). Beides wohl Namen von Besitzern; in Dürckhen könnte auch On. Türkheim vorliegen, der in den Lg. F. oft in dieser oder einer ähnlichen Form auftritt.

Kühnle-Wald s. 609.

658. **Brandhecke**.
Verzaichnus welcher gestaltt die 3 stuckh walds im Kienlin alhie . . . den Stutgartter Vorstlagerbüchern in der Bopserhuet nach der Brandhecken einzuverleiben (1608, Rep. Stgt. w. I, Bü. 43).

Nach dem Bel. in der Gegend des „Kühnle"; genaue Lage unbekannt. Brand in Fln. deutet zunächst auf Waldstellen, die zur Urbarmachung oder zu Feldwaldwirtschaft niedergebrannt waren; in seltenen Fällen Ausgang auch von Kohlstätten. Gelegentlich haften brand-Namen an römisch benützten Stellen und an Begräbnisstätten. Vielleicht lag das Waldstück in der Nähe des vorgeschichtlichen Wegs über die „Stelle" auf die Filderebene (s. 644) und des Grabhügels bei der „Stelle". Vgl. 56 ff.

659. **Weißtannenwald**. (Pk.-Laub- und Nadelw.; städt. Bes.) ȩ̈m wóisdănəwält.
Weißtannenwäldchen. Dieses erst im Sommer 1828 von der Herrschaft eingetauschte Waldstück . . . (1827; städt. Arch. B, Bü. 18).

Am Hang oberhalb und neben dem „Kühnle", links an der Straße nach Ruit der erste Wald von Stgt. aus. Nach dem einstigen Bestand mit Weißtannen im Gegensatz zum umgebenden

Laubwald. 1600 legte Herzog Friedrich I. auf der Höhe des Bopsers ein Tannenwäldchen, den ersten Nadelwald in der Gegend, an; es muß am Rande des Walds und in der Nähe des „Kühnle" gelegen sein, wie aus Belegen hervorgeht (es stößt z. B. eine Wiese an; Leute tragen von hier Holz in ihren Wald im Kühnle — Quelle s. u !), und kann deshalb örtlich mit Weißtannenwald gleichgesetzt werden. Belege für Tannenwald: dass die wäldlin uff welchen bey jüngstem Jagen im Dannenwald im Bopser; — ein spitzlin wissen und waltz (wölches an euer fürstl. Gnaden Dannenwaldt uff dem Bopser stossendt) . . . (1606, Rep. Stgt. w. I, Bü. 43, Schr. 2). Herrschaftlich Tannenwäldlin. Dieses Tannenwäldle ist wie die Vorst Knecht berichten vor Jahren geseet und gepflanzt worden, ligt oben auff dem Pobser und helt nach dem Maß 25 M. (St. F. 1680, 81 f.). Memminger 59, 374. Pfaff 1, 279. Hartm., Gesch. 184.

660. Dornhäule. (Distr. VII, Abtl. 1.) ĕm dǫ̆rnhaẹlẹ̆.

Oberhalb von 659, etwas flacher gelegen, Gegend der Charlottenhütte. Name weist auf Dorngesträuch. Vgl. 666.

661. Lettenloch. (Distr. VII, Abtl. 3.) ĕn dę̆ lę̆dələ̆χər.

Verlassene Lettengruben im Wald fast auf der Höhe des Bopsers links vom Weg nach Ruit. Nach pers. Mitt. von Prof. Dr. Bräuhäuser handelt es sich geologisch um Erde im Grenzgebiet zwischen Knollenmergel und Lias, die sich für Töpferzwecke eignet (derart. Erde z. B. in Neuenhaus OA. Nürtingen von den dortigen Hafnern ausschließlich verwendet). Nach mündl. Mitt. soll von hier auch Erde für die Ludwigsburger Porzellanmanufaktur bezogen worden sein. Vgl. 236. 310. OAB. 54.

662. Falsche Klinge. (Pk.-Nadelw,; städt. Bes.) ĕn dər fålšə glę̆ŋə.

Albrecht von Blankenstein u. a. verkaufen ihren Teil des Waldes und Holzes „der da haisset uff der Hůb, in der Vålschen Klingen und ze Gablunbrunnen" der Stadt Stgt. (1391, UB. 65, 1 ff.). Rudiger von Staige verkauft an Stgt. sein Holz zu Stgt. „ob der staingrůb umbe die Vålscherclingen gelegen" (1391, UB. 68, 6 ff.). Baidiu holz und boden grund und graut ist uf drissig morgen ungeverlich minder oder mer gelegen in der Felschen Klingen (1437, UB. 141, 31 ff.). Falschenkling, ain junger Hau ungeverlich 400 M. stost oben an die Herstraus, unden an Stutgarden und Roracker guter ainseitz an Canstater und unsers gned. Herrn weld anderseitz, am Kienlin, denn wald und uf Reichellenberger haid hat ein schwein Hag darinen — Herrschaftsholz (Lb. F. 1555, 16). Höltzer in Bopser ainseitz an unsern gnedigen Herrn die falschen Kling . . . (Lb. F. 1555, 19).

Sehr enge, tief eingeschnittene westöstl. Waldschlucht, die sich gegen Rohracker öffnet; teilweise an der Markungsgrenze gegen Rohracker. Der Bach, der die Klinge durchfließt, in seinem Unterlauf „Tiefenbach", kann sehr wild werden (z. B. war die Klinge nach einem Wolkenbruch im Juni 1914 lange nahezu unzugänglich). Nach Rohracker Überlieferung spukt es in der Klinge. Man fürchtet sich vor Reitern, „die sie [wer?] einst mitsamt ihren Pferden hier ‚hinuntergeschmissen' haben", und die umkamen; Genaueres ließ sich nicht in Erfahrung bringen. Württemberg I, No. 2 läßt die Roßknechte des Stutgartens vor Feinden mit ihren Rossen in die abgelegene Klinge fliehen und hier durch eine Naturkatastrophe umkommen. Auf andere „Überlieferungen" sei nur verwiesen: Stadtgl. 1844/45, 228 f., 256. — Der Begriff „falsch" ging von 663 aus; er hatte damit ursprünglich eine ganz andere Bedeutung als die, die die Sagen ihm unterschieben; der neue Sinn kann sich leicht von der Eigenart der abgelegenen, wilden Schlucht aus entwickelt haben, die als der natürliche Aufenthaltsort von Geistern erschien. Sprachlich fallen auf die Formen des 1. und 2. Bel. mit Index u, o über a, der nur â zukommen sollte; er findet sich aber im 15. Jh. gelegentlich auch bei a (Bohnenb., Schwäb. 15. Jh., 15). Im 3. Bel. liegt falsche Schreibung vor, ein Umlaut in ‚falsch' ist unbegründet.

663. Falscher Stein.
Item uff dem valschen stain an unserm gnedigen Herrn und dem Silberhow statt ain Margkstein. Item uff dem valschen stain statt ain margstain und ist von dannen biß zů dem margkstain der uff dem Rain statt ob der valschen Klingen . . . (Grenzb. 1505). Der xx stain ist ain Orth stain mit ainem Zaichen stat bas hinumb uff dem Falschen Stain. Da dannen bis in das angend des Bopsers . . . (Grenzb. 1508 ff.). Ståt bas hinumb auf dem valschen stayn [von anderer Hand folgt:] uff der falschen Klingen stot ain stain am weg (Grenzb. 1533). Item ain stain ist am Ort mit zwayen Kreuz stat bas hinumb auff dem falschen stain. Uff der valschen Klingen stet ain stain am weg mit ainem hirschhorn (Grenzb. 1535).

Von 1536 an wird in den Grenzb. nichts mehr vom „falschen Stein" gesagt, wenn er auch nach seinem besonderen Merkmal noch beschrieben wird: Item bas hinumb ist ain stain am ort [vgl. Bel. 2 und 4] mit zwayen Creyzen [vgl. Bel. 4]. Item von obgemeltem stain hinumb statt ein stain uff der valschen Klingen mit ainem hirßhorn (Grenzb. 1536). Nach den Angaben der Grenzb. kann man für die Lage ungefähr auf den südöstlichsten Punkt des heutigen „Landschreiber" am rechten Hang der Falschen Klinge schließen. Hier biegt jetzt die Markungsgrenze, die in fast gerader Linie vom Bach heraufkommt, rechtwinklig ab zum großen Bogen der Straße „Stelle"—Sillenbuch und weiter zur Bopserhöhe. An der Biegung der Straße, die gerade dort den Bach der Falschen Klinge überschreitet, wäre dann der in den Beschreibungen von 1533 an folgende „Stein auf der Falschen Klinge am Weg" zu suchen. In unmittelbarer Nähe des für den Falschen Stein angenommenen Punkts treffen sich heute die Markungen Stgt., Rohracker und Sillenbuch. „Stein" hier wahrscheinlich = Markstein; in Verbindung mit Markstein kann „falsch" wohl nur im Sinn von „unrichtig" aufgefaßt werden; die Bezeichnung wäre also mit gewisser Wahrscheinlichkeit auf eine betrügerische Marksteinversetzung zu deuten; gerade dazu kann das Zusammentreffen von drei Markungen den Anlaß gegeben haben. — Ohne Zweifel wurde von diesem „Falschen Stein" aus die ganze Klinge (662) benannt; ein Verbrechen wie eine Marksteinversetzung (Knapp, WJB. 1909, 141) kann leicht einen solchen Eindruck auf die Allgemeinheit gemacht haben, daß eine Tatsache, die zunächst nur für einen Punkt wesentlich war, einem größeren Gebiet den Namen gab. Da der Name der Klinge 1391 zum erstenmal vorkommt, muß die Bezeichnung für den Stein mindestens schon im 14. Jh. bestanden haben.

664. Landschreiber. (Pk.-Gem. Wald; städt. Bes.) ĕm lăntšrəibər.

Gegen unser Frowen der aichen zu da stat der VII marckstain. Item der VIII und IX marckstain standen hinab an des Spitals wald und an des Landschribers wald aneinander (Grenzb. 1508). Der 8. und 9. marckstain steend hinab an des spitals wald und der Landschryberin wald aneinander (Grenzb.

1529 ff.). Von dannen [Frauenkapelle] füruß Roracker zu, haben die von Stgt. des alten Landtschreibers Hainrich Lorchers wald koufft von seinem Son Doctor Jacoben Lorcher Probst zu Backnang und gangen Zwing und Benn ... (Grenzb. 1536). Zwischen meins gnedigen Hern und der Landschreiberin wald (Grenzb. 1541 ff.). Gemainer Stat Stgt. wald und höltzer: mer des Lanndtschreibers wald facht an bei der Haffen Erden get gegen der Stat Stgt. wald und lengt fur umb bis an deren von Canstat wald, zeigt die Marckung zwischen deren von Canstat und deren von Stgt. weld der Lanndschreiber genant bis zu unser Frawen Capel so vor vil Jaren da gestanden (Lb. F. 1555, 18). [In den Grenzb. 1559—1721 kommt der Name nicht vor.] ... zeigt linker handt hinauf [von der Falschen Klinge], da der Landschreiber anfangt ... hier hat der Landschreiber ein Ende [vorher kein Name für diesen Waldteil] (Grenzb. 1725).

Der heutige L. liegt zwischen dem Bach in der Falschen Klinge und der Markungsgrenze gegen Sillenbuch. Bis 1680 (St. F. 1680, 122) ist ein Waldteil Landschreiber jedoch am Frauenkopf nachweisbar: der Teil, der einerseits von der Markungsgrenze gegen Rohracker, andererseits von einer nordsüdl. verlaufenden gedachten Geraden vom Gipfel des Frauenkopfs bis in die Falsche Klinge begrenzt ist. Dieses Gebiet gehörte ursprünglich nicht zur Stadtmarkung (in den Grenzb. heißt es von der Frauenkopfkapelle an, die Markungsgrenze gehe hinab an des Landschreibers Wald, also in die Falsche Klinge hinab, nicht wie heute auf der Höhe fort), wurde aber 1534 von der Stadt dem Sohn des 1520 gestorbenen Landschreibers Heinrich Lorcher abgekauft (vgl. Bel. 3; WJB. 1914, 242) und der Markung einverleibt. Im Namen lebt der Titel dieses einstigen Besitzers (Landschreiber = württ. Finanzbeamter, Verwalter des Staatsguts) fort. Beachtenswert sind die Belege, die nach dem Tod Heinrich Lorchers die Landschreiberin als Besitzerin angeben. — Es ist nun sehr merkwürdig, daß 1699 (Plan im Waldbuch — städt. Arch. B, Bü. 15) und 1725 (s. 6. Bel.) der Name plötzlich für den Waldteil rechts der Falschen Klinge gilt, dem er bis heute geblieben ist. Wie und aus welchen Gründen die Namensübertragung auf den Wald jenseits der Klinge stattgefunden hat, ist völlig unbekannt. Fälle von Fln.-Übertragungen von einem Gewand auf ein anderes sind jedoch, besonders auch in Waldgebieten, durchaus nicht selten (vgl. Vollm. 9). OAB. 99.

665. **Silberwald.** (Pk.-Staatsw.) ẽm sĭlbərwălt.
Silberhow — s. 663 Bel. 1. Des Landschreibers Wald . . . zwischen unsers gnedigen Herrn und gemainer Stat wald bis an Silberwald (Lb. F. 1555, 18). Im Stellhaw . . . an der Stat wald, der Silberwald genant (Lb. F. 1555, 18). ain holtz daz Kienlin genant . . . oben an Silberwald (Lb. F. 1555, 20) . . . hinauf zwischen gemeiner statt Stöllhäwlin und der Herschafft Silberwald (Grenzb. 1647). Herrschaftlicher Silberwald. Das alte Lägerbuch berichtet von diesem Wald gar nichts. Es haben aber die Vorstknecht angeben, daß solcher bey 400 M. groß seye, heltt aber mehr nicht nach letzmaliger Observierung alß 210 M. (St. F. 1680, 77 f.).

Links der Straße nach Ruit am Abhang gegen die Falsche Klinge (Hauptteil auf Mark. Sillenbuch); ein kleines Stück zieht sich auch am obersten Teil des Hangs gegen Stgt. herunter. Geologisch fast ausschließlich Lias α, Bodenfarbe durchaus nicht weiß oder hell, also Name wohl nicht von einem Vergleich der Gesteinsart mit dem Metall (oft so bei Silber-Namen). Wenn man, wie OAB. 54 sehr stark vermutet, hier an der Stelle ist, wo die 1460 von Graf Ulrich bei Degerloch veranlaßten Schürfungen auf Silber und Blei stattfanden (Schürfungen auf Erz bei Degerloch wurden 1478 unter Herzog Friedrich I. erneuert), muß der Name unbedingt darauf zurückgeführt werden. — Da die Ruiter Straße, eine vorgeschichtliche Verkehrslinie, am Wald hinläuft, ist es auch denkbar, daß der Name von einem Silberfund an oder in der Nähe dieser Straße ausging. Alb.Ver. 10, 302. WJB. 1874, II, 208. Keinath 3, 98. OAB. 54. Sattler, Top. 85. OAB. Amt 142.

666. **Dornwald.** (Pk.-Beiname für Teil des Silberwalds.) Name weist auf Dorngesträuch. Vgl. 660.

667. **Fuchsklinge.**
. . . walds im Stŭttg. Wald under der strass, zucht herab gegen der Fuchsklingen allenthalb zwuschen der Herschafft gelegen (1524, Rep. Stgt. w. I, Bü. 3).

Pfaff 1, 446 rechnet die Klinge wohl ohne Berechtigung zu Stgt.; es kommt im Beleg nicht zum Ausdruck, daß sie im Stgt. Wald liegt. Da es heute auf Mark. Sillenbuch „vordere und hintere Fuchsklinge" gibt, ist wohl auf diese zu schließen.

668. **Wernhalde, Oberer Wald.** (Pk. — in der Forstwirt-

schaft geschieden Distr. VII: Wörnhalde und Distr. „oberer Wald"
[Mark. Degerloch].) ĕn dər wĕrnhăldə.

Wernhalden ain vermischter Brenwald ungeferlich 140 M. stost oben an Bopser und an unsern gnedigen Herrn, unden an Stutgarder Wernhalden die Wg., ainseitz an Degerlocher Holtz anderseitz an Ir Fürstl. Gnaden selbs gelegen — Herrschaftswald (Lb. F. 1555, 16). Item haben etlich Burger unden an der Wernhalden ain holtz und Egerten . . . stost allerseitz an die Wernhalden und an die Wg. ungeferlich 40 M. (Lb. F. 1555, 20). [Armenkastenwald] stost oben an die Wernhalden (Lb. F. 1555, 19). Wörnhalden Wald (Plan 1807). Oberer Wald Wernhalde (Plan 1849).

Von der Degerlocher Höhe beim früheren Exerzierplatz am Hang gegen Stgt. herab bis zur Neuen Weinsteige. Hier stoßen Bg. im Gewand Wernhalde an, das wohl lange auch von Wald bedeckt war. Erklärung s. 635. — „Oberer Wald" im Pk. ist für die Wörnhalde der Lage nach zunächst nicht recht verständlich; die Bezeichnung kann 1. hierher gerückt sein vom Wald beim Exerzierplatz östl. von Degerloch [hier als Distriktsbezeichnung (vgl. Top. Atl., Bl. 70) vom Ort Degerloch aus zum Unterschied vom Wald gegen Hsl. und Kaltental hin berechtigt]; 2. sie kann entstanden sein, als der Wald noch viel weiter ins Tal reichte und ein unterer und oberer Teil im Wernhaldenwald unterschieden wurde (diese Erklärung legt Bel. 5 nahe).

669. Nonnenwald.

Wg. in der Wernhalden . . . stossen oben auf das Nunnenwäldlin (Lb. w. 1571, 34). Ebenso Lb. g. 1582, 53. — [Armenkastenwald] stosst unden uff den Nonnen waldt (angeführt nach Amtsgrundb. [s. 313] 112; 1621).

Teil des Wernhaldenwalds; durch 637 Lage im Unterteil des Waldgebiets gesichert. Nach Bel. 2 hätte der Wald aber bis auf die Hochfläche gereicht (wenig wahrscheinlich, da dort nie belegt). Wohl Eigentum von Nonnen (vielleicht = Beginen s. 320; es gab in Stgt. sonst keine Nonnen — Pfaff 1, 326 f.). Vgl. auch 642.

670. Roter Weg. (Distr. VII, Abtl. 4.)

Wald links an der Schlittenbahn „Waldau" aufwärts, zwischen Bopserhütte und Degerlocher Wasserturm; geolog. im Gebiet des Knollenmergels und des Lias α. „Rote Straße" heißen bisweilen römische und vorgeschichtliche Wege (vgl. 270). Wenn die Bezeichnung nicht jung ist für einen Weg mit rötlicher Bodenfarbe, kann sie sich von der nicht fernen Heerstraße (viell. römisch begangen) (620) auf den angrenzenden Wald ausgedehnt haben. Goeßler 80.

671. Zwerenwald.
Gemainer Stat Stgt. weld und höltzer: mer ain holtz uf der Weinstaig an dem Zweren weld und an deren von Degerloch welden oder Egerten ainseitz bis uf des [geschr.: dz] Kautzen Huten, die Wg. anderseitz gegen der Stat die Weinstaig hinab bis an das [geschr.: dz] Sper brucklin stost unden uf die Arnnest (Lb. F. 1555, 18). Erstlich der Zweren wald genanndt — 7 M. — Bopserhut (Lb. F. 1583, oo); spätere Abschr. dieser Stelle: Zwerren Wald; Maß: 7 M. ³/₄ (Lb. F. No. 70).

Zu denken zu beiden Seiten der oberen Alten Weinsteige auf dem Haigst und an seinem steilen NO-Hang gegen den Bach im „Lehen". Daß die obere Weinsteige durch Wald führte, geht auch daraus hervor, daß öfter Säutore genannt werden; z. B. mußte die Stadt die Weinsteige pflastern bis zum zweiten Säutor bei Degerloch („das ander [Seythor] gar oben nahe zu end der staig"; vgl. Pfaff 1, 181; 1634, Rep. Stgt. w. I, Bü. 44, No. 11). — Name nach Lage oder Gestalt des Walds (vielleicht quer zum Tal im „Lehen" oder zum Berghang). Mhd. twërch, twër, schwäb. tswęər, quer = zwerch, schräge. Keinath 28.

672. Kappelesberg. khȃbələsbę̆rg.
Dießes Degerlocher Fleckhen Wäldle ligt auch an der Wernhalden... wird der Zeith Kepplins Wald genanndt, im alten Lagerbuch wirdts bey St. Catharina genandt (St. F. 1680, 12).

In Degerloch geläufige Bezeichnung für das Gebiet um den Degerlocher Aussichtsturm, auch etwas auf Stuttgarter Markung übergreifend. Im Namen ma. ausgesprochene Form des Deminutivs von Kapelle (mit germ. Betonung auf der 1. Silbe). Deminutiv ma. meist mit umgelautetem Tonvokal, aber auch ohne Umlaut (nicht selten in Fln., s. F. 4, 207, vgl. Kappelesberg bei Fellbach, amtlich Kappelberg — Top. Atl., Bl. 70). Es stand hier einmal eine St. Katharinenkapelle (Grenzb. 1505, vgl. Bel.); vielleicht bildet diese Kapelle den Kern von Munders Sage von dem Degenloch. Vgl. zur Kapelle 646 A. Stadtgl. 1844/45, 70.

673. Armenkastenwald, Almosenwald. (PK. — Laub- und Nadelw.) ẽm ärməkhȃsdəwält.

Mer hat der arm Casten und sonst etlich Inwoner zu Stutgarden auch sonst flecken ain Holtz am Bopser ungeverlich 250 M. nemblich Degerloch, der Hof zu Itingshaussen, Burckhach, Rudenberg, Silenbuoch stost oben an die Wernhalden, unden an des Wellings Wald ainseitz an Spital anderseitz an unsern gnedigen Fursten und Herrn (Lb. F. 1555, 19) ... von dannen geht Zwing und Bann an des Armen-Castenwald umb und umbhin (Grenzb. 1596; vorher nicht in den Grenzb.). eß ligt alhie uff dem Bopser ein gehültz, welches uff die neuntzig oder mehr morgen Waldung und von den burgern alhie zu Stuttgarten der Almuosen wald genant würdt ... Gegenbericht wegen ires armen Castens wald uff dem Bopser ... usser dem Allmuosen waldt des Bopsers. usser disem yetz strittigen Allmuosen wald — [in der Regel so genannt] (1602, Rep. Stgt. g. Bü. 9). Das Allmuossen hat ain Waldt im Bopser, mehrerteils von Aichinn unnd Bürckhin Holz, so vor ettlich hundert Jahren vonn Herrn vonn Würtemberg ann das Allmuossen verschafft und kommen ... der hat sich Anno 1548 den 30. Octobris inn ordentlichem Mass befunden, achtzig unnd fünff morgen ... (angef. nach Amtsgrundb. S. 112; 1621). ... solche straß hinüber an dem Castenwald abwarts (Grenzb. 1721).

Von wenig nördl. der Fortsetzung der Kirchheimer Straße nach S bis nahe an die Markungsgrenze; im W läuft die Markungsgrenze am Wald hin (größter Teil des früh. Degerl. Exerzierplatzes im Gewand); im O begrenzt von der Ruiter Straße. Name vom Besitzer, dem Armenkasten in Stgt.; das früher vorkommende „Almosenwald" geht zurück auf das „gemeine Almosen" (Verwaltungsbezeichnung der Armenstiftungen vor Einrichtung des Armenkastens 1536). Der Wald hat wohl schon vor 1536 (s. Anm. 45) dem „gemeinen Almosen" gehört[45]). Vgl. 679. Amtsgrundb. (s. 313) 112 ff. Pfaff 1, 357. Hartm., Gesch. 133.

---

45) Für die Geschichte des Walds ist wichtig, was aus Akten von 1602 hervorgeht (Rep. Stgt. g. Bü. 9). Danach war er gemeinsames Eigentum von Stgt. (wohl des „gemeinen Almosens") und den „Flecken und Weilern" Degerloch, Ittingshausen, Birkach, Riedenberg und Sillenbuch. Unter den Besitzern entstanden Zwistigkeiten wegen der Beholzung und des Viehtriebs, die jeder Teil für sich in Anspruch nahm. 1524 kam ein Vertrag zustande, nach dem Stgt. es den Miteigentümern anzeigen sollte, wenn der Wald erwachsen war; wer dann Holz wollte, dem sollte es durchs Los zugeteilt werden. 1602 aber ließen die Stgt. den Wald zusammen mit ihren eigenen Wäldern schlagen und das Holz an ihre Bürger austeilen, ohne die Dörfer zu benachrichtigen; sie ließen diesen nur 8 M. zumessen „und daz an solchen ortten, da eß nur örliss und mehr blatten [wohl = baumfreie Stellen, F. I,

674. Bopserle II.
Stuttgarder Pobserlin (Überschr.). An der Wernhalden ligt das Wäldlein Pobserlin gen., gehört sonsten an der Statt Stuttgardt Armen Casten Wald oder Allmosen Wald, dieweilen es aber durch die Straß, welche von der Pobser Straß auf Degerloch gehet abgeschnitten und abgetheilt ist, ist es absonderlich gemessen (St. F. 1680, 10). an dem Stellhaile aber gehet es linkerhandt den weg hinauf . . . ist also die Bahn linkerhand herauf auf das Pobßerle (Grenzb. 1725). Der Eckstein deß kleinen Popserlins, dem armen Casten gehörig (Grenzb. 1731). Kleinpopßer (1731; städt. Arch. B, Bü. 16).

Kleiner Teil des Armenkastenwalds, an den „steilen Bopser" stoßend, gegen N etwas über die Kirchheimer Straße herüberreichend (vgl. 1. Bel.). Name überraschend inmitten des Gebiets, das heute volkstümlich ganz allgemein „Bopser" heißt. Er scheint, vor 1680 nicht vorzukommen; vielleicht gerade aus der Zugehörigkeit zum Armenkastenwald, der damit in das größere Gebiet „Bopser" hineingreift, zu erklären. Die Entstehung des Namens, hier unabhängig von „Bopser", ist kaum anzunehmen. Vgl. 614.

675. Welling. (Pk.- Laub- und Nadelw.; städt. Bes.) ẹ̆m wẹ̆lẹ̆ŋ.
. . . zwischent dem Bopser und deß Wellings Wald hinab (Grenzb. 1505). Vom Bopser hinab an Sebastian Wellings Wald (Grenzb. 1508). stost oben

1172] dan ein erwachßen gehültz gehapt". Überdies hatten sie auch noch gegen 1000 Stämme Eichen und alte Birken schlagen und meist schon in die Stadt führen lassen. Auf diese rücksichtslose Behandlung hin wandten sich die Benachteiligten an den Herzog; auch sie hätten Stämme und Bauholz höchst nötig, genau wie Stgt., und sie könnten sich ihrer uralten Gerechtigkeit zum Nachteil ihrer selbst und ihrer armen Leute nicht so leicht begeben. Schließlich kam ein Vergleich zustande, nach dem die Dörfer mit den ihnen zugemessenen 8 M. sich zufrieden gaben; dazu sollten sie von den schon gefällten Eichen den 9. Stamm oder das entsprechende Geld erhalten; bei künftigen Schlägen sollte alles Holz zwischen dem Armenkasten und den 5 Flecken im Verhältnis 8:1 zu teilen sein. Im gleichen Verhältnis waren auch die Kosten des Schlags von den Eigentümern zu decken. Eine Abfindung für die alten Rechte scheint sich bei einigen der Dörfer lange erhalten zu haben: nach der OAB. Amt 120, 125 erhielten noch 1851 Birkach und Riedenberg für das Beholzungsrecht auf dem Armenkastenwald jährlich ³/₄ Klafter Scheiterholz und 50 Stück Wellen. Auf dieselben Verhältnisse nimmt eine Stelle im Stgt. Forstlagerbuch von 1680 (städt. Arch. B, Bü. 14) Bezug.

an Iheronimo Welling (Lb. F. 1555, 17). Iheronimus Wellings höltzer (Überschr.). Jeronimus Welling hat ain holtz im Bopser ungeverlichen 50 M. stost oben an Popser unden an Kainwald (Lb. F. 1555, 19). Holtz im Konnbron . . . ainseitz am Bopser so Wellings ist (Lb. F. 1555, 25). weutters hat die Statt Stuegardt der Welling walldt genandt welliches ohngevarlich ist uff 50 M. (Lb. F. 1583, oo).

Südöstlich an den ehemaligen Exerzierplatz anschließend bis ans Ende der Markung in der Gegend der Klaratanne. Der Wald war im Besitz der Familie Welling, einer der bedeutendsten Familien des alten Stgt. (Pfaff 1, 422.)

676. In den Kunle. ẹ̃n dę khǫ̈́ələ.

Gegend um den Bach im Waldteil Welling. Im Namen Bestimmungswort Kon-, Kain-, das früher in mehreren Namen unmittelbar anstoßenden Gebiets auf Mark. Sillenbuch belegt ist[46]). Die heutige Form weist zurück auf alten Diphthong uo + Nasal, also Kuon-, das auch in den älteren Belegen vorliegt; daß es sich hier lautlich nicht um -on- handelte, was wohl nach Anm. 1., 3., 5. Bel. zunächst anzunehmen wäre, zeigt 2., 4., 6. Bel., deren ai infolge des lautlichen Zusammenfalls der mhd. Diphthonge ei (im ǫə-Gebiet) und uo vor Nasal fälschlich geschrieben wurde (vgl. die genau übereinst. Schreibungen bei 325). Wie bei 325 ist wohl auch hier Pn. Kuono namengebend. Der Fln. auf Stgt. Markung stellt den reinen Pn. im Deminutiv dar (Grund für die Ausbildung des Deminutivs unbekannt, vielleicht geringe Größe des Stuttgarter „Kunwalds"). Bei der Unterdrückung des Grundworts -wald, das allerdings auf Stgt. Markung ursprünglich auch gar nicht vorhanden gewesen sein muß, hat wohl der auch

---

46) Conwald stost . . . unden an die Konwissen, ainseitz an Abt zu Bebenhausen (Lb. F. 1555, 17). [Wald „Welling"] stost an Popser, unden an Kainwald — [geschrieben ohne i-Punkt; der Name ist aber sicher -ain- zu lesen (vgl. 4., 6. Bel.); im Lb. fehlt der i-Punkt auch sonst in der Verbindung i-n z. B. Klammann von Sillenbuoch (37), sicher = Klainmann (Name heute i. Rohracker, viell. auch i. Sillenbuch); Stamenberg (32) = Stainenberg] - (Lb. F. 1555, 19). Ain holtz im Konnbron . . . unden am Konnwald (Lb. F. 1555, 25). Wald hindern Hailgenberg ligt unden an der Kain wissen (Lb. F. 1555, 37). Bebenhausen daz Closter hat ain Jungen Haw . . . unden uf die Connwissen . . . anderseitz an Connwald (Lb. F. 1555, 40). Holz bey Kainbronen, hinder Burckhach (Lb. F. 1555, 40). Conwiese (s. Pfaff 1, 279).

ohne Grundwort benannte, anstoßende Wald „Welling" eingewirkt (vgl. auch einen möglichen Abfall des Grundworts bei dem ähnlichen Fln. „Kühnle" — 609).

Waldnamen, die örtlich nicht genau festgelegt werden können:
(No. 677—679)

677. Unterm Eichen Bild.

xx und xx bayd Burger zu Canntstatt verkaufen dem xx vorstmaister zu Stůttgartten . . . ainen morgen walds ungevarlich underm aichen Bild genannt gelegen (1541, Rep. Stgt. w. I, Bü. 4).

Wohl Heiligenbild an einer Eiche; vielleicht auf Mark. Stgt.; u. U. ist dasselbe Bild gemeint in: . . . in der Felschen Klingen, zůht ainhalb an die von Canstatt gen der Statt zů Stůtgart in her und . . . über sich uf gen dem Bylde (1437, UB. 141, 31 ff.).

678. Erlenwald.

Erlenwald ain vermist [!] Brennholtz ungeverlich 30 M. stost oben an die von Stgt. unden uf die von Roracker, ainseitz an Stgt. und Roracker weld, anderseitz an unsern gnedigen Fürsten und Herrn — Herrschaftsholz (Lb. F. 1555, 15).

Ungewiß, ob heute auf Mark. Stgt. — Nach dem Bewuchs.

679. Auf der Hub.

Wald „uff der Hůb" — 1391, voller Bel. s. 662.

Pfaff 1, 445 faßt den Wald als einen Teil der Falschen Klinge auf; die Urkunde (s. Bel.) unterscheidet aber deutlich drei verschiedene Teile (Komma nach Hůb!), so daß Pfaffs Ansicht nicht gerechtfertigt ist. Gablunbrunnen darf wohl mit Gablenberg und Gablenbach (810. 854) zusammengenommen werden, und damit ist wahrscheinlich auch „uff der Hůb" in dem Waldgebiet südl. oder südöstl. von Stgt. zu suchen. Der Gebrauch des best. Art. zeigt, daß es sich in dem Namen um ein Wort von appellativem Charakter handelt. An Hub (zu heben), schweiz. = kleine Anhöhe, Hebung des Bodens, Ansteigung (müßte eigentlich maskulin sein, schweiz. allerd. als Fem. behandelt) zu denken, kann nicht rundweg abgelehnt werden, da der Waldteil örtlich nicht genau festgelegt ist. Die Erklärung hat aber wenig für sich, da 1. das Wort nach F. bei uns in dieser Bedeutung nicht vorkommt, 2. das Geschlecht entgegensteht, 3. das Gelände i. a. keine kleinen Anhöhen und Ansteigungen aufweist; der südöstl. Höhenzug ist entweder fast eben (bei Degerl.), oder aber fällt er gleich ziemlich stark gegen die tief eingeschnittenen Täler ab. Es kommt für die Deutung also wohl nur in Betracht die Hube = kleineres Bauerngut von bestimmter Größe, dessen Ertrag zur Ernährung einer Familie hinreicht. Die Huben hatten gewöhnlich auch Anteil am Gemeindewald. Der vorl. Name könnte also auf Zugehörigkeit des betr. Walds zu den Huben deuten. Daß es in Stuttgart Huben gab, ist aber nicht nachzuweisen. Die Huben, zu denen der Wald gehört hätte, mußten also etwa in den nahen Filderorten gelegen sein; auch Rohracker (und Cannstatt? vgl. 648) käme noch dafür in Betracht. Von den Besitzverhältnissen aus, wie sie die Lb. für Teile des Waldes südlich von Stgt. zeigen, ergibt sich aber eine speziellere Bedeutung des Namens. Der Besitz der einzelnen Gemeinden griff hier anscheinend stark ineinander (noch heute Stgt. Markungsgrenze in der Gegend im Vergl. mit der im westl. Wald sehr unregelmäßig). Ziemlich eindeutig liegen die Besitzverhältnisse westl. der Falschen Klinge beim Armenkastenwald, an dessen 250 Morgen (wohl zu viel!) neben dem Stgt. Armenkasten Teil hatten: Degerloch, Ittingshausen, Birkach, Riedenberg und Sillenbuch, Orte, die im Halbkreis um den Wald herumliegen, aber mit ihrer Markung nicht alle an ihn stoßen (Näheres über die geschichtl. Verh. des Walds s. 673). Es gab also in der Gegend ein Waldgebiet, an das ursprünglich mehreren Gemeinden Rechte zustanden. Ähnliche Verhältnisse liegen vor bei einem Wald auf der heutigen Mark. Heumaden: „mer ain holtz im Lederberg genannt seien Huobweld, daran die von Rut haben 120 Morgen Ober-, Underdirckhen, Hedelfingen, Wangen und Hewmaden 130 Morgen" (Lb. F. 1555, 28). Es kann Zufall sein, daß auch hier gerade wie oben an 250 Morgen 6 Gemeinden teilhaben; wichtig ist die Tatsache, daß mehrere Gemeinden teilhaben, und daß der Wald appellativ als Hubwald bezeichnet wird (heute Fln. — Top. Atl., Bl. 70). Anderwärts ist schon die Beobachtung gemacht worden (Schmidkontz, Vollm.), daß einzelne Dörfer ihren Anteil an ehemaligen ihnen mit anderen Dörfern gemeinschaft-

lichen Wäldern u. a. als Hubholz, Hubwald bezeichnen. Es ist
also wohl anzunehmen, daß sich das appellative Hubwald im
vorl. Beleg auf diese Eigenschaft des gemeinschaftlichen Besitzes
mehrerer Gemeinden bezieht. Die gleichen sachlichen Voraus-
setzungen trafen nun wahrscheinlich auch für Teile des Walds südl.
von Stgt. zu, in dem das Stück „uff der Hûb" gesucht werden muß, und
man ist damit berechtigt, den Namen im Sinn von Hubwald aufzufassen. In den Besitzverhältnissen des Armenkastenwalds und
im Fln. „uff der Hûb" haben sich vielleicht nur Reste eines ursprünglichen Zustands erhalten, der einmal für das ganze Waldgebiet auf der Höhe der Filder gegolten haben kann. Die Be-
siedlungsverhältnisse der umgebenden Filder sind geeignet, über
die ursprünglichen Besitzer des Gemeinwaldes Auskunft zu
geben. Alte Orte (-ingen) bilden einen weiten Bogen um Stgt.:
Vaihingen, Möhringen (Echterdingen), Plieningen, Nellingen;
zwischen diesen und den natürlichen Grenzen der Filderebene
im NO und NW (Abfall gegen Neckar- und Nesenbachtal) hat
sich einst ein größeres Waldgebiet ausgedehnt, das wohl nach
der Art anderer großer Wälder Mehrdörfermark war und allen
oder wenigstens einigen dieser -ingen-Orte gemeinsam gehörte.
Unmittelbare Zeugnisse dafür sind nicht bekannt; aber der
einstige Zustand kann von den späteren Verhältnissen aus erschlossen werden. Von dem Kranz der -ingen-Orte schieben
sich Orte der früheren und späteren Ausbauzeit (nach den On.)
gegen den Filderrand vor: Ittingshausen, Degerloch, Hohenheim,
Birkach, Riedenberg, Sillenbuch, Kemnat, Heumaden (Stock-
hausen, Scharnhausen), Ruit. Mehrere der Orte sprechen in
ihrem Namen von Wald, in den sie hineingesetzt wurden; die
Rechte von fünf der Orte an Teilen des Bopserwalds (Armenkastenwald) und die anderer Orte an einem Wald bei Sillenbuch (Hubwald) lassen es durchaus gerechtfertigt erscheinen,
einen ehemaligen Mehrdörferwald der -ingen-Orte anzunehmen,
der den Ausbauorten als Tochtersiedlungen zu gemeinsamer
Nutzung gegeben wurde. Die ursprünglichen Verhältnisse er-
litten Störungen durch den Walderwerb Privater (vgl. z. B. UB.
No. 158; WJB. 1914, 242), dann durch das Eingreifen der Tal-

orte in die alten Gerechtigkeiten, so von Stgt. im Armenkastenwald, von Ober- und Untertürkheim, Hedelfingen und Wangen im Hubwald. Im Falle des Hubwalds erhielt sich der Filderort Ruit, der wohl neben Heumaden am meisten Recht auf den Wald hatte, (nach Lb. F. 1555) 120 Morgen gegenüber 130 Morgen für die übrigen fünf Orte zusammen; im Falle des Armenkastenwalds verdrängte Stgt. die Filderorte langsam aber sicher aus ihren Rechten (vgl. 673). Gerade auch der Wald, bei dessen Verkauf der Fln. „uff der Hûb" erwähnt wird, war vor seinem Übergang an Stgt. in Privatbesitz und ist so ein Zeugnis für die Auflösung der alten Zustände. — „Letz-Hub" bei Munder Name für die höchste Höhe des Bopser; Bedeutung unbekannt; vielleicht von Munder selbst gebildet im Anschluß an die bei Pfaff genannte Hub. — F. 3, 1842. Schw. 2, 956 f. Korrespondenz-Bl. 53 (1905), 375 ff. Vollm. 46. Stadtgl. 1844/1845, 228.

C. Wege im Abschnitt VII mit Einschluß des ganzen südöstl. Walds.

680. Kühnlessteige, Sillenbucher Pfad, Stellenbuckel. šdḙləbügl.

Buochrain . . . stosst . . . anderseitz an Sillenbuocher Pfadt (Lb. F. 1555, 15).

Im Pk. der Weg vom Gewand Kühnle (Sonnenbergstr. und Str. „Im Kienle") auf die „Stelle"; von dort geradlinige Fortsetzung nach Rohracker; die Verbindung nach Sillenbuch biegt rechts ab; es ist deshalb auffallend, daß der Weg früher (Bel.) als Sillenbucher Pfad bezeichnet ist. — Heute i. a.: Stellenbuckel.

681. Milchberg. mílχbęrg.

Fortsetzung des Bopserwegs (619) im Wald bis zur Höhe. Name hauptsächlich in Degerloch und unter den Bewohnern der südl. und südöstl. Stadt bekannt; der Weg wurde besonders noch vor dem Kriege täglich von einer großen Zahl von „Milcherinnen" benützt, die von den nächstliegenden Dörfern Milch nach Stgt. führten; die Milch kam also diesen Berg herunter (Name!). Wahrscheinlich kommt mit dem Aufhören dieser Art der Milchzufuhr der nicht allgemein eingebürgerte Name wieder in Abgang.

682. Fünfminutenwegle. fḛnfmḛnŭdəwḛglḛ.
Kürzeste Verbindung vom Ende des Bopserwegs zu den Degerlocher Spielplätzen (Luftbad), tatsächlich etwas länger als 5 Minuten; Name für den Fußweg durch den Wald i. a. nur bei den Bewohnern der Bopsergegend bekannt.

683. Burgsteig, Weißenburger Steige.
De vinea Howstaig an der Burgstaig (Lb. w. 1393, 4). De vinea an der Burgstaig — [nach dem Besitzer auch im Gewand Heusteig vgl. UB. 176, 27] (Lb. w. 1393, 26). 3 Teile zŭ Wŭlnhalden stossen hinuf an den obern Burgsteig-Weg (1471, UB. 294, 20 f.). Wg. in der Falbenhennen stosst hinuff an die Burgstaig (Lb. w. 1472, 42). Wg. zu Hewstaig zwischen xx und der Weissenburger staig gelegen (Lb. g. No. 2004). Die Schmelzer haben ein holtz, an der Weissenburger Staig (8 M.), stosst oben auf die Egerten unten auf die Weingarten (Lb. F. 1555, 20). Im Reichelenberg neben Weissenburg (Überschr.); alle Wg. zwischen dem Weissenburger pfad und dem alten Vichtrib so vom Tobel auf die Haid gath gelegen und uff die Pleissklingen stossend (Lb. w. 1571, 62). Wg. in der Falbenhenna stossen oben uff das Weissenburger Staiglin (Lb. w. 1571, 715). Wg. am Altenberg stossen oben uff die Weissenburger staig (Lb. w. 1571, 725). Wg. in der Falbenhenna stosst oben uf den Weissenburger weg (Lb. g. 1586, 292).

„Burgsteig", nach 1472 in den Lb. nicht mehr belegt, aber anscheinend im letzten Jh. noch bekannt (OAB. 451), und „Weissenburger Steige" den Lageangaben nach für dasselbe: Zugang zur ehemaligen Burg Weissenburg. Der 2. Name bezieht sich nicht mehr auf die Burg, sondern bedeutet nur noch den Weg in das Gewand Weissenburg (vgl. Immenhofer Weg in den „Immenhofen"). Eine sachliche Entsprechung kann mit Hilfe älterer Pläne (1807, 1849, Plan OAB.) gefunden werden: Weg, später „Obere Heusteig" (571), vom untern „Dobel" (Charlottenstraße) her, kreuzte bei den Bopseranlagen den Bopserweg, führte in geradliniger Fortsetzung der Hohenheimer Str. zwischen dem alten und neuen Teil der Anlagen (heute noch erhalten) durch zur 2. Kehre der Neuen Weinsteige und von da am W-Hang des Weißenburghügels empor (letzter Teil erhalten: Weg von der Neuen Weinsteige zur „Schillerhöhe"). Die Burg hatte also keine unmittelbare organische Verbindung mit der Stadt, da eine solche vom Inneren Eßlinger Tor ausgehen müßte, und ebensowenig mit Immenhofen, mit dem sie schon in Verbindung gebracht worden ist. Vgl. S. 63 f. OAB. 451.

684. Neue Weinsteige. dẹ̆ nəi wā̰ẹ̆šdǫẹg.

Heute vom Ende der Olgastr. an nach Degerloch führend; die Straße ging vom Wilhelmstor (Wilhelmstr.) aus und folgte zunächst der heutigen oberen Olgastr.; Hauptzugang heute von der Hohenheimer Str. (Straßenbahn!) Die Steige wurde von Oberbaurat von Etzel als Ersatz für die schwer befahrbare Alte Weinsteige (2) erbaut und im Oktober 1831 eröffnet; sie ist mit ihrer ganz gleichmäßigen Steigung „ein Vorbild künstlerisch wie technisch befriedigender Wegführung". — Anfangs nach dem damaligen König: Wilhelmstr. Pfaff 2, 99, 414 f. Kunstw. 9.

685. Zollhäusle. tsǫ́lhəislẹ̆.

Kleines Haus in städt. Besitz, Neue Weinsteige 49, wo noch in diesem Jh. von den Fuhrwerken Pflastergeld zu entrichten war. Vgl. 530.

686. Immenhofer Weg. (Adreßb.-Plan 1900.) ẽ̆məhǫ́fər wẹ̆g.
Wg. gelegen oben an Falbahennaweg und unden an Imenhofer weg (Lb. g. No. 2004). Wisen im Furth zwischen . . . anderseits dem Imenhoffer pfaadt oder dem sogenannten Kuechengässlen gelegen (Lb. g. 1701, 338).

Vom Hauptstätter Tor in südsüdwestl. Richtung durch den „Immenhofen" an den Fangelsbach; heute: Verbindungslinie vom Wilhelmsplatz zur Kreuzung Olga-Cottastr. (in keinem Straßenzug erhalten). Dem Weg wird wegen seiner Geradheit und wegen eines tiefen Einschnitts in der Nähe von 687 von Paulus kunstmäßige Anlage und hohes Alter zugeschrieben; er bringt ihn mit den römischen Resten in Immenhofen zusammen. Vgl. 5. OAB. 452.

687. Hexengäßle I. (OAB. 452.) hḝksəgẹ̆slẹ̆.

Feldweg bei der Christophstr., der am Gebäude von Greiner und Pfeiffer vorbei aufwärts führte, teilweise vielleicht identisch mit 686. Über Hexe in Fln. s. 269! Es liegt nahe, hier eine Verbindung mit der römischen Siedlung oder dem Ausbauort Immenhofen anzunehmen.

688. Herdweg IV, Römerweg. (Adreßb. 1928, III, 7.) hḝərdwẹ̆g.

Wg. im Lehen am xx und dem Herttweg gelegen (Lb. w. 1472, 21). Egerten zu Wülnhalden an xx und am Hertweg gelegen (Lb. w. 1503, 45). A. im Strawberg ... an Jehrem A. im alten Herdtweg (Unterg. 1629). W. im Fangelspach zwischen xx und dem Herdtweeg so Degerloch zuget gel. (Lb. g. 1701, 434). Stein No. 3 weist dem Güterweg nach rechts hinab dem Degerlocher Heerdweeg zu (Lb. g. 1745, 9).

Der heutige Römerweg führt von der Römerstr. z. T. als Hohlweg am linken Talhang des Fangelsbachs und seiner Quellbäche zur Neuen Weinsteige kurz unterhalb von Degerloch. Der Weg ging bei 10 ursprünglich vom Nesenbach weg (vielleicht Zusammenhang mit ‚Furt'? vgl. S. 59) und war die kürzeste und wohl auch älteste Verbindung zum Ort Degerloch und zu den dortigen Fildern. Nach Paulus war der Weg römisch begangen; deshalb auf seine Veranlassung hin „Römerweg"; Goeßler lehnt diese Auffassung des Wegs ab. Auch eine andere Behauptung, die Paulus aufstellt, der Weg habe „Heerweg" geheißen, muß nach den früheren Belegen und nach sicheren mündlichen Erkundigungen richtiggestellt werden: es kommt nur „Herdweg" für früher in Betracht; gelegentlich findet sich Mühlsteige (689). Da der Weg vom Nesenbachtal aus in den Wald (Wernhalde) führte, ist seine Benützung für den Viehtrieb und so der Name verständlich. Vgl. 351. 690. 691. OAB. 451. WJB. 1875, II, 173. Goeßler 3, 80.

689. Mühlsteige, -weg II.

W. zu Wernhalden zwüschen der mülstaig und xx (Lb. g. 1558, 528). Ebenso Lb. w. 1571, 440; Lb. g. 1582, 218. — G. in der Grundel zwischen xx und dem mühlweg gelegen stosst unden an den Bach (Lb. g. 1701, 608).

Als eine durchgehende Steige, was eine Mühlsteige sein muß, kommt in der Gegend der Wernhalde (s. Bel.) nur Weg 688 in Betracht, der beim Gewand Grundel bei der Nähermühle den Nesenbach erreichte. Dadurch wird es wahrscheinlich, daß Bel. 2 denselben Weg meint wie 1; er kann dem Verkehr von Degerloch zu dieser Mühle gedient haben. Vgl. 688. Keinath 72.

690. Hexengäßle II, Hühnergäßle. hęksəgęslę.

Römerstr. von der Hauptstätter Str. an aufwärts bis über den Fangelsbachfriedhof, also ein Teil des alten Herdwegs (688). „Hühnergäßle" ist von Paulus überliefert; er geht davon aus, daß der Römerweg ehemals Heerweg hieß und setzt so für das Hühnergäßle ein ursprüngliches Heergäßle an, aus dem „im Munde des Volks Heargäßle wurde, das man endlich in Hühnergäßle übersetzte". Seine Voraussetzung (Heerweg) ist unrichtig (s. 688); damit fällt auch die Erklärung des Hühnergäßle. Umdeutung aus Hiunen, volkstüml. Name für alle vorzeitl. Bewohner, soll in Hühner-Namen bisweilen vorkommen; Hartm. (Staa. 1875, 72) nimmt sie für den vorliegenden Fall an; es besteht aber das sprachliche Bedenken, daß sich bei uns mhd. hiunen (schwäb. āẹ) und mhd. hüener (schwäb. ẹ̄ə) lautlich nicht berühren; es könnte also nur richtige Entstellung vielleicht vom Schriftbild aus in Frage kommen. Tatsache ist, daß sich Hühner-Namen nicht selten auf Altertümliches, besonders auf Wege beziehen. — „Hexengäßle" beruht auf eigener Erkundigung; Bedeutung s. 687. Den Ausgangspunkt für beide Namen kann der alte Weg bilden, an dem sie haften; daneben besteht die Möglichkeit einer Beziehung auf römische Reste, die in der Gegend der Cottastr. gefunden wurden. Vollm. 62 f. Keinath 73, 97. OAB. 451. Staa. 1875, 72. Goeßler 60.

691. **Degerlocher (Fuß)pfad.**
Stein im Lehen gesetzt unden am Degerlocher pfad (Lb. g. No. 2004). Wisen im Lehen zwüschen dem Degerlocher Fußpfad (Lb. g. 1558, 528). Bg. und Gg. im Strohberg zwischen dem gemeinen fahrweg und dem Degerlocher Fuesspfad gelegen (Lb. g. 1701, 833).

Am ehesten wohl als 688 aufzufassen, da sonst in der Gegend kein Weg nach Degerloch führt, der den Forderungen der Belege etwa entspräche.

692. **Königsträßle.** Adreßb. 1928, III, 5; Top. Atl., Bl. 70; Adreßb. Plan 1928; OAB. 8: Königsweg. khẹ̆nĭχšdrẹslẹ̆.

Weg von der Alten und Neuen Weinsteige aus am früheren Exerzierplatz vorbei nach Klein-Hohenheim, Birkach und Hohenheim. Name wohl aus dem letzten Jh.

VIII. Fln., die nach Stgt. fallen, aber örtlich nicht oder nicht genau festgelegt werden können (die Namen sind heute durchweg unbekannt).

693. **Anbersus, Aulfuß.** (Lesung des 1. Namens nicht ganz sicher.)

filius Ůlr. Wellen 7s de prato anbersus; Ůlrich Wello 7s de prato anbersus
(Lb. w. 1350, 2a).

Wohl = Pfaffs Aulfuß (1, 443), dessen Lesung aber sicher
nicht richtig ist. Bedeutung unbekannt; vielleicht Pn.

694. Atzenbühl.
De vinea Atzenbůhel (Lb. w. 1393, 7, 9). De agro hinder dem Atzenbůhel
— vgl. 697 (Lb.»w. 1393, 8). 3 M. A. in Atzenbůhel (Lb. w. 1451, 14).

Nach Pfaff 1, 443 auch 1293, 1391 und 1447 belegt. — Zusammenhang mit Azenberg möglich, aber nicht sehr wahrscheinlich, da 1393 ein Acker genannt ist, der kaum am Hang von der
Feuerbacher Heide gelegen sein kann. Bestimmungswort wie
380 Pn. Azzo, Atze.

695. Bohnenberg II.
xx 3s us dem Bonunberg (Lb. w. 1350, 9b).

Im Lb. in der Abt.: Gaisburg und Berg. — Von der Bepflan-
zung; mhd. bône stswf. = Bohne, Saubohne; vgl. 636. Rheinwald 104.

696. Brezentersbeunde.
De feodo vinee xx que vinea dicitur Brezentersbůnd (Lb. E. 1304, 4 b).

Wohl nach einem Besitzer; vgl. 79.

697. Brockenacker.
xx de agro broken acker hinder Atzenbůhel an dem weg (Lb. w. 1393, 11).

Lesung mit o ist sicher (Pfaff 1, 443: Brackenacker). Wohl
vom Pn. Brock, der von 1343 an in Stuttgart belegt ist (UB.
36, 23; 108, 20). Vgl. 502. Pfaff 1, 384.

698. Etzwiese.
xx de ortu an der Etzwisen (Lb. w. 1393, 12; mehrmals in diesem Lb.).

Bestimmungswort zu mhd. etzen swv. = ätzen, ein Stück Feld,
Wiese oder dgl. durch Weidevieh abweiden lassen; damit Hinweis auf den alten Weidebetrieb. Miedel 44. Vollm. 44.

699. Feldshalde.
xx ain zolmess saltz de vinea feldtzhalden (Lb. w. 1393, 32).

Wohl zu mhd. vëlt, -des stn. = Feld; vielleicht kommt mhd.
vels stm. = Fels in Betracht.

700. Änslins Furche.
De domo et de orto xx sita bi ånslins furchen (Lb. E. 1350, 31 a).

Wohl von einem Besitzer [Wg. „quondam dicti ånselin (Lb. E.

1350, 32 b)]. Zu Furche vgl. 401. — Die Furche muß nach dem Beleg (Haus und Garten!) bis nahe an die Stadt gereicht haben.

701. Fussenwiese.
De ortu by Fûssen Wisen über (Lb. w. 1393, 4). De ortu by Fussen wisen (Lb. w. 1393, 5). De ortu by Fûsslins Wisen (Lb. w. 1393, 16).

Im Lb. w. 1393 im ganzen fünfmal genannt, wobei jedesmal ein anderer Angrenzer vorliegt; man darf also annehmen, daß die Bezeichnung mit dem Besitzernamen Fln. war oder einem solchen wenigstens sehr nahekam.

702. Glätzinwiese.
xx de agro by der Glâtzinwisen (Lb. w. 1393, 2).

Fn. in weiblicher Form; Fn. Glatz(e) von 1334 an in Stgt. belegt (Pfaff 1, 391; UB. 637; dicte Glâtzin – Lb. E. 1334, 3 a; Eb'. dictus Glatze — Lb. E. 1350, 31a).

703. Gotergesse.
Wg. der genant ist Gotergesse (1330, UB. 31, 33).

Bedeutung unbekannt (vielleicht Satzname, oder zu -gasse?).

704. Im Grund.
1 Jauchert Ackers im Grundt (Lb. w. 1540, Einlage).

„Grund" in Fln. meist = Talgrund. Miedel 9. Keinath 17.

705. Hagäcker; Äcker im Hag.
Nach Pfaff 1, 447 1393 „Acker im Hag" = eingehegte, von einer lebendigen Hecke oder einem künstlichen Zaun umgebene Äcker. Vielleicht = 765. Miedel 52. Vollm. 47. Keinath 57.

706. Hargarten.
xx de agro in dem Hargarten (Lb. w. 1350, 6b). In dieser Form viermal, daneben einmal: Horgarten. — xx de agro im Hargarten (Lb. w. 1393, 12).

Bestimmungswort trotz der einmaligen Schreibung mit o, die eher auf mhd. â weisen könnte, zu mhd. har, -wes stm. = Flachs; den Ausschlag für die Deutung gibt das Grundwort: Flachs fiel unter die Gewächse, die in besonders umhegten, gegen das Ackerland abgegrenzten Stücken gebaut wurden. Hartm. (Staa. 1875, 72) denkt an mhd. hor, -wes stn. = feuchtes Erdreich, Kot; Deutung wegen der a-Formen weniger wahrscheinlich als die gegebene. — Miedel 48.

707. Der Heilig.
Wg. genannt der Haillig (Steuerb. 1518).

Wahrscheinlich einmal Besitz des Kirchenheiligen; vielleicht zum Fn. Heilig. Vgl. 552. Keinath 83.

708. Kalkbrunnen.
Wisen bym Kalgbronnen (Steuerb. 1554).

Vielleicht Brunnen mit besonders kalkhaltigem Wasser oder von der Lage bei „Kalkgrube" (488) oder „Kalkofen" (373) (Ausstoßung des Mittelglieds in Zusammensetzung).

709. Krümlein.
xx de vinea Krümlin (Lb. w. 1393, 15).

Wahrscheinlich Pn.; Pn. Krum belegt 1393, 1399 (UB. 76, 18 u. a.), Krummlin 1451 und 1462 (UB. 241, 31); vgl. Pfaff 1, 400.

710. Küninge.
xx de prato ob Kŭningen (Lb. w. 1393, 5).

Wohl Pn.; da der Pluralis vorliegt, ist anzunehmen, daß der Pn. zum Fln. geworden ist. Die Stelle ist nicht mit 421 zu identifizieren, da es 1393 sicher keine Wiesen oberhalb davon gab. Zum Pn. vgl. 421.

711. Lelenberg.
wingart im Lelenberg (Lb. w. 1542, 27).

Lesung nicht sicher: möglicherweise = Lehenberg für Lehen (632) oder Deminutiv von mhd. lê, -wes stm. = Hügel.

712. Loch.
wingart in dem Louch (Lb. w. 1350, 1a). Vinea in Lŏch (Lb. w. 1350, 4a). Uss der rŭtin im Loch (Lb. w. 1393, 10).

Die Schreibungen von 1350 weisen auf mhd. lôch, -hes stm. n. = Gebüsch, Wald, Gehölz; vgl. 313.

713. Mattenklinge, Metternklinge.
Johannes von Feuerbach ... aus 1 Tw. Wi esen an Mattenklingen (1447 UB. 183, 38 t.).

Matte = Wiese ist lokal begrenzt und kommt hier nicht in Frage; am ehesten zu einem Pn. Pfaff 1, 451 liest Metternklinge. Vielleicht Zusammenhang mit Mäderklinge (Mark. Feuerb.)?

714. Ölberg.
Auf dem Berg, genannt Ölberg (Pfaff 1, 451: 1304).

Name weist auf Abgabe von Öl aus dem betr. Grundstücken (vgl. 306. 388). Bei Fln. mit Öl denkt man auch an Verstümmelung aus Elend, ahd. alilanti, mhd. ellend(e) = anderes Land und daher Grenzland, Land außerhalb der Markung (Korresp.Bl. 53, 366 — Schmidkontz.). Möglich ist auch eine Beziehung auf bildliche Darstellungen aus der Leidensgeschichte, vielleicht sogar auf eine Kreuzigungsgruppe, die irrtümlich so heißen könnte (vgl. z. B. die vor dem Chor der Leonhardskirche — Pfaff 1, 72). Entscheidung hier unmöglich, da Lage unbekannt. Vollm. 49, 51.

715. **Auf dem Rain.**

Uff dem Rain stôsset uff den Welling — im Abschn.: Zelga gen Stainihusen usshin (Lb. g. No. 1994, 23).

Zur Bedeutung von Rain s. IV. Kap. C.

716. **Reinliskreuz.**

2 M. A. stossent in Reinlis crütz — möglich auch: Remlis (Lb. E. 1436, 51).

Benannt nach dem Stifter oder einem Angrenzer.

717. **Auf der Reute.**

xx Wald aneinander uf der Reütte .... stost oben uf des Spitals Waldt und ... Pfarrherrs zu Tegerloch Wisen (Lb. w. 1528, 14; Nachtr. v. 1562: Erkauft von der Herrschaft).

Vielleicht eine der sonst mit einem Bestimmungswort versehenen „Reuten"; nach dem Beleg allerdings wohl in der Gegend des Degerlocher Walds. Zu Reute: IV. Kap. C.

718. **Schönbühl.**

Schaynbůch 1 pull. us Schônbûhel (Lb. w. 1350, 6a).

Schön in Fln. allermeist von den Begriffen des Landbaus aus = schön, eben gelegen, gut bearbeitbar, bequem. Schott 19 f. Rheinwald 823.

719. **Sonnenhalde.**

Duo iugera cum dimidio viniferancia sita apud Stůgarten an Sunnenhaldun (1339, UB. 34, 35).

Zur Bedeutung des Bestimmungsworts s. 606.

720. **Streitecke.**

wißen die Streyt Eckhen genandt ... (Unterg. 1613).

Alle bei dem Beleg genannten Personen stammen aus Degerloch; die Wiese lag also wohl in dem betr. Markungsteil. Der

Fln. weist auf Streitigkeiten, die einmal wegen oder auf dieser Ecke geführt wurden. Keinath 101.

721. Strengenäcker.
A. ob den strenngen Eckern (Lb. w. 1540, Einl.).
Zu Pn. oder zu Strangen, Plur. von Strang = schmaler Landstrich, schmaler Streifen Feldes, Ackerbeet von mehreren Furchen. Albv. 10, 387. Miedel 24. Keinath 23.

722. Bei der Stützen.
xx de agro by der Stûtzen (Lb. w. 1350, 4 a).
Wohl zu mhd. stütze stf. = Stütze, oder zu mhd. stuz = jäher Abfall; vielleicht auch Pn.

723. Warmbühl.
2 M. bomreutin und wißen im Warmbihel (Steuerb. 1567).
Besonders der Sonne ausgesetzte oder besonders geschützte Lage.

724. Watzenbühl.
xx de agro hinder Watzenbûhel (Lb. w. 1350, 3b). Das Spitale us A. am Watzenbûhel (Lb. w. 1451, 28).
Nach einem Besitzernamen; Heinz Waz 1451 in Stgt. belegt (Pfaff 1, 421). Förstem. I, 1549.

725. Weinberg.
... qui dantur de 1 jugere vinearum ... sito in monte dicto Winberg (Lb. E. 1304, 3b). ... sito in monte dicto Winberch (Lb. E. 1334, 1b). De vinea sita am Winperge (Lb. E. 1334, 4a).
Nicht = einzelne Rebenpflanzung — diese heißt bei uns durchaus Weingarten —, sondern = Berg, Halde, wo Wein gebaut wird, wo Weingärten liegen. Da in Stgt. später fast ausschließlich Weinbau getrieben wurde, muß der Name (für Weingartenberg), sollte er noch ein unterscheidendes Merkmal enthalten, für die erste Weinberghalde in einem, wenn auch kleinen Gebiet entstanden sein, also etwa an einem bestimmten Teil des Stgt. Talkessels. Unter diesem Gesichtspunkt ist es zu bedauern, daß keine Lageangaben für das Gewand vorliegen.

726. Wellenhalde.
xx de vinea in Wellenhalden (Lb. w. 1350, 7a).
Nach einem Besitzer: Ûlrich Welle (Wello) und filius Ûlr. Wellen belegt Lb. w. 1350, 2a, 7b. Vgl. UB. 84, 28; 92, 26.

Fln., deren Zugehörigkeit zur Markung Stgt. fraglich ist:
(No. 727—729)

727. Einöd.

UB. 670 führt ein 1345 (UB. 39, 11) vorkommendes „Einöd"
unter den Stgt. Fluren; der Fln. ist für Stgt. sonst nicht belegt;
es ist sehr wahrscheinlich, daß auch in der Urkunde von 1345
kein Stgt. Gewand gemeint ist (keine Mark. angegeben). Bei
Hedelfingen gibt es ein Gewand „Einöd" (Top. Atl., Bl. 70); um
dieses könnte es sich dem Kontext nach sehr wohl handeln.

728. Ramsklinge.

Die UB. 671 unter den Stgt. Fluren geführte „Ramsklinge"
gehört nicht in die Stgt. Markung; wohl in der Gegend von
Bernhausen oder Plieningen zu suchen (Ramsbach!), s. UB. 109,
34 — 111, 6.

729. Waltman.

Wg. hinter dem Holz, genannt der Waltman (1345, UB. 39, 9).
Wohl nach einem Pn.

IX. Der Name „Stuttgart". Die Fln. des erst
im 15. Jh. besiedelten Stadtgebiets (Leonhardsvorstadt und Obere Vorstadt) und Bezeichnungen, die in der unmittelbaren Umgebung
der Stadt von den städtebaulichen Anlagen genommen sind.

A. Stuttgart.

730. Stuttgart. šdúəgərt, šdůgărt.

Stutkarcen (1229, UB. 1, 3). 2 iugera vinearum sita in Stötgardia (1250,
UB. 1, 6). In Stuchart (1259, UB. 1, 12). Apud Stůtgartun (1263, UB.
20, 1). De Stůcgarten (1275, UB. 2, 17, 21). Zu Stogartûn (1280, UB. 3, 7).
In Stůtgarten (1280, UB. 3, 23). In Stůtgarton (1280, UB. 4, 10). In villis
et in bannis villarum Geisceburg . . . Stůtgarte (1282, UB. 5, 16). Apud
Stůgarten (1286, UB. 6, 5 f.). De Stucgarten; apud Stůcgarten (1287, UB.
7, 8 f.). Zu Stuggarten (1300, UB. 9, 12). De Stůggarten (1300, UB. 9, 34).

Mhd. stuotgarte swm. = Gestüt; unmittelbare Fortsetzung der
mhd. Nominativform des ursprünglich schwachen Worts im On.
erhalten. Sehr frühe Assimilation des Endungsdentals des Bestimmungsworts an den Anfangsguttural des Grundworts; sie ist

wiederholt in der modernen halbma. Form, die von kurzem ŭ vor dem falschen tt ausgeht; F. sieht in Stuckgarten, das in einem Brief Herzog Christophs vorkommt, schon einen Hinweis auf die heutige halbma. Form. Eine andere Ableitung als von stuotgarte ist sprachlich nicht möglich [47]). Die zum On. gewordene Stellenbezeichnung läßt keinen Zweifel über die Art der Benützung des Stgt. Gebiets vor der Stadtgründung, auch wenn sonst kein Zeugnis für einen Stutgarten [48]) vorhanden ist [49]). Dieser muß, da er der Stadt den Namen gab, an der Stelle der mittelalterlichen Stadt, also auf dem linken Ufer des Nesenbachs, angenommen werden; noch im 16. Jh. bezeichnete man ein Haus nördlich der Stiftskirche als das Stutenhaus. Das Landbuch von 1623 verlegt den Stutgarten selbst in das untere Tal, in die Nähe des Mühlbergs. Beide Annahmen lassen sich vereinigen, wenn das Stutenhaus das Verwaltungsgebäude des Gestüts war, an das sich im nassen Nesenbachtal die Weide anschloß, und entbehren nicht der Wahrscheinlichkeit. Näheres s. S. 8f., 38f. [50]) — Als Parallelen sind bekannt: „Der Stuettgarten", in einem Ruelfinger Urbar von 1578 genannt (MfHz. 7 [1873/74], 35) und Stupferich < Stütpferrich im bad. Bez.Amt Karlsruhe (Krieger, Top. WB. d. Großherz. Baden [2], II, 1184 f.), wo auch ein Gestüt namengebend für eine Siedlung wurde; der Hof Stuttgart auf der Halbinsel Höri, den Bächtold als Stuotgart erklärt, fordert nach seiner Aussprache (štúggərt) wohl eine andere Deutung (Bächtold 87; vgl. Merk. 28. 3. 1927). Lex. 2, 1273. F. 5, 1940. Schmell. 2, 799. Schott 22. Staa. 1875, 95. Bohnenb., On. Württ. 7. — Pfaff 1, 2 ff. Südd. Ztg. 1925, 56 (Mehring).

47) Versuchte Deutungen als Stuck-gart = Stück Weingarten im Anschluß an die Erklärung des Namens des Hofs Stuttgart auf der Halbinsel Höri, der nach Bächtold (87) štúggərt gesprochen wird, wurden von K. Bopp vom sprachwissenschaftlichen Standpunkt aus zurückgewiesen. Merk. 28. 3. 1927; 14. 4. 1927; 21. 4. 1927.

48) Vgl. S. 38, A. 11.

49) Das redende Wappen, das 1312 zum erstenmal erscheint, ist kein Beweis; es kann nachträglich zur Erklärung des On. geschaffen worden sein. Vgl. schon Pfaff 1, 4. Schneider, Tagbl.Schriften 9, 16 f.

50) Vgl. jetzt: Stenzel, Württemberg-Monatsschr., Jan. 1932, S. 58 ff.

B. Die Leonhardsvorstadt.

731. Vor dem Eßlinger Tor.

De ortu vor dem Esslinger tor (Lb. w. 1393, 1). St. Leonhards kirche und Bau zu Stgt. vor dem Esslinger Tor gelegen (1409, UB. 91/92, 27, 1). xx us huse und G. by dem ussern Esslinger Thor (Lb. w. 1472, 35). W. vorm ussern Eslinger thor (Lb. g. No. 2004). W. und Krautg. vor dem Esslinger Thor — [es muß das äußere Tor gemeint sein, wie es ausdrücklich gesagt ist in:] W. vor dem ausser Esslinger thor, die Brockenwis genannt (Lb. g. 1701, 304, 325 f.).

Das Tor in der ältesten Stadtmauer, durch das die Straße nach Eßlingen ging, war Ecke Markt- und Eberhardstr. Bei der Ummauerung der Eßlinger Vorstadt wurde 1448 das St. Leonhards- oder äußere Eßlinger Tor ungefähr Ecke Eßlinger- und Kanalstr. erbaut. Die beiden Tore wurden durch die Zusätze „inner" und „äusser" unterschieden. Von der Lage vor dem Eßlinger Tor Bezeichnung „Eßlinger Vorstadt" für die Leonhardsvorstadt. Pfaff 1, 25, 32; 2, 24 f. OAB. 131, 135.

732. Fronacker.

De vinea Howstaig gelegen an den Fronacker (Lb. w. 1393, 11). De ortu uf dem fron agger (Lb. w. 1393, 13). Stuggartden du stat 3 Pfund 5 s. h. von dem Fronacker und von den wegen (Lb. w. 1393, 17). Haus und Hofraite zu Stgt. auf dem Fronacker, auf der einen Seite an ‚mins herren' Scheuer, auf der andern an xx Haus gelegen (1411, UB. 94, 6 ff. — Regest).

Da einerseits die Heusteig (1. Bel.), andererseits Häuser (4. Bel.) in Verbindung mit dem Fronacker genannt werden, muß er an der Stelle der späteren Leonhardsvorstadt gelegen sein. Diese Lage erklärt auch, daß der Name 1411 zum letztenmal belegt ist, während er im Lb. w. 1393 mehrmals vorkommt. Fron = Arbeit, die der Untertane seinem Herrn schuldig ist. V. Ernst hat nachgewiesen, daß die Frondienste, die das gesamte Dorf dem Maier oder Ritter zu leisten hat, zu Breite und Brühl, dem in der Nähe des Dorfs liegenden Herrengut, in Beziehung stehen; sie sind mitunter ausdrücklich auf diese Stücke beschränkt; daher heißen diese in vielen Fällen gelegentlich Fronwiese bzw. Fronacker. Man darf mit Sicherheit annehmen, daß derartige Verhältnisse hier vorlagen, und daß der Fronacker Herrengut war, auf dem im 15. Jh. die Leonhardsvorstadt angelegt wurde, ganz entsprechend der Anlegung der Oberen Vorstadt auf dem „Acker", „Turnieracker" (742; 744); „Acker" und „Fronacker" sind wahrscheinlich zwei Teile der 192 M. A., die die Herrschaft nach Lb. w. 1350 in den 3 Zelgen besitzen soll. Das Geld, das die Stadt für den Fronacker und die Wege zahlt (3. Bel.), ist wohl als Frongeld für Gemeindefrondienste auf dem herrschaftlichen Gut und an den Wegen aufzufassen, die jetzt nicht mehr nötig waren, da das Herrengut langsam in die Stadt einbezogen wurde. Vgl. S. 57; 69 f. — F. 2, 1780 f. V. Ernst, Mittelfr. 86 f.; Grundeigent. 104 f. Knapp I, 144 f.; II, 77 ff.

733. Bei der Leimgrube I.
Aus seinem Hause und G. dahinter in der Vorstadt zu Stgt. hinter S. Lienhart an xx Haus bei der Leimgrube (1433, UB. 131, 5 — Reg.).

Genaue Lage unbekannt. S. 745.

734. Bei St. Leonhard.
De agro by sant Leonharten (Lb. w. 1393, 13).

Von der St. Leonhardskapelle, 1334 zum erstenmal, ging der Name Leonhardsvorstadt aus. Pfaff 1, 21.

735. Hinter dem Neuen Kirchhof.
A. hinder dem nůwen Kirchoff — (Nachtr. auf Rasur — Lb. w. 1393. 10).

Wohl der einstige Kirchhof bei der St. Leonhardskapelle, der als zweiter Kirchhof von Stgt. angelegt wurde.

736. Brühlstraße.
Nach Pfaff 1764 zum erstenmal genannt, 1811 in „Weberstraße" geändert. Die südöstl. Mauer der Leonhardsvorstadt lief unmittelbar außerhalb der heutigen Weberstr. — Daß der Name auf einen ehemaligen „Brühl" zurückgeht, ist sehr unwahrscheinlich: 1. sind in dem Gelände, auf das der Verlauf der Weberstr. weist, die Bedingungen für einen Brühl nicht gegeben (es fehlt starke Bewässerung; Lößbedeckung, daher eher zum Ackerbau geeignet); 2. müßte ein Brühl, wenn der Name 1764 noch bekannt war, unbedingt einmal in den Lb. belegt sein, sei es selbständig oder bei Angabe der Lage angrenzender Grundstücke. (Für den Straßennamen kommt vielleicht ein Pn. in Betracht, vgl. 200.)

Die an die Mauer der Leonhardsvorstadt sich anschließenden Güter werden z. T. nach den Toren und Türmen benannt: **Äußeres Eßlinger Tor.** S. 731.

737. **Am Schellenturm.** ăm šę́lədūrn.
Einziger noch erhaltener Turm der Stadtmauer, Ecke Wagner- und Katharinenstr.; in dem Turm wurden die „Schellenwerker", d. h. die zu öffentlichen Strafarbeiten Verurteilten, verwahrt; also für dreiteiliges Schellenwerkerturm. Hartm., Gesch. 211.

738. **Bei dem Weißenturm**, Nachrichtersturm, Schinders Kleiderkasten.
G. by dem wissenturn (Lb. w. 1451, 51).
Der spätere Nachrichtersturm, auch „Schinders Kleiderkasten" (Württ. I, 266 f.), an der südwestl. Ecke der Mauer der Leonhardsvorstadt (bei der Kreuzung Weber-, Leonhardstr.). Der Turm soll aus Resten der Weißenburg erbaut worden sein, daher: weiß; Nachrichtersturm, da hier der Scharfrichter wohnte. Vgl. 582. Pfaff 1, 28.

739. **Vor dem Hauptstätter Tor.** Herrenberger Tor.
Vorm Houptstetter Thor (Lb. w. 1520, 11).
Name erhalten in: háo̝bšdę́dər šdrǫ́s (daneben mit Unterdrückung eines t: háo̝bšę́dər šdrǫ́s). — Stadttor im W der Leonhardsvorstadt, vor dem sich die „Hauptstatt" befand (580); anfangs von Holz, 1478 von Stein aufgeführt; von 1811 bis zum Abbruch 1817: „Herrenberger Tor". Durch dieses Tor verließ die Weinsteige (2) die Stadt. Pfaff 1, 32; 2, 25. Wegw. 1811, X.

C. Die Obere Vorstadt.

740. **Vor dem Oberen Tor.**
De orto vor dem obern tor (Lb. w. 1393, 32). G. vorm Oberntor (Lb. w. 1451, 6).
An der Einmündung der Breiten- in die Königstr., für den Verkehr mit Leonberg und der Schwarzwaldgegend; auch die Straße Stgt.-Heslach führte ursprünglich durch das Tor (s. 208). 1393 zum erstenmal erwähnt. „Oberes" Tor von der Lage am oberen Ende der Stadt; davor die spätere „Obere" Vorstadt. Pfaff 1, 26.

741. Vor dem Tunzhofer Tor, Siechentor, Ludwigsburger Tor.
De ortu vor dem Dontzhofer tor in den äckern (Lb. w. 1393, 2). G. vor dem Tuntzhofer Thor an der straß zum see (Lb. w. 1503, 28). W. underm Siechenthor gel. (1596, Rep. Stgt. w. I, Bü. 15); so schon Lb. g. No. 2004 genannt.

Im 1. und 2. Bel. ist das Innere Tunzhofer Tor gemeint (= Durchgang vom alten Schloßplatz zur Königstr.); von hier aus führte die Straße nach Tunzhofen. Gelegentlich entstellte Formen: Tunzlinger, Dänzlinger Tor [WJB. 1909, 129 (1451/52); Reg. d. Staatsarch. I, No. 1334 (1489); Pfaff 1, 26]. Das Äußere Tunzhofer- oder Siechentor, so später nach dem davor stehenden Siechenhaus, war in der Königstr. bei der Einmündung der Schloßstr. Seit 1704: Ludwigsburger Tor. Pfaff 1, 25, 33; 2, 25.

742. Am Acker, in den Äckern.
De ortu vor dem Dontzhofer tor in den äckern (Lb. w. 1393, 2). De ortu vor dem obern tor an dem acker (Lb. w. 1393, 3, 6). De ortu uf dem agger vor dem Dontzhofer tor (Lb. w. 1393, 10). — S. die Bel. 743.

„Acker" vor dem Oberen Tor wohl = „Acker" vor dem Tunzhofer Tor. Es wird sich ein Gürtel Ackerland zwischen den beiden Toren vor der Mauer hingezogen haben (= entlang der Königstr.); wahrscheinlich hat es sich um Herrschaftsbesitz gehandelt, da das Lb. mitunter die Bezeichnuug „der Acker" verwendet und doch nur ein größeres Gebiet in Frage kommen kann. Die Ausdrucksweise steht der Annahme von Herrschaftsbesitz durchaus nicht entgegen (pers. Mitt. von Prof. Dr. Ernst). Die Vermutung wird weithin bestätigt durch den späteren Turnieracker und die Anlage der Oberen Vorstadt vor den beiden Toren (s. 744); vgl. 732. Das Land scheint noch vor der Besiedlung der Oberen Vorstadt teilweise in die Hände der Bürger gekommen und zur Anlage von Gärten benützt worden zu sein (s. 743).

743. Neue Gärten.
De ortu in den nüwen garten vor dem Dontzhofer tor am agger (Lb. w. 1393, 2; derartige Stellen sehr zahlreich in dem Lb.).

Vorher waren in dem Gebiet wohl nur herrschaftliche Äcker; man kann in den „Neuen Gärten" den Anfang der Weggabe des Gebiets an die Einwohner und zugleich vielleicht der Anlegung der Oberen Vorstadt sehen. Vgl. 742.

744. Turnieracker.

G. uff dem Turneracker (Lb. w. 1451, 2). A. hinderm Turneracker (Lb. w. 1451, 6). — in der Zehntbeschr. von 1466 kommen ziemlich viele Güter „Auf dem Turneracker" vor (Lb. w. 1466). — [Stiftung eines neuen Klosters des Predigerordens] bi unser statt Stûtgarten in der vorstat genant der Turneracker (1473, UB. No. 560). Wg. und G. uf dem Turneracker under dem Spittall zwischen der gemeinen Gassen und der mauren am undern see (Lb. g. No. 2004). Wg. gelegen uff dem Thurnieracker bey dem Lyderen creutz (1532, Rep. Stgt. g. Bü. 2).

Platz vor dem Oberen Tor in der Gegend der heutigen Hospitalkirche, auf dem Turniere gehalten wurden; in den beiden 1. Belegen ist das Wort durchaus noch in seinem ursprünglichen Sinn gebraucht. Nach Hartmann wurde der T. bei der zweiten Hochzeit des Grafen Ulrich 1445 angelegt. In seiner Nähe entstand im 15. Jhd. die Obere Vorstadt, auf deren ganzes Gebiet sich der Name allmählich übertrug (s. 4. Bel.). Die Verwendung des Platzes zu Turnieren läßt darauf schließen, daß er ein Stück des herrschaftlichen Ackers war (Abhaltung von Turnieren auf altem ortsherrschaftlichem Besitz belegt in Kuppingen OA. Herrenberg, siehe V. Ernst, Grundeig. 101). — Turner ist die eingedeutschte Form des französischen Worts. Vgl. 742. S. 69 f. Sattler, Hist. 35. Pfaff 1, 22. Hartm., Chronik 18; ders., Gesch. 206 f. Tagbl. 1926, 516 (Schneider).

745. Leimengrube II. ůf dər lǫ̊ęməgruəb.

De agro an der Laingrůben (Lb. w. 1393, 19). G. uf der Leimgrůben am Brůgel (Lb. w. 1451, 2). A. under der Zieglerleimgrůben (Lb. w. 1451, 42 f.). G. uff der Laingruben — [bei mehreren gleich beschriebenen Grundstücken steht von anderer Hand]: Ist zu dem Nuwen Graben genomen worden (Lb. w. 1503, 2 f). Wg. im Feurabendt . . . zwischen und dem weg so von der Laimgruoben uffhin geeth (Lb. w. 1571, 37). Haus uff dem Thurnieracker in der Laimgrueben (Lb. w. 1571, 594).

Auf der Leimgrube = ab 1811 Marienstr. (Pfaff 2, 552) — Von den zahlreichen Belegen für eine Leimgrube werden sich die meisten (nach den Zusätzen sicher Bel. 4 und 5) auf diese beziehen, die bis ins letzte Drittel des 19. Jhs. sehr bekannt war. In der Gegend sind ziemlich mächtige Lößablagerungen. Vielleicht gehörte ein Teil dem Ziegler in der Oberen Vorstadt (s. 3. Bel.). Bei der Befestigung der Oberen Vorstadt wurde

das Gebiet in die Stadt einbezogen. Leim, mhd. leim, oberd.
für mittel- und niederd. Lehm. Vgl. 733. 747.

746. Pfründgarten.
G. uff der Laimgruben an des Spittäls pfründ garten gelegen (Lb. w.
1472, 10).
Mit dem Garten war wohl eine Pfründe im Spital erkauft
worden.

747. Ziegelhütte II.
De orto sito iuxta domum Ziegelarij (Lb. E. 1304, 3 b). De agro hinder Ziegelhütten (Lb. w. 1350, 2 b). Thurneracker: G. bey der Ziegelhütten (Lb. g.
1536, 95). Heuser und Hofraittin uff dem Thurnieracker beim Ziegelhauß
(Lb. g. 1586, 42). — Belegt bis 1701.

In der Oberen Vorstadt, ursprüngl. wohl bei der Leimgrube, von
der ein Teil dem Ziegler gehört haben kann (vgl. 745). Zunächst
Belege ohne nähere Lagebestimmung, da Turnieracker und Obere
Vorstadt noch nicht bestanden und die Ziegelhütte natürlicherweise jedermann bekannt war. 1549 in städt. Besitz; 1564 als
baufällig abgebrochen; damals wurde vor dem Seegassentor eine
neue Ziegelhütte mit einer Wohnung für den Ziegler erbaut.
Pfaff 1, 296. Hartm., Chronik 68, 132.

748. Leidelenkreuz, Kleudernkreuz.
De agro by dem Klüderun Crütz (Lb. w. 1393, 11; entspr. auch Lb. w.
1451, 5 und Lb. g. 1424/76, 23). Ein morgen gelegen by dem Klüdern crutz
(Lb. w. 1466, 9). An derselben Stelle hat Lb. g. No. 2004: beim Leidelen
Kreutz. — Wg. und Egerden beim Lydenlen Creutz (Lb. w. 1510, 12). G.
bym Ludelencriútz (Lb. g. No. 2004). Wg. gel. uff dem Thurnieracker bey
dem Lyderen creutz (1532, Rep. Stgt. g. Bü. 2) Wg. im Leidelcreutz
(Steuerb. 1554). Wg. im Leidenkreutz (Steuerb. 1567). Wg. uff dem Thurnieracker bey dem Leidencreütz stossen unden uff die stattmauren (Lb. w. 1571,
535). G. beym Leidelin Creytz (Lb. g. 1586, 54). G. beim Leidelins Creutz
(Lb. g. 1588).

Nach Schreibung und Vokalentwicklung lag umgelautetes mhd.
û oder iu vor. Bestimmungswort kann der Fn. des Stifters des
Kreuzes gewesen sein. Das nimmt auch Munder an, bei dem
der Betreffende Hans Lüdern heißt (nicht urkundl. belegt). Die
Bel. lassen eher an einen Namen mit anlautendem Kl denken.
In beiden Fällen macht aber das Auftreten bzw. der Abfall des k
Schwierigkeiten. Vielleicht hat die enge Verbindung mit einer

Präposition oder mit einem anderen Wort bei dem Vorgang mitgewirkt; vielleicht muß auch der Abfall des k im Bestimmungswort als eine Dissimilationserscheinung (Klûderun Crûtz) erklärt werden. Später wurde der Name ziemlich deutlich an Leiden mit Beziehung auf die Passion Christi angelehnt. Übergang r > l in Ableitungssilben kommt auch sonst vor (z. B. mhd. tapfer neben tapfel). — Falls die beiden Namen sprachlich nicht zusammengehören, könnte in Leidelen auch das oft stark entstellte Leimtellen (vgl. in Eßlingen: > Landolin) stecken (745 ist nicht zu fern). Das Kreuz war auf dem Bollwerk; es muß dort schon vor der Anlage der Oberen Vorstadt gestanden sein. F. 4, 1140. Wilmanns I[3], § 114, 2; II, § 321 A 1. — Keinath 17. Pfaff 1, 30. Stadtgl. 1844/45, 87.

749. Lageangaben bei Gärten und Wg. in der Oberen Vorstadt: Die Obere Vorstadt scheint sich langsam gegen W ausgedehnt zu haben; noch in der 2. Hälfte des 19. Jhs. war ihr westl. Teil zwischen Garten- und Weimarstr. von G. eingenommen. Diese laufen in den Lb. unter der Hauptbezeichnung „Auf dem Turnieracker"; sie wurden durch Angabe von Gebäuden oder sonstigen Anlagen näher bestimmt. So kommt z. B. vor:

1. hus und hoffraitin mit samt einem Viertail funff Ruten Wg. gerad hinden am Hus by dem Lanndthus. S. Sattler, Hist. 41 f.; Pfaff I, 77; II, 79.

2. hus ... G. uff dem Thurner acker an unser lieben frowen straß; garten uff dem thurneracker by unser lieben frowen Kirchen vor dem Chor über an der straß gelegen (Lb. w. 1472, 24, 27). — Liebfrauenkapelle in der Oberen Vorstadt, später Kirche des Klosters der Predigermönche, heute Hospitalkirche. Pfaff 1, 22, 327.

3. hus, hofraitin und G. uff dem Bsetzten Weg (III) (Lb. g. No. 2004) = Büchsenstr. Vgl. 205. Pfaff 1, 36; 2, 552.

4. Wg. bym (newen) Bolwerk (Steuerb. 1554). Wg. im Bolwerk (Steuerb. 1579). Wg. auf dem Bollwerk (1628, Rep. Stgt. w. I, Bü. 26a); wegen seines auf dem Bollwerck oder so genannten Biegel habenden und hinden an die Stattmaur stoßenden Gartens (1715, Rep. Stgt. w. I, Bü. 31).

Bollwerk — (noch heute für die Gegend der Vereinigung von Garten- und Kasernenstr.); „Die Liebfrauenvorstadt hatte während des 15. Jhs. zu ihrem Schutze nur eine Verschanzung" (Pfaff 1, 28).

Biegel II: Wahrscheinlich von einem Schuttablagerungsplatz (= Biegel) herzuleiten; vgl. Eintr. im Rep. Stgt. w. I, S. 42: Fürstliche Befehle die Abstellung des Unraths auf dem Turnieracker am Bollwerck . . . betreffend (1629/30). Die Heustr. hieß vor 1811 „Im Biegel" (Pfaff 2, 552). Daß Bühel in dem Namen steckt, wie Adreßb. 1927, III, 4 annimmt, ist unwahrscheinlich. Vgl. 147.

Die an die Mauer der Oberen Vorstadt sich anschließenden Güter werden z. T. nach den Toren und Türmen benannt:

750. Vor dem Seeltor, Tübinger Tor.

G. vor dem Selthor (Lb. g. 1536, 79). Vor dem Seelthor (Lb. g. 1585, 49; 1588; 1701, 310). Mallmstaller Huot fangt am Stuttgardter Seylthor an und gehet rechter Hand hin . . . bis wieder an Seylthor (Lb. F. 1682, 244). Am Sailthor (Wegw. 1800, 1 f.).

Ungefähr an der Einmündung der Kleinen Königstr. in die Tübinger Str.; nach Pfaff erst 1564 erbaut (vgl. dag. 1. Bel.); 1811 in „Tübinger Tor" umbenannt; 1817 abgebrochen. Name von dem Seelhaus, das zur Aufnahme fremder Armer und Kranker bestimmt war und außerhalb der Mauer in der Nähe des Tors stand; zweiteilig statt Seelhaustor. Die Formen des 3. und 4. Bel. zeigen die ma. Aussprache von Seele. Pfaff 1, 34, 351; 2, 26. OAB. 136.

751. Am Folterturm. ăm fǫ́ldərdūrn, — dīərnlę̆.

Eckturm der Mauer der Oberen Vorstadt bei der Leimengrube am heutigen Paulinenberg; früher auch „Peinlichfragturm" genannt. Der Name gibt die Bestimmung des Turmes an. Pfaff 1, 30.

752. Rotenbild, Rotenbildtor.

A. uff dem Verherberg . . . stossend an den graben bym Rŏten bild (Lb. w. 1472, 24), W. beim Rottenbildtor (Überschr.) (Lb. g. 1558, 549). Rotenbildthor wechselt von jetzt an mit einf. Rotenbild. — Rotbildthor (Plan 1592). diese Bottnanger Hutt fangt an bey der Stadt Stuttgardt Rodenbilthor . . . und gehet vom Rodenbilthor . . . (Lb. F. 1682, 376). Gg. und Bg. vor dem Rothenbildthor (Lb. g. 1701, 445). Roth Bild Thor (Plan 1798).

Name heute erhalten in: Rotebühlstraße (1811 aus Rothbühlthorstraße — Wegw. 1811, IX; Rothenbildthor-Straße — Wegw. 1800, 3 ff) — rǫdębǐ́lšdrǫs (daneben auch mit ī, ohne Zweifel durch Einfluß der geschriebenen Form). — Es handelte sich um ein rotes Heiligenbild in der Nähe eines im 16. Jh. am heutigen Alten Postplatz errichteten Stadttors. Das Tor, zunächst Reinsburgertor, wurde erst später nach dem Bild benannt, das sich noch in den 20er Jahren des 16. Jhs. dort befand (Pfaff 1, 34); seit 1811 hieß es Calwer-Tor von der Calwer Straße, die hier die Stadt verließ; es wurde 1836 abgebrochen. — Das auslautende d von Bild wurde an das folgende t assimiliert. In der heute fast allgemeinen Aussprache des Straßennamens mit ĭ wirkt die ursprüngliche Namensform nach; ī in -bühl ist infolgedessen nur durch eine Umdeutung bei der Schreibung nach der Assimilation des d zu erklären; sie war möglich, nachdem das Heiligenbild aus Anschauung und Erinnerung geschwunden war. Die Belege von 1682 (s. 4. Bel.) beweisen, daß die später noch folgenden Formen mit -bild- nur Schreibformen waren. F. 1, 1111. Keinath 80. — Sachlich: Pfaff 1, 34; 2, 26. Hartm., Chronik 234; Gesch. 211.

Äußeres Tunzhofer Tor, Siechentor s. 741.

D. Nach Lage nicht näher bestimmbar.

753. Hinter dem Turm.
von aim A. hinder dem Tûrn (Lb. w. 1350, 1a). xx de agro hinderm Turn (Lb. w. 1393, 11). Garten hinderm Turn zů beyden syten an den gassen gelegen (Lb. w. 1451, 70).

Da G. und Ä. unter der Bezeichnung vorkommen, ist wahrscheinlich ein Turm der Stadtbefestigung gemeint; er muß eine Ausnahmestellung (vielleicht durch Größe) eingenommen haben, da er als Turm schlechthin bezeichnet wird.

X. Gablenberg (= der Teil der Stuttgarter Markung zwischen dem Kamm des südöstl. Höhenzugs und der Markungsgrenze gegen Gaisburg).

A. Vom Sattel zwischen Ameisenberghügel und Höllschen Bühl (Sickstr.) bis zur alten Eßlinger Straße (Wagenburgstr.).

754. **Heidlesäcker.** (Pk.-A.) ẽn dę hǫ́ędləsę̨gər.

Auf Plan 1849: Haidersäcker. — Flaches Gebiet, südl. des Höllschen Bühls bei der Bergkaserne. Wahrscheinlich nach einem unbebauten Stück, das „Heidle" hieß[51]); Herleitung von einem Pn. nicht ausgeschlossen. Vgl. 362. 604.

755. **Bronnäcker I.** (Pk.-A.) Plan 1807, 1849. n dę brǫ̃nəę̆gər.

Ziemlich eben gelegen bei der Lukaskirche-Ostheim und dem Bergfriedhof; hier war früher das Schwarenbergbrünnele. Pfaff 1, 444. Staa. 1875, 72.

756. **Schwarenberg.** (Pk.-A., Bw., Wg.) ẽm šwǫrəbę̨rg.

Wg. zu Gaisburg genannt der Swariberg (1348, WGQ. IV, 444, 28). Vinearum ... sita an Swariberg; auch: am S. (Lb. E. 1350, 62b). Zwaurberg (Lb. w. 1350, 7b). Wg. zu Swaurlinberg (Lb. w. 1451, 72). Ebenso 1453, UB. 206, 1. Wg. zů Schwǎrlinberg — nur einmal so (Lb. w. 1472, 42). A. underm Schwǎrenberg (Lb. w. 1472, 64). Wg. zu Schwaremberg (Lb. w. 1503, 36) Wg. im Schworenberg; — sonst immer mit a (Lb. w. 1571, 697; Nachtr.). Wg. im Schwahrenberg (Lb. g. 1588). Schwohrenberg (Unterg. 1748). Plan 1849 und Plan OAB : Schwörenberg.

Großes Gewand am Abhang von 764 leicht gegen O und NW abfallend; von Gablenberg aus gesehen unmittelbar jenseits des Vorsprungs von 784; nach heutigen Verhältnissen: links des Kanonenwegs, Gegend des Bergfriedhofs und des Karl-Olga-Krankenhauses. — Die Aussprache mit ǫ verlangt mhd. â. Zunächst ist an einen Pn. auf -swâr zu denken; ein brauchbarer Pn. dieser Art kommt aber nach Förstem. I, 1378 nicht vor; es dürfte also das als Übername gebrauchte Adjektiv mhd. wâr in dem Fln. stecken. Das anlautende s ist der Rest des bestimmten Artikels, der in der Proklise Stammkonsonant und -vokal verlor[52]); das angetretene s verband sich so eng mit dem Adjektiv, daß es die Entwicklung mhd. sw > nhd. schw mitmachte. Als ursprüngliche mhd. Form des Fln. muß angenommen werden:

---

51) Die Bezeichnung ist appellativ in den Lb. nicht selten; bei den Markungsumgängen von 1559 an wird mehrfach in der Gegend von 754 angeführt: „margstain uff dem Haydle".

52) Vgl. die ma. Formen des vorantretenden Gen. Sing. bei Besitzerangaben z. B. s'Maiers, s'Kleins, s'Abeles Haus.

Präposition + dës wâren bërc. Im 1. und 2. Bel. fehlt das Abkürzungszeichen für n der Nebensilbe; i ist dem Schreiber zuzurechnen; es hat lautlich keine Bedeutung, sonst hätte es Umlaut bewirken müssen; die Formen des 3., 4. und 5. Bel. können als individuelle Entstellungen angesehen werden. — F. 5, 1242 stellt den Fln. zu schwaren (mhd. â) = mit Gewichten beschweren, pressen; das Wort kommt aber nur in den südl. Grenzgegenden des schwäb. Gebiets vor. ZfdUnterr. 17 (1903), 728 f. ZfdM. 1919, 66 ff.

Im Schwarenberg liegen:
(No. 757—763)

757. Flecklein.

Wg. zu Swaurlinberg am Flecklin gel. (Lb. w. 1451, 72). Wg. zů Swaurlinberg am Flecklin und xx A. gel. (Lb. w. 1451, 76).

Fleck zunächst = was sich aus seiner Umgebung heraushebt, dann auch = Teil eines zusammenhängenden Ganzen und kleines Feldstück. — Kluge 138. Miedel 22. Vollm. 25. Keinath 22.

758. Hüttenacker.

11 M. A. und egerden gen. der Huttenacker zů Surn Ameissenberg (Lb. w. 1451, 73). Ebenso Lb. w. 1472, 64. — A. unden am Huttenacker (Lb. w. 1472, 65). A. gegen den Sauren Ameisenberg gel., der Huttenacker gen. (1495, UB. 582, 10 f.). A. zu Schwarenberg, gen. Hüttenacker (Lb. w. 1571, 529).

Die Akten über die Verlegung des Hochgerichts 1581 geben wohl die Erklärung: „... Platz so under dem Schwarenberg bey der Sondersiechen wingart bej ainem kleinen Cäppellen oder Hütten gegen Berg herüber sein solle ...; ... Platz under dem Schwarenberg bey dem Sundersiechen wingart bey dem kleinen Kapellin oder Hüttlin gegen Berg herüber ..." (Rep. Stgt. w. I, Bü. 13). Vgl. Pfaff 1, 74.

759. Metzler.

De vinea una dicta Metzler sita am Swariberg (Lb. E. 1350, 62b).

Nach einem Besitzer; vgl. UB. 95, 24; Pfaff 1, 404.

760. Straubenacker.

4 ½ M. A. gen. struben Acker zu Schwarenberg gel. (Lb. w. 1528, 51). A. gen. strauben acker zu Schwarenberg gel. (Lb. w. 1540, 50). Ebenso Lb. w. 1542, 15.

Nach einem Besitzer (Straub); vielleicht identisch mit einem früheren Wg.: 1 ¼ M. in Berger Mark an des Struben Weingarten (1341, UB. 35, 23 f.). Vgl. UB. 662. Pfaff 1, 417.

761. Schwarenberger Teich.
da dannen hinuß ... stat aber ain stain im Schwarenberger Dych (Grenzb. 1508 ff.).

Teich (Neutr.) ma. nur = Vertiefung im Gelände, nicht allzu umfangreiche Einsenkung ohne stehendes Wasser. Keinath 17. Miedel 20. Rheinw. 118 f.

762. Wagenleisen.
Wg. zu Swaremberg gen. die Wagenlaiß (Lb. E. 1485, 123). Die Wg. gen. Wagenlaisen zwúschen Hellspúhel und Swarembergen gel. (1481, UB. 390, 18). Ebenso UB. 420, 37.

Mhd. wagenleise stswf. = Spur des Wagenrads, Wagengleis zu leis(e) stswf. = Spur, Geleis, das ma. noch vorkommt, schriftsprachlich aber nur im kollektiven „Geleise" erhalten ist; auch Wagenleis appellativ noch in der Ma. (jetzt Neutr.). Die Wg. lagen wohl an einem stark ausgefahrenen Weg (vgl. z. B. 763).

763. Hohlweg. ăm hǫ́lwęəg.

Weg von Gablenberg nach Berg, soweit er über den Schwarenberg führte, etwa bei der Ostheimer Schule und dem Karl-Olga-Krankenhaus (= Schwarenbergstr.). Vgl. 852.

764. Saurer Ameisenberg. (Pk.-Wg.) ĕm səuərə ǫ̆msəbĕ̜rg; ĕn dę səuərę̆ ǫ̆msəbĕ̜rg.
Wg. im Surn Ameissenberg (Lb. w. 1451, 4). Wg. zu Surn-Ameissenberg (1453, UB. 206, 4 f). All ... Suramaissenberg (Lb. w. 1466, 6 a). Acker by dem Surnainmaissemberg (Lb. w. 1472, 65). Wg. im Súwramayssenberg (Lb. w. 1503, 34). All ... Sawromaissenberg (Lb. w. 1510, 8 f.). A. an der (!) sur amaissenberg ... stossen unden uff den Suramaissenberg (L. w. 1524, 147).

Ausläufer des Ameisenberghügels gegen N; Lage der Wg. weniger günstig als am Ameisenberg; es gebe viel Wein hier, aber er sei nicht besonders gut. Zu „sauer" s. 227 (319). Nach den Bel. scheint das Adjektiv in der Zusammensetzung frühe in der Form des Nom. Sing. erstarrt zu sein, während es heute in mündlichem Gebrauch durchweg flektiert wird. Vgl. 774.

765. Hagenacker.
De agro im Hagacker (Lb. w. 1393, 9). A. zu Sauromaissenberg, der Hagenacker gen. (Lb. w. 1571, 330).

Obwohl sonst Hagen-Namen auf Viehzucht weisen, ist hier Herleitung vom Pn. Hag oder Hagen eher anzunehmen, da ein Cůntzlin Hagen nach Lb. w. 1451, 74 ganz nahe im „Ecklen" Besitz hatte. Ob Bel. 1 hergehört, ist sehr fraglich; er weist eher auf einen von einem Hag umgebenen Acker, vielleicht = 705. Vgl. 425. 444.

766. Bergstraße. (Pk.-Bw., Wg.) ęn dę bęrgšdrǫsə.

Hut über . . . Schwarenberg, Bergstrass, Sauren-Ameisenberg . . . (1495, UB. 479, 24 — Reg.). Wg. an der Bergstraß (Lb. w. 1503, 56). Wg. und A. im Amaissenberg gen. der Schöbenacker zwischen dem Vichweg und xx, stossen unden uff die Bergstrass (Lb. w. 1524, 149 f.). . . . zwischen Wg. im Saur Ohmaißenberg und gemeiner statt straßen die Bergstraß genandt (Unterg. 1621). Stein, der stehet unden an xx A. an der Bergstrass und vorgemeltem Gablenberger Viechtrieb (Lb. g. 1632, 9). Wg. in der Bergstrass (Lb. g. 1701, 936). Vorermeldtem Vichtrieb nach auff den 5. Stein an der Berg-Strass . . . weist an xx A. und der Berg-Strass hinauff solang der A. ist der Statt zuwerts (Lb. g. 1745, 15 ff.). Auf einem beiliegenden Plan ist der betr. Weg bezeichnet als „Ein Güterweg" [53]).

Am NO-Hang des Ameisenberghügels, etwa umschlossen von Wasserwerk, Kanonenweg, Schwarenberg-, Schellberg- und Ameisenbergstr. Nach Bel. 7 Benennung nach der Straße, heute Kanonenweg, die, von Gaisburg kommend, beim Wasserwerk die Höhe erreicht und hier den „Sauren Ameisenberg" vom Ameisenberg abschneidet. Der Weg war die unmittelbare Verbindung von Gaisburg mit Stgt. [54]); er führte nach Erreichen der Höhe am

---

53) Als Verschreibung für Bergstr. muß wohl auch „In der Bangstras" (Lb. w. 1571, 324) aufgefaßt werden (nach den dabei gen. Grundstücken etwa in der Gegend zu suchen).

54) In den Beschr. der Markungsumgänge wird von 1508 an ein Markstein genannt, der in der fragl. Gegend „in der alten straß gegen Gayßburg zu" steht; von 1559 an (neues Formular) heißt es statt dessen „an der Bergstraß". — 1581 höchstwahrsch. für diese Verbindnng: . . . auf der Scheyhelberger Haid . . . da kann . . . wenn man die Gaissburger Staig hinauss Esslingen oder Berg zu hinab zeücht . . . (Rep. Stgt. w. I, Bü. 13). — Auf einem Riss von 1731 (städt. Arch. B, Bü. 16) kreuzt die Bergstr. den Viehtrieb (845/847) und die Markungsgrenze und heißt auf Gaisburger Markung: Gaisburger Weg.

W-Hang des Ameisenberghügels hin und mündete bei der heutigen Eugensplatte in die Straße von Eßlingen. Nach Mitteilungen von Gaisburgern wurde er mit dem Abstieg Werfmershalde-Landhausstr. als Verbindung mit Stgt. noch in der 2. Hälfte des 19. Jhs. als bequemer, besonders für den Weg nach Stgt., der Eßlinger Steige vorgezogen, die an Gablenberg vorbeiführt und größere Höhen zu überwinden hat. „Bergstraße" scheint die Straße selbst nur da geheißen zu haben, wo sie die Höhe des Ameisenbergs überschreitet, und in dem Teil zwischen Ameisenberg und Gaisburg; an anderer Stelle ist der Name nicht belegt. Zur Entstehung des Namens: Wg. „am Ämaissenberge" unter der Straße, „di durch den berg gät" (1334, UB. 32, 26 f; WGQ. IV, 324, 19). Die Angaben bei Pfaff 1, 443 sind unrichtig (vgl. 504).

767. Am Kreuzweg II.
stain in der Bergstraaß am Creutzweg (Grenzb. 1647). Darvon 62 schritt am Creuzweeg und der Bergstraß steht widerumb ain stain (Grenzb. 1667).
Kreuzung von Viehgasse Gablenberg—Berg (846 f.) und Bergstraße (= Ostendplatz); über Kreuzweg s. 655.

768. Hungerberg.
Ä. unter dem Schwarenberg an den Äckern, die man nennt die Rickenstripflin, an dem Hungerberg am Gablenberger Weg gel. (1479, UB. 361, 26 ff.). 4 M. A. zu Gaissburg an den ruben strifflen zwischen dem Gabelberger Weg einerseitz und an der andern seiten an dem Hungerberg gel. (Lb. g. 1558, 50). Ä. an der Rüebenstrupfflin . . . seien uff dem Hungerberg (Lb. w. 1571, 8). Ähnlich wie Bel. 1 auch: Lb. g. 1585, 31 f.; 1700, 999.

Ein 81jähriger Felduntergänger von Stgt. meint, den Fln. in seiner Jugend noch gehört zu haben. Nach den Bel. am O-Abhang des Ameisenberghügels bei dem Vorsprung von 784, rechts des Kanonenwegs in der Gegend der Schwarenbergstr. — Für Fln. mit Hunger- gibt es mehrere Erklärungsmöglichkeiten: 1. unergiebige Stellen; Ertraglosigkeit vielleicht verursacht durch starke Austrocknung, 2. in Verbindung mit Bächen und Quellen: solche, die nur in überaus nassen Jahren fließen und damit Hungersnot anzeigen (vgl. 506); bei andern Örtlichkeiten, wenn sie an solchen Hungerbrunnen oder -bächen liegen; 3. seit Buck vielfach angenommen (außer bei Gewässernamen): Ausdruck der alten Weidewirtschaft für Stellen, wo das Vieh über Nacht oder zu anderer Zeit zusammengetrieben wird und hungern muß. Welche Deutung hier zutrifft, ist nicht zu entscheiden. Buck 119. Germania 1872, 451. MfHz. 7 (1873/74), 34. Festg. 371. Alb.Ver. 10, 388. Miedel 14. ZfDM. 1919, 57. Vollm. 24, 33, 45. Keinath 1, 9, 54, 57.

769. Staibenäcker. (Pk.-A., Wg.) ện dẹ̆ šdáẹbənẹ̆gər.
A. am Stöbenacker (Lb. w. 1466, 10 b). . . . wendet uff den Stöbenacker (Lb. w. 1472, 64). A. zů Ainmaissemberg am Stöbenacker (Lb. w. 1472, 67). Wg. im Stôubenacker (1495, UB. 581, 32 u. a.). 4 ½ M. A. gen. steuben ackers zu Schwarenberg (Lb. w. 1520, 190). 4 M. A. an den Stöbenäckern gel. (Lb. g. 1558, 50). W. so vorhin ein A. gewesen im Staibenacker (Lb. g. 1701, 462).

Rechts des Kanonenwegs unterhalb der Schwarenbergstr. um den Auslauf des Bergvorsprungs von 784; sehr guter Lehmboden. — Nicht zu „stauben", wo F. 5, 1666 den Fln. einreiht; vielmehr zurückgehend auf mhd. œ, ê des Pn. Stöb, Steb, für Stgt. im 15. Jh. und später öfter belegt (UB. 192, 27; 476, 21; Hennslin Stöb, Lb. w. 1451, 65; vgl. Pfaff 1, 417). In diesem Fall zeigen die Bel. deutlich, wie sich ein Pn., der ursprünglich an einem Acker haftete, allmählich auf dessen Umgebung ausgedehnt hat. — Lautwert des Tonsilbenvokals nach dem 4. Bel. 1495 derselbe wie heute. Vgl. 770. 771.

770. Staibenwengert. ện dẹ̆ šdáẹbəwẹ̆ṇərt.
. . . zwischen den Weingärten gen. Stöbenäckern (Lb. w. 1571, 8). . . . weiset an xx A. und den Steibenacker wingardten hinab (Lb. g. 1632, 10). . . . weiset an xx A. und den Steibenwingardten hinab (Lb. g. 1701, 207). An denen Staiben weingardten (Lb. g. 1745, 15 ff.).

Erhöhung im Gewand Staibenäcker, heute durch einen früheren Ziegeleibetrieb größtenteils abgetragen. Im Gegensatz zum Ackerbau, der in den Staibenäckern die Regel war, hier Weinbau. Beachtenswert ist in den Lb. die langsame Herausbildung des selbständigen Fln. aus Staibenäcker mit Unterdrückung des Mittelglieds in der dreiteiligen Komposition.

771. Staibenloch. šdáẹbəlŏχ.
Ziemlich große Vertiefung in 769; diese beruht wohl auf Aus-

grabung, da sich hier der schönste Mergel der Gegend finde. Vgl. 777. 811.

772. **Stuttgarter Äcker**. ẹ̆n dẹ̆ šdúəgərdər ẹ̆gər.

Teil der Staibenäcker bei der Ostendstr.; wie diese mit sehr gutem Boden; Ende des vorigen Jhs. ausschließlich im Besitze von Stuttgartern.

773. **Rübenstrümpflein**.

A. am Rüben strimpffel (Lb. w. 1472, 64). An den äckern die man nennt Rickenstripflin (1479, UB. 361, 26 f.). A. an den Rübenstrümfflen (Lb. g. 1558, 68). Daneben: ruben strifflen (Lb. g. 1558, 50). In Stöbenäckern oder Rüeben Strupfflin; daneben: an der Rüebenstrupfflin (Lb. w. 1571, 8). A. an Rüebenstripfflen (Lb. g. 1582, 38). A. an den Rieben Strüpfflen (Lb. g. 1585, 7). A. am Rüebenstripfflen (Lb. g. 1700, 998).

Nach den Angaben der Lb. dicht bei den Staibenäckern oder mit diesen zusammenfallend. Bestimmungswort mhd. rüebe swf. = Rübe; im Grundwort kann vorliegen Deminutiv zu mhd. strumpf stm., Nebenform zu stumpf = Stummel, Stumpf, Baumstumpf, Rumpf oder mhd. strupfe swf. = Strippe, Lederschlinge Lederhülle am Zugstrick. Mit dem Bestimmungswort läßt sich mhd. strumpf vielleicht besser vereinigen; merkwürdig ist der frühe Ausfall des m, der wohl nur durch Schreibfehler (Fehlen des Abkürzungszeichens für m) erklärt werden kann; das Nebeneinander von Formen mit und ohne den Konsonanten im Lb. g. 1558 kann gerade beweisen, daß er mündlich noch gesprochen wurde, während er in der Schreibstubentradition ausgestoßen war. Weibliches Geschlecht im 5. Bel. zeigt, daß der Fln. nicht mehr verstanden wurde (Pluralis [s. 3. Bel.] als Singularis eines Femininums aufgefaßt). Im 2. Bel. wohl Verschreibung im Bestimmungswort. — Der Name kann scherzhaft gemeint sein, vielleicht für Mißwachs auf einem Rübenfeld. Lex. 2, 543, 1254 f.; Lex. Taschenwb.[13] 253.

774. **Ameisenberg, Oberer, Unterer**. (Pk.-Wg., Bw.) ẹ̆m (ẹ̆n dẹ̆) ọ̆msəbẹ̆rg, ọ̆mọ̆əsəbẹ̆rg.

Wg. am hinteren (vorderen) Amaizenberg (1285, UB. 5, 20 f.). Vinee ... sitis in Amaisunberg (Lb. E. 1304, 5a). Vinee ... sito in Amaissenberge (Lb. E. 1304, 17a). Wg. prope Stůtgarten an Amessenberg ze Tůntzhoven; in einer Bestätigung von Konstanz: Amayssemberge (1326, UB. 28, 30 f.;

WGQ. IV, 262, 40). Wg. bei Berg am Amaissenberge (1334, UB. 32, 26 f.).
Vinea in Ammassenberg (Lb. w. 1350, 2 a). An dem undern (obern) Anme(y)ssenberg (Lb. w. 1350, 8 a). . . . iuxta montem dictum der A'massenberg
(1419, UB. 106, 22). Wg. zů Aynmaissenberg (Lb. w. 1472, 11). Wg. im
Omasinberg (Lb. E. 1485, 123). Wg. zu Omaissenberg (1491, UB. 520, 7).
Wg. im Unmeissenberg (Lb. g. 1582, 651). Wg. im Ohmmaissenberg (Lb. g.
1588). Wg. im Ohnmeißenberg (Lb. g. 1701, 291).

O- und SO-Hang des Hügels, auf dem sich heute die Anlagen
der Uhlandshöhe befinden, gegen Gablenberg; sehr großes Gewand. − Mhd. âmei₃e swfm. = Ameise. In den Lb., besonders
des 15. Jhs., bilden die Formen Ameisenberg (Amaisen-, Ammaissen-) durchaus die Regel; für diese Zeit sind unter den Bel.
nur die abweichenden Formen angeführt. Öfter finden sich
Formen mit einfachem Vokal in der 2. Silbe (vgl. 4., 6., 7. Bel.)
(Nachlässigkeit der Schreiber oder Darstellung des Lautwerts?).
Die gesprochene Form muß von einer solchen Schwächung des
Diphthongs ausgehen. In Schwächung und Schwund des Diphthongs ist eine Wirkung der Tonverhältnisse des Fln. zu sehen.
Das viersilbige Kompositum mit dem Hauptakzent auf dem Grundwort war mit dem durch den Diphthong nötigen 2. Nebenakzent
zu stark belastet; mit der Unterdrückung des Vokals der 2. Silbe
verschob sich die Silbengrenze; der lange Vokal â wurde vor
Nasal + Konsonant gekürzt, nachdem er vor Nasal ma. > ọ
geworden war. Wenn heute gelegentlich auch die viersilbige Form
vorkommt, so geht sie auf das Schriftbild zurück. − Schoofs
Vorschlag einer Herleitung von Almand, Almandes, das durch
Kontraktion und Assimilation > Amatz, Ametz u. a., in ma.
Färbung > Ometz, Ömetz, Emetz u. a. werden und volksetymologisch an mhd. âmei₃e angelehnt worden sein soll, kann
außerhalb des Gebiets, das hier an Stelle des Reibelauts Affrikata hat, nicht angenommen werden. − Bad. WB. 39 (gibt aus
Lörrach eine Form mit unterdrücktem Vokal der 2. Silbe, aber
langem Stammvokal an). − Vgl. S. 23 f. Korresp.Bl. 65 (1917),
88 f. Deutsche Gesch.Bl. 1917, 50 ff. (Schoof).

775. Karchweg.

Von dannen zwerchs über die [Eßlinger] staig under dem Esslinger Bild ...
von dannen den Karchweg herfür ain stain gesetzt an xx Wg. zů Amaissen-

berg . . . under dem Karchweg der durch die halden gat (Lb. w. 1466, 9 b).
Wg. zu Onmayssenberg under dem Karhweg der durch die Halden gatt
(Lb. w. 1527, 16). An der Esslinger staig an xx under dem Karrweg so
Omayssenberg zugeet (Lb. g. 1558, 494). . . . und füro abhin durch das
Weiller zu Gablenberg in ein stein gesetzt in xx Wg. an dem Karchweeg
(Lb. 1558, 494).

Wahrscheinlich = Ameisenbergstr.; der Weg zweigte von der
Eßlinger Straße ab und ging mitten durch den ganzen „Ameisenberg" in der Richtung gegen die „Bergstraße." Güterweg, der mit
Karren (Karch = Karren, zweirädriger Wagen) befahren werden
konnte.

Im oder beim Ameisenberg liegen:
(No. 776—783)

776. Egenweingart.

Wg. im Ohmmaysenberg, der Egen und Münchweingartt gen. (1622, Rep. Stgt.
w. I, Bü. 21).

Nach einem Besitzer Ege(n); Fn. in Stgt. und Eßlingen für das
14. und 15. Jh. belegt (s. UB. 630; Pfaff 1, 387; WGQ. IV,
604; VII, 542).

777. Fürstenloch. fȋršdəlǫχ.

Name aus dem letzten Drittel des vorigen Jhs. für eine Erdengrube in der Schellbergstr. am Hang von 774 in der Nähe der
„Villa Fürstenblick" (Ameisenbergstr. 44); also statt Fürstenblickloch. Vgl. 771. 811.

778. Heldenäcker.

Von disen vorgenannten Heldenackern (Lb. g. No. 2004).

Nach dem Bel. im oder beim Ameisenberg. Wohl nach einem
Besitzer, nicht zu Häld = Halde. Fn. Held(e) von 1324 an in
Stgt. belegt (UB. 640; Pfaff 1, 394).

779. Heldenweingart.

Us fůmf morgen . . . der Heldenwingart (Lb. w. 1350, 4 a).

Derselbe Besitzer hat einen Wg. im „Hühnerdieb", der unmittelbar vorher genannt ist; vorl. Grundstück also wohl in der Gegend
von 774 zu suchen, wo auch 778 lag. Vgl. 778.

780. Mönchweingart.

. . . Closters Bebenhaußen, und deßen Pfleege zue Stuetgardten, bißhero
aigenthümblich inngehabtten weingartt . . . im Ohmmaysenberg der Egen
und Münchweingartt genandt (1622, Rep. Stgt. w. I, Bü. 21).

Nach dem Besitzer des Wg., den die Urkunde nennt (vgl.: de vinea am Amassenberg gelegen an Bebenhüsern – Lb. w. 1393, 13; Wg. am Ameisenberg cuius proprietas est illorum de Bebenhusen — Lb. E. 1350, 62 b).

781. Mühleisen.
... der Múlysen darunder [unt. d. Ameisenberg] gelegen (1481, UB. 390, 14). am Múlysen ... (um 1490, UB. 420, 37).
Wohl nach einem Besitzer Mühleisen.

782. Wartbäumlein.
Wg. ze Amaisberg under wartbŏmlin (Lb. E. 1334, 5 b).
Wohl auf der Höhe des Ameisenberghügels, da der Name eine Warte voraussetzt = Ort, von dem aus gewartet, gespäht wird vom Jäger, Hirten oder Wachtposten. Vielleicht Zusammenhang mit den Belagerungsanstalten König Rudolphs 1286, da die Wagenburg nicht weit weg ist (508; vgl. 510). Der Berg bietet freie Aussicht ins Nesenbachtal und auf die gegenüberliegenden Höhen wie auch über Gablenberg und Gaisburg ins Neckartal. — Der Index über o kann hier Diphthong und Umlaut zugleich bedeuten — ein Verfahren, das im 15. Jh. beliebt ist, — oder aber vielleicht schon den aus öu vor Nasal entwickelten e-Laut meinen. Keinath 14. Bohnenb., Schwäb. 15. Jh., § 96 f.

783. Wartberg.
Der Fln. erscheint nach Pfaff 1, 456 i. J. 1304 im Ameisenberg; wenn nicht 782 selbst gemeint ist, lassen sich die beiden Namen doch sehr leicht aneinander anschließen.

784. Ecklen. (Pk.-Bw., A.) ẹn dẹ ẹ̆glə.
De vinea uf Eglen (Lb. w. 1350, 9 b). Egerden im Ecklin (1447, UB. 187, 1). A. an der Ecklun; Wg. in der Ecklun (Lb. w. 1451, 74, 75). A. ob dem Egklun; die Egklun (Lb. w. 1466, 6 a, 10 b). A. an dem Ecklin (Lb. w. 1472, 68). Wg. im Ecklin (Lb. w. 1503, 56); so auch in den ff. Lb.; teilweise: Auf dem Ecklin. — Im Ecklen (Lb. g. 1632, 9).
O-Hang zwischen einem unbedeutenden Vorsprung des Ameisenbergs gegen O und dem Oberteil der Rinderklinge, umschlossen etwa von Ameisenbergstr., einer Linie nördl. der Wagenburgstr., Kniebis- und Roßbergstr. Der Fln. bezeichnet, wie die meisten Eck-Namen, ursprünglich einen Bergvorsprung (s. Lageangabe). Das weibliche Geschlecht im 3. Bel. rührt wohl von einem Miß-

verständnis von der Endungsform -lun aus her, die, als -un aufgefaßt, der schwachen Deklination der Fem. zugewiesen wurde; zu -lun für -lin vgl. 198. 612. Im 4. Bel. dürfte nach dem Kontext Pluralis vorliegen. — Heute grenzt das Gewand nicht mehr unmittelbar an den namengebenden Vorsprung; 769 hat sich durch immer weitere Ausdehnung seines Namens dazwischengeschoben. F. 2, 533. Schw. 1, 155. Schott 21.

785. Rinderklinge[55]).

A. uff der Rinderklingen zů Geissburg (Lb. w. 1451, 76). Stain am Stöbenacker und von dannen in ain stain ges. an xx A. und dann fúro in ain stain ges. in xx A. an der strass gen Berg abhin und derselb stain schaidt in ain stain ges. uff der Rinderclingen ob dem see und von dannen die Klingen uff (Lb. w. 1466, 10b). A. im Fulleder am Esslinger weg stösst uff die Rinderklingen — [heißt später:] hindern Klingen (Lb. w. 1472, 34). Zwischen Stgt. und Gsb. war ein Span um die Rinderklinge (1495, UB. 583, 20 f.). A. uff den Ecklen . . . stost unden uff die Rintzklinge (Lb. w. 1524, 184 — Reg.). Daneben: Rinds-, Rins-. A. auf der Rinndtsclingen zwischen . . . und der gemelten Rindtzclingen gel. (Lb. w. 1572, 505).

Lange, nicht besonders steile Klinge, die in ihren Anfängen von der Gegend der Wagenburgschule (an 774) kommt, in leichtem Bogen nordwestl. vom Klingenbach über Ostheim zieht und unmittelbar unter dem Hügel der Gsb.-Kirche in jenen einmündet; wasserführend im wesentlichen anscheinend nur auf Mark. Gsb. (von der Ostendstr. an). Der Name bezieht sich wohl auf den Weidebetrieb. — Zu beachten ist der Übergang des Bestimmungsworts vom Plur. in den Sing.

786. Schelmenklinge.

. . . Marckstain stat ouch an dem gemelten weg [von Gbl. nach Berg] uff der Schelmenklingen [später dazu geschrieb :] so man uber bechlin kumpt (Grenzb. 1508, auch ff.). A. im Fulleder gen. der Schlefferer zwischen der stras und der Schelmenklinge gel. (Lb. w. 1524, 164).

Teil von 785, an den der Schinder-(Schelmen-)wasen stößt. Das Vorkommen des Namens von 1508 an beweist, daß ein Schinderwasen schon hier war, ehe die Regierung 1556 allgemein befahl, das Aas ins Faulleder zu bringen (s. Pfaff 1, 167).

---

[55]) Außer den Namen 785/87 kommen noch andere für die Klinge vor, die aber nur für Gsb. Bedeutung haben.

787. **Wolfsklinge IV.** (Plan 1849).
Für 785 am Übergang von Stgt. auf Gsb. Markung (Ostendstr.);
nur auf Plan 1849 verzeichnet. Name im Zusammenhang mit
793, statt Wolfsgrubenklinge.
788. **Bronnäcker II.** (Adreßb-Plan 1914, 1928.) ęn dę
brŏnəęgər.
In einer Mulde im Oberteil von 785 an der Lembergstr. (im
Gewand Ecklen). Name nur gelegentlich gebraucht. Das Gebiet ist sehr naß, so daß auf unterirdische Quellen geschlossen
wird.
789. **Pflasteräcker.** (Pk.-Bw.) ŭf dę pflăšdəręgər.
2 M. A. im Faulleder, gen. der Pflasteracker zwischen der Lanndtstrass und
xx wüsen, stosst . . . unden wider auff die Landtstraas (Lb. w. 1572, 518).
6 M. A. der Pflaster Acker (1732, Rep. Stgt. w. I, Bü. 64a).
An der Markungsgrenze, Hauptteil links an der Straße nach
Eßlingen (etwa zwischen Wagenburg-, Kniebis-, Stromberg- und
Ostendstr.). Von der Lage an der gepflasterten Eßlinger Straße
(s. 794). Vgl. 808.
790. **Spitaläcker III.** (Pk.)
Under den Faulleder hinab biss auf den 10. Stein, der unden in xx Wg. und
an dess Spithals acker stehet (Lb. g. 1632, 32). . . . stein der stehet unden
an xx wißen vormals der Spitthalacker genannt auch an gemeltem Pflaster
(Lb g. 1701, 206). xx usser einem Tw. des so genannten St. Catharina
Hospitthals zue Stuettgardt acker so jetzo eine wisen zwischen dem Kirchweeg
oder gemeinem Pflaster und . . . (Lb. g. 1701, 422). Dem Pflaster nach
vollends hinab auff den 3. Stein unten an xx W., auch der Spithal acker genannt worden ist (Lb. g. 1745, 15 ff.).
Beiname für einen Teil von 789. Der Fln. wird nicht gebraucht. Deutung durch die Bel. gegeben.
791. **Schelmenwasen, Schinderwasen.** ŭf əm šęndərwāsə.
A. am Eßlinger Weg zwischen . . ., auch dem Luoderweg, stossen . . . unden
auf den Schelmenwasen (Lb. w 1571, 331).
Links der Kniebisstr. bei der Einmündung der Einkorn- und
Uhlbergstr.; das Gebiet, im Besitz der Stadt, stößt an den Oberteil der Rinderklinge; es ist überreich an Wasser. An der Stelle
befand sich noch in diesem Jh. die Kleemeisterei; die zugehörigen Gebäude 1818 auf Kosten des Staats errichtet, dann an
die Stadt abgetreten (hier wohnte zuletzt noch Scharfrichter und

Kleemeister Siller). — Mhd. schëlm(e), schalm(e) swstm. = Pest, Seuche, Aas; Schelmenwasen = Platz, wo gefallenes Vieh vergraben wird. Schinderwasen in derselben Bedeutung (Schinder = Kleemeister, Abdecker; nomen agentis zu schinden = die Haut abziehen, schälen). Buck 236. Albv. 10, 389. Rheinwald 202. Keinath 70. — Pfaff 1, 167. OAB. 333.

792. **Luderweg.**
Luoderweg s. 791 Bel.

Mhd. luoder stn. = Lockspeise, Aas, faules Fleisch, das verscharrt wird. Weg und Name in engster Beziehung zu 791. Miedel 71. Keinath 70.

793. **Wolfsgrube.** (Pk.)

Teil von 789; der Name ist auch sonst als Fln. häufig, = Grube zum Wolfsfang, deren senkrechte Wände verschalt waren, und die oben mit Reisig bedeckt war, auf dem der Köder lag. Solche Gruben sollen noch um 1800 häufig in Schwaben gewesen sein. F. 6 I, 930. Birlinger, Augsb. WB. 434.

B. Von der Eßlinger Straße bis zur Markungsgrenze gegen Gaisburg; im Wald bis zum Rennweg.

Eßlinger Str. s. 569.
An Einzelbezeichnungen der Straße bei Gablenberg kommen vor:

794. **Die Besetze, das Pflaster.**

... bym Gayßburger Sewlin am Ort der Besetzin stat der 1. Marckstain ... Der ander marckstain stat die Besetzin heryn nebent der Straß . . . Item bas heryn nebent der besetzin zu baiden syten des wegs der da gat von Gablenberg gen Berg ... (Grenzb. 1508; ähnl. die ff. Grenzb.). [Beim Faullleder] der 9. Stein, an seinem Haag und der Statt Pflaster. Dieser 9. Stein zeigt ferner dem Pflaster nach ... biss uff den 11. Stein, der stehet ... und an der Stras die uf dem Pflaster durch daß weyler gehet (Lb. g. 1632, 32). Ebenso Lb. g. 1701, 23. Die Stras von dem ausser Esslinger Thor an alß die gepflesterte Esslinger staig henauff ... und von derselbigen [Schlegelbruck] die gepflesterte Esslinger staig nebent Gaissburg hen (1634, Rep. Stgt. w. I, Bü. 44, No. 11). Stein stehet ... an der Statt Pflaster, zeigt ermeltem Pflaster oder der Esslinger Strass nach hinunter (Lb. g. 1745, 64).

Besetze = Pflaster, mit Steinen belegter Platz. Der Fln. deckt sich sachlich und örtlich mit der später nicht selten erscheinenden Bezeichnung „das Pflaster" für die alte Straße nach Eßlingen in der Gegend ihres Übergangs über den Klingenbach. Die Pflasterung war hier jedenfalls etwas Besonderes, viell. bes. frühe, und hat den anstoßenden Gewanden ihre Namen gegeben (789, 808). Vgl. 205, 457, 749, 3.

795. Steige.

Vinearum quondam dicte Bruggenslegelin sitis in der Staige (Lb. E. 1350, 63a). Wg. im Fulleder an der Staig (Lb. w. 1472, 71). Wg. in der Staig ... stossen unden uff die Strassen (Lb. w. 1524, 175).

= Eßlinger Steige. Bel. 1 schon Lb. E. 1304, 17a als: ... 2 jugerum vinearum dicte Brukenslegelin sitarum bi der Staige.

An der Eßlinger Straße liegen:
(No. 796—799).

796. Gottgetreus Wengert. ăns gǫ́gędrəis wę̆nərt nŭf.

In Gbl. soviel wie: die Eßlinger Steige (Wagenburgstr.) hinauf Stuttgart zu; i. a. zur Bezeichnung des betr. Wegs gebraucht. Der Besitzer des an der Straße liegenden Wg. hieß Gottgetreu. Sprachlich: mhd. o > ō nach Assimilation des ausl. t an das folgende g.

797. Auf der Höhne. ŭf dər hä́ęnę̆.

Stelle, wo die Eßlinger Straße den Sattel zwischen Lausbühl und Ameisenberghügel überschreitet (oberhalb der Wagenburgschule). Die Lage erklärt den Fln. Höhne für Höhe auch sonst im schwäb. Sprachgebiet (wohl falsche Neubildung des Sing. zu dem mit der zweisilbigen Endung -ənə schon in alter Zeit erweiterten Plur. Höhenen). F. 3, 1758. Schw. 2, 979.

798. Halde II.

Usser der Haldun ze Gablunberg (Lb. E. 1334, 12b). an Gablenberg ... de vinea ... sita am Esselinger weg vornan zer haldun (Lb. E. 1350, 62b).

Vielleicht das 1. Stück der Gegend, das mit Reben bepflanzt war. Vgl. 113.

799. Lößlin.

³/₄ Wg. in der staig zwischen dem Weg der im Lösslin hinuff geet und xx Wg. gel. (Lb. w. 1524, 175).

Nach einem Besitzer: Vinearum dicti Lôselin (Lb. E. 1304, 2b); Anshelm Lôselin (Lb. w. 1350, 5b); s. UB. 644; Pfaff 1, 402.

800. In den Heiden. ẹ̆n dẹ̆ hǫ́ędə.

Schöne Bg. am N- und NO-Hang von 596, südl. der Wagenburgschule; dem Namen nach früher nicht bebaut.

801. Heidehof, Heidehaus. hȧ́ędẹ̆hǭf, hȧ́ędẹ̆həus, auch: hǫę...
Ziemlich weit oben am NO-Hang von 596 im Gewand 800 wurde in der 2. Hälfte des 19. Jhs. die Wirtschaft „Heidehof" errichtet; dabei stand das F. W. Hackländersche Landhaus „Heidehaus" (bei der Kreuzung Heidehof-Hackländerstr.). Vgl. Lauxmann 26, 35.

802. Gablenberger Heide. (Pk.-Ba.)

Kleines Stück an 596; im mündlichen Verkehr zur Gänsheide gerechnet. Name von der Lage über Gbl. — 1764 ließ der Magistrat hier zahme Kastanien und Nußbäume pflanzen. Pfaff 2, 364.

803. Faulleder. (Pk.-Bw., Wg.) ẹ̆m fə́ulęədər.

Wg. im obern Fulleder (Lb. w. 1451, 75). In des fryen A. an dem Fulleder (Lb. w. 1466, 10 a). A. im Fulleder am Esslinger Weg stŏsst uff die Rinder Klingen (Lb. w. 1472, 34). In xx Wg. an dem Fawlleder (Lb. w. 1510, 14).

Am mäßig ansteigenden linken Talhang des Klingenbachs gegen O gelegen (zwischen Wagenburg-, Libanon- und Pflasteräckerstr.). Von einem Pn.: de proprietate ... sita in Gablenberg juxta vineam dicti fulleder de Stůtgarten (Lb. E. 1350, 63b). Vgl.: de area Růlini dicti vulleder (Lb. E. 1304, 17b). — Eine „Sage" will den Namen davon ableiten, daß 1287 die Stgt. belagernden Truppen hier auf dem faulen Leder = untätig lagen. Diese Erklärung ist in Gablenberg und sonst ziemlich verbreitet. — Im Gewand geht der Faulledergeist um (Marksteinversetzer namens Erhart Stickel; vgl. 857). Nick 22. Staa. 1875, 95. Zum Pn. Fulleder: Alem. 13, 24. — WJB. 1904, I, 96.

Im oder beim Faulleder liegen:
(No. 804—806)

804. Klockerlein.

Im Fulleder ... stŏsst unden an Michel Fryen bomgerút, das da haisst das Klockerlin (Lb. w. 1472, 69).

Deminutiv zum Pn. Klocker; Hans Klocker 1491 Besitzer im
Ameisenberg (UB. 520, 7); der Fn. ist nicht selten in Eßlingen
(WGQ. IV, 656; VII, 582 f.).

805. Kneller.
Wg. heisset der Kneller (Lb. w. 1451, 75). Wg. der Kneller ob dem Fulleder (Lb. w. 1451, 75).
Pn., schon sehr frühe in Stgt. belegt: 1291, UB. 8, 3; vinearum dicti Kneller (Lb. E. 1304, 17 a).

806. Schlefferer.
2 M. A. haissent der Schlerffer im Fulleder (Lb. w. 1472, 68). 2 M. A. im
Fulleder gen. der Schlefferer (Lb. w. 1524, 164).
Wahrscheinlich ist in beiden Belegen derselbe Pn. gemeint
(Verschreibung durch Häufung gleicher Buchstaben).

807. Kirchgärten.
Genannt im Wiesenprotokoll 1724. Nach der Lage bei der
Kirche.

808. Pflasterwiesen. (Pk.-Bw.) ůf dę pfláśdərwīsə.
Stein, der stehet unden an xx Wissen, auch an gemeltem Pflaster (Lb. g.
1701, 206). Wisen zue Gablenberg so . . . vor diesem ein A. gewesen,
zwischen dem gemeinen Pflaster und xx (Lb. g. 1701, 425).
Ganz entsprechend 789 auf der linken Seite liegen die „Pflasterwiesen" rechts der Eßlinger Straße (eingeschl. von Wagenburg-,
Pflasteräckerstr. und der Markungsgrenze). Tatsächlich wird in
der Benennung kein Unterschied zwischen den beiden Gewanden
gemacht; meistens benützt man „Pflasteräcker" auch für „Pflasterwiesen". Ursprünglich waren wohl auch hier, abgesehen von
dem Teil unmittelbar am Bach, Äcker (s. 2. Bel.), so daß der
andere Name nur einer veränderten Kultur seine Entstehung verdankt. Vgl. 789.

809. Teichwiesen. (Pk.-Gg.) Plan 1849. ěn dę dəiχwīsə.
Links des Bachs um die Klingenstr. von der Teichstr. an abwärts. Zu Teich s. 761.

810. Gablenberg. (Pk.-Wg.) ěm gābləbęrg.
Vineas sitas in monte dicto Gabenlemberc apud Berge (1275, WUB. VII, 405).
Vinee . . . site in Gablinberg (Lb. E. 1304, 5 a). . . . sito in Gabelunberge
(Lb. E. 1304, 17 a). . . . sito ze Gablunberg (Lb. E. 1334, 8 a). De agro
in dem Gablunberg (Lb. w. 1350, 9 b). Wg. zů hindern Gablenberg (Lb. w.

1451, 74). Wg. und Wald zum Gabloberg (Lb. g. No. 1990, 1). Wg. im Gablenberg (Lb. g. No. 2004). Wg. zu under Gablenberg (Lb. g. 1588)[56].
Sehr großes Gewand; es zieht links des Klingenbachs und des Viehtriebwegs am unteren Teil des Hangs ganz um den Ort herum bis fast zur alten Eßlinger Straße; i. a. gegen O gelegen. Aus: „Wald am Gablenberg genandt in der Sewhalden" (Lb. F. 1555, 16) kann geschlossen werden, daß früher auch Teile rechts des Klingenbachs zum Gewand gerechnet wurden; somit hätte der Gablenberg einst das ganze Tal mit seinen kleineren Nebenklingen und -buchten um den Ort umfaßt. Von einem durch eine solche Klinge geteilten Berg aus kann der Fln. (= gabelförmiger Berg) erklärt werden. Zweite Deutungsmöglichkeit daneben: Fln. sekundär entstanden von „Gablenbach" (854) aus, d. h. von dem Klingenbach, der aus drei Quellbächen entsteht, die bei ihrem Zusammenlaufen zweimal kurz hintereinander eine Gabel bilden (vgl. mehrfach Reichenberge, die von einem Reichenbach aus benannt sind). Daß ein Zusammenhang zwischen den beiden Namen besteht, dürfte unbestreitbar sein. Vielleicht spricht für den Gewandnamen als das Primäre die Erwägung, daß in einem abgelegenen Tal doch eher ein zum Weinbau brauchbarer Berg benannt wurde als ein immerhin ziemlich unbedeutender Bach. — Der Name kann nicht auf den Paß, in dem die Eßlinger Straße den Höhenzug des Ameisenbergs überschreitet, bezogen werden (= Furka in romanischen Ländern), wie Schott 15, der vom On., nicht vom Fln. ausgeht, vorschlägt,

---

[56] De duabus vineis in Gablungen (Lb. w. 1350, 9b). Diese Form ist nur Lb. w. 1350 belegt, kommt aber auf der gleichen Seite des Lb. im ganzen elfmal vor, einmal ausgeschrieben, sonst abgekürzt als Gablunḡe. Es ist sehr unwahrscheinlich, daß man für 1350 ein Verbalabstraktum Gabelung als Fln. annehmen muß; vielmehr ist die Form als Verlesung oder Verschreibung für Gablenberg aufzufassen, das in der regelmäßigen Form Gablunberg auf derselben Seite einmal und zweimal als „an dem Gablung" vorkommt, mit einem an das Schluß-g angefügten er-Abkürzungsbogen, wobei ganz offenkundig b von Berg fehlt. Alle Bel. stehen unter der Überschr. „in Gayzburg et in Berg", meinen also offenbar dasselbe. Von einem Gablung, u. U. Gablunge (=-berge) mit Abkürzungsbogen für -er ist es nicht weit zu einem Gablunge mit Abkürzungsstrich für einen Nasal, vollends wenn der Schreiber nur von einer Vorlage abschreibt.

da das Gewand zu weit von dem betr. Paß weg ist, und da
Gabel = Paß schwäb. nicht vorkommt. — Der Fln. wurde für
die Siedlung im Talwinkel zum On.; im Gegensatz etwa zu Hsl.
und Berg hat sich hier der Name sowohl als On. wie als Fln.
erhalten. Vgl. 829.

811. Kühloch. (Pk.-Bw., Ba.) khíəlŏχ.
Im Pk. Teil von 810. Ein Stück der Pfarrstr. sei früher eine
große Vertiefung gewesen, wo man nach Regenfällen habe baden
können; diese habe man so geheißen (vielleicht vom Tränken?).
Vgl. 771. 777.

812. Kaltentäle. (Pk.: Im sogen. Kaltentäle — unter den
Feld- und Güterwegen aufgeführt.) ĕm khăldədę̄lĕ̜.
Kurze, ziemlich schmale Klinge südwestl. vom Ort, um die
Fortsetzung der Farrenstr.; die Klinge, ein sehr kaltes „Loch",
öffnet sich gegen NO. Vgl. 171.

813. In den Heidle. ĕn dĕ hǭędlə.
Zerrissenes Gebiet von etwa 10 M. oberhalb des Orts in der
Richtung gegen 815. Vgl. 362. 604. 754.

814. Hühnersteig. hę̄ənəršdəig.
Ziemlich steiler, schmaler Güterweg, vom Viehtriebweg nach
W zur Gänsheide. Die Art des Wegs ist vielleicht mit einer
Hühnerleiter verglichen. Entstellung aus Heunen- (s. 690) kommt
der Lage und Art des Wegs nach hier nicht in Frage.

815. Trauberg. (Pk.-Wg., Ba.) ĕm (ĕn dę̄) drəubę̄rg, auch:
drəubę̄rg.
Vinee site in monte dicto Drutberg (Lb. E. 1304, 5a). Sito am Trutberg
(Lb. E. 1334, 6a). Tubberg (!) (Lb. w. 1350, 8a). Ain stain gesötzt zu
Trauttberg (Lb. w. 1527, 16). Wg. zu Traupperg (Lb. g. 1588). Wg. in
Trawberg (1653, Rep. Stgt. w. I, Bü. 27).
Großes Gewand, das den Oberteil des Hangs von der Gäns-
heide gegen Gablenberg einnimmt und am Viehtriebweg an den
Gänswald stößt; gegen O und NO. Im mündlichen Verkehr
werden unterschieden rechte und letze Trauberg (vgl. 227, 319).
Die Überlieferung des Namens ist ganz einheitlich; auch wo
schon Formen ohne zweites t belegt sind, gehen solche mit t
noch lange nebenher. Das Endungs-t des Bestimmungsworts

schwand durch Assimilation an den folgenden Labial. Zur Erklärung von Traut- kommen in Betracht: mhd. trût = traut, lieb, das sich auf Sachen beziehen kann, und Traud, Kurzform für Gertrud. Wahrscheinlicher ist wohl das erstere, daß in „traut" die Wertschätzung des Gewands wegen guten Ertrags und günstiger Lage zum Ausdruck käme. Keinath 2. Staa. 1875, 95.

816. Gänswiesen, Hagenstückle. ęn dę gę́swīsə. Seltener: ůf dę hȧgəsdīglə.

Bw. in städt. Besitz vom Gänswald am Viehtriebweg abwärts bis an den Klingenbach. Wohl ohne selbständige Bedeutung, für dreiteiliges Gänswaldwiesen. Die W. standen früher dem Farrenhalter zu: Hagenstückle. Vgl. 825.

817. Waldstückle III. ęn dę wȧldšdīglə.

Bw. an der Winterseite des Fuchsrains, die heute i. a. zur gegenüberliegenden Sauhalde gerechnet wird und wohl mit 818 identisch ist; Name nur ganz gelegentlich gebraucht. Der Wald wurde hier erst in der 2. Hälfte des letzten Jhs. abgeholzt (noch nicht Plan 1849) und das neugewonnene Land an die Gablenberger Bürger verkauft. Näheres über Waldstückle s. 54. — Vgl. 818. 819.

818. Zwickenrain.

2 M. im Zwickherrain (Lb. F. 1555, 33, 35). In einer Abschr. Lb. F. No. 70: Zwicker Rhein.

Ohne Zweifel mit 827 zusammenzubringen, also für die Winterseite des Fuchsrains (= 817), die heute zu 819 gerechnet wird.

819. Sauhalde. (Pk.-Wg., Bw.) ęn dər səihȧldə.

Wg. in der Suwhalden zu Gablenberg (Lb. w. 1503, 59). Die Seuwhald ist gar ein Neuwbruch (Lb. w. 1510, 22 ff.). Von allen Wg. in der Sewhalden . . . stossen oben an die Sewhaldenweldt und unden an die Bandtklingen (Lb. g. No. 2004). Von allen Wg. gen. der Canntstatter Rain . . . die ziehend hinus bis an xx Sewhalden waldt (Lb. g. No. 2004). Fuchsenrain ainseitz an der Seihalden (Lb. F. 1555, 17). Wäld zu Gablenberg werden genant In der Landessin und Sewhalden (Lb. w. 1571, 377).

Zu beiden Seiten des rechten Quellbachs des Klingenbachs, damit zum kleineren Teil die Winterseite des Fuchsrains, zum größeren die gegenüberliegende gute Sommerseite. Die Winter-

seite wurde erst in der 2. Hälfte des letzten Jhs. gerodet (s. 817.
818); die Rodung des großen, sommerlichen Hangs, an dem der
Name wohl entstanden ist, fällt in die Zeit um die Wende des
15. zum 16. Jh. (s. 2. Bel.). Fln. ist aus natürlichen Verhältnissen heraus entstanden, vielleicht im Zusammenhang mit dem
Säuhag, das den Wald umgab: Wg. im Gennswald . . . zwischen
dem Seihaag und xx gel. (Lb. g. No. 2004; 1558, 476); Wg. in der
Landesen am Sewhag (Lb. g. 1632, 34). Säu-, die Form des
mündlichen Verkehrs, hat den Zusammenhang mit der Urbedeu-
tung besser gewahrt als die amtliche Form mit Sau-. Vgl. 146.

820. Sauhaldenklinge. ẽn dər séihǎldəglẽŋə.
Stein zeügt ganz die Sewhalden Klingen und weingardten herfür (Lb. g. 1632,
34). Stein welcher sofort ganz die Säuhalden Klingen und weingartt herfür
weist (Lb. g. 1745, 71 f.).

Klinge des rechten Quellbachs des Klingenbachs, an den die
Sauhalde stößt. Vgl. 819.

821. Bandklinge.
xx 3 hüner uss der Bandklingen ze Gablenberg (Lb. w. 1393, 33). Von allen
Wg. in der Sewhalden . . . stossen . . . unden an die Bandtklingen (Lb. g.
No. 2004). Ähnlich: Lb. w. 1571, 30.

Wohl = 820; wahrscheinlich von Bandheckenpflanzungen;
vgl.: „. . . durch das Weiler Gablenberg der Gassen nach gegen
der rechten Handt umbhin oder auffhin die Klingen und Bandhecken und geeth durch die clingen . . . uffhin in ain stain . . .
zu Trautberg" (Lb. w. 1571, 26 ff.) — der Lage nach ungefähr
= Bandklinge. Vgl. 27.

822. Landaisen. (Pk.— Bw., Ba., Wg.) ẽn dẹ (dər) lǎdaẹsə.
Selten: lǎdoẹsə.
W. zů Gablenberg gen. die Landöß (Lb. w. 1472, 68). Wg. zu Gablenberg
im Landöß; [alle Wg. unter dieser Überschr. zusammen 10 M.] (Lb. w.
1503, 54). Landöss (Überschr.) — Wg. im Landöss; Wg. in der Landöss —
öfters nebeneinander (Lb. w. 1524 a, 96). Ebenso: Lb. w. 1528, 335 f.; 1540,
342 f.; 1542, 173 f. — Wald . . . stossen oben uff die Landessen (Lb. w.
1524, 181). Wäld zu Gablenberg . . . werden genant in der Landessin und
Sewhalden (Lb. w. 1571, 377). Wg. in der Landöß (Lb. w. 1571, 758 f.).
Wg. in der Landeßen (Lb. g. 1632, 34). Landeßen — in Überschr. und
Text; auf den Skizzen: Landaysen (Lb. g. 1745).

Unterer Teil des NW-Hangs von 819, heute unmittelbar hinter den

Häusern aufsteigend. Pn. Landöss (mhd. œ, ê), Lb. w. 1393, 5 in Stgt. belegt; Landesen als Fn. heute noch in Stgt, (Adreßb. 1928, II, 328 f.). Merkwürdig ist der Wechsel im Geschlecht, bis sich in der 2. Hälfte des 16. Jhs. das weibliche durchsetzt (vielleicht aus verschiedenartiger Beziehung des Pn. teils auf W., teils auf Wg. mit dem jemals der betr. Kulturart zukommenden Geschlecht, vgl. Rheinw. 38 ff.). Die Aussprache -ǫęsə ist übermundartlich für mhd. œ, ê oder Mißdeutung zu Eiß. Zum Pn.: Socin 426. Alem. 13 (1885), 30.

823. Sauloch. ę̆m sóulǫχ.

Fln. aus der Zeit des Weltkriegs, der wieder im Verschwinden ist. Damals war vorne in der Klinge zwischen „Cannstatter Rain" und „Buchwald" eine Schweinezucht. „Loch" hier für den ganzen Teil der Klinge (vgl. 641), nicht für eine einzelne Vertiefung im Boden, wie sonst öfters in Gablenberg (z. B. 811); der Name hat verächtlichen Nebensinn.

824. Buchwald. (Pk.-Bw.) ę̆m búəχəwält.

... herauf in die Säuhalden und Buchwäldle (Grenzb 1725). Der 1. Stein in xx Bohmguth in der Landessen, zwischen dem Haag und Weeg der in Buch-Wald gehet (Lb. g. 1745, 70).

An der Klinge, in der die Markungsgrenze gegen Gaisburg verlief, dem „Cannstatter Rain" gegenüber; Hang gegen N und NO, als Winterseite offenbar spät gerodet. Vielleicht entstand der Name im Gegensatz zum (Gsb.) Gewand „in der Eich". In der amtlichen Form wird Herleitung von Buch n. = Buchenwald angenommen, während bei der gesprochenen Form die Beziehung zu Buche deutlich ist.

Der Wald zwischen dem Rennweg und der Gaisburger Markungsgrenze.
(No. 825—830)

825. Gänswald (Pk.) ę̆m gę̆swält.

xx zu Gablenberg 1 Huhn aus dem Gänswald, ist auf 6 M. am Gänswald (1447, UB. 188, 22 f.). xx uss dem Genswald des ist uff 6 M. (Lb. w. 1451, 63 . Wg. und Egerden am Trutberg im Gänßwald (Lb. w. 1472, 13). Neubruch 1510: Die gueter under dem Gennswald herab (Lb. w. 1510, 22 ff.). Dasselbe: im Gennswald (Lb. w. 1528, 413). Gablenberg haben ain Holtz im

Gennsswald gen. ungeverlich 12 M. . . . stost oben uf die Gensshait unden
uf ein Egerten (Lb. F. 1555, 33). 16 M. Waldts gen. der Gensswald (Lb. w.
1571, 381 f.). Haben die Einwohner zue Gablenberg an dem Genswald und
Rechberg ungevarlich uff 60 M. (Lb. F. 1583 nn).

Wald von der Höhe der Gänsheide („Geroksruhe") rechts des
Viehtriebwegs hinab gegen Gablenberg. In früherer Zeit haben
Wald und Name auch über den Viehtriebweg herübergereicht
und Teile des Traubergs mit umfaßt (s. 3. Bel.). Name von einer
Gänseweide, die von den 30er Jahren des 16. Jhs. an belegt
ist, aber dem vorliegenden Namen nach schon lange vorher bestanden und an den Wald angestoßen haben muß (Gänswald statt
Gänsweidwald, vielleicht auch mit Umweg über den Fln. Gänsheide). Vgl. 598. 599. 816.

826. Fuchsrain. (Pk.) ĕm fűksərǭē̜.
Fuchsenrain, ist ain junger Haw mit Brenholtz — 44 M. 1½ Viertel (Lb. F
1555, 17). In Abschr. Lb. F. No. 70: Fuchsrain. — Frowenwald zwischen
Stutgarden Fuchs frain (!) — s. 646, Bel. 1 (Lb. F. 1555, 15). Gemeiner Statt
Stgt. welldt: Erstlichen an dem fuschen (!) Rain (Lb. F. 1583 nn). . . .
oben am Fuchß Rain (Grenzb. 1721). Hier fangt der Fuchsenrhain an
(Grenzb. 1725 f.).

Hang gegen W am Anfang des Klingenbachs, vom Bach bis
auf die Höhe. Trotz der früher belegten, heute im mündlichen
Verkehr allgemeinen schwachen Form des Bestimmungsworts, die
in der Regel eher auf Fuchs — rotes Pferd weist, muß der Fln.
im Hinblick auf die Lage im abgelegenen, engen und steilen
Waldtal doch mit großer Wahrscheinlichkeit auf das Raubtier gedeutet werden. — Der Fuchsrain liegt an dem Bergvorsprung,
der wahrscheinlich teilweise mit 827 identisch ist.

827. Zwickenberg II.
Von allen Wg. in der Sewhalden zwischen dem gemainen Weg und dem
Wald der Zwickenberg gen. gel. (Lb. g. 1582, 49).

Berg mit einem Zwick = Zwickel = keilförmiger Einsatz
zu vergleichen; an einen solchen erinnert der Bergteil, der
zwischen dem mittleren und dem rechten (= Sauhaldenklinge)
Quellbach des Klingenbachs liegt; dieser Teil wird im Bel. gemeint sein. Es ist natürlich auch möglich, daß im Bestimmungswort ein Pn. vorliegt. Vgl. 818. 191.

828. Spitalrain. (Distr. V, Abtl. 1.)

Herrschaftlicher Spittal-raihn. In dem alten Vorst oder Lägerbuch stehet nichts von diesem Wald. 27 M. [als Anstösser wird genannt: Rennweg, Gabelberger Genswalt und Stuttgarter Fuchsrain] (St. F. 1630, 111 f.). . . . gegen dem Spithalrain (Grenzb. 1731).

Oberteil des Hangs gegen Gablenberg beim Fuchsrain, vom Rennweg abwärts. Der Name weist auf ehemaligen Spitalbesitz; an der Stelle selbst ist kein solcher nachgewiesen, aber nicht allzu weit davon, bei der ehem. Frauenkapelle, wird in den Grenzb. von 1508 an fast regelmäßig ein „Spitals Wald" genannt. Der Fln. kommt mündlich nicht vor.

829. Gablenbrunnen.

Wald, der da haisset uff der Hûb, in der Välschen Klingen und ze Gablunbrunnen (1391, UB. 65, 5).

Beim Viehtriebweg im Oberteil des „Gablenberg" zu suchen, von dem aus der Name wohl entstanden ist. In der Gegend wird in den Lb. öfters ein Brunnen genannt z. B. 1. Usser ain jug. vinee sito ze Gablunberg bi dem brunne (Lb. E. 1334, 8a). 2. Wg. und gereut im Gensswald . . . pfad der zum bronnen gat (Lb. w. 1503, 12). 3. Wg. zu Trautberg stosst oben uff den pfad so zu dem Bronnen geeth (Lb. w. 1571, 779). Mittelteil -berg- in der Komposition unterdrückt; daneben auch Zusammenhang mit Gablenbach (854) denkbar. Vgl. 810.

830. Kainberg.

Wingart und wald auch zum Gabloberg den man nempt den Kainberg (Lb. g. 1480, 1).

Wenn der vereinzelte Bel. richtig ist, ist kaum eine andere Deutungsmöglichkeit für den Namen vorhanden als bei 325; -ain- durch Verwechslung statt -uon; also = Kuonberg = Kuonenberg zum Pn. Kûno. Vgl. 325. 676.

C. Fln., die in den Abschnitt X fallen, aber örtlich nicht genau festgelegt werden können.

831. Äckerle III.

Wg. im äckerlin (Steuerb. 1554).
S. 46. 151.

832. Beim unteren Brunnen.
W. bym undern bronnen zwischen der allmand und dem Landeessen weg geegen (Lb. w. 1524, 172 f.).

Die Bezeichnung setzt einen anderen Brunnen voraus; außer 829 ist bei Gablenberg noch ein Brunnen ohne Namen belegt: W. zu Gablenberg zwischen xx W. und dem Pronnen gel. (Lb. g. 1585, 24).

833. Hausgärten.
Genannt im Wiesenprotokoll 1724. Wie 834 wohl nach der Lage bei den Häusern.

834. Hausweingärten.
Ettliche Wg., die Haußweingärten gen., ob dem weiler Gablenberg (Lb. w. 1571, 28). Wg. die Haußweingärten gen. ob dem weiler Gablenberg ... stossen unden auff die Häusser im weiler Gablenberg (Lb. w. 1571, 32). Ebenso Lb. g. 1582, 50.

Nach Bel. 2 Name von der Lage bei den Häusern (nicht nach einem einzelnen Haus); damit wohl identisch mit: Wg. ob den húsern (Lb. w. 1451, 74).

835. Kantengießer.
$^3/_4$ Wg. gen. der Kantengiesser (Lb w. 1571, 549).
Pn.; vgl. UB. 624; Pfaff 1, 397.

836. Klinglein.
$^1/_2$ M. W. und Baumhecke heisst das Klinglin (städt. Steuerb. aus d. 2. Hälfte des 15. Jhs.; WJB. 1909, 132).
Nach der Lage.

837. Kühdreck.
Die Wg. ob Gablenberg uf dem Kuwdreck ... sind newbruch (Lb. w. 1510, 24); dafür: uff dem Kuidreck (Lb. w. 1527, 28; 1528, 414).

Da die Lage unbekannt ist, kann nicht festgestellt werden, ob Beziehung zu 811 besteht. „Dreck" in Fln. i. a. = schlammiger Erdboden, hier aber wohl mit dem Kot der Kühe (wertvoll als Dung) in Zusammenhang zu bringen. ui 2. Bel.) soll wohl umgelautetes uo darstellen; Bohnenberger weist diese Schreibung von üe für das 15. Jh. nach (Schwäb. 15. Jh., 139). Vgl. Fln. „Roßdreck" (F. 2, 339) — Keinath 10

838. Landach.
M. 3 Holtz W. und Egarten im Landdach zwischen Jacob Pfefferlin und Martin Pfellern (Lb. F. 1555, 33). In Abschr. im Lb. F. No. 70: Landach. — Mer

ein halben morgen in der Landaw seind Egarten und Wald, zwischen Martin Pfellern und Jacob Wieckers Wittib (l.b. F. 1555, 34). Mer ein halben morgen in der Landaw zwischen Wolff Pfefferlin und Hanß Azenbergers Kind (Lb. F. 1555, 35). In Abschr im Lb. F. No. 70 für Bel. 2 und 3: Landau.

Es muß in allen 3 Bel. sachlich das gleiche gemeint sein (gleiche Kulturart und teilweise Gleichheit der Besitzer). Die Form des 2. und 3. Bel. kann gedeutet werden, während der des 1. kaum ein wirklicher Sinn zugrunde liegt. Wahrscheinlich geben alle überlieferten Formen den tatsächlichen Fln. nicht wieder. Dem Schreiber von Lb. F. 1555 lag offenbar eine ungenaue oder wenigstens ihm unklare Namensform vor, die er zu etymologisieren suchte; so entstand Landdach und Landau. „Land" muß in dem Fln. nicht unbedingt enthalten gewesen sein; es legte sich dem Schreiber vom Gewand „Landeisen" oder, da es sich um ein Lb. F. handelt, vom Waldteil „Landschreiber" aus nahe, wenn er einen einigermaßen ähnlichen Laut hörte oder las, ohne ihn zu verstehen. Man kann vielleicht auf ein „Lindach" als den richtigen Fln. schließen. Vgl. 447.

839. Lauser.

Wg. auch daselbst zu Gablenberg, der Lauser gen. — unter der Überschrift: Am Gablenberg (Lb. w. 1571, 750).

Falls nicht Besitzername, weist der Fln. auf das Vorkommen von Feldungeziefer, oder bezeichnet er die Wertlosigkeit des Wg. Vgl. 596

840. Laußhart.

Wg. zu Gablenberg haißt der Lußhart an xx gel. und am staiglin das unten in das wyler gät (Lb. w. 14⁻2, 39). Wg. im Lußhart (städt. Steuerb aus der 2. Hälfte des 15. Jhs.; WJB. 1909, 132). Lb. w. 1540, 331 schreibt: Laußgart; 1542, 168 wieder: Laußhart.

Nach den Angaben des 1. Bel. kann das Gewand in der Lage kaum mit 596 zusammenfallen. Da -gart wohl nur als gelegentliche Schreibung aufzufassen ist, dürfte im Grundwort mhd. hart = Weidewald vorliegen. Vgl. 596. 839.

841. Swaninberg

Vinea in Swaniberg (Lb. w 1350, 5 a). Vinea in Swanmberg [= Swaninberg, Swainuberg, Swainnberg?] (Lb. w. 1350, 5 a). Swamberg [?] (Lb. w. 1350, 9 b).

Da der 3. Bel. in der Abt.: „In Gayzburg et in Berg" steht, muß das Gewand auf der alten Mark. Berg gesucht werden, wenn sich die Bel. überhaupt auf das gleiche beziehen. Namensform unsicher; Pfaff 1, 453 deutet den Namen unrichtig als „Schweinberg" (mhd. ai!). Sehr gut möglich ist es, daß Verschreibungen für Schwarenberg vorliegen.

842. Treuelberg.
Wolff Pfefferlin hat ein Holz, Wg., Egerten ungef. zween morgen in Trewelberg zwischen der Allmand und dem Pfad, so zum Brunen gehet (Lb. F. 1555, 33). In Abschr. im Lb. F. No. 70: Treuelberg.

In der Gegend des Gänswalds zu suchen (vgl.: 2 M. Egarten und gereutz im Gennswald . . . am Pfad der zum Bronnen gat gel., stost an die Allmaind - Lb. w. 1540, 332; ähnlich Lb. w. 1503, 12; 1524a, 39). Vielleicht einmalige Entstellung von Trautberg unter Einfluß des nicht allzu fernen Scheuwelbergs — 514.

843. Stöfflers Weingart.
vinee . . . sito ze Gablunberg bi dem brunne . . . und lit in Berger mark und haiß Stöfflers wingart und was öch sin — [mit blasser Tinte daneben:] In Gaissburg (Lb. E. 1334, 8a). Lb. E. 1350, 33a: Stöffelers Wg.

Von einem Besitzer.

D. Wege und Wasserläufe im Abschnitt X, soweit sie nicht nur in ein bestimmtes Gewand fallen und bei diesem aufgeführt sind.

844. Kirchweg II. kírχəwęəglę̈.
W. zu Gabelberg zwischen dem Kirchweg und xx (Lb. g. 1558, 62); sonst: Kirrweg. — Wg. ob dem weiler Gablenberg zwischen dem kirchgässlin ainerseitz und . . . (Lb. w. 1571, 32). W. zue Gablenberg zwischen dem Gayßburger Zehenden am Bach . . . stost oben auf den Kirchweg (Lb. g. 1701, 427). A. zwischen dem Kirchweeg oder gemeinem Pflaster und . . . (Lb. g. 1701, 422).

Verbindung von Gbl. nach Gsb. (etwa = Klingen-, Bergstr., alte Eßlinger Straße, Schurwaldstr.). Kirchwege deuten auf den Verkehr auswärtiger Pfarrgenossen mit einer Pfarrkirche. Gbl. war von 1587 bis 1834 nach Gsb. eingepfarrt. Vgl. S. 12. Rheinwald 166.

845. Viehtriebweg. fíχdrībwęəg.
W. zu Trautberg am Vichtrib (Lb. w. 1571, 503). Wg. zu Gablenberg . . . stossen oben uff die haid und unden uff den Vichtrib (Lb. w. 1571, 253 ff.). Stein weiset under den Gablenbergen vollends hinumb und an der Heyd, oder dem Viechtrieb hinauf (Lb. g. 1632, 54).

Steiler, steiniger Weg, in der Fortsetzung der Hauptstr. von Gbl. zuletzt am Gänswald hin auf die Höhe der Gänsheide (Geroksruhe). Name von der alten Weidewirtschaft. Der Weg bildet ein Stück einer vorgeschichtl. Verbindung von Degerloch über die „Stelle", Gbl. und Villa Berg nach Cannstatt. Vgl. 846. 847. Goeßler 40. Römer II, 55.

846. **Viehgasse**, Viehtrieb III, Viehweg III. fīχgäs.
Wg. und A. im Amaissenberg gen. der Schöbenacker zwischen dem Vichweg und . . . stossen unden uff die Bergstrass (Lb. w. 1524, 149 f.). Wg. genannt die Stöbenäcker zwischen xx under dem Vichweg gelegen (Lb. w. 1571, 303). Dieser ander Stein [an den Pflasteräckern] zeigt der Straß oder dem Gablenberger Viechtrieb nach hinumb Berg zuewerts allernechst an deren zue Stuettgardten Zwäng und Bänn . . . auf den 3. Stein der stehet unden an xx A. an der Bergstraß und vorgemeltem Gablenberger Viechtrieb (Lb. g. 1701, 206). Ähnlich Lb. g. 1745, 15 ff. In den Grenzb. immer als „Viehtrieb" bezeichnet.

Weg von Gbl., die alte Eßlinger Straße überschreitend, an der Markungsgrenze Stgt.—Gsb. hin in der Richtung auf Schwarenberg und Höllschen Bühl = heutige Haupt- und Ostendstr.; unmittelbare Fortsetzung des Viehtriebwegs von der Geroksruhe und von Gbl. her. Der Weg diente dem Viehtrieb und war damit gegen die angrenzenden Grundstücke abgeschlossen (Gasse); er hieß anscheinend auch Herdweg (s. 847). Vgl. 845. 351. 268.

847. **Herdweg** V.
Wg. zů Schwarenberg an . . . und am Herttwege (Lb. w. 1472, 66). W. am Herttweg under den Hussern (Lb. w. 1472, 69). Wg. zu Amaissenberg . . . stost unden uff den Herdtweg (Lb. w. 1524, 175 f.). Bezirk im Ecklin: . . . dem Herdtweeg nach uffhin (Lb. w. 1571, 9 f.). A. und Wg. im Ecklin . . . stossen oben uff den Herdtweg (Lb. w. 1571, 331). W. zu Gablenberg zwischen dem Herdtweg und . . . (Lb. w. 1571, 343 f.).

Anscheinend Verbindung von Gbl. gegen den Schwarenberg und Höllschen Bühl gemeint; dafür kommen zwei Wege in Betracht: 1. Weg 846; 2. ein Weg, der von der Eßlinger Straße abzweigt und etwas westl. von 1. nach Berg führt; soweit er über den Schwarenberg geht, noch als „Hohlweg" (763) bekannt; der Weg hat von der Eßlinger Straße an keine unmittelbare Verbindung zum Ort Gbl. (s. 852). Mit 1. besteht die sachliche Übereinstimmung der Benennung: Herdweg — Viehtrieb — Viehgasse;

man wird sich also wohl für diese Linie zu entscheiden haben.
Vgl. 845. 846. 848. Näheres über Herdweg s. 268. 351.

848. Berger Straße II.
Stein gesetzt an der undern klingen ob der Berger strass — schaidet die klingen hinuff in ein stein gesetzt in xx Wg. im Ecklin . . . stein der ist bezaichnet usswenig gegen Steben äckern . . . in ein Stein in xx A. ob der strass Berg zu (Lb. g. 1558, 458). 4 M. an der Rüebenstrupfflin zwischen den Wg., gen. Stöbenäckern und der Berger strass gelegen (Lb. w. 1571, 8). Ebenso Lb. g. 1700, 978. — Im Ecklin . . . facht solcher Bezürck an in ainem stain, welcher steeth oberhalb der Berger strass (Lb. w. 1571, 9 f.).
Wahrscheinlich eine weitere Bezeichnung für 846/47.

849. Gablenberger Kirchweg.
A. in der Rindsklingen an Gablenberger Kirchweg (Eheh. 1528 — im städt. Arch.)
Weg von Gbl. zur Kirche in Berg; welcher im einzelnen gemeint ist, kann aus dem einzigen Beleg nicht erkannt werden. Die Benennung muß von Berg oder Gsb., nicht von Gbl., ausgegangen sein. Vgl. 844. S. 12.

850. Stuttgarter Pfad, -Weg II.
Wg. ob seinem Hus . . . stost oben uff den Stutgarter pfad (Lb. w. 1524, 171). Wg. zu Gablenberg zwischen xx Wg. und dem Stutgarter weg gelegen, stost unden uff das wyler (Lb. w. 1524, 175).
Unmittelbare Verbindung zwischen der Mitte des Orts und der Eßlinger Steige, etwa = Pfarrstr. mit einer Fortsetzung jenseits der Libanonstr. Vgl. 851.

851. Stichle. šdíχlę̆.
Teil eines früheren Fahrwegs von der Eßlinger Steige in den Ort Gbl.; Name haftet, wo der Weg unmittelbar nach seiner Abzweigung von der Eßlinger Steige kurz anstieg, um die Höhe der Pfarrstr. zu erreichen. Bezeichnung allgemein für abschüssige Stellen von Wegen oder kurze, jähe Anstiege. Vgl. 850. Miedel 74. Keinath 74.

852. Gablenberger Weg.
Wg. im Fulleder . . . stossen oben uff den Gablenberger Weg (Lb. w. 1524, 174). . . . an den Stöbenäckern gel. zwischen dem Gabelberger Weg einerseitz und xx stossen oben uff die Bergstraßen (Lb. g. 1558, 50). Wg. im Ecklin biß herauff an Gablenberger Weg (Lb. w. 1571, 37). Wg. im Faulleder oben auff den Gablenberger weeg unten aufs Pflaster stossend (Lb. g. 1745, 124).

Anscheinend Weg von Berg über den Schwarenberg und am Hang des Ameisenbergs hin, der wenig oberhalb von Gbl. in die Eßlinger Steige mündete; eine unmittelbare Fortsetzung von hier in den Ort selbst hat nach älteren Plänen wohl nicht bestanden. 763 und 775 können Teilbezeichnungen des Wegs sein. Vgl. 556.

853. Scharfengässle. šărfəgę̑slę̑.
Weg, der oberhalb des Orts von der Neuen Str. aus zur Höhe gegen 826 führt. Bedeutung s. 861.

854. Klingenbach, Gablenbach. (Pk. 1831: Der Bach; OAB. 9: Gablenberger Bach; Top. Atl., Bl. 70: Gaisburger Bach.) glę̑ŋəbăχ. băχ.
1 M. egerden am Gablunbach (Lb. w. 1451, 72). Ebenso Lb. w. 1451, 73. — W. am bach underm Bruckenslegel gelegen (Lb. w. 1451, 73). 1 M. egerden am Gablenbach (Lb. w. 1472, 65). Jenseits des Bächleins, das von Gablenberg gen Gaisburg herabfliesst. . . . diesseits vom Gablenberger Bach (1495, UB. 578, 37; 582, 22); sonst in diesen Akten „Bach" und „bâchlin" genannt. Bomreythin im Bruckenschlegel zwischen . . . und dem Gablenberger Bach gelegen (Lb. g. 1582, 332).

Gablenberger und Gaisburger Bach nur offizielle Namen; tatsächlich heißt der Bach: Klingenbach oder Bach. Vom Gänswald und Fuchsrain fließt er in der „Klinge" durch Gbl. (unterhalb des Orts bis etwa zur Wagenburgstr. — Schlegelbruck — ist er Markungsgrenze zwischen Stgt. [Gbl.] und Gsb.); dann folgt er der „Klinge" an Gsb. vorbei bis zu seinem Austritt ins Neckartal. — Gablenbach muß aus einer Zeit stammen, da der Ort Gbl. noch nicht bestand, sonst wäre sicher die Form Gablenberger Bach wie später mit richtigem Adjektiv zu dem On. entstanden. — Entweder zweiteilige Zusammensetzung an Stelle einer dreiteiligen von dem „Gablenberg" aus oder umgekehrt Gablenbach Ausgang für „Gablenberg", da der Bach aus drei Quellbächen entsteht, die oberhalb des Orts bei ihrem Zusammenlaufen kurz hintereinander zweimal eine Gabel bilden. Sachlich kann beides gerechtfertigt werden. — Es ist bezeichnend, daß die tiefe Klinge viel wichtiger und eindrucksvoller erschien als das nicht besonders bedeutende Bächlein, und daß dieses seinen urprünglichen Namen (Gablenbach) aufgab und sekundär von der Klinge einen neuen erhielt (Klingenbach). Vgl. 810. 829.

E. Die Siedlung Gablenberg.

Gablenberg. On. s. 810.

855. Im Hof. ệm hǫf.
Noch im wesentlichen erhaltenes Gebäude, das zu den ältesten von Gbl. gerechnet wird; heute Hinterhaus von Hauptstr. 106 (= 856). Die appellative Bezeichnung ohne jeden Zusatz bringt die Einzigartigkeit des Gegenstands zur Zeit der Namengebung zum Ausdruck. Es wird damit hier die erste Niederlassung an der Stelle des heutigen Orts vorliegen, da später eine derartige Bezeichnung kein unterscheidendes Merkmal mehr enthalten hat. Es wäre schließlich auch möglich, „Hof" schlechthin als Herrenhof zwischen Seldnern aufzufassen. Vgl. 856. S. 80 f.

856. Im Erker. ệm ệrgər.
Hauptstr. 106. Das Haus wird zu den ältesten in Gbl. gerechnet; es soll einmal ein Jagdhaus gewesen sein. Benannt nach seiner baulichen Eigenart: Erker im 1. Stock mit freistehender Holzsäule als Stütze. Vgl. 855.

857. Schlößle. šlẹslẹ.
Hauptstr. 75, heute Wirtschaft „Schlößle"; vom alten Gebäude, das zu den ältesten in Gbl. gehören soll, steht nur noch ein Teil. An dem Haus befindet sich ein Wappen mit Inschrift: Erhart Stickel 1602. Nach einer neuen Inschrift am Haus soll das Schlößle 1418 der Sitz des Edelmanns Hans Hack gewesen sein. Vgl. S. 12; 80 f. Pfaff 1, 373.

858. Wettegärten. (Pk.-Beiname eines Teils von 809.) ện dẹ wẹdẹgərdə.
In den Wettengärten (Prot. 1724).
Eine Wette, zugleich Feuersee, befand sich früher beim Rathaus. Wette = Schwemme für Pferde, zu wetten, Causativ zu waten, = waten machen, schwemmen; übertragen in der Bedeutung Sumpf, Pfütze, kleiner See. Rheinwald 224.

859. Pfarrgässle. pfárgẹslẹ.
= Pfarrstr.; vom Pfarrhaus, noch heute an dieser Straße (No. 19).

860. Schmalzmarkt. šmáltsmẹrkt.
Platz am Treffpunkt von Neuer- und Seestr. Nach mündl.

Mitt. hatte Gbl. einmal einen kleinen Markt, der hier abgehalten wurde. Da er sich nicht lohnte, ging er nach kurzer Zeit wieder ein. Bestimmungswort weist auf eines der Hauptverkaufsprodukte.

861. Scharfeneck. ăm šărfəněg.
Beim Abgehen der Neuen Str. von der Hauptstr.; nach einem Mann namens Scharf, der hier in der Neuen Straße einmal gewohnt hat. Vgl. 853.

862. Leimsiederei. ěn dər lăĕmsiədərəi.
Umgebung von Seestr. 34 und 36; nach einer Leimsiederei, die in der 2. Hälfte des vor. Jhs. hier stand.

Viertes Kapitel — B.
Sachlich geordnete Übersicht über die Flurnamen.
Bestimmungswörter und einfache Namen. Zur Ergänzung der jeweiligen Grundwörter oder zugehöriger Adjektiva dient das alphabetische Verzeichnis aller Fln. Die Anordnung und Einteilung folgt mit wenigen Abweichungen dem von Keinath vorgeschlagenen Verfahren.

I. Naturnamen.
1. Gelände.

a) Bodenbeschaffenheit.

Erde: Dürr(wiesen), Erden(grube), Lehm(grube), Letten(buckele), Mergel, Plecket(halden), Röte (?), Schliff, Sper(brücklein), [Weissenburg].

Steine und Bodenschätze: Kalk, Kies, Mineral, Sand, Silber (?), Stein, Taug.

Wasser: Brunnen, Brünnele (Hungerbrunnen); Bach, See.

Erde und Wasser: Schleim.

b) Bodengliederung.

α) Senkrechte Bodengliederung:

Erhebungen: Berg, Bühl, Haigst, Höhe, Kapf, Kopf, Kröpfach (?), Luginsland.

Hänge: Halde, Hang (?), Hör(denlin), Hör(mühlin), Leg(enloch), [Legfalkert], Rain (Reinsburg), Stichle, Wand.

Vertiefungen: Dobel, Eck(steigle), Furche, Graben, Grund, Hohl(weg), Kehle, Klinge, Loch, Sattel, Tal, Teich.
Ebene: Boden, [Schön(bühl)].
β) Wagrechte Bodengliederung:
Ausdehnung: Breite, Feld.
Form: Driangel, Ecke, Ecklen, Gablen-, Kreuz(weg), Rank, Spitz(wiese), Zickzack, Zwicke(n).
Lage (Richtung, Klima, Himmelsrichtung): After(nhalde), Vorder(nberg), Kalt(ental), Letz, Näher(mühle), Ober(wiese), Recht, Sauer, Siehdichfür (?), Solitude, Sonne, Süß, Warm, Winter, Zwer.

Bezeichnung der Bodengliederung durch Vergleiche:
Asar, Biegel, Feuerleiter, Hangörlin (?), Insel, Leier(wiesen) (?), Ofenlöcher, Schild (?), Wanne.

2. Pflanzen und Tiere.

a) Pflanzen: Aspen, Binsen, Birken, Buch(e), Dorn, Eich, Erber, Erlen, Felben, Hasel (Heslach), Linde, Nuss(berg), Salweide (Seelat), Schlatt (?), Tanne, Wald, Weißtanne.

b) Tiere: Aar (Eiernest), Ameisen, Egel, Enten, Eulen, Vogel, Frosch, Fuchs, Grundel, Hasen, Hetzen, Hirsch, Krähe, Laus (Lausbühl, Laushart?), Lerche, Meise, Rappe, Sau (Säu), Tier, Wolf.

II. Nutzungsnamen.
1. Wirtschaft.

a) Zurichtung des Bodens.
Brand (?), Gereut, Neu(gereut), [Neusätze], Reute, Stöckach.
b) Arten der Nutzung.
   α) Nach dem Bewuchs und der landwirtschaftl. Benützung des Bodens.
1. Flurgliederung: Acker, Äckerle, Ällmendle, Beunde, (Feld), Garten, Heu (= Häue), Hub, Stück(le), Unfriden.
2. Bebautes Land: Anlagen, Band(-hecken), Baum, Bohnen, Har, Kraut, Küchen, Laisen (Linsen), Rüben, Maulbeer(bäume), Mehlbirne, Stroh, Trauben (?), Wasen, Wein, Wiese.

3. Weide und Nutztiere: Bienen, Dogge, Esel(sklinge), Etz (-wiese), Fercher, Vieh, Geiß, Gänse, Hagen, Hahn, Herde, Hühner, Hummel, Hund, Hungerberg, Kuh (Küh), Ochsen, Rinder, Salzlecke, Sau (Säu), Schaf, Stelle, Tummelplatz, Weide.

4. Unbebautes Land: Egert, Heide, Heidle, zu dem Öden.

β) Nach Bauwerken und Einrichtungen.

1. Geländeanlagen: Bollwerk, Burg, Gewölbe, Grenze, Grotte, Hag, Kugel(brünnele), Rondell, Schanzgraben, Scheuer, Stock (-brunnen), bei der Stützen (?), Türlen.

2. Siedlung und Häuser: im Erker, Villa Fürchterlich, Flecken, Frauen(-kapelle)-wald, Haus, Hof, Hütte, Kappel, Kirche, Kuchenwiesen (?), St. Leonhard, Liebfrauenkirche, Schloß, Schlößle, Stuckhäusle, Tor, Turm. — Bezeichnung durch Vergleich: 1. Fürsten-(blick)loch, 2. Kleine Schweiz.

3. Gewerbe und Handwerk: Alter Bruch, Bleichgraben, Hafenerde, Holzgarten, Klötzle(sbach), Leder(fabrik), Luder(weg), Mühle, Schelmen, Schinder, Schmalz(markt), Seide, Ziegel(hütte). — Bezeichnung durch Vergleich: Käs, Schinders Kleiderkasten.

4. Verkehr: Besetze, Fahr(weg), Floß(kanal), Fünfminuten(-wegle), Furt, Fuß(pfad), Gasse, [Hohl(weg)], Karch(weg), Pfad, Pflaster, Reit(weg), Post(weg), Renn(weg), Staffel(furch), Stäffele(sfurch), Steig, Steige, Straße, Wagen(leisen), Weg.

5. Wasserbauten: Brücke, Güssbett, Pfudel, Schutz, Stüblin, Teuchel, Wasser(turm), Wette(gärten).

γ) Nach Spiel, Fest und Gottesdienst.

Pallmaille, Renn(weg), Tanz(wiese); Bild, Himmelfahrts(brünnele), Kirche, Kreuz, Ölberg, Sünder, Stock(?).

δ) Nach dem Jagdwesen.

Falke, Forst(?), Hasen(säule), Reiher[wiesen].

2. Besitzverhältnisse.

a) Eigen und Lehen (Abgaben, Herrschaftsgüter, kirchlicher Besitz usw.).

Achtstück, Armenkasten(wald), Armen(heslach), Breite, Eigenlin,

Fron, Gänser, Heilig, Lehen, Lohn(falkert), Milchsuppe(näcker), Pfründe(garten), Propstei(garten), Salz(egert), Spital, Widem, Zweistück.

b) Arten der Nutzer.

1. Ritter, Herren: Herren(wäldle), Herrschaft, Hof, König (-sträßle).
2. Geistliche: Herren (s. Ehrnhalde), Pfaffen, Pfarr.
3. Klosterangehörige: Bebenhäuser, Kaisemer, Lörcher (Lerchenrain), Mönch(berg), Nonnen, [Nonfalkert (?)].
4. Verschiedene Personen: Buben(bad), Bürger, Compagnie (-wiese), Metzger, Zigeuner.
5. Namen oder Titel einzelner Personen:

α) In Zusammensetzungen oder Verbindungen: Änslins Furch, des Arzaten Wingart, Autenrieder Garten, Azenberg, Azenbühl, Böhmisreute, Blankenhorn(?), Brezentersbeunde, Brockenacker, Buitzwiese(?), Buiziballen(?), Dappischer Garten, des Dekans Wg., Demondischer Acker, Diemershalde, Diepoldsreute, Eckartshalde, Egenweingart, Erbenol, Fangelsbach, Fritzen Wg., Fussenwiese, Gähkopf (Gägenkopf), Garten der Herzogin, Glätzinwiese, Gottgetreus Wengert, Grübers Wg., Hagenacker, Hagenweingart, Hagenwiesen(?), Hauptmannsreute, Heinzenbrunnen, Heldenäcker, Heldenweingart, Hemmerlingscher Garten, unseres Herrn G., Himmelsberg(?), Höllscher Bühl, Hosenbrunnen, Hoppenlau, Hubenwiese, Immenhofen, Jobs Wg., Kainberg, Karlsmühle, Kautzenhecke, Kienlinsberg, Claudleswiesen, Klekenacker, Klemarxenklinge, Kleudernkreuz, Kölleskling, Kolbenkreuz (?), Kochenhof, Köpfenbergle, Koppental, Kornberg (Kuonenberg), Krummenacker(?), Kraftsbühl, Kůningesberc, Leidelenkreuz(?), Letschenberg (?), Magnustörlein, der Männin Wg., der Marnerin Wg., Martinsburg, Mesnergart, der Mittschlersche Garten, Mühlbachhof, Müllerwald, Nesenbach, Nicolawald, Preißklinge (?), Reckenwiesen, Reichelenberg, Reichenmühle, Reinliskreuz, Relenberg, Riussensteingrüb, Rörlinsmühle, Scharfeneck, Scharfengäßle, Schellenkönig(?), Schindersbandhecken, Schinderwasen, Schlenklesbrunnen, Schlettleswiesen, Schülesberg, Schwarenberg, Seidenberg, Seitzenklinge,

Silberburg, Stitzenburg, Stöfflers Wg., Straubenäcker, Strengenäcker (?), Türkenwäldlein (?), an der Ulinen Hofstatt, Utzenbronnen, Vinea Morhardi Citvogels, Vinea Sculteti, Vögelenswiese, Watzenbühl, Weigenreute, Weißenhof, Wellenhalde, Werfmershalde, Wolframshalde.

β) Alleinstehend (in den Formen des Flurnamens): Badhorn (?), Baumeister, Berger, Berner, Blutloser, Bröckin, Burggräven, Burst, Eckhart, Erlacher, Falbenhennen, Faulleder, Feierabend, Finken, Fleugaus, Gablerin, Geiger, Gennower, Gölterlin, Grammen, Hagen, Halbertag, Harder, Hasen (?), Hauser, Hechinger, Heilbronner, Heller, Hofküfer, Hühnerdieb (?), Jud, Kalterstein, Kantengießer, Kirchherr, Clemens, Klockerlin, Kneller, Kolb, König, Krieger (?), Krümlin, Kühnle, Kuhnle, Küninge, Landaisen, Landfahrer, Landschreiber, Lauser, Lemmeler, Maurer, Mühleisen, Metzler, Nittel, Pfaffen, Pfenning, Prügel (?), Rögner, Ruck, Sackträger, Scheihing, Schlefferer, Schölplin, Schöner, Schüle, Schrauten, Schweitzergalle, Siglin, Singer, Sixle, Sporer, Stehelin, Steinbis (?), Sünder (?), Teiler, Völlmer, Waltman, Welling.

6. Nach Geistern und Gespenstern: Hexe, Schimmel(bütte), Teufel.

III. Ereignisnamen.

1. Nach der Geschichte:

Armensünderweg, Preißklinge(blîd-?), Brand (?), Folterturm, Galgen, Gallenklinge, Hauptstatt, Heerstraße, Heidenklinge(?), Herdweg(?), Hühnergäßle (?), Immenhofen, Kanonenweg, Königseiche, Kreuzerbrückchen, Kriegsberg, Christophstollen, Landhaus, Mäurach, Militärstraße, Postsee (?), Pulverweg, Römerweg, Röte (?), Rotenwald (?), Schellberg, Schellenturm, Schießbuckel, -haus, Schillersfeld, Schütte, Seeltor, Siechengarten, Siehdichfür (?), Sophienbrünnele, Rotes Steiglein, Steinenhausen, Stockwiese (?), Streitecke, Tunzhofen, Turnieracker, Wagenburg, Wartbäumlein, Zollhaus.

2. Nach dem Zufall:

Heiliggrab (?), Milchberg, Porzellanwegle, Seufzergäßle (?).

IV. **Namen, deren Bedeutung im einzelnen unbekannt ist.**

Anbersus, Aulfuß, Bopser, Buiziballen, Gotergesse (Himmelfahrtsbrünnele), Landach, Lelenberg, Lurlenbad, Lurlunberg, **Mattenklinge,** Prag, Schande, Swaninberg (?), Treuelberg (?).

Viertes Kapitel — C.
Aufzählung der in den Flurnamen vorkommenden Grundwörter.

Die Grundwörter sind nach sachlichen Gesichtspunkten behandelt; die Anordnung folgt wieder Keinath.

A. Wörter, die sich auf natürlich gegebene Verhältnisse beziehen.

I. Gelände.

a) Nach der Bodenbeschaffenheit.

Erde, Gestein: Hafenerde, Taugstein.

Wasser: Buchen-, Gablen-, Hahn-, Hasenberg-, Heinzen-, Herdweg-, Himmelfahrts-, Hirsch-, Hosen-, Kalk-, Koppental-, Kugel-, Kühnles-, Lemmeler-, Meisen-, Roter Steiglens-, Schlenkles-, Schwenkel-, Sophien-, Stock-, Utzen-**Brunnen** bzw. -**Brünnele**. — Alten-, Dobel-, Fangels-, Furt-, Gablen-, Klingen-, Klötzles-, Metzger-, Mühl-, Nesen-, Neuen-, Schanzgraben-, Tier-**Bach** bzw. **Bächle**. — **Mühlgraben**. — **Floßkanal**. — Egel-, Feuer-, Enten-, Post-, Spital-, Teuchel-**See** bzw. -**Seele**. — **Entenlache**. — Buben-, Mineral-**Bad**.

b) Nach der Bodengliederung.

1. Senkrechte Bodengliederung.

α) **Erhebungen:** „Berg" hat i. a. den Begriff des Unübersehbaren; in Stgt. ist „Berg" meist geradezu identisch mit „Halde" bei Weinberganlagen. Die Bezeichnung ging vielleicht von etwas wie dem Begriff Wein-berg aus. Gegenüber den Namen mit -halde können die mit -berg vielleicht älter sein (vgl. S. 48). Vgl. zum Begriff: Wg. sub montibus dictis Valkhart et Bleckenshalde — (UB. 10, 30). — In „Reinsburg" wechselt früher oft das Grundwort

-berg mit -burg (vgl. zu diesem Wechsel: Alem. I, 271; II, 136; ZfdM. 1919, 60 f.). Alten-, Ameisen-, Azen-, Bohnen-, Enten-, Eulen-, Fercher-, Frösch-, Gablen-, Gebels-, Hasen-, Himmels-, Hunger-, Kain-, Kappeles-, Kienlins-, Köpfen-, Korn-, Kriegs-, Küninges-, Lelen-, Letschen-, Mühl-, Münch-, Nuß-, Öl-, Reben-, Reichelen-, Relen-, Sau-, Säu, Schell-, Schülens-, Schwaren-, Seiden-, Sonnen-, Stafflen-, Stroh-, Swanin-, Trau-, Treuel-, Vordern-, Wart- Wein-Berg. „Berg" im Sinne von steiler Weg: Milchberg, Saubergele.

Kleinere Erhebungen: Letten-, Sau-, (Stellen-)Buckel, bzw. -Buckele; „Stellenbuckel" hat die Bedeutung eines Verkehrswegs. — Azen-, Krafts-, Laus-, Schön-, Warm-, Watzen-Bühl. — Kopf = Höchste Erhebung eines Bergzugs (vgl. Festg. 365). Birken-, Frauen-, Gäh-Kopf. — Nol (vgl. Festg. 367; die Geländeform ist hier aber anders — s. 398): Erbenol. — Hierher auch „Haufen" für eine ganz kleine Erhebung: Kutter-, Schleim-Haufen. — Horn (Vorsprung am Hang): Badhorn(?), — Blankenhorn.

Hänge: Halde — ahd. halda, mhd. halde swstf. = geneigte Ebene. Sonst wird Halde in Fln. als sanfter Berghang aufgefaßt (Bächtold 20); in Stgt. ist kein Unterschied in den Steigungsverhältnissen zwischen den Gewanden mit -berg- und denen mit -halden-Namen (vielleicht zeitlicher Unterschied? — vgl. Berg S. 442). Die Halden sind teilweise sogar sehr steil (Afternhalde). Halde ist heute die allgemein gebrauchte Bezeichnung für Berghang mit Weinbau (vgl. aus früherer Zeit: Zwuschen den zwayen Halden Atzenberg und Renlinberg – Lb. w. 1528, 411); diese ganz spezielle Bedeutung des Worts kommt wohl zum Ausdruck in dem einfachen, meist sehr frühe bezeugten Fln. „Halde". Aftern-, Brand-, Diemers-, Eckarts-, Ehrn-, Felds-, Mönch-, Plecket-, Sau-, Sonnen-, Wellen-, Werfmers-, Wern-, Winter-, Wolframs-, Zwickenbergs-Halde. — Rain: Nie in der Bedeutung „Grenze", immer für Gewande, die an Abhängen liegen und unten an eine Klinge oder einen Wasserlauf stoßen. Buch-, Eulen-, Vogel-, Fuchs-, Kirch-, Lerchen-, Mühl-, Spital-, Winter-, Zwicken-Rain.

β) **Vertiefungen:**

Tal: Kalten-Tal, Kaltentäle.

Klinge — schluchtartig, mit fließendem Wasser oder ohne: Band-, Eiernest-, Esels-, Fuchs-, Gallen-, Hahn-, Heiden-, Kautzen-, Klemarxen-, Lerchen-, Matten-, Nittel-, Nuß-, Preiß-, Rinder-, Sattel-, Sau-, Sauhalden-, Schelmen-, Seitzen-, Wolfs-, Ziegel-**Klinge**.

Graben—Wasserlauf natürlich oder künstlich: Bleich-, Mühl-, Schleim-, Tal-**Graben**.

Nest — für runde, größere Einsenkungen; Eier(Ar)-, Fercher-; übertragen oder von dem Lager des Tiers ausgehend: Säu-**Nest**.

Grube – Grabungen auf Erde oder Steinbrüche: Kalk-, Leimen-, Letten-, Mergel-, Mönchs-, Riussenstein-, Stein-, Wolfs-**Grube** bzw. -**Grübe**. — In ähnlicher Bedeutung vielleicht Telle in „Leidelen".

Loch — von geringem Umfang: Fürsten-, Küh-, Legen-, Letten-, Rappen-, Sau-, Schleim-, Staiben-**Loch**. **Ofenlöcher**.

Hierher auch: **Grab** in: Heilig**grab**.

Ebene: Vogel-, Sand-**Ebene**.

2. Wagrechte Bodengliederung.

Ecke: Scharfeneck, Streit**ecke**.

Dazu kommen allgemeine Bezeichnungen für Geländeteile in: Binsenplatte, Tummelplatz, Hauptstatt.

II. Tiere und Pflanzen.

Einzelne Pflanzen: Königs-, Geiß-**Eiche**. Hôrden**lin**. Geißweiden. Mehlbirnen-, Pfaffen-**Baum**. Wart**bäumlein**. — Mit Kollektivsuffix: (Armans)-Heslach, Seelat für Sälach.

Sammelbezeichnungen:

Wald: Armenkasten-, Aspen-, Birken-, Buch-, Bürger-, Burgstall-, Dorn-, Erlen-, Frauen-, Gäns-, Heide-, Kreuzles-, Müller-, Nicola-, Roten-, Silber-, Türken-, Weißtannen-, Zweren-**Wald** bzw. -**Wäldle**.

Holz — heute kleiner Wald meist im Privatbesitz: Burg**holz**.

Hart — großer Weidewald, oft mehreren Gemeinden gehörig: Falkert, Laußhart.

Loh — kleiner, lichter Wald, oft in Privatbesitz: Hoppenlau.

Heide — meist auf der Oberfläche der den Stgt. Kessel umgebenden Höhenrücken; nicht an eine bestimmte Gesteinsart gebunden (manchmal Schilfsandstein, manchmal Kieselsandstein): Erber-, Forst-, Galgen-, Gäns-, Nonnen-Heide bzw. -Heidle.

B. Wörter, die auf die Tätigkeit des Menschen Bezug nehmen.

I. Zurichtung des Bodens.

Reute, Gereut — durch Ausreuten urbar gemachte Stelle: Baum-, Böhmis-, Diepolds-, Hauptmanns-, Neu(gereut), Weigen-Reute.

Neusätze — neu angelegte Weinberge.

II. Arten der Nutzung.

1. Bewuchs des landwirtschaftlich genutzten Bodens.

Acker — das in der Anbaufläche liegende einzelne Stück Pflugland: Brocken-, Bronn-, Fron-, Grundel-, Hag-, Hagen-, Heidles-, Helden-, Hirschbad-, Hütten-, Kirch-, Kleken-, Mergel-, Milchsuppen-, Pflaster-, Post-, Sand-, Sau-, Scheuren-, Spital-, Spitz-, Staiben-, Stein-, Stöckach-, Strauben-, Strengen-, Turnier-, Widem-Acker bzw. -Äcker(le).

Feld — Ackerbaufläche allgemein, größere Ausdehnung auf ebenem Boden: Lerchen-, Renlin-, Röte-Feld.

Gärten (Erklärung s. 25): Ban-, Har-, Hofküchen-, Holz-Kirch-, Kraut-, Lust-, Mesner-, Pfründ-, Propstei-, Seide-, Siechen-, Tier-, Vieh-, Wette-Gärten bzw. -Garten. Stuttgart.

Weinberge: Bienen-, Brunnen-, Egen-, Furt-, Grubers-, Hagen-, Haus-, Halden-, Mönch-, Salz-, See-, Staiben-Weingart, -Wengert bzw. -Weingärten.

Hecken — oft zur Abgrenzung und Einzäunung: Band-, Schindersband-, Kautzen-, Brand-Hecke bzw. -Hecken.

Wiesen: Bach-, Brücken-, Bruck-, Buitz-, Burgstall-, Dürr-,

Etz-, Furt-, Fussen-, Gäns-, Glätzin-, Hagen-, Hahn-, Herrschafts-, Hummel-, Claudles-, Compagnie-, Kuchen-, Leier-, Mühl-, Neckar-, Pflaster-, Reiher-, Renn-, Röcken-, See-, Spital-, Spitz-, Stock-, Straßen-, Tanz-, Teich-, Tor-, Vögelens-, Widem-, Ziegel-, Ziegelhütten-W i e s e bzw. -W i e s e n.

Wasen (Erklärung s. 544): Felben-, Säu-, See-, Schelmen-, Schinder-W a s e n bzw. -W ä s l e i n.

Egert — unbebautes Stück; oft nach zeitweiliger Nutzung wieder wüst liegend: Salz e g e r t.

2. Allmende, Weide, Wald.

Allmende: Geiß a l l m e n d l e i n.
Beunde (Erklärung s. 79): Brezenters-, Kalterstein-B e u n d.
Stückle (Erklärung s. 54): Bürger-, Wald-, Ziegel-S t ü c k l e.
Weide: Gänse-, Vieh-, Vogel- W e i d e.
Stelle (s. 260): Kuh-, Vieh-S t e l l e.

Hau — stammt aus der alten Forstwirtschaft, die im Walde „Haue" unterschied, in denen das Holz in bestimmter Kehrfolge ausgehauen wurde, und die bis zum Wiederaufkommen des Waldes gebannt d. h. vom Weidgang ausgenommen waren. Es wird in den Lb. F. meistens angegeben, um was es sich wirtschaftlich bei den einzelnen Waldstücken gerade handelt, so z. B.: 1. Buochrain ain zimlich erwachsen Holz (Lb. F. 1555, 15), 2. Frowenwald ain junger Haw und Brennholtz (Lb. F. 1555, 15), 3. Pfründwald, ain junger Haw (Lb. F. 1555, 16), 4. Conwald ain drei jeriger Haw (Lb. F. 1555, 17), 5. Der under Burgerwaldt, . . . hat Aichin, Büechin und Bürckhin Holz und ein Haw (Lb. F. 1699, 720), 6. Metzgerhau . . . ist Bürckhin und Büechin Holz, im Haw (Lb. F. 1699, 646): Metzger-H a u; Dorn-, Stell- H ä u l e.

3. Wege.

Weg: Afternhalden-, Armensünder-, Böhmisreute-, Bopser-, Brunnen-, Fahr-, Fünfminuten-, Furt-, Gänsheide-, Halden-, Heide-, Herd-, Hexen-, Hohl-, Hoppenlau-, Kanonen-, Karch-, Kirch-, Kreuz-, Luder-, Mühlberg-, Mühl-, Pfaffen-, Pfarr-, Pflaster-,

Porzellan-, Post-, Pulver-, Rappen-, Reit-, Renn-, Röckenwiesen-, Römer-, Röte-, Sand-, Steingrüben-, Stein-, Vieh-, Viehtrieb-, Wannen-Weg bzw. -Wegle.

Straße — guter, unterhaltener Weg: Berg- (Brühl-), Garten-, König-, Militär-, Post-, Stein-Straße bzw. -Sträßle.

Gasse — Weg in der Siedlung; im freien Feld gegen die umgebenden Grundstücke abgegrenzt durch Hecken, Zäune usw., auch = Hohlweg: Äckerles-, Grotten-, Hexen-, Hühner-, Krautgarten, Kuchen-, Küh-, Pfarr-, Scharfen-, Schliff-, Seufzer-, Vieh-Gasse bzw. -Gässle.

Pfad — unbedeutender Weg: Fischer-Pfad.

Steige — bergaufwärts, fahrbar: Brand-, Burg-, Eck-, Galgen-, Hasenberg-, Heu-, Kühnles-, Mühl-, Vor-, Wein-Steige bzw. -Steigle.

Steig — bergaufwärts, i. a. nicht fahrbar: Hühnersteig.

Furche — vertiefter Staffelweg zwischen den Weinbergen: Stäffeles-, Staffel-, Änslins-Furche.

Staffel: Wünschenstäffele.

Berg, Buckel im Sinn von „steiler Weg": Milchberg, Saubuckele, Stellen-Buckel.

Allee: Bürgerallee.

Brücke: Kreuzer-, Sper-, Teufels-, Tiefengraben-Brücke bzw. -Brückle.

Zu den Wegen kann gerechnet werden Leis in: Wagenleisen.

4. Bauwerke und Einrichtungen.

Haus: Grenz-, Heide-, Hunds-, Land-, Schieß-, Siechen-, Stuck-, Zoll-Haus bzw. -Häusle. — Steinenhausen.

Hütte: Schimmel-, Ziegel-Hütte.

Hof: Heide-, Kochen-, Mühlbach-, Weißen-Hof. — Immenhofen, Tunzhofen. — (Beim neuen Kirchhof.)

Mühle: Bach-, Bann-, Hör-, Karls-, Näher-, Schöffel-, Spital-, Tannen-Mühle.

Burg: Fellgers-, Martins-, Reins- (vgl. Berg), Silber-, Stitzen-, Wagen-, Weißen-Burg.

Tor: Rotebild-, Seel-, Siechen-Tor. Magnus-Törlein.
Turm: Folter-, Nachrichters-, Schellen-, Weißen-Turm.
Kreuz: Hecklins-, Kleudern-, Kolben-, Leidelen-Kreuz.

Dazu kommen, i. a. je nur einmal vertreten, die Grundwörter in: Hirschbad, Lurlenbad; Pfaffendohle; Lederfabrik; Teuchellage; Burstlauben; Schießmauer; Schmalzmarkt; Bachmuseum; Kalkofen; Christophstollen; Brunnenstube; Bollwerk.

5. Spiel.
Tanz übertragen in: Rappentanz.

C. Bedeutung unsicher.
Buiziballen.

Viertes Kapitel – D.
Alphabetisches Verzeichnis der Flurnamen

Erläuterungen zum Register:

Beispiel:	**Bedeutung:**
Baumreute I	Römische Ziffer: dieser Name kommt mehrmals auf der Markung vor.
Kreuzweg, am II,767;	Arabische Ziffern: Nummer des Namens in Kapitel IV A (Seite 81–437).
Berg, Eßlinger 503; H 4	Großbuchstabe(n) und arabische Ziffer(n) nach dem Strichpunkt: Planquadrat(e) auf dem Markungs- bzw. Stadtplan.
Hargarten 706; (?)	Fragezeichen in Klammern: Lage des Gewands unbekannt.
Wald, Neuer 263; (–)	Gedankenstrich in Klammern: Gewand liegt außerhalb des hier behandelten Teils der Stuttgarter Markung.

Die Angaben zur Lage der Gewande und Flurstücke in den Planquadraten sind so genau wie möglich, doch dürfen manche Lageangaben nur als annähernd verstanden werden. Das gilt insbesondere in Fällen von Namen sehr kleiner Flurstücke, von denen nur bekannt ist, daß sie Teil eines Großgewands waren; hier sind die Planquadratwerte des Großgewands angegeben.

A

Achtstück 375; G 3
Acker, im I, 46; E 7
–, am II, 742; G 4
–, Demondischer 81; F 5
–, im krummen 482; H 3
Äcker, lange 360; F 3
–, Stgt. 772; IK 3
Äckerle, im 46; E 7
– I, 151; DE 7
– II, 500; H 5
– III, 831; (?)
Äckerlesgäßle 501; H 5
Äckern, in den 742; G 4
Afternhalde 128; DE 6
Afternhaldenweg, oberer 129; DE 6
– , unterer 129; DE 6
Afternhäldle 130; D 7
Aiernest 35; EF 7
Allmendle 148; D 7
Almosenwald 673; H 7/8
Altenbach 1; D–K 2–8
Altenberg 629; G 6
Ameisenberg 774; I 4
Ameisenberg, saurer 764; I 3
Anbersus 693; (?)
Anlagen 461; HI 2–4
Armansheslach 124; E 7
Armenkastenwald 673; H 7/8
Armensünderweg 525; H 5
Aspenwald 153; DE 7
Asar 368; G 3
Atzenbühl 694; (?)
Aulfuß 693; (?)
Azenberg 380; EF 2/3
Azenbergaufgang 381; F 3

B

Bach, der 854; IK 4–6
– 1; D–K 2–8
–, Gablenberger 854; IK 4–6
–, Gaisburger 854; IK 4–6
–, (alter) Heslacher 1; D–G 5–8
–, Kaltentaler 1; D–G 5–8
–, Stgt. 1; K 1/2
Bachmühle 531; K 2
–, obere 20; F 6
–, mittlere 18; F 6
–, untere 72; F 6
Bachmuseum 221; E 7
Bachwiesen 68; E 7
Badhorn 111; E 6
Bandhecken, in den 27; F 7
Bandklinge 821; K 5
Bangarten 304; DE 4/5
Baumeister 152; E 7
Baumreute I, 51; E 7
– II, 116; E 6
– III, 154; DE 7
Bebenhäuser 258; B 6/7
Berg 563; K 2
–, Eßlinger 503; H 4
–, Heiliger 552; K 2
Berger 195; (?)
Bergstraße 766; I 3
Berner 131; DE 6
Besetze, die 794; K 4
Beunde I, 79; F 5
– II, 132; DE 6
– III, 504; H 4
Biegel I, 147; D 7
– II, 749, 4; F 5
Bienenweingart 572; H 5
Bihlwiese 553; K 2
Bild, unterm Eichen 677; (?)
–, Eßlinger 570; I 4
–, weißes 570; I 4
Binsenplatte 176; C 6
Binsenseelein 276; FG 4
Birkenkopf 248; C 6
Birkenwald 419; G 3
Birkenwäldlein 249; C 6
Blankenhorn 305; DE 4
Bleichgraben 455; GH 4
Bli(d) 586; H 5/6
Blutloser, der 573; H 5

Boden, blauer 653; I 6
Böhmisreute 47; E 7
Böhmisreuteweg 209; F 6/7
Bohnenberg I, 636; G 6/7
– II, 695; (?)
Bollwerk 749, 4; F 5
Bopser 614; H 6
–, steiler 619; H 6
Bopserle I, 179; D 7
– II, 674; H 7
Bopserstraße 619; H 6
Bopserweg 619; H 6
Brand 56; E 7
Brandhalde 57; E 7
Brandhecke 658; H 6
Brandsteige 58; E 7
Breite 409; H 3
Brezentersbeunde 696; (?)
Brockenacker 697; (?)
Bröckin 502; H 5
Bronnäcker I, 755; K 3
– II, 788; IK 4
Bruch, alter 250; C 6
Bruckenwiesen 7; F 6
Bruckwiese 346; C 4
Brügel s. Prügel
Brühlstraße 736; GH 5
Brünnele, Hasenberger 247; C 6
Brunnen, böser 379; EF 3
–, beim unteren 832; K 5
–, Heslacher 165; D 7
–, Tunzhofer 486; H 3
Brunnenacker 407 (s.a. Bronnäcker); H 3
Brunnenweg 216; E 7
Brunnenwengert 121; E 7
Bubenbad 601; I 5
Buchenbrunnen I, 174; D 7
– II, 341; D 2
Buchrain 652; I 6
Buchwald 824; K 4
Bühl 402; (?)
–, Höllscher 546; K 2
Buitzwiese 347; CD 2–4

Buiziballen 70; D 7
Burg Berg 566; K 2
Bürgerallee 257; BC 7
Bürgerwald 256; BC 6/7
Bürgerwäldle 638; G 6/7
Bürgerwiese 348; D 3
Burggraf 36; EF 7
Burgholz 65; DE 7/8
Burgstall I, 64; DE 7/8
– II, 567; K 2
– III, 627; H 6
Burgstallwald 65; DE 7/8
Burgstallwiesen 69; DE 7
Burgsteig 683; GH 6
Burst 369; G 3
Burstlauben 370; G 3

C s. K

D
Diemershalde 594; HI 5
Diepoltsreute 48; F 7
Dobel 587; H 5
Dobelbach 618; H 5
Doggenburg 329; E 3
Dornhäule 660; H 6
Dornwald 666; HI 7
Driangel 242; D 5
Dürkenwäldlein 657; I 7
Dürrwiesen 537; K 1

E
Eck 106; F 6
Eckhart 134; DE 6
Eckartshalden 443; H 1/2
Ecklen 784; IK 4
Ecksteig(le) 107; F 6
Egelsee I, 441; H 2
– II, 477; HI 2/3
Egenweingart 776; I 4
Egerten , Frauenberger 420; G 3
Ehrnhalde 386; F 2/3
Eiernest 35; EF 7

Eiernestklinge 43; EF 7
Eigenlin 196; (?)
Einöd 727; (–)
Entenberg 337; D 3
Entenlache 649; K 7
Entensee 44; F 7
Erbenol 398; G 1
Erberheidle I, 89; F 6
– II, 633; FG 7
Erdengrube 108; F 6
Erker, im 856; K 4
Erlacher 135; DE 6
Erlenwald 678; (?)
Eselsklinge 187; C 8
Etzwiese 698; (?)
Eulenberg 607; I 6
Eulenrain 651; I 6

F
Fahrweg, Gablenberger 556; K 2
–, Stöckacher 522; HI 2–4
Falbenhennen 624; G 6
Falkenflug 389; G 3
Falkert 319; EF 4
Falkertbrünnele 321; E 4
Falkertbuckele 286; F 4
Fangelsbach 630; G 6/7
Faulleder 803; I 4
Feierabend 80; F 5
Felbenwäslein 544; K 2
Feld, Berger 535; K 1
Feldshalde 699; (?)
Fellgersburg 628; H 6
Fellmen 91; F 6
Fercherberg 284; F 5
Ferchernest 102; E 6
Feuerleiter 367; G 3
Feuersee, beim 225; F 5
Finken 50; E 7
Fischerpfad 616; H 6
Flecken 564; K 2
Flecklein 757; IK 3
Fleugaus 371; G 3

Floßkanal 561; K 2
Folterturm, am 751; G 5
Forst 332; D 4
Forstheide 333; D 4
Forstweg 312; D–F 4
Frauenkopf 645; IK 6/7
Frauenwald 646; IK 6/7
Fronacker 732; G 5
Fröschberg 554; K 2
Fuchsklinge 667; (–)
Fuchsrain 826; K 5/6
Fünfminutenwegle 682; H 7
Furche, Änslins 700; (?)
–, gestäffelte 591; HI 5
–, hintere 520; I 3
–, lange 401; G 3
–, wässerige 372; G 4
Fürstenloch 777; I 4
Furt 3; F 6
–, Mühle im, beim 72; F 6
–, Sitzlins 445; H 1/2
Furtbach 1; FG 5/6
Furtbachweg 206; G 5/6
Furtweg 206; G 5/6
Furtweingärten 75; F 5
Furtwiesen 71; F 6
Fußpfad, Heslacher 207; E–G 5–7
Fussenwiese 701; (?)

G
Gablenbach 854; IK 4–6
Gablenberg 810; I 5
Gablenbrunnen 829; I 6
Gablerin 487; H 3
Gähkopf 385; F 2
Gaisrain 77; G 5
Galgen, bei dem 432; H 2
Galgenheidlein 433; H 2
Galgensteige I, 434; H 2/3
– II, 526; HI 4
Gallenklinge 252; C 5/6
Gallenklingenbach 271; BC 5/6
Gänser 306; D 4

Gänsheide 598; I 5
Gänsheideweg 600; I 5
Gänswald 825; I 5/6
Gänsweide 599; I 5
Gänswiesen 816; I 5/6
Garten, Autenrieder 278; F 4
–, Dappischer 274; F 5
–, Hemmerlingscher 465; G 4
–, unseres Herrn 463; G 4
–, meiner Frau 460; G 4
–, der Herzogin 460; G 4
–, Hofküchen- 81; F 5
–, Mittschlerscher 534; K 1
Gärten, in den 25; F 7
–, neue 743; G 4
Gebelsberg 110; E 6
Geißallmendlein 37; EF 7
Geißeiche 246; C 6
Geißweiden 543; K 1
Gennower 625; G 6
Gentenberg s. Enten–
Gereut 160; D 7
Glätzinwiese 702; (?)
Göbelsberg 110; E 6
Gölterlin 112; E 6
Gotergesse 703; (?)
Graben, alter I, 1; HI 2
–, der alte II, 296; E 4
–, Herrschafts 1; HI 3
–, Mühlberger 1; HI 2
–, neuer 1; HI 2
–, ob dem tiefen 168; C 7
Grammen 424; G 2
Grenzhaus 395; F 1
Grottengäßlein 466; GH 4
Grübersweingarten 446; (?)
Grund, im 704; (?)
Grundel, im 10; FG 6
Güßbett, auf dem 354; G 4

H
Hafenerde 650; IK 7
Hagäcker 705; (?)

Hagen 425; G 2
Hagenacker 765; I 3
Hagenstückle 816; I 5/6
Hagenweingarten 444; H 1/2
Hagenwiesen 166; C 7
Hahn 59; E 7/8
Hahnbrunnen 61; E 7
Hahnklinge 60; E 7/8
Hahnwiesen 45; E 7
Haigst 32; F 7
Halbertag 314; F 4
Halde I, 113; E 6
– II, 798; I 4
–, Botnanger 309; CD 5
Haldenweg 29; F 7
Hangörlin 384; E 3
Harder 114; E 6
Hargarten 706; (?)
Hasen 150; DE 7
Hasenberg 227; DE 6
Hasenbergbrünnele 228; E 6
Hasenbergsteige 223; EF 5/6
Hasenbergstraße 266; EF 6
Hasenbrünnele 247; C 6
Hasenbrunnen 610; H 6
Hasensäule 259; B 7
Hauptmannsreute 326; DE 3
Hauptstatt, bei der 580; G 5
Hauser 105; F 6
Hausgärten 833; K 4/5
Hausweingärten 834; K 4/5
Hechinger 576; H 5
Hecklinskreuz 262; AB 6
Heerstraße 620; H 6
Heide, Botnanger 333; D 4
–, Feuerbacher 391; EF 2/3
–, Frauenberger 391; EF 2/3
–, Gablenberger 802; I 4/5
–, Hasenberger 229; E 5/6
–, Hauptmannsreuter 327; E 3
–, Reichelenberger 613; H 6
–, Reinsburger 89; F 6
–, Stuttgarter 391; EF 2/3

Heidehaus 801; I 5
Heidehof 801; I 5
Heiden, in den 800; I 4/5
Heidenklinge 180; C 7
Heideweg 334; DE 3/4
Heidle I, 362; FG 3
– II, 604; HI 5/6
–, in den 813; I 5
Heidlen 604; HI 5/6
Heidlesäcker 754; K 3
Heilig, der 707; (?)
Heiliggrab 430; G 2/3
Heilbronner 92; F 6
Heinzenbrunnen 241; E 5
Heldenäcker 778; I 4
Heldenweingart 779; I 4
Heller 592; H 5
Herdweg I, 268; D–F 5/6
– II, 351; EF 3/4
– III, 620; H 6
– IV, 688; G 6/7
– V, 847; I 3/4
Herdwegbrünnele 352; E 3
Herrenwäldle 345; EF 2
Herrschaftswiesen 475; H 3/4
Heslachern, in den 162; D 7
Heslach 125; E 6/7
Hetzen 417; G 3
Heusteige 571; H 5
Hexengäßle I, 687; G 6
– II, 690; G 6
Hexenwegle 269; DE 5
Himmelfahrtsbrünnele 589; H 6
Himmelsberg 365; G 3
Hirschbad 479; H 3
Hirschbadäckerlein 480; H 3
Hirschbrunnen 481; H 3
Hof, im 855; K 4
Hofküchengarten 81; F 5
Hofküfer 117; E 7
Hofstatt, an der Ulinen 565; K 2
Höhe s. Höhne
Höhe, Leonberger 263; (–)

Hohlweg 763; IK 3
Hohlwegle 269; DE 5
Höhne, auf der 797; I 4
Holzgarten I, 315; G 4
– II, 533; K 2
Hoppenlau 313; F 4
Hoppenlauweg, oberer, unterer 349; F 4
Hördenlin 122; E 7
Hörmühlin 123; E 7
Hosenbrunnen 610; H 6
Hub, auf der 679; (?)
Hubenwiese 290; F 4
Hühnerdieb 511; HI 4
Hühnergäßle 690; G 6
Hühnersteig 814; I 5
Hummelwiese 348; D 3
Hummelwiesen 166; C 7
Hundshaus 467; G 4
Hundsmaul 392; FG 1/2
Hungerberg 768; I 4
Hungerbrunnen 506; H 4
Hüttenacker 758; IH 3

I J
Immenhofen 621; G 5/6
Insel 192; B 7
Jud 197; (?)

K (C)
Kainberg 830; I 5
Kaisemer 411; G 3
Kalberkreuz 390; F 2
Kalkbrunnen 708; (?)
Kalkgrube, bei der 488; H 3
Kalkofen 373; FG 4
Kaltentäle 812; I 5
Kanonenhäuschen 595; I 5
Kanonenweg 524; H 4
Kantengießer 835; (?)
Kapf 374; G 3
Kappelesberg 672; G 6
Karchweg 775; I 4
Karlsmühle 67; E 7

Käs 581; G 5
Kautzen, im 33; F 7
Kautzenhecke 33; F 7
Kautzenhecke oder -klinge 15; G 6
Kehle 541; HI 1
Kellin 38; EF 7
Kelternstein 412; G 3
Kiesweg 494; GH 4
Kirchacker 551; K 2
Kirche, bei der 220; E 7
Kirchen, bei der zu Berg 551; K 2
Kirchgärten 807; K 5
Kirchherr 115; E 6
Kirchhof, hinter dem neuen 735; H 5
Kirchrain 550; K 2
Kirchweg I, 559; K 1
– II, 844; K 4
–, Gablenberger 849; K 2–4
Claudelswiesen 155; E 7
Kleiderkasten, Schinders 738; G 5
Klekenacker 622; G 5/6
Klemarxenklinge 190; C 8
Clemens 574; H 5
Kleudernkreuz 748; F 5
Klinge, falsche 662; IK 7
Klingenbach 854; IK 4–6
Klinglein 836; (?)
Klockerlein 804; I 4
Klötzle(sbach) 218; EF 7
Kneller 805; I 4
Kochenhof 394; F 1
Kolb 78; G 5
Kolbenkreuz 390; F 2
Kölleskling 336; D 3
Compagniewiese 26; F 7
König 421; FG 2
Königsbad 479; H 3
Königseiche 509; I 4
Königsträßle 692; GH 8
Köpfenbergle 583; H 5
Koppental 361; FG 5
Koppentalbrunnen 363; G 4
Kornberg 325; EF 3

Kornbergergäßle, -weg 350; E 4
Kraftsbühl 608; I 6
Kräher 335; C–E 2–4
Kräherklinge 344; E 2
Krautgärten 156; E 7
Krautgartengäßchen 158; E 7
Kreuz, im hohen 405; GH 4
–, beim steinernen 539; K 2
Kreuzerbrückchen 557; K 2
Kreuzlen 405; GH 4
Kreuzleswald 251; C 5
Kreuzweg, am I, 655; I 7
–, am II, 767; K 3
Krieger 366; G 3
Kriegsberg 364; G 3
Christophstollen 193 b; B 7
Kröpfach 82; F 5
Krümlein 709; (?)
Küchengarten 81; F 5
Kuchengäßle 5; G 5/6
Kuchenwiesen 4; G 5
Kugelbrünnele 321; E 4
Kuhdreck 837; (?)
Kühgasse 53; E 7
Kühloch 811; K 4
Kühnle 609; H 6
Kühnlesbrünnele 589; H 6
Kühnlessteige 680; HI 6
Küninge 710; (?)
Kueningesberc 136; DE 6
Kunle, in den 676; I 8
Kürnstein, am 193 a; B 7
Kutterhaufen, im 579; G 5
Kutterhaufengarten 498; H 5

L
Laisenbach 1; D–K 2–8
Landach 838; (?)
Landau 838; (?)
Landaisen 822; K 5
Landfahrer 623; G 5/6
Landhaus 749, 1; G 4
Landschreiber 664; IK 7

Lärmenhäusle 595; I 5
Lausbühl 596; I 4/5
Lauser 839; (?)
Laußhart 840; (?)
Lederfabrik, bei der 545; K 2
Legenloch 521; I 3
Legfalkert 320; E 4
Lehen 632; FG 7
Leidelenkreuz 748; F 5
Leierwiesen 634; FG 7
Leimengrube 745; G 5
Leimgrube, bei der 733; (?)
Leimsiederei 862; K 4/5
Lelenberg 711; (?)
Lemmeler 288; F 4
Lemmelerbrunnen 289; F 4
Leonhard, bei St. 734; G 5
Lerchen(feld) 293; EF 4
Lerchenklinge 60; E 7/8
Lerchenrain 55; E 7
Letschenberg 415; G 3
Lettenbuckele 236; E 5
Lettengrube 310; (?)
Lettenloch 661; H 7
Liebfrauenkirche 749, 2; G 4
Lindach 447; (?)
Lindle, am 8; G 6
Linsenbach 1; D–K 2–8
Loch 712; (?)
–, im grauen 397; F 1
–, im kalten 641; G 7
Lohnfalkert 320; E 4
Lößlin 799; I 4
Luderweg 792; K 4
Luginsland 144; D 6/7
Lurlenbad 277; G 4
Lurlunberg 198; (?)
Lustgarten 464; GH 4

M
Magnustörlein 639; G 6/7
Martinsburg 98; F 6
Mattenklinge 713; (?)

Maulbeerbäumen, bei den 226; F 5
Mäurach, auf dem 489; H 3
Maurer 39; EF 7
Mehlbirnenbaum, beim 555; K 2
Meisenbrunnen 62; E 7
Mergelacker 234; E 5
Mesnergart 532; K 2
Metternklinge 713; (?)
Metzgerbach 271; BC 5/6
Metzgerhau 253; B 6
Metzler 759; IK 3
Milchberg 681; H 6/7
Milchsuppenäcker 292; EF 5
Militärstraße, an der 359; G 3/4
Mineralbad, beim 529; K 2
Momaisletz 278; F 4
Mönchberg 422; G 2
Mönchhalde 423; G 2
Mönchs(stein)grube 513; I 4
Mönchweingart 780; I 4
Mößlin 471; H 5
Mühlbach I, 1; H–K 2–4
– II, 218; EF 7
Mühlbachhof 393; G 2
Mühlberg 485; HI 2
Mühlbergweg 495; HI 2/3
Mühle, Frechsche 72; F 6
Mühleisen 781; I 4
Mühlen, die in Berg 568; K 2
Mühlewald 66; DE 7
Mühlgraben I, 218; EF 7
– II, 562; K 2
Mühlkanal 562; K 2
Mühlrain I, 24; F 6/7
– II, 549; K 2
Mühlsteige 689; G 6/7
Mühlweg I, 560; K 2
– II, 689; G 6/7
Mühlwiesen I, 23; F 6
– II, 73; F 6
Müllerwald 66; DE 7
Müllerwäldle 189; C 8

N
Nachrichtersturm 738; G 5
Nähermühle 72; F 6
Nesenbach 1; D–K 2–8
Neuenbach 1; HI 2
Neugereut 161; D 7
Neusätze 93; F 6
Nicola-Wald 657; I 7
Nittel 254; B 6
Nittelklinge 255; B 6
Nonfalkert 320; E 4
Nonnenheide 637; G 6/7
Nonnenwald 669; G 6/7
Nußberg 507; HI 4
Nußklinge 382; E 3

O
Oberwiese 462; G 4
Öden, zu dem 416; G 3
Ofenlöcher 435; H 2
Ölberg 714; (?)

P
Pallmaille 474; H 4
Pfad, Degerlocher 691; G 6/7
–, Dischinger 339; D 3
–, Eßlinger 569; HI 4/5
–, Immenhofer 5; G 5/6
–, Sillenbucher 680; HI 6
–, Stuttgarter 850; IK 4/5
Pfaffen, im 30; F 7
Pfaffenbaum 483; H 3
Pfaffendohle 194; B 7
Pfaffenweg 31; F 7
Pfarrgäßle 859; K 4
Pfarrwegle 214; CD 6/7
Pfenning 199; (?)
Pflaster, das 794; K 4
Pflasteräcker 789; K 4
Pflasterweg nach Berg 522; HI 2–4
Pflasterwiese 299; D 5
Pflasterwiesen 808; K 4
Pfründgarten 746; (?)
Pfudel 496; G 4
Pleckethalden 294; E 4
Porzellanwegle 9; FG 6
Postäcker 439; H 2
Postsee 440; H 2
Poststraße, Feuerbacher 343; DE 2
Postweg, alter 452; GH 2/3
–, Mühlberger 495; HI 2/3
Prag 437; G–I 2
Preißklinge 586; H 5/6
Probsteigarten 472; H 4
Prügel 200; (?)
Pulverweg 269; DE 5

R
Rain, am 52; E 7
–, auf dem 715; (?)
–, Eßlinger 505; H 4
–, Hoher 40; EF 7
Ramsklinge 728; (–)
Rank, im kalten 641; G 7
Rappen(tanz) 84; F 6
Rappenloch 85; F 6
Rappenweg 83; F 6
Räpplen 418; G 3
Rebenberg 436; H 2
Reichelenberg 612; H 6
Reichenmühle 72; F 6
Reiherwiesen 469; H 4
Reinliskreuz 716; (?)
Reinsburg 87; F 6
–, untere 88; F 6
Reitweg I, 450; G 3
– II, 451; GH 2/3
Relenberg 377; EF 3
Renlinfeld 378; F 3
Rennweg I; 494; GH 4
– II, 644; K 6
Rennwiese 473; H 4
Reute 94; F 6
–, auf der 717; (?)
Reuten 322; EF 4
Rinderklinge 785; IK 3/4

Riussensteingrüb 399; G 2
Röckerwiesen 230; DE 5/6
Röckenwiesenweg 268; DE 6
Rögner 95; F 6
Römerweg 688; G 6/7
Rondell, auf dem 145; D 6/7
Rörlinsmühle 72; F 6
Rosenbergle 317; EF 4
Röte 231; DE 5
Rotenbild 752; G 5
Rotenbildtor 752; G 5
Rötenfeld 232; EF 5
Rotenwald 244; CD 5/6
Rotenwäldle 238; D 5
Röteweg, oberer 269; DE 5
Rübenstrümpflein 773; IK 3
Ruck 41; EF 7

S
Sackträger 183; C 7
Salzegert 388; F 2
Salzlecke 491; H 3
Salzweingärten 388; F 2
Sandäcker 493; I 2
Sandebene I, 178; C 6
Sandebene II, 63; E 8
Sandweg 215; C 7
Sattel, Botnanger 243; C 5
Sattelklinge 518; I 3
Sauäcker 287; F 5
Sauberg 285; F 5
Saubergele, -buckele 286; F 4
Sauhalde 819; K 5
Sauhaldenklinge 820; K 5
Sauklinge 182; C 7
Sauloch 823; K 5
Säunest 146; D 6/7
Säuwasen 280; FG 4
Schafstall 222; E 7
Schande 300; DE 4/5
Schanzgrabenbächle 1; HI 3
Scharfeneck 861; K 5
Scharfengäßle 853; K 6

Scheihing 149; D 7
Schellberg 514; I 3/4
Schellenkönig 597; HI 5
Schellenturm 737; H 5
Schelmenklinge 786; K 4
Schelmenwasen 791; K 4
Scheurenacker 536; K 1
Schießbuckel 383; E 3
Schießhaus, beim 281; G 4
Schießmauer, bei der 282; G 4
Schild I, 139; DE 6
– II, 301; DE 4/5
Schillersfeld 408; H 4
Schiltlin 427; G 2
Schimmelhütte 28; F 7
Schinderwasen 791; K 4
Schindersbandhecken 582; G 5
Schlatt 476; HI 2/3
Schlefferer 806; I 4
Schleimgraben 387; F 2/3
Schleimhaufen 577; G 5
Schleimloch I, 387; F 2/3
– II, 517; HI 2
Schlenklesbrunnen 119; E 7
Schlettelmühlbach 218; EF 7
Schlettesmühle 72; F 6
Schlettleswiesen 101; F 7
Schliff I, 140; DE 6
–. II, 307; D 4
Schliffgäßle 308; D 5
Schloßberghau 345; EF 2
Schloßgarten 461; HI 2–4
Schloßweingarten 459; (?)
Schlößle 857; K 4
Schmalzmarkt 860; K 5
Schmotzler 643; G 6/7
Schölplin 578; G 5
Schönbühl 718; (?)
Schöner, im 640; G 6/7
Schrauten, im 141; E 6
Schülen 429; G 2
Schütte 510; I 4
Schutz 22; F 6

Schwarenberg 756; IK 3
Schweitzergalle 318; EF 4
Schweiz, kleine 99; F 7
Schwenkelbrunnen 240; E 5
See, oberer 275; F 4
–, mittlerer 276; FG 4
–, unterer oder großer 353; G 4
–, Wahlen 21; F 6
Seegraben 455; GH 4
Seelat 403; G 3/4
Seeltor, vor dem 750; G 5
Seewasen 356; FG 4
Seeweingärten 283; F 4
Seewiesen I, 355; F 4
– II, 528; I 7
Seidengärten 279; F 4
Seidenberg 126; E 7
Seitzenklinge 164; D 7
Seufzergäßle 527; H 5
Siechengarten 404; G 4
Siechenhaus, bei, unter, ob dem 458; G 4
Siechentor 741; G 4
Siehdichfür I, 11; F 6
– II, 273; F 4
Siglin 201; (?)
Silberburg 76; F 5
Silberwald 665; HI 7
Singer 42; EF 7
Sixle 642; G 6/7
Solitude, kleine 584; H 5
Sonnenberg 606; HI 6
Sonnenhalde 719; (?)
Sophienbrünnele 247; C 6
Sperrbrücklein 34; F 7
Spitalacker 291; EF 5
Spitaläcker I, 316; F 4
– II, 438; H 2
– III, 790; K 4
Spital- und Tannenmühlbach 218; EF 7
Spitalmühle 20; F 6
Spitalrain 828; K 6
Spitalsee 21; F 6
Spitalwiese 348; D 3

Spitalwiesen 49; EF 6/7
Spitteläcker 16; F 6
Spitzacker I, 490; H 3
– II, 547; K 2
Spitzwiese 172; D 7
Sporer 96; F 6
Stadtwiese 348; D 3
Stäffelesfurch 401; G 3
Staffelfurch 591; HI 5
Stafflenberg 590; H 5
Staibenäcker 769; IK 3
Staibenloch 771; IK 3
Staibenwengert 770; IK 3
Steig 350; E 4
–, Böhmisreuter 213; E 7
–, Möhringer 213; E 7
Steige 795; H–K 4/5
–, Azenberger hohe 449; F 2
–, Botnanger 272; C–F 5
–, Ditzinger 331; DE 4
–, Eßlinger 569; H–K 4/5
–, Frauenberger 400; FG 2/3
–, Tunzhofer 456; GH 2–4
–, Weißenburger 683; GH 6
Steiglein, rotes 270; CD 6
Steiglensbrunnen, roter 247; C 6
Stein, falscher 663; K 7
Steinacker 358; G 4
Steinbis 142; DE 6
Steinenhausen 297; DE 4/5
Steingrube, weiße 512; I 4
Steingrüben 602; HI 5
Steingrübenweg 605; HI 5
Steinstraße 267; AB 6
Steinweg 205; G 5/6
Stelle I, 542; K 1
– II, 654; I 7
Stellhäule 656; I 7
Stellenbuckel 680; HI 6
Stichle 851; I 4
Stitzenburg 585; H 5
Stöckach 515; HI 2–4
Stöckachäcker 516; HI 2/3

Stockbrunnen 120; E 6
Stockwiese 202; (?)
Straße, alte 208; F 5
–, an der alten 100; F 7
–, Berger I, 522; HI 2–4
–, Berger II, 848; I 3/4
–, Bergheimer 338; D 3
–, Botnanger 272; C–F 5
–, Eßlinger 569; HI 4/5
–, Kaltentaler 211; ED 7
–, Leonberger 266; BC 6
–, Ludwigsburger 456; GH 2–4
–, Magstadter 224; BC 6/7
–, Stöckacher 522; HI 2–4
–, Tunzhofer 456; GH 2–4
Straßenwiesen 100; F 7
Straubenacker 760; IK 3
Streitecke 720; (?)
Strengenäcker 721; (?)
Strohberg 631; G 6/7
Stüblin 448; GH 3
Stuckhäusle 595; I 5
Stückle 127; E 7
Stuttgart 730; F–H 4/5
Stützen, bei der 722; (?)
Sünder 593; H 5
Swaninberg 841; (?)

T
Tal I, 74; EF 6/7
– II, 461; HI 2–4
–, Kaltentaler 171; CD 8
Täle, romantisches 611; H 6
Talgraben 298; DE 5
Tanne, bei der 17; F 6
Tannenmühle 18; F 6
–, nähere 72; F 6
–, obere 19; F 6
Tannenwäldlein 175; D 6
Tanzwiese 473; H 4
Taugstein 484; H 3
Teich, Schwarenberger 761; IK 3
Teichwiesen 809; K 4

Teiler 133; DE 6
Teuchellage 219; B–F 5–7
Teuchelseelein I, 6; G 5
– II, 499; H 5
Teufelsbrücke 170; C 8
Tiefengrabenbrücke 169; C 8
Tierbach 497; GH 4
Tiergarten 464; GH 4
Tor, vor dem Eßlinger 731; H 5
–, vor dem Hauptstätter 739; G 5
–, Herrenberger 739; G 5
–, Ludwigsburger 741; G 4
–, vor dem Oberen 740; G 5
–, vor dem Tübinger 750; G 5
–, vor dem Tunzhofer 741; G 4
Torwiesen 159; DE 7
Toten-Manns-Brunnenstube 188; C 8
Trauben 97; F 6
Trauberg 815; I 5/6
Treuelberg 842; (?)
Tummelplatz 470; H 3/4
Tunzhofen 410; H 2/3
Türken- s. Dürken
Türlen 406; H 3
Türlinssteige 453; GH 3
Türlinsweg 453; GH 3
Turm, hinter dem 753; (?)
Turnieracker 744; G 4/5

U
Unfrieden 157; E 7
Utzenbrunnen 203; (?)

V
Viehgarten 468; H 3
Viehgasse 846; K 3/4
–, Cannstatter 558; K 2
Viehstelle 542; K 1
–, Botnanger 261; AB 6
–, Stuttgarter 260; AB 6
–, Vogelsanger 261; C 5
Viehtrieb I, 454; GH 2
– II, 615; H 6

– III, 846; K 3/4
–, alter 340; D 3
Viehtriebweg 845; I 5/6
Viehweg I, 217; DE 7
– II, 620; H 6
– III, 846; K 3/4
Viehweide 328; E 3
Villa Fürchterlich 12; F 6
Vinea Morhardi Citvogels 137; DE 6
Vinea Sculteti 138; DE 6
Vischerpfad 616; H 6
Vogelebene 186; C 8
Vögelenswiese 302; DE 4/5
Vogelrain 184; C 8
Vogelsang 239; D 5
– (Wald) 245; C 6
Vogelweide 204; (?)
Völlmer 143; D 7
Vordernberg 413; G 3
Vorsteig 330; E 4

W

Wagenburg 508; I 4
Wagenleisen 762; IK 3
Wald, neuer 263; (–)
–, oberer 668; GH 7
–, Cannstatter 648; K 7
–, Doktor Engels 647; IK 6/7
Waldstückle I, 54; E 7
– II, 167; D 7
– III, 817; K 5/6
Waltmann 729; (?)
Wand, Heslacher 173; D 6/7
–, rote 603; H 5
Wannen 104; EF 6
Wannenweg 212; EF 6
Wannenwiesen 103; F 6
Warmbühl 723; (?)
Wartbäumlein 782; I 4
Wartberg 783; I 4
Wasserturm 478; H 3
Watzenbühl 724; (?)
Weg, besetzter I, 205; G 5/6

–, – II, 457; GH 2–4
–, – III, 749, 3; G 4/5
–, grasiger 523; HI 2/3
–, Botnanger 272; C–F 5
–, Eßlinger 569; HI 4/5
–, Feuerbacher 400; FG 2/3
–, Gablenberger 852; I 3/4
–, Gaisburger 569; HI 4/5
–, Hasenberger 268; DE 6
–, Immenhofer 686; G 5/6
–, Möhringer 213; E 7
–, Mühlberger 495; HI 2/3
–, Reinsburger 208; F 5
–, roter 670; H 7
–, Stöckacher 522; HI 2–4
–, Stuttgarter I, 210; E–G 5/6
–, –, II, 850; IK 4/5
–, Weilemer 342; DE 3
Weide, kleine 265; (–)
Weigenreute 323; EF 4
Weinberg 725; (?)
Weingart, Frizzen 575; H 5
–, Jobs 295; E 4
–, der Männin 233; D 5
–, der Marnerin 426; G 2
–, Stöfflers 843; (?)
Weingarten, des Dekans 414; G 3
Weingart(en) s. auch Vinea
Weinsteige 2; GF 6/7
–, Neue 684; G 5–7
Weißenburg 626; H 6
Weißenhof 396; G 1
Weißenturm, bei dem 738; G 5
Weißtannenwald 659; H 6
Wellenhalde 726; (?)
Welling 675; I 8
Weltzendreck 1; G 5
Wengert, Gottgetreus 796; I 4
Wengertle 118; E 7
Werfmershalden 519; I 3
Wernhalde 635; G 6/7
– (Wald) 668; GH 7
Wettegärten 858; K 4

Widemacker I, 235; E 5
- II, 442; H 2
Widemwiese I, 311; E 5
- II, 492; HI 2
Wiese, krumme 357; G 4
-, unserer lieben Frau zu Berg 538; K 2
Wingart, des Arzaten 90; F 6
Winterhalde I, 86; F 6
- II, 237; DE 5
- III, 303; DE 4/5
- IV, 324; E 4
- V, 428; G 2
Winterhaldenwald 238; D 5
Winterrain 324; E 4
Wolframshalde 431; H 2/3
Wolfsgrube 793; K 4
Wolfsklinge I, 181; C 8
- II, 264; (-)
- III, 588; H 5
- IV, 787; K 4
Wünschenstäffele 617; H 6

Z

Zickzack 548; K 2
Ziegelhütte I, 13; F 6
- II, 747; G 5
Ziegelhüttenwiesen 14; F 6
Ziegelklinge 163; D 7
- 177; CD 7
Ziegelstücklen 163; D 7
Ziegelwiesen 163; D 7
Zigeunerinsel 316; F 4
Zollhaus I, 530; K 2
- II, 540; K 2
Zollhäusle 685; G 6
Zuberle 109; F 6
Zweistück 376; G 3
Zwerenwald 671; G 7
Zwickenberg I, 191; BC 7/8
- II, 827; K 5/6
Zwickenbergshalden 185; C 8
Zwickenrain 818; K 5/6

Hinweise zu den Abbildungen:

1. Sofern nichts anderes angegeben ist, wurden die Bilder 1981 und 1982 aufgenommen.

2. Bei den meisten Standortangaben ist das jeweilige Planquadrat des Stadtplans genannt; der Standort ist im Stadtplan rot eingezeichnet.

3. Die Angabe „Folie" bei den Abb. 1, 2, 10, 15, 19, 22 verweist auf die Beilagen in der Tasche an der hinteren Einbanddecke.

4. Die in Klammern gesetzten Zahlen in den Bildtexten sind die laufenden Nummern der Flurnamen im Textteil (S. 82–437).

Abbildungsnachweise:

Landesbildstelle Württemberg: 1, 2, 3, 28;
Professor Dr. Helmut Dölker, Esslingen: 4–8, 13, 16, 17, 19, 35, 36;
Peter Horlacher, Stuttgart: 9–12, 14, 15, 18, 20–27, 29–34, 37–41.

# BILDTEIL

Abb. 1 **Fernsicht von Nordosten aus der Vogelschau** (Folie 1)

Lithographie von Emminger (um 1850). – Gedachter Standort: Mühlberg (No. 485; H 2). Blick gegen SW das Nesenbachtal (No. 1) aufwärts bis zum Reinsburghügel (No. 87) zwischen Hasenberg rechts (No. 227) und Haigst links (No. 32).

Vordergrund (rechts): Reiterkaserne und Zuckerfabrik im Gewand Türlensäcker (No. 406), heute Eisenbahngebiet; rechts davon die Eisenbahnlinie nach Ludwigsburg.

Vordergrund (Mitte): Entlang den „Anlagen" verläuft die Eisenbahnlinie nach Eßlingen; unmittelbar daneben die Tunzhofer (Ludwigsburger) Straße (No. 456). Links der Eisenbahnlinie dehnt sich das Gelände der „Anlagen" mit der Reitallee in der Mitte. Namen für Teilstücke der „Anlagen" s. No. 461–484. Zwischen „Anlagen" und Berghang der Rennweg (No. 494), heute Neckar- bzw. Konrad-Adenauer-Straße. Er endet vor dem alten Stadtkern beim Wilhelmspalais; quer dahinter Charlottenstraße – Eßlinger Steige (No. 569).
Im Mittelgrund die Stadt mit Leonhardskirche (links), Stiftskirche, Hospitalkirche (rechts).

Gliederung des linken Höhenzugs: Eßlinger Berg (No. 503) bis Dobelbachklinge (No. 587, 618); Hang vom Bopser (No. 614) herunter bis zur Fangelsbachklinge (No. 630); Strohberg (No. 631) bis zum Bach aus dem Lehen (No. 632); abschließend Haigst (No. 32). Fahrwege: am Bopserhang die Heusteige (No. 571), am Haigsthang (schwach erkennbar) die Alte Weinsteige (No. 2).

Rechtes Bilddrittel: Im Tal zwischen Hasenberg (No. 227) und Kriegsberg (No. 364) Neubauten aus der 1. Hälfte des 19. Jhs. Anfänge der Weststadt (No. 77, 79–84) bei der großen Infanteriekaserne am Fuße des Hasenbergs; rechts davon im freien Feld das Pönitentiargefängnis auf Spitalacker (No. 291) und Milchsuppenäcker (No. 292). Von hier aus talabwärts die unbebaute Fläche der ehemaligen Seen, seit 1871 „Stadtgarten" (No. 275–279, 281, 353, 355 f.). Rechts davon Baugebiet in den Gewanden Seeweingärten (No. 283) und Hoppenlau (No. 313); davor freistehend auf Lange Äcker (No. 360) am Fuße des Kriegsbergs das Katharinenhospital. Die schräg vom Kriegsberg zum Schloßplatz führende Häuserzeile zeigt den Verlauf der Friedrichstraße zwischen Seelat (No. 403) und Tunzhofer Tor (No. 741).

Abb. 2 Blick von Süden auf die Stadt (Folie 2)

Lithographie von Emminger (1841). – Standort: Oberes Stück der Römerstraße (damals Herdweg, No. 688; G 6/7) mit Blick nach N, das Nesenbachtal abwärts über die Stadt und ins Neckartal.

Linker Vordergrund: Unterhalb der Gärten und Weinberge liegt am Stadtrand der Fangelsbachfriedhof (No. 630), dahinter das Gewand Immenhofen (No. 621).

Im Mittelgrund die drei Teile des alten Stuttgart: in der Mitte die Altstadt mit Stiftskirche und Altem Schloß, rechts die Leonhardsvorstadt mit Leonhardskirche, links die Obere Vorstadt mit Hospitalkirche. Talabwärts schließen sich als Neubauten das Neue Schloß und die Akademie (Hohe Karlsschule) an. Auch die Neubaugebiete südlich und östlich des alten Stadtkerns treten deutlich heraus. Am linken Stadtrand ist die Große Infanteriekaserne (Rotebühlkaserne) zu sehen. Das markante Gebäude am Fuße des Kriegsbergs (No. 364), links von der Hospitalkirche, ist das Katharinenhospital.

Linker Hintergrund: Links vom Katharinenhospital das Koppental (No. 361); sein linker Hang ist Teil des Relenbergs (No. 377), der rechte Hang wird von den Weinbergen um die Ehrenhalde (No. 386) gebildet sowie von einem Teil des vorspringenden Kriegsbergs mit den kleinen Gewanden Krieger (No. 366) und Himmelsberg (No. 365) auf der Höhe. Die höchste Erhebung im linken Hintergrund ist der Gähkopf (No. 385). Von hier an langsames Absinken des Höhenzugs nach NO gegen den Pragsattel (No. 437); jenseits davon Anstieg zum Kalten Berg und Burgholzhof (beide auf Cannstatter Markung).

Rechter Vordergrund: Unterhalb der Bäume und Weinberge ist der Einschnitt des Fangelsbachtals erkennbar. Jenseits davon – im rechten Bildmittelgrund – beginnt der SO-Höhenzug mit dem Auslauf der Wernhalde (No. 635) und des Altenbergs (No. 629). Am Hang dieses steil ansteigenden Höhenzugs ist die Neue Weinsteige (No. 684) deutlich zu sehen.

Rechter Hintergrund: Die höchste Erhebung ist der Ameisenberg (No. 774, seit 1862 „Uhlandshöhe"), der einen Teil des Blicks ins Neckartal verstellt. Zwischen Ameisenberg und dem steil ansteigenden Altenberg liegen Eßlinger Berg (No. 503) und Gänsheide (No. 598).

Berg,
oder Ansicht vom Kahlenstein in das Neckarthal.

Abb. 3 **Blick auf Berg**

Lithographie aus der 1. Hälfte des 19. Jhs. – Standort: Kahlenstein, heute Rosenstein (K 1).
Das Bild macht Lage und Art des kleinen landesherrschaftlichen „Kammerortes" Berg (No. 563–568) deutlich. Auf der niederen Terrasse über dem alten Mühlkanal liegt die Liebfrauenkirche, umgeben von großen herrschaftlichen, im Zusammenhang mit den Mühlwerken errichteten Gebäuden. Rechts hinter der Kirche steigt der unbewaldete Höllsche Bühl (No. 546) an; auf ihm wurde um 1850 der heute als „Villa Berg" bekannte Bau erstellt.
Links des Neckars ziehen sich die Randhöhen des Schurwalds hin. Zu ihnen gehört der Rotenberg (Württemberg), links am Bildrand über Untertürkheim gelegen; er trägt hier noch die alte Burg der Württemberger, nicht die Grabkapelle von 1824.
In der Mitte des Bildhintergrunds, nur wenig über dem Neckarufer gelegen, ist die Gaisburger Kirche zu sehen.

Abb. 4   **Frau Wilhelmine Marquart Wwe., geb. Höchner**
10.8.1849 – 2.1.1939 (Aufnahme 8.9.1938)
Vor allem dank ihrer unermüdlichen Bereitschaft zu Auskünften konnten die Namen der von der Großstadt überbauten Fluren in ihrer Vielfalt und Reichhaltigkeit aufgezeichnet und zu dem vorliegenden Werk zusammengestellt werden.
Frau Marquart wohnte in einem einstöckigen Häuschen am Fuße der Alten Weinsteige (Liststraße 55) und betrieb im Alter ein kleines Gemüsegärtchen. Zur Zeit der Befragung war sie 78 Jahre alt. Sie war für solche Gespräche hervorragend geeignet; denn sie verfügte über einen lebhaften Geist und ein untrügliches Gedächtnis. Ihre Kenntnisse hatte sie von ihrem Vater, der aus einem Stuttgarter Weingärtnergeschlecht stammte und fast auf der ganzen Markung verstreut Grundbesitz hatte. Von klein auf mußte sie ihm bei der Arbeit helfen. Auch der Beruf ihres 1906 verstorbenen Mannes brachte sie weiterhin in Verbindung mit den verschiedenen Stadt- und Markungsteilen; er war Fuhrunternehmer und hatte im Auftrag der Stadt für die Müll- und Latrinenabfuhr zu sorgen.

Abb. 5   **Gruobbank d. i. Geruhbank, Ruhebank** (zu ruhen, schwäbisch gruobe')
Sie stand in dieser dreiteiligen Form am höchsten Punkt des Feuerbacher Wegs, wo er den Höhenzug zwischen Stuttgart und Feuerbach überschreitet (Aufnahme April 1936). Der hohe Mittelteil ist noch erhalten.
Solche Bänke, zumeist aus Stein, seltener aus Holz, waren besonders im hügeligen Keuperland, aber auch im Albvorland bis in die 20er Jahre unseres Jahrhunderts verbreitet. Einzelne stehen noch an Ort und Stelle, bei Stuttgart z.B. links der Kirchheimer Straße nahe dem Waldrand gegen Sillenbuch; die Straßenbahnhaltestelle „Ruhbank" beim Fernsehturm weist ebenfalls auf eine solche Bank hin. Im allgemeinen standen die Bänke an Stellen, an denen man nach steilen Wegstrecken auszuruhen pflegte. Sie dienten dem Abstellen von Lasten, die sowohl auf dem Kopf (von Frauen) als auch mit Arm und Hand oder auf dem Rücken getragen wurden. Um Stuttgart waren die Gruobbänke wichtig für den Marktverkehr, vor allem auch für die Versorgung mit Milch: in Handkarren oder als Kopflast wurde sie aus den umliegenden kleinbäuerlichen Dörfern über die Hügel in die Stadt gebracht. Auf dem Heimweg wurden Waren befördert, die in der Stadt gekauft oder eingehandelt worden waren.

4

5

Abb. 6 **Wappengrenzstein** (Aufnahme 1936)

Der 2 m hohe, ½ m breite Obelisk aus Schilfsandstein stand zuletzt an auffallender Stelle auf der östlichen Ecke der Straßenkreuzung Alte Weinsteige (No. 2) / Auf dem Haigst (No. 32), gegenüber der jetzigen Haigstkirche; also auf der Markungsgrenze zwischen Stuttgart und Degerloch. Er soll früher südlich der Straße gestanden sein.
Das Königswappen und das Monogramm (Fridericus Rex) lassen vermuten, daß der Landesherr bald nach seiner Erhebung zum König 1806 den Stein setzen ließ, um damit die Reisenden aus Richtung Tübingen darauf hinzuweisen, daß sie nun die königliche Residenzstadt betreten.
Die Stelle war schon vorher für das Land von Bedeutung gewesen, da bei der Landesteilung von 1442 die Stadtgrenze hier an der Alten Weinsteige den südlichen Teil „ob der Steig" vom nördlichen „unter der Steig" trennte.
Im Zweiten Weltkrieg wurde der Stein beschädigt; seit etwa 1960 scheint er spurlos verschwunden zu sein.

Abb. 7 und 8 **Marksteine der Stadt Stuttgart**

Auf der Markungsgrenze von Stuttgart finden sich vereinzelt noch Grenzsteine – vermutlich aus dem 16. Jh. – mit dem Stadtwappen, der springenden Stute. Zwei davon sind hier abgebildet; beide stehen im Wald Landschreiber (No. 664) in der Nähe vom „Falschen Stein" (No. 663) bei der dreifachen Markungsgrenze Stuttgart – Rohracker – Sillenbuch.

Abb. 9 **Zehntstein** – an einer Biegung der Fortsetzung der Ehrenhaldenstaffel, zwischen Schottstraße und Frauenbergweg (F 3). Aus den eingemeißelten Zeichen ist zu schließen, daß hier ein Gebiet, das dem Stift Stuttgart (Doppelkreuz) zehntete, an ein Gebiet stieß, das der Herrschaft Württemberg (Hirschhorn) zehntpflichtig war. – Zu beachten ist auch die nur schwach sichtbare rechtwinklige Krinne oben auf dem Stein, die den Verlauf der Zehntgrenze angibt.

Abb. 10 **Blick gegen Südwesten in Richtung Heslach** (Folie 3)

Standort: Stafflenbergstraße bei der Sünderstaffel (No. 590, 593; H 5).

Vordergrund (von links): Kuppelbau der Technischen Oberschule (früher Wilhelmsgymnasium); unmittelbar dahinter eines der frühesten Wohnhochhäuser auf der Stitzenburg (No. 585); weitere Wohnhochhäuser bergab der Hohenheimer Straße und Charlottenstraße folgend (Dobelbach, No. 618) zum Olgaeck.

Hintergrund (links): Zwischen dem linken Hochhaus und dem Horizont ragt der locker bebaute Bergvorsprung des Haigst (d. i. Höchst, No. 32) ins Bild; talwärts Auslauf der Gewande Lehen (No. 632) und Strohberg (No. 631) bis zur Markuskirche, deren Turm erkennbar ist.

Bildmitte: Im Talgrund des Nesenbachs dicht gedrängt die Gewande Ziegelhütte (No. 13, 14), Grundel (No. 10), Furtwiesen (No. 71), untere Reinsburg (No. 88), Nähermühle (No. 72), bachaufwärts das Gebiet um Tannen- und Spitalmühle (No. 18, 20). Im Mittelgrund rechts steigt der Hang des Reinsburghügels (No. 87) an.

Der Hintergrund zeigt in der Mitte die großen Waldgebiete Burgstall (No. 64) und Hahn (No. 59); darunter im Tal Böhmisreute (No. 47) und Heslach (No. 125). Talaufwärts (am rechten Bildrand um das Hochhaus) liegen die Walddistrikte Kaltentaler Tal (No. 171), Vogelrain (No. 184), Heidenklinge (No. 180), Ziegelklinge (No. 177) und Heslacher Wand (No. 173).

Abb. 11 **Blick auf Heslach**

Standort: Oberer Afternhaldenweg – Blauer Weg (No. 128, 129; E 6).

Das Bild zeigt im Vordergrund die Gegend um Böblinger und Möhringer Straße, etwa zwischen Hasen- und Schreiberstraße.
Links im Hintergrund liegen auf der Höhe die Neubaugebiete auf dem Haigst (No. 32), um die Kautzenhecke (No. 33) und auf dem Scharrenberg (zum Teil auf Degerlocher Markung).

Von der Bildmitte nach rechts zieht sich am Hang das Waldgebiet der Dornhalde und des Hahn (No. 59); nach links Garten- und Baumgrundstücke am Hang.
In der breiten Bucht im Bildmittelgrund, dem Auslauf der Eiernestklinge (No. 43), liegt deutlich erkennbar die Siedlung Eiernest (No. 35) aus der Mitte der 20er Jahre. Am Fuß des rechten Hangs steht das große Gebäude der Lerchenrainschule im Gewand Lerchenrain (No. 55), über dem der Wald Brand (No. 56) ansteigt.

Abb. 12 Blick auf Heslach

Standort: Oberer Afternhaldenweg – Blauer Weg (No. 128, 129; E 6).

Im Vordergrund die Matthäuskirche, dahinter die Gebäude des Marienhospitals.
Am gegenüberliegenden Hang (Fernmeldeturm, Fernsehturm) zeichnet sich auf eine lange Strecke die Neue Weinsteige (No. 684) deutlich ab; sie ist gekennzeichnet durch ihre klassische Trassenführung mit gleichmäßiger Steigung.
Im linken Bilddrittel zieht sich – über die Neue Weinsteige hinweg – der Altenberg (No. 629) herab; darüber am Waldrand liegt deutlich sichtbar die Häuserzeile bei der „Schillereiche". Rechts vom Altenberg reicht das große Gewand Wernhalde (No. 635) von der Degerlocher Höhe beim Fernsehturm bis tief hinab in die Klinge des oberen Fangelsbachs.
Zwischen Fangelsbach- und Lehenklinge steigt ein locker bebauter Rücken aus der Bildmitte in Richtung zum rechten Bildrand auf; sein unterer Teil ist der Strohberg (No. 631).
Die durch Bäume verdeckten Teile von Heslach (links im Vordergrund) liegen auf und bei den Gewanden Baumreute (No. 51), Böhmisreute (No. 47), Spitalwiesen (No. 49) und Kleine Schweiz (No. 99).

Abb. 13 Blick gegen Südwesten auf Heslacher Tal und Weststadt

Standort: Aussichtsplatte beim Eugensplatz (H 4/5).

Im Vordergrund die Gebäude und Türme der Innenstadt.

Dahinter – in der Bildmitte – steigt der Reinsburghügel (No. 87) an; links davon das Heslacher Tal, rechts die Weststadt.

Hintergrund (links): Höhen ums Heslacher Tal. Der Reinsburghügel verdeckt einen großen Teil der Heslacher Seite des Hasenbergs (No. 227); halbrechts unmittelbar hinter dem Reinsburghügel die Afternhalde (No. 128).

Hintergrund (rechts): Rechts vom Hasenberg liegt auf dem Rotenwald (No. 244) als höchste Erhebung mit ursprünglich 471 m der Birkenkopf (No. 248). Durch Aufschüttung der Trümmer der Stadt aus dem Zweiten Weltkrieg wuchs seine Höhe auf jetzt 511 m an; er erhielt deshalb den noch gebräuchlichen Übernamen Monte Scherbelino. Unmittelbar unterhalb des Birkenkopfs stand die Geißeiche (No. 246).

Abb. 14 Blick zum Hasenberg und Birkenkopf

Standort: Aussichtspunkt Zeppelinstraße (E 4). Blick nach SSW auf einen Teil des Stuttgarter Westens. Das Bild zeigt das Gebiet zwischen der Schwabstraße und dem Bogen der Gäubahn (Botnanger Sattel bis Hasenbergtunnel); die Bahnlinie verläuft am Fuße des Höhenzugs im Hintergrund. Im überbauten Talgrund lagen die Gewande Winterhalde (No. 237), Röte (No. 231) und Röckenwiesen (No. 230).
Im Hintergrund des Bildes von links her ansteigend der locker bebaute Hasenberg (No. 227); in der Mitte, hinter dem Hochhaus, der Rotenwald (No. 244); rechts der Birkenkopf (No. 248) als höchste Erhebung. Im Tal davor, unter dem Birkenkopf, die tiefe Bucht Vogelsang (No. 239), die zur Stadt hin durch die Eisenbahnlinie begrenzt wird.
An den Hängen unmittelbar unter dem Standort in der Zeppelinstraße (auf dem Bild nicht sichtbar) liegen die Gewande Vorsteig (No. 330), Plecketthalden (No. 294), Blankenhorn (No. 305), Schliff (No. 307), Gänser (No. 306), Botnanger Halde (No. 309) und das große Gewand Steinenhausen (No. 297).

Abb. 15 **Innenstadt** (Folie 4)

Standort: Aussichtsplatte Richard-Wagner-Straße (H 6).
Blick quer über das Tal mit Bebauung aus nachmittelalterlicher, neuerer und neuester Zeit vom Charlottenplatz (Bildmitte unten: Einfahrt zur U-Bahn unter Planie und Schloßplatz) zum Hang des NW-Höhenzugs von der Hauptmannsreute (No. 326) nach rechts über Doggenburg (No. 329), Feuerbacher Heide (No. 391) bis gegen den Gähkopf (No. 385). Am Hang und unterhalb vom Hang liegen Azenberg (No. 380), Relenberg (No. 377), darunter Falkert (No. 319), Kornberg (No. 325), Hoppenlau (No. 313), Seelat (No. 403), Seidengärten (No. 279), Lange Äcker (No. 360).

Abb. 16 Blick zum Kriegsberg

Standort: Uhlandshöhe (J 4).
Blick quer über das Tal. Beherrschend im Mittelgrund der Hauptbahnhof mit seinen zugehörigen Gebäuden und Anlagen. Unmittelbar dahinter steigt über dem Gewand Seelat (No. 403) der zum Teil noch heute mit Reben bestandene Kriegsberg (No. 364) an.

Abb. 17 Blick zur Prag

Standort: Haußmannstraße (J 4).
Blick auf den Stuttgarter Norden und die leicht ansteigende Fläche der Prag (No. 437), volkstümlich – besonders mit Bezug auf den östlichen Teil – „auf der Prag" genannt.
Der Hintergrund (Horizontlinie) zeigt deutlich den Sattel zwischen Killesberg (Feuerbacher Markung), Weißenhof (No. 396), Schönblick (großes helles Gebäude) links und Kalter Berg, Burgholzhof (Cannstatter Markung) rechts.
Die Prag senkt sich zum Beschauer her bis zu den Gleisanlagen der Bahn (Bildmittelgrund).
Hinter den drei Wohnhochhäusern in der Bildmitte liegt der Pragfriedhof (Bäume).

16

17

Abb. 18 **Blick nach Osten gegen Neckartal und Schurwald**

Standort: Aussichtspunkt Birkenwaldstraße (G 2). Vorderer Mittelgrund: Pragfriedhof mit alter Friedhofkapelle (Kuppel), dahinter Industriebetriebe und Eisenbahnanlagen im Bereich Tunzhofen (No. 410), Breite (No. 409) und Türlen (No. 406).
Hinterer Mittelgrund: Ganz links der Cannstatter Wasen z.Zt. des Volksfestes (Riesenrad), rechts dahinter die Lichtmasten des Neckarstadions.
Rechts neben dem Wasen die Parklandschaft um die Villa Berg (Höllscher Bühl, No. 546), davor die großen Neubauten des Süddeutschen Rundfunks bei den Gewanden Sandäcker (No. 493) und Stökkach (No. 515). Gaskessel und Dampfkraftwerk (zwei Schlote) liegen auf Gaisburger Markung. Hintergrund: Das Neckartal wird vom Höhenzug des Schurwalds begleitet: links der Kappelberg, in der Mitte als höchste Erhebung der Kernen, rechts davor – gegen das Neckartal vorspringend – der Rotenberg mit Grabkapelle, zwischen Kernen und Rotenberg das Dorf (heute Stadtteil) Rotenberg.

Abb. 19 **Blick in das Gablenberger Tal**
(Folie 5)

Standort: Uhlandshöhe (I 4).
Der Blick geht nach SO auf „das Weiler" Gablenberg (No. 810) im oberen Klingenbachtal (No. 854), dessen rechter unterer Talhang mit Obstbäumen dicht bepflanzt ist. In seinem oberen Teil und auf der Höhe ist er bewaldet. Er zieht sich vom linken Bildrand (Funkturm auf dem Raichberg, auf Gaisburger Markung) gegen die hintere Bildmitte (beim Frauenkopf) zu den Häusern im Trauberg (No. 815) unterhalb der Geroksruhe (durch den Baum verdeckt). Am Hang mit den Obstgärten liegen von links nach rechts die Gewande Cannstatter Rain (Gaisburger Markung), Buchwald (No. 824), Sauhalde (No. 819), Fuchsrain (No. 826), Gänswald (No. 825).

Abb. 20 **Blick über Klingenbachtal und Gablenberg in Richtung Bad Cannstatt**

Standort: Aussichtsplatte Geroksruhe (J 6).
Im Vordergrund rechts die Gablenberger Petruskirche.
Im Mittelgrund links die Lukaskirche am Bergfriedhof, rechts daran anschließend die Siedlung Ostheim, (auf Betreiben des Geheimen Hofrats Dr. Eduard von Pfeiffer durch den „Verein für das Wohl der arbeitenden Klassen" ab 1892 erbaut).
Hinter der Lukaskirche der Park um die Villa Berg (Höllscher Bühl, No. 546).

In der dicht bebauten Ebene vor der langgestreckten Park-(Villa Berg) und Baumzone im Bildmittelgrund liegen die Gewande Heidlesäcker (No. 754), Bronnäcker (No. 755), Ecklen (No. 784), Rinderklinge (No. 785), Schelmenklinge-wasen (No. 786, 791) und Pflasteräcker (No. 789, 794).
Im Hintergrund geht der Blick weit hinaus über das Schmidener Feld bis zum Ausläufer der Bergen über Waiblingen und Korb.

Abb. 21 **Die Gablenberger „Gabel"**

Standort: Birkenwaldstraße (G 2).

Das Bild soll die Herleitung des Namens Gablenberg aus der natürlichen Lage des Ortes sichtbar machen.

Der unbebaute, bewaldete Höhenzug im Hintergrund zieht vom Frauenkopf (Fernmeldeturm) zum Raichberg (Funkturm) und senkt sich bei Gaisburg und Wangen breit abfallend gegen den Neckar.

Der davorliegende niedrigere, bebaute Höhenrücken geht ebenfalls vom Frauenkopf (No. 645) aus und erstreckt sich über Geroksruhe, Gänsheide (No. 598), Lausbühl (No. 596), Ameisenberg (No. 774) nach Norden.

Die beiden Höhenzüge bilden eine Art zweizinkiger Gabel und schließen die Klinge des Gablenbachs (No. 854) und den Ort Gablenberg (No. 810) ein; der Ort selbst ist auf dem Bild nicht sichtbar.

Abb. 22 **Im Kienle** (Folie 6)

Standort: Pischekstraße (I 6).
Blick in Richtung S von oben auf das Gewand Kühnle (No. 609); amtlicher Straßenname jetzt: Im Kienle.
Das kleine, locker bebaute Wohngebiet im Mittelgrund liegt auf dem ehemals bewaldeten Teil des Gewands Kühnle. Die rechts im Bild (neben dem Haus mit Turm) erkennbare Straße (Im Kienle) verläuft am Fuße des Reichelenbergs (No. 612).
Der unmittelbar an das Wohngebiet angrenzende Wald wird in seiner Gesamtheit von der Bevölkerung bis hinauf zur Höhe von Degerloch (Fernsehturm) als Bopserwald (No. 614) bezeichnet; auf dem Bild sichtbare Teilstücke des Waldes sind links Buchrain (No. 652), rechts Weißtannenwald (No. 659).

Die tiefe Klinge rechts im Bild – zwischen bebautem Hang und Waldrand deutlich sichtbar – heißt Romantisches Täle (No. 611). Darin verläuft ein Weg, der die Steige „Steiler Bopser" (No. 619) quert und in Richtung Wernhalde (No. 635) und Altenberg (No. 629) führt. Auch fließt in der Klinge einer der beiden Quellbäche des Dobelbachs (No. 618). Bei seinem Zusammenfluß mit dem zweiten Quellbach, aus dem Eulenrain (No. 651), steht das „Himmelfahrtsbrünnele" (No. 589). In früheren Jahren war diese Quelle bei den Bewohnern der Bopsergegend sehr beliebt; noch beliebter war allerdings das Bopserbrünnele in den Bopseranlagen unterhalb der Weißenburg (No. 626).

Abb. 23   Die Charlottenstraße

Standort: Charlottenplatz (H 5).
Blick gegen SO, dem ehemaligen Dobelbachtal (No. 587, 618) – jetzt Charlottenstraße – folgend.
Bis zu dem vorspringenden Eckhaus mit Erker (links im Mittelgrund) deckt sich die Charlottenstraße mit einem Teilstück der alten Eßlinger Steige (No. 569). Diese verlief vom Äußeren Eßlinger Tor (etwa Ecke Eßlinger Straße/Kanalstraße; No. 731) her zwischen dem Gewand Äckerle (No. 500) und der Mauer der Leonhardsvorstadt (heute als „Bohnenviertel" bekannt) und bog vor dem o.e. Eckhaus nach links in die heutige Gaisburgstraße ab.
Die im Zuge der Sanierung des Bohnenviertels erbaute neue Häuserzeile an der rechten Seite der Charlottenstraße folgt dem Verlauf der ehemaligen Stadtmauer.
Im Hintergrund aufsteigend das Gewand Stafflenberg (No. 590).

Abb. 24   Eßlinger Steige

Dieses alte Stück der Eßlinger Steige (No. 569) ist heute ein Teil der Gaisburgstraße, die von der Charlottenstraße zur Alexanderstraße hinaufführt; es hat sich ein erstaunlich urtümliches Aussehen bewahrt. Von den großen Steigen, über die einst der Wagen- und Fußgängerverkehr zwischen dem Stuttgarter Tal und seinem Umland lief, ist dies der einzige erhaltene Rest.

23

24

Abb. 25   Alter (und neuer) „Rennweg"

Standort: Fußgängerbrücke über die Konrad-Adenauer-Straße (H 5).
Die Straße verläuft im Nesenbachtal, das in alter Zeit größtenteils im Besitz des Herrscherhauses war (daher später die „Königlichen Anlagen"). Damals führte hier der „Rennweg" (No. 494) an der Tanzwiese (No. 473) vorbei.

Abb. 26   Charlottenplatz

Standort: Fußgängerbrücke über die Konrad-Adenauer-Straße (H 5).
Blick gegen SW über die Unterführung der Bundesstraße 14 hinweg zum Charlottenplatz und zur Leonhardskirche (Leonhardsvorstadt).
Etwa an der Stelle des Hochhauses links stand das Äußere Eßlinger Tor, durch das die Eßlinger Steige (No. 569), aus der Richtung der Leonhardskirche kommend, aus der Stadt führte.
Die Sträucher links gehören zu der kleinen Anlage um Wilhelmspalais und Staatsarchiv auf dem Gewand Äckerle (No. 500). Schräg gegenüber steht das ehemalige Waisenhaus.

25

26

Abb. 27 Hauptstätter Straße

Standort: Nordecke des Wilhelmsplatzes (G 5).
Blick in die Hauptstätter Straße gegen Marktstraße und Leonhardsplatz (frühere Namen: Holzmarkt, Hafenmarkt).
Ihren Namen hat die Straße daher, daß sie zur Enthauptungsstätte (Hauptstatt, No. 580, 581) vor dem Tor (heute Wilhelmsplatz) führte.
Die selbst für heutige Verhältnisse sehr breit ausgebaute Straße war schon von Anfang an für eine Straße in der Kernstadt ungewöhnlich breit angelegt. Dies hatte seinen Grund vermutlich darin, daß die Straße, die vom Inneren Eßlinger Tor (No. 731, an der Marktstraße) zum Hauptstätter Tor (No. 739, am Wilhelmsplatz) führte, den starken Fahrverkehr von und zu den Fildern und dem südlichen Hinterland zu bewältigen hatte. Dazu mußten außerhalb des inneren Stadttores Abstellplätze und Wirtshäuser mit Stallungen vorhanden sein für die Fuhrwerke der regelmäßig ein- oder mehrmals wöchentlich verkehrenden „fahrenden Boten". In einigen Fällen zeigte der Wirtshausname (z.B. „Murrhardter Hof") an, woher der wichtigste, vielleicht auch der fernste Bote kam, der hier einstellte. Bis zur Vernichtung des Stadtteils durch Luftangriff 1944 gab es in der Hauptstätter Straße noch solche Einstellwirtschaften für fahrende Boten.

Abb. 28 Hauptstätter Straße um 1800

Farbiges Guckkastenbild.
Die Blickrichtung geht stadtauswärts auf das Hauptstätter Tor. Im Hintergrund ansteigend die Gegend um Lehen (No. 632) und untere Alte Weinsteige (No. 2).
Der Trogbrunnen links, Siegmundbrunnen genannt, diente auch dem Tränken der Zugtiere. Dieser Brunnen steht seit 1972 auf dem Wilhelmsplatz (vgl. Abb. 30).

27

28

Abb. 29 und 30 **Wilhelmsplatz und Richtstraße**

Auf dem freien Platz in der Mitte steht der alte Trogbrunnen aus der Hauptstätter Straße (vgl. Abb. 29). Hinter der Brunnensäule der erste Bau des neuen „Schwabenzentrums", links davon der Tagblatturm.
Der Platz hat eine makabre Vergangenheit, die in verschiedenen Namen dieses Viertels noch zu fassen ist. Seit 1451 berichten die Quellen zur Stadtgeschichte von einer „Hauptstatt" vor dem Tor (No. 580, 739). Nach Einzeichnungen auf alten Plänen war diese Hinrichtungsstätte (von einer Ummauerung her „Käs" genannt – No. 581) bei der Ostecke des Platzes, vor dem Eckturm der Stadtmauer an der Einmündung der Weberstraße. Dieser Turm wird auf einem Plan von 1720 als „Scharpf Richters Wohnung" bezeichnet; man hieß ihn im Volksmund auch „Schinderskleiderkasten" oder „Nachrichtersturm". Sein ursprünglicher Name war wohl Weißenturm (No. 738). Eine nahegelegene Wirtschaft in der Weberstraße nannte man „Schindersbandhecken" (No. 582). Auch Namen wie Schleimhaufen (No. 577) und Kutterhaufen (No. 579, 498) passen hierher, obwohl sie mit der Richtstätte direkt nichts zu tun hatten.
An die historische Bedeutung des Wilhelmsplatzes erinnert außer der Hauptstätter Straße auch ein von ihr abzweigendes Gäßchen, die Richtstraße; es führte zum Nachrichtersturm.

29

30

Abb. 31 Die Büchsenstraße bei der Liederhalle

Standort: Max-Kade-Haus in der Holzgartenstraße (F 4).
In der Bildmitte kreuzen sich Büchsen- und Schloßstraße; an dieser Stelle stand bis 1856 das Büchsentor. Es gehörte zur Stadtmauer um die Obere Vorstadt, auch Reiche Vorstadt oder Turnierakkervorstadt genannt (No. 740–749). Außerhalb der Mauer lagen der Mittlere (No. 276) und Untere oder Große See (No. 353). Die Liederhalle (rechts) und das Gebäude des Landesvermessungsamts (links) stehen heute auf dem Gelände der zu Beginn des 18. Jhs. trockengelegten Seen.
Am Mittleren See stand das Büchsenschützenhaus von 1569, das dem Büchsentor seinen Namen gab; vorher hieß es St. Sebastianstor. Die Büchsenstraße erhielt erst 1811 diesen Namen; bis dahin war sie der „Besetzte Weg" (No. 749/3).

Abb. 32 **Hoppenlaufriedhof**

Teilstück beim Ausgang zur Holzgarten- und Büchsenstraße.
Der Friedhof wurde 1626 während einer Seuche außerhalb der Stadtmauer im Gewand Hoppenlau (No. 313) angelegt; er war bis 1880 in Benützung. Heute wird er als Geschichtsdenkmal, Gedenk- und Erholungsstätte von der Bevölkerung sehr geschätzt. Der alte Gewandname ist in der Bezeichnung für den Friedhof über 3½ Jahrhunderte hinweg lebendig geblieben.

31

32

Abb. 33 Der Koppentalbrunnen (No. 363) an der Ecke Seestraße/Panoramastraße (G 4)

Er ist ein Beispiel dafür, daß alte, wegen ihres Wassers geschätzte Quellen als Brunnen gefaßt wurden und auch heute noch weiterbestehen.
Das Koppental (No. 361), aus dem der Bach kommt, gehört zu den guten Weinberglagen am SSW-Hang des Kriegsbergs um die Eduard-Pfeiffer-Straße.

Abb. 34 Straßenbahnhaltestelle Bubenbad

Beleg für das Weiterleben eines alten Namens in veränderten Verhältnissen.
Ein Tümpel auf der Höhe der Gänsheide (No. 598) gab dem Bubenbad (No. 601) einst seinen Namen; der Tümpel ist verschwunden.
Um das Bubenbad liegen Gewande wie Lausbühl (No. 596) und Schellenkönig (No. 597).

Abb. 35   Geologisches Naturdenkmal am Kochenhof   (FG 2)

(vgl. Text zu Abb. 36)

Abb. 36   Steingrübenweg   (No. 605; H 6)

Das Bild ist ein Beispiel für das Fortleben alter Flurnamen in Straßennamen.

Die Hänge um das Stuttgarter Tal bestehen z.T. aus Kiesel- und Schilfsandsteinlagen unterschiedlicher Mächtigkeit. Sie wurden als Steinbrüche, früher i. a. Grüben genannt, genützt. Je nach der Farbe des Gesteins wurden sie als rote oder weiße Steingrube (No. 512, 513) bezeichnet. Die beim Gewand Steingrüben (No. 602) anstehenden Bunten Mergel hieß man Rote Wand (No. 603).

In den 30er Jahren waren Reste ehemals großer Steinbrüche auch noch an der Sonnenbergstraße, der Birkenwaldstraße und am Kochenhof zu finden. Heute ist noch eine einzige Abraumstelle als geologisches Naturdenkmal am Kochenhof erhalten (s. Abb. 35).

35

36

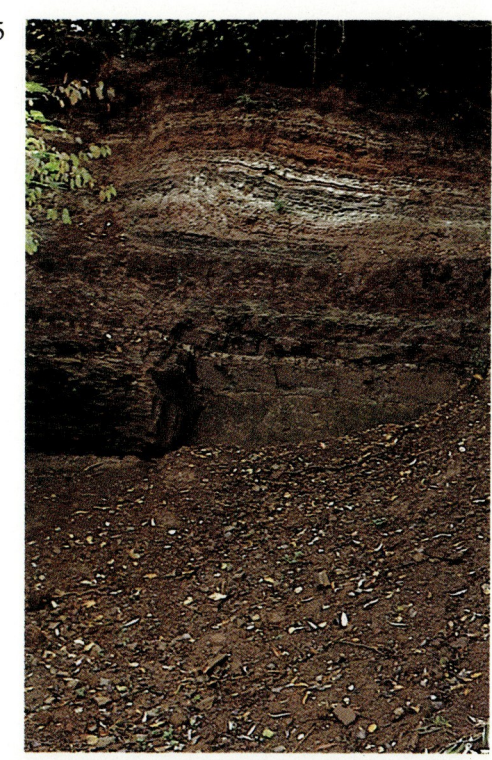

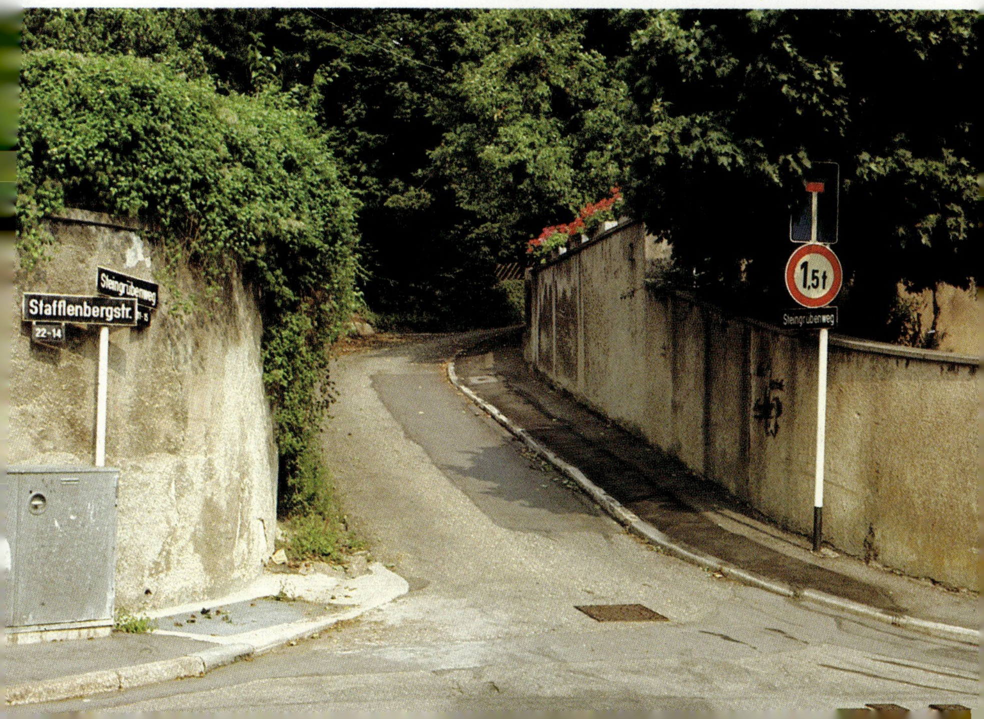
Steingrübenweg
Stafflenbergstr.
22-14
1,5t
Steingrubenweg

Abb. 37 **Gablenberger Weg** (I 5/6)

Der Weg, der bei der Geroksruhe am Rand des Gänswalds (No. 825) steil von Gablenberg heraufkommt, ist ein ehemaliger Viehtriebweg (No. 845).
Aus dem Stuttgarter Tal und seinen Nebentälern führten viele solcher Wege (Viehwege, Viehgassen, Herdwege) in die vorwiegend der Weidewirtschaft dienenden Wälder.
Der Gablenberger Viehtriebweg hat sein Aussehen (vom Fußsteig abgesehen) gegenüber früher wohl wenig verändert. Wahrscheinlich war er einmal Teil eines vorgeschichtlichen Wegs von Degerloch zum Neckar bei Cannstatt.

Abb. 38 **Der Herdweg** (E–G 3/4)

Oberer Teil eines zur vollwertigen Stadtstraße ausgebauten steilen alten Herdwegs (No. 351). Von allen einst vorhandenen Herdwegen (Viehtriebwegen) führt nur dieser die alte Bezeichnung weiter: als Straßenname innerhalb des Stadtgebiets.

37

38

Abb. 39 **Die „Stelle"** (I 7)

Die Bezeichnung „Stelle" (No. 654, 260, 542) leitet sich von der Waldweidewirtschaft her. „Stellen" waren Sammel- und Ruheplätze für das Vieh; im Gegensatz zum Umherziehen beim Weiden wurde es hier „gestellt".
Die hier abgebildete „Stelle" liegt auf dem Sattel zwischen Bopser und Frauenkopf am Übergang vom Dobelbachtal (No. 618) zum Rohracker Tiefenbachtal (No. 662). Da sich hier die Verkehrswege von Cannstatt-Berg-Gablenberg nach Degerloch und Sillenbuch sowie von Stuttgart nach Sillenbuch und Rohracker kreuzten, hieß die „Stelle" auch Am Kreuzweg (No. 655).

Abb. 40 **Der Sünderstein** (H 5)

Er steht am oberen Ende der Pfizerstaffel im Gewand Sünder (No. 593), das vermutlich für den Stein namengebend war.

39

40

Abb. 41 Blick vom Birkenkopf

Standort: Birkenkopf (No. 248; C 6) im Rotenwald (No. 244).

Das Bild gibt in einem Ausschnitt die besondere Lage Stuttgarts in einer von bewaldeten Höhenzügen umrahmten Bucht wieder.

Kräherwald (links) und Rotenwald (im Vordergrund) umschließen den Nordwesten und Westen der Stadt; am rechten Bildrand ist ein Teil der Innenstadt um den Hauptbahnhof erkennbar.